금융투자분석사 합격지름길 이패스가 제공하는 특별혜택

JN361699

01 | 2025 금융투자분석사 핵심문제풀이과정 **30%** 할인쿠폰

[쿠폰번호: 문제풀이 전 과목: 2025epassfinance4, 4과목 면제 문제풀이: 2025epassfinance5]
(영문스펠링과 숫자의 조합입니다.)

- **핵심문제풀이과정이란?**
  문제집의 풀이 강의로 약50교시로 구성되며 문제를 풀이하며 핵심이론개념까지 간략히 설명해주는 이패스 인기과정입니다.

- **사용방법:** 이패스코리아(www.epasskorea.com) 로그인 -> 마이페이지 -> 할인쿠폰내역 -> 쿠폰등록 클릭 후 [쿠폰번호]입력 -> 수강신청 시 쿠폰을 사용하여 결제

  *모바일 사이트 접속시 사용방법:
  이패스코리아 모바일사이트 로그인 [메인화면 상단 오른쪽 사람이미지]
  -> 마이페이지 -> 회원정보수정 V 클릭하여 하단 메뉴 중 할인쿠폰내역 -> 쿠폰등록
  -> 수강신청 시 쿠폰을 사용하여 결제

- 본 쿠폰은 2025 금융투자분석사 문제집풀이 강의에만 사용가능하며, ID당 1회 사용 가능합니다.

02 | 365일 운영상담 및 전임교수님이 친절히 알려주는 **질의응답 서비스**

- 로그인 -> 고객센터 -> 운영관련: 문의등록 / 학습내용관련: 학습질의 게시판을 통해 등록
- 가능한 24시간 이내 답변완료 가능하도록 신속한 운영 ※ 명절 당일 제외
- 온라인 강의 수강 중 기술문제 발생에 대해서는 1:1 원격지원서비스

03 | 금융투자분석사 문제풀이 과정 수강 후 연계과정 신청 시 **할인혜택**

- 금융투자분석사 취득 후 함께하면 좋은 자격증
- 금융,증권분야 : 투자자산운용사, 재무위험관리사
- 은행, 보험분야 : AFPK, 은행FP(자산관리사)

- 금융투자분석사 문제풀이 과정 또는 종합과정 수강 후 국내금융 종합&패키지과정 수강신청 시 할인혜택을 드립니다.

04 | 금융 기초용어 특강 **무료제공**

- 금융자격 공부 시 반드시 알아야 할 핵심 개념을 20개 엄선하여 강의로 개발하였습니다. 무료로 제공되며 편하게 수강하시기 바랍니다.

국제·국내 온라인 금융교육전문 이패스코리아 www.epasskorea.com

내 미래를 여는 길 **이패스코리아**

	금융투자 자격증 [금융투자협회 주관]			은행/FP 자격증
자격명	펀드투자권유대행인 증권투자권유대행인	펀드투자권유자문인력 증권투자권유자문인력 파생상품투자권유자문인력	투자자산운용사 금융투자분석사 재무위험관리사(국내FRM)	[금융연수원 주관] 은행텔러, 은행FP, 외환전문역 Ⅰ, Ⅱ종 [한국FPSB 주관] AFPK, CFP [한국FP협회 주관] 은퇴설계전문가
시험 난이도	★	★★★	★★★★	은행텔러, 은퇴설계전문가 : ★ 은행FP, 외환전문역 Ⅰ, Ⅱ종 : ★★★ AFPK : ★★★ CFP : ★★★★★
자격 특징	응시 자격 제한이 없는 금융입문 자격증	금융권 필수 자격증 (관련 종사자)	응시 자격 제한이 없는 인기 자격증	은퇴설계전문가, AFPK, CFP는 이패스코리아와 같은 주관처 지정교육기관 수료 후 시험응시 가능합니다.

금융투자분석사 합격으로 가는 지름길
이패스코리아

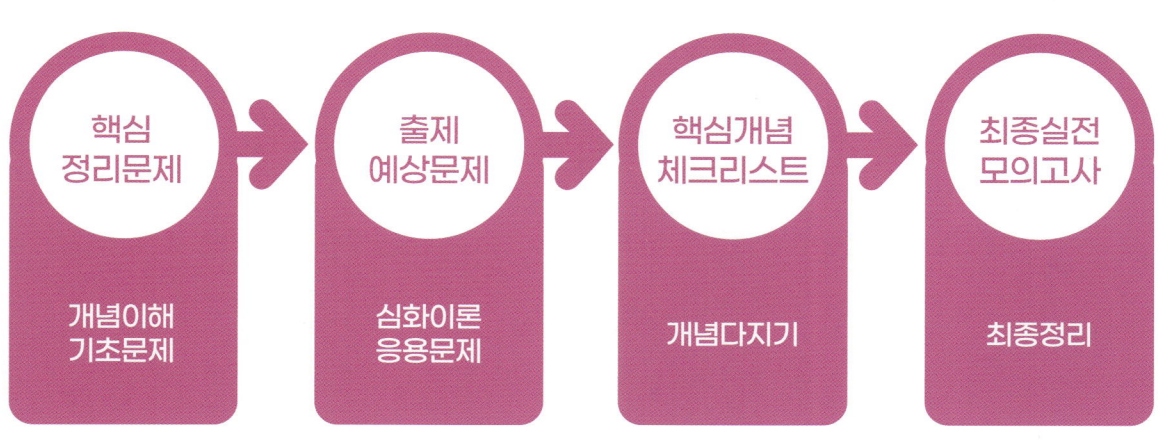

국제·국내 온라인 금융교육전문 이패스코리아 www.epasskorea.com

이패스
금융투자분석사
신(新)유형

4주 CUT 완벽정리

개념정리 + 핵심문제

김남언, 박연희, 이동건, 정성기,
이패스코리아 금융연구소 공편저

최종실전 모의고사 4회차

문제풀이 강의 할인쿠폰 제공

이패스코리아 www.epasskorea.com

- 금융투자협회 기본서 핵심 개념 완벽정리
- 2025년 개정사항 완벽 반영
- 교재만 사도 365일 저자 1:1 질의응답
- High Level 금융투자분석사 4주 합격을 위한 핵심 체크리스트 제공

epasskorea

머리말

누구에게 필요한 자격증인가?
금융투자분석사는 증권회사 혹은 보험회사에서 고객의 자산을 위탁 받아 운용하는 업무를 합니다. 금융업은 고객을 위한 단순 서비스와 이에 대한 수수료를 받는 것에서 고객의 자산을 위탁 받아 이를 적극적으로 운용하여 운용 수익을 고객에서 돌려주는 자산운용의 형태로 변화하고 있습니다. 투자 운용 서비스는 실체가 보이지 않기 때문에, 고객들은 자신들의 자산을 운용할 금융회사를 선택 할 때 운용 인력의 전문성을 보고 금융회사를 선택합니다. 금융투자분석사는 자산 운용의 전문가로서 고객들에게 신뢰를 줄 수 있는 자격증입니다. 금융투자분석사는 증권회사 혹은 보험회사에서 자산운용을 하는 운용인력, 이러한 금융기관에 취업을 하고자 하는 취업준비생에게 꼭 필요한 자격증입니다.

시험 준비 방법
금융투자분석사 시험은 증권분석기초, 가치평가론, 재무분석론, 증권법규 및 직무윤리의 4영역의 전문지식을 테스트합니다. 각 영역별 세부 과목은 총 13과목이 있으며, 금융투자분석사 시험은 이러한 방대한 내용에 대한 지식을 수험생이 알고 있는지 확인하는 시험입니다. 재무, 경제, 통계에 대한 배경지식이 있는 수험생이라도 독학으로 공부해서 합격하기 위해서는 하루에 4시간씩 최소 3개월은 준비해야 하는 시험입니다. 해당 분야에 대한 배경지식이 없거나 약한 수험생은 독학으로 공부하기 보다는 학원강의를 통해서 학습하는 방법이 합격이라는 목표를 달성할 수 있는 가장 효율적인 방법입니다.

이패스코리아 문제집의 특징
이패스코리아는 13과목의 방대한 내용 중에 시험에 출제될 가능성이 높은 내용들을 문제화하여 수험생에게 제공하고 있습니다. 기본 문제와 개념을 수록하여 기본서의 내용을 복습할 수 있도록 만들었고 실전과 같은 수준의 문제를 최대한 많이 수록하여 수험생들이 기본서를 통해서 익히 개념들을 다양한 각도에서 활용할 수 있도록 하였습니다. 마지막으로 모의고사 문제를 제공하여 수험생들이 자신의 실력을 점검할 수 있도록 하였습니다. 문제집을 독학으로 학습 하셔도 되지만, 13과목에 대한 배경지식이 부족한 수험생은 국내 최고의 강사진이 강의하는 이패스코리아의 온라인 강의와 같이 학습하면 기본개념을 복습하는 동시에 상세한 문제풀이 과정을 학습하여 합격에 더 가까이 다가가실 수 있을 것입니다.

금융투자분석사 자격증을 취득하는 길이 쉬운 길은 아니지만, 그 험난한 길을 통과하면 누구나 자산운용분야의 전문가로 인정받을 수 있으며, 이는 여러분이 하고자 하는 꿈을 이루게 해 줄 수 있는 강력한 수단이 될 것임을 확신합니다. 꿈이 있다면 머뭇거리지 마시고 지금 도전하십시오.

김남언, 박연희, 이동건, 정성기, 이패스코리아 금융연구소 공편저

금융투자분석사 출제경향분석

1과목 증권분석기초

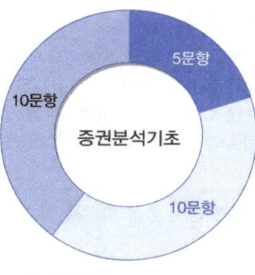

- 계량분석
- 증권경제
- 기업금융과 포트폴리오 관리

과목명	출제포인트
계량분석	수익률 및 평균, 상관계수, 검정통계량 등의 간단한 계산문제와 확률분포의 특징 및 회귀분석의 가정에 대한 문제들이 주로 출제됩니다.
증권경제	거시경제의 기초와 관련된 경제지표에 관련된 내용과 경제관련 다양한 이론이 등장합니다. 학습의 범위가 넓어 어렵게 느껴질 수 있습니다. 하지만 깊게 출제되지 않으니 전체적으로 이해하는 것이 중요합니다.
기업금융과 포트폴리오 관리	기업금융에서는 주로 현금흐름에 대한 화폐의 시간가치 계산문제나 투자판단에 관한 자본예산문제가 출제됩니다. 포트폴리오관리에서 대부분의 문제가 출제되는데 투자수익과 위험을 측정하는 기초내용부터 분산투자 및 포트폴리오 이론에 입각한 위험자산과 무위험자산의 최적배분 및 베타의 성격까지 알아둬야 합니다.

2과목 가치평가론

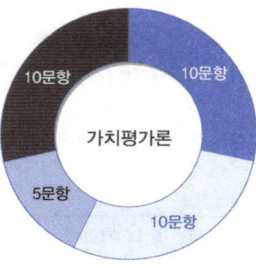

- 주식평가/분석
- 채권평가/분석
- 파생결합증권평가/분석
- 파생상품평가/분석

과목명	출제포인트
주식평가 / 분석	주식과 주식시장, 증권분석, 주식 가치평가모형 등에서 출제되며 대부분이 계산문제입니다. 계산에 필요한 공식을 따로 정리하여 암기하여야 합니다.
채권평가 / 분석	학습분량이 많은 편이지만 깊게 출제되지 않기 대문에 쉽게 공부할 수 있는 과목입니다. 다만 주식평가 / 분석에서서처럼 계산문제가 많이 출제되므로 이에 대비해야 합니다.
파생결합증권 평가 / 분석	파생결합증권의 종류, 취급요건 및 발행 등에서 주요 출제됩니다.
파생상품평가 / 분석	파생상품은 암기해서 해결할 수 있는 과목이 아니라 개념을 잘 이해해야 하는 과목입니다. 특히 출제 문항수에 비해 학습량이 많으므로 다른 과목에 비해 더 많은 시간을 할애하여야 합니다. 특히 선물 종류를 비교할 수 있어야 하며, 옵션파트에서의 풋-콜 패리티 정리, 옵션투자전략, 차익거래등이 출제가 자주 되는 파트입니다.

금융투자분석사 출제경향분석

3과목 재무분석론

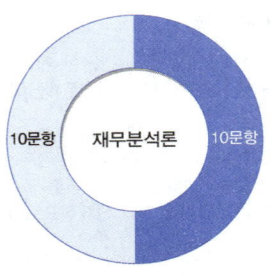

- 재무제표론
- 기업가치평가/분석

과목명	출제포인트
재무제표론	재무회계와 재무제표의 이해, 재무상태표, 손익계산서, 현금흐름표, 자본변동표, 이익잉여금처분계산서 및 연결재무제표로 구성되며 기존 재무제표분석과는 달리 회계기준을 알고 있어야 해결할 수 있는 문제들이 다수 출제되어 까다로운 과목입니다.
기업가치평가 / 분석	상대가치평가방법은 가장 출제비중이 높은 파트로 각 비율의 특징과 장단점을 이해해야 합니다.

4과목 증권법규 및 윤리

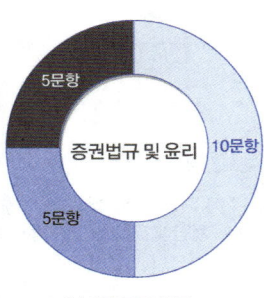

- 자본시장 관련 법규
- 회사법
- 직무윤리

과목명	출제포인트
자본시장 관련 법규	자본시장법 총설에서는 자본시장법 규제의 방향을 정리하고 금융투자상품의 구분을 정확히 알아야 합니다. 또한 금융투자업자의 영업행위규칙, 불건전 영업행위 규칙에 대해서는 이해해야 합니다.
금융소비자보호법	금융소비자보호법의 신설된 소비자 권리는 모두 중요합니다. 특히 위법계약해지권과 청약철회권, 6대 판매원칙이 가장 중요한 내용입니다.
회사법	주식회사의 3대 요소인 자본, 주식, 주주에 대해 전반적으로 이해해야 하며 특히 주주의 권리와 주식양도에 대해서 알아야 합니다.
직무윤리	직무윤리가 강조되는 이유와 직무윤리의 기초를 이루고 있는 사상 및 국내외 동향을 점검하고, 사상적 배경이 되는 주장과 주장한 인물에 대해 정확히 연결할 수 있어야 합니다.

좀 더 자세한 내용 및 수험정보 등은 당사 홈페이지(www.epasskorea.com) 참조

금융투자분석사 학습전략

1 고른 점수 취득을 목표
전반적으로 계산문제가 많아 공부를 시작할 때 어려움을 느끼는 과목입니다. 다만 어려운 내용에 비해 문제출제는 평이하게 나오는 편이므로 평균적인 점수를 받을 수 있도록 학습 전략을 세우는 것이 중요합니다.

2 철저한 문제 분석
이패스코리아는 2003년 창립 이래 금융교육에 매진하고 있습니다. 또한 2009년 자본시장법이 발효된 이래 10년 이상의 출제예상문제들이 축적되어 있습니다. 본서는 출제예상문제를 잘 분석하여 합격선에 이르도록 하였습니다.

3 학습기간은 4주 정도
비전공자의 경우 최소 4주 정도 생각하고 공부하는 것이 좋습니다. 물론 전공자나 최근 3개월 이내 금융투자협회 자격취득 경험이 있다면 2주 집중학습도 가능합니다. 금융투자분석사의 1과목 계량분석 파트와 3과목 재무분석론은 계산 문제 풀이를 요하는 과목이기 때문에 기본서를 내용을 충분히 이해한 후 많은 문제를 풀어보셔야 합니다. 국내 금융 자격 중에서 고난이도 자격증에 속하고 학습 범위 또한 상당히 넓기 때문에 미리미리 준비하는 것이 좋습니다.

4 독학보다는 전문 교육기관을 이용하는 것이 바람직
시험이 일년에 한번으로 당해년도에 집중적으로 준비하지 않으면 1년을 기다려야 하는 시험입니다. 또한 증권, 경제, 재무제표 등 어려운 내용이 많고 연계하여 계산하는 식의 문제가 많기 때문에 전문기관의 수업을 들을 것을 추천합니다. 그것이 합격으로 가는 지름길입니다.

좀 더 자세한 내용 및 수험정보 등은 당사 홈페이지(www.epasskorea.com) 참조

금융투자분석사 자격시험 안내

금융투자분석사(Certified Research Analyst)란?

→ 조사분석인력으로 투자매매업 또는 투자중개업을 인가받은 금융투자회사(법 제22조에 따른 겸영금융투자업자는 제외)에서 금융투자상품의 가치에 대한 주장이나 예측을 담고 있는 자료(조사분석자료)를 작성하거나 이를 심사·승인하는 업무를 수행하는 인력을 말합니다.

→ 기존의 증권분석사 1차 시험이 금융투자분석사로 분리되었으며, 일명 '애널리스트 시험'이라고 하여, 금융투자회사에서 애널리스트로 활동하기 위해서는 반드시 필요한 자격증입니다.

금융투자분석사 자격요건

→ 금융투자분석사 시험에 합격한 자
→ 국내외 금융투자회사에서 1년이상 조사분석자료 작성 또는 이를 보조하는 업무에 종사한 자
→ 경영학, 경제학 등 증권관계분야 석사학위 이상의 학위를 소지한 자로서 자율규제위원장이 인정하는 금융연구기관에 2년 이상 종사한 자
→ 자율규제위원장이 인정하는 조사분석교육과정을 수료한 자

금융투자분석사 합격전략

→ **[제1과목] 증권분석기초** : 계량분석은 기초개념보다는 응용이 필요한 계산 문제에 대비하여 깊게 학습해야 하며, 증권경제는 전반적인 경제이론에 대해 폭넓게 다루므로, 주요 이론은 반드시 정리를 해야 합니다. 기업금융과 포트폴리오 관리는 이론의 기본적인 개념과 논리를 중심으로 공부해야 하며, 전체적으로 고득점을 목표로 삼을 수 있는 과목입니다.

→ **[제2과목] 가치평가론** : 주식 / 채권 / 파생결합증권 / 파생상품의 일반적인 개념을 묻는 문제뿐만 아니라, 개념을 응용한 계산 문제의 출제비중이 높으므로, 전반적인 내용을 이해해야 합니다.

→ **[제3과목] 재무분석론** : 이론을 단순히 암기하기 보다는 계산 및 회계처리 결과에 대해 충분히 이해할 수 있도록 기초이론을 바탕으로 하여 전체 재무제표 및 구성항목을 중심으로 학습해야 합니다. 기업가치평가분석이 차지하는 비율은 상대적으로 적으나 기본서의 내용뿐만 아니라 문제풀이까지 학습하여 대비해야 합니다.

→ **[제4과목] 증권법규 및 윤리** : 자본시장법 및 각종 다양한 금융상품에 대한 규정을 포괄주의의 입장에서 학습합니다. 회사법은 회사의 설립 시 발기설립과 모집설립의 차이, 주주총회의 결의사항, 감사 및 감사위원회의 내용, 주식과 사채의 내용 등을 숙지해야 합니다. 증권거래법이 상법의 특별법적 지위에 있으므로 상법과 차이가 있는 부분에 대해서는 따로 정리해 공부해야 합니다. 금융위원회규정에서는 감독정책기능과 정책기능의 분리를 통한 금융산업 선진화와 건전한 금융질서를 위한 여러 가지 제도들을 학습하며, 직무윤리는 고객의 돈을 다루는 만큼 자본시장법에 따른 강화된 윤리규정에 초점을 맞춰 공부해야 합니다.

금융투자분석사 시험안내

▶ 시 행 처 : 한국금융투자협회(www.kofia.or.kr)
▶ 응시자격 : 제한 없음
▶ 시험시간 : 10:00 ~ 12:00 (120분)
▶ 2025년 금융투자분석사 시험일정

회차	시험일	시험시간	응시지역	응시원서 접수기간	합격자 발표
23회	8.24(일)	10:00~12:00	서울, 부산, 광주	7.28 ~ 8.1	9.4(목)

금융투자분석사 시험과목 및 배점

시험과목			문항수		과락기준
1과목	증권분석기초	계량분석	5	25	10문항 미만 득점자
		증권경제	10		
		기업금융과 포트폴리오 관리	10		
	소 계		25		
2과목	가치평가론	주식평가 / 분석	10	35	14문항 미만 득점자
		채권평가 / 분석	10		
		파생결합증권평가 / 분석	5		
		파생상품평가 / 분석	10		
	소 계		35		
3과목	재무분석론	재무제표론	10	20	8문항 미만 득점자
		기업가치평가 / 분석	10		
	소 계		20		
4과목	증권법규 및 윤리	자본시장 관련 법규	10	20	8문항 미만 득점자
		회사법	5		
		직무윤리	5		
	소 계		20		
합 계			100문항	100점	

※ 2009년 2월 4일 이후 시행된 증권투자상담사 시험 및 증권투자권유자문인력 적격성 인증시험 합격자에 대해서는 증권법규 및 직무윤리과목(제4과목)을 면제

▶ **문제형식**
- 전 과목 응시자 : 객관식 4지선다형 100문항 출제
- 면제 응시자 : 객관식 4지선다형 80문항 출제

▶ **합격기준**
- 응시과목별 정답비율이 40% **이상**인 자 중에서, 응시 과목의 전체 정답 비율이 70%(70문항) **이상**인 자

▶ **원서접수처**
- 한국금융투자협회 자격시험접수센터(license.kofia.or.kr)에서 온라인 접수만 가능

이패스 금융투자분석사 교재특징

I. 한·권·완·성   기초 용어 설명부터 최종 실전모의고사까지 단 한 권으로 완성

국내 금융자격 중 High Level이며 국제 자격인 CFA Level1과 쌍둥이 자격인 금융투자분석사! '나도 해볼까?'라는 마음에 시작하지만 막상 금융 초보가 공부하기엔 너무 어렵습니다. 이패스 금융투자분석사는 기초 개념 설명부터 최종 실전모의고사 4회차까지 한 권으로 완벽히 마스터 할 수 있도록 도와드립니다.

II. 분·석·예·측   최신 출제경향 분석 및 예측

이패스코리아 교수진은 매 시험 분석하고, 매 시험 예측하였습니다. 금융투자분석사 시험 뿐 아니라 금융투자협회 전 시험의 출제경향을 분석하며 트렌드를 파악합니다. 이를 토대로 시험에 출제될 가능성이 높은 문제만을 수록하여 한 권에 모았습니다.

III. 학·습·플·랜   출제 빈도에 따른 학습플랜 제공

100점으로 합격 하려는거 아니죠? 금융투자분석사는 70점만 넘으면 합격입니다. 적당히 공부할 수 있도록 문항마다 출제빈도를 자세히 표시하였습니다. 출제 빈도에 맞춰 개발한 학습플랜에 맞춰 공부하시면 편안하게 합격할 수 있습니다.

IV. 최·종·정·리   이패스 최초 최종 실전모의고사 4회차 수록

최종 실전 모의고사를 추가 개발하여 총 4회차의 모의고사를 수록하였습니다. 시험대비 4배수이기 때문에 여유롭게 풀어 볼 수 있습니다. 금융투자분석사 경험이 가장 풍부한 이패스코리아이기에 가능합니다. 합격 후기에서 가장 많이 거론되는 최종 실전모의고사! 시험장에서 진가를 확인할 수 있습니다.

V. 강·의·할·인   문제풀이 강의 할인 쿠폰 제공

이 교재를 보는 모든 학습자분들이 합격하셨으면 하는 마음으로, 풀이강의를 할인쿠폰을 제공합니다. 문제를 개발한 교수님들이 직접 강의하는 문제풀이 강의를 통해 핵심 이해 & 출제 경향 파악을 동시에 이루시기 바랍니다.

이패스 금융투자분석사 교재구성

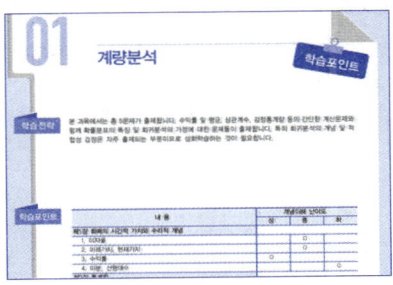

01 출제 빈도 및 핵심개념 파악

- 총 4개의 과목으로 구성된 금융투자분석사의 세부과목을 치밀하게 분석하여 출제빈도 및 개념이해 난이도를 정리하였습니다.
- 난이도에 따라 학습시간 배치 및 전략과목을 설정 후 학습을 시작 하시기 바랍니다.

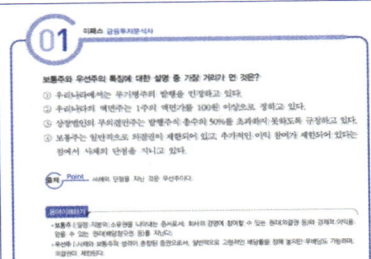

02 기초를 바탕으로 한 핵심정리 문제

- 문항의 출제 포인트, 오답 & 함정피하기, 개념이해하기 등 문항을 완벽분석할 수 있도록 다양하게 정리하였습니다.
- 한 문제로 개념 전체를 이해해 보세요.

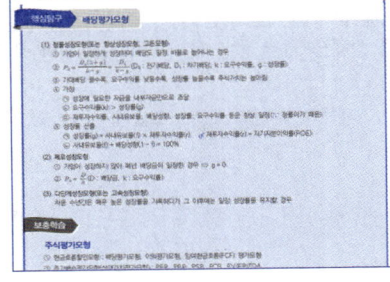

03 주요 개념정복

- 문제에서 A에 대한 개념이 나온다면, A와 연관된 B,C의 내용까지 정리함으로서 개념 완벽정복이 가능합니다.
- 중요한 부분은 한번 더 강조하였습니다.
  시험직전 주요부분만 쭉 훑어도 개념완벽 이해입니다.

이패스 금융투자분석사 교재구성

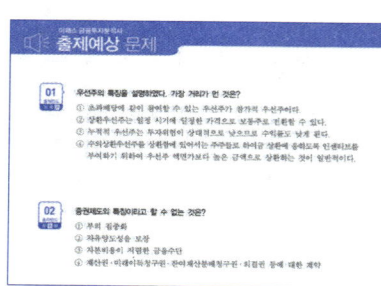

04 출제예상문제

- 핵심정리문제로 개념을 이해했다면 출제예상문제를 통해 실전 풀이 능력을 향상시킬 수 있습니다.
- 각 문항마다 출제빈도를 표기하여 전략적 학습이 가능하도록 구성하였습니다.

05 나만의 체크리스트

- 세부과목마다 핵심개념 이해도체크를 통해 한페이지로 개념 전체정리가 가능합니다.
- 핵심정리문제로 개념, 출제예상문제로 실전감각을 숙지 후 개념 체크리스트로 마무리 정리하시기 바랍니다.

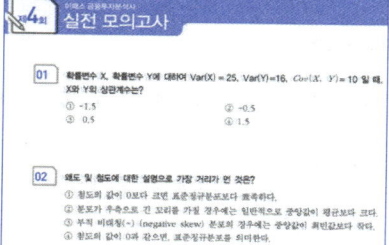

06 이패스 최초 시험대비 실전모의고사 4회차 수록

- 신규개발을 통해 실전 모의고사를 4회차 수록하였습니다. 실제 시험처럼 정해진 시간 내에 풀어보며 최종 마무리 하시기 바랍니다.
- 해설을 자세히 기재하여 나만의 오답노트를 만들 수 있도록 구성하였습니다.

이 책의 차례

제1과목 증권분석 기초

제1장 계량분석 ... 17
- 핵심정리 문제 / 20
- 출제예상 문제 / 34
- 핵심개념 이해도 체크 / 47

제2장 증권경제 ... 51
- 핵심정리 문제 / 54
- 출제예상 문제 / 68
- 핵심개념 이해도 체크 / 85

제3장 기업금융과 포트폴리오 관리 ... 89
- 핵심정리 문제 / 92
- 출제예상 문제 / 108
- 핵심개념 이해도 체크 / 126

제2과목 가치평가론

제1장 주식평가·분석 — 131

- 핵심정리 문제 / 134
- 출제예상 문제 / 152
- 핵심개념 이해도 체크 / 168

제2장 채권평가·분석 — 171

- 핵심정리 문제 / 174
- 출제예상 문제 / 192
- 핵심개념 이해도 체크 / 208

제3장 파생상품평가·분석 — 213

- 핵심정리 문제 / 216
- 출제예상 문제 / 234
- 핵심개념 이해도 체크 / 250

제4장 파생결합증권평가·분석 — 253

- 핵심정리 문제 / 256
- 출제예상 문제 / 268
- 핵심개념 이해도 체크 / 278

제3과목 재무분석론

제1장 재무제표론 — 283
- 핵심정리 문제 / 286
- 출제예상 문제 / 316
- 핵심개념 이해도 체크 / 326

제2장 기업가치평가·분석 — 329
- 핵심정리 문제 / 332
- 출제예상 문제 / 348
- 핵심개념 이해도 체크 / 358

제4과목 증권법규 및 직무윤리

제1장 자본시장과 금융투자업에 관한 법률·금융위원회 규정(금융소비자보호법 포함) — 363
- 핵심정리 문제 / 366
- 출제예상 문제 / 402
- 핵심개념 이해도 체크 / 428

제2장 회사법 — 439
- 핵심정리 문제 / 442
- 출제예상 문제 / 464
- 핵심개념 이해도 체크 / 483

제3장 직무윤리　487

- 핵심정리 문제 / 490
- 출제예상 문제 / 520
- 핵심개념 이해도 체크 / 536

Appendix 부록

부록 실전모의고사　541

- 제1회 실전모의고사 / 542
- 제2회 실전모의고사 / 570
- 제3회 실전모의고사 / 597
- 제4회 실전모의고사 / 625
- 제1회 정답 및 해설 / 654
- 제2회 정답 및 해설 / 660
- 제3회 정답 및 해설 / 666
- 제4회 정답 및 해설 / 672

이패스코리아 금융투자분석사

제 **01** 과목

증권분석 기초

- 제1장　**계량분석**
- 제2장　**증권경제**
- 제3장　**기업금융과 포트폴리오 관리**

이패스코리아 금융투자분석사

01장

계량분석

01 계량분석

학습전략

본 과목에서는 총 5문제가 출제됩니다. 수익률 및 평균, 상관계수, 검정통계량 등의 간단한 계산문제와 함께 확률분포의 특징 및 회귀분석의 가정에 대한 문제들이 출제됩니다. 특히 회귀분석의 개념 및 적합성 검정은 자주 출제되는 부분이므로 심화학습하는 것이 필요합니다.

학습포인트

내 용	개념이해 난이도		
	상	중	하
제1장 화폐의 시간적 가치와 수리적 개념			
1. 이자율		○	
2. 미래가치, 현재가치		○	
3. 수익률	○		
4. 미분, 선형대수			○
제2장 통계학			
1. 기술통계학 vs 추론통계학			○
2. 자료의 형태			○
3. 도수분포		○	
4. 중심경향척도	○		
5. 산포의 척도		○	
6. 기타 척도		○	
7. Z-scores		○	
8. 공분산, 상관계수		○	
제3장 확률 및 통계적 추정과 검정			
1. 이론과 개념		○	
2. 확률분포		○	
3. 확률과정과 자산가격모형		○	
4. 표본 이론과 통계적 검정	○		
제4장 회귀분석과 예측			
1. 회귀분석과 상관분석		○	
2. 선형회귀분석	○		
3. 적합성 검정	○		
4. 예측			○
5. 시계열 자료분석과 예측		○	
제5장 최적화, 수치해석			
1. 최적화			○
2. 수치해석 및 simulation			○
3. 몬테카를로 시뮬레이션	○		
4. 비선형 기법			○

이패스 금융투자분석사

다음 중 회귀분석의 가정 중에서 X의 값의 변화에 따라 잔차의 분산이 변하지 않는다는 것을 의미하는 가정은 어떤 것인가?

① 정규성 ② 독립성
③ 일치성 ④ 등분산성

출제 Point 단순선형회귀분석의 기본가정은 정규성, 독립성, 등분산성이다. 또한, 다중선형회귀분석에서는 추가로 각 독립변수들의 상관관계가 높아서는 안 되는데, 이를 다중공선성의 문제라고 한다.

용어이해하기

일치성 | 표본의 크기(n)가 커짐에 따라 추정량이 확률적으로 모수에 가깝게 수렴하는 성질

핵심탐구 회귀분석 시 주요 가정

가정	의미	위배 시	검사	대안
정규성	오차는 정규분포를 따름		정규확률그림	변수변환
독립성	오차들간 공분산은 0	자기상관 (효율성 상실)	DW검정 (0 : 양의 상관, 2 : 독립, 4 : 음의 상관) von Neuman 검정	GLS AR(p) Cochrane – Orcutt 변환
등분산성	오차의 분산이 동일	이분산성 (효율성 상실)	Goldfeld – Quandt 검정 Breusch – Pagan 검정 White검정 산점도	WLS GLS 변수변환
다중회귀 추가가정	설명변수간 상관관계가 낮음	다중공선성 (표준오차 증가)	상관계수행렬 검토	변수 제거

정답 | ④

회귀분석에 대한 설명 중 틀린 것은?

① 자기상관이 발생해도 최소자승 추정량은 불편성을 유지한다.
② 이분산이 발생해도 최소자승 추정량은 불편성을 유지한다.
③ 모형에 필요없는 변수가 포함된 경우에도 불편성은 유지된다.
④ 모형에 꼭 포함되어야 하는 변수가 제외된 경우에도 불편성은 유지된다.

 모형에 꼭 필요한 변수가 제외되는 경우에는 불편성과 일치성을 상실할 수 있다.

핵심탐구 | 기타 고려사항

가 정	영 향
필수변수	제외 시 불편성, 일치성 상실
불필요 변수 포함	효율성 상실
비선형성	불편성, 일치성 상실
가성적 회귀분석	불안정시계열 회귀분석 시 관계가 없음에도 의미 있어 보이는 결과 도출

보충학습

회귀모형

구 분	단순선형회귀분석	다중회귀분석
모회귀식	$Y_i = \beta_0 + \beta_1 X_i + \epsilon_i$	$Y_i = \beta_0 + \beta_1 X_{i1} + \beta_2 X_{i2} + \ldots + \beta_k X_{ik} + \epsilon_i$
표본회귀식	$Y_i = b_0 + b_1 X_i + e_i$	$Y_i = b_0 + b_1 X_{i1} + b_2 X_{i2} + \ldots + b_k X_{ik} + e_i$

추정법 : 최소자승법과 최대우도추정법 중 잔차제곱합을 최소화하는 최소자승법이 널리 쓰임 β의 추정치
⇨ $b_1 = S_{XY}/S_X^2$, $b_0 = \overline{Y} - b_1 \overline{X}$

정답 | ④

단순선형회귀모형에서 결정계수 R^2값이 0.09이며, 두 변수 X와 Y는 X값이 증가할 때 Y값은 감소하였다. 이때 두 변수 X와 Y의 상관계수 값은?

① 0.09
② -0.09
③ 0.3
④ -0.3

 **Point** 단순선형회귀모형에서 결정계수는 두 변수 사이의 상관계수의 제곱과 같다. 따라서 상관계수는 0.3 또는 -0.3이라 할 수 있는데, 두 변수가 음의 상관관계를 가지고 있으므로, 상관계수는 -0.30이 된다.

핵심탐구 : 적합성 검정

$$\Sigma(y_i - \bar{y})^2 = \Sigma(y_i - \hat{y_i})^2 + \Sigma(\hat{y_i} - \bar{y})^2$$
$$\quad\quad SST \quad\quad\quad SSE \quad\quad\quad SSR$$

① 결정계수 : 회귀분석의 설명력을 보여주는 지표이나 설명변수가 증가할 때 결정계수는 적어도 감소하지는 않으므로 설명변수의 수가 다른 모형 간 비교 시 주의 ⇨ 수정결정계수가 보다 적절함

R^2 = 모형에 의해 설명되는 변동/총변동 = SSR/SST = 1 - SSE/SST, $0 \le R^2 \le 1$, $\sqrt{R^2} = \rho_{XY}$

② 수정결정계수

$$Adj\ R^2 = 1 - \frac{SSE/(n-k)}{SST/(n-1)}$$

③ t검정 : 개별 설명변수의 회귀계수가 통계적으로 유의한지 검정($H_0 : \beta_1 = 0$ 검정)

$$t = \frac{회귀계수}{회귀계수의\ 표준오차} = \frac{b_i}{S_b} \sim t(n-2)$$

④ F검정 : 전체 회귀모형(회귀직선)이 통계적으로 유의한지 검정($H_0 : \beta_1 = \cdots = \beta_k = 0$)

$$F = \frac{SSR/(k-1)}{SSE/(n-k)} \sim F(k-1,\ n-k)$$

정답 | ④

평활기법과 관련된 설명 중 틀린 것은?

① 평활화는 시계열 자료 변동 중 불규칙 변동을 제거하는 것이다.
② 이동평균법에 사용되는 기간이 짧을수록 시계열자료는 더 평활화 된다.
③ 이동평균법은 평활화에 사용되는 자료값에 동일한 가중치를 부여한다.
④ 지수평활법은 이동평균의 문제점을 보완하여, 이전자료를 반영할 수 있는 장점이 있다.

출제 Point 이동평균법에 사용되는 기간이 길수록 시계열 자료는 더 평활화할 수 있다. 하지만, 각 기간에 동일한 가중치를 부여하기 때문에 최신자료의 반영이 늦고, Lag behind할 수 있다. 이 문제점을 보완하기 위해 최근의 자료에 더 큰 가중치를 주는 지수평활법을 사용한다.

핵심탐구  시계열자료분석과 예측

구성요소 : 추세변동(장기적 증감 경향), 순환변동(경기순환 등 1년 이상 주기변동), 계절적 변동(1년 이내 주기 변동), 불규칙변동(세 가지 제외한 나머지 변동)

(1) 추세선에 의한 예측

$$\text{모형} : Y_t = \beta_0 + \beta_0 t + \varepsilon_t \qquad \text{추정식} : \hat{Y}_t = b_0 + b_1 t$$

(2) 평활기법
 ① 불규칙변동 제거
 ② 이동평균법(홀수), 중심이동평균(짝수) : 특정시점 전후 일정기간 데이터의 평균(이동평균)값 활용, 처음과 끝 일부구간의 이동평균 계산불가, 이동평균 계산에 포함되지 않는 자료 무시
 ③ 지수평활법 : $X_t = wS_t + (1-w)X_{t-1}$, 이동평균법 단점 보완

(3) 계절지수 활용
 계절지수 생성 ⇨ 계절성 제거 후 추세선 추정 ⇨ 추세예측치 추정 ⇨ 추세예측치에 계절 지수를 곱해서 최종예측치 산출

정답 | ②

이패스 금융투자분석사

다음의 수익률 계산법 중 현금유입과 유출을 고려한 것은?

① 산술평균수익률
② 기하평균수익률
③ 시간가중수익률
④ 내부수익률

 Point 내부수익률은 화폐의 시간가치를 고려한 수익률이므로, 현금유입의 시기에 따라 수익률이 달라진다.

핵심탐구 — 여러 가지 수익률

(1) HPR = (기말가치 − 기초가치)/기초가치
(2) Annualized $HPR = (1+HPR)^{1/n} - 1$
   ① 내부수익률 = 각 현금흐름의 시간가치를 반영한 수익률
   ② 금액가중수익률 : 금액으로 가중하므로 현금흐름에 영향 받음. 투자자의 성과 평가에 적합
   ③ 시간가중수익률 : 현금흐름이 발생하지 않는 기간별 HPR의 기하평균으로 현금흐름에 영향을 받지 않음. 펀드매니저의 성과 평가에 적합
   ④ 연평균수익률 : 총투자수익률을 연단위로 산술평균한 단리수익률, 이자의 이자 반영 못함
   ⑤ 실효수익률 : 연간 이자지급횟수가 2회 이상인 경우의 이론적 연단위 복리 수익률

정답 | ④

다음 중 수익률의 산술평균과 기하평균에 관한 설명으로 틀린 것은?

① 산술평균은 기하평균보다 항상 작거나 같다.
② 산술평균과 기하평균의 차이는 수익률의 변동이 클수록 커진다.
③ 횡단면적인 시점에서의 수익률의 평균은 산술평균 수익률을 사용한다.
④ 일정기간 동안의 수익률을 나타낼 때는 기하평균 수익률을 사용한다.

> **출제 Point** 산술평균은 기하평균보다 항상 크거나 같다. 모든 수익률이 같을 시 산술평균과 기하평균은 같다.

핵심탐구 — 산술평균과 기하평균

(1) 산술평균 vs 기하평균
① 산술평균 = $\sum HPR_i / N$ ⇨ 1기간 수익률 추정에 적합
② 기하평균 = $\prod (1+HPR_i)^{1/N} - 1$ ⇨ 다기간 수익률 추정에 적합. 기하평균 → 시간가중 수익률
③ 산술평균이 기하평균보다 크거나 같으며 그 차이는 수익률의 변동이 심할수록 커지며 모든 기간의 수익률이 동일할 경우 0이 됨

보충학습

단리, 복리, 연속복리
① 단리 : 원금 × $(1+nr)$
② 복리 : 원금 × $(1+r)^n$
③ 연속복리 : 원금 × $(1+r/n)^n$ ⇨ 원금 × e^r

정답 | ①

다음 중심경향 척도와 산포 척도에 대한 설명 중 가장 올바른 것은?

① 산술평균은 극단값의 영향을 받지 않는다는 장점을 가진다.
② 중심경향 척도 중 가장 많이 이용되는 것은 중앙값이다.
③ 표준편차는 분산과 평균이 상당히 다른 두 분포를 비교하는데 유용하다.
④ 사분위범위는 범위와 달리 극단값의 영향을 받지 않는다.

 산술평균은 극단값의 영향을 받으며 대표값으로 가장 널리 이용된다. 분산과 평균이 상당히 다른 두 분포를 비교하는 데 유용한 것은 변동계수이다.

핵심탐구 — 중심경향척도와 산포척도

(1) 중심경향척도
  ① 산술평균 : 자료의 총합을 자료의 수로 나눈 것, 극단치에 민감함
  ② 가중평균 : 각 자료의 중요도에 따라 가중치를 부여하여 합산한 것
  ③ 중앙값 : 크기순으로 나열했을 때 중앙에 위치하는 값으로 극단치에 민감하지 않음
  ④ 최빈값 : 자료 중 가장 빈도가 높은 관찰치로 극단치에 민감하지 않음

(2) 산포척도
  ① 범위 : 최대값과 최소값의 차이, 이상값에 민감함
  ② 사분위범위 : 제3사분위수(상위 25%) − 제1사분위수(하위 25%), 범위와 달리 이상값으로부터 자유로움
  ③ 분산 : 편차제곱의 평균
  ④ 표준편차 : 분산의 양의 제곱근
  ⑤ 변동계수 : 표준편차 / 평균 × 100, 표준편차와 평균이 상당히 다른 두 분포 비교에 유용

보충학습

자료와 척도
① 명목척도 : 범주나 종류에 따라 분류(= ≠ 가능)
② 서열척도 : 서열관계(= ≠ ≤ ≥ 가능)
③ 구간척도 : 숫자간 간격이 산술적 의미(= ≠ ≤ ≥ + − 가능)
④ 비율척도 : 숫자간 비율도 산술적 의미(= ≠ ≤ ≥ + − × ÷ 가능)

정답 | ④

두 확률변수 X와 Y의 분산이 각각 16, 25이고 상관계수가 0.3이라 할 때 공분산 값을 구하시오.

① 0.00075
② 0.015
③ 6
④ 200

 Point 공분산은 상관계수와 각 표준편차의 곱이다.

핵심탐구 — 공분산

공분산과 상관계수
(1) 공분산 : $\sigma_{XY} = E(XY) - E(X)E(Y)$, 단위 문제 발생
(2) 상관계수 : $\rho_{XY} = \dfrac{\sigma_{XY}}{\sigma_X \sigma_Y}$, $-1 \leq \rho_{XY} \leq 1$이므로 단위 문제 해소, 상관관계의 대소 파악 가능
  ① 공분산 = 0이면 상관계수 = 0 이며 그 역도 성립
  ② 공분산과 상관계수는 선형관계만을 측정. 독립이면 공분산 = 상관계수 = 0이 성립하나 그 역은 성립하지 않음

보충학습

기타 척도
① 왜도 : 자료의 분포모양이 좌(-), 우(+)로 치우친 정도를 나타내는 척도(긴 꼬리의 위치)
② 첨도 : 분포의 중심에서의 형태를 나타내는 척도(정규분포는 0) ⇨ leptokurtic(첨도 > 0, 중심 뾰족), platykurtic(첨도 < 0, 중심 납작)
③ 정규분포의 첨도를 3으로 정의하는 경우도 있음. 이 경우 첨도의 기준은 3

정답 | ③

평균이 μ이고, 분산이 σ²인 정규분포에 대한 설명으로 틀린 것은?

① 곡선은 종모양으로 평균 μ에 대해 대칭이다.
② $-\infty$에서 $+\infty$까지 나타난 곡선 아래의 총면적은 분산에 따라 다르다.
③ 평균, 중앙값, 최빈값은 모두 μ로 동일하다.
④ $Z = (X - \mu)/\sigma$를 이용하여, 표준정규분포로 변환할 수 있다.

출제 Point 정규분포를 포함하여, 연속확률 분포의 총면적은 항상 1이 되어야만 한다.

핵심탐구 — 정규분포의 이해

(1) 이산확률분포

베르누이분포	• 1회의 시행의 결과가 성공 or 실패, E(X) = p, Var(X) = p(1 − p)
이항분포	• 베르누이 시행 n회 반복 시 성공 횟수, E(X) = np, Var(X) = np(1 − p)
포아송분포	• 시간, 공간에서 흔하지 않은 사건발생 횟수, E(X) = Var(X) = λ(= 이항분포 근사시 np)

(2) 연속확률분포

정규분포	• 종모양이며 평균을 기준으로 대칭, 평균 = 중앙값 = 최빈치
지수분포	• 사건 발생까지 경과시간의 분포(0 ~ ∞), 최빈값 = 0 < 중앙값 < 평균
대수정규분포	• log(X)가 정규분포할 때 X의 분포(0 ~ ∞), 양의 왜도 • 수익률이 정규분포하면 자산가격(예 주가)은 대수정규분포를 따름

(3) Z - SCORES

① $Z = \dfrac{X - \mu}{\sigma}$ 를 표준화 변수라 하고 특정 값을 표준화한 값을 z - score라 함
② $X \sim N(\mu, \sigma^2) \Rightarrow Z \sim N(0, 1)$

보충학습

1. 상호배타적 vs 독립적

상호배타적	• P(A and B) = 0 ⇒ P(A or B) = P(A) + P(B)
독립적	• P(A and B) = P(A) · P(B), P(A|B) = P(A), P(B|A) = P(B)

2. 기댓값과 분산의 기본법칙(a > 0인 상수)

기댓값(평균)	• E(X + Y) = E(X) + E(Y), E(aX) = a · E(X)
분산	• Var(aX) = a²Var(X), σ(aX) = a · σ(X) • Var(X + Y) = Var(X) + Var(Y) + 2 · Cov(X, Y)

정답 | ②

다음 자산가격 모형에 대한 설명으로 가장 올바르지 않은 것은?

① 주가관련 자산가격의 결정에 가장 많이 이용되는 모형은 기하적 브라운운동이다.
② 자산의 가격이 대수정규분포를 따를 경우 음의 값을 가질 수 있는 문제가 발생한다.
③ 대부분의 금융변수들은 등분산성을 가지지 못한다.
④ 금융변수 변화율의 변동성은 높은 자기상관성을 갖는다.

 대수정규분포는 음의 값을 갖지 않으며, 자산의 가격이 정규분포를 따르는 경우 음의 값을 가질 수 있는 문제가 발생함

핵심탐구 | 확률과정과 자산가격모형

기하적 브라운운동(GBM)	주가의 확률모형으로 가장 많이 쓰임, 점프 가능성 배제
포아송과정	드문 사건(예 주가의 점프로 인한 불연속)의 모형화에 활용
이항과정	이항분포가 정규분포에 수렴함을 이용하여 자산가격 전개에 활용
Jump Diffusion 모형	GBM에 포아송과정을 혼합하여 점프를 반영하는 모형
Random Walk 모형	주가가 임의보행과정을 따르면 주가가 음수가 될 수 있음
가격변화율의 특징	이분산성, 변화율 변동성이 높은 자기상관성

정답 | ②

11 이패스 금융투자분석사

주가의 일별수익률 변동성의 독립성과 등분산성을 전제로 할 때, 일별수익률의 분산이 9일 때 월별수익률의 표준편차는? (단, 월간 거래일수는 25일)

① 15
② 45
③ 75
④ 225

출제 Point Root T Rule ⇨ 월별 수익률의 분산 = (거래일수) × 일별수익률의 분산
월별 수익률의 분산 = 25 × 9 = 225 ⇨ 월별 수익률의 표준편차 = 15

핵심탐구 — 변동성

변동성의 기간 확장($\sqrt{T}$ 룰)
① 평균과 분산은 시간에 정비례하여 커지나 변동성은 $\sqrt{T}$ 에 비례함. $\sigma_{T기간} = \sqrt{T}\,\sigma_1$
② 평균회귀성, 가격변동 제한폭이 존재하거나 일별에서 연별로 이행하는 경우에는 주의

보충학습

변동성의 추정과 예측

① 동일가중이동평균 : $\sigma_t = \sqrt{\dfrac{1}{T}\sum(r_t - r)^2}$

② 지수가중이동평균(EWMA) : 지수가중이동평균은 최근의 자료에 더 높은 가중치를 두므로 동일가중이동평균에 비해 변동성이 더 잘 추정됨

$$\sigma_t = \sqrt{\lambda \sigma_{t-1}^2 + (1-\lambda) r_{t-1}^2},\ \lambda는 감소인자$$

③ GARCH모형 : 이론적으로 지수가중평균보다 더 정교하나 최대우도추정법을 이용하므로 추정에 어려움이 있을 수 있어 지수가중평균법이 선호됨(JP Morgan의 RiskMetrics)

정답 | ①

다음 중 T분포의 특징으로 맞지 않은 것은?

① 종모양의 형태로 표준정규분포와 대체로 같은 모양을 가져 평균은 0이다.
② 자유도 n - 1에 의존한다(n은 표본의 크기).
③ 분산은 항상 1보다 작다. 자유도가 증가함에 따라 분산은 1에 접근하고, 모양도 표준정규분포에 접근한다.
④ 표준정규분포보다 중간에서 약간 더 평평하고, 두터운 꼬리를 갖는다.

 Point T분포의 분산은 자유도 / (자유도 - 2)로서 항상 1보다 크다. 따라서 표준정규분포(분산 = 1)에 비해 분산이 크므로 중간에서 약간 더 평평하고, 두터운 꼬리를 갖는다.

핵심탐구 — 표본관련 분포

구 분	관련 통계량	특 징
카이제곱분포	표본분산	표본분산에 관련된 추론에 활용
t분포	표본평균	표본평균 표준화값인 Z에서 σ를 s로 대체하면 t분포를 따름
F분포	표본분산비	두 표본의 분산이 동일한지 여부 검정에 활용(등분산 검정)

보충학습

1. 중심극한정리
   모집단의 분포와 관계없이 n이 커짐에 따라 표본평균($\overline{X}$)의 분포는 $N(\mu, \sigma^2/n)$으로 수렴
2. 추정량의 바람직한 성질

불편성	추정량 기대값이 모수와 동일, 불편추정량(표본평균, 표본분산, 표본비율)
(상대적)효율성	추정량 분산이 상대적으로 작음, 불편성 + 효율성 = 최소분산불편추정량
일치성	표본의 크기가 커짐에 따라 추정량의 값이 모수와 일치, 일치추정량

정답 | ③

다음 중 표본통계량으로 모집단의 구간추정 시 잘못된 설명은?

① 모분산 (σ^2)이 알려진 경우, 표본의 크기가 30 이상이면 Z분포를 사용한다.
② 모분산 (σ^2)이 알려져 있지 않은 경우, 표본의 크기가 30 이상이면 Z분포를 사용한다.
③ 모분산 (σ^2)이 알려진 경우, 표본의 크기가 30 미만이면 T분포를 사용한다.
④ 모분산 (σ^2)이 알려져 있지 않은 경우, 표본의 크기가 30 미만이면 T분포를 사용한다.

출제 Point 모분산(σ^2)이 알려진 경우, 표본의 크기와 상관없이 Z분포를 사용할 수 있다.

핵심탐구 — 점추정 vs 구간추정

① 점추정은 모수에 대응하는 표본통계량(표본평균, 표본분산 등)을 활용하며 오차의 정도에 대한 신뢰성 있는 정보를 제공 못함
② 구간추정은 주어진 확률(신뢰수준)과 표본의 크기에 따라 모수가 포함될 구간(신뢰구간)을 활용하며 오차의 정도에 대한 정보(신뢰수준)를 제공함

모 수	모분산	점추정	구간추정
모평균	O : 알고 있음	$\overline{X}$	$P(\overline{X} - z_{a/2} \cdot \sigma/\sqrt{n} \leq \mu \leq \overline{X} + z_{a/2} \cdot \sigma/\sqrt{n}) = 1 - a$
	X : 모름(n≥30)		$P(\overline{X} - z_{a/2} \cdot s/\sqrt{n} \leq \mu \leq \overline{X} + Z_{a/2} \cdot s/\sqrt{n}) = 1 - a$
	X : 모름(n<30)		$P(\overline{X} - t_{a/2} \cdot s/\sqrt{n} \leq \mu \leq \overline{X} + t_{a/2} \cdot s/\sqrt{n}) = 1 - a$
모분산	N/A	S^2	$(n-1)S^2/\sigma^2$이 자유도 $n-1$인 카이제곱분포를 따름을 활용

정답 | ③

14

다음 중 p값에 대한 설명으로 올바른 것은?

① p값이 임계치보다 크면 귀무가설을 기각할 수 있다.
② p값이 임계치보다 작으면 귀무가설을 기각할 수 있다.
③ p값이 유의수준보다 작으면 귀무가설을 기각할 수 있다.
④ p값이 유의수준보다 크면 귀무가설을 기각할 수 있다.

 Point p값이 유의수준보다 작으면 귀무가설을 기각할 수 있다.

핵심탐구 | 유의수준 : 1종 오류가 발생할 확률

① 검정력 : 귀무가설이 사실이 아닐 때 이를 기각할 수 있는 정도(= 1 − β)
② α와 β의 관계 : 서로 상쇄관계에 있으나 표본의 크기가 증가하면 동시에 줄일 수 있음
③ p값 : p값이 유의수준보다 작다면, 해당 유의수준에서 귀무가설 기각할 수 있음

보충학습

(1) 가설의 설정
　① 귀무가설 : 검정의 대상이 되는 가설로 연구자가 기각하고자 하는 가설, H_0
　② 대립가설 : 귀무가설이 기각되었을 때 받아들여지는 가설, H_a

(2) 오류 유형

구 분	귀무가설이 사실	대립가설이 사실
귀무가설 기각 못함	O.K.	2종 오류(β)
귀무가설 기각	1종 오류(α, 유의수준)	O.K.

(3) 가설검정의 순서(양측검정 예시)
　　가설설정($H_0 : \mu = \mu_0$) ⇨ 유의수준과 기각역 설정(5%, $Z > z_{0.025}$, $Z < -z_{0.025}$)
　　⇨ 검정통계량 계산($z = \dfrac{\overline{X} - \mu_0}{\sigma/\sqrt{n}}$) ⇨ 기각역 포함 여부 ⇨ 결과해석(귀무가설 기각 or 귀무가설 기각 못함)

정답 | ③

01 다음 보기의 채권 중 실효수익율(EAR)이 높은 채권과 실효수익률을 바르게 나타낸 것은?

구분	연간수익률	이자지급단위
채권 A	12.00%	3개월
채권 B	12.40%	6개월

① 채권 B, 12.78%
② 채권 B, 12.40%
③ 채권 A, 16.99%
④ 채권 A, 12.55%

02 다음 보기의 자료를 이용하여 범위 값을 계산하면 얼마인가?

10%, -11%, 20%, -5%, -7%, -15%, 15%

① 35%
② -5%
③ 25%
④ 30%

03 다음 중 옳은 것은?

① 베르누이 분포에서 성공횟수 P를 나타내는 분포는 지수분포이다.
② 특정한 구간에서 균등한 확률을 나타내는 분포는 포아송분포이다.
③ 베르누이 분포에서 기대값은 P*(1-p)이다.
④ 베르누이 분포에서 첫번째 성공이 나올 때까지의 시행 횟수를 나타내는 분포는 기하분포이다.

04 왜도와 첨도에 관한 다음 보기의 설명 중 올바른 것을 고르면?

〈 보기 〉
㉠ 정규분포의 왜도는 1이다.
㉡ 첨도는 가운데 봉우리가 뾰족한 정도를 의미한다.
㉢ (-)음의 왜도는 꼬리가 왼쪽으로 길게 늘어져 있는 형태를 의미한다.

① ㉠, ㉡, ㉢
② ㉡, ㉢
③ ㉠, ㉢
④ ㉡

정답 및 해설

01 ① 채권 A의 실효수익률 : $(1+0.12/4)^4 - 1 = 12.55\%$
채권 B의 실효수익률 : $(1+0.124/2)^2 - 1 = 12.78\%$
따라서, 정답은 ① 채권 B, 12.78%.

02 ① 범위값은 : -15% ~ 20% 임. 따라서 정답은 35%

03 ④ ① 성공횟수 P를 나타내는 분포는 이항분포임.
② 균등한 확률 분포를 나타내는 분포는 균등분포임
③ 기대값은 n*P임. 따라서, 정답은 ④

04 ② ㉠ 정규분포의 왜도는 0이다. ㉡과 ㉢은 맞는 설명임. 따라서, 정답은 ②번 ㉡, ㉢임

05 다음 자료를 이용하여 계산된 중앙값으로 올바른 것은?

> 4 8 7 1

① 4
② 5.5
③ 7
④ 7.5

06 어떤 자료의 평균과 중앙값이 각각 10과 20이고, 첨도가 4라고 하자. 다음 설명 중 가장 올바른 것은?

① 좌측으로 긴 꼬리를 가지고 정규분포보다 뾰족하다.
② 우측으로 긴 꼬리를 가지고 정규분포보다 평평하다.
③ 좌측으로 긴 꼬리를 가지고 정규분포보다 평평하다.
④ 우측으로 긴 꼬리를 가지고 정규분포보다 뾰족하다.

07 두 확률변수 X와 Y에서, 두 변수의 곱의 평균 E(XY) = 6이며, X의 평균 E(X) = 2, Y의 평균 E(Y) = 3이다. 다음 설명 중 틀린 것을 고르시오.

① 공분산은 Zero이다.
② 상관계수는 Zero이다.
③ X와 Y가 독립일 시 공분산, 상관계수는 Zero이다.
④ X와 Y는 독립이다.

08 다음 중 카이자승분포에 대한 설명으로 가장 거리가 먼 것은?

① 카이자승분포는 연속형 분포이다.
② 카이자승분포의 자유도가 n일 때, 카이자승분포의 평균은 n이다.
③ 카이자승분포의 자유도가 n일 때, 카이자승분포의 분산은 2n이다.
④ 표본크기가 n인 확률표본의 표본분산은 자유도가 n인 카이자승분포와 관련이 있다.

정답 및 해설

05 ② 자료의 개수가 짝수인 경우 자료 순서대로 바꾼 후 가운데 두 개의 값의 평균으로 계산한다. (4 + 7) / 2
06 ① 평균이 중앙값보다 작으므로 왜도는 음의 값을 갖고 첨도가 0보다 크므로 정규분포보다 뾰족하다.
07 ④ 공분산 Var(X, Y) = E(XY) − E(X) × E(Y) 와 같다. 따라서 Zero가 나오며, 상관계수도 Zero가 된다. X와 Y가 독립이면, 공분산, 상관계수는 반드시 Zero가 되지만, 공분산, 상관계수가 Zero가 나온다고 해서 X와 Y가 독립이라고 확신할 수는 없다.
  • 공분산, 상관계수 : 독립 ⇨ Zero (0), but Zero ⇨ 독립(X)
  • 공분산 : $E[(X − \mu_X)(Y − \mu_Y)] = E(X\,Y) − \mu_X\mu_Y$ ⇨ 방향성만 파악
  • 상관계수 : $\sigma_{XY}/(\sigma_X\sigma_Y)$ ⇨ 방향성 & 선형적 결합정도 파악
08 ④ 표본분산은 자유도가 n − 1인 카이자승분포와 관련이 있다.

출제예상 문제

※ [09~10] 다음을 보고 아래 문제에 답하시오.

> 모집단에서 n개의 표본을 추출한 표본의 평균이 10이었고, Z값과 T값은 다음과 같이 주어져 있다.
> $P(0 \leq Z \leq 1.65) = 45\%$, $P(0 \leq Z \leq 1.96) = 47.5\%$
> 자유도 6일 시 $P(0 \leq T \leq 1.94) = 45\%$, $P(0 \leq T \leq 2.45) = 47.5\%$
> 자유도 8일 시 $P(0 \leq T \leq 1.86) = 45\%$, $P(0 \leq T \leq 2.30) = 47.5\%$
> 자유도 9일 시 $P(0 \leq T \leq 1.83) = 45\%$, $P(0 \leq T \leq 2.26) = 47.5\%$

모분산이 16이고 n이 9일 때, 95% 신뢰수준에서 모평균의 신뢰구간은?

① $10 - 1.65 \times 4/3 \leq \mu \leq 10 + 1.65 \times 4/3$
② $10 - 1.96 \times 4/3 \leq \mu \leq 10 + 1.96 \times 4/3$
③ $10 - 2.30 \times 4/3 \leq \mu \leq 10 + 2.30 \times 4/3$
④ $10 - 2.26 \times 4/3 \leq \mu \leq 10 + 2.26 \times 4/3$

모분산은 모르나 n이 9이고 대신 표본분산이 25로 구해졌을 때, 95% 신뢰수준에서 모평균의 신뢰구간은?

① $10 - 1.96 \times 5/3 \leq \mu \leq 10 + 1.96 \times 5/3$
② $10 - 1.94 \times 5/3 \leq \mu \leq 10 + 1.94 \times 5/3$
③ $10 - 2.30 \times 5/3 \leq \mu \leq 10 + 2.30 \times 5/3$
④ $10 - 2.26 \times 5/3 \leq \mu \leq 10 + 2.26 \times 5/3$

11 다음 중 확률의 일반적 법칙으로 맞는 것은?

① A와 B가 상호배타적일 때 P(A or B) = P(A) × P(B)
② A와 B가 독립일 때 P(A and B) = P(A) + P(B)
③ A와 B가 독립이 아닐 때 P(A and B) = P(A | B) × P(B)
④ A와 B가 독립일 때 P(A | B) = P(B)

12 다음 중 대표값, 산포도, 왜도 및 첨도에 관한 설명으로 옳은 것은?

> 가. 대표값 중 극단값의 영향을 가장 크게 받는 것은 평균이다.
> 나. 변동계수는 산포의 척도로 평균을 표준편차로 나누어서 산출한다.
> 다. 양의 왜도 시 최빈값 < 중앙값 < 평균
> 라. 음의 첨도 시 표준정규분포보다 뾰족하고, 꼬리 부분이 두꺼운 Fat - tail을 나타낸다.

① 가, 나
② 가, 다
③ 가, 나, 다
④ 가, 나, 라

정답 및 해설

09 ② 모분산(모표준편차 = 4)이 알려져 있으므로, 우선 Z분포를 사용한다.(표본의 개수가 30 미만이어도 무관하다.) 또한, 신뢰수준이 95% 이므로 Z값의 One - tail부분이 2.5%를 차지해야 하므로, Z값은 1.96을 사용해야 한다. ③과 같이 T분포를 사용하지 않는 점 주의

표본통계량	모집단	상 황	활용될 표본분포
표본평균($\overline{X}$)	모평균(μ) 추정	모분산(σ^2) 알려짐(표본수 무관)	$Z = (\overline{X} - \mu) / (\sigma/\sqrt{n})$
		모분산 모르고, n ≥ 30	$Z = (\overline{X} - \mu) / (s/\sqrt{n})$
		모분산 모르고, n < 30	$T = (\overline{X} - \mu) / (s/\sqrt{n})$
표본분산(s^2)	모분산(σ^2) 추정	모집단 정규분포	카이자승분포 이용
표본분산 s_1^2과 표본분산 s_2^2으로 모분산이 동일한지 추정 시			F분포 이용

10 ③ 모분산을 모르고, 표본의 개수가 30 미만이므로 T분포를 사용해야 한다. 또한, 신뢰수준이 95%이므로 T값의 One - tail부분이 2.5%를 차지해야 한다. T분포는 자유도의 함수이기 때문에 표본의 개수가 9개 이므로 자유도는 8이 된다. 따라서, T값은 2.30을 써야한다. T분포를 써야 하는 점과 자유도를 같이 고려해야 하는 점에 주의한다.

11 ③ ①번과 ②번은 서로 바뀐 설명이며, A와 B가 독립일 시 P(A|B) = P(A) 이다. 또한, A와 B의 독립에 상관없이 P(A and B) = P(A|B) × P(B) 이다.

12 ② (나) 변동계수 = 표준편차 / 평균 (라) 뾰족하고 ⇨ 평평하고

13 다음 중 가설검정의 오류에 대한 설명으로 가장 올바른 것은?

① 2종 오류는 귀무가설이 사실인데도 귀무가설을 기각하는 오류이다.
② 어떠한 경우에도 1종 오류와 2종 오류를 동시에 줄일 수는 없다.
③ 1에서 1종 오류를 범할 확률을 빼준 값을 검정력이라 한다.
④ 1종 오류를 범할 확률을 유의수준이라 한다.

※ [14~17] 다음을 보고 아래 문제에 답하시오.

> 모분산은 모르는 상태이며, 모평균에 대한 가설을 다음과 같이 설정하였다.
> Ho : $\mu = 10$
> Ha : $\mu \neq 10$
> Z분포 : $P(0 \leq Z \leq 1.65) = 45\%$, $P(0 \leq Z \leq 1.96) = 47.5\%$, $P(0 \leq Z \leq 2.58) = 49.5\%$

14 가설검정을 위해 36개의 표본을 추출하였고, 표본평균이 120이고 표본분산이 25로 산출되었을 때 가설검정을 위한 검정통계량의 값은?

① 1.39　　　　　　　　　② 1.65
③ 1.96　　　　　　　　　④ 2.40

15 95% 신뢰수준에서 결과도출 및 p-value와 유의수준(α)을 비교하면?

① Ho rejected, p-value < 유의수준(a)
② Ho not to be rejected, p-value > 유의수준(a)
③ Ho rejected, p-value > 유의수준(a)
④ Ho not to be rejected, p-value < 유의수준(a)

16 99% 신뢰수준에서 결과도출 및 p-value와 유의수준(α)을 비교하면?
① Ho rejected, p-value < 유의수준(α)
② Ho not to be rejected, p-value > 유의수준(α)
③ Ho rejected, p-value > 유의수준(α)
④ Ho not to be rejected, p-value < 유의수준(α)

17 실제 모평균이 10인데, 이를 기각하는 오류는 무엇이라고 하는가?
① 2종 오류
② 1종 오류
③ 검정력
④ 올바른 의사결정

정답 및 해설

13 ④ 표본의 크기가 커지면 1종 오류와 2종 오류를 동시에 줄일 수 있다.
14 ④ 모분산을 모르지만, 표본의 개수가 30 이상이므로 검정통계량은 Z값 = (12 - 10) / (5/6)이다.
15 ① 95% 신뢰수준하에서 임계치(Critical Value)는 1.96이다. 검정통계량이 2.4이므로 귀무가설을 기각할 수 있다.(Ho Reject) Ho reject 이므로, P-value는 유의수준 (5%)보다 항상 작게 된다.
16 ② 99% 신뢰수준하에서 임계치(Critical Value)는 2.58이다. 검정통계량이 2.4이므로 귀무가설을 기각할 수 없다.(Ho not to reject) 따라서, P-value는 유의수준 (1%)보다 항상 크게 된다.
17 ② 실제 모평균이 10이 아니지만(즉, Ha가 사실이나), Ho를 기각하지 못하게 되는 것을 2종오류(β)라고 한다.

구 분		실제 상태	
		Ho가 사실	Ha가 사실
의사결정	Ho not to reject	올바른 결정 (신뢰수준 1 - α)	2종 오류(β)
	Ho reject	1종 오류(α)	올바른 결정 (검정력 1 - β)

※ [18~20] 다음을 보고 아래 문제에 답하시오.

> 기업의 매출액 X와 기업의 주가 Y의 단순선형회귀모형을 설정하였고, 다음과 같은 값을 도출하였다.
> $Y = \alpha + \beta \times X + \varepsilon$
> X의 평균 = 5, 분산 = 4, Y의 평균 = 7, 분산 = 9, X와 Y의 상관계수 = 0.8

18 회귀계수 β값은 얼마인가?
① 1
② 1.2
③ 1.4
④ 1.6

19 다음 중 X가 10의 값을 가질 때 Y값의 예측치는?
① 10
② 11
③ 12
④ 13

20 회귀식의 적합도를 나타내는 결정계수 R^2값은?
① 0.50
② 0.61
③ 0.64
④ 0.80

21 a가 양의 상수이고, X와 Y를 확률변수라 할 때, 다음의 기대값과 분산의 특성 중 틀린 것은?

① $\sigma(aX) = a \times \sigma(X)$
② $E(aX) = a \times E(X)$
③ $E(X + Y) = E(X) + E(Y)$
④ $Var(X + Y) = Var(X) + Var(Y)$

22 다음 중 포아송 분포의 특징으로 잘못된 것은?

① 이산확률분포로서 아주 드문 사건의 발생확률 구현에 용이하다.
② 평균과 분산이 동일하다.
③ 포아송 분포는 n≥50 이고, np≥50일 시 이항분포에 대한 좋은 근사치를 제공한다.
④ 불연속적인 큰 폭의 주가변동을 구현하는 데 사용한다.

정답 및 해설

18 ② $\beta = S_{XY}/S_X^2$ 로 구할 수 있다. 따라서, 우선 S_{XY}를 구해야 하는데 이는 (X의 표준편차 × Y의 표준편차 × 상관계수)이며, $S_{XY} = 2 \times 3 \times 0.8 = 4.8$이다. 따라서 $\beta = 4.8 / 4 = 1.2$가 된다.

19 ④ 회귀식 $Y = 1 + 1.2 \times X + \varepsilon$ 에서, X가 10일 시 Y의 값은 13이 된다.

20 ③ 단순선형회귀모형에서 결정계수의 값은 두 변수 사이의 상관계수의 제곱과 같다. 따라서 $R^2 = 0.8^2 = 0.64$이다.

21 ④ 확률변수 X, Y가 독립이 아닌 경우 $Var(X + Y) = Var(X) + Var(Y) + 2Cov(X, Y)$

22 ③ n ≥ 50이고, np ≤ 50일 시, 즉, 시행횟수(n)가 크고 성공확률 (p)이 작을 시 포아송 분포는 이항분포에 대한 좋은 근사치를 제공한다.

베르누이	성공 or 실패 1번만, $E(X) = p$, $V(X) = p(1 - p)$
이항분포	베르누이 시행을 n번 반복, $E(X) = np$, $V(X) = np(1 - p)$
포아송	아주 드문 사건 표현, $E(X) = V(X) = \lambda$, n ≥ 50 & np ≤ 5일 시 이항분포의 근사치
정규분포	종모양이며 μ에 대칭, 면적 합은 1, 평균 = 중앙값 = 최빈치 = μ, 표준화 $Z = (X - \mu) / \sigma$
T분포	종모양, 자유도(n - 1)에 의존, 분산 > 1, Fat - tail, n증가 시 표준정규분포접근
지수분포	시간의 분포를 나타내는 연속확률분포, 최빈값 = 0, 최빈치 < 중앙값 < 평균($1/\lambda$)

▶ 일반적으로 주가는 로그정규분포, 일별수익률은 정규분포(단, Fat - tail 있음)

23 다중선형회귀모형이 다음과 같이 설정되었다. 다음 설명 중 옳은 것을 고르시오.

$$Y = a + \beta_1 \times X_1 + \beta_2 \times X_2 + \varepsilon$$

① 독립변수 X_1과 X_2 간에는 상관관계가 높아야 한다.
② 전체 회귀식이 유의한지 검정(즉, $H_0 : \beta_1 = \beta_2 = 0$)은 T분포를 이용한다.
③ 개별 회귀계수의 유의성 검정은 F분포를 이용한다.
④ $Y = a + \beta_1 \times X_1 + \varepsilon$의 단순선형 회귀모형보다 R^2값은 크다.

24 분산분석표가 아래와 같이 주어져 있다고 할 때, 이 모형의 결정계수 값은 얼마인가?

Source	SS	df	MS	F
Model	43.2462	1	43.2462	<0.0001
Error	41.6943	47	0.8871	
Total	84.9405	48		

① 0.4909 ② 0.5091
③ 0.8871 ④ 0.9641

25 다음 중 이분산의 검토에 가장 적합하지 않은 검정법은?

① Goldfeld - Quandt 검정
② Durbin - Watson 검정
③ White 검정
④ Breusch - Pagan 검정

26 바람직한 추정량이 가져야 할 성질에 대한 설명으로 가장 거리가 먼 것은?

① 기댓값이 모수와 동일한 추정량을 불편추정량이라 한다.
② 분산이 상대적으로 작은 추정량을 상대적으로 효율적인 추정량이라 한다.
③ 표본의 크기가 커짐에 따라 모수와 거의 일치하는 추정량을 일치추정량이라 한다.
④ 표본평균은 불편성은 만족하나 일치성을 만족하지 못한다.

27 다음 중 대수정규분포에 대한 설명으로 가장 거리가 먼 것은?

① 양의 왜도를 가진다.
② 비대칭적이다.
③ 주가수익률의 분포를 모형화하는데 널리 이용된다.
④ 대수정규분포를 따르는 확률변수에 로그를 취하면 정규분포를 따른다.

정답 및 해설

23 ④ 독립변수 간에는 상관관계가 높아서는 안 되며, 전체 회귀식의 유의성 검정은 F분포, 개별 회귀계수의 유의성 검정은 T분포를 사용한다. 결정계수는 설명변수(독립변수)의 수가 추가될 때마다 증가되는 경향이 있기 때문에, X_2의 변수를 추가한 다중선형회귀모형의 R^2값이 크게 나온다.

24 ② 결정계수 = SSR / SST = 43.2462 / 84.9405

25 ② Durbin-Watson 검정은 독립성 검정에 이용된다.

26 ④ 표본평균의 기댓값은 모평균이므로 불편성을 만족하고 표본의 크기(n)가 커짐에 따라 표본분산(σ^2/n)이 0으로 수렴하므로 일치성도 만족한다.

27 ③ 대수정규분포는 주가의 분포를 모형화하는데 널리 이용된다.

출제예상 문제

28 가설검정과 관련하여 1종오류와 2종오류를 동시에 줄이는 방법으로 올바른 것은?
① 신뢰구간을 넓게 설정한다.
② 신뢰구간을 좁게 설정한다.
③ 표본의 수를 증가시킨다.
④ 가설검정시 Z값보다는 T값을 활용한다.

29 회귀분석시 독립변수간의 다중공선성에 대한 설명으로 옳지 않은 것은?
① 단순회귀분석에서는 다중공선성의 문제가 발생하지 않는다.
② 독립변수간의 상관관계가 높을 때 발생한다.
③ 어떤 한 변수를 제거하는 방법으로 이를 해결 할 수 있다.
④ 다중공선성의 문제는 항상 발생하기 때문에 이를 감수해야 한다.

30 결정계수에 대한 설명으로 옳지 않은 것은?
① 결정계수가 무조건 높은 모델이 신뢰할 수 있는 모델이다.
② 설명변수가 증가하면 결정계수도 증가하는 경향이 있다.
③ 단순회귀분석에서 상관계수의 제곱이 결정계수이다.
④ 다중회귀분석에서 모델의 신뢰도를 보기 위해서는 수정 결정계수를 확인해야 한다.

정답 및 해설

28 ③ 표본의 수를 증가시키면 1종오류와 2종오류의 가능성을 동시에 감소시킬 수 있다.
29 ④ 다중공선성이 발생하면 추정량의 표준오차가 커져서 귀무가설 기각이 어려워지기 때문에 다중공선성의 문제를 해결해야 추론의 결과를 신뢰할 수 있다.
30 ① 결정계수가 높더라도 회귀계수의 유의성이 없다면 회귀모형을 신뢰할 수는 없다.

핵심개념 이해도 체크

적절한 개념에 체크 ☑하세요.!

01 분산은 (☐ 편차의 / ☐ 편차 제곱의) 기댓값이다.

02 공분산은 (☐ -1이상 +1이하의 / ☐ 모든 실수)값을 갖는다.

03 통계적으로 의미있는 자기상관성(autocorrelation)을 가지면 그 시계열 자료는 (☐ 비독립적 / ☐ 독립적)이라고 볼 수 있다.

04 모표준편차가 알려진 모집단으로부터 n개(n > 30)의 표본을 임의추출하여 얻은 표본평균의 표준오차는 (☐ σ/n / ☐ $\sigma/\sqrt{n}$)이다.

05 주가, 환율, 금리 등과 같은 금융변수들의 변화율은 (☐ 등분산성 / ☐ 이분산성)을 갖는 것으로 나타난다.

06 바람직한 추정량의 성질에서, 먼저 (☐ 일치성 / ☐ 불편성)을 만족해야 효율성을 따질 수 있다.

07 정규분포는 t-분포보다 꼬리가 (☐ 두꺼운 / ☐ 얇은) 분포를 갖는다.

08 모분산 추론을 위해서 추정량인 표본분산의 분포를 이용하는데, 이 때 이용하는 분포는 (☐ t-분포 / ☐ F분포 / ☐ 카이제곱분포)이다.

09 2개의 모집단의 분산이 같은지 다른지를 추정할 때 이용하는 분포는 (☐ t-분포 / ☐ F분포 / ☐ 카이제곱분포)이다.

정답

- **01** 편차 제곱의
- **02** 모든 실수
- **03** 비독립적
- **04** $\sigma/\sqrt{n}$
- **05** 이분산성
- **06** 불편성
- **07** 얇은
- **08** 카이제곱분포
- **09** F분포

핵심개념 이해도 체크

10 모분산을 알지만 n이 30보다 작을 때 이용하는 분포는 (☐ Z분포 / ☐ t-분포)이다.

11 가설검정에서 검정력은 1-(☐ 1종 오류의 확률 / ☐ 2종 오류의 확률)로 구한다.

12 최소자승법은 (☐ 잔차항/ ☐ 설명변수)의 제곱이 미지의 모수에 대해 최소화되도록 하는 추정량 계산법이다.

13 단순 회귀분석에서 오차항의 분산은 다른 변수의 값이나 시간에 (☐ 따라 변한다 / ☐ 상관없이 일정하다)고 가정한다.

14 다중회귀분석에서 각 독립변수들 간 상관관계가 (☐ 높아야 / ☐ 낮아야) 한다.

15 다중회귀분석에서 설명변수의 수가 늘어날수록 결정계수 R^2의 값이 (☐ 증가 / ☐ 감소)하는 경향이 있다.

16 일반적으로 이동평균에 사용되는 기간이 길수록 시계열 자료는 (☐ 더 많이 / ☐ 더 적게) 평활화된다.

17 이항분포에서 시행횟수(n)가 크고 성공확률이 극히 적은 상황에서 사용할 수 있는 분포는 (☐ 기하분포/ ☐ 포아송분포)이다.

18 포아송분포에서 유도된 분포로서 어떤 사건이 발생하기 전까지 경과한 시간의 분포를 나타낼 경우에 주로사용되는 분포는 (☐ 기하분포 / ☐ 지수분포)이다.

정답

10 Z분포
11 2종 오류의 확률
12 잔차항
13 상관없이 일정하다
14 낮아야
15 증가
16 더 많이
17 포아송분포
18 지수분포

19 모수와 추정량의 기댓값과의 차이를 (☐ 편의/☐ 편차)라고 한다.

20 표본의 크기가 점점 커짐에 따라 추정량의 값이 모수의 값에 거의 접근하게 되는 성질을 (☐ 중심극한정리 / ☐ 일치성)라고 한다.

21 다중회귀분석 시 독립변수 간의 상관관계가 높은 것을 (☐ 자기 상관 / ☐ 다중 공선성)이라고 한다.

> **정답**
>
> 19 편의(bias)
> 20 일치성
> 21 다중 공선성

www.epasskorea.com

이패스코리아 금융투자분석사

02장

증권경제

02 증권경제

학습전략

본 과목에서는 총 10문제가 출제됩니다. 거시경제의 기초와 관련된 주요 경제지표에 관하여 간헐적으로 질문하기도 하고, 거시경제모형에서는 IS-LM분석을 통한 경제정책의 효과를 고전학파의 주장과 케인즈학파의 주장으로 구분하여 묻기도 합니다. 거시경제 지표에 대한 이론에서는 화폐이론, 소비이론 및 투자이론의 출제빈도가 높은데, 소비이론에서는 전통적 소비이론에서 자주 출제가 되고 투자이론에서는 토빈의 q의 출제빈도가 높습니다. 한편, 화폐이론에서는 신용창조과정, 화폐수요이론 및 통화정책에 대하여 알아두어야 합니다. 인플레이션의 원인과 실업과의 관계도 정리해 둘 필요가 있고, 이자율이론에서는 금리결정이론과 금리변동 요인에 대하여 알아두어야 합니다. 경기변동론과 경제성장론에서는 경기변동의 특성이나 경기변동이론을 정리해 두는 것이 좋습니다.

학습포인트

내 용	개념이해 난이도		
	상	중	하
제1장 거시경제의 기초			
1. 거시경제이론의 개념		○	
2. 거시경제지표	○		
제2장 소비 및 투자이론			
1. 전통적 소비이론	○		
2. 토빈의 q	○		
제3장 IS-LM과 총수요-총공급			
1. IS곡선과 LM곡선의 이동	○		
2. 통화정책과 재정정책의 효과	○		
3. 유동성함정과 피구효과 및 구축효과	○		
제4장 화폐의 수요와 공급			
1. 화폐수요이론	○		
2. 신용창조와 통화량의 조절		○	
제5장 이자율의 결정과 변화			
1. 이자율 결정이론		○	
2. 이자율의 변동요인	○		
3. 이자율의 기간구조	○		
제6장 실업과 인플레 및 환율			
1. 실업과 인플레이션의 개념	○		
2. 필립스곡선	○		
3. 환율의 변화와 무역수지		○	
4. 환율결정이론	○		
제7장 경기변동론과 경제성장론			
1. 경기변동의 정의와 특징	○		
2. 경기변동이론과 경기지수	○		
3. 경제성장모형		○	

우리나라의 운동선수가 외국에서 벌어들인 소득이 우리나라의 국민 생산에 어떠한 영향을 주게 되는지 바르게 설명한 것을 고르시오.

① GNP와 GDP에 모두 포함된다.
② GNP와 GDP에 모두 포함되지 않는다.
③ GNP에는 포함되지만 GDP에는 포함되지 않는다.
④ GDP에는 포함되지만 GNP에는 포함되지 않는다.

 GDP는 지역기준이며, GNP는 국민기준이다.

핵심탐구 GNP = GDP + NFI (해외순수취요소소득)

(1) 생산국민소득
국민경제가 일정 기간 동안 생산한 재화와 용역의 가치를 화폐단위로 표시한 것으로 각 생산과정에서 중간재투입액을 뺀 최종 부가가치만을 합하여 산출
(2) 분배국민소득 : 생산하는데 드는 요소비용인 이자, 배당금, 이윤 등을 모두 합한 것
(3) 지출국민소득 : 민간소비지출, 투자지출, 정부지출 및 순수출의 합
(4) 국민소득의 3면등가의 원칙 : 생산, 분배, 지출 국민소득은 사후적으로 일치
(5) 명목GDP와 실질GDP
기준연도의 물가와 비교연도의 생산량으로 계산한 것을 실질GDP라 하고 비교연도의 물가와 비교연도의 생산량으로 계산한 것을 명목GDP라 한다. 통상적으로 경제성장률은 실질GDP증가율이다.

보충학습

물가수준과 물가지수

(1) 물가지수 : 각 시점의 물가수준과 기준시점의 물가수준을 비교하여 산출
(2) 물가지수 종류
① 소비자물가지수(CPI) : 통계청에서 산출
② 생산자물가지수(PPI) : 한국은행에서 산출
③ 수출입물가지수
④ GDP디플레이터 : 명목 GDP / 실질 GDP × 100(%)

정답 | ③

항상소득가설에 대한 설명으로 가장 거리가 먼 것은?

① 일시적인 소비가 증가하면 항상소비에 변화는 없다.
② 소득은 일시적인 소득과 항상소득으로 구분한다.
③ 일시소비가 증가하면 미래의 일시 소득도 증가한다.
④ 소비는 일시소비와 항상소비로 구분할 수 있다.

출제 Point 미래의 감세정보는 현재소비의 증가에 영향을 미친다.

핵심탐구 — 소비이론

1. **절대소득가설** : 케인즈 ⇨ 소비결정요인 : 절대소득(가처분소득)과 한계소비성향

   $$C = a + bY,\ 0 < b < 1,\ a > 0$$

   ① 소비는 현재소득의 증감에 따라 변한다.
   ② 평균소비성향이 한계소비성향보다 크다.
   ③ 저소득층의 소비성향이 고소득층의 소비성향보다 높다.

2. **상대소득가설** : 듀젠베리 ⇨ 소비결정요인 : 상대소득
   ① 전시효과 : 주위 사람들의 소비행위에 영향을 받음
   ② 톱니효과 : 과거의 최고 소비수준에 영향을 받아 비가역적 특징

3. **생애주기가설**
   안도와 모딜리아니 ⇨ 소비결정요인 : 일생에 걸친 소득의 할인가치 (인적 비인적 자산을 포함하는 소득의 개념)

4. **항상소득가설** : 프리드만 ⇨ 소비결정요인 : 항상소득
   ① 소득은 항상소득과 일시소득으로 구성된다. 항상소득과 일시소득은 상관관계가 없다.
   ② 소비도 항상소비와 일시소비로 구성된다. 항상소비와 일시소비는 상관관계가 없다.
   ③ 일시소비와 일시소득은 서로 상관관계가 없다.
   ④ 항상소득만이 항상소비를 결정한다.

5. **최근의 소비이론**
   (1) 임의보행(Random walk) 소비가설
       확률적 오차항에 의해서 소비가 변화한다는 가설, 즉 항상소득가설 + 합리적 기대
   (2) 유동성제약 모형
       미래소득의 불확실성, 채무불이행위험, 자본시장의 불완전성 등의 요인으로 발생

정답 | ③

다음 중 투자에 대한 설명으로 옳지 못한 것은?

① 케인즈의 한계효율 이론에서는 이자율이 한계효율보다 클 경우 투자가 실행된다.
② 신고전파 투자이론에 따르면 이자비용이 한계생산물가치와 같은 수준에서 투자가 결정된다.
③ 토빈의 q이론은 주식시장이 비효율적이면 q값 자체가 의미가 없고, 투자의 결정과 집행 사이에 주가가 큰 폭으로 변하는 것에 대한 대안이 없다는 단점이 있다.
④ 투자자금의 한계비용이론에 의하면 투자는 자금조달 한계비용과 투자의 한계효율이 만나는 점에서 결정된다.

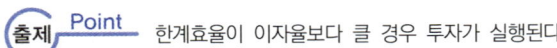 한계효율이 이자율보다 클 경우 투자가 실행된다.

핵심탐구 — 투자이론

1. **케인즈의 투자이론 : MEI이론**
   내부수익률(투자수익률)에 의해 투자결정 - 내부수익률 > 조달비용
2. **투자자금의 한계비용이론**
   기업의 내부자금 또는 유동성을 적정자본량의 결정요인으로 자금조달의 한계비용이 MEI곡선과 만나는 점에서 적정투자량이 결정
3. **신고전학파의 투자이론**
   자본의 한계생산물가치와 이자비용이 만나는 점에서 투자결정
4. **Tobin의 q이론**
   자본시장을 고려한 투자이론
   ① q = 주식시장에서 평가된 기업의 시장가치 / 기업의 실물자본의 대체비용
   ② q > 1면 투자증가, q < 1면 투자감소

정답 | ①

다음 중 화폐의 수요에 관한 이론들에 대한 설명으로 틀린 것은?

① 중첩세대모형 : 재화가 저장 불가능한 교환가능경제에서는 화폐가 도입되었을 때 사회적으로 합리적 자원배분 달성이 가능하다.
② 고전학파의 이론 : 장기균형에서 화폐공급은 인플레이션으로만 연결되며 실질산출량에 영향을 미치지 못한다.
③ 유동성선호이론 : 투기적 화폐수요는 이자율 상승에 따라 증가한다.
④ 보몰 - 토빈모형 : 경제주체는 화폐보유 비용을 극소화시키는 최적화 문제에 직면하며, 실질화폐수요는 이자율에 반비례하고 소득에 비례한다.

 투기적 화폐수요는 이자율 상승에 따라 감소한다.

핵심탐구 — 화폐의 수요

(1) 중첩세대모형 : 사뮤엘슨 - 생물학적 이자율
  ① 사람들은 2기만 산다 - 젊었을 때와 늙었을 때
  ② 소득은 젊을 때만 생기고 늙으면 소득이 없다.
  ③ 재화는 저장이 불가능하다.
(2) 고전학파의 화폐수요이론
  ① 피셔의 화폐수량설(거래잔액설) : $MV = PT = PY$ (M은 통화량, V는 화폐유통속도, P는 물가, T는 총거래량, Y는 국민소득)
  ② 마샬의 현금잔액설 : $MV = PY$를 $M = kPY$로, k는 마샬의 k로 화폐의 가치저장기능 강조
(3) 케인즈의 화폐수요이론(유동성선호설)
  거래적 동기, 예비적 동기, 투기적 동기(화폐보유의 기회비용) ⇨ 화폐수요는 거래가 많이 일어날수록, 이자율이 낮아질수록 늘어난다.
(4) 보몰 - 토빈의 거래적 화폐수요이론(재고이론모형)
  화폐보유는 기회비용, 예금보유는 거래비용 발생 - 둘 사이의 적정한 비율로 총비용 최소화하는 적정화폐보유수준 결정
(5) 현대적 화폐수량설
  자산으로서의 화폐수요이론으로 부의 크기와 여러 자산들의 수익률에 영향
(6) 토빈의 투기적 화폐수요이론(자산선택모형)
  이자율이 상승하면 채권보유비율을 높이고, 이자율이 하락하면 화폐보유비율 증가

정답 | ③

다음 중 통화정책 효과의 성질이 다른 하나는?

① 본원통화증가
② 지급준비율인상
③ 재할인율인상
④ 공개시장매각

 본원통화의 증가는 통화공급의 증가요인이다. 지급준비율인상, 재할인율인상 그리고 공개시장매각은 통화공급의 감소 요인이다.

핵심탐구 — 화폐의 공급

(1) 통화의 정의
   ① 본원통화 : 민간화폐보유액 + 지급준비금
   ② M1(협의통화) = 현금 + 요구불예금 + 수시입출식 저축성예금
   ③ M2(광의통화) = M1 + 기간물예·적금 및 부금 + 시장형금융상품 + 실적배당상품 + 금융채 + 기타
   ④ Lf(금융기관유동성) = M2 + 2년 이상 저축성예금 + 증권금융예수금 + 생보사 보험계약준비금
   ⑤ L(광의 유동성) = Lf + 정부 및 기업 발행 유동성 상품
(2) 신용창조(통화승수)
   ① 현금을 보유하지 않은 경우 : 1 / 지급준비율
   ② 현금을 보유하는 경우 : 1 / {현금보유비율 + 지준율(1 − 현금보유비율)}
(3) 통화량의 조절
   본원통화의 조정, 지준율의 변화, 재할인율의 변화, 공개시장조작
(4) 내생적 화폐공급
   은행의 지급준비금 = 법정지급준비금 + (자유지준금 + 차입지준금) ⇨ 신용승수가 동일해도 은행의 초과지준금 크기에 따라 통화량은 달라진다.

정답 | ①

06

다음 중 이자율에 관한 설명으로 틀린 것은?

① 케인즈는 이자율을 저축과 투자에 의해 결정되는 실물적 현상으로 파악하였다.
② 피셔방정식에 따르면 실질이자율은 명목이자율과 기대인플레이션의 차로 나타난다.
③ 이자율은 일반적으로 경기의 변화에 시차를 두고 반응한다.
④ 현대적 대부자금설은 고전학파의 견해와 유사하나 케인즈학파의 견해도 반영하고 있다.

 고전학파의 주장이다. 케인즈는 화폐적 현상으로 주장하였다.

핵심탐구 — 이자율의 이해

1. 이자율의 결정이론
   (1) 고전학파의 저축·투자설(고전적 대부자금설)
       재화시장에서 채권의 수요(저축)와 채권의 공급(투자)이 일치하는 수준에서 실질이자율 결정
   (2) 케인즈의 유동성선호설
       화폐시장에서 화폐의 수요와 공급이 일치하는 수준에서 명목이자율이 결정
   (3) 현대적 대부자금설
       자금의 수요와 공급이 균형을 이루는 수준에서 이자율이 결정
   (4) 중첩세대모형(OG모형)
       인구증가율이 이자율과 일치하는 생물학적 이자율

2. 경기와 통화정책 변화에 의한 이자율 변동
   (1) 경기와 이자율
       경기확장국면의 초기에는 하락하다가 점차 상승하고 경기수축면에서 이자율은 초기에는 상승하다가 점차 하락하여 이자율은 경기의 후행지표
   (2) 통화정책과 이자율
       통화량증가 – 이자율 하락(유동성효과) – 투자증가 – 산출량 증가 – 이자율 상승(소득 효과, 피셔효과)

3. 이자율의 기간구조이론
   (1) 기대이론
       모든 채권을 완전대체재로 인식하는 가정하에 선도이자율은 예상현물이자율의 불편추정량으로 해석
   (2) 유동성프리미엄이론
       장기채권의 수익률에는 미래의 불확실성 때문에 유동성프리미엄이 포함 – 수익률곡선 우상향
   (3) 시장분할이론
       투자자들이 채권만기에 따라 선호대상이 다르기 때문에 채권시장이 분할되어 금리가 결정

정답 | ①

국민소득 결정에 대한 다음 설명 중 옳지 않은 것은?

① 폐쇄경제를 가정할 경우 균형국민소득 결정식에서 거시경제 순환의 유입과 유출은 일치하고 사후적으로 저축 = 투자의 관계가 성립한다.
② 소득수준이 균형국민소득수준을 넘어서는 경우 양(+)의 재고투자를 갖게 되어 기업은 생산량을 줄이고 국민소득은 균형으로 복귀한다.
③ 양(+)의 재고투자는 인플레이션 갭과 동일하게 총수요가 총공급을 초과함을 나타낸다.
④ 저축을 늘린 결과 소득이 줄고 저축할 몫이 줄어 저축까지 감소하는 경우 절약의 역설이라 한다.

출제 Point 인플레이션 갭상태에서는 음(-)의 재고투자를 나타낸다.

핵심탐구 — 균형국민소득의 결정

1. **국민소득의 순환적 흐름 - 3면 등가의 원칙**
   ① 생산국민소득 = 기업이 생산한 모든 재화와 용역의 가치합계(최종부가가치 합계)
   ② 지출국민소득 = 가계가 최종재에 대하여 지출한 총액
   ③ 분배국민소득 = 생산요소가 받은 요소소득의 합계

2. **국민소득의 기본 항등식**
   Y = C + I + G + (X - M) (C는 소비지출, I는 투자지출, G는 정부지출, X는 수출, M은 수입)
   Y = C + S + T + Rf (S는 저축, T는 세금, Rf는 해외이전지출)
   ⇨ 순수출과 해외이전지출을 고려하지 않는 폐쇄경제를 가정하면
   C + I + G = C + S + T를 통해 I + G = S + T ⇔ I = S + (T - G)

3. **균형국민소득의 결정**
   S + T < I + G 면 기업은 계획하지 않은 음(-)의 재고투자상태로 생산량을 늘려 균형점으로 가고
   S + T > I + G 면 기업은 의도하지 않은 양(+)의 재고투자상태로 생산량을 줄여 균형점으로 회복

4. **저축증가의 효과**
   저축의 증가로 S + T > I + G로 생산량을 줄이게 되어 국민소득이 감소하므로 절약의 역설

정답 | ③

다음 설명 중 IS곡선에 대하여 잘못 설명한 것은?

① IS곡선은 공급측면에서 유도된 곡선이다.
② 세금이 감소하면 IS곡선은 우측으로 이동한다.
③ IS곡선은 이자율과 역의 관계에 있다.
④ 투자가 감소하면 IS곡선은 좌측으로 이동한다.

 Point 통화량의 증가는 LM곡선의 우측이동 요인이다.

핵심탐구 | IS곡선의 도출과 이동

(1) IS곡선의 도출
① 생산물시장의 행태식

$$Y_D = C + I^D + G$$
$$C = a + b(Y - T)$$
$$I^D = I(r) = I_0 - cr$$
$$G = G_0, T = T_0$$
$$Y_D = Y : 균형식$$

② IS곡선의 정의 : 생산물시장을 균형시키는 모든 이자율(r)과 국민소득(Y)의 조합을 이은 선

▶ IS곡선의 도출

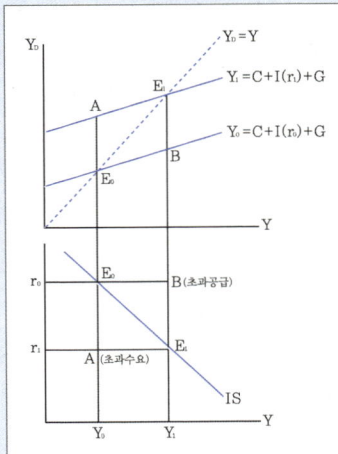

(2) IS곡선의 이동과 기울기
① 수학적 접근 : 주어진 변수들을 생산물시장의 행태식에 대입하면,

$$Y = a + b(Y - T_0) + I_0 - cr + G_0$$
$$(1-b) = a - bT_0 + I_0 - cr + G_0$$
$$\therefore r = -\frac{(1-b)}{c}Y + \frac{1}{c}[a - bT_0 + I_0 + G_0]$$

② IS곡선의 오른쪽 이동요인 : ㉠ 정부지출(G)의 증가 ㉡ 절대소비(a) 증가 ㉢ 독립투자(I0) 증가 ㉣ 조세(T0) 감면
③ IS곡선의 기울기 : ㉠ 투자수요의 이자율탄력도(c)가 커지면 IS곡선의 기울기는 완만해진다. ⇨ 탄력적
　　　　　　　　　㉡ 한계소비성향(b)이 커지면 IS곡선의 기울기는 완만해진다. ⇨ 탄력적

정답 | ①

다음 중 IS – LM 분석에 대한 설명으로 부적절한 것은?

① IS곡선은 저축과 투자가 균등한 점의 궤적이다.
② IS곡선의 방정식은 Y = C + I + G에서 유도된다.
③ 왈라스의 법칙에 의거해 채권시장의 균형조건을 별도로 파악할 필요가 없다.
④ IS곡선과 LM곡선이 교차하는 점에서 균형소득수준과 균형물가수준이 결정된다.

출제 Point IS – LM곡선이 교차하는 점에서 균형국민소득과 균형이자율이 결정된다.

핵심탐구 — LM곡선의 도출

(1) LM곡선의 도출
  ① 화폐시장의 행태식
    ㉠ 화폐수요 : $\dfrac{M^D}{P} = kY - ir$
    ㉡ 화폐공급 : $\dfrac{M^S}{P} = \dfrac{M_0}{P}$
  ② LM곡선의 정의 : 화폐시장을 균형시키는 모든 이자율과 국민소득의 조합을 이은 선
    ▶ 곡선의 도출

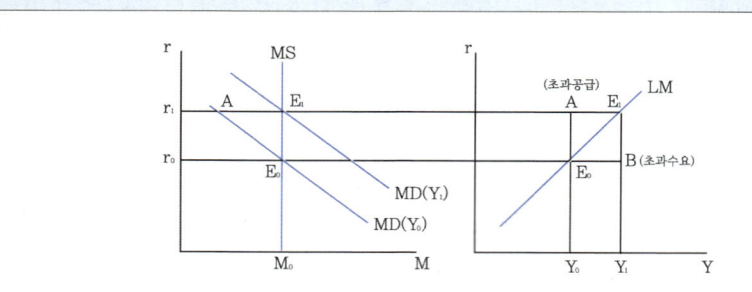

(2) LM곡선의 이동과 기울기
  ① 수학적 접근 : 화폐시장의 행태식에서 균형조건은 $\dfrac{M^S}{P} = \dfrac{M_0}{P}$ 이므로,

  $$\dfrac{M_0}{P} = kY - ir \qquad \therefore r = \dfrac{k}{i}Y - \dfrac{1}{i} \cdot \dfrac{M_0}{P}$$

  ② LM곡선의 오른쪽 이동요인 : 실질통화공급(M_0/P)의 증가 : 물가(P)의 하락 혹은 명목통화공급(M_0) 증가
  ③ LM곡선의 기울기
    ㉠ 화폐수요의 소득탄력도(k)가 작으면 LM곡선의 기울기는 작다(탄력적).
    ㉡ 화폐수요의 이자율탄력도(i)가 크면 LM곡선의 기울기는 작다(탄력적).

정답 | ④

IS – LM모형에서 균형국민소득을 증가시키는 경우가 아닌 것은?
① 투자의 이자율탄력성이 0일 때 확장 재정정책을 펼치는 경우
② 투자의 이자율탄력성이 무한대일 때 확장 금융정책을 펼치는 경우
③ 화폐수요의 이자율탄력성이 0일 때 확장 금융정책을 펼치는 경우
④ 투자의 이자율탄력성이 0일 때 확장 금융정책을 펼치는 경우

 Point 투자의 이자율 탄력성이 0일 때, 확장금융정책을 펼치면 IS곡선이 수직이 되어 효과가 없다.

핵심탐구 — 경제정책의 효과

(1) 재정정책의 효과
  ① 고전학파는 완전한 구축효과(IS곡선이 수평이거나 LM곡선이 수직인 경우) – 재정정책의 무효
  ② 케인즈학파는 무구축효과(LM곡선이 수평인 경우) – 재정정책이 효과적

(2) 통화정책의 효과
  LM곡선이 수직에 가까운 고전학파는 효과가 크나 LM곡선이 수평에 가까운 케인즈학파는 통화정책보다는 재정정책 효과 강조 – 고전학파의 피구효과와 케인즈학파의 유동성함정

정답 | ④

다음 중 필립스곡선에 대한 설명으로 옳지 않은 것은?

① 프리드만의 기대가 첨가된(expectation-augmented) 필립스 곡선은 합리적 기대를 가정한다.
② 루카스의 필립스곡선에 의하면 실제인플레이션과 기대인플레이션은 장기적으로 같아진다.
③ 프리드만의 필립스곡선에 따르면 실업률을 자연실업률 이하로 낮추려는 노력은 물가 상승만 가져온다.
④ 루카스의 필립스곡선은 정책무용성을 뒷받침한다.

 프리드만은 적응적 기대를 가정하고, 합리적 기대를 가정하고 있는 경우는 루카스이다.

핵심탐구 | 필립스 곡선

1. 실업의 개념
   실업률 = 실업자 / 경제활동인구 × 100(%)
   (1) 고전학파 : 마찰적, 자발적 실업 – 직장탐색모형과 노동자탐색모형
   (2) 케인즈학파 : 구조적 실업 – 명목임금의 하향경직성
2. 인플레이션
   (1) 수요견인 인플레이션 : 통화량의 증가와 지출의 증가
   (2) 비용인상 인플레이션 : 임금이나 원자재 가격의 상승
   (3) 필립스곡선 : 실업률과 물가상승률 사이의 역관계
   (4) 스태그플레이션 : 필립스곡선의 우상방 이동

정답 | ①

12

정부가 자국통화에 대한 평가절하정책을 실시할 때 일시적으로 무역수지가 악화되었다가 시간이 경과함에 따라 무역수지가 개선되는 현상을 설명하는 것으로 가장 올바른 것은?

① 구매력 평가설
② 이자율 평가설
③ J - curve 효과
④ 환율의 오버슈팅

 **Point** 환율상승(=자국 화폐의 평가절하) 이후 무역수지의 증감 패턴이 보여주는 모양은 알파벳의 이 글자를 닮았다.

핵심탐구 — 환율관련 이론의 이해

1. 환율변화와 무역수지
   (1) 마샬 - 러너조건
      평가절하를 할 때 무역수지가 개선되려면 양국의 수입수요의 가격탄력성의 합의 절대값이 1보다 커야한다.
   (2) J - curve효과
      평가절하로 일시적으로 무역수지가 악화되었다가 시간이 지남에 따라 수출증대와 수입감소로 무역수지가 개선되는 효과
   (3) S - curve효과
      평가절하로 무역수지개선효과를 보면서 국내 외환유입량이 증가하여 화폐량의 증가로 인플레이션이 발생하면서 무역수지가 악화되는 현상

2. 환율결정이론
   (1) 구매력평가설 : 절대적 구매력평가설(자국 화폐구매력에 대한 외국 화폐구매력의 비율이 환율), 상대적 구매력평가설(상대적 물가 수준의 변동)
   (2) 현대적 환율결정이론 : 통화론적 모형, 오버슈팅모형, 랜덤워크 모형
   (3) 오버슈팅(Overshooting) 모형 : 어떠한 정책으로 새로운 장기균형이 달성되가는 과정에 기대가 먼저 반영되면서 단기에 환율이나 가격변수 등이 과도하게 변동하는 현상을 설명하는 모형
   (4) 랜덤워크(Random walk) 모형 : 사람들이 합리적 기대 하에서 이용가능한 모든 정보를 이용하여 환율을 결정. 현재 환율이 미래환율 예측을 위한 가장 좋은 지표가 됨
   (5) 통화론적 모형 : 화폐의 수요와 공급에 의해 시장에서 환율이 결정되며 환율도 화폐적인 현상으로 파악함

정답 | ③

이패스 금융투자분석사

경기에 대한 설명 중 옳지 못한 것은?

① 화폐적 균형경기변동이론에 의하면 예상된 화폐량의 변동은 경기변동에 지속적인 영향을 미친다.
② 경기변동은 지속성, 보편성, 주기성, 비대칭성을 갖는다.
③ 경기종합지수에서 후행종합지수는 도시가계소비지출, 회사채 유통수익률 등이 있다.
④ 경기지수에는 경기종합지수, 경기실사지수, 경기확산지수, 경기예고지수 등이 있다.

 예상된 통화량의 변동은 경기변동에 영향을 미치지 않는다.

핵심탐구 경기변동

1. 경기변동 : 경기지수 – 선행, 동행, 후행지수
   (1) 케인즈의 경기변동이론 : 독립지출인 투자의 불안정성
   (2) 균형경기변동이론
      ① 실물적 균형경기변동이론 : 기술충격, 인구변화, 소비자 선호의 변화, 정부의 정책충격
      ② 화폐적 균형경기변동이론 : 예상치 못한 통화량의 변동
2. 경제성장론
   (1) 해로드 – 도마 모형
      완전고용상태에서 최적 성장경로는 자연성장률과 보증성장률이 일치하는 수준에서 결정 – 면도날균형
   (2) 신고전학파 모형 : 솔로우와 스완의 면도날 균형문제 해결
   (3) 내생적 성장이론 : 수확체증모형, 한계생산성 접근모형, 신슘페터 모형

정답 | ①

memo

01 다음 중 거시경제이론을 설명한 것으로 부적절한 것은?
① 고전학파와 신고전학파는 가격의 신축성을 가정하고 시장기능의 역할을 강조했다.
② 세계 대공황을 목격한 케인즈는 세이의 법칙을 수용하여 정책당국이 유효수요를 증대시켜야 한다는 이론을 전개시켰다.
③ 합리적 기대 개념을 바탕으로 한 새고전학파는 민간 경제주체들에 의해 예측되어진 정부당국의 어떠한 경제정책도 효과가 없다고 하였다.
④ 1980년대 이후 합리적 기대가설을 수용하면서도 임금과 가격의 신축성 가정은 부인하는 뉴케인즈학파가 대두되었다.

 02 전통적 소비이론에서 소비에 영향을 주는 것으로 가장 적합한 것은?
① 소득
② 투자
③ 생산
④ 화폐

 03 4년 만기 채권의 만기수익률이 연간 9.5%, 5년 만기 채권의 만기수익률 연간 10%일 때, 불편기대가설에 의하면 4년 후에 1년 만기 채권이자율은 얼마로 예상되는가?
① 9%
② 9.75%
③ 10%
④ 12%

 04 통화공급의 증가가 금리에 미치는 효과에 대한 설명이다. 틀린 것은?
① 통화공급이 증가하면 단기적으로 금리가 떨어지는 유동성효과가 발생한다.
② 유동성효과로 금리가 떨어지면 투자가 확대되고 소득이 증대되어 통화수요를 증가시키기 때문에 금리가 하락하는 소득효과가 생긴다.
③ 통화공급을 증가시키면 기대인플레이션이 높아져 금리를 상승시키는 피셔효과가 발생한다.
④ 통화 – 금리 논쟁의 핵심은 유동성효과와 피셔효과의 상대적 크기에 관한 것이다.

05 AS – AD모형에 대한 케인즈학파의 주장으로 잘못된 것은?

① 불완전 구축효과
② 화폐의 중립성이 없다.
③ 화폐에 대한 환상이 없다.
④ AS곡선은 우상향이고 명목임금 증가 시 좌측으로 이동한다.

06 금리의 기간구조이론에 관한 설명 중 적절하지 못한 것은?

① 힉스는 유동성 프리미엄이 미래로 갈수록 커지는 것으로 보았다.
② 금리의 기간구조이론 중 시장분할이론은 수익률곡선의 우상향 및 이동 현상을 잘 설명하고 있다.
③ 기대이론에 의한 장기 금리는 미래예상수익률에 의하여 그 크기가 결정된다.
④ 실증분석 결과에 따르면 수익률 곡선은 일반적으로 우상향한다.

정답 및 해설

01 ② 케인즈학파는 공급이 수요를 창조한다는 세이의 법칙에 부정하고 유효수요증대이론을 강조한다.
02 ① 전통적 소비이론은 소비의 설명변수로 소득에 대해 여러 가정을 하게 된다.
03 ④ 선도이자율을 구하는 일반식은 다음과 같다.

$$\text{선도이자율}(FRn) = \frac{(1+Rn)^n}{(1+R_{n-a})^{n-1}} - 1 = \frac{(1+0.1)^5}{(1+0.095)^4} - 1 ≒ 12\%$$

04 ② 화폐공급의 증가는 유동성효과, 소득효과 그리고 피셔효과 순으로 이자율에 영향을 미친다. 유동성효과로 인하여 화폐공급 초기에는 이자율이 하락하지만, 시간 경과에 따라 소득효과와 피셔효과로 이자율이 상승한다. 보통 단기적으로는 유동성효과, 장기적으로는 피셔효과가 나타난다.
05 ③ 고전학파는 화폐의 중립성, 완전구축효과 등을 주장하고 케인즈학파는 화폐환상과 불완전구축효과를 주장한다.
06 ② 시장분할가설은 장·단기 채권 간의 대체관계가 없으며 투자자는 특정 만기의 채권만을 선호한다고 가정한다. 따라서 단기채는 초과수요로 가격상승(수익률 하락), 장기채는 초과공급으로 가격하락(수익률 상승)의 현상이 발생함으로써 수익률곡선의 우상향을 설명한다. 그러나 장·단기간의 연계성이 없어 수익률 곡선의 이동은 잘 설명하지 못한다.

07 금리변동과 주요거시경제 변수와의 관계에 관한 설명 중 적절하지 못한 것은?

① 일반적으로 경기변동과 금리는 같은 방향으로 움직이며, 금리는 경기에 선행하는 경향이 있다.
② 일반적으로 인플레이션과 금리는 같은 방향으로 움직이며, 금리는 인플레이션에 후행하는 경향이 있다.
③ 일반적으로 경상수지와 금리는 음(－)의 상관관계를 가진다.
④ 일반적으로 화폐공급이 증가하여 단기에는 유동성 효과가 나타나지만 장기에는 피셔효과가 나타난다.

08 부의 효과와 유동성 함정에 대한 다음 설명 중 틀린 것은?

① 물가가 하락하면 실질구매력이 증가하여 소비가 증가하는 현상을 피구효과라 한다.
② 유동성 함정구간에서 투자는 이자율에 완전 탄력적이다.
③ 고전학파는 부의 효과로서 유동성 함정을 비판하고 있다.
④ 실질잔액효과는 명목통화공급의 증가가 부의 증가를 가져와 소비가 증가하는 것을 말한다.

09 노동시장에서의 임금은 단체협약에 의해 이루어지고, 이 임금수준은 일정기간 변하지 않으며 전체 물가는 신축적이다. 이와 같은 상황이 주어질 때 확장적인 재정정책과 확장적인 통화정책을 각각 시행할 경우 다음 중 틀린 것은?

	확대재정정책	확대통화정책
① 이자율	상승	상승
② 물가	상승	상승
③ 실질 국민소득	상승	상승
④ 고용량	상승	상승

10 소비 및 소비함수에 관한 설명 중 옳지 않은 것은?

① 한계소비성향이 1이라는 것은 추가적 소득이 발생하면 이를 100% 소비한다는 의미이다.
② 생애주기설에 따르면 소비수준은 일생동안 발생하는 소득과 자산의 총 규모에 의해서 결정된다.
③ 상대소득가설에 의하면 소비는 자신의 소득과 무관하며, 동류집단의 소득에 의해 영향을 받는다고 한다.
④ 절대소득가설에 따르면 소비는 소득의 함수이며, 소득이 0이라도 생존을 위해 기본적인 소비금액이 필요하다.

정답 및 해설

07 ① 금리는 경기변동에 후행하는 경향이 있다.
08 ② 유동성 함정구간은 LM곡선이 수평으로 나타나는 이자율이 매우 낮은 구간으로 화폐수요가 이자율에 완전 탄력적이다.
- 유동성함정(liquidity trap) : 이자율이 낮은 구간에서 화폐수요가 이자율에 완전 탄력적인 수평구간의 LM곡선에서 발생하며, 이자율이 낮을 경우에는 화폐수요의 기회비용이 낮아 공급된 화폐를 무한히 수요할 수 있다.
- 부의 효과(wealth effect) : 부는 화폐, 채권, 자본으로 구성됨
  ⇨ 통화공급 증가가 LM, IS곡선을 동시에 우측이동하여 유동성함정에서 탈출 가능
- 화폐공급의 증가는 부를 증가시키고, 소비를 증가시킴
  ① 실질잔액효과 ② 피구효과

09 ① 확대통화정책을 시행하는 경우 통화공급이 증가하므로 이자율은 하락하게 된다.
10 ③ 상대소득가설은 소비의 상호의존성(소비의 외부성)뿐만 아니라 소비의 비가역성이라는 가정에 입각하고 있다.
  1. 절대소득가설
    ① 케인즈 : 소비수준이 현재소득에 의해서만 영향을 받음
    ② 0 < 한계소비성향(MPC) < 1, APC > MPC
    ③ 소득증가 ⇨ MPC 감소, APC > MPC
    ④ 소비함수 양의 y절편(생존필요소비 때문) - 절대소비
    ⑤ 소득이 없어도 단기소비함수와 횡단면소비 함수는 y축의 양의 값
  2. 상대소득가설
    ① 횡단면적 상대성 - 다른 개인의 소비영향
    ② 시계열적 상대성 - 과거 소득 수준의 영향
      ㉠ 듀젠베리, 개인의 소비는 타인의 소비와 자신의 과거의 소비수준에 영향 받음
      ㉡ 전시효과(demonstration effect), 톱니효과(ratchet effect)
        cf. 전시효과(demonstration effect) - 소비행위의 외부성
  3. 생애주기설
    ① Modigliani - Ando 청년기, 중년기, 노년기
    ② 소비수준은 일생동안 발생하는 소득과 자산의 총량을 고려하여 결정
  4. 항상소득가설
    ① 프리드만, 현재소득이 아닌 항상소득에 의하여 소비수준 결정
      실제소득(Y) = 항상소득(Yp) + 일시소득(Yt)
    ② 항상소득(소비)과 일시소득(소비) 간에 상관관계가 없다고 가정
    ③ 단기소득증가는 일시소득증가에 기인, 증가분의 일부분만 소비
    ④ 임시소득은 대부분 저축된다.

11 통화승수 및 통화 공급에 대한 다음 설명 중 옳은 것은?
① 지급준비율이 낮아지는 경우 통화승수는 상승할 것이다.
② 지급준비율이 높아지는 경우 통화승수는 상승할 것이다.
③ 통화승수가 클수록 통화정책으로 인한 파급효과가 클 가능성이 낮다.
④ 사람들이 화폐를 실물로 보유하려고 하는 경향이 높을수록 통화승수는 커진다.

12 IS – LM 모형과 관련된 설명으로 가장 거리가 먼 것은? (단, IS곡선은 우하향, LM곡선은 우상향을 가정)
① 총수요곡선은 IS곡선과 LM곡선의 결합으로 유도된다.
② 정부지출이나 통화량을 증가시키면 국민소득이 증가한다.
③ 정부지출과 조세는 IS곡선의 이동변수이다.
④ 통화량과 이자율은 LM곡선의 이동변수이다.

13 실업이 자연실업률 상태에 놓여있을 때 확장 재정정책의 장기적인 결과는?
① 실업률이 감소하면서 인플레이션이 가속화된다.
② 자연실업률이 감소하므로 실업률도 감소한다.
③ 자연실업률이 증가하므로 실업률도 증가한다.
④ 실업률은 감소하지 않고 인플레이션이 가속화된다.

14 다음 중 투자에 대한 설명으로 옳지 못한 것은?
① 케인즈의 한계효율 이론에서는 이자율이 한계효율보다 클 경우 투자가 실행된다.
② 고전학파의 현재가치이론과 케인즈의 한계효율이론은 본질적으로 투자결정에 대하여 동일한 예측을 하고 있다.
③ 토빈의 q이론은 기업이 규모의 경제를 누리거나 시장지배력을 가지고 있는 경우 한계적 q비율과 평균적 q비율이 일반적으로 동일하지 않다는 약점이 있다.
④ 투자자금의 한계비용이론에 의하면 투자는 자금조달 한계비용과 투자의 한계효율이 만나는 점에서 결정된다.

15 총공급곡선(AS곡선)에 대한 설명으로 가장 거리가 먼 것은?
① 총공급곡선은 재화시장의 균형조건으로부터 도출된다.
② 고전학파의 총공급곡선은 수직선의 형태를 갖는다.
③ 케인즈학파의 총공급곡선은 우상향하는 형태를 갖는다.
④ 화폐환상은 케인즈학파의 총공급곡선의 형태를 설명하는 것 중의 하나이다.

16 유동성함정과 피구효과에 대한 설명으로 가장 거리가 먼 것은?
① 유동성함정에서 화폐수요는 이자율에 비탄력적이다.
② 경기불황기에 물가하락으로 부(wealth)의 실질가치가 증가하여 소비와 국민소득이 증가하는 것을 피구효과라고 한다.
③ 케인즈는 유동성함정에서 통화정책은 무력하다고 하였다.
④ 고전학파의 피구효과는 케인즈의 유동성함정에 대한 반론으로 제시되었다.

17 실질이자율이 3%, 경제성장률이 4%, 물가상승률이 5%, 통화량 증가율이 6%일 때, 피셔방정식에 의하면 명목이자율은 얼마인가?
① 7% ② 8%
③ 9% ④ 10%

정답 및 해설

11 ① 통화승수 = 1 / {c + z(1 − c)}
   (c : 민간현금선호도, z : 지급준비율)이므로, 지급준비율 (z)이 낮아지면 통화승수는 상승한다.
12 ④ 이자율은 LM 자체의 이동이 아니라 LM 상의 이동을 가져온다.
13 ④ 자연실업률 하에서 확장 재정정책은 장기적으로 물가만 상승하는 결과를 가져온다(프리드먼의 자연실업률 가설).
14 ① 이자율이 한계효율보다 크다면 차입비용이 수익률을 상회하므로 투자를 실행할 수 없다.
15 ① 재화시장과 화폐시장 균형조건으로 총수요곡선이 도출되고, 총공급곡선은 노동시장 균형조건으로 도출된다.
16 ① 유동성함정에서 화폐수요는 이자율에 완전탄력적이다.
17 ② 명목이자율 = 실질이자율 + 물가상승률

18 중앙은행이 통화량을 증가시키는 방법으로 가장 거리가 먼 것은?

① 본원통화의 증가
② 국채 매수를 통한 공개시장조작
③ 재할인율의 인하
④ 지급준비율의 인상

19 다음 중 IS곡선과 LM곡선을 이동시키는 요인을 옳게 설명한 것을 모두 고르면?

㉠ 정부지출의 증가 → IS곡선의 우측 이동
㉡ 조세의 증가 → IS곡선의 우측 이동
㉢ 통화량의 증가 → LM곡선의 우측 이동
㉣ 통화량의 감소 → LM곡선의 우측 이동

① ㉠, ㉢
② ㉠, ㉣
③ ㉡, ㉢
④ ㉡, ㉣

20 가격과 임금이 완전 신축적인 고전학파 모형에서 통화량 감소의 효과가 아닌 것은?

① 명목임금의 하락
② 물가수준의 하락
③ 고용량의 감소
④ 실질이자율의 불변

21. 일반적으로 투자수요가 이자율에 대해 비탄력적이고 화폐수요가 이자율에 대해 탄력적인 경우, 다음 설명 중 맞는 것은?

① 통화정책의 효과가 재정정책의 효과보다 크다.
② 재정정책의 효과가 통화정책의 효과보다 크다.
③ 통화정책과 재정정책의 효과가 같다.
④ 통화정책과 재정정책의 상대적인 효과를 판단할 수 없다.

22. '유동성 함정'에 대한 설명 중 옳지 않은 것은?

① 유동성 함정 구간에서 LM곡선은 수평이다.
② 화폐보유에 따른 기회비용이 아주 낮다.
③ 유동성 함정 구간에서 통화정책의 효과가 가장 크다.
④ 화폐수요의 이자율 탄력성은 무한대이다.

23. 정부가 재정지출을 증가시킬 경우에 나타나는 현상과 거리가 먼 것은?

① IS곡선이 오른쪽으로 이동한다.
② AD곡선이 오른쪽으로 이동한다.
③ 민간기업의 투자심리가 살아난다.
④ 금리가 상승한다.

정답 및 해설

18 ④ 지급준비율을 인하해야 통화량이 증가할 것이다.
19 ① 정부지출이 증가하면 IS곡선은 우측으로 이동하며 통화량이 증가할 경우 LM곡선은 우측으로 이동한다.
20 ③ 가격과 임금이 완전신축일 경우 명목변수인 통화량이 변해도 실질변수인 고용에는 아무런 영향을 미치지 못한다(화폐중립성).
21 ② 투자수요가 이자율에 대해 비탄력적이고 화폐수요가 이자율에 대해 탄력적일 경우 확장통화정책으로 돈을 풀어도 투자로 연결되기 어렵다.
22 ③ 유동성 함정구간에서 통화정책의 효과는 무력해진다.
23 ③ 재정지출의 증가는 IS곡선과 AD곡선을 우측 이동시키고 단기적으로 금리가 하락하나 정부지출의 증가를 위해 채권을 발행해 장기적으로는 금리가 상승한다. 따라서 민간기업의 투자가 위축되는 구축효과가 나타난다.

24 생애주기가설(Life – Cycle Hypothesis)에 관한 다음의 설명 중 옳은 것은?

(A) 중년에 있는 사람들의 APC(평균소비성향)는 청년기나 노년기에 있는 사람들의 APC보다 비교적 작다.
(B) 단기에는 APC > MPC(한계소비성향)이고 장기에는 APC = MPC이다.
(C) 세율의 일시적 변동은 소비에 별다른 영향을 주지 못한다.

① (A)와 (B)
② (B)와 (C)
③ (A)와 (C)
④ (A), (B), (C)

25 어떤 가계가 매년 5천만원의 소득 중 3천만원의 소비를 하는데 가장의 직장 사정으로 소득이 4천만원으로 줄었다. 그런데도 여전히 소비가 3천만원이라면 관계있는 소비이론은?

① 절대소득가설
② 상대소득가설
③ 항상소득가설
④ 생애주기가설

26 다음 중 본원통화가 증가하는 경우는?

① 중앙은행의 예금은행에 대한 여신이 수신보다 많을 때
② 중앙은행의 매입외환이 매각외환보다 적을 때
③ 중앙은행의 대정부 순자산이 감소할 때
④ 예금은행에 대한 중앙은행의 재할인율을 인상할 때

27 국민소득 결정모형(폐쇄경제 가정)에서 작년의 소비지출이 300억원, 투자지출이 200억원, 정부지출이 100억원으로 집계되었다. 화폐공급이 200억원일 때 화폐의 유통속도는?

① 2
② 3
③ 4
④ 5

28. 정부가 인플레이션을 낮추고자 할 때, 케인지안의 분석에 따르면 중앙은행의 역할로 올바른 것은?
① 정부채권을 매각하여 화폐공급을 회수하여 이자율을 상승시키고 총수요를 감소시킨다.
② 화폐공급이 줄도록 정부채권을 매입하여 이자율을 하락시키고 총수요를 증가시킨다.
③ 비용을 줄이고 물가를 하락시키도록 세금을 줄인다.
④ 할인율을 인하하여 시장이자율을 낮추어 비용과 물가를 하락시킬 것이다.

 29. 다음 중 GNP와 관계된 설명으로 가장 거리가 먼 것은?
① 국민총생산은 일정 기간 중 한 나라 국민이 생산한 최종생산물의 시장가치이다.
② GNP = GDP + 해외순수취요소소득
③ 토지, 기존주택, 주식 등 기존자산의 거래에서 얻은 이득은 국민총생산에 계상되지 않는다.
④ Y = C + I + G는 분배 측면에서의 국민총생산을 표현한 것이다.

> 정답 및 해설

24 ④ 평생소득가설 혹은 생애주기가설은 소득이 많은 중년기에는 청년기나 노년기에 비해 APC가 작다. 단기적으론 한계소비성향보다 평균소비성향이 높은 것이 일반적이나 장기에는 일치하고 세율의 일시 변동도 소비에 영향을 주지 못한다.

25 ② 상대소득가설에는 전시효과와 톱니효과가 있다. 전시효과는 다른 사람들의 소비수준과 비교하여 소비하는 횡단면적 분석이고, 톱니효과는 과거의 소득수준에 영향을 받는 종단면적 분석이다.

26 ① 중앙은행의 예금은행에 대한 여신이 수신보다 많으면 통화의 증가를 가져온다.

27 ②
• PY = C + I + G = 300억 + 200억 + 100억 = 600억
• V = 명목GDP/M

28 ①
② 정부채권을 매입하면 통화가 더 증가하게 된다.
③ 세금을 줄이면 물가상승의 압박이 더 강해진다. 조세정책은 정부의 역할이다.
④ 할인율을 낮추면 통화의 증가로 물가상승의 우려가 더 커진다.

29 ④ 지출측면에서의 국민소득 개념이다.

30 이자율에 대한 설명으로 틀린 것은?
① 고전학파에 의하면 화폐의 공급과 수요에 의해 이자율이 결정된다.
② 케인즈의 투기적 화폐수요는 이자율과 음(-)의 관계를 갖는다.
③ 유동성 선호이론에서 이자는 유동성을 희생하고 화폐 이외의 금융자산을 보유하는 데 따르는 보상으로 간주된다.
④ 고전학파에서 이자는 절약(thrift)에 대한 보상으로 간주된다.

31 다음 중 틀린 설명은?
① AD곡선은 재화시장과 화폐시장의 균형에 의해서 AS곡선은 노동시장과 생산함수에 의해서 도출이 된다.
② 고전학파의 AS곡선은 수직이고 케인즈학파의 AD곡선은 우하향한다.
③ 합리적 기대학파는 현재의 조세 증가가 IS곡선을 변화시키지 못하여 정책효과를 가지지 못한다고 한다.
④ 새케인즈학파는 합리적 기대의 개념을 받아들여 정책무용성 명제를 뒷받침하였다.

32 다음 보기에서 설명하는 기간구조이론은?

- 장기수익률은 단기수익률의 기하평균과 같다.
- 수익률의 이동간에 완전한 대체관계가 형성된다.

① 불편기대가설　　　　　　　② 유동성선호이론
③ 시장분할이론　　　　　　　④ 특정시장선호이론

33 AD - AS분석에서의 고전학파의 입장에 대한 설명으로 틀린 것은?
① 고전학파모형에서 재정정책은 화폐의 중립성으로, 금융정책은 구축효과로 특징 지을 수 있다.
② 확대재정정책은 국민소득의 증가 없이 이자율과 물가의 상승만을 야기한다.
③ 확대통화정책은 국민소득의 증가 없이 물가의 상승만을 야기한다.
④ 기업의 노동자는 물가의 변화에 신속히 조정하므로 총공급곡선은 수직형태를 가진다.

34 로또라는 사람이 복권을 구입하여 우연히 100만원의 당첨금(세금무시)을 받게 되었을 때, 로또라는 사람의 소비행태는 어떻게 변할 것인가를 각 소비함수이론으로 설명한 것 중 틀린 것은?

① 절대소득가설에 의하면 로또가 받게 되는 100만원 중 가처분소득의 일정비율 만큼을 소비하게 된다.
② 영구소득가설에 의하면 로또가 우연히 얻은 100만원은 일시적인 소득이므로 소비행태에는 아무런 영향을 주지 못하게 된다.
③ 평생소득가설에 의하면 로또가 우연히 얻은 100만원은 총자산에 포함되는 개념이므로 로또의 소비행태에 영향을 미치게 된다.
④ 상대소득가설에 의하면 로또는 당첨금 100만원을 소비한 이후에는 이전의 소비수준으로 소비가 줄어들게 된다.

35 필립스곡선에 대한 다음 설명 중 옳지 않은 것은?

① 단기 필립스곡선은 경제성장과 물가안정의 상충관계를 설명할 수 있다.
② 장기 필립스곡선은 자연실업률 수준에서 수직인 형태를 보인다.
③ 필립스곡선은 어느 나라에서나 동일하게 나타난다.
④ 장기필립스곡선이 장기에 자연실업율 수준에서 수직이라고 해서 자연실업율이 변하지 않는다는 것을 의미하는 것은 아니다.

정답 및 해설

30 ① 고전학파에 의하면 이자는 저축과 투자에 의해 결정된다.
31 ④ 뉴케인즈학파는 합리적 기대는 인정하나 정책효과의 가능성에 강조점을 두고 있다.
32 ① 불편기대가설에 대한 설명임
33 ① 재정정책은 구축효과로, 금융정책은 화폐의 중립성으로 특징지어진다.
34 ④ 상대소득가설에서는 톱니효과로 이전의 소비수준으로 돌아가지 못하고 계속소비하려고 한다.
35 ③ 필립스곡선은 각 국가에 따라, 측정시점에 따라 상이하게 나타난다.

36. 다음은 통화주의학파의 환율결정이론에 대한 내용이다. 옳지 않은 것은?

① 자국의 통화량이 증가하면 환율이 상승한다.
② 자국의 이자율이 상승하면 환율이 상승한다.
③ 타국의 이자율이 상승하면 환율이 하락한다.
④ 타국의 소득이 상승하면 환율이 하락한다.

37. 경제성장이론에 관한 설명 중 옳지 않은 것은?

① 해로드 - 도마 모형에서는 균형을 이탈하면 내생적으로 균형을 회복하지 못한다.
② 솔로우 - 스완모형의 기본가정은 수확체감을 가정한다.
③ 경제 성장률이 0이 될지, 혹은 일정할지, 혹은 지속적으로 증가할지 결정하는 핵심적인 가정은 생산함수의 가정에 달려있다.
④ 신슘페터주의 성장모형에서 인적자본은 자본의 한계생산성 체감을 억제하는 역할을 담당하게 되고, 따라서 접근현상을 설명할 수 있게 되었다.

38. 이자율 기간구조에 관한 이론 중, 단기채권은 단기채권 시장에서만 거래되고, 장기채권은 장기채권 시장에서만 거래되어 만기가 다른 채권들이 서로 대체되지 않는다고 설명하는 이론은 무엇인가?

① 기대가설　　　　　　　　② 분할시장론
③ 선호시장이론　　　　　　④ 유동성 프리미엄이론

39. 평가절하를 실시할 때 무역수지가 개선되기 위해서는 양국의 수입수요의 가격탄력성 합의 절대값이 1보다 커야 하는데 이를 무엇이라 하는가?

① J커브효과　　　　　　　② 마셜 - 러너 조건
③ 오버슈팅　　　　　　　　④ S커브효과

다음 중 균형국민소득에 대한 설명으로 틀린 것은?

① 소득수준이 균형국민소득수준을 넘어서는 경우 양(+)의 재고투자를 갖게 되어 기업은 생산량을 줄이고 국민소득은 균형으로 복귀하게 된다.
② 저축을 늘린 결과 소득이 줄고 저축할 몫이 줄어들어 저축이 감소하는 것을 절약의 역설이라 한다.
③ 투자가 이자율의 함수일 경우 이자율이 하락하면 투자가 상승하고 국민소득이 상승한다.
④ 양(+)의 재고투자는 인플레이션갭과 동일하게 총수요가 총공급을 초과함을 나타낸다.

 다음 중 정부정책과 유동성 함정에 대한 설명으로 틀린 것은?

① 유동성 함정은 화폐수요의 이자율 탄력성이 무한대여서 LM곡선이 수평인 상태를 말한다.
② 케인즈학파는 LM곡선이 수평에 가까워 상대적으로 재정정책의 효과를 강조한다.
③ 고전학파는 피구효과에 의해 유동성 함정을 벗어날 수 있다고 강조한다.
④ 부채 - 디플레이션 이론은 유동성 함정을 벗어날 수 있다는 고전학파의 논리를 뒷받침한다.

정답 및 해설

36 ④ 타국의 소득이 상승하면 타국의 화폐수요가 증가하여 환율이 상승하게 된다.
37 ④ 신슘페터주의 성장모형 역시 내생적 성장이론 중 하나로 점근현상의 실패를 설명하였다.
38 ② 분할시장이론에 관한 설명이다.
39 ② 외환시장의 안정조건으로 수출과 수입이 환율변동에 충분히 반응할 경우 마셜 - 러너조건이 성립한다.
40 ④ 인플레이션갭 상태에서는 음(-)의 재고투자를 나타낸다.
41 ④ 부채 - 디플레이션 이론은 불경기에서의 물가하락으로 경기불황 - 물가하락의 지속을 강조한다.

42 정책 유효성 논쟁에 대한 설명으로 가장 부적절한 것은?

① 리카도 불변정리는 세금의 감소로 소비보다는 저축이 증대된다는 이론이다.
② 케인즈 학파는 통화량 증가에 따라 이자율이 하락하고 산출량이 증가된다고 보며 이를 유동성효과라 한다.
③ 통화주의자는 소득효과와 피셔효과에 의해 유동성효과가 즉각적으로 사라지고 이자율이 상승한다고 한다.
④ 정책무용성 명제는 예측되지 않은 통화증가가 실질산출에 영향을 미친다고 한다.

43 케인즈의 '유동성 선호이론'에 관한 설명 중 옳지 않은 것은?

① 케인즈에 따르면 균형이자율의 결정은 채권시장의 균형으로 파악할 때와 화폐시장의 균형으로 파악할 때 각각 상이하게 나타난다.
② 화폐공급은 정부에 의해 외생적으로 주어진 것으로 간주하였다. 즉, 화폐공급곡선은 이자율과 무관하다.
③ 화폐수요는 경제주체의 투기적 동기에 의해 이자율과 역(-)관계를 갖는다.
④ 이자는 유동성이 높은 화폐를 포기한 데 따른 기회비용의 개념이다.

44 아래는 고전학파와 케인즈학파의 주장을 비교한 것이다. 옳지 않은 것은?

	고전학파	케인즈학파
①	가격의 신축성	가격의 경직성
②	재정정책이 효과적	금융정책이 효과적
③	구축효과	유동성함정
④	공급중시	수요중시

45 이자율에 대한 설명으로 가장 거리가 먼 것은?
① 시간선호이론에 따르면 이자는 현재소비를 포기한 대가이다.
② 사뮤엘슨의 생물학적 이자율이 갖는 의의는 시간선호와 같은 개념을 고려하지 않고, 이자율의 발생가능성을 설명하는 데 있다.
③ 생산력설에 따르면 이자율은 자본의 한계생산성과 일치하는 수준에서 결정된다.
④ 고전학파의 견해에 따르면 이자는 유동성 포기에 따른 대가이다.

46 다음 중 임의보행소비모형(Random Walk)과 관련이 없는 것은?
① 영구소득가설   ② 합리적 기대
③ 예상하지 못한 충격 ④ 현재의 소득

47 신고전학파 성장모형에 대해서 틀리게 설명한 것은?
① 저축이 증가하면 경제성장률이 증가한다.
② 인구성장률이 증가하면 경제성장률이 감소한다.
③ 경제 성장의 최종목표는 절대적인 소득수준의 증가이지, 소비의 증가와는 무관하다.
④ 황금률 자본량은 소비가 최대가 되는 지점이다.

정답 및 해설

42 ③ 통화주의자는 단기에 유동성 효과로 이자율이 하락할 수 있으나 장기적으로 이자율이 상승한다고 한다.
43 ① 케인즈는 균형이자율의 결정은 채권시장의 균형으로 파악하든 화폐시장의 균형으로 파악하든 동일하다고 하였다.
44 ② 고전학파는 시장개입을 반대하고 케인즈학파는 재정정책이 금융정책보다 효과적이라 하였다.
45 ④ ④는 케인즈의 견해이다.
46 ④ 영구소득가설에 합리적 기대를 도입한 소비함수이다. 현재의 소비는 전기소비 + 예상하지 못한 충격항(오차)으로 구성된다.
47 ③ 경제성장의 최종목표는 절대적인 소득수준의 증가보다는 소비를 극대화 하는 것이다.

다음 보기의 괄호( ) 안에 들어갈 말을 알맞게 짝지은 것은?

〈 보기 〉
황금률은 ( )과 ( )가(이) 일치하는 수준에서 소비의 극대화가 이루어진다.

① 실질이자율, 인구증가율
② 물가 수준, 한계생산성
③ 한계생산성, 저축증가율
④ 자연실업률, 저축증가율

 내생적 성장모형에 대해서 틀리게 설명한 것은?

① 생산함수의 투입요소는 인적자본, 노동, 자본이다.
② 지식량과 경제성장률은 아무런 관련이 없다.
③ 생산함수가 수확체증이면 경제성장은 무한히 가능하다.
④ 내생적 성장모형에서 중요한 것은 인적자원이 갖고 있는 가능성이다.

정답 및 해설

48 ① 황금률은 (실질이자율)과 (인구증가율)이 일치할 때 소비의 극대화가 이루어진다.
49 ② 내생적 성장모형에서 지식은 인적자원을 통해서 축적되고, 축적되는 지식량에 따라서 생산함수를 변화시킬 수 있기 때문에 지식량과 경제성장률은 대체로 양의 관계를 가진다.

핵심개념 이해도 체크

적절한 개념에 체크 ☑ 하세요..!

01 유동성 함정이 나타날 때는 (☐ 통화정책 / ☐ 재정정책)이 더 효과적이다.

02 IS곡선의 기울기가 가파를수록 확장통화정책으로 인한 국민소득의 증가폭이 (☐ 커진다 / ☐ 작아진다).

03 화폐수량방정식(= 교환방정식)에서 화폐의 유통속도는 통화량에 (☐ 반비례 / ☐ 비례)한다.

04 케인즈학파는 (☐ 명목임금 / ☐ 실질임금)의 경직성을 가정한다.

05 사무엘슨(Samuelson)의 중첩세대모형(OGM)에서는 '재화의 저장이 (☐ 가능 / ☐ 불가능)하다'고 가정한다.

06 민간이 일부를 현금으로 보유하는 경우 통화승수는 (☐ 작아진다 / ☐ 커진다).

07 (☐ 화폐적 / ☐ 실물적) 균형 경기변동(RBC) 이론은 기술충격, 인구변화 등이 경기변동을 촉발한다고 본다.

08 고정환율제도에서는 통화정책을 자유롭게 사용할 수 (☐ 있다 / ☐ 없다).

09 토빈의 q비율에서, 토빈은 q < 1이면 기업이 투자를 (☐ 확대 / ☐ 축소)한다고 주장한다.

정답

- **01** 재정정책
- **02** 작아진다
- **03** 반비례
- **04** 명목임금
- **05** 불가능
- **06** 작아진다
- **07** 실물적
- **08** 없다
- **09** 축소

핵심개념 이해도 체크

적절한 개념에 체크 ☑하세요.!

10 명목 변수인 화폐공급의 증가가 명목 변수인 물가만을 증가시키고 실질 변수인 국민소득에는 아무런 영향을 끼치지 못하는 현상을 (☐ 화폐의 중립성 / ☐ 화폐 환상)이다.

11 환율 결정 이론 중에서 환율은 자국과 타국의 이자율과 소득 및 화폐공급으로 결정된다고 주장하는 이론은(☐ 통화론적 모형 / ☐ 구매력 평가설)이다.

12 유발투자를 가정할 경우, 저축을 증가시키면 국민소득은 (☐ 증가 / ☐ 감소)하고, 저축은 (☐ 증가 / ☐ 감소)한다.

13 경기변동 이론에서 관심의 대상인 (☐ 추세 요인 / ☐ 순환 요인)의 움직임을 파악하기 위해 계절적 요인과 불규칙 요인을 제거해야 한다.

14 건설수주액(실질)은 (☐ 선행종합지수 / ☐ 동행종합지수)이고, 건설기성액(실질)은 (☐ 선행종합지수 / ☐ 동행종합지수)이다.

15 프리드만은 합리적 기대를 도입하여 단기 필립스곡선은 (☐ 우상향 / ☐ 우하향)하고, 장기 필립스곡선은 (☐ 우상향 / ☐ 수직)이라고 주장하였다.

16 프리드만은 합리적 기대를 도입하여 장기에는 필립스곡선의 형태 때문에 실업률과 인플레이션 사이에는 (☐ 역의 관계/ ☐ 관계 없음)가(이) 성립한다고 주장하였다.

정답

10 화폐의 중립성
11 통화론적 모형
12 감소, 감소
13 순환 요인
14 선행종합지수, 동행종합지수
15 우하향, 수직
16 관계 없음

memo

이패스코리아 **금융투자분석사**

03장

기업금융과 포트폴리오 관리

03 기업금융과 포트폴리오 관리

학습전략

본 과목에서는 총 10문제가 출제됩니다. 기업금융에서는 주로 현금흐름에 대한 화폐의 시간가치 계산 문제나 투자판단에 관한 자본예산 문제가 출제되며, 유가증권의 가치평가 모형은 약방의 감초라 해도 과언이 아닙니다. 포트폴리오관리에서 많은 문제가 출제되는데, 투자수익과 위험을 측정하는 아주 기본적인 내용에서 출발하여 효율적인 분산투자 및 포트폴리오이론에 입각한 위험자산과 무위험자산의 최적배분 및 베타의 성격까지 반드시 알아둬야 할 내용이 많습니다. 또, 자본자산가격결정모형(CAPM)은 포트폴리오에 관한 대표적인 이론이므로 차익가격결정모형과 비교하여 특징을 살펴두는 것이 좋으며, 증권시장의 효율성의 종류 및 검증방법을 체크해 두면 좋을 것입니다.

학습포인트

내 용	개념이해 난이도		
	상	중	하
제1장 기업금융의 개요	○		
제2장 현금흐름의 분석			
1. 현재가치와 미래가치			○
2. 순현가와 할인율		○	
제3장 유가증권의 평가			
1. DCF모형	○		
2. 주식·채권의 평가	○		
제4장 자본예산			
1. 투자안의 성격	○		
2. IRR법과 NPV법의 비교	○		
제5장 기회비용의 추정 및 응용			
1. 포트폴리오 이론		○	
2. 자본자산가격결정모델	○		
3. 베타의 응용	○		
제6장 재무구조이론			
1. 가중평균자본비용		○	
2. MM이전의 재무구조이론 / 파산비용과 대리비용	○		
제7장 배당이론		○	
제8장 자금조달방법과 재무분석			
1. 단기자금조달 / 장기자금조달		○	
2. 재무분석			○
제9장 기업매수·합병		○	
제10장 위험관리		○	
제11장 투자수익과 위험			
1. 기대수익	○		
2. 투자위험	○		
제12장 효율적 분산투자			
1. 포트폴리오의 기대수익과 위험		○	
2. 포트폴리오 결합선과 효율적 포트폴리오	○		
제13장 단일지표모형과 자본자산가격결정모형			
1. 자본시장선과 증권시장선	○		
2. CAPM의 응용	○		
3. 차익가격결정모형		○	
제14장 증권시장의 효율성과 통합적 포트폴리오		○	

이패스 금융투자분석사

다음 중 기업금융에 대한 설명으로 가장 부적절한 것은?
① 기업재무관련 의사결정의 판단기준이 바로 기업금융의 목표이다.
② 기업금융의 내용은 크게 실물투자결정과 자금조달결정으로 나뉜다.
③ 기업금융의 궁극적인 목표인 회사가치의 극대화가 합리적 의사결정 기준이다.
④ 자금조달의 결정은 재무구조이론과 배당이론으로 구성된다.

출제 Point 기업금융의 목표는 이해관계자의 이익극대화나 회사가치의 극대화보다는 주주가치의 극대화가 보다 합리적인 의사결정기준이다.

핵심탐구 기업금융

1. 목표
   주주가치의 극대화를 위해 기업재무와 관련된 문제해결을 위한 의사결정과정
2. 내용
   (1) 실물투자결정
       재무상태표의 차변으로 실물자산의 선택으로 주주가치 극대화
       자본예산 : 유동자산과 고정자산
   (2) 자금조달결정
       대차대조표의 대변으로 자금조달방법 선택에 의해 주주가치 극대화
       ① 재무구조이론 : 타인자본과 자기자본의 적절한 비중문제
       ② 배당이론
3. 기업의 형태 : 개인기업, 합명(자)회사, 주식회사(소유와 경영의 분리)
4. 대리문제 : 주주 – 경영자, 채권자 – 경영자, 종업원 – 경영자(정보불균형으로 야기)
   (1) 해결책
       ① 성과급제 : 스톡옵션
       ② 법과 제도적 장치 : 외부회계감사인, 기관투자가, 유가증권 전문분석자
       ③ M&A

정답 | ③

재무담당자의 역할에 대한 설명으로 가장 부적절한 것은?

① 재무담당자는 기업조직의 라인에 해당되며 실물투자와 자금조달에 관련 의사결정을 수행한다.
② Treasurer는 금융기관과 주주, 채권자 등 자금제공자와 상시적인 관계관리 및 새로운 자금조달방법의 선택 등을 담당한다.
③ Controller는 재무제표의 작성과 내부통제시스템 설계 및 운영 등의 업무를 담당한다.
④ CFO는 기업전체의 전략수립이나 재무정책 등에도 관여한다.

출제 Point 재무담당자는 기업조직의 스태프(staff)에 해당한다.

핵심탐구 — 재무담당자와 금융기관의 역할

1. **재무담당자의 역할**
   재무담당자는 기업조직의 스텝(staff)에 해당하며, 실물투자와 자금조달에 관련된 의사결정
   (1) Treasurer
       금융기관, 주주, 채권자 등 자금제공자와 상시적인 관계관리, 새로운 자금조달방법의 선택, 운전자금관리 및 현금관리 등 일상적인 현금흐름의 관리업무
   (2) Controller
       재무제표의 작성, 내부통제시스템의 설계 및 운영, 세금처리 업무
   (3) Chief Financial Officer(CFO)
       Treasurer와 Controller의 업무감독, 기업전체의 전략수립이나 재무정책, 실물투자에 관한 의사결정

2. **금융기관의 역할**
   자금제공자의 역할을 수행하면서 기업경영을 감시하는 역할
   (1) 종류
       ① 단기금융시장과 장기금융시장
       ② 발행시장과 유통시장

정답 | ①

 이패스 금융투자분석사

다음 중 자본예산에서 현금흐름을 분석할 때 올바르게 설명하지 못한 것은?

① 현금흐름을 추정할 때는 세후 기준으로 추정해야 한다.
② 현금흐름을 분석할 때에는 화폐의 시간가치를 고려해야 하며, 투자안으로부터의 직접적인 현금흐름만 포함하고 이에 연계된 부수적인 현금흐름은 포함하지 않는다.
③ 현금흐름의 원자료는 회계수치의 형태가 많은데 감가상각비와 이자, 배당금 항목은 제외되어야 한다.
④ 할인율은 화폐의 시간적 가치와 위험의 정도를 반영한 것이기 때문에 위험이 높을수록 할인율은 상승한다.

 현금흐름은 투자안으로부터의 직접적인 현금흐름뿐 아니라 이에 연계된 부수적인 현금흐름도 포함되어야 한다.

핵심탐구 ▶ 투자안의 DCF모형 현금흐름의 분석

1. **자본자산**: 양의 효용(현금흐름)을 창출하는 경제적 요소
   예) 부동산, 생산수단, 금융상품, 인적자본 등
2. **현금흐름**
   현금유입(수익) − 현금유출(비용) = 순현금흐름(이익)
3. **현재가치와 미래가치**
   기준시점이 언제인가 문제
4. **순현가**
   순현금흐름의 현재가치
5. **할인율**: 화폐의 시간적 가치와 위험의 정도 반영
   k = 무위험이자율 + 위험보상률
6. **현금흐름 추정원칙**
   (1) 세후 기준
   (2) 부수적인 현금흐름 포함
   (3) 감가상각비, 지급이자, 배당금 등은 제외
   (4) 매몰원가는 제외

정답 | ②

특정투자안의 IRR이 동 투자안의 적정 자본비용보다 크면 투자안을 채택하고, 작으면 기각하는 방식을 무엇이라 하는가?

① 회수기간법
② 순현가법
③ 회계적이익률법
④ 내부수익률법

 Point 수익률의 관점에서는 금액가중 수익률로 볼 수 있다.

핵심탐구 — 자본예산

1. 회수기간법
   특정투자안의 회수기간이 투자 주체가 나름대로 설정한 기준치보다 짧으면 투자안을 채택하고 기준치보다 길면 기각하는 방식
2. 회계적 이익률법
   투자안의 회계적 이익률이 투자주체가 나름대로 설정한 기준치보다 크면 투자안을 채택하고 기준치보다 작으면 기각하는 방식
3. 순현가법(NPV)
   순현가가 0보다 크면 투자안을 채택하고 작으면 기각하는 방식
4. 내부수익률법
   특정투자안의 내부수익률이 투자안의 적정 k보다 크면 투자안을 채택하고 적정 k보다 작으면 기각하는 방식
5. NPV법의 비교우위
   (1) 기업금융의 목표는 주주가치의 극대화지 내부수익률의 극대화가 아니다.
   (2) 중간현금흐름의 재투자수익률은 NPV법의 k가 IRR법에서의 r보다 타당성 갖는다.
   (3) NPV법은 비교대상인 k가 미래의 단위기간별로 다를 경우에도 무리 없이 적용될 수 있다.
   (4) IRR법에서 내부수익률 r은 아예 해가 없거나 단일해를 담보할 수 없지만 NPV법에서는 문제 없다.
   (5) IRR법에서는 산술적특성으로 현금유출과 유입을 투자비용이나 투자성과라는 경제적 의미로 구분하지 않아 투자판단을 오도할 우려가 있으나 NPV법에서는 문제 없다.

정답 | ④

 이패스 금융투자분석사

타인자본의 증가가 법인세효과로 인해 기업가치의 증가로 나타난다고 주장한 것은?

① MM(1958)
② MM(1963)
③ Miller(1977)
④ MM(1958)과 MM(1963)

 Point MM(1958)은 타인자본의 사용과 기업가치는 무관하다고 했으며 법인세를 고려한 것은 MM(1963)으로 타인자본의 증가가 기업가치의 증가로 나타난다고 주장하였으며 Miller(1977)는 법인세와 개인소득세를 고려하면 기업가치는 무관하다고 주장한 것이다.

핵심탐구 — 재무구조이론

1. MM이전의 재무구조이론
   (1) 순이익접근법
      타인자본비용과 자기자본비용이 부채의 증감에 관계 없이 일정하다고 가정하여 타인자본의 규모가 증가할수록 가중평균자본비용이 작아지고 결과적으로 기업가치는 증가한다.
   (2) 전통적 접근법
      타인자본의 규모가 늘어감에 따라 재무위험이 커지므로 타인자본비용가 자기자본비용이 증가한다고 가정하여 타인자본이 낮은 수준인 경우 타인자본비용이 자기자본비용보다 낮다는 이점이 재무위험으로 인한 자본비용 상승분을 능가하므로 기업가치는 상승하나 타인자본이 일정 수준을 넘어서면 타인자본비용이 자기자본비용보다 낮다는 이점이 재무위험으로 인한 자본비용상승분을 하회하므로 기업가치는 하락한다.
   (3) 순영업이익접근법
      타인자본의 규모가 늘어감에 따라 재무위험이 커지기는 하지만 이는 자기자본비용의 증가만 초래할 뿐 타인자본비용은 변화가 없다고 가정하여 타인자본의 규모에 관계없이 기업가치는 변화하지 않는다.
2. MM(1958)
   변제불능위험 없다는 가정으로 재무구조가 기업가치를 변화시키지 않는다.
3. MM(1963)
   법인세를 고려하여 타인자본의 증가가 기업가치의 증가를 가져온다.
4. Miller(1977)
   법인세와 개인소득세를 고려하여 타인자본의 사용 여부에 관계없이 기업가치는 일정하다. 기업차원의 세금혜택이 개인차원에서 모두 상쇄되기 때문이다.

정답 | ②

MM이론을 현실에 맞게 조정하기 위해서 고려해야 하는 변수가 아닌 것은?
① 주식매매에 따른 수수료
② 파산비용
③ 대리인 비용
④ 법인세

 MM이론을 현실에 적용하기 위해서는 파산비용, 대리인비용, 법인세 비용을 고려해야 하며, 주식매매에 따른 수수료는 고려할 필요가 없다.

핵심탐구 MM과 Miller의 한계

1. 파산비용 : 시장가치 − 청산가치
   (1) 무형자산의 가치가 0이 된다.
   (2) 유형자산도 제값을 받고 팔지 못한다.
   (3) 청산과정 자체에서 비용을 수반한다.
2. 대리비용
   (1) 감시비용
      위임자가 대리인을 감시하는 과정에서 발생하는 비용 − 내부통제시스템, 감사 및 이사회
   (2) 확증비용
      대리인이 사적 위임계약에 따라 충실하게 위임자의 이익을 극대화하기 위해 최선을 다한다고 위임자에게 보여주기 위한 비용 − 외부감사 요청비용 등
   (3) 잔여손실
      대리인관계에서 발생하는 총비용에서 감독비용과 확증비용을 제외한 나머지 비용
3. 신호효과
   경영자 혹은 내부주가 대리비용을 최소화 하기 위해 재무구조의 변화를 활용하는 경우 타인자본의 신호효과 또는 정보효과라 함
   예 외부주주는 타인자본의 증가를 기업가치 측면에서 하나의 긍정적인 신호로 받아들이고 주식수요가 늘어 주가가 상승함

정답 | ①

다음 중 배당의 고객군효과와 가장 밀접한 관련이 있는 것은?

① 한계소득세율
② 한계법인세율
③ 평균소득세율
④ 평균법인세율

출제 Point 배당은 법인세 납부 후 순이익을 가지고 주주에게 하는 것이므로 법인세는 관계 없으며 의사결정은 한계세율이 영향을 준다.

용어이해하기

한계소득세율 | 소득세는 누진세 구조로 되어 있으며, 특정금액 이상의 소득에 대해 더 높은 세율을 적용함. 개인이 적용받는 가장 높은 세율이 한계소득세율.

핵심탐구 : 배당이론

1. **친배당이론**
   배당은 확실한 현금흐름이자만 주가차익은 불확실한 현금흐름으로 순이익을 높은 배당으로 실현시켜주는 것이 주주가치의 극대화에 부합

2. **반배당이론**
   배당소득에 대한 세율이 주가차익에 대한 세율보다 높아 배당금의 실소득은 주가차익의 세후 실소득보다 낮아 배당소득보다는 주가차익으로 실현시켜주는 것이 주주가치 극대화에 부합하며 이를 배당의 세금효과라 한다.

정답 | ①

다음 중 안정성을 분석하는 요소는?
① 부채비율
② 매출액 증가율
③ 총자산회전율
④ 납입자본이익률

 안정성을 분석하는 것은 유동비율과 부채비율을 주로 사용한다.

핵심탐구 — 자금조달 방법과 재무분석

1. 단기자금조달 : 외상매입, 은행차입, 신종기업어음
   (1) 운전자금관리 : 유동자산 혹은 유동부채를 초과한 유동자산의 크기 관리 수익성과 유동성의 대립되는 관계
   (2) 현금관리 : 집중은행제, 사서함제, 프로트관리, 팩토링 등
2. 장기자금조달 : 회사채, 은행차입, 주식
3. 리스금융
   (1) 금융리스 : 자본리스, 매각후 리스, 차입리스
   (2) 운용리스 : 서비스리스, 리스기간 단기간, 중도해약 허용
4. 재무분석

   [재무비율을 구성하는 요소]
   ① 수익성 : 총자본이익률, 자기자본이익률, 납입자본이익률, 매출액순이익률
   ② 안정성 : 유동비율, 부채비율, 고정비율, 이자보상비율
   ③ 활동성 : 총자산회전율, 고정자산회전율, 재고자산회전율
   ④ 성장성 : 매출액증가율, 총자산증가율, 영업이익증가율

정답 | ①

 이패스 금융투자분석사

다음 중 M&A의 경제적 유인과 거리가 먼 요소는?

① 파산비용의 절감
② 시장지배력확대
③ 자금조달비용절감
④ 가격교정효과

 파산비용을 절감하는 것과 M&A는 관계 없다.

핵심탐구   기업 매수·합병

1. 경제적 유인
   가치합산원칙, 시너지효과, 가격고정효과, 대리문제통제 효과
2. 방법
   (1) 우호적 매수·합병 : 합의로 진행되므로 주요의제는 가치산정
   (2) 적대적 매수·합병
       대상기업의 경영진이 반발하는 경우로 공격과 방어방법 사용
       ① 공격 : 주식공개매수, 백지위임장전쟁, 차익협박, 차입매수
       ② 방어 : 황금낙하산전략, 독약전략, 억지전략
       ③ 역공 : 팩맨전략, 백기사전략
3. 회계처리
   (1) 매수법 : 지급비용과 대상기업의 자산의 시장가치 차이를 영업권으로 계상
   (2) 풀링법 : M&A 주체기업과 대상기업의 대차대조표를 단순 합계하므로 영업권 계상되지 않음

정답 | ①

10

다음은 투자자의 위험에 대한 태도와 등효용곡선에 대한 설명이다. 틀린 설명은?

① 서로 지배되지 않는 효율적 증권들은 결국 투자자의 위험에 대한 태도, 즉, 기대수익과 위험이 동시에 고려될 때 주관적으로 느끼는 만족도인 효용의 크기에 따라 결정된다.
② 위험회피도가 서로 다른 투자자들에게 구체적인 위험자산에 대한 선택의 우선순위는 기대수익과 위험을 동시에 고려한 만족도에 따라 결정할 수 없다.
③ 등효용곡선은 평균과 분산(표준편차)의 공간상에 표시된다.
④ 보수적 투자자의 등효용곡선의 기울기가 공격적 투자자의 경우보다 크다.

출제 Point 위험자산에 대한 선택의 우선순위는 효용에 따라 달리 선택된다.

핵심탐구 — 투자수익과 투자위험

1. 최적투자결정의 체계

$$투자가치 = f(기대수익, 위험)$$

(1) 동일한 위험에서는 기대수익률이 가장 높은 투자안을 찾는 과정
(2) 동일한 기대수익률에서는 위험이 가장 낮은 투자안을 찾아가는 과정

2. 기대수익률 : 각 투자안의 미래 기대되는 수익률

$$E(R) = \sum_{i=1}^{m} p_i r_i$$

$E(R)$: 기대수익률 p_i : 각 수익률이 나타날 확률
r_i : 각 상황에서 발생 가능한 수익률

3. 투자위험 : 투자위험은 투자수익의 변동가능성, 기대한 투자수익이 실현되지 않을 가능성, 실제 결과가 예상과 다를 가능성 등의 의미로 사용되고 그 지표로는 변동성지표인 분산값을 사용

$$Var(R) = \sigma^2 = \sum [r_i - E(R)] \cdot p_i$$
$$\sigma = \sqrt{var(R)} = \sqrt{\sum [r_i - \sum(R)]^2 \cdot p_i}$$

4. 위험회피도와 최적증권의 선택
(1) 위험회피형 투자자의 특징은 그 효용함수가 원점에 대해 오목한 형태를 보이고 효용이 체감적으로 증가하는 모습
(2) 무차별곡선의 기울기가 가파를수록 보수적/방어적 투자자라고 하고, 기울기가 완만할수록 공격적 투자자
(3) 최적증권의 선택
투자대상증권은 일차적으로 지배원리를 통해 효율적 증권이 선정되고 이들 중에서 무차별곡선과 접하는 증권을 최적증권으로 선택

정답 | ②

이패스 금융투자분석사

포트폴리오의 기대수익률과 위험에 대한 설명으로 올바른 것은?

① 위험의 척도인 표준편차는 개별자산의 표준편차를 가중평균한 것과 같다.
② 포트폴리오를 구성하는 개별자산 간의 상관관계가 높을수록 위험은 감소한다.
③ 포트폴리오의 기대수익은 개별자산의 기대수익을 가중평균한 것과 같다.
④ 상관관계가 낮은 개별자산간의 결합은 포트폴리오의 위험을 증가시킨다.

 ① 위험의 척도인 표준편차는 개별자산의 표준편차를 가중 평균한 것에 각 자산간의 상관계수를 고려하여야 한다. ② 포트폴리오를 구성하는 개별 자산간의 상관관계가 낮을수록 위험은 감소한다. ④ 상관관계가 낮은 개별자산 간의 결합은 포트폴리오의 위험을 감소시킨다.

핵심탐구   효율적 분산투자

1. **포트폴리오의 기대수익과 위험**
   (1) 포트폴리오의 기대수익률 : 개별기업의 기대수익률을 각 증권의 투자 비중으로 가중평균하여 구한다.
   $$E(R_p) = W_X \cdot E(R_X) + W_Y \cdot E(R_Y)$$

   (2) 포트폴리오 위험(분산)
   ① 개별주식의 위험 ② 각 주식에 대한 투자금액의 비율 ③ 구성주식간의 공분산등에 의해 결정
   $$Var(R_p) = W_X^2 \sigma_X^2 + W_Y^2 \sigma_Y^2 + 2W_X W_Y \cdot p_{XY} \cdot \sigma_X \cdot \sigma_Y$$

2. **포트폴리오 결합선**
   (1) 상관관계와 포트폴리오 위험
   즉 $-1 \leq p_{XY} \leq +1$
   ① $p_{XY} = +1$ 즉, 완전 정(正)의 상관관계인 경우
   $Var(R_p) = (W_X \sigma_X + W_Y \sigma_Y)^2 \quad \therefore \sigma_P = W_X \sigma_X + W_Y \sigma_Y$
   ② $p_{XY} = -1$ 즉, 완전 부(負)의 상관관계인 경우
   $Var(R_p) = (W_X \sigma_X - W_Y \sigma_Y)^2 \quad \therefore \sigma_P = |W_X \sigma_X - W_Y \sigma_Y|$
   ③ $p_{XY} = 0$ 즉, 무상관인 경우
   $Var(R_p) = W_X^2 \sigma_X^2 + W_Y^2 \sigma_Y^2 \therefore \sigma_p = \sqrt{W_X^2 \cdot \sigma_X^2 + W_Y^2 \cdot \sigma_Y^2}$

   (2) 최소분산 포트폴리오 (minimum variance portfolio) : 포트폴리오 결합선에서 위험. 즉, 분산값이 최소가 되는 포트폴리오
   $$W_X^* = \frac{\sigma_Y^2 - \sigma_{XY}}{\sigma_X^2 + \sigma_Y^2 - 2\sigma_{XY}} = \frac{\sigma_Y^2 - \sigma_X \sigma_Y p_{XY}}{\sigma_X^2 + \sigma_Y^2 - 2\sigma_X \sigma_Y p_{XY}}$$

3. **무위험자산과 최적자산배분**
   (1) 무위험자산이 포함될 때의 포트폴리오의 기대수익률과 위험
   $E(R_P) = W \cdot E(R_m) + (1-W)R_f = R_f + W[E(R_m) - R_f]$
   $var(R_P) = W^2 \sigma^2 + (1-W)^2(\sigma_{R_f})^2 + 2W(1-W)\sigma_{mR_f} = W^2 \sigma_m^2 \quad \therefore \sigma_p = W \cdot \sigma_m$
   이를 다시 생각해보면
   $w = \dfrac{\sigma p}{\sigma m} \quad E(R_P) = R_f + \dfrac{E(R_m) - R_f}{\sigma_m}\sigma_p$

정답 | ③

개별주식 A의 수익률(R_A)을 시장수익률(R_m)과의 관계에서 회귀분석하여 구한 선형관계식이 다음과 같다. 다음 설명 중 적절한 것은?

$$R_A = 0.05 + 2.0 R_m$$

① 이 직선은 증권시장선이라 한다.
② A주식은 강세시장에서 종합주가지수의 상승률보다 더 높은 성과를 가져올 것이다.
③ 시장수익률의 표준편차가 0.1이라면 A주식의 체계적 위험은 0.4이다.
④ 0.05는 개별기업 고유위험을 의미한다.

 Point β가 2.0이므로 강세시장에서 종합주가지수의 상승률보다 높은 성과를 기대한다. 이 선은 증권특성선이라 하고, 시장수익률의 분산이 0.1이라면 체계적 위험은 0.4이다.

핵심탐구 — 단일지표모형

1. **단일지표모형의 필요성** : 마코위츠 모형에 의해 투자분석을 할 경우 공분산값이 너무 많아져 계산량이 커지는 단점이 있다.
   ① 개별주식의 기대수익률 : n개
   ② 개별주식의 분산값 : n개
   ③ 개별주식 간의 공분산값 : n(n − 1)/2개

2. **증권특성선(characteristic line)**

$$R_{jt} = a_j + \beta_j R_{mt} + \epsilon_{jt}$$

또한 R_j를 R_m에 대하여 회귀분석하면 다음과 같은 증권특성선을 구할 수 있다.

$$R_j = a_j + \beta_j R_m$$

3. **단일지표모형에 의한 포트폴리오선택**
   (1) 체계적 위험과 비체계적 위험

$$\sigma^2 = \beta_j^2 \sigma^2(R_m) + \sigma^2(\epsilon_j)$$

위 식에서 우변 첫 번째 항이 바로 체계적 위험값이고, 두 번째 항은 비체계적 위험
   ① 체계적 위험 : 시장위험으로서, 종합주가지수를 움직이게 하는 요인의 움직임과 관련된 것이다. 예를 들어 환율, 유가, 물가, 전쟁위험, 금리 등의 요인에 의한 주가지수의 움직임을 말한다.
   ② 비체계적 위험 : 개별기업의 고유한 위험으로서, 그 기업의 주가만 을 변동시키는 요인을 말한다. 예를 들어 제품상의 문제, 시장점유율의 문제, 경영자의 문제 등이 있고 특히 개별기업이 속한 산업의 위험도 비체계적 위험이다.

정답 | ②

13

다음 중 β 계수에 대한 설명으로 옳지 않은 것은?

① 시장수익률의 변동에 대한 개별주식의 민감도를 나타낸다.
② β가 0인 자산의 기대수익률은 0이다.
③ β > 1인 자산을 공격적 자산, β < 1인 자산을 방어적 자산이라 한다.
④ 시장에서 거래되는 모든 주식의 평균 β는 1이다.

출제 Point β가 0인 자산의 기대수익률은 무위험수익률과 같다.

핵심탐구 — 자본자산가격결정모형(CAPM)

1. **기본가정**
   (1) 평균 – 분산기준의 가정 (2) 동질적 미래예측의 가정 (3) 완전시장의 가정
   (4) 무위험자산의 존재 가정 (5) 균형시장의 가정

2. **자본시장선(Capital Market Line : CML)**
   (1) 자본시장선의 의의 : 개인투자자들이 투자대상으로서 위험 있는 주식뿐 아니라 정기예금이나 국공채와 같은 무위험자산도 포함시키고 효율적 분산투자를 하는 경우 균형된 자본시장에서 효율적 포트폴리오의 기대수익과 위험의 선형관계를 표시한 것

   $$E(R_P) = R_f + \frac{E(R_m) - R_f}{\sigma_m} \sigma_p$$

   (2) 시장포트폴리오 : 위험 있는 주식포트폴리오 중에서 유일하게 효율적인 포트폴리오이다. 합리적인 투자자라면 자신들의 위험선호도와 관계없이 모두 동일하게 선택하게 되는 위험자산으로서 효율적 투자자산으로 시장포트폴리오의 특성을 가장 잘 나타내주는 대용지표는 종합주가지수

3. **증권시장선(Scurities Market Line : SML)**
   (1) 증권시장선의 의의 : 비효율적인 투자대상까지 포함한 모든 투자자산의 기대수익과 위험의 관계를 나타낸 것
   (2) 기대수익률과 β계수와의 관계 : 시장포트폴리오가 효율적이라면 베타계수와 기대수익률 사이에는 완전한 선형관계가 성립한다. 즉, 베타가 높을수록 기대수익률이 높아지는 선형관계가 성립한다.
   (3) CML과 SML의 관계

내 용	자본시장선(CML)	증권시장선(SML)
그래프평면	기대수익과 총위험(σ)	기대수익과 체계적 위험(β)
선상에 표시되는 자산	완전분산된 시장포트폴리오만이 존재한다.	베타계수를 달리하는 모든 자산(즉, 효율적, 비효율적 자산모두를 포함)
가정	공분산에 대한 가정이 없다.	공분산에 대한 가정이 있다.

4. **CAPM의 투자결정에의 이용**
   (1) 특정주식에 대한 요구수익률 추정 (2) 증권 과대, 과소 평가 여부 판단
   (3) 자기자본비용, 주식의 내재적 가치 추정 (4) 자본예산결정
   (5) 공공요금의 결정 (6) 투자성과 평정

정답 | ②

www.epasskorea.com

다음 중 효율적 시장가설에 대한 설명으로 틀린 것은?

① 약형의 효율적 시장은 과거의 정보를 활용하여 초과수익을 얻을 수 없는 시장이다.
② 강형 효율적 시장가설을 검증하는 방법 중의 하나는 전문가집단이 초과수익을 얻었는지를 검증하는 방법이 있다.
③ 준강형 효율적 시장을 검증하는 방법 중의 하나는 특정사건의 발표에 대한 주가의 반응속도를 보는 것이 있다.
④ 1월효과, 주말효과가 나타난다면 약형 효율적 시장가설이 성립하는 것이다.

효율적 시장은 효율성을 기초로 하며, 증권가격 결정에 이용 가능한 모든 정보가 충분·신속하게 반영되는 시장이다. 효율성에는 운영의 효율성, 배분의 효율성, 정보의 효율성이 있는데 이 가설에서는 정보의 효율성에 초점을 맞춘 것이다.

핵심탐구 › 증권시장의 효율성

1. **효율적 시장의 형태**
   (1) 약형 효율적 시장가설
       현재주가는 과거의 역사적 정보를 완전히 반영, 어떤 투자자도 과거 주가변동의 형태와 이에 바탕한 투자전략으로 초과수익 획득불가 ⇨ 일련의 연속적인 주가움직임의 독립성, 무작위성 의미
   (2) 준강형 효율적 시장가설
       현재주가는 공개적 이용가능한 모든 정보를 완전반영, 공표된 정보나 이에 바탕한 투자전략으로 초과수익획득 불가
   (3) 강형 효율적 시장가설
       공개되지 않은 내밀한 정보까지 주가에 반영, 어떠한 정보에 의하여도 초과수익획득 불가

2. **효율적시장의 특성**
   (1) 주가의 무작위적 변화
   (2) 새로운 정보에 대한 신속·정확한 주가반응
   (3) 성공적인 투자전략의 부재
   (4) 전문투자자의 보통수준의 투자성과

3. **효율적 시장가설의 검증**
   (1) 약형
       시계열 상관관계 분석, 連(RUN)의 방법, 장기수익률 시계열 움직임의 반전현상, 1월효과, 주말효과 등이 나타나면 약형이 성립하지 않음
   (2) 준강형
       특정사건의 발표에 대한 주가 조정속도분석, 예를 들어 분기이익보고서 공시에 대한 90일간 주가반응
   (3) 강형
       비공개 정보에 접근할 수 있는 전문투자집단의 초과수익달성 여부 분석

정답 | ④

 이패스 금융투자분석사

두 명의 펀드매니저 김대리와 박대리가 있다. 김대리의 평균수익률은 20%, 베타위험은 1.3인데 박대리의 평균수익률은 15%, 베타위험은 0.5라면 무위험자산 수익률이 5%일 때 종합주가지수 상승률은 15%라면 어느 펀드매니저가 몇%p 성과가 우수한가? (단, 평가기준은 젠센척도를 이용한다고 가정하자.)

① 김대리 2%p
② 김대리 3%p
③ 박대리 2%p
④ 박대리 3%p

출제 Point
- 김대리 알파 = 20% − [5% + (15% − 5%) × 1.3] = 2%
- 박대리 알파 = 15% − [5% + (15% − 5%) × 0.5] = 5%

핵심탐구 › 통합적 포트폴리오

1. **투자관리 방법의 종류**
   (1) 소극적 투자관리 : 증권시장효율성 전제, 시장평균수익, 위험감수, 정보비용, 거래비용최소화
      ① 단순매입, 보유전략 : 의도적인 노력없이 단순히 무작위적으로 선택한 증권을 매입하여 보유
      ② 시장펀드, 채권펀드 투자전략 : 투자비율을 어떻게 정하느냐가 관건임. 채권포트폴리오 구성전략에는 사다리형, 바벨형, 채권면역전략이 있음
      ③ 평균투자법 : 하향추세일 때 효과(상향추세일 때는 의미없음)
   (2) 적극적 투자관리 : 증권시장의 비효율성 전제, 일정위험에 상응하는 기대수익 이상의 초과수익을 얻기 위한 투자전략거래비용, 정보비용이 많이 소요
      ① 시장투자적기포착법 : 차트분석 중심 기술적 분석기법 경기순환, 이자율 동향 등 거시경제 변수 움직임 복합관리 증권분석기법 활용
      ② 포뮬라 플랜 : 일정규칙에 따라 기계적으로 자산배분법
         cf. 불변금액법, 불변비율법, 변동비율법
   (3) 포트폴리오 수정
      ① 포트폴리오 리밸런싱(rebalancing) : 포트폴리오 원래 특성유지, 구성 종목의 상대가격 변동에 따른 투자비율 변화를 원래의 비율로 환원
      ② 포트폴리오 업그레이딩 : 기대수익에 비해 상대적으로 낮은 위험을 부담하도록 포트폴리오의 구성을 수정하는 것

2. **투자성과평정**
   (1) 샤프지수 : (포트폴리오수익률 − 무위험자산수익률) / 포트폴리오의 표준편차, 총 위험 한 단위당 초과수익
   (2) 트레이너지수 : (포트폴리오수익률 − 무위험자산수익률) / 포트폴리오의 베타, 체계적 위험 한 단위당 초과수익
   (3) 젠센지수 : 알파 = 포트폴리오의 수익률 − SML(증권시장선)수익률, 요구수익률을 넘어서는 "비정상" 수익률
   (4) 평가비율 : 젠센의 알파 / 잔차의 표준편차, 비체계적 위험 한 단위당 "비정상" 수익률

정답 | ④

memo

01 현금흐름 분석에서 다음 중 가장 올바르지 않는 설명은?

① 매몰비용은 분석 대상에서 제외하여야 한다.
② 현금흐름은 세후 기준(after-tax basis)으로 조정된 현금흐름을 사용해야 한다.
③ 감가상각비, 배당, 이자비용은 현금흐름 분석 대상에서 제외하여야 한다.
④ 투자안의 주된 현금흐름에 부수된 현금흐름은 고려하지 않아야 한다.

02 다음 보기에서 설명하는 적대적 M&A 방법은 무엇인가?

〈보기〉
적대적 M&A의 방어전략으로, 적대적 매수/합병을 막을 수 없다고 판단되는 경우에 대상 기업은 제3자 기업에게 우호적 매수/합병을 시도하여 성사시키는 방법을 뜻한다.

① 독약전략
② 백기사 전략
③ 황금낙하산전략
④ 팩맨전략

03 다음 보기에서 설명하는 이자율의 종류는?

〈보기〉
현금유입의 현재가치와 현금유출의 현재가치를 일치시켜 주는 할인율

① 가중평균이자율
② 시간가중수익률
③ 내부수익률
④ 기하평균수익률

04 2024년말부터 매년 말에 10,000원씩을 지급하는 연금 상품을 2023년초에 구입한다고 하였을 때 구입가격이 얼마인가? (단, 이자율은 10%임)

① 9,091원
② 82,645원
③ 90,909원
④ 100,000원

05 대리인이 사적 위임계약에 따라 충실하게 위임자의 이익을 극대화하기 위하여 최선을 다하고 있다는 사실을 위임자에게 보여주기 위한 과정에서 발생하는 비용은?

① 확증비용
② 가중평균자본비용
③ 감시비용
④ 파산비용

정답 및 해설

01 ④ 부수된 현금흐름도 당연히 현금흐름에 포함하여 분석하여야 한다.
02 ② 보기는 백기사 전략에 대한 설명임
03 ③ 내부수익률 IRR에 대한 설명임
04 ③ 2023년초 구입가격=10,000/0.1/1.1=90,909원
05 ① 확증비용에 대한 설명임. 감시비용은 위임자가 대리인을 감시하는 과정에서 발생하는 비용이다.

06 MM 이전의 재무구조이론을 설명한 것으로 가장 부적절한 것은?

① 순이익접근법은 타인자본비용과 자기자본비용이 부채의 증감에 관계 없이 일정하다고 가정하였다.
② 전통적 접근법은 타인자본의 규모가 늘어감에 따라 재무위험이 커지므로 자기자본비용과 타인자본비용이 증가한다고 가정하였다.
③ 전통적 접근법에 따르면 타인자본의 규모가 증가할 때 특정 수준 이하에서는 기업가치가 증가하고, 타인자본의 규모가 특정 수준을 넘어서면 기업가치가 하락하게 된다.
④ 순영업이익접근법은 타인자본의 규모가 증가할 때 재무위험이 커지기는 하지만 이는 타인자본비용의 증가만 초래할 뿐 자기자본비용의 변화가 없다고 가정한다.

07 다음 중 파산비용에 대한 설명으로 부적절한 것은?

① 정상적인 영업상태에서 파산상태로 진입하여 시장가치에서 청산 가치의 차이를 파산비용이라 한다.
② 모든 유형자산의 가치가 0이 된다.
③ 청산과정 자체가 비용을 수반한다.
④ 파산상태에 몰린 기업의 자산은 시장가격보다 낮은 압박가격에 매각되는 것이 일반적이다.

08 배당이론에 대한 설명으로 가장 거리가 먼 것은?

① 배당이론은 실물투자안에 대한 의사결정으로부터 얻은 순현금흐름을 배당과 유보이익으로 어떻게 나누는가에 관한 논의이다.
② 반배당이론에서는 배당소득세보다 주가차익에 대한 세율이 높다는 것을 전제하고 있다.
③ 친배당이론의 관점에서는 동일한 순이익을 효용이 상대적으로 높은 배당으로 실현시켜주는 것이 주주가치의 극대화에 부합된다.
④ 배당정책이 기업가치를 변화시킬 수 없다는 것을 배당무관련정리라고 한다.

09 운전자금관리 방법에 대한 설명으로 거리가 먼 것은?

① 유동자산의 관리와 연계되어 현금, 단기유가증권, 외상매출, 재고자산 등이 포함된다.
② 유동성과 수익성은 상호 대립되는 관계를 갖는다.
③ 공격적인 전략은 유동성 제고를 위한 수익성 희생을 의미한다.
④ 방어적인 전략은 유동자산을 유동부채보다 큰 수준에서 유지하는 방법이다.

10 이론이 아닌 현실세계에서, 기업 매수 합병으로 인한 시너지효과에 대해 잘못 설명한 것은?

① 기업간의 합병으로 현금흐름이 증가하면 시너지 효과가 발생할 수 있다.
② 상호 흑자인 기업간의 합병은 세금효과가 시너지의 주된 원천이다.
③ 범위의 경제를 통해서 시너지를 발생시킬 수 있다.
④ 두 기업간의 합병으로 사업리스크가 감소하면 시너지 효과가 발생할 수 있다.

11 적대적 M&A에 대한 방어책으로, 비용을 높이는 방법과 거리가 먼 것은?

① 황금낙하산전략 ② 초토화전략
③ 독약전략 ④ 억지전략

정답 및 해설

06 ④ 순영업이익접근법은 타인자본의 규모가 증가할 때 재무위험이 커지기는 하지만 이는 자기자본비용의 증가만 초래할 뿐 타인자본비용의 변화가 없다고 가정한다.
07 ② 특허권, 상표권, 영업권 등 모든 무형자산의 가치가 0이 된다.
08 ② 반배당이론에서는 배당소득세가 주가차익에 대한 세율보다 높다는 것을 전제로 한다.
09 ③ 공격적 전략은 유동성보다는 수익성을 추구하며 유동자산을 유동부채와 같은 수준에서 유지하거나 극단적일 경우 유동부채 이하로 유동자산을 유지하는 방법도 있다.
10 ② 절세효과는 인수합병시 한쪽이 적자인 상태인 경우 세금효과로 인해 인수합병을 추진하는 경우가 많다.
11 ② 초토화전략은 매수합병의 매력을 감소시키는 전략이다.

적대적 M&A에 대한 역공방식으로, 제3기업에게 우호적 매수 합병을 시도하여 성사시키는 방법을 무엇이라 하는가?

① 황금낙하산전략
② 백기사전략
③ 독약전략
④ 팩맨전략

현재 주가가 20,000원이며, 현금배당 500원이 기대되고 연말에 22,000원에 팔 수 있을 때의 수익률은?

① 12.5%
② 10%
③ 20%
④ 15%

다음 중 효율적 시장의 일반적인 특성이 아닌 것은?

① 정보에 대한 신속하고 정확한 반응
② 주가의 예측 가능한 행보
③ 투자전략의 지속적 성공 불가능
④ 정보를 가진 투자자들의 빈약한 투자성과

15 효율적 시장에 관한 설명 중 잘못된 것은?

① 효율적 시장이란 정보의 효율성을 기초로 하며, 증권가격결정에 이용 가능한 모든 정보가 충분 신속하게 반영되는 시장을 말한다.
② 강형 효율적 시장(Strong form)은 과거자료, 공개정보뿐만 아니라 내부자정보 마저 현재의 주가에 반영되어 있는 것을 말한다.
③ 준강형 효율적 시장(Semi - strong form)은 이용 가능한 모든 공개된 정보가 현재의 주가에 반영되어 있는 것을 말한다.
④ 약형 효율적 시장(Weak form)에서는 미래의 주가에 포함될 모든 정보를 현재의 주가에 반영하고 있다.

16 주가변동의 이례현상(market anomaly)에 관한 설명 중 잘못된 것은?

① 주말효과는 월요일에 평균 수익률이 낮고, 주말인 금요일에 평균 수익률이 높게 나타난다는 효과이다.
② 1월효과(January effect)는 1월 한 달 동안의 주가수익률이 주식시장의 평균수익률을 초과한다는 것이다.
③ 소규모기업효과는 어느 기업의 시장가치가 작을수록 그 주식의 투자수익률이 커지는 것을 말한다.
④ P/E효과란 저 PER주식이 고 PER주식보다 평균적으로 낮은 수익률을 올린다는 것이다.

정답 및 해설

12 ② 역공방법은 팩맨전략과 백기사전략이 있고, 팩맨전략은 적대적 매수합병을 하려는 기업을 대상기업이 오히려 적대적 매수합병하는 방법이다.

13 ① 기대수익률 = 배당수익률 + 자본이득수익률
$$= \frac{500}{20,000} + \frac{22,000 - 20,000}{20,000} = 2.5\% + 10\% = 12.5\%$$

14 ② 효율적 시장에서 주가는 무작위행보를 하기 때문에 예측 불가능하다.

15 ④ 약형 효율적 시장에서는 과거의 주가에 포함되어 있는 모든 정보가 현재의 주가에 반영되어 있기 때문에 과거의 주가움직임을 통하여 미래의 주가를 예상할 수가 없다.

16 ④ 저PER는 수익에 비해 주가가 낮은 것을 의미하고, 고PER는 수익에 비해 주가가 높은 것을 의미한다. P/E효과는 저PER주식이 고PER주식보다 평균적으로 높은 수익률을 올린다는 것이다.

17 다음 중 체계적 위험의 구성요소로만 묶은 것은?

a. 시장위험　　　　　　b. 경영위험
c. 이자율위험　　　　　d. 산업위험
e. 재무위험　　　　　　f. 인플레이션위험

① a, b, d, f
② a, c, d, f
③ a, c, f
④ a, b, e

 18 다음 설명 중 틀린 것은?

① 분산투자 종목이 증가할 때 감소하는 위험은 기업고유위험이다.
② 포트폴리오 위험에 대해 개별주식이 기여하는 정도는 그 주식의 베타계수에 투자자금의 비율을 곱한 것이 된다.
③ 분산투자에 의한 위험저감효과는 구성종목 간에 상관관계가 (-)의 관계에 있을 때만 기대할 수 있는 것은 아니다.
④ 강세시장에서는 베타계수가 1.9인 주식이 베타계수가 1.7인 주식보다도 항상 주가의 상승이 높다.

 19 무위험자산 수익률이 4%이고 시장포트폴리오수익률이 6%일 때, 최소 요구수익률은? (단 베타는 0.5임)

① 5%　　　　　　　　② 6%
③ 7%　　　　　　　　④ 8%

20 두 자산의 투자비율이 각각 50%일 때, 포트폴리오의 위험이 각각의 자산의 투자비율대로 가중평균한 값이 나오도록 하는 상관계수의 값은?

① 상관계수 = -1
② 상관계수 = 0
③ 상관계수 = 1
④ 0 < 상관계수 < 1

21 두 자산 A, B의 표준편차와 상관계수가 다음 보기와 같을 때, 최소분산포트폴리오를 만들기 위한 자산 B의 투자비율은?

〈보기〉
- 자산 A의 표준편차=20%
- 자산 B의 표준편차=30%
- 두 자산의 상관계수 = -1

① 20% ② 40%
③ 60% ④ 80%

정답 및 해설

17 ③ 체계적 위험은 분산이 불가능한 시장위험이고 비체계적 위험은 분산이 가능한 개별위험이다.
18 ④ 실현된 수익률은 체계적 위험에 대한 대가 뿐만 아니라 비체계적 위험의 대가도 있기 때문에 β가 큰 종목이 항상 작은 종목의 주가보다 상승률이 클 수 없다.
19 ① CAPM이 성립할 때, 4% + (6% - 4%) × 0.5 = 5%
20 ③ 상관계수가 1일때, 각 자산의 투자비율대로 가중평균한 값이 곧 포트폴리오의 위험임
21 ② B의 투자비율 = 0.2 / (0.2 + 0.3) = 40%

22 다음은 자본시장선에 대한 설명이다. 잘못된 것은?

① 위험의 균형가격은 시장에서 위험 1단위에 대한 위험보상률(risk premium)의 정도를 나타낸 것으로 $[E(R_m) - R_f / \sigma_m]$으로 표기한다.
② 투자자들이 투자자금을 무위험자산과 완전분산투자된 위험자산의 효율적 포트폴리오에 나누어 투자하게 될 때 자본시장이 균형 상태에 이르게 되면 이 효율적 포트폴리오의 기대수익과 위험 사이에는 일정한 선형적 관계가 성립한다.
③ 투자자들은 자신의 위험선호도와 관계없이 위험자산만으로 구성되는 포트폴리오를 선택한다.
④ 위험자산들의 효율적 결합은 개별투자자들의 위험선호도에 관계없이 항상 일정하며 위험선호도에 따라 변하는 것은 무위험자산과 시장포트폴리오의 투자비율뿐이다.

23 다음 자료를 이용하여 주식 X의 베타계수를 계산하라.

- $E(R_m) = 0.12$
- $\rho_{xm} = 0.6$
- $\sigma(R_m) = 0.06$
- $E(R_x) = 0.15$
- $\sigma(R_x) = 0.2$

① 1
② 1.5
③ 2.0
④ 2.5

24 CAPM의 투자결정 이용에 관한 설명 중 잘못된 것은?

① 균형상태의 시장에서 투자자산의 기대수익률은 베타에 의해 선형적으로 결정되어 CML상에 오게 되므로 CML상의 기대수익률은 균형상태에서 투자위험을 감안한 적정수익률이다.
② 투자사업의 체계적 위험에 상응하는 요구수익률을 투자사업의 예상수익률과 비교하여 투자사업의 경제적 타당성을 평가하는 데 활용할 수 있다.
③ SML상에 표시되는 요구수익률은 자기자본비용 내지 주주들의 기대투자수익률로 이용할 수 있으며 주식의 내재적 가치를 구하는 데 활용할 수 있다.
④ 증권분석이나 시계열 분석결과 추정된 기대수익률에서 SML상에서 추정된 요구수익률을 뺀 값이 양이면 과소평가된 증권이다.

25 수익률의 표준 편차가 각각 0.2, 0.3인 주식 X, Y의 수익률 공분산이 0.02일 때, X, Y의 수익률 상관계수는?

① 0.0 ~ 0.2 사이
② 0.2 ~ 0.4 사이
③ 0.4 ~ 0.6 사이
④ 0.6 ~ 1.0 사이

26 투자자금을 주식 A에 60%투자하고, 나머지 40%를 무위험자산에 투자한 포트폴리오 P가 있다. 주식 A의 베타가 1.5일 때 포트폴리오 P의 베타는 얼마인가? (단, 단일지표 모형이 성립된다고 가정한다.)

① 0.4
② 0.6
③ 0.9
④ 1.2

27 시장포트폴리오의 기대수익률이 10%, 체계적 위험 정도가 1.2인 주식 A가 있다고 하자. CAPM 모형에 의하면 A의 기대수익률이 10.4%라고 할 때 무위험 이자율은 얼마인가?

① 7%
② 8%
③ 9%
④ 10%

정답 및 해설

22 ③ 투자자의 위험선호도와 관계없이 위험자산만으로 구성된 가장 효율적 포트폴리오인 시장포트폴리오를 선택한다.

23 ③ $\beta = \dfrac{\sigma_{xm}}{\sigma^2_m} = \dfrac{0.6 \times 0.2 \times 0.06}{0.06 \times 0.06} = 2$

24 ① 기대수익률이 β에 의하여 선형적으로 결정되는 시장은 SML

25 ② $\rho_{XY} = \dfrac{Cov_{xy}}{\sigma_x \sigma_y} = \dfrac{0.02}{0.2 \times 0.3} = 0.3$

26 ③ $\beta_p = \sum \omega_i \beta_i = 1.5 \times 0.6 + 0 \times 0.4 = 0.9$

27 ② $10.4 = x + (10 - x) \times 1.2 = 8\%$

28. 주식 A와 B의 베타계수는 각각 0.8과 1.4이며, 시장포트폴리오의 기대수익률과 표준편차는 각각 12%와 20%이다. A와 B에 각각 50%씩 투자한 포트폴리오의 총 위험이 10%일 때, 샤프의 단일지표 모형을 이용하여 체계적 위험과 비체계적 위험을 구하라.

① 3.80%와 6.20% ② 4.00%와 6.00%
③ 4.40%와 5.60% ④ 4.80%와 5.20%

 29. 주식 k의 베타가 1.00이며, 이 주식은 매우 큰 비체계적 위험을 가지고 있다. CAPM이 성립한다면, 주식 k의 균형수익률은 얼마가 되는가?

① 시장포트폴리오의 기대수익률
② 무위험이자율 + 총위험에 대한 위험프리미엄
③ 무위험이자율 + 비체계적 위험에 대한 위험프리미엄
④ 비체계적 위험에 대한 위험프리미엄

 30. 시장지수(종합주가지수)의 기대수익률은 15%이며 무위험이자율은 7%이다. 주식 A의 베타계수는 0.5, 실제수익률이 9.5%일 경우 주식 A의 초과수익률은?

① -1.5% ② -5.5%
③ 1.5%   ④ 4.2%

[31~33] CAPM이 맞다고 가정할 때, 다음 표를 보고 각각의 물음에 답하여라.

구 분	실제수익률	시장포트폴리오와의 상관계수	표준편차
증권 갑	13.5%	0.90	20.0%
증권 을	10.2%	0.80	9.0%
시장포트폴리오	12.0%	1.00	12.0%
무위험자산	5.0%	0.00	0.0%

31. 다음 중 증권 갑과 증권 을의 베타계수를 올바르게 구한 것은?

	증권 갑	증권 을		증권 갑	증권 을
①	1.50	0.60	②	0.60	1.50
③	0.60	2.00	④	2.00	0.60

32. 위 표의 자료에 근거하여 증권시장선(SML)의 식을 제대로 표시한 것은?

① $E(R_j) = 0.07 + 0.05 \beta_j$
② $E(R_j) = 0.12 + 0.05 \beta_j$
③ $E(R_j) = 0.05 + 0.07 \beta_j$
④ $E(R_j) = 0.05 + 0.12 \beta_j$

33. 다음 설명 중 올바른 것을 고르면?

① 증권 갑은 시장에서 과소평가되어 있고 증권 을은 과대평가되어 있다.
② 증권 갑은 시장에서 과대평가되어 있고 증권 을은 과소평가되어 있다.
③ 증권 갑과 을은 모두 과소평가되어 있다.
④ 증권 갑과 을은 모두 과대평가되어 있다.

정답 및 해설

28 ④ • 총위험 = 체계적 위험 + 비체계적 위험
• 체계적 위험 = 포트폴리오 베타의 제곱 × 시장의 분산

29 ① CAPM이론에서 주식 k의 균형수익률 = 무위험이자율 + (시장포트폴리오의 기대수익률 − 무위험이자율) × 주식 k의 베타이고, 주식 k의 베타는 1이므로 결국 주식 k의 균형수익률은 시장 포트폴리오의 기대수익률과 같다.

30 ① CAPM에 의하면 적정수익률은 $E(R) = R_f + (R_m - R_f) × 베타 = 0.07 + (0.15 − 0.07) × 0.5 = 11\%$인데, 실제 수익률은 9.5%이므로 초과수익률은 − 1.5%

31 ① $\Rightarrow$ 갑 = $\frac{20 × 0.9}{12} = 1.5$, 을 = $\frac{0.9 × 0.8}{12} = 0.6$

32 ③ $E(R_j) = 0.05 + (0.12 − 0.05)\beta_j = 0.05 + 0.07\beta_j$

33 ② $E(갑)(R_갑) = 0.05 + 0.07 × 1.5 = 0.155$ ⇨ 시장에서 과대평가
$E(을)(R_을) = 0.05 + 0.07 × 0.6 = 0.092$ ⇨ 시장에서 과소평가

34 다음 중 마코위츠모형과 단일지표모형의 차이점을 잘못 설명한 것은?

① 두 모형 모두 투자자가 효율적 분산투자를 하는데 필요로 하는 최소분산 포트폴리오 구성을 위한 모형이다.
② 마코위츠모형은 증권들 간의 공분산에 관한 일체의 가정을 필요로 하지 않는다.
③ 단일지표모형은 모든 증권들 간의 공분산을 단 하나의 공통요인(시장지표)으로 간편화시켜 가정한다.
④ 단일지표모형은 마코위츠가 자신의 모형을 단순화시킨 모형이다.

35 B 회사 주식의 차기배당금이 1,000원, 연간성장률이 12%로 일정하다고 가정한다. 무위험이자율은 6%, 시장 포트폴리오의 기대수익률과 분산은 각각 15%, 0.02, B주식과 시장 포트폴리오의 공분산은 0.03이다. B 주식의 내재가치는?

① 13,333원
② 15,242원
③ 16,742원
④ 20,241원

36 다음 중 효율적 시장가설에 대한 설명으로 잘못된 것은?

① 각 시점에서의 증권가격변동은 무작위적(random)이다.
② 증권가격은 증권의 가치평가에 관한 새로운 정보가 발생하면 신속·정확하게 반응한다.
③ 어느 시점에서 이용가능한 정보에 기초한 투자전략, 거래규칙을 수립했을 때 미래 평균 투자수익률 이상의 투자성과를 획득할 수 없다.
④ 특정정보를 알고 있는 투자자들과 모르고 있는 투자자들의 평균적인 성과 사이에는 의미있는 차이가 있다.

37 다음 중 약형 효율적 시장가설에 대한 검증방법이 아닌 것은?

① 기술적 분석의 유용성을 검증한다.
② 시계열의 상관관계를 분석한다.
③ 시계열 자료에서 run을 구해 시장에서 추출된 run과 비교한다.
④ 정보공개시점 전후 간의 수익률을 비교한다.

38 다음 중 소극적 투자관리 방법이 아닌 것은?

① 시장이 효율적인 것을 전제로 하여 초과수익을 얻고자 하는 시도 대신 시장전체 평균 수준의 투자수익을 얻거나 투자위험을 감수하고자 하는 투자관리 방법
② 특정 우량증권이나 포트폴리오를 선택하고자 하는 의도적인 노력없이 단순히 무작위적으로 선택한 증권을 매입하여 보유하는 단순매입·보유전략
③ 시장펀드, 채권펀드에 투자하는 전략
④ 강세시장이 예상될 때 베타계수가 큰 종목 선택, 약세시장이 예상될 때 베타계수가 적은 종목을 선택하여 투자하는 전략

정답 및 해설

34 ④ 단일지표모형은 샤프가 자신의 모형을 단순화시킨 모형이다.

35 ① $P = \dfrac{D_1}{r-g} = \dfrac{1,000}{0.195 - 0.12} = 13.333$

36 ④ 성과 간에 의미있는 차이가 없어야 한다.

37 ④ 정보공개시점 전후간의 수익률비교는 준강형 가설에 대한 검증법이다.

38 ④ 소극적 투자관리는 시장에 대한 예측이 불필요하다.

39 SML(증권시장선)과 CML(자본시장선)에 대한 설명 중 옳은 것은?
① 자본시장선의 위험과 증권시장선의 위험지표는 동일하다.
② 자본시장선에서 위험과 수익률의 관계는 비효율적인 포트폴리오를 대상으로 한다.
③ 증권시장선의 위험을 측정하는 지표는 체계적 위험만 반영된 베타이다.
④ 증권시장선에서 계산하지 못한 비효율적 포트폴리오의 할인율도 자본시장선을 활용하여 할인율을 계산할 수 있다.

40 주식 A의 수익률 표준편차는 0.27, 주식 B의 수익률 표준편차는 0.73이고, 두 주식 간의 상관계수가 완전 정(+)의 관계에 있다면 최소분산 포트폴리오는?
① 주식 A에 100% 투자
② 주식 B에 100% 투자
③ 주식 A에 27%, 주식 B에 73% 투자
④ 주식 A에 73%, 주식 B에 27% 투자

41 포트폴리오를 구성한 후, 상황의 변화로 이미 구성한 포트폴리오의 위험이 증가하게 되어 각 종목의 구성비율을 조정함으로써 원래의 위험수준을 그대로 유지하는 방법을 무엇이라고 하는가?
① 적극적 포트폴리오 수정
② 포트폴리오 리밸런싱
③ 포트폴리오 업그레이딩
④ 포트폴리오 이퀄링

42 어떤 펀드매니저가 첫해에는 예측을 잘못하여 5%의 손실을 보았다. 그러나 펀드운용기간을 연장해서 두번째 해에는 15%의 수익률을 올렸다. 이 펀드의 2년간 수익률을 연단위로 산출하면 얼마인가?
① 10%
② 9.25%
③ 5%
④ 4.50%

 **43** 상호배타적인 투자안에서 NPV법과 IRR법을 비교 설명한 것으로 잘못된 것은?

① NPV 증가는 주주가치의 증가이고 IRR 극대화는 NPV의 극대화이다.
② 중간 현금흐름의 재투자수익률로서는 NPV법에서의 자본비용이 IRR법에서의 할인율보다 비교우위의 현실적 타당성을 갖는다.
③ NPV법은 비교대상인 자본비용이 미래의 단위기간별로 다를 때에도 무리 없이 적용될 수 있다.
④ IRR법에서는 산술적 특성으로 인하여 현금유출과 현금유입을 투자비용이나 투자성과라는 경제적 의미로 구분하지 않아 투자판단을 오도할 우려가 있다.

 44 다음과 같은 조건의 주식 A와 B에 분산투자하여 포트폴리오의 위험이 0이 되게 하려면, A와 B의 투자비중은 각 얼마이어야 하는가?(단, A와 B의 상관계수는 -1)

구 분	기대수익률	표준편차
주식 A	14%	10%
주식 B	18%	20%

① $W_A = 1/3$, $W_B = 2/3$
② $W_A = 2/3$, $W_B = 1/3$
③ $W_A = 1$, $W_B = -1$
④ 가능하지 않음

정답 및 해설

39 ③ 증권시장선은 베타와 수익률간의 관계를 나타낸 것이다. 베타는 체계적 위험을 측정하는 지표이다.
40 ① 상관계수가 +1이므로 위험이 작은 곳에 전부 투자한다.
41 ② 포트폴리오 Revision은 포트폴리오 리밸런싱과 포트폴리오 업그레이딩이 있고 포트폴리오 업그레이딩은 동일한 위험 하에서 수익률을 높이거나 동일한 수익률이라면 위험을 낮추는 방법이다.
42 ④ 기하평균수익률로 산출해야 한다.
43 ① 기업금융의 목표는 주주가치의 극대화이지 내부수익률의 극대화가 아니다. 내부수익률의 극대화가 반드시 NPV의 극대화를 의미하지는 않는다.
44 ② $\omega_A = \dfrac{\sigma_B}{\sigma_A + \sigma_B} = \dfrac{20}{10+20} = \dfrac{2}{3}$

이패스 금융투자분석사 출제예상 문제

45 다음 설명 중 옳지 않은 것은?
① 증권특성선은 개별주식의 수익률과 시장 포트폴리오의 수익률의 관계를 설명하는 모형이다.
② 증권특성선의 기울기가 크다는 것은 특정 개별주식의 체계적 위험이 크다는 것을 의미한다.
③ $\beta = 2.0$은 시장수익률이 1% 변동할 때 개별주식의 수익률이 2% 변동함을 나타낸다.
④ 잔차는 개별주식의 실제수익률에서 기대수익률을 차감한 것으로 시장 수익률의 변동과 밀접한 관계가 있다.

46 다음은 세 주식 A, B, C 간의 상관계수 자료이다. 세 주식 중 두 주식을 선택하여 포트폴리오를 구성할 경우, 다음 설명 중 적절하지 못한 것은? (단, 공매는 허용되지 않는다.)

구성주식	상관계수
A, B	0.0
A, C	1.0
B, C	-1.0

① 주식 A와 B로 구성되는 포트폴리오 위험은 주식 B와 C로 구성되는 포트폴리오의 위험보다 항상 크다.
② 주식 A와 C로 구성되는 포트폴리오의 결합선은 직선으로 표시된다.
③ 주식 A와 C의 결합은 실질적으로 투자위험 감소효과가 나타나지 않는다.
④ 투자비율을 조종하여 투자위험이 영(0)이 되도록 만드는 포트폴리오는 주식 B와 C의 결합만이다.

정답 및 해설

45 ④ 잔차는 시장수익률 변동과 무관함
46 ① 포트폴리오의 위험은 주어진 상관계수하에서 투자비율을 조정함으로서 달라질 수 있다. 그러므로 A, B로 구성된 포트롤리오의 위험이 B, C로 구성된 포트폴리오의 위험보다 항상 클수는 없다.

memo

핵심개념 이해도 체크

적절한 개념에 체크 ☑ 하세요.!

01 내부수익률(IRR)법은 (☐ 내부수익률 r / ☐ 자본비용 k)로 재투자된다고 가정한다.

02 MM은 1963년의 논문에서 완전자본시장을 가정하고 (☐ 법인세 / ☐ 소득세)를 예외로 허용하면 타인자본의 사용을 많이 할수록 기업가치는 증가한다고 주장했다.

03 대리비용과 파산비용을 고려하면 최적 자본구조가 존재(☐ 한다 / ☐ 하지 않는다).

04 대리비용 관점에서 보면, 내부 주주 혹은 경영자는 배당을 가급적 (☐ 많이 / ☐ 적게)하고 순이익 중 내부유보의 비중을 (☐ 극소화 / ☐ 극대화)하려고 한다.

05 포트폴리오의 베타(β)는 개별 주식의 베타를 (☐ 투자비중 / ☐ 투자비중의 제곱)으로 가중평균하여 구한다.

06 두 증권 간 상관계수(ρ)가 0일 경우, 투자비율을 적절히 조정하여 포트폴리오 수익률의 변동성(표준편차)을 0으로 만들 수 (☐ 있다 / ☐ 없다).

07 무위험자산과 위험자산을 모두 포함한 포트폴리오를 구성하는 것이 위험자산만으로 포트폴리오를 구성하는 것과 비교했을 때 (☐ 우월한 / ☐ 열등한) 투자성과를 기대할 수 있다.

08 CAPM에서는 모든 투자자가 (☐ 같은 / ☐ 다른) 투자기간동안 투자한다고 가정한다.

09 증권시장선(SML) 아래에 있는 주식은 (☐ 과대 / ☐ 과소)평가된 주식으로 볼 수 있다.

정답

- 01 내부수익률 r
- 02 법인세
- 03 한다
- 04 적게, 극대화
- 05 투자비중
- 06 없다
- 07 우월한
- 08 같은
- 09 과대

10 합병 대상 기업의 기존 경영진이 적대적 매수/합병의 성사로 중도 탈락하는 경우에 상당 규모의 보상금을 받을 수 있도록 고용계약에 규정하는 방법은 (□ 백지 위임장 전쟁 / □ 황금낙하산 전략)이다.

11 적대적 매수/합병이 성사되면 합병 대상 기업의 기존 주주가 매수/합병하려는 기업 혹은 매수/합병 후의 잔존 기업의 주식을 할인 매입할 수 있는 권리를 사전에 규정하는 방법은 (□ 독약 전략 / □ 억지 전략)이다.

12 적대적 매수/합병이 성사되도록 하는 법적 요건을 까다롭게 하는 방법은 (□ 독약 전략 / □ 억지 전략)이다.

13 적대적 매수/합병을 하려는 기업이 대상 기업의 특정 사업부문을 겨냥하고 있다는 것을 사전에 파악하였다면 해당 사업 부분을 자산매각(Sell-off)의 형식으로 대상 기업의 법적 주체에서 분리시키는 방법은 (□ 초토화 전략 / □ 팩맨 전략)이다.

14 적대적 매수/합병을 하려는 기업을 대상 기업이 오히려 적대적 매수/합병을 해 버리는 전략은 (□ 팩맨 전략 / □ 백기사 전략)이다.

15 적대적 매수/합병을 막을 수 없다고 판단되는 경우에 대상 기업이 제3자 기업에게 우호적 매수/합병을 시도하여 성사시키는 방법은 (□ 사기업화 전략 / □ 백기사 전략)이다.

> **정답**
>
> 10 황금낙하산 전략 13 초토화 전략
> 11 독약 전략   14 팩맨 전략
> 12 억지 전략   15 백기사 전략

www.epasskorea.com

이패스코리아 금융투자분석사

이패스코리아 금융투자분석사

제 02 과목

가치평가론

- 제1장　주식평가·분석
- 제2장　채권평가·분석
- 제3장　파생상품평가·분석
- 제4장　파생결합증권평가·분석

이패스코리아 금융투자분석사

01장

주식평가 · 분석

01 주식평가·분석

학습전략

본 과목에서는 총 10문제가 출제됩니다. 주식과 주식시장, 증권분석(경제·산업·기업분석), 주식 가치평가모형 등을 학습해야 하는데 계산문제가 많이 출제되므로 대비가 필요합니다. 계산에 필요한 공식들을 따로 정리하여 암기하여야 하며, 다양한 문제를 통해 충분히 연습하는 것이 중요합니다. 특히 권리락 주가, EVA, 미래이익추정, 배당평가모형, 이익평가모형, PER평가모형, CAPM모형, WACC, 세후영업이익 등 계산문제에 철저히 대비하시기 바랍니다.

학습포인트

내용	개념이해 난이도		
	상	중	하
제1장 주식과 주식시장			
1. 주식의 구분 : 보통주와 우선주			○
2. 무상증자와 유상증자 : 권리락 주가	○		
3. 증권매매거래제도			○
4. 주가지수 산출방법 : 주식가격 가중방법/시가총액 가중방법/동일 가중방법		○	
제2장 경제·산업·기업분석			
1. 경제분석		○	
2. 산업분석			○
3. 기업분석 : ROE 변동원인 분석과 재무비율 분석	○		
4. EVA 분석	○		
제3장 주식가치평가모형			
1. 배당평가모형과 이익평가모형	○		
2. 잉여현금흐름(FCF) 평가모형과 가중평균자본비용(WACC)	○		
3. PER평가모형과 PER의 유용성을 높이는 방법		○	
4. PBR 평가모형		○	
5. 기타 주가배수 평가모형 : PSR, PCR, EV/EBITDA		○	

다음 중 보통주의 특징으로 가장 거리가 먼 것은?

① 보통주는 발행기업에 안정적인 자기자본 조달의 수단이 된다.
② 이익배당청구나 재산권 행사가 마지막으로 행사된다는 점에서 위험부담이 크다.
③ 미래 이익에 대한 무제한적인 참여가 가능하여 상당한 자본이득을 기대할 수 있다.
④ 일반적으로 의결권이 제한되어 있고 추가적인 이익참여가 제한되어 있다는 점에서 사채의 단점을 지니고 있다.

 사채의 단점을 지닌 것은 우선주이다.

용어이해하기

- **보통주** | 일정 지분의 소유권을 나타내는 증서로서, 회사의 경영에 참여할 수 있는 권리(의결권 등)와 경제적 이익을 얻을 수 있는 권리(배당청구권 등)를 지닌다.
- **우선주** | 사채와 보통주의 성격이 혼합된 증권으로서, 일반적으로 고정적인 배당률을 정해 놓지만 무배당도 가능하며, 의결권이 제한된다.

핵심탐구 주식의 구분

(1) 보통주
 ① 이익배당이나 재산권 행사가 우선주 주주나 채권자 등에 비해 뒤처지는 점에서 위험부담이 크지만, 미래이익에 대한 무제한적 참여가 가능하여 상당한 자본이득을 기대할 수 있음
 ② 구분 : 액면주와 무액면주, 기명주와 무기명주, 의결권주와 무의결권주
(2) 우선주
 ① 이익배당이나 재산권 행사는 보통주에 우선하나, 의결권이 제한되고 추가적인 이익참여가 제한됨
 ② 구분
  ㉠ 누적적 우선주와 비누적적 우선주 : 당기에 지급하지 못한 배당을 차기에 누적하여 지급하는 지에 따라 구분 ⇨ 누적적 우선주는 투자위험이 낮아 수익률도 낮음
  ㉡ 참가적 우선주와 비참가적 우선주 : 기업의 이익상태가 양호하여 초과배당에 또 참여할 수 있는 지에 따라 구분
   ⇨ 비참가적 우선주가 일반적
  ㉢ 전환우선주와 비전환우선주 : 일정 시기에 일정 가격으로 보통주로 전환할 수 있는 지에 따라 구분
  ㉣ 상환우선주와 수의상환우선주(수시로 상환)

정답 | ④

무상증자에 대한 설명으로 가장 거리가 먼 것은?

① 무상증자는 회사의 실질재산을 증가시키기 위해 발행한다.
② 무상증자의 구체적인 재원으로는 자본잉여금이 활용된다.
③ 무상증자가 이루어지면 주당 이론 권리락 가격은 하락한다.
④ 주식배당은 재원이 이익잉여금일 뿐 경제적 효과는 무상증자와 거의 같다.

출제 Point 무상증자는 주주들의 실질적인 주금의 납부 없이 회사의 자본준비금을 자본금으로 전입하는 방법으로 자본금을 증가시키는 것이다.

함정 & 오답 피하기
- 무상증자가 이루어지면 기업자산가치는 증가한다. (×) ⇨ 기업자산가치는 실질적으로 변하지 않고 발행주식수만 증가하므로 이론 권리락주가는 하락한다.
- 무상증자와 주식배당은 재원의 출처나 경제적 효과가 동일하다. (×) ⇨ 재원의 출처는 다름

핵심탐구 — 무상증자

(1) 개요
① 실질적인 주식출자금의 납부 없이 잉여금(자본준비금 등)을 자본금으로 전입하면서 자본금을 증가시키는 것
② 구체적 재원으로 자본잉여금(자산재평가적립금, 주식발행초과금)을 활용
③ 무상증자가 이루어져도 기업자산가치는 변하지 않고 발행주식수만 증가

(2) 권리락 주가
① 무상증자 전·후의 주주의 부(시장가치)가 동일해지도록 조정되는 이론주가를 말함
  ➡ • 무상증자 전 시장가치 = 기준주가 × 기존주식수
  • 무상증자 후 시장가치 = 권리락주가 × 기존주식수(1 + 증자비율)
② 권리락주가 = $\dfrac{권리부\ 주가(또는\ 기준주가)}{1 + 증자비율}$

(3) 주식배당
① 주주에게 현금배당 대신 신주를 발행하여 지급하는 것
② 구체적 재원으로 이익잉여금을 활용하는데, 경제적 효과는 무상증자와 거의 같음

정답 | ①

㈜동서의 현 주가는 20,000원, 발행주식수는 100,000주이다. 이제 25,000주의 유상증자를 실시하고자 한다. 할인율은 25%이라면 다음 중 가장 거리가 먼 것은?

① 신주발행가격은 15,000원이다.
② 주당납입금은 5,000원이다.
③ 권리락 주가는 19,000원이다.
④ 유상증자 후 시장가치는 23.75억원이다.

출제 Point 주당납입금은 3,750원이다.
- 신주발행가격 = 20,000원 × (1 − 0.25) = 15,000원
- 주당납입금 = 15,000원 × 0.25 = 3,750원
- 권리락 주가 = $\dfrac{20,000 + 3,750}{1 + 0.25}$ = 19,000원
- 유상증자 후 시장가치 = 19,000원 × 125,000주 = 23.75억

핵심탐구 유상증자

(1) 개요
① 현금으로 주식출자금을 납입 받고 자본금을 증가시키는 것
② 기업의 실질재산이 증가

(2) 유상증자 배정방식

배정방식		내용
사모	구주할당 (주주배정)	발행주식의 20%를 우리사주조합에 배정하고 나머지 80%를 기존 주주에게 소유주식수에 비례하여 배정
	연고자할당 (제3자 배정)	주총의 특별결의가 있거나 정관에 제3자 배정이 명시되어 있을 경우 종업원, 임원 등 특정인에게 배정
공모	주주우선공모	주주와 우리사주조합에 배정한 후 권리포기로 인한 실권분을 인수단이 인수한 후 일반에게 공모
	일반공모	불특정다수인을 상대로 모집 혹은 매출하는 방법으로 주총의 특별결의가 있거나 정관에 주주의 신주인수권 배제에 관한 규정이 있는 경우에 한함

(3) 권리락주가
① 유상증자 전·후의 주주의 부(시장가치)가 동일해지도록 조정되는 이론주가
 • 유상증자 전 시장가치 = 기준주가 × 기존주식수 + 신주발행가격 × 기존주식수 × 증자비율
• 유상증자 후 시장가치 = 권리락주가 × 기존주식수(1 + 증자비율)

② 권리락주가 = $\dfrac{\text{기준주가} + \text{주당 납입금}(= \text{신주발행가격} \times \text{증자비율})}{1 + \text{증자비율}}$

정답 | ②

한국거래소의 체결우선원칙에 대한 설명으로 가장 거리가 먼 것은?

① 같은 가격의 주문이면서 동시호가인 경우에는 수량우선의 원칙을 적용한다.
② 먼저 접수된 호가가 나중에 접수된 호가보다 우선한다.
③ 증권회사의 자기매매호가가 고객이 주문한 위탁매매호가보다 우선한다.
④ 낮은 가격의 매도호가는 높은 가격의 매도호가에 우선하고, 높은 가격의 매수호가는 낮은 가격의 매수호가에 우선한다.

 Point 위탁매매호가가 자기매매호가보다 우선한다.

함정 & 오답 피하기
- K-OTC시장은 조직화되지 않은 시장이다. (×) ⇨ 협회가 운영하는 조직화된 시장
- 동시호가인 경우에는 시간우선의 원칙을 적용한다. (×) ⇨ 시간우선의 원칙을 적용할 수 없어 수량우선의 원칙을 적용

핵심탐구 | 증권매매거래제도

(1) 유통시장의 구분
   ① 유가증권, 코스닥, 코넥스 시장 : 한국거래소가 운영하며 상장주식을 거래
   ② K-OTC시장 : 금융투자협회가 운영하며 비상장주식을 거래
   ③ 장외시장 : 점두거래(금융투자회사와 고객 간)와 직접거래(매매당사자 간)로 구분
(2) 개별 경쟁매매
   ① 단일가매매 : 단일가격에 의한 집중거래방법으로 시가나 종가를 결정할 때 적용
   ② 접속매매 : 복수가격에 의한 계속거래방법으로 장중(09:00 ~ 15:20)에 적용
(3) 체결우선원칙
   ① 가격우선의 원칙 : 매도는 낮은 가격의 주문이, 매수는 높은 가격의 주문이 우선
   ② 시간우선의 원칙 : 동일 가격에 대하여 먼저 접수된 주문이 우선
   ③ 수량우선의 원칙 : 같은 가격의 주문이면서 동시호가인 경우, 수량이 많은 주문이 우선
   ④ 위탁매매우선의 원칙 : 고객이 주문한 위탁매매가 증권회사의 자기매매보다 우선
(4) 시장관리제도
   ① 일일가격제한폭 : 전일종가 ± 30%
   ② 매매거래중단제도(Circuit Breakers)
      ㉠ 지수가 일정 수준이상 급락하는 경우 시장에서의 모든 매매거래를 일시적으로 중단하는 제도
      ㉡ 주식시장의 매매거래 중단 시 선물·옵션시장도 중단

정답 | ③

이패스 금융투자분석사

기준시점의 주가지수를 100이라고 할 때, 다음 표를 이용하여 가격가중지수, 시가총액가중지수, 동일가중지수를 각각 산출하였다. 순서대로 나열된 것은?

주 식	발행주식수	기준시점 주가	비교시점 주가
주식 A	30주	5,000원	8,000원
주식 B	70주	4,000원	3,000원
주식 C	50주	9,000원	10,000원

① 116.67, 107.95, 115.33
② 107.95, 116.67, 115.33
③ 115.33, 116.67, 107.95
④ 116.67, 115.33, 107.95

출제 Point

- 가격가중지수 = $\dfrac{8,000 + 3,000 + 10,000}{5,000 + 4,000 + 9,000} \times 100 = 116.67$

- 시가총액지수 = $\dfrac{8,000 \times 30 + 3,000 \times 70 + 10,000 \times 50}{5,000 \times 30 + 4,000 \times 70 + 9,000 \times 50} \times 100 = 107.95$

- 동일가중지수 = $\dfrac{1}{3} \times [\dfrac{8,000}{5,000} + \dfrac{3,000}{4,000} + \dfrac{10,000}{9,000}] \times 100$

  $= \dfrac{1}{3}(1.6 + 0.75 + 1.11) \times 100 = 115.33$

핵심탐구 주가지수 산출방법

(1) 주식가격 가중방법
 ① 지수구성 종목의 주가만을 이용하여 지수를 산출 ⇨ 다우존스, Nikkei225 등
 ② 문제점
  ㉠ 제수수정방법이 현실과 괴리감을 초래
  ㉡ 고가주의 가격변동이 저가주의 가격변동보다 지수에 더욱 큰 영향을 줌
  ㉢ 주식분할 등으로 주가가 하향 조정되면 지수에서의 비중이 낮아져 일관성 유지가 어려움
(2) 시가총액 가중방법
 ① 지수구성 종목의 시가총액(=주가×주식수)을 이용하여 지수를 산출 ⇨ KOSPI, KOSPI200, S&P500 등
 ② 특징
  ㉠ 주식분할이나 그 외 어떤 자본의 변화에도 자동적인 조정이 가능
  ㉡ 경제적 비중이 높은 주식이 지수에 높게 반영
(3) 동일 가중방법
 ① 모든 주식의 중요도를 동일하게 가중하여 지수를 산출 ⇨ 피셔지수(fisher index)
 ② 실제로는 별로 이용되지 않음

정답 | ①

경제분석에 대한 설명 중 가장 거리가 먼 것은?

① 장기간에 걸친 주가상승률은 이론적으로 실질GDP성장률에 접근한다.
② 시중금리가 변동하면 증권가격은 이와 반대방향으로 움직이게 된다.
③ 인플레이션은 시중이자율을 상승시켜 증권가격을 하락시킬 수 있다.
④ 정부가 적자예산을 편성하면 민간부문의 차입기회를 감소시킴으로써 이자율을 상승시키는 작용을 할 수 있다.

출제 Point 명목GDP성장률(실질GDP성장률 + 물가상승률)에 접근한다.

> **함정 & 오답 피하기**
> • 투자수익률은 명목수익률이 중요하다. (×) ⇨ 명목수익률에서 기대 인플레이션을 뺀 실질수익률이 중요
> • 원화가 평가절하되면 우리나라 소비자들이 외국 수입품에 대해 지불하는 대가는 줄지만, 외국 소비자들은 우리나라 제품을 구매할 때 지불하는 대가가 늘게 된다. (×) ⇨ 반대

핵심탐구 경제분석

(1) 개요
　경제분석이란 주요 경제지표와 주가의 상관관계를 분석하는 것
(2) 내용
　① 국내총생산(GDP)과 주가는 정(+)의 방향 : 주가상승률은 명목GDP성장률(=실질GDP성장률 + 물가상승률)에 접근
　② 금리와 주가는 역(-)의 방향 : 금리상승 → 투자자의 요구수익률 상승 → 주가하락
　③ 인플레이션과 주가는 역(-)의 방향 : 인플레이션은 물가에 대한 보상요구로 인해 금리를 상승시켜 주가에 부정적
　④ 환율과 주가는 양면성이 있지만 일반적으로 부(-)의 관계(ⓒ의 영향이 큼)
　　㉠ 환율상승(달러강세 / 원화약세) → 수출증가, 수입감소 → 주가상승
　　ⓒ 환율상승 → 달러수요증가 → 외국인증시자금 유출 → 주가하락
　⑤ 정부정책
　　㉠ 적자재정정책(세출증가, 세율인하) : 수요를 진작시키지만, 민간차입기회를 감소시켜 금리상승을 초래하는 구축효과(crowd out)가 발생
　　ⓒ 확대금융정책 : 통화량 증가는 금리하락으로 이어져 투자와 소비를 증가시키지만 장기적으로는 물가상승을 초래

정답 | ①

07 이패스 금융투자분석사

산업의 경쟁구조 분석에 필요한 구조적 경쟁요인으로 가장 거리가 먼 것은?

① 진입장벽
② 대체 가능성
③ 핵심역량평가
④ 구매자의 교섭력

출제 Point 핵심역량평가는 기업분석과 관련된 내용이다.

용어이해하기

- **산업의 경쟁구조 분석** | 산업의 이윤잠재력이 5가지 경쟁요인(진입장벽, 기존업체간 경쟁강도, 대체가능성, 구매자 교섭력, 공급자 교섭력)에 의해 결정된다고 보아 경쟁요인들의 총체적인 힘을 분석하는 것이다. 마이클 포터(Michael E. Porter)에 의해 제시되었다.
- **제품 수명주기 이론** | 신제품이 나오면 생명체의 수명과 같이 생성, 성장, 쇠퇴, 소멸해간다는 이론이다. 버논(R. Vernon) 등에 의해 제시되었다. 이와 같은 제품 수명주기 이론을 산업분석에서도 활용한다.

핵심탐구 산업분석

(1) 개요
산업분석이란 어떤 업종이 경쟁력이 높고 유망한지 분석하는 것

(2) 산업의 경쟁구조 분석

경쟁요인	내용
진입장벽	진입장벽이 높을수록 이미 진출해 있는 기업들이 수익성과 영업위험 측면에서 유리
기존업체간 경쟁강도	경쟁기업 수가 많거나 산업성장이 완만할수록 기존업체간의 경쟁강도가 높아짐
대체 가능성	대체품이 많을수록 산업의 이익 잠재력은 하락
구매자의 교섭력	구매자의 집중도가 높거나 제품이 규격화된 경우는 구매자의 교섭력이 강해짐
공급자의 교섭력	공급자가 소수이거나 제품이 차별화된 경우는 공급자의 교섭력이 강해짐

(3) 제품 수명주기 이론

단계	주요 특징	수익성	위험
도입기	신제품 출하, 매출 저조, 광고비용 과다	손실 또는 낮음	높음
성장기	시장규모증대, 매출증가, 자금조달능력 중요	높음	낮음
성숙기	시장수요 포화상태, 기업 간 경쟁 확대	증가폭 작아짐	다시 증가
쇠퇴기	구매자가 외면, 대체품 출현	손실 또는 낮음	높음

정답 | ③

다음 중 자기자본순이익률(ROE)의 산출식으로 가장 거리가 먼 것은?

① 당기순이익 / 자기자본
② 총자산순이익률 × (1 + 부채 / 자기자본)
③ 매출액순이익률 × 총자산회전율 × (1 + 부채 / 자기자본)
④ 매출액순이익률 × 매출채권회전율 × (1 + 부채 / 자기자본)

출제 Point 매출채권회전율(매출액 / 매출채권)이 아니라 총자산회전율(매출액 / 총자산)이다.
[참고] 총자산순이익률(ROA) = 당기순이익 / 총자산

함정 & 오답 피하기
- 매출액순이익률이 증가하면 자산이용의 효율성이 증가한 것이다. (×) ⇨ 비용통제의 효율성이 증가
- 매출액순이익률이 2%, 총자산회전율이 5회, 부채비율이 1인 기업의 ROE는 10%가 된다. (×) ⇨ 매출액순이익률 × 총자산회전율 × (1 + 부채비율) = 2% × 5회 × (1 + 1) = 20%

핵심탐구 — 기업분석

(1) ROE 변동원인 분석

① $ROE = \dfrac{당기순이익}{자기자본} = \dfrac{당기순이익}{매출액} \times \dfrac{매출액}{총자산} \times \dfrac{총자산}{자기자본}$

$= \dfrac{당기순이익}{매출액} \times \dfrac{매출액}{총자산} \times \left(1 + \dfrac{부채}{자기자본}\right)$ *cf.* $\dfrac{총자산}{자기자본} = \dfrac{자기자본 + 부채}{자기자본} = 1 + \dfrac{부채}{자기자본}$

= 매출액순이익률 × 총자산회전율 × (1 + 부채비율)

② 변동원인 분석
  ㉠ 매출액순이익률 증가 ⇨ ROE 증가 ⇨ 비용통제의 효율성 증가
  ㉡ 총자산회전율 증가 ⇨ ROE 증가 ⇨ 자산이용의 효율성 증가
  ㉢ 부채비율 증가 ⇨ ROE 증가 ⇨ 자본조달의 안정성 감소

(2) 재무비율 분석
  ① 수익성 지표 : 총자본이익률(ROI), 자기자본이익률(ROE), 매출액순이익률, 매출액영업이익률 등
  ② 안정성 지표 : 부채비율, 고정비율, 이자보상비율 등
  ③ 유동성 지표 : 유동비율, 당좌비율, 주당현금흐름 등 ⇨ 단기채무상환능력 측정
  ④ 활동성 지표 : 총자산회전율, 고정자산회전율, 재고자산회전율 등
  ⑤ 성장성 지표 : 매출액증가율, 총자산증가율, 영업이익증가율 등

정답 | ④

제1장 주식평가·분석 | **141**

09 이패스 금융투자분석사

경제적 부가가치(EVA)에 대한 설명으로 가장 올바른 것은?

① 자본비용에 타인자본비용은 반영하지 않는다.
② 투자자본은 주주들이 납입한 자본금을 말한다.
③ 법인세 차감 전 영업이익에서 자본비용을 차감하여 산정한다.
④ 투자자본이익률이 자본비용보다 클 경우 기업가치가 창출되고 있다는 것을 의미한다.

출제 Point
① 자본비용에 타인자본비용도 반영한다.
② 투자자본은 본업(영업)활동과 연관된 순운전자본, 고정자산, 기타영업자산을 합한 것이다.
③ 법인세 차감 후 영업이익에서 자본비용을 차감한다.

함정 & 오답 피하기
- 영업이익 300억, 법인세율 30%인 경우 세후영업이익은 300억 × (1 − 0.3) = 210억 (○)
- 부채 300억, 자기자본 200억, 세후부채비용 7%, 자기자본비용 15%인 기업의 가중평균자본비용(WACC)은 7% × 0.6 + 15% × 0.4 = 10.2% (○)

핵심탐구 — EVA(Economic Value Added) 분석

(1) 경제적 부가가치(EVA)의 의미
① 기업이 자본비용보다 높은 수익률을 제공하는 사업에 투자할 때 새로운 가치가 창출될 수 있다는 개념에 근거
② 타인자본 비용뿐 아니라 자기자본 비용까지 반영한 성과지표

(2) 산출방법
① 세후영업이익에서 자본비용(= 타인자본비용 + 자기자본비용)을 차감하거나, 투자수익률과 자본비용의 차이에 투자자본을 곱하여 추정

$$EVA = 세후영업이익 − WACC × 투자자본$$
$$= (투자자본이익률 − WACC) × 투자자본$$

② 구성항목
㉠ 세후영업이익 : 법인세를 차감한 영업이익, 즉 영업이익×(1 − 법인세율)
㉡ 투자자본 : 본업활동과 연관된 순운전자본, 고정자산, 기타영업자산을 합한 것
㉢ 가중평균자본비용(WACC) : 부채비용과 자기자본비용을 자본구성비에 따라 가중평균한 비율
    cf. WACC = (세후부채비용 × 부채비중) + (자기자본비용 × 자기자본비중)
㉣ 투자자본이익률 : 세후영업이익을 투자자본으로 나눈 비율, 즉 세후영업이익 / 투자자본

(3) 분석방법
① 투자자본이익률이 자본비용보다 높으면 기업가치는 창출되고 재무적 건전성이 양호한 것으로 평가
② 주가변동의 요인으로 회계지표(당기순이익)보다 설명력이 높음

정답 | ④

10

A기업은 작년 말에 주당 1,000원을 배당하였고, A기업의 배당금은 향후 매년 10%씩 영구적으로 증가할 것으로 예상된다. A기업 주주의 요구수익률이 20%라고 할 때, 고든(Gordon)의 정률성장모형에 의하면 A기업의 올해 초 주가는?

① 10,000원
② 11,000원
③ 20,000원
④ 22,000원

출제 Point $P_0 = \dfrac{D_0(1+g)}{k-g} = \dfrac{1,000(1+0.1)}{0.2-0.1} = 11,000$

핵심탐구 　배당평가모형

(1) 정률성장모형(또는 항상성장모형, 고든모형)
  ① 기업이 일정하게 성장하여 배당도 일정 비율로 늘어나는 경우
  ② $P_0 = \dfrac{D_0(1+g)}{k-g} = \dfrac{D_1}{k-g}$ (D₀ : 전기배당, D₁ : 차기배당, k : 요구수익률, g : 성장률)
  ③ 기대배당 클수록, 요구수익률 낮을수록, 성장률 높을수록 주식가치는 높아짐
  ④ 가정
    ㉠ 성장에 필요한 자금을 내부자금만으로 조달
    ㉡ 요구수익률(k) > 성장률(g)
    ㉢ 재투자수익률, 사내유보율, 배당성향, 성장률, 요구수익률 등은 항상 일정(∵ 정률이기 때문)
  ⑤ 성장률 산출
    ㉠ 성장률(g) = 사내유보율(f) × 재투자수익률(r)　cf. 재투자수익률(r) = 자기자본이익률(ROE)
    ㉡ 사내유보율(f) + 배당성향(1 − f) = 100%
(2) 제로성장모형
  ① 기업이 성장하지 않아 매년 배당금이 일정한 경우 ⇨ g = 0
  ② $P_0 = \dfrac{D}{k}$ (D : 배당금, k : 요구수익률)
(3) 다단계성장모형(또는 고속성장모형)
  처음 수년간은 매우 높은 성장률을 기록하다가 그 이후에는 일정 성장률을 유지할 경우

보충학습

주식평가모형
① 현금흐름할인모형 : 배당평가모형, 이익평가모형, 잉여현금흐름(FCF) 평가모형
② 주가배수평가모형(상대가치평가모형) : PER, PBR, PSR, PCR, EV/EBITDA 등 주가배수를 이용해 평가
③ 자산가치평가모형 : 주당순자산가치(BPS)로 평가

정답 | ②

A기업의 기말 예상 주당이익은 1,000원이다. 이 기업의 배당성향은 40%로 항상 일정하며 재투자수익률은 15%로 항상 일정하다고 한다. 이 기업 주식의 요구수익률이 10%라고 하면, 모딜리아니·밀러의 정률성장이익모형에 따른 이 주식의 이론적 가치는 얼마인가?

① 20,000원
② 30,000원
③ 40,000원
④ 60,000원

$$P_0 = \frac{E_1}{k} + \frac{E_1}{k} \times \frac{f(r-k)}{k-g}$$
$$= \frac{1,000}{0.1} + \frac{1,000}{0.1} \times \frac{0.6(0.15-0.1)}{0.1-0.6 \times 0.15} = 10,000 + 30,000 = 40,000$$

[참고] 성장기회의 현재가치는 30,000원

핵심탐구 | 이익평가모형

(1) 모딜리아니·밀러 모형

$$P_0 = \frac{E_1}{k} + \frac{E_1}{k} \times \frac{f(r-k)}{k-g}$$

(E_1 : 기말예상이익, f : 사내유보율, r : 재투자수익률, k : 요구수익률, g : 성장률)

(2) 모형의 이해

① 성장기회가 없는 경우의 현재가치 : $\frac{E_1}{k}$

② 성장기회의 현재가치 : $\frac{E_1}{k} \times \frac{f(r-k)}{k-g}$

(3) 분석방법

① f = 0이거나 r = k인 기업은 성장기회가 없어 주가는 $\frac{E_1}{k}$

② f〉0이고 r〉k인 기업은 성장기회가 존재하므로 $\frac{E_1}{k} \times \frac{f(r-k)}{k-g}$ 만큼 주가가 높아짐

정답 | ③

12

다음 잉여현금흐름(FCF)의 산출식으로 바르지 않은 것은?

① FCF = 총영업현금흐름 − 총투자액
② 총영업현금흐름 = 세후영업이익 + 감가상각비
③ 총투자액 = 투하자본 증가액 − 감가상각비
④ FCF = 세후영업이익 − 투하자본 증가액

출제 Point 총투자액 = 투하자본 증가액 + 감가상각비

> **함정 & 오답 피하기**
> - 잉여현금흐름(FCF)은 영업활동과 연관된 현금흐름이기 때문에 재무활동으로 인한 현금흐름은 제외한다. (○)
> - 잉여현금흐름(FCF)을 산출할 때 세후영업이익은 손익계산서상의 법인세액을 사용한다. (×) ⇨ 영업이익을 기준으로 산정한 법인세를 사용

핵심탐구 잉여현금흐름(FCF) 평가모형

(1) 개요
① FCF(free cash flow)모형은 영업현금흐름에 근거하여 기업 전체 가치를 구한 다음, 주식가치를 평가함
② 기업 전체 가치(V_0) : 예측기간(t기간) 잉여현금흐름의 현재가치 합 + 예측기간 이후 잔존가치의 현재가치 + 영업외 가치

$$V_0 = \sum_{t=1}^{n} \frac{FCF_t}{(1+WACC)^t} + \frac{CV}{(1+WACC)^n} + 영업외가치$$

(FCF : 잉여현금흐름, WACC : 가중평균자본비용, CV : 잔존가치)

③ 주식가치(P_0)

$$P_0 = \frac{(V_0 - B_0)}{발행주식수}$$ (V_0 : 기업전체가치, B_0 : 부채가치)

(2) 주요 항목
① 잉여현금흐름(FCF) = 세후영업이익 − 투하자본 증가액
② 세후영업이익 = 영업이익 × (1 − 법인세율)
③ 투하자본 : 생산·판매·관리 등의 영업활동에 투하된 자금 cf. 비영업자산은 제외

(3) 영업현금흐름의 장점
① 기업가치를 좌우하는 원천적 현금흐름임
② 주주 몫의 현금흐름(배당 등)과 달리 회사의 배당정책 등에 영향을 받지 않음
③ 재무구조(부채비율)의 차이에 영향을 받지 않음
④ 실증적으로 주가와 더 높은 상관관계를 보임

정답 | ③

이패스 금융투자분석사

다음의 자료를 이용하여 가중평균자본비용(WACC)을 계산하면?

- 세전부채비용 : 10%
- 부채비율(타인자본/자기자본) : 100%
- 자기자본비용 : 12%
- 법인세율 : 30%

① 8.0%
② 9.0%
③ 9.5%
④ 11.0%

출제 Point

WACC = 세전부채비용(1 − 법인세율) × 부채비중 + 자기자본비용 × 자기자본비중
= 10%(1 − 0.3) × 0.5 + 12% × 0.5 = 9.5%

함정 & 오답 피하기

부채비용은 세후기준으로 측정해야 한다. 부채의 지급이자는 손비처리되어 절세효과가 있기 때문이다.

핵심탐구 ▸ 자본비용의 추정

(1) 자본비용의 의의
① 기업이 조달한 자본에 대해 사용대가로 지불하는 비용 ⇨ 자본 제공자 입장에서는 기회 투자수익률
② FCF모형에서는 가중평균 자본비용(WACC)을 사용

$$WACC = k_d(1-t) \cdot \left(\frac{B}{B+S}\right) + k_e \cdot \left(\frac{S}{B+S}\right)$$

(kd : 세전부채비용, ke : 자기자본비용, t : 법인세율, B : 부채 시장가치, S : 자기자본 시장가치)

(2) 부채비용의 측정
① 당해 기업이 발행한 채권의 만기수익률을 측정
② 무위험이자율에 당해 기업 신용등급의 스프레드를 더해서 계산
③ 지급이자액을 이자지급부채의 크기로 나누어 측정 ⇨ 무이자부채는 제외

(3) 자기자본비용의 측정
① 배당평가모형 이용 : k_e = 배당수익률$\left(\frac{d_1}{P_0}\right)$ + 성장률(g)

② 이익평가모형 이용 : $k_e = \frac{1}{PER}$

③ CAPM모형 이용

$$k_e = R_f + [E(R_m) - R_f] \times \beta$$

(R_f : 무위험이자율, $E(R_m)$: 주식시장기대수익률, β : 주식의 위험지표)

정답 | ③

14

PER에 대한 설명으로 가장 거리가 먼 것은?

① PER는 절대적 주가수준을 평가하는 방법이다.
② 모든 조건이 동일하다면 기대수익률이 클수록 PER는 작아진다.
③ 주당이익의 증가율보다도 주가상승률이 작으면 PER는 작아진다.
④ PER는 기업이 벌어들이고 있는 한 단위의 이익에 대해 증권시장의 투자자들이 얼마의 대가를 지불하고 있는가를 말한다.

출제 Point PER는 상대적 주가수준을 평가하는 방법이다.

함정 & 오답 피하기

- 배당평가모형을 이용하여 PER값을 계산할 때 EPS 기준에 따라 산식이 달라짐에 유의한다.
- $\dfrac{P_0}{E_0} = \dfrac{D_0(1+g)}{k-g} \div E_0 = \dfrac{D_0}{E_0} \times \dfrac{1+g}{k-g} = \dfrac{(1-f)(1+g)}{k-g}$ 단, (1-f) : 배당성향
- $\dfrac{P_0}{E_1} = \dfrac{D_1}{k-g} \div E_1 = \dfrac{D_1}{E_1} \times \dfrac{1}{k-g} = \dfrac{(1-f)}{k-g}$

핵심탐구 — PER 평가모형

(1) 주가수익비율(PER : Price Earning Ratio)
  ① PER = $\dfrac{\text{주가}}{\text{주당순이익(EPS)}}$ (배)
  ② PER이 낮으면 주가는 저평가

(2) PER를 이용한 주가산출
  ① P = PER × EPS
  ② PER는 동류위험, 산업평균, 과거평균, 배당평가모형 등을 이용
  ③ EPS는 현재 또는 미래치를 추정하여 이용

(3) 배당평가모형의 PER
  ① PER 산출식
    ㉠ 현재 EPS를 이용 : $\dfrac{P_0}{E_0} = \dfrac{\text{배당성향}(1+g)}{k-g}$ (g : 성장률, k : 요구수익률)
    ㉡ 미래 EPS를 이용 : $\dfrac{P_0}{E_1} = \dfrac{\text{배당성향}}{k-g}$
    ㉢ 통상 ㉠ > ㉡
  ② 배당성향↑, 성장률(g)↑, 요구수익률(k)↓ ⇒ PER↑

정답 | ①

이패스 금융투자분석사

PER의 유용성을 높이는 방법과 가장 거리가 먼 것은?

① 분모에 해당하는 정보내용을 적절히 반영시키기 위해 분자의 주가자료로 이익발표 직전 일정 기간 동안의 주가평균을 사용한다.
② 주가는 미래 예상되는 이익을 반영한 것이기 때문에 분모의 주당이익 자료로 당해 연도의 예측된 주당이익을 이용한다.
③ 경기순환에 취약한 기업이나 매우 적은 이익을 낸 기업의 PER도 산업평균 PER를 계산할 때 미래이익에 대한 시장의 거래로서 정보가치가 있기 때문에 그대로 사용한다.
④ 전환증권의 발행이 있으면 희석화되는 주식수를 포함한다.

 경기순환에 취약한 기업이나 매우 적은 이익을 낸 기업의 PER는 그만큼 변동성이 커서 PER의 신뢰성을 떨어뜨린다.

핵심탐구 PER의 유용성을 높이는 방법

① 주가자료는 이익발표 직전 일정 기간 동안의 주가평균을 사용 ⇨ 회계연도 마지막 날의 종가를 사용하는 것보다 주당이익의 정보내용을 적절히 반영시킨다는 장점이 있기 때문
② 주당이익자료는 당해 연도의 예측된 주당이익을 이용하는 것이 논리적으로 합당 ⇨ 분기별, 반기별 주당이익 자료가 있으면 최근 12개월의 평균 주당이익을 이용하는 것이 정확할 것이나 주가는 미래 예상되는 이익을 반영한 것이기 때문
③ 경상이익을 이용하면 PER의 유용성을 높일 수 있음 ⇨ 납세후 순이익보다 경상이익은 특별손익 항목이 제외되어 항구적인 수익력을 평가할 수 있기 때문
④ 발행주식수는 전환증권의 발행이 있으면 희석화되는 주식수를 포함시키는 것이 합리적
⑤ 산업평균 PER를 계산할 때는 부(−)의 PER기업도 정보가치가 있기 때문에 포함시킴
⑥ 경기순환에 취약한 기업이나 이익이 매우 적은 기업의 PER은 그만큼 변동성이 커서 신뢰성이 떨어짐에 주의
⑦ 국가 간에는 회계처리방법이나 세제 등 기업환경의 차이가 있으므로 국제 비교에는 주의
⑧ 인플레이션이 높은 상황에서는 회계적 이익이 과대계상되어 PER이 낮아지는 경향이 있음에 주의 ⇨ 주당이익은 경제적 이익보다 역사적 취득원가에 기초한 회계적 이익을 사용하기 때문

정답 | ③

16

PBR 평가모형에 대한 설명으로 가장 거리가 먼 것은?

① PBR이 1이 아닌 이유는 주가와 순자산의 시간성에서 차이가 있기 때문이다.
② PBR은 기업의 청산을 전제로 하여 청산가치를 추정할 때 유용하다.
③ PBR = $\frac{순이익}{매출액} \times \frac{매출액}{총자본} \times \frac{총자본}{자기자본}$ + PER 로 표현할 수 있다.
④ 기업의 마진, 활동성, 부채레버리지 그리고 기업수익력의 질적 측면이 반영된 지표이다.

출제 Point PBR = $\frac{순이익}{매출액} \times \frac{매출액}{총자본} \times \frac{총자본}{자기자본} \times$ PER

핵심탐구 — PBR 평가모형

(1) 주가순자산비율(PBR : Price Book-value Ratio)
 ① PBR = $\frac{주가}{주당순자산(BPS)}$(배) ⇨ 시장가치 대 장부가치 비율
 ② PBR < 1 또는 PBR이 낮으면 주가는 저평가

(2) PBR의 의미
 ① PBR = $\frac{주가}{BPS} = \frac{주가}{EPS} \times \frac{EPS}{BPS}$
  = PER × ROE
  = PER × $\frac{순이익}{매출액} \times \frac{매출액}{총자본} \times \frac{총자본}{자기자본}$
  = (이익승수) × (마진) × (활동성) × (부채 레버리지)
 ② PBR = PER × ROE = $\frac{(1-f)}{k-g} \times$ ROE = $\frac{ROE-g}{k-g}$ *cf.* $g = f \times$ ROE
 ③ 고ROE·저PBR 주식은 저평가, 저ROE·고PBR 주식은 고평가된 것으로 판단

(3) PBR을 이용한 주가산출
 ① P = PBR × BPS
 ② 이익을 반영하지 못해 계속기업을 전제로 한 평가기준이 되지 못하는 것이 결점 ⇨ 청산가치 추정 시 유용

정답 | ③

17

주가배수 평가모형의 설명 중 바르지 않은 것은?

① PEG비율은 기대성장률(g)을 PER로 나눈 값이다.
② PBR은 ROE에 큰 영향을 받는데, ROE가 높고 PBR이 낮으면 주식은 저평가된 것이다.
③ PSR은 마진(매출액순이익률)에 큰 영향을 받는데, 마진이 낮고 PSR이 높으면 주식은 고평가된 것이다.
④ PCR이 낮으면 주식은 저평가된 것이다.

> **출제 Point** PEG비율은 PER을 기대성장률(g)로 나눈 값이다.

핵심탐구 PEG비율 등

(1) PEG비율
① $PEG = \dfrac{PER}{g}$ (배)
② 기대성장률의 차이가 PER수준에 적절히 반영되고 있는지를 판단 ⇨ PER가 높아도 성장률이 높으면 여전히 주가는 저평가

(2) 주가매출액비율(PSR : Price Sales Ratio)
① $PSR = \dfrac{주가}{주당매출액}$ (배)
② 초기에 이익을 내기 어려운 벤처기업 평가에 유용
③ PSR은 마진(매출액순이익률)에 크게 영향을 받음 *cf.* PSR = PER × 매출액순이익률
④ 고마진·저PSR 주식은 저평가, 저마진·고PSR 주식은 고평가된 것으로 판단

(3) 주가현금흐름비율(PCR : Price Cash Ratio)
① $PCR = \dfrac{주가}{주당현금흐름}$ (배)
② 감가상각비가 많은 장치산업의 주식평가에 유용

(4) EV/EBITDA
① EV(Enterprise Value : 기업가치) : 시가총액 + 순차입금(총차입금 – 현금 및 투자유가증권)
② EBITDA(Earning Before Interest, Tax, Depreciation & Amortization)
  ㉠ 이자비용, 법인세비용, 유·무형자산 감가상각 차감 전 순이익
  ㉡ 영업이익(EBIT) + 감가상각비(DA)
  ㉢ 국제간 기업 비교 시 주로 사용

정답 | ①

memo

01 보통주와 우선주에 대한 내용으로 사실과 다른 것은?
① 참가적 우선주는 예정 배당액 이외에 보통주의 배당에도 참가할 수 있다.
② 상환우선주는 일정 시기에 일정한 가격으로 보통주로 전환할 수 있다.
③ 우리나라 보통주의 액면은 100원 이상으로 정하고 있다.
④ 우리나라 상장법인의 무의결권주는 발행주식 총수의 50%를 초과하지 못하도록 규정하고 있다.

 02 다음 중 증권제도의 특징으로 보기 어려운 것은?
① 부의 집중화
② 자유양도성을 보장
③ 액면을 소단위로 분할 발행
④ 재산권·미래이득청구권·잔여재산분배청구권·의결권 등에 대한 계약

 03 증권의 발행형태 중 간접발행에 대해 설명하였다. 바르지 않은 것은?
① 증권의 발행위험이나 발행사무를 제3의 인수기관이 맡는 방법이다.
② 총액인수는 인수기관이 증권발행에 대한 모든 위험을 부담한다.
③ 모집주선은 발행증권의 미매각분을 인수회사가 아닌 발행주체가 부담한다.
④ 잔액인수는 발행증권의 미매각분이 있을 경우 발행자가 이를 인수기관으로부터 미리 정해진 발행가액으로 인수한다.

 04 기업공개(IPO)에 대한 설명 중 가장 거리가 먼 것은?
① 기업공개는 대부분 장외시장을 통해 이루어진다.
② 소유와 경영의 분리를 통한 경영전문화를 기할 수 있다.
③ 기업내용이 일반에게 알려지고 평가받아 공적기업이 됨을 의미한다.
④ 기업의 경영성과를 소액주주들도 균점토록 하여 부의 재분배를 원활히 한다.

유상증자 중에서 우리사주제도와 같이 기존주주를 제외한 특정 연고자(회사 임원, 거래처, 거래은행 등)에게 신주인수권을 부여하는 배정방법은?

① 구주주배정　　　　　　② 주주우선공모
③ 제3자 배정　　　　　　④ 일반공모

자본금이 5억 원인 A기업(주식수 100,000주)에서 20,000주의 무상증자를 결의하였다고 하자. 현재 A기업의 주가가 20,000원이라면 무상증자 시 권리락 주가 및 시가총액은?(근사치를 구하시오)

① 12,000원, 5억 원　　　　② 16,660원, 6억 원
③ 16,660원, 20억 원　　　　④ 20,000원, 20억 원

A회사의 현재주가 및 기준주가는 10,000원이다. A회사가 증자비율 30%의 유상증자를 실시하려고 할 때, 신주의 할인율이 20%라면 권리락 주가는 얼마인가?

① 9,538원　　　　　　② 8,923원
③ 9,667원　　　　　　④ 10,333원

정답 및 해설

01 ② 전환우선주에 대한 설명이다. 상환우선주는 미리 정한 상환일에 액면상환이 이루어지는 우선주를 말한다.
02 ① 증권의 소단위 분할 발행으로 부의 재분배 효과가 발생한다.
03 ④ 잔액인수는 미매각분을 인수기관이 인수하는 방식이다.
04 ① 주식의 자유양도성과 시장성이 확보되어야 하므로 기업공개는 대부분 거래소에 상장하는 방법으로 이루어진다.
05 ③ 제3자 배정 또는 연고자할당이라고 하는데, 주총의 특별결의나 정관에 명시되어 있어야 가능하다.
06 ③ · 권리락 주가 = $\dfrac{기준주가}{1+증자비율} = \dfrac{20,000}{1+0.2} = 16,666원$,
　　· 시가총액 = 20,000원×100,000주 = 20억 원 [참고] 무상증자 전·후의 시가총액은 동일
07 ① 권리락 주가 = $\dfrac{기준주가 + 신주발행가격 \times 증자비율}{1+증자비율} = \dfrac{10,000 + 8,000 \times 0.3}{1+0.3} = 9,538$
　　[참고] 신주발행가격 = 10,000원(1 − 0.2) = 8,000원

다음 세계 각국의 주요 주가지수 중 시가총액방식이 아닌 것은?
① S&P 500
② FTSE 100
③ Nikkei 225
④ NASDAQ 100

하루 중 주가지수가 일정수준 이상으로 급락하는 경우 모든 주식매매를 일시적으로 중단하는 제도는 무엇인가?
① Short Selling
② 사이드카
③ Circuit Breakers
④ 집중거래

다음은 A기업의 재무자료이다. A기업의 자기자본순이익률(ROE)은 얼마인가?

| • 총자산이익률 : 30% | • 매출액순이익률 : 20% |
| • 총자산회전율 : 1.5 | • 부채 / 자기자본 : 2 |

① 10%
② 40%
③ 60%
④ 90%

A기업의 세후영업이익(NOPAT)은 100억원이고, 영업용 투하자본(invested capital)은 1,000억원이다. A기업의 가중평균자본비용이 8%이고 법인세율이 40%라면, 경제적 부가가치(EVA)는?
① -20억원
② -14억원
③ 20억원
④ 14억원

12 주가변화가 다음과 같을 때 시가총액식으로 산정한 지수의 상승률은?

주식	주식 수	처음 주가	현재 주가
A	100주	50원	76원
B	300주	100원	110원

① 16%   ② 18%
③ 20%   ④ 22%

13 어떤 기업의 배당성향이 60%, 재투자수익률이 25%, 현재 EPS가 1,000원, 요구수익률이 20%일 때 이 기업의 적정주가를 정률성장모형으로 구하시오.

① 6,000원   ② 6,600원
③ 60,000원 ④ 66,000원

14 정률성장모형에 결정된 적정주가가 10,000원인 A기업의 내년도 주당 배당액은 600원으로 예상된다. A기업의 자기자본비용이 15%라면 배당성장률은 얼마인가?

① 7%   ② 8%
③ 9%   ④ 10%

정답 및 해설

08 ③ Nikkei225 및 다우존스지수는 가격가중식이다.
09 ③ 시장중단제도(circuit breakers)에 대한 내용이다.
10 ④ ROE = 매출액순이익률×총자산회전율×(1 + 부채/자기자본) = 20% × 1.5 × 3 = 90%
11 ③ EVA = 세후영업이익 − (투하자본×가중평균자본비용) = 100억 − (1,000억 × 8%) = 20억
12 ① 시가총액지수 = $\dfrac{100 \times 76 + 300 \times 110}{100 \times 50 + 300 \times 100} \times 100 = 116$(16% 상승)

13 ② P = $\dfrac{D_0(1+g)}{k-g} = \dfrac{600(1+0.1)}{0.2-0.1}$ = 6,600원

[참고] D_0 = EPS × 배당성향 = 1,000원 × 60% = 600원, g = 사내유보율 × 재투자수익률 = 40% × 25% = 10%

14 ③ P = $\dfrac{D_1}{k-g} = \dfrac{600}{0.15-g}$ = 10,000에서 g = 0.09

15 ROE 변동원인에 대한 분석으로 가장 거리가 먼 것은?

① 매출액순이익률이 증가하면 ROE는 높아진다.
② 총자산회전률이 증가하면 ROE는 높아진다.
③ 부채레버리지(총자본 / 자기자본)가 감소하면 ROE는 높아진다.
④ 세금부담률(순이익 / 납세전순이익)이 크거나, 이자부담률(납세전순이익 / 영업이익)이 크면 ROE는 높아진다.

16 기업의 미래 이익을 예측하는 경우 고려사항으로 바르지 않은 것은?

① 미래 이익을 추정할 때 회계처리방법의 다양성 문제를 염두에 두어야 한다.
② 미래 이익 예측의 대상은 회계적 이익이 아니라 경제적 이익이라는 점이다.
③ 미래 이익 예측을 위해 과거의 이익 자료에만 의존하지 말고 여러 가지 질적 요인을 충분히 감안하여야 한다.
④ 과거의 회계정보자료를 이용하여 미래 이익을 예측하고자 할 때는 이익 예측의 신뢰성을 높이기 위하여 정상적 주당이익에 근거하여 추정할 필요가 있다.

17 정상적 주당이익을 예측하는 기준으로 가장 거리가 먼 것은?

① 미래에 반복될 경상적 항목을 근간으로 예측한다.
② 보수적 회계처리방법을 근간으로 예측할 필요가 있다.
③ 기업의 장기수익과 밀접한 관계가 있는 강제적 비용지출의 크기와 시기에 주의하여 분석할 필요가 있다.
④ 정상적 주당이익이란 정상적 상황에서의 영업활동으로부터 기대할 수 있는 주당이익을 말한다.

18 ROE 변동원인을 분해한 것으로 빈칸에 알맞은 말은?

> • ROE = 매출액순이익률 × 총자산회전율 × [1 + (A)]
>   = (B) × 자산이용의 효율성 × 자본조달의 안정성

① A : 매출액순이익률, B : 자본사용의 효율성
② A : 부채비율, B : 비용통제의 효율성
③ A : 총자산증가율, B : 비용통제의 효율성
④ A : 부채비율, B : 재무구조의 안정성

19 A회사의 배당성향은 40%, 재투자수익률(ROE)은 15%, 주식의 요구수익률은 12%로 항상 일정하다고 가정할 때, 주가가 항상성장모형에 의해 결정된다고 하면, A회사 주식의 주가수익비율(PER)은 얼마인가? (단, PER는 현재 주가를 내년도 예상 주당순이익으로 나눈 것(P/E)으로 정의하고 가장 가까운 근사치로 구하시오.)

① 6.7(배) ② 10(배)
③ 11.2(배) ④ 13.3(배)

정답 및 해설

15 ③ ROE와 부채레버리지(총자본 / 자기자본)는 비례관계이다.

[참고] ROE = $\dfrac{순이익}{납세전순이익} \times \dfrac{납세전순이익}{영업이익} \times \dfrac{영업이익}{매출액} \times \dfrac{매출액}{총자산} \times \left(1 + \dfrac{부채}{자기자본}\right)$

= 세금부담률 × 이자부담률 × 영업효율성 × 자산이용효율성 × 부채레버리지

16 ② 경제적 이익은 측정상의 어려움이 있고, 회계적 이익과 경제적 이익은 상관관계가 높다는 전제하에서 회계적 이익을 기준으로 예측한다.

17 ③ 기업의 미래 수익력 증가와 밀접한 관계가 있는 것은 강제적 비용(재료비, 인건비 등)보다 임의적 비용(감가상각비, 연구개발비 등)이므로 임의적 비용지출의 크기와 시기에 주의하여 분석할 필요가 있다.

18 ② ROE = 매출액순이익률 × 총자산회전율 × (1 + 부채비율)
⇨ 비용통제의 효율성 × 자산이용의 효율성 × 자본조달의 안정성

19 ④ PER = $\dfrac{배당성향}{k - f \times r} = \dfrac{0.4}{0.12 - 0.6 \times 0.15}$ = 13.3배

20 주가순자산비율(PBR)에 대한 설명으로 가장 거리가 먼 것은?
① 대부분 기업들의 PBR은 주가와 주당순자산이 같지 않으므로 1이 아니다.
② PER이 주가와 수익의 flow관계를 나타내는 데 비하여 PBR은 주가와 순자산의 stock관계를 나타낸다.
③ 1980년대 후반 이후 PBR이 높아지고 그 변동성이 커지면서 투자지표로서의 유효성이 PER보다 낮아졌다.
④ 보통주의 주당가치를 평가함에 있어서 시장가격과 장부가치의 괴리의 정도를 평가하는 자기자본 평가지표이다.

21 PBR을 의미하는 관계식이 아닌 것은?
① 주가 / 주당순자산(BPS)
② PER × ROE
③ $\frac{ROE-g}{k-g}$ (k : 요구수익률, g : 성장률)
④ 매출액순이익률 × 자기자본회전율 × 부채레버리지 × P/E

22 A기업의 PER는 15배, 순이익은 3억, 총자본은 60억, 자기자본은 30억일 때 이 기업의 PBR은?
① 0.5　　② 1.0　　③ 1.2　　④ 1.5

23 A기업은 앞으로 처음 2년간(t = 2까지)은 매년 5%씩 성장하고, 그 이후에는 연 2%씩 정률성장할 것으로 기대된다. A기업 주식의 요구수익률이 12%라면, 다단계성장모형에 의한 A기업 주식의 이론적 주가는 얼마인가? (단, A기업의 내년도 (t = 1) 주당배당은 1,000원일 것으로 예상, 가장 가까운 근사치로 구하시오.)
① 9,577원　　② 10,268원
③ 12,755원　　④ 13,222원

24 EV/EBITDA비율에 대한 설명으로 가장 거리가 먼 것은?

① 기업가치평가에서 현금흐름의 중요성이 높아지면서 등장했다.
② EBITDA는 세전영업이익에서 비현금성 비용인 감가상각비를 차감한 것이다.
③ EBITDA는 회계처리방법과 영업외적 요인에 의해서 영향을 받지 않는다.
④ 현금흐름의 크기를 감안하여 기업가치가 상대적으로 얼마나 높은지를 평가할 수 있다.

25 A기업의 영업이익은 300억원이고, 세전이익 200억원이다. 이 기업의 법인세율은 30%이어서 법인세는 60억원이다. 이연법인세부채 증가액과 감가상각비가 없다고 가정하면, 이 기업의 잉여현금흐름(FCF)을 추정하는 과정에서 세후영업이익(NOPLAT)은 얼마인가?

① 210억원 ② 230억원
③ 240억원 ④ 270억원

26 A기업은 부채 300억원, 자기자본 200억원으로 구성된 회사이다. 부채의 평균이자율은 10%, 자기자본비용은 15%이다. 이 기업의 법인세율이 30%라고 할 때 가중평균자본비용(WACC)은 얼마인가?

① 10% ② 10.2%
③ 10.8% ④ 11.2%

정답 및 해설

20 ③ 1980년대 후반 이후 고주가로 인해 PER가 높아지고 그 변동성이 커지면서 PER보다 PBR의 유효성이 높아졌다.
21 ④ ROE = 매출액순이익률 × 총자본회전율 × 부채레버리지 × P/E
22 ④ PBR = PER × ROE = 15 × (3억/30억) = 15 × 0.1 = 1.5(배)
23 ② $P = \dfrac{1{,}000}{1.12^1} + \dfrac{1{,}050}{1.12^2} + \dfrac{10{,}710}{1.12^2} = 893 + 837 + 8{,}538 = 10{,}268$

[참고] 3년(t = 3)부터는 정률성장모형이므로 $P_2 = \dfrac{1{,}050(1 + 0.02)}{0.12 - 0.02} = 10{,}710$

24 ② EBITDA는 세전영업이익에서 감가상각비를 합한 것이다.
25 ① 300억 − 300억 × 30% = 210억
[참고] 세후영업이익은 손익계산서상의 법인세액이 아니라 영업이익 기준으로 산정한다.
26 ② 세전부채비용(1 − 법인세율) × 부채비중 + 자기자본비용 × 자기자본비중 = 10%(1 − 0.3) × 0.6 + 15% × 0.4 = 10.2%

'세후영업이익(NOPLAT) – 경제적 부가가치(EVA)'가 의미하는 것은?
① EBITDA ② 장부가치
③ 시장부가가치(MVA) ④ 자본비용

다음 설명 중 바르지 않은 것은?
① EV/EBITDA 비율이 높으면 주식은 저평가된 것이다.
② ROE가 낮고 PBR이 높으면 주식은 고평가된 것이다.
③ 마진이 높고 PSR이 낮으면 주식은 저평가된 것이다.
④ PCR이 낮으면 주식은 저평가된 것이다.

A주식의 적정 PER는 10배, 차기 EPS는 4,500원으로 예상된다. A주식이 현재 40,000원에 거래되고 2,000원의 배당을 지급할 것으로 본다면 A주식의 기대수익률(k)은?
① 10.0% ② 12.5%
③ 17.5% ④ 20.0%

A기업의 자기자본은 200억원, 부채비율은 100%, 세후부채비용은 8%이다. 무위험이자율은 4%, 시장위험보상률은 6%, A기업의 베타는 1.2라고 할 때, 가중평균자본비용은? (단, A기업의 법인세율은 30%, 자기자본비용은 CAPM을 이용하여 계산)
① 7.1% ② 8.0%
③ 8.5% ④ 9.6%

31 아래 자료를 이용하여 B회사의 세전부채비용을 구하면 얼마인가? (단, 자기자본비용은 CAPM 모형을 이용하여 산출한다.)

- A회사
  - 베타 : 1.5
  - 자기자본비용 : 14%
- B회사
  - 베타 : 2.0
  - 가중평균자본비용(WACC) : 10%
  - 부채와 자기자본의 자본구성비율 : 60% 대 40%
  - 법인세율 : 30%
- 무위험이자율 : 5%

① 5.0% ② 5.3%
③ 7.6% ④ 10.3%

32 다음 ( ) 안에 들어갈 적절한 말은?

성장성을 가정하지 않는 경우 주당순이익(EPS)이 1,000원, 주가가 10,000원인 경우 PER는 ( )배이고, 주식의 기대수익률은 ( )%가 된다.

① 10, 5   ② 10, 10
③ 10, 15 ④ 10, 20

정답 및 해설

27 ④ EVA = 세후영업이익 − 자본비용(= 투하자본 × WACC)

28 ① EV/EBITDA 비율이 높으면 주식은 고평가된 것이다.

29 ③ 1년 후 주가 = PER × 예상EPS = 10 × 4,500원 = 45,000원
따라서 기대수익률 = (매매차익 5,000원 + 배당 2,000원)/40,000원 = 0.175

30 ④ WACC = 8% × 0.5 + 11.2% × 0.5 = 4% + 5.6% = 9.6%
[참고] 자기자본비용 = 4% + 6% × 1.2 = 11.2%, 부채비율 100%(부채=자기자본)이므로 가중치 각각 0.5

31 ③
- A회사의 자기자본비용 = 5% + (R_m − 5%) × 1.5 = 14%에서 R_m = 11%
- B회사의 자기자본비용 = 5% + (11% − 5%) × 2 = 17%
- B회사의 WACC = 세전부채비용(1 − 30%) × 0.6 + 17% × 0.4 = 10%에서 세전부채비용은 7.6%

32 ②
- PER = 10,000/1,000 = 10배
- 주식의 기대수익률 = 1/PER = 1/10 = 10%

33 모딜리아니 – 밀러의 정률성장이익모형에 대한 설명으로 바르지 않은 것은?

① 이론적 주식가치는 성장기회가 없는 경우의 현재가치와 성장기회의 현재가치의 합으로 표시한다.
② 주당이익을 모두 배당하여 재투자하지 않는 경우에는 성장기회가 없다.
③ 기업의 재투자수익률과 요구수익률이 동일하면 이론적 주식가치는 성장기회가 없는 경우의 현재가치와 같다.
④ 기업의 재투자수익률이 요구수익률을 하회하는 경우 이론적 주식가치는 성장기회의 현재가치만큼 상승하게 된다.

34 A기업의 올해 말 주당이익은 1,000원으로 예상되고 재투자수익률은 12%, 배당성향은 40%, 요구수익률은 10%이다. 모딜리아니 – 밀러의 정률성장모형에서 올해 초 이 기업의 성장기회의 현재가치는? (가장 가까운 근사치로 구하시오)

① 2,500원　　　　　　　　　② 4,285원
③ 10,000원　　　　　　　　 ④ 14,285원

35 주식들 간에 PER이 차이가 나는 원인으로 옳은 것만 묶은 것은?

　㉠ 회계처리방법의 차이
　㉡ 경영자 능력의 차이
　㉢ 영업위험, 재무위험의 차이
　㉣ 기업의 과거 성장률의 차이

① ㉠　　　　　　　　　　　② ㉠, ㉡
③ ㉠, ㉡, ㉢　　　　　　　 ④ ㉠, ㉡, ㉢, ㉣

36 주식의 주문유형에 대한 설명으로 가장 거리가 먼 것은?

① 지정가는 종목, 수량, 가격을 투자자가 모두 지정한다.
② 시장가는 종목과 수량은 지정하되 가격은 지정하지 않는다.
③ 조건부지정가는 종가결정 시에 시장가주문으로 자동 전환된다.
④ 목표가는 주문접수시점의 상대방 최우선호가 가격으로 지정된다.

37 단일가격에 의한 경쟁매매와 관련이 적은 것은?

① 동시호가제도   ② 집중거래제도
③ 단일가 매매   ④ 계속거래제도

38 투자자 A는 매년 배당금이 100원인 주식을 보유하고 있다. 현재 요구수익률이 연 10%라고 할 때 이 주식의 현재가치는 얼마인가?

① 100원   ② 500원
③ 1,000원   ④ 10,000원

> 정답 및 해설

33 ④ 기업의 재투자수익률이 요구수익률을 상회할 때 성장기회의 현재가치만큼 상승하게 된다.
34 ② 성장기회의 현가 = $\dfrac{E_1}{k} \times \dfrac{f(r-k)}{k-g} = \dfrac{1,000}{0.1} \times \dfrac{0.6(0.12-0.1)}{0.1-0.6\times 0.12}$ = 4,285.71
35 ③ 과거가 아닌 미래 성장률의 차이가 원인이다. 그 밖에 시장에서의 경쟁적 지위의 차이도 원인이다.
36 ④ 최우리지정가주문에 대한 설명이다. 목표가주문은 투자자가 특정 지정가격이 아닌 당일의 거래량가중평균 등 향후에 결정될 가격으로 체결을 원하는 경우 회원의 재량으로 투자자의 목표가격에 최대한 근접하도록 체결해주는 방법으로 거래소가 정한 주문유형은 아니다.
37 ④ 계속거래제도는 실시간으로 체결되기 때문에 복수가격이 형성되며 장중 접속매매 시 적용한다.
38 ③ 배당금이 일정한 제로성장모형에서 주가 P = D/k = 100/0.1 = 1,000원

39 A회사는 매년 수익의 40%를 주주에게 배당하고 20%의 재투자수익률을 계속 유지하기로 하였다. 올해 초 주가가 25,000원이고 올해 말 배당은 주당 800원이라고 예상할 때 정률성장배당모형 하에서 자기자본비용을 계산하면?

① 3.2% ② 12%
③ 15.2% ④ 40%

40 지수산출방법 중 주식가격 가중방법의 특징으로 가장 거리가 먼 것은?
① 제수수정방법이 현실과 괴리감을 초래할 수 있다.
② 모든 주식에 균등한 금액을 투자하려는 투자자에게 유익한 지수가 될 수 있다.
③ 고가주식의 가격변동이 저가주식의 가격변동보다 지수에 더욱 큰 영향을 준다.
④ 주식분할 등으로 단순히 주가가 하향조정되면 지수에서의 비중이 낮아진다.

41 다음이 의미하는 시장가치비율 지표는?

마진 × 활동성 × 부채 레버리지 × PER

① PCR ② PBR
③ PEGR ④ PSR

42 A사의 현재주가는 9,000원이고, 주당이익은 3,000원인데 매년 10%의 성장을 계속하고 40%의 배당성향을 유지할 것으로 전망된다. 투자자의 요구수익률이 20%일 때 배당평가모형을 이용하여 A사의 1년 후 이론주가를 계산하면 얼마인가?

① 9,000원 ② 11,500원
③ 13,200원 ④ 14,520원

43 경기순환과 주가에 대한 설명으로 가장 거리가 먼 것은?

① 경기는 회복, 활황, 후퇴, 침체의 4개 국면을 반복한다.
② 단기순환은 기업의 재고증감과 관련이 있다.
③ 장기순환은 설비투자의 변동과 관련이 있다.
④ 주가는 경기변동이 있기 수개월 전부터 이를 반영하여 움직인다.

44 환율상승(원화 평가절하)의 영향에 대해 설명하였다. 바르지 않은 것은?

① 수입을 감소시키고 수출을 증가시킨다.
② 수입제품의 원가를 상승시켜 물가가 상승한다.
③ 달러화 표시 부채가 많은 기업은 환손실을 보게 된다.
④ 국내 주식을 보유한 외국투자자들은 환이익을 보게 된다.

45 금리변동과 그 영향으로 가장 거리가 먼 것은?

① 기대인플레이션이 증가하면 금리는 하락한다.
② 금리가 낮을수록 자본의 한계효율이 높아지므로 자금수요는 증가한다.
③ 국내총생산이 증가할 것으로 예상되면 금리는 상승한다.
④ 금리가 높을수록 소비자는 현재 소비를 줄이고 저축을 늘린다.

정답 및 해설

39 ③
- 성장률(g) = 사내유보율 × 재투자수익률 = 0.6 × 0.2 = 0.12 즉, 12%
- 배당수익률 = D_1 / P_0 = 800/25,000 = 0.032 즉, 3.2%
- 자기자본비용(기대수익률) = 배당수익률 + 성장률 = 3.2% + 12% = 15.2%

40 ② 모든 주식에 균등한 금액을 투자하려는 투자자에게 유익한 지수는 동일가중방법이다.

41 ② PBR이다. PBR은 PER에 기업의 마진, 활동성, 부채비율이 모두 반영된 지표다.

42 ④ 현재 주당이익은 3,000원, 배당성향은 40%이므로 배당은 1,200원이다.
- 현재 이론주가 P_0 = 1,200(1 + 0.1) / (0.2 − 0.1) = 13,200원
- 1년 후 이론주가 P_1 = 13,200 × (1 + 0.1) = 14,520원(성장성을 고려하여 1.1을 곱함)

43 ③ 설비투자의 변동은 중기순환과 관련이 있다. [참고] 장기순환은 획기적인 기술혁신과 관련이 있다.

44 ④ 원화가치가 하락하였으므로 국내 주식을 보유한 외국투자자들은 환손실을 보게 된다.

45 ① 기대인플레이션이 증가하면 물가에 대한 보상요구 때문에 금리는 상승한다. ⇨ 피셔효과로도 알 수 있음

46 M. Porter의 산업구조분석에 대한 설명이다. 사실과 다른 것은?

① 구조적 경쟁요인으로 진입장벽, 현존하는 경쟁기업 간 경쟁강도, 대체가능성, 구매자와의 교섭력, 공급자와의 교섭력 등 5가지가 있다.
② 진입장벽이 높을수록 이미 진출한 기업들이 수익성과 영업위험 측면에서 유리하다.
③ 대체품이 우수할수록 산업의 이윤잠재력을 제한하므로 가격상한선이 낮게 결정된다.
④ 전방적 계열화의 가능성이 높을 경우 구매자의 교섭력이 강해진다.

47 제품수명주기이론에 대한 설명이다. 사실과 다른 것은?

① 도입기는 사업위험이 높고 수익성은 낮은 시기이다.
② 성장기는 성장률이 높아지면서 사업위험이 감소하고 수익성이 높아진다.
③ 성숙기는 가격경쟁은 낮은 시기이나 제품마진 및 수익성 모두 감소한다.
④ 쇠퇴기는 철수기업이 늘어나고 낮은 가격과 낮은 마진이 발생한다.

48 자산가치 평가모형에 대한 설명으로 적절하지 않은 것은?

① 주주들에게 귀속되는 자산가치에 근거하여 평가하는 방법이다.
② 자산가치가 장부가치 기준으로 추정되어도 실제의 주가와 큰 차이를 보이지 않기 때문에 많이 사용하는 방법이다.
③ 주당순자산가치의 한계점을 보완하는 방법은 순자산의 대체 원가를 추정하는 것인데, 대체원가는 주식의 시장가치와 크게 차이가 나지 않기 때문이다.
④ 주식의 시장가격을 대체 원가로 표시한 것을 토빈의 q비율이라고 한다.

49 정률성장배당모형에서 유추할 수 있는 사실로 거리가 먼 것은?

① 다음 기간의 배당이 클수록 주가는 하락한다.
② 요구수익률이 클수록 주가는 하락한다.
③ 배당성장률이 클수록 주가는 상승한다.
④ 요구수익률이 배당성장률보다 크다고 가정한다.

50 PEG비율 및 PER평가모형에 대한 설명으로 가장 거리가 먼 것은?

① PEG비율은 PER을 기대성장률(g)로 나눈 값이다.
② A기업의 PER이 20배수이고 기대성장률이 10%, B기업의 PER이 30배수이고 기대성장률이 20%라면, B기업이 과소평가되었다고 판단한다.
③ 어느 개별증권의 PER이 과거평균PER보다 50%정도 높아졌더라도, 산업평균PER이 100% 정도 상승하였다면 수익력 변화가 없다는 전제라면 그 증권의 주가상승은 상대적으로 낮다고 해석한다.
④ 주당이익의 증가율보다도 주가상승률이 느리다면 PER는 높아진다.

정답 및 해설

46 ④ 전방 계열화가 진행되면 공급자의 집중도가 커지고, 후방 계열화가 진행되면 구매자의 집중도가 커진다. 따라서 전방적 계열화의 가능성이 높을 경우에는 공급자의 교섭력이 강해진다.
47 ③ 성숙기는 가격경쟁이 치열한 시기이다. [참고] 품질이 최고 수준 : 성숙기, 마케팅 비용 감소 : 쇠퇴기
48 ② 자산가치가 장부가치 기준으로 추정되면 미래의 수익 발생 능력을 반영하지 못해 실제 주가와 큰 차이를 보이는 문제점이 있다. 자산가치 평가모형은 기업의 청산을 전제로 한 청산가치 추정에 한정하여 사용된다.
49 ① 배당이 클수록 주가는 상승한다.
50 ④ 주당이익의 증가율보다도 주가 상승률이 느리다면 PER는 낮아질 것인데 이러한 종목이 있다면 적극적 투자전략인 투자대상이 될 수 있다.

핵심개념 이해도 체크

적절한 개념에 체크 ☑ 하세요.!

01 (☐ 보통주 / ☐ 우선주)는 의결권이 제한되고 추가적인 이익참여가 제한된다는 점에서 사채의 단점을 지니고 있다.

02 주식배당의 재원은 (☐ 이익잉여금 / ☐ 자본잉여금)인 반면에 무상증자의 재원은 (☐ 이익잉여금 / ☐ 자본잉여금)이라는 차이가 있다.

03 유상증자 전의 시장가치에 비해 유상증자 후의 시장가치는 증가한다.(☐ ○ / ☐ ×)

04 같은 가격의 주문이면서 동시호가인 경우에는 (☐ 시간우선 / ☐ 수량우선)의 원칙을 적용한다.

05 다우지수와 니케이225지수는 (☐ 주식가격 / ☐ 시가총액) 가중방법으로 지수를 산출한다.

06 정부가 적자예산을 편성하면 시중이자율이 (☐ 상승 / ☐ 하락)하여 민간부문의 차입기회가 (☐ 증가 / ☐ 감소)할 수도 있다.

07 후방적 계열화의 가능성이 높을 경우 (☐ 공급자 / ☐ 구매자)의 교섭력이 강해진다.

08 부채비율이 증가하면 ROE는 (☐ 증가 / ☐ 감소)한다.

09 경제적 부가가치(EVA)는 (☐ 세전 / ☐ 세후) 영업이익에서 자본비용을 차감하여 추정하거나 투자수익률과 자본비용의 차이에 투자자본을 곱하여 추정한다.

10 정률성장모형에서는 요구수익률이 배당성장률보다 (☐ 커야 / ☐ 작아야) 한다는 가정이 필요하다.

정답

01 우선주	**05** 주식가격	**09** 세후
02 이익잉여금, 자본잉여금	**06** 상승, 감소	**10** 커야
03 ×(동일)	**07** 구매자	
04 수량우선	**08** 증가	

11 성장률은 (□ 사내유보율 / □ 배당성향)과(와) 재투자수익률의 곱으로 계산된다.

12 이익평가모형에 따르면 재투자수익률과 요구수익률이 같을 경우 성장기회의 현재가치는 (□ 존재한다 / □ 존재하지 않는다).

13 잉여현금흐름(FCF)은 세후 영업이익에서 투하자본 증가액을 차감하여 측정한다. (□ ○ / □ ×)

14 가중평균자본비용(WACC)을 산출할 때 부채비용은 (□ 세전 / □ 세후) 기준으로 측정해야 한다.

15 PER은 기업의 단위당 수익가치에 대한 (□ 절대적 / □ 상대적) 주가 수준을 나타낸 것이다.

16 인플레이션이 높은 경제하에서는 PER이 (□ 높아지는 / □ 낮아지는) 경향이 있다.

17 ROE가 높고 PBR이 낮은 주식은 (□ 고평가 / □ 저평가)된 것으로 판단할 수 있다.

18 PEGR이 낮으면 주가상승 가능성이 (□ 높다 / □ 낮다)고 해석한다.

19 실제 인플레이션이 기대 인플레이션을 초과하게 되면 순화폐성 자산가치(화폐성자산-화폐성부채)가 (□ 증가 / □ 감소)하여 채권자는 (□ 이득 / □ 손실)을 보게 된다.

20 원화가 달러에 비해 평가 절상되면, 우리나라 구매자의 입장에서 볼 때 외국상품의 가치는 (□ 상승 / □ 하락)한다.

> 정답

11 사내유보율
12 존재하지 않는다.
13 ○
14 세후
15 상대적
16 낮아지는
17 저평가
18 높다
19 감소, 손실
20 하락

제1장 주식평가·분석 | **169**

이패스코리아 금융투자분석사

02장

채권평가 · 분석

02 채권평가·분석

학습전략

본 과목에서는 총 10문제가 출제됩니다. 학습 분량이 많은 편이지만 증권투자권유자문인력 자격과정을 준비했다면 대부분 학습한 내용이므로 쉽게 공부할 수 있는 과목입니다. 다만, 계산문제가 적지 않게 출제되므로 공식을 암기하고 이에 대비하여야 합니다. 채권가격 및 수익률, 전환사채 지표, 듀레이션과 볼록성 관련 계산문제가 자주 출제되는데 문제풀이를 통해 출제 유형을 익혀야 합니다. 그 외 FRN, 콜옵션부 채권, 만기수익률 개념, 수익률곡선, 채권투자전략 등이 자주 출제됩니다. 특히 채권투자전략과 듀레이션은 출제비중이 높은 부분이므로 철저히 준비하여야 합니다.

학습포인트

내 용	개념이해 난이도		
	상	중	하
제1장 채권의 기초			
1. 채권의 특성			○
2. 채권의 분류방법		○	
3. 채권의 발행방법 : 직접발행, 간접발행	○		
4. 채권의 매매방법 : 국채전문유통시장, 일반채권시장, K-Bond		○	
5. 우리나라 채권의 유통시장 현황			○
제2장 채권투자			
1. 채권투자의 위험		○	
2. 말킬(B. Malkiel)의 채권가격정리		○	
3. 듀레이션(Duration)과 볼록성(convexity)	○		
4. 투자수익률의 종류		○	
5. 수익률 곡선에 대한 이론	○		
6. 채권투자전략 : 적극적, 소극적, 복합전략		○	
7. 옵션이 첨부된 채권 : CB, BW, EB		○	
8. 전환사채의 가격지표	○		
9. 자산유동화증권(ABS, Asset Backed Security)	○		
10. 옵션부사채 : 수의상환채권, 수의상환청구채권		○	
11. 신용평가			○

채권의 기본적인 특성과 가장 거리가 먼 것은?

① 단기증권
② 기한부 증권
③ 이자지급 증권
④ 발행자격의 법적 제한

 출제 Point 채권은 주로 장기자금을 일시에 대량으로 조달하기 위해 발행하므로 장기증권이다.

> **함정 & 오답 피하기**
> - 채권의 발행일과 매출일은 동일해야 한다. (×)
> - 만기수익률은 채권의 발행시점에 결정되어 만기까지 변하지 않는다. (×) ⇨ 채권 수급에 따라 변함
> - 표면이율에 의하여 결정된 채권의 매매가격을 단가라고 한다. (×) ⇨ 표면이율이 아니라 만기수익률

핵심탐구 채권의 기초

(1) 채권의 정의
① 차입기간 동안 약속된 방식에 의해 확정이자 및 원금의 지급을 약속한 채무표시 증권
② 정부, 지방자치단체, 특수법인, 상법상 주식회사 등이 발행

(2) 채권의 특성
*문제 참조

(3) 채권 관련 기본용어

액면가	• 채권의 권면에 표시된 금액, 이자산출의 기본단위
표면이율	• 액면금액에 대해 연단위로 지급하는 이자율
발행일과 매출일	• 발행일은 동일해도 매출일은 서로 다를 수 있음
만기	• 만기 = 경과기간 + 잔존기간 • 경과기간 : 발행일 혹은 매출일로부터 매매일까지의 기간 • 잔존기간 : 매매일로부터 만기까지의 기간
이자지급 단위기간	• 이자가 나뉘어 상환되는 기간 ⇨ 3개월, 6개월 등
만기수익률	• 채권의 만기까지 단위기간별로 발생하는 이자와 액면금액에 의해 이루어지는 현금흐름의 현재가치의 합을 채권가격과 일치시키는 할인율 → 시장에서 계속 변함
단가	• 채권시장에서 형성된 만기수익률에 의해 결정된 채권매매가격(액면 10,000원 기준)

정답 | ①

만기 2년, 표면이율 10%, 액면 10,000원인 연단위 복리채의 현금흐름을 나타낸 것은?

① 1년 후 0원, 2년 후 10,000원
② 1년 후 0원, 2년 후 12,000원
③ 1년 후 0원, 2년 후 12,100원
④ 1년 후 1,000원, 2년 후 11,000원

 Point 복리채의 만기상환원리금 S = 10,000(1 + 0.1)² = 12,100
[참고] ① 할인채 ② 단리채 ③ 복리채 ④ 이표채

함정 & 오답 피하기
- 국채, 이표채, 특수채, 지방채 등은 발행주체별로 채권을 분류한 것이다. (×)
- 우리나라의 회사채는 보증사채의 비중이 대부분을 차지한다. (×)
- 복리채의 표면이율이 동일하더라도 재투자 횟수가 커지면 만기상환금액은 감소한다. (×)

핵심탐구 | 채권의 분류방법

발행주체	국채, 지방채, 특수채, 회사채
보증여부	담보부사채, 보증사채, 무보증사채(대부분)
이자 및 원금지급방법	• 복리채 : 복리로 이자가 재투자되어 만기에 원금과 이자를 한 번에 지급 • 단리채 : 단리방식에 의한 이자금액을 원금과 함께 만기에 한 번에 지급 • 할인채 : 만기까지의 총이자를 발행 시에 미리 공제(선지급)하고 만기에 액면만을 지급 • 이표채 : 정해진 단위기간마다 이자를 주기적으로 지급
만기기간	단기채(1년 이하), 중기채(1년 초과 10년 미만), 장기채(10년 이상)
지급이자	• 금리고정부채권, 금리변동부채권(FRN) • FRN(floating rate note) : 기준금리의 변동에 따라 매 단위기간마다 이자지급액이 달라지는 채권. 예를 들어 표면이율이 CD + 0.5%인 경우 기준금리 결정시점에 CD금리가 6%라면 6.5%로 이자를 지급

정답 | ③

아래와 같이 기관투자자의 응모를 받은 경우 각 낙찰조건으로 바르지 않은 것은? (단, 응찰수익률이 내정수익률보다 작음)

참여기관	응찰수익률	참여기관	응찰수익률
A	5.05%	C	5.01%
B	5.04%	D	4.99%

① Dutch : 모두 5.05%
② 비경쟁입찰 : 경쟁입찰에서 낙찰받은 최고금리를 적용
③ Conventional : A(5.05%), B(5.04%), C(5.01%), D(4.99%)
④ 차등가격(응찰수익률 간격 3bp 가정) : A와 B(5.05%), C(5.01%), D(4.99%)

출제 Point 차등가격방식에서 3bp(= 0.03%) 간격으로 그룹을 만들면 5.05 ~ 5.03%는 5.05%, 5.02 ~ 5.00%는 5.02%, 4.99 ~ 4.97%는 4.99%로 낙찰된다. 따라서 C의 경우 5.02 ~ 5.00% 그룹에 포함되므로 5.02%로 낙찰된다.

핵심탐구 | 채권의 발행방법

(1) 직접발행

매출발행	• 발행조건은 사전에 지정하고 발행총액은 사후에 결정
공모입찰 발행	• 발행조건을 사후에 경매방식으로 결정 • 낙찰방식 ① 복수가격방식(Conventional or American) : 낮은 수익률(높은 가격)부터 순차적으로 결정하되 제시한 수익률을 차등 적용 ⇨ 발행자가 유리 ② 단일가격방식(Dutch) : 가장 높은 수익률(낮은 가격)로 통일 적용 ⇨ 투자자가 유리 ③ 차등가격방식 : 내정수익률 이하에서 최고 낙찰수익률 이하 응찰수익률을 일정간격으로 그룹화하여 각 그룹별 최고 낙찰수익률을 적용 ⇨ 절충방식 ④ 비경쟁입찰 : 경쟁입찰에 참여할 수 없는 투자자들이 딜러를 통해 희망낙찰물량을 제시

(2) 간접발행

위탁발행	• 발행기관은 모집대행 역할, 발행자가 위험부담
잔액인수	• 총액에 미달한 잔액만 발행기관이 인수
총액인수	• 발행채권총액을 발행기관이 모두 인수, 발행기관이 위험부담 • 대부분의 회사채 발행에서 사용

정답 | ④

www.epasskorea.com

국채전문유통시장(Inter Dealer Market : IDM)에 대한 설명으로 올바른 것은?

① 국고채(외평채 포함)만 거래된다.
② 금융투자회사만 참여할 수 있다.
③ 차감결제 및 집중결제방식에 의한 익일 결제방식을 채택하고 있다.
④ 지정가호가와 시장가호가 모두 사용이 가능하다.

① 국고채뿐만 아니라 통화안정증권, 예금보험기금채권 등이 거래된다.
② 국채전문유통시장 참가자는 거래소의 채무증권회원 인가를 취득한 은행과 금융투자회사이고, 연금, 보험, 기금 등 기타 금융기관 및 일반투자자도 위탁참여가 가능하다.
④ 지정가호가만 사용한다.

용어이해하기

- **국고채전문딜러** | 국고채 발행에 참여해 일정 규모 이상 인수할 자격이 있는 기관투자자를 말한다. 국고채전문딜러(예비 국고채전문딜러 포함)는 국채 투자매매업의 인가를 받아야 한다.
- **지표채권** | 경쟁입찰을 통하여 발행된 국고채권 중 만기별로 가장 최근에 발행된 종목을 말한다.

핵심탐구 | 채권의 매매방법

(1) 거래소 시장

매매제도	국채전문유통시장	일반채권시장
시장참가자	금융투자회사 및 은행	모든 투자자
대상채권	국고채, 통안채, 예금보험기금채 등	상장채권
결제	익일 결제	당일 결제
호가 및 호가수량단위	지정가호가, 액면 1만원	좌동
매매수량단위	10억원 단위	1,000원 단위
가격제한폭	없음(단, 호가입력제한을 둠)	

(2) 채권거래 전용시스템(K-Bond)

① 장외시장에서 호가탐색과 거래상대방과의 협상을 지원하기 위하여 협회에 의해 운용되는 거래전용시스템으로 협회가 승인한 시장참여자만이 이용
② 증권회사가 장외시장에서 투자자와 채권을 거래한 경우, 매매계약 체결시점부터 15분 이내에 거래내역을 한국금융투자협회에 통보하여야 함 ⇨ 15분 룰(rule)

정답 | ③

우리나라 채권시장에 대한 설명으로 가장 거리가 먼 것은?

① 무보증 공모회사채를 발행하기 위해서는 수요예측과정을 거쳐야 한다.
② 채권유통시장은 장외보다 장내거래의 비중이 더 크다.
③ Repo거래는 채권과 자금의 교환성격이 강하다.
④ 대차거래를 통한 채권조달 기능은 채권의 원활한 공매도를 가능하게 해준다.

 채권유통시장 거래는 기관투자자들 간의 거래가 높은 비중을 차지하기 때문에 대부분 장외에서 거래가 이루어진다.

함정 & 오답 피하기
- 수요예측은 국고채의 원활한 발행을 위해 도입된 제도이다. (×) ⇨ 회사채
- 대차거래의 비용은 대여수수료이고, Repo거래의 비용은 매도·매수 가격의 차이이다. (○)
- 채권가격은 장부가로 평가하는 것이 원칙이다. (×)

핵심탐구 | 발행시장과 유통시장의 특징

(1) 발행시장의 특징
 ① 국(고)채 전문딜러 : 국고채 입찰에 독점적으로 참여할 수 있는 권한을 부여받은 기관투자자들로서, 유통시장에서 매도·매수호가를 제시하는 등 시장조성의무도 함께 수행
 ② 수요예측제도 : 무보증사채(회사채)를 공모함에 있어 공모금리를 결정하기 위해 대표주관회사가 공모예정기업의 공모희망금리를 제시하고, 금리 및 물량 등의 수요상황을 파악하는 것

(2) 유통시장의 특징
 ① 장외거래가 높은 비중을 차지
 ② 국고채와 통화안정증권의 거래가 압도적인 비중을 차지
 ③ 기관투자가가 절대적인 비중을 차지
 ④ 채권 관련 제도

Repo거래	• 미래에 환매수할 것을 전제로 현시점에서 채권을 매매하는 환매조건부 채권거래 • 대고객 Repo : 채권을 담보로 한 저축의 성격을 띰 • 기관 간 Repo : 채권을 담보로 한 자금의 조달 및 운용 수단
대차거래	• 채권을 빌려주고 일정기간 후에 상환받는 거래 • 대여자는 대여수수료를 취득하고, 대여기간 동안 보관비용을 절감 • 차입자는 다양한 전략 수행이나 결제 부족분을 충당
시가평가제도	• 매일 변동하는 시장금리에 따라 채권가격을 평가하는 제도

정답 | ②

이 위험은 고정금리채권에서 크게 나타난다. 이 위험을 피하기 위해서는 변동금리부채권(FRN)이나 물가연동국고채에 투자하는 것이 유리하다. 이 위험은?

① 채무불이행위험
② 재투자위험
③ 수의상환 위험
④ 인플레이션 위험

 Point 인플레이션 위험이다. 고정금리채권일수록 물가가 상승하면 이자수입의 실질가치가 감소할 위험이 크다.

함정 & 오답 피하기
- 만기수익률이 상승하면 채권가격도 상승한다. (×)
- 수익률변동위험이라 함은 가격변동위험과 유동성위험을 포함하는 개념이다. (×)
- 수의상환위험은 시장금리가 높아질 경우에 노출된다. (×)

핵심탐구 | 채권투자의 위험

구 분	내 용
채무불이행위험 (신용위험)	• 채권 발행자가 약속된 원리금을 상환하지 않을 위험 • 채무불이행위험이 클수록 채권 발행 시 발행수익률이 높아짐
가격변동위험	• 채권투자 후 만기수익률이 투자 시의 예측과 다르게 나타날 경우 발생 • 만기수익률이 상승하면 채권가격은 하락, 만기수익률이 하락하면 채권가격은 상승
재투자위험	• 중도에 지급받은 이자를 어떠한 수익률로 재투자하느냐에 따라 발생 • 수익률변동위험은 가격변동위험과 재투자위험을 말함
유동성위험	• 보유채권을 현금화하는데 어려움을 겪게 될 위험 • 소액투자일수록 상대적으로 큼
인플레이션위험	• 물가상승으로 이자수입의 실질가치가 감소할 위험 • 금리변동부채권(FRN)이나 물가연동국고채에 투자하면 감소
수의상환위험	• 수의상환권(call option) : 채권의 발행자가 만기 전에 원금을 상환할 수 있는 권리 • 수의상환권은 채권 발행 시 지급하기로 한 이자율보다 시장금리가 낮아질 경우 행사됨 • 수의상환권이 행사되면 투자자는 상환된 원금을 낮은 금리에 운용해야 하므로 투자수익의 불확실성이 증가하는데, 이를 수의상환위험이라 함 • 수의상환채권은 투자자에게 불리한 만큼 일반채권보다 표면이율이 높음

정답 | ④

 이패스 금융투자분석사

다음 괄호 안에 들어갈 적절한 말을 순서대로 나타낸 것은?

- 채권의 잔존기간이 길수록 동일한 수익률 변동에 대한 가격 변동률은 (   )하며 커진다.
- 동일한 크기의 수익률 변동 발생 시 수익률 하락으로 인한 가격 상승폭보다 수익률 상승으로 인한 가격 하락폭이 더 (   ).

① 체증, 크다   ② 체감, 크다
③ 체증, 작다   ④ 체감, 작다

 Point 순서대로 체감, 작다

용어이해하기

채권가격과 채권수익률 | 채권가격은 채권수익률에 대해 우하향의 함수관계를 갖고 있어 수익률 상승 시 채권가격은 하락한다. 그러나 하락 정도는 수익률 변동 폭에 비례적으로 발생하는 것이 아니라 체감적이다. 이를 채권의 볼록성이라고 하며 이로 인해 동일한 수익률 변동 폭에 대해 채권가격 상승폭은 하락폭보다 크게 된다. 상승폭이 크다는 특성이 채권에 투자하는 이유이기도 하다.

핵심탐구 말킬(B. Malkiel)의 채권가격정리

(1) 의미
　말킬(Malkiel)은 채권가격변동의 특징을 다섯 가지로 요약했는데, 이를 채권가격정리라고 함
(2) 내용
　① 채권가격은 채권수익률은 역의 관계이다.
　② 채권만기가 길수록 채권수익률 변동에 대한 채권가격 변동폭이 커진다.
　③ 채권수익률 변동으로 인한 채권가격 변동은 만기가 길수록 커지나, 그 증감률은 체감한다.
　④ 만기가 일정할 때 채권수익률 하락으로 인한 가격상승폭은 같은 폭의 채권수익률 상승으로 인한 가격하락폭보다 크다.
　　⇨ 볼록성 때문
　⑤ 표면이자율이 낮은 채권이 높은 채권보다 일정한 수익률 변동에 따른 가격변동률이 크다.

정답 | ④

액면가 10,000원, 표면이율 연 12%, 잔존기간 3년인 이표채가 있다. 이 채권의 이자는 매년 말에 지급되며 만기수익률은 8%이다. 다음 표를 이용할 경우 이 채권의 매콜리 듀레이션은 얼마인가?(가장 가까운 근사치로 구하시오.)

기간	현금흐름	현금흐름의 현가
1	1,200원	1,111원
2	1,200원	1,029원
3	11,200원	8,891원

① 1.95년
② 2.40년
③ 2.45년
④ 2.70년

 **Point** D = (1,111 × 1 + 1,029 × 2 + 8,891 × 3)/(1,111 + 1,029 + 8,891) = 2.70538

함정 & 오답 피하기

- 이표채의 듀레이션은 수익률 및 표면이율과 상관없이 만기에 의해 결정되고, 할인채의 듀레이션은 만기, 수익률, 표면이율 등의 조건에 따라 달라진다. (×) ⇨ 반대
- 수익률 변동성이 1%일 때 가격변동성이 2.5%라면 매콜리 듀레이션은 2.50이다. (×) ⇨ 수정듀레이션이 2.5

핵심탐구 — 듀레이션(Duration)

(1) 정의
① 듀레이션(매콜리 듀레이션)이란 채권에서 발생하는 현금흐름을 이들이 각기 발생하는 기간으로 가중하여 현재가치화한 합을 채권의 가격으로 나눈 것 ⇨ 채권에 투자된 원금의 가중평균회수기간에 해당
② 매콜리(Macaulay)에 의해 체계화

(2) 특성
① 만기 일시상환채권(할인·복리·단리채)의 듀레이션은 이 채권의 잔존기간과 동일
② 이표채는 표면이율이 낮을수록 듀레이션이 커짐 ⇨ 단, 채권의 잔존기간보다는 작음
③ 이표채는 만기수익률이 낮을수록 듀레이션이 커짐
④ 일반적으로 잔존기간이 길수록 듀레이션이 커짐

(3) 가격변동성 측정
① 수정듀레이션(Modified Duration) = $\dfrac{D}{1+ytm}$ (D : 듀레이션, ytm : 만기수익률)
② 채권가격 변동률 = − 수정듀레이션 × Δr (Δr : 수익률 변화분)
③ 채권가격 변동폭 = − 수정듀레이션 × Δr × P (P : 채권가격)

정답 | ④

09

볼록성(Convexity)에 관한 설명으로 가장 거리가 먼 것은?

① 잔존기간이 길수록 볼록성은 커진다.
② 표면이율과 만기수익률이 낮을수록 볼록성은 커진다.
③ 듀레이션으로 측정한 채권가격 변동폭은 항상 볼록성만큼 과소평가된다.
④ 볼록성이란 실제 채권가격과 만기수익률이 원점에 대해 볼록한 비선형적 관계를 갖는 것을 의미한다.

출제 Point

실제 채권가격변동은 볼록성때문에 동일한 금리변화에 대해서 상승폭이 크고 하락폭이 작다. 그런데 볼록성을 고려하지 않고 듀레이션만으로 가격변동을 측정하면 상승폭과 하락폭이 동일해진다. 따라서 듀레이션만으로 측정한 가격상승폭은 과소평가, 가격하락폭은 과대평가된다.

함정 & 오답 피하기

- 듀레이션만을 이용하여 채권가격을 측정하면 상승폭은 실제보다 과대평가된다. (×)
- 듀레이션으로 계산된 상승폭이 100원이라면 실제 상승폭은 100원보다 작다. (×)

핵심탐구 — 볼록성(convexity)

(1) 개요
  ① 볼록성은 채권가격과 만기수익률이 원점에 대해 볼록한 비선형적 관계임을 의미
  ② 듀레이션을 이용하여 채권가격을 추정하면 상승폭(수익률 하락시)은 과소평가, 하락폭(수익률 상승시)은 과대평가됨

(2) 볼록성의 특징
  ① 볼록성은 채권가격과 수익률곡선의 기울기 변화를 나타냄 cf. 듀레이션은 기울기
  ② 볼록성은 만기와 비례, 표면이율 및 수익률과는 반비례함 cf. 듀레이션의 비례/반비례와 동일

(3) 실제 채권가격 변동폭
  ① 듀레이션과 볼록성을 모두 고려해야 함

$$-\text{수정듀레이션} \times \Delta r \times P + \frac{1}{2} \times C \times \Delta r^2 \times P$$

  ② 볼록성에 의한 채권가격 변동폭 : $\frac{1}{2} \times C \times \Delta r^2 \times P$ (C : 볼록도)
  ③ 실제 채권가격의 변동폭 : 상승폭은 듀레이션으로 계산한 것보다 볼록성만큼 커지고, 하락폭은 듀레이션으로 계산한 것보다 볼록성만큼 작아짐

정답 | ③

만기수익률에 대한 설명으로 가장 거리가 먼 것은?

① 채권시장에서 거래호가 및 가격계산을 위해 사용되는 가장 일반적인 개념이다.
② 복리채의 경우 만기 전에 매도 시 만기수익률을 실현하지 못할 수도 있다.
③ 이표채의 경우 이자수입을 이자지급 당시의 시장수익률로 각각 재투자하여 만기까지 보유할 경우 만기수익률이 실현된다.
④ 채권의 만기까지 단위기간별로 발생하는 이자와 액면 금액에 의한 현금흐름의 현재가치의 합을 채권가격과 일치시키는 할인율이다.

 **Point** 이자수입을 시장수익률에 재투자하면 재투자수익률이 변동한다. 시장수익률이 아니라 최초 투자 시 만기수익률로 재투자해야만 실현수익률이 만기수익률과 같아진다.

함정 & 오답 피하기
• 실효수익률은 단리방식, 연평균수익률은 복리방식으로 측정된 수익률이다. (×) ⇨ 반대
• 이표채의 경우 재투자수익률 > 만기수익률이면 만기수익률 > 실효수익률 (×) ⇨ 실효수익률 > 만기수익률

핵심탐구 | 투자수익률의 종류

실효수익률	• 전체 투자기간 동안 모든 투자수익 요인들에 의해 발생된 최종 총수입의 투자원금대비 수익성을 일정기간 단위 복리방식으로 측정한 투자수익률
연평균수익률	• 전체 투자기간 동안 발생된 총수입인 채권의 최종가치를 투자원금인 채권의 현재가격으로 나눈 후 이를 투자 연수로 나눈 단리수익률
만기수익률	• 채권 만기까지 발생하는 현금흐름의 현재가치 합을 채권가격과 일치시키는 할인율 • 실현 조건 : 채권을 만기까지 보유 + 지급된 표면이자를 최초 만기수익률로 재투자 • 만기 일시상환채권(단리, 복리, 할인채)은 만기까지 보유하면 만기수익률과 실효수익률이 일치 • 이표채는 만기까지 보유해도 재투자수익률이 다를 경우 만기수익률과 실효수익률은 차이 발생

정답 | ③

이패스 금융투자분석사

수익률곡선이론에 관한 설명으로 가장 거리가 먼 것은?

① 불편기대가설은 위험중립형 투자자를 전제로 한다.
② 유동성선호가설에 따르면 수익률곡선은 항상 우상향하는 형태로 나타난다.
③ 불편기대가설에 따르면 장기채권의 수익률은 미래 단기채권의 기대수익률들의 기하평균으로 구할 수 있다.
④ 시장분할가설에 따르면 특정 만기의 채권수익률은 이들 만기를 선호하는 투자자들 간의 수급에 의하여 결정된다.

 유동성선호가설에 의하면 시장참가자들은 위험에 대한 프리미엄을 요구하므로 불편기대가설보다 수익률곡선이 언제나 상위에 위치하지만, 항상 우상향하는 것은 아니다.

용어이해하기

수익률 곡선(yield curve) | 동일한 발행주체에 의해 발행된 채권의 잔존기간과 수익률과의 관계를 나타내는 개념을 수익률의 기간구조라고 하고, 이를 그래프로 나타낸 것을 수익률 곡선이라고 한다. 수익률 곡선의 유형에는 상승형, 하강형, 수평형, 낙타형 등이 있다.

핵심탐구 | 수익률곡선에 대한 이론

(1) 불편기대 가설
① 수익률곡선에는 미래 단기수익률들에 대한 기대가 반영됨 ⇨ 기대에 따라 다양한 형태로 출현
② 장기수익률은 미래에 예상되는 단기수익률들의 기하평균과 같음
③ 투자자는 위험중립형이라 가정

(2) 유동성선호 가설
① 수익률 곡선에는 수익률에 대한 기대뿐 아니라 유동성상실에 대한 보상도 반영되어 나타남
   ▶ 유동성선호 가설에서는 수익률 곡선이 우상향해도 단기수익률의 상승을 기대한다고 단정하지 않는다. 시장참여자들이 미래 수익률의 하락을 기대해도 유동성 프리미엄이 반영되어 우상향할 수 있기 때문이다.
② 장기수익률은 미래에 예상되는 단기수익률에 유동성 프리미엄을 가산한 값의 기하평균과 같음
③ 불편기대이론의 수익률 곡선보다 항상 상위에 위치

(3) 시장분할 가설
① 채권수익률과 잔존기간 간에 어떠한 체계적 관계가 존재하지 않음 ⇨ 채권시장이 몇 개의 하위 시장으로 분할되어 각각 수요와 공급에 영향을 받음
② 채권시장이 기관투자자들 중심으로 구성되어 있는 경우에 강하게 나타남

(4) 선호영역 가설
투자자들이 선호하는 특정만기의 영역이 존재하나 다른 만기의 채권들 간에 충분한 프리미엄이 존재한다면 자신의 영역을 벗어난 만기의 채권에도 투자할 수 있다고 봄

정답 | ②

적극적 투자전략을 설명한 것으로 가장 거리가 먼 것은?

① 채권교체전략은 만기수익률 간의 스프레드가 일시적으로 확대되거나 축소될 경우 이 시점을 이용하여 교체한다.
② 수익률곡선타기 전략은 수익률곡선 형태가 우상향하되 투자기간 동안 변동없이 유지된다고 예상될 때 사용한다.
③ 수익률예측전략은 중기물 수익률은 상승하고 단기물과 장기물의 수익률은 하락할 것으로 예상하는 경우 사용하는 전략으로 바벨형 포트폴리오라고 한다.
④ 역나비형 투자전략은 중기채만 보유하는 전략으로 불릿형 포트폴리오라고 한다.

 Point 수익률예측전략이 아니라 나비형 투자전략이다.

용어이해하기

적극적 채권투자전략 | 금리예측을 통해 초과수익을 추구하는 전략으로서 이자수익보다는 매매차익(자본소득)을 중시한다.

핵심탐구 — 적극적 채권투자전략

수익률 예측전략	• 수익률 하락 예상 : 만기가 길고 표면이율이 낮은 채권 매입 • 수익률 상승 예상 : 채권을 매각하고 현금을 보유
채권교체전략	• 시장불균형을 이용한 동종 채권 간 교체 : 가격이 낮은 채권으로 교체 • 스프레드를 이용한 이종 채권 간 교체 : 스프레드가 확대되면 수익률이 높아진(가격이 낮아진) 채권을 매입하고 반대로 스프레드가 축소되면 교체
수익률 곡선 타기 전략	• 우상향하는 수익률곡선의 형태가 투자기간동안 변동없이 유지된다고 예상될 때 사용 • 투자기간과 만기가 일치하는 장기채를 매입하여 만기에 상환받는 것이 아니라 매입한 채권을 일정기간 후에 매도한 후 다시 장기채를 매입하는 투자를 반복하여 매매차익으로 수익을 증대시키는데 이를 롤링효과(rolling effect)라고 함
나비형 투자전략	• 단기와 장기금리가 하락하고 중기금리만 상승할 것으로 예상하여 단기와 장기채권만 보유 • 바벨(barbell)형 포트폴리오라고 함
역나비형 투자전략	• 단기와 장기금리는 상승하고 중기금리만 하락할 것으로 예상하여 중기채권만 보유 • 불릿(bullet)형 포트폴리오라고 함

정답 | ③

소극적 투자전략을 설명한 것으로 가장 거리가 먼 것은?

① 인덱스전략은 채권투자성과가 일정한 채권지수를 따르도록 구성한다.
② 사다리형 만기운용전략은 채권별 비중을 각 잔존기간별로 동일하게 유지한다.
③ 상황대응적 면역전략은 투자기간과 채권의 듀레이션을 일치시켜 운용수익률을 목표수익률과 일치시킨다.
④ 현금흐름일치전략은 채권에서 발생하는 현금흐름 수입이 채권투자를 위해 조달된 부채의 상환흐름과 일치하거나 상회하도록 구성한다.

출제 Point 면역전략이다. 상황대응적 면역전략은 적극적 전략과 면역전략을 혼합하여 투자하는 복합전략을 말한다.

용어이해하기
소극적 채권투자전략 | 금리예측을 하지 않고 시장수익을 추구하는 전략으로서 매매차익(자본소득)보다는 이자수익을 중시한다.

핵심탐구 - 소극적 채권투자전략

만기보유전략	• 채권을 매입 후 만기까지 보유하는 매우 단순한 전략
채권인덱싱전략	• 투자성과가 일정한 채권지수를 따르도록 채권 포트폴리오를 구성하는 전략
현금흐름일치전략	• 채권에서 발생하는 현금흐름 수입이 채권투자를 위해 조달된 부채의 상환흐름과 일치하거나 상회하도록 채권포트폴리오를 구성하는 전략
사다리형 만기운용전략	• 각 잔존기간별로 채권보유량을 동일하게 유지하여 이자율 변동위험을 평균화시키는 전략 • 단기채, 중기채, 장기채에 균등배분
바벨형 만기운용전략	• 단기채의 높은 유동성과 장기채의 높은 수익성을 이용하여 중기채를 제외하고 단기채, 장기채로만 구성하는 전략
면역전략	• 수익률변동위험을 제거하고 투자목표를 달성하기 위한 전략 • 투자기간과 채권 포트폴리오의 듀레이션(만기 아님)을 일치시켜야 면역이 가능 • 수익률상승(하락) 시 채권가격 하락(상승)분과 표면이자에 대한 재투자수익 증대(감소)분을 상쇄시켜 채권투자 종료 시 실현수익률을 목표수익률과 일치시킴

보충학습

복합전략

강화된 인덱스 전략	• 인덱스 + 알파를 목표로 함
상황대응적 면역전략	• 포트폴리오가 목표로 하는 최소한의 투자목표를 설정해 놓고 현재의 투자성과가 목표를 달성하는데 여유가 있으면 적극적인 전략을 구사하고, 목표수익 달성이 불가능해질 경우 바로 면역전략을 구사함

정답 | ③

14

다음은 옵션이 첨부된 채권의 특징 비교이다. 가장 거리가 먼 것은?

	구 분	CB	BW	EB
①	권리	전환권	신주인수권	교환권
②	권리행사 시	사채소멸	사채존속(신규주금필요)	사채소멸
③	재무구조	자산불변	부채감소	자본금불변
④	기타	표면이율 낮음	분리형 / 비분리형 존재	상장주식으로 교환

출제 Point BW(신주인수권부사채)는 신주인수권이 행사된 후에도 사채는 존속되므로 부채는 변화가 없다.

함정 & 오답 피하기
- 전환사채는 일반 사채보다 높은 금리로 발행된다. (×)
- 전환사채의 최소가치 = Max(채권가치, 전환가치) (○) ⇨ 주가가 전환가격보다 높으면 전환가치 이상이 되고 주가가 전환가격 이하가 되더라도 최소한의 채권가치는 유지
- 신주인수권부사채에서 신주인수권이 행사되면 발행사의 자산과 부채가 동시에 감소한다. (×)

핵심탐구 옵션이 첨부된 채권

전환사채 (Convertible bond)	• 발행회사의 신주로 전환할 수 있는 권리가 부여된 채권 • 권리행사 후 사채 소멸 : 부채감소, 자본금증가, 자산불변 • 표면금리 매우 낮음 *cf.* 일반채권 > BW > CB
신주인수권부사채 (Bond with warrants)	• 발행회사의 신주를 인수할 수 있는 권리가 부여된 채권 • 신주인수를 위해 별도자금 필요 • 권리행사 후에도 사채 존속 : 부채불변, 자산증가, 자본금증가
교환사채 (Exchangeable bond)	• 발행회사의 보유한 상장유가증권으로 교환할 권리 부여 • 권리행사 후 사채 소멸 : 부채감소, 자산감소, 자본금불변

정답 | ③

15

전환사채(CB)에 대한 설명으로 가장 거리가 먼 것은?

① 패리티가 105이면 전환에 의한 수익률이 105%임을 의미한다.
② 전환주수는 액면금액을 전환가격으로 나누어 계산한다.
③ 전환가치는 주식의 시장가격에 전환주수를 곱한 것이다.
④ 전환프리미엄은 전환사채의 시장가격에서 전환가치를 차감한 것이다.

출제 Point 패리티가 105이면 전환수익률은 5%가 된다.

함정 & 오답 피하기
- 패리티가 100보다 크면 주식가치가 전환가격보다 작다. (×)
- 괴리값이 양(+)일 때 전환권을 행사하면 전환차익을 얻을 수 있다. (×)

핵심탐구 | 전환사채의 가격지표

전환가격	• 전환사채를 주식으로 전환할 때 전환대상 주식 1주당 지불하는 가격 • 전환가격 = $\dfrac{\text{액면금액}}{\text{전환주수}}$
전환주수	• 일정한 액면금액당 전환되는 주식의 수 • 전환주수 = $\dfrac{\text{액면금액}}{\text{전환가격}}$
전환가치 (패리티가치)	• 전환된 주식들의 시장가치 • 전환가치 = 주식의 시장가격 × 전환주수
전환프리미엄 (괴리)	• 전환사채의 시장가격과 전환가치와의 차이, 즉 사채가격−전환가치 • 괴리가 음(−)이면 전환사채에 투자한 후 곧바로 전환하여 전환차익을 볼 수 있음
패리티(%)	• 전환대상 주식의 시가대비 전환가격을 백분율로 나타낸 지표 • 패리티 = $\dfrac{\text{주가}}{\text{전환가격}} \times 100$ • 100% 초과 시 초과분 만큼의 전환수익률이 발생

정답 | ①

자산유동화증권(ABS)에 대한 설명으로 가장 거리가 먼 것은?

① 카드매출채권은 자산유동화증권의 기초자산이 될 수 있다.
② 발행기관 또는 보증기관의 원리금 상환능력이 중요하다.
③ 자산보유자는 자체 신용으로 채권을 발행하는 것보다도 자금 조달비용이 더 낮다.
④ Pass-Through 방식은 기초자산에서 발생하는 현금흐름이 그대로 투자자에게 이전된다.

채권은 발행기관의 원리금 상환능력을 기초로 발행되는데 반해 자산유동화증권은 자산보유자로부터 완전히 분리되기 때문에 기초자산의 현금흐름이 중요하다.

용어이해하기

유동화회사(SPV, special purpose vehicle) | 유동화증권을 발행하기 위하여 특별히 설립된 회사를 말하는데, 유동화증권을 발행하는 업무만 영위하는 무인회사(paper company)이다.

핵심탐구 — 자산유동화증권(ABS : Asset Backed Security)

구분	내용
개요	• 기초자산에서 발생하는 현금흐름으로 원리금의 상환을 표시한 증권 • 발행자의 원리금 상환능력이 아니라 유동화자산(기초자산)의 현금흐름을 기초로 발행
발행효과	• 자산보유자는 자체 신용으로 채권을 발행하는 것보다 자금 조달비용을 줄일 수 있음 • 투자자는 일반 채권투자에서는 누리기 힘든 투자대상 선택의 다양성을 얻게 됨
기초자산	• 유동화의 대상 기초자산은 매우 다양 • 기초자산의 종류에 따라 CBO, CLO, CDO, MBS 등으로 불림 ※ CBO, CLO, CDO에서 중간 글자(Bond, Loan, Debt)가 기초자산
발행 참여자	• 자산보유자 : 유동화자산을 보유한 금융기관 • 유동화회사(SPV) : ABS를 발행하기 위해 설립된 특수목적회사 ⇨ 유한회사 형태 • 자산관리자 : SPV를 대신하여 기초자산을 관리 ⇨ 자산보유자가 수행하는 것이 일반적
자금이체방법	• Pass-through 방식 : 기초자산에서 발생하는 현금흐름이 그대로 투자자에게 이전되는 방식 • Pay-through 방식 : 기초자산에서 발생하는 현금흐름을 기초로 하되 유동화전문회사가 적립·조정한 현금흐름을 투자자에게 지급하는 방식 ⇨ 우리나라에서 일반적으로 사용
신용보강방법	• 내부 신용보강 : 선·후순위증권, 현금흐름차액적립, 풋백옵션, 초과담보설정 등 • 외부 신용보강 : 지급보증, 신용공여 등

정답 | ②

17

다음은 옵션부사채에 대한 비교이다. 가장 거리가 먼 것은?

	구 분	Callable bond	Putable bond
①	권리보유	발행자	투자자
②	가격	일반채권 − 콜가치	일반채권 + 풋가치
③	권리행사	시장금리 상승 시	시장금리 하락 시
④	기타	투자자 불리	투자자 유리

 call채권은 시장금리 하락 시, put채권은 시장금리 상승 시 권리를 행사한다.

함정 & 오답 피하기
- 전환사채 및 수의상환채권에 내재된 콜옵션은 모두 투자자가 갖는 권리다. (×) ⇨ 수의상환채권은 발행자가 가짐

핵심탐구 — 옵션부사채

수의상환채권 (callable bond)	• 만기일 이전에 당해 채권을 매입할 수 있는 권리(콜옵션)를 발행자에게 부여한 채권 • 수의상환채권의 가치 = 일반채권의 가치 − 콜옵션가치 • 시장수익률이 발행수익률보다 낮아지면 권리행사 ⇨ 금리하락 시 발행자는 기존 채권을 상환하고 새롭게 발행하는 것이 유리하기 때문 • 수익률이 하락하더라도 상환가격 이상으로는 상승할 수 없는 한계를 가짐 ⇨ 음의 볼록성
수의상환청구채권 (putable bond)	• 만기일 이전에 투자자가 발행자에게 당해 채권을 매도할 수 있는 권리(풋옵션)를 부여한 채권 • 수의상환청구채권의 가치 = 일반채권의 가치 + 풋옵션가치 • 시장수익률이 발행수익률보다 높아지면 권리행사 ⇨ 금리상승 시 투자자는 기존 채권을 매도하고 새롭게 발행된 채권에 투자하는 것이 유리하기 때문 • 수익률(금리)이 상승하더라도 상환가격 이하로는 하락하지 않음

정답 | ③

신용평가에 대한 설명으로 가장 거리가 먼 것은?

① 무보증사채 발행에 있어 신용평가는 필수적이다.
② 기업어음이나 전자단기사채의 평가에는 단기신용등급이 사용된다.
③ 본평가 이전에 예비평가 등급을 이용하여 채권을 발행할 수도 있다.
④ 발행물 평가는 발행자 평가등급을 기초로 지급 우선순위, 보증, 신용보강 등 개별 발행물의 채무특성을 고려한다.

 Point 예비평가 등급은 미공시 등급이기 때문에 법적으로 의무화되어 있는 신용등급으로 볼 수 없다.

핵심탐구 · 신용평가

(1) 의의
① 신용평가회사가 채무증권 발행자의 원리금 상환능력을 분석하여 등급화하는 것
② 특히 무보증사채 발행은 둘 이상의 신용평가가 반드시 필요

(2) 신용평가 등급
① 장기신용등급 : AAA, AA, A, BBB, BB, B, CCC, CC, C, D 등 10등급 ▷ 무보증사채가 대표적
② 단기신용등급 : A1, A2, A3, B, C, D 등 6등급 ▷ 기업어음(CP), 전자단기사채 등이 대표적

(3) 신용평가 유형
① 발행자 평가와 발행물 평가, 본평가와 예비평가(공식사용×), 정기평가(1년 단위)와 수시평가 등
② 등급감시대상(Watch list) 등록 : 신용상태 변화요인(합병, 유상감자, 채무내용의 급격한 변화 등)이 발생하여 등급변경 검토에 착수하였음과 검토방향(상향, 하향, 미확정)을 외부에 공시하는 제도
③ 등급전망(Outlook)제도 : 중기(6개월에서 2년) 관점의 등급 방향성을 평가시점에 전망(긍정적, 안정적, 부정적, 유동적)하는 것 ▷ 회사채 등 장기 채권에만 적용되며 기업어음, ABS, 부도·워크아웃·구조조정촉진법 대상 채권 등은 제외

정답 | ③

01 우리나라에서 외국인들에 의해 발행되는 원화채권을 지칭하는 것은?

① 아리랑본드　　　　　　　② 김치본드
③ 쇼군본드　　　　　　　　④ 유로본드

02 채권의 용어에 대한 다음 설명 중 바르지 않은 것은?

① 단가는 액면 10,000원당 채권가격이다.
② 발행일과 매출일이 같지 않을 수도 있다.
③ 만기수익률에 의하여 결정된 채권의 매매가격을 단가라고 한다.
④ 표면이율이 동일한 이표채들의 경우 이자지급 단위기간이 짧을수록 매 이자지급시점에 지급하는 이자금액이 커진다.

03 액면가 10,000원, 표면이율 연 5%, 만기 3년인 단리채의 경우 채권발행 후 2년 시점과 만기 시점의 현금흐름을 순서대로 가장 올바르게 나열한 것은? (단, 세금 등 기타 비용은 없다고 가정한다.)

① 0원, 11,500원　　　　　② 500원, 10,000원
③ 0원, 11,576원　　　　　④ 525원, 10,551원

04 수익률 기간구조에 관한 이론 중, 미래의 단기수익률에 기초해 수익률곡선을 설명하면서 시장참여자들이 미래에 단기수익률이 하락한다고 기대하는 경우에도 수익률곡선이 우상향하는 형태로 나타날 수 있다는 가설을 무엇이라고 하는가?

① 불편기대가설　　　　　　② 시장분할가설
③ 유동성선호가설　　　　　④ 선호영역가설

05 다음의 시장상황을 보고 전환사채 발행기업의 주가를 구하시오.

> 전환주수는 2.5주, 전환프리미엄은 2,500원이다. 현재 CB의 시장가격은 13,500원에 거래된다.

① 2,500원 ② 3,500원
③ 4,400원 ④ 5,000원

06 만기가 3년, 표면이율이 4%, 액면금액이 10,000원인 전환사채가 현재 9,500원에 거래되고 있다. 이 전환사채는 보통주 4주와 전환이 가능하며, 현재 보통주의 가격은 2,000원이다. 이 전환사채의 패리티는?

① 70% ② 80%
③ 100% ④ 120%

정답 및 해설

01 ① 우리나라에서 외국인들에 의해 발행되는 원화채권을 아리랑본드, 외화표시채권을 김치본드라고 한다.
- 외국채 : 외국인이 발행하는 자국통화표시 채권 예 아리랑본드, 양키본드, 사무라이본드, 팬더본드, 불독본드
- 유로채 : 외국인이 발행하는 타국통화표시 채권 예 김치본드, 쇼군본드, 딤섬본드

02 ④ 이자지급 단위기간이 짧을수록 매 시점에 지급하는 이자금액은 작아진다.

03 ① 단리채는 만기에 원금과 이자를 지급하는데 그 원리금은 10,000(1 + 0.05 × 3) = 11,500원이다.

04 ③ 유동성선호가설에 의하면 시장참여자들이 미래에 단기수익률이 하락한다고 기대해도 유동성프리미엄으로 인해 수익률곡선은 우상향할 수 있다.

05 ③
- 전환가치 = 사채가격 − 전환프리미엄 = 13,500 − 2,500 = 11,000원
- 주가 = 전환가치 / 전환주수 = 11,000/2.5 = 4,400원

06 ②
- 전환가격 = 액면 / 전환주수 = 10,000/4 = 2,500원
- 패리티 = (주가 / 전환가격) × 100 = (2,000/2,500) × 100 = 80%

07 채권의 발행방법에 대한 설명으로 가장 올바른 것은?
① 총액인수방식은 직접발행에 해당된다.
② Dutch Auction은 낙찰된 수익률 중 가장 낮은 수익률을 일률적으로 적용한다.
③ 매출발행은 미리 발행조건을 정하지 않고 입찰응모 결과를 토대로 발행조건을 정하는 방식이다.
④ 차등가격경매방식은 최고 낙찰수익률 이하 응찰수익률을 일정 간격으로 그룹화하여 각 그룹별로 최고 낙찰수익률을 적용하는 방식이다.

 08 채권발행방법 중 간접모집임에도 불구하고 발행사가 발행위험을 부담하는 방식은?
① 공모입찰방식　　　　　　　　② 위탁발행
③ 잔액인수방식　　　　　　　　④ 총액인수방식

 09 채권 수익률곡선에 대한 이론 중, 수익률과 잔존기간 간에 어떤 체계적인 관계가 존재하지 않고, 단기채, 중기채, 장기채 시장 등이 별도로 형성되며 수익률은 각 시장에서의 수요와 공급에 따라 결정된다는 가설은?
① 유동성선호가설　　　　　　　② 시장분할가설
③ 불편기대가설　　　　　　　　④ 선호영역가설

 10 일반채권시장에 대한 설명 중 가장 거리가 먼 것은?
① 거래소에 상장된 모든 채권이 거래되는 시장이다.
② 가격호가로 매매가 이루어지며 지정가호가를 사용한다.
③ 개별 경쟁매매방식으로 매매가 되고 1,000원 단위로 매매를 체결한다.
④ 시장참가에 자격 제한이 있어 개인투자자는 참여할 수 없다.

 **11** 수익상환채권(callable bond)에 대한 설명으로 가장 올바른 것은?
① 일반채권의 가치에서 콜옵션 가치를 차감하여 나타낼 수 있다.
② 채권 투자자가 원리금을 조기에 상환할 수 있는 권한을 가지고 있다.
③ 다른 조건이 동일할 때, 일반채권의 발행수익률보다 더 낮은 수익률로 발행된다.
④ 채권의 시장수익률이 상승할 경우, 발행자가 조달 비용을 절감하기 위해 콜옵션을 행사할 가능성이 높아진다.

 12 REPO거래에 관한 설명으로 가장 거리가 먼 것은?
① REPO거래는 장내에서만 가능하다.
② 채권과 자금의 교환 성격이 강하다.
③ 거래 비용은 채권의 매도 - 매수가격 차이로 나타난다.
④ 일반 투자자들에게는 채권을 담보로 한 저축의 성격을 띠고 있다.

 13 다음 조건의 채권을 2025년 5월 25일에 시장수익률 2.80%로 매입하여 만기일까지 보유하면 매 이자지급일에 액면 10,000원당 (　)원의 이자를 총 (　)회 수령하게 된다. (　) 안에 들어갈 말을 순서대로 올바르게 나열한 것은?

- 발행일 : 2017년 6월 5일
- 만기일 : 2027년 6월 5일
- 표면이율 : 2.20%
- 이자지급 단위기간 : 6개월 후급

① 140, 20 ② 140, 5
③ 110, 20 ④ 110, 5

> 정답 및 해설

07 ④　① 간접발행에 해당된다. ② 가장 높은 수익률을 적용한다. ③ 공모입찰발행에 대한 설명이다.
08 ②　발행사가 발행위험을 부담하는 방식은 위탁발행이다.
09 ②　시장분할가설의 내용이다.
10 ④　일반채권시장은 시장참가자에 자격 제한이 없어 모든 투자자가 참여할 수 있는 시장이다.
11 ①　② 발행자가 조기상환 권한을 가지고 있다. ③ 투자자에게 불리하므로 일반채권보다 더 높은 수익률로 발행된다.
　　　④ 시장수익률이 하락할수록 권리를 행사할 가능성이 높아진다.
12 ①　REPO거래는 장내와 장외에서 모두 가능하다.
13 ④　표면이율이 2.2%이므로 6개월 지급이자는 1.1%, 즉 110원이다. 남은 기간은 2년 10일이므로 총 5회 수령하게 된다.

14 채권투자의 위험에 관한 설명 중 바르지 않은 것은?

① 발행자의 신용위험이 크면 발행수익률이 높아진다.
② 이표채의 수익률변동위험은 가격변동위험과 유동성위험을 포함하는 개념이다.
③ 인플레이션은 채권으로부터 얻어지는 이자수입의 실질가치를 감소시킨다.
④ 수의상환위험은 만기 전에 투자자의 의도와 무관하게 원금이 상환될 수 있는 위험으로서 채권 발행 시 이자율보다 시장금리가 낮아지면 발생할 가능성이 높다.

15 3개월 복리채로 발행된 은행채의 투자위험으로 가장 거리가 먼 것은?

① 채무불이행위험
② 인플레이션위험
③ 재투자위험
④ 유동성위험

16 채권가격정리에 따른 채권의 가격변동성의 특징으로 가장 거리가 먼 것은?

① 만기 3년 채권보다 만기 5년 채권의 가격변동성이 더 크다.
② 표면이율 5%인 채권보다 표면이율 8%인 채권의 가격변동성이 더 크다.
③ 수익률이 0.5% 상승 시보다 수익률이 0.5% 하락 시 채권의 가격변동성이 더 크다.
④ 만기 10년과 11년 채권의 가격변동성 차이보다 만기 5년과 6년 채권의 가격변동성 차이가 더 크다.

17 다른 조건이 동일한 경우, 듀레이션이 가장 큰 이표채는?

① 표면이자율 5%, 잔존기간 4년, 이자지급 단위기간 6개월
② 표면이자율 5%, 잔존기간 5년, 이자지급 단위기간 6개월
③ 표면이자율 4%, 잔존기간 5년, 이자지급 단위기간 6개월
④ 표면이자율 4%, 잔존기간 5년, 이자지급 단위기간 1년

이표채의 경우 재투자수익률이 만기수익률보다 작게 되면 만기수익률과 실효수익률은 차이가 난다. 수익률 간의 관계를 바르게 표현한 것은?

① 실효수익률 > 만기수익률 > 재투자수익률
② 실효수익률 < 만기수익률 < 재투자수익률
③ 만기수익률 > 실효수익률 > 재투자수익률
④ 만기수익률 < 실효수익률 < 재투자수익률

 듀레이션(duration)에 대한 설명으로 가장 거리가 먼 것은?

① 듀레이션은 채권에 투자된 원금의 가중평균회수기간을 말한다.
② 이표채의 듀레이션은 동 채권의 잔존기간보다 작다.
③ 할인채의 듀레이션은 동 채권의 잔존기간과 동일하다.
④ 이표채는 만기수익률이 높을수록 듀레이션이 커진다.

정답 및 해설

14 ② 수익률변동위험은 가격변동위험과 재투자위험을 말한다.
15 ③ 복리채는 만기에 일시상환되는 채권으로 재투자위험이 없다.
16 ② 채권의 가격변동성은 표면이율과 반비례하므로 표면이율 8%인 채권이 더 작다.
17 ④ 표면이자율은 낮을수록, 잔존기간은 길수록, 이자지급 단위기간이 길수록 채권의 듀레이션이 크다.
18 ③ • 재투자수익률 > 만기수익률 ⇨ 만기수익률 < 실효수익률 < 재투자수익률
   • 재투자수익률 < 만기수익률 ⇨ 만기수익률 > 실효수익률 > 재투자수익률
   • 재투자수익률 = 만기수익률 ⇨ 만기수익률 = 실효수익률 = 재투자수익률
19 ④ 이표채의 듀레이션과 만기수익률은 반비례한다. 따라서 만기수익률이 높을수록 듀레이션은 작아진다.

20 잔존기간이 3년, 표면이율이 8%인 연단위 후급 이표채의 만기수익률이 10%일 때, 이 채권의 가격은 9,502.63원이며 듀레이션은 2.78년이다. 이 채권의 만기수익률이 11%로 상승 시 듀레이션을 이용하여 추정한 채권가격의 변동률은? (가장 가까운 근사치로 구하시오.)

① -2.53%
② 2.53%
③ -3.53%
④ 3.53%

21 수익률이 1% 상승할 때 볼록성에 기인한 채권가격 변동률은 0.05%이다. 이 채권의 볼록성은 얼마인가?

① -5
② -10
③ 5
④ 10

22 다음 괄호 안에 들어갈 내용으로 적합한 것은?

> 만기수익률 8%, 채권가격 10,000원, 듀레이션 2.94년, 수정듀레이션 2.72년일 때 만기수익률이 7%로 떨어지면 듀레이션을 이용하여 추정된 채권가격은 (   )원 상승하고 이는 실제 채권가격을 (   )한다.

① 272, 과소평가
② 272, 과대평가
③ 294, 과소평가
④ 294, 과대평가

23 투자수익률의 종류에 대한 설명 중 바르지 않은 것은?

① 표면이율은 액면에 대한 연간 표면이자수입의 비율을 말하며 채권 권면에 기재된 이율로서 단리개념이고 재투자개념이 없다.
② 실효수익률은 전체 투자기간 동안 모든 투자수익요인들에 의해 발생된 최종 총수입의 투자원금대비 수익성을 일정기간단위 복리방식으로 측정한 투자수익률이다.
③ 연평균수익률은 전체 투자기간 동안 발생된 총수입인 채권의 최종가치를 투자원금인 채권의 현재가격으로 나눈 후 이를 투자 연수로 나눈 단리수익률을 의미한다.
④ 세전수익률은 채권의 만기까지 단위기간별 원리금에 의한 현금 흐름의 현재가치의 합을 채권의 가격과 일치시키는 할인율을 의미한다.

24 현재 채권 수익률곡선이 수평한 형태를 보이고 있다고 하자. 이 수익률곡선이 유동성 선호가설을 따를 경우 시장참여자들의 미래 수익률에 대한 기대로 가장 올바른 것은?

① 미래 수익률이 현재 수익률과 다르지 않을 것으로 기대한다.
② 미래 수익률이 현재 수익률보다는 높아질 것으로 기대한다.
③ 미래 수익률이 현재 수익률보다는 낮아질 것으로 기대한다.
④ 미래 수익률이 현재 수익률보다는 높아졌다가 다시 낮아질 것으로 기대한다.

정답 및 해설

20 ① - 수정듀레이션 × 수익률 변화 = -(2.78 / 1.1) × 1% = -2.53%

21 ④ $\frac{1}{2} \times C \times 0.01^2 = 0.0005$에서 C=10

22 ① 듀레이션으로 추정한 채권가격 상승폭은 272원(=10,000원 × 2.72%)이며, 이는 실제 채권가격을 과소평가한다.
(∵ 볼록성을 고려하면 상승폭이 확대됨)

23 ④ 세전수익률이 아닌 만기수익률(ytm)에 대한 설명이다.

24 ③ 시장참여자들은 미래 수익률이 낮아질 것으로 기대하는데, 만기기간에 비례하여 증가하는 유동성 프리미엄이 반영되어 수평한 형태를 띠는 것으로 보아야 할 것이다.

25 수익률곡선에 대한 이론 중 불편기대가설에 대한 설명으로 사실과 거리가 먼 것은?

① 현재의 수익률곡선에는 미래의 단기수익률들에 대한 기대가 반영되어 있다.
② 장기채권의 수익률은 미래의 단기채권들에 대하여 예상되는 수익률들의 기하평균과 같아진다.
③ 법적, 제도적 요인 등에 의한 구조적 경직성이 존재함으로써 채권시장은 몇 개의 하위시장으로 분할되어 있다.
④ 시장참여자들이 단기수익률이 현재 5%에서 4%, 3%, 2%로 하락할 것이라고 예상한다면, 수익률곡선은 하강형을 보이게 된다.

26 채권운용전략 중 적극적 운용전략에 해당하는 것으로만 묶은 것은?

| ㉠ 수익률곡선타기 전략 | ㉡ 채권교체 전략 |
| ㉢ 사다리형 만기운용전략 | ㉣ 나비형 투자전략 |

① ㉠, ㉡
② ㉠, ㉡, ㉣
③ ㉢, ㉣
④ ㉡, ㉢, ㉣

27 향후 수익률곡선의 수평적 상승이동을 확신할 경우, 투자수익을 극대화하기 위한 적극적 채권운용방법으로 가장 거리가 먼 것은?

① 현금 보유비중을 늘린다.
② 단기채의 보유비중을 늘린다.
③ 채권 포트폴리오의 듀레이션을 감소시킨다.
④ 표면이율이 낮은 채권의 보유비중을 증대시킨다.

28 수익률곡선타기 전략에 대한 설명으로 가장 거리가 먼 것은?
① 적극적 전략이다.
② 유동성선호가설과 관련이 있다.
③ 롤링효과와 숄더효과를 이용한다.
④ 수익률곡선이 우하향하고 투자기간 동안 변하지 않아야 한다.

29 채권의 장단기 수익률이 상승하고 중기 수익률이 하락할 것으로 예상될 때 올바른 투자전략은?
① Bullet형 Portfolio　　　　② 사다리형 만기 구성전략
③ Barbell형 Portfolio　　　　④ 수익률곡선타기 전략

30 채권의 면역전략에 대한 설명으로 적절하지 않은 것은?
① 면역전략에 의해 구성된 포트폴리오도 상황변화에 따른 리밸런싱이 필요하다.
② 투자의 목표기간과 채권의 듀레이션을 일치시켜서 면역상태를 유도할 수 있다.
③ 시장수익률의 변동방향과 상관없이 채권가격의 상승과 재투자수익의 증가를 동시에 추구하는 전략이다.
④ 목표투자기간 중 시장수익률의 변동에 관계없이 채권매입 당시에 설정하였던 수익률을 목표기간 말에 차질없이 실현하도록 하는 전략이다.

정답 및 해설

25 ③　채권시장이 몇 개의 하위시장으로 분할되어 있다는 것은 시장분할가설이다.
26 ②　㉠, ㉡, ㉣은 적극적 전략이고 ㉢은 소극적 전략이다.
27 ④　수익률곡선의 수평적 상승이동은 장단기 구분없이 전반적으로 수익률이 상승하는 것을 의미한다. 이때 표면이율이 낮은 채권의 보유비중을 늘리면 채권 포트폴리오의 듀레이션이 증가해 손실이 확대된다.
28 ④　수익률곡선이 우상향하고 투자기간 동안 변하지 않아야 한다.
29 ①　장기채와 단기채는 매도하고 중기채는 매수하는 전략으로 Bullet형 Portfolio가 된다.
30 ③　면역전략은 수익률 상승(하락) 시 채권가격 하락(상승)분과 표면이자에 대한 재투자수익 증가(감소)분을 상쇄시켜 채권투자 종료 시 실현수익률을 목표수익률과 일치시키는 전략이다. 따라서 채권가격의 상승과 재투자수익의 증가를 동시에 추구할 수는 없다.

31. 매년 500원의 이자가 지급되는 3년 잔존만기 이표채를 만기수익률을 6%로 매매할 경우 채권가격은 어떻게 계산되는가? (채권의 액면가는 10,000원)

① $\dfrac{10,000}{(1+0.06)^3}$

② $\dfrac{10,000(1+0.05)^3}{(1+0.06)^3}$

③ $\dfrac{10,000(1+0.05\times 3)}{(1+0.06)^3}$

④ $\dfrac{500}{(1+0.06)} + \dfrac{500}{(1+0.06)^2} + \dfrac{10,500}{(1+0.06)^3}$

32. 다음 사례에서 액면 10,000원 단위로 산정한 손익금액은?(원 미만은 절사하고 가장 가까운 근사치를 구하시오.)

> 잔존기간이 3년 남은 할인채를 만기수익률 5%에 매입하여 2년이 경과한 후 만기수익률 7%에 매도하였다.

① 707원 수익 ② 41원 수익
③ 707원 손실 ④ 41원 손실

33. 자산유동화증권의 발행 참여자에 대한 설명 중 가장 거리가 먼 것은?

① 수탁기관은 SPC를 대신하여 실무업무를 담당한다.
② 자산보유자는 보유하고 있던 기초자산을 특수목적기구에 양도하고 자금을 조달하는 주체이다.
③ 유동화전문회사(SPC)는 ABS를 발행하는 특수목적기구로 우리나라에서는 주식회사의 형태로 설립된다.
④ 자산관리자는 SPC를 대신하여 기초자산의 현금흐름의 관리와 보수를 담당하는 기관으로 자산보유자가 자산관리자가 되는 것이 일반적이다.

34 Primary CBO의 기초자산으로 가장 올바른 것은?

① 기존발행 회사채 ② 은행대출채권
③ 신규발행 회사채 ④ 주택저당채권

35 3년 만기 채권을 10,000원에 매입하여 2년 후 11,884원에 매도한 경우의 실효수익률은?

① 5.26% ② 7.16%
③ 8.42% ④ 9.01%

36 3년 만기 채권을 10,000원에 매입하여 2년 후 11,884원에 매도한 경우의 연평균수익률은?

① 5.26% ② 9.01%
③ 9.42% ④ 10.16%

정답 및 해설

31 ④ $\frac{500}{(1+0.06)} + \frac{500}{(1+0.06)^2} + \frac{10,500}{(1+0.06)^3}$ = 471.70 + 445.00 + 8,816.00 = 9,732

[참고] ①은 할인채 ②는 복리채 ③은 단리채인 경우의 산식이 됨

32 ① 매입단가 : $p_0 = \frac{10,000}{(1+0.05)^3}$ = 8,638, 매도단가 : $p_1 = \frac{10,000}{(1+0.07)^1}$ = 9,345,

따라서 액면 10,000원당 707원(=9,345-8,638) 수익 발생

33 ③ 유동화전문회사(SPC)는 특수목적 유한회사이다.

34 ③ Primary CBO의 기초자산은 신규발행 회사채이다.

35 ④ 실효수익률은 복리수익률이므로 11,884=10,000$(1+r)^2$에서 r = $\sqrt[2]{\frac{11,884}{10,000}}$ - 1 = 0.0901

36 ③ 연평균수익률은 단리수익률이므로 11,884=10,000$(1+r\times2)$에서 r = $\frac{(11,884-10,000)}{10,000}$ ÷ 2 = 0.0942

37 만기수익률(ytm)에 관한 설명으로 가장 거리가 먼 것은?

① 채권시장에서 거래호가 및 가격을 계산할 때 사용하는 수익률이다.
② 매입 후 만기까지 보유하면 모든 채권은 매입 당시의 만기수익률이 실현된다.
③ 채권에서 발생하는 현금흐름의 현재가치를 채권가격과 일치시키는 할인율이다.
④ 이표채는 재투자수익률(시장금리)에 따라 실효수익률과 만기수익률이 달라진다.

38 기업어음(CP)과 전자단기사채(STB)에 대한 설명으로 가장 거리가 먼 것은?

① 기업어음은 발행 시 증권신고서를 제출할 필요가 없어 발행이 용이하다.
② 전자단기사채는 전자방식으로 발행되는 만기 1년 이하의 채무증권을 의미한다.
③ 만기 1개월 이내인 전자단기사채의 투자소득은 원천징수대상이 되지 않는다.
④ 기업어음은 기업이 단기자금을 조달하기 위해 발행하는 융통어음이다.

39 조건부자본증권에 대한 설명으로 적절하지 않은 것은?

① 투자자가 원하면 자본으로 전환될 수 있는 채권이다.
② 주로 은행이나 금융지주회사가 발행하는데 코코본드라고도 불린다.
③ 후순위채보다 상환순위가 낮아 상대적으로 높은 금리를 취할 수 있다.
④ 은행의 자본력이 약해질 경우 주식에 투자한 것보다 먼저 전액 손실을 볼 수 있다.

40 발행기관에 대한 상환청구권과 함께 발행기관이 제공하는 담보에 대하여 제3자에 우선하여 변제받을 수 있는 권리를 갖는 채권은?

① 자산유동화증권　　　　　　② 하이브리드 본드
③ 신종자본증권　　　　　　　④ 커버드 본드

41 현물 수익률곡선 상의 각 만기별 현물수익률이 다음과 같을 때, 2년 후 1년 만기 선도수익률(forward rate)은 얼마인가? (가장 가까운 근사치로 구하시오)

만기	1년	2년	3년	4년
현물수익률(%)	6.0	7.0	7.8	8.3

① 7.56% ② 8.01%
③ 8.78% ④ 9.42%

42 금리변동부채권(FRN)에 대한 설명으로 적절하지 않은 것은?

① 기준금리에 일정한 스프레드가 가감되어 표면이율이 결정된다.
② 고정금리채권과 달리 미래 이자금액이 발행 시에는 확정될 수 없다.
③ 발행 이후 발행자의 신용위험이 증가하면 이를 반영하여 가산금리가 높아진다.
④ 이자율이 기준금리의 변동에 연동되기 때문에 표면이율이 확정되어 있는 일반채권에 비해 수익률변동 위험에서 벗어날 수 있는 장점이 있다.

43 다음 중 채권투자자가 옵션을 갖는 채권이 아닌 것은?

① 수의상환채권 ② 전환사채
③ 신주인수권부사채 ④ 교환사채

정답 및 해설

37 ② 이표채는 매입 후 만기까지 보유해도 재투자위험으로 만기수익률이 달라질 수 있다.
38 ① 만기 3개월 이내의 전자단기사채는 발행시 증권신고서를 제출할 필요가 없어 발행이 용이하다.
39 ① 조건부자본증권은 발행자인 은행의 자본잠식이 심해지는 등의 특정 사유가 발생하면 투자자 의사와 상관없이 자본으로 전환되는 채권이다.
40 ④ 이중상환청구권부채권 또는 커버드 본드(covered bond)라고 한다.
41 ④ $(1+0.078)^3 = (1+0.07)^2(1+FR)^1$에서 FR = 9.42%
42 ③ 가산금리는 발행 시점에 확정되어 만기까지 유지된다. 따라서 발행자의 신용위험이 커지면 가산금리 자체는 고정되어 있기 때문에 FRN의 가격이 하락하게 된다.
43 ① 수의상환채권(callable bond)에 내재된 콜옵션은 채권발행자가 갖는 권리다.

 투자자가 권리를 행사함으로써 발행사가 자산으로 보유한 주식을 취득할 수 있으며, 이 경우 발행사의 자산과 부채가 동시에 감소하는 채권은?

① 수의상환채권 ② 전환사채
③ 신주인수권부사채 ④ 교환사채

 자산유동화증권(ABS)의 발행효과에 관한 설명으로 잘못된 것은?

① 자산보유자는 자금조달수단을 다변화할 수 있다.
② 자산보유자는 재무비율 관리를 원활히 관리할 수 있다.
③ 자산보유자는 일반 채권발행에 비해 자금조달비용이 증가하게 된다.
④ 투자자는 일반채권과 달리 투자대상 선택의 다양성이 존재할 수 있다.

 표면이율 4%인 연단위 후급 이표채의 만기수익률이 5%, 수정듀레이션이 9.52년일 때, 이 채권의 매콜리듀레이션은? (근삿값을 구함)

① 9.06년 ② 9.15년
③ 9.85년 ④ 10년

 자산유동화증권의 외부적 신용보강방법에 해당하는 것은?

① 선·후순위 설정 ② 현금흐름 차액적립
③ 신용공여 ④ 초과담보의 설정

 등급감시대상(Watch list) 등록 사유로 가장 거리가 먼 것은?

① 합병 ② 유상감자
③ 채무내용의 급격한 변화 ④ 향후 신용등급 방향 검토

49 등급전망(Outlook)제도에 대한 설명으로 가장 거리가 먼 것은?

① 현재 등급과 무관한 중기 관점에서 신용등급의 방향성에 대한 의견이다.
② 신용등급 방향은 긍정적, 안정적, 부정적, 유동적 등 4가지로 구분된다.
③ Watch list에 등록된 경우에도 Outlook이 가능하다.
④ 등급전망에 따라 신용등급 변동이 꼭 일어나는 것은 아니므로 보조지표일 뿐이다.

50 국채전문유통시장에 대한 설명 중 가장 거리가 먼 것은?

① 국고채뿐만 아니라 통화안정증권, 예금보험기금채권도 거래된다.
② 국고채전문딜러는 국채 투자중개업의 인가를 받아야 한다.
③ 지표채권은 경쟁입찰을 통해 발행된 국고채권 중 만기별로 가장 최근에 발행된 종목을 말한다.
④ 참가자는 거래소의 채무증권회원 인가를 취득한 은행과 금융투자회사이고, 기타 금융기관 및 일반투자자도 위탁 참여가 가능하다.

정답 및 해설

44 ④ 교환사채에 대한 특징이다.
45 ③ ABS는 기초자산에 신용보강을 하여 자산보유자보다 높은 신용등급으로 발행이 가능하므로 자금조달비용을 줄일 수 있다.
46 ④ 매콜리듀레이션 = 수정듀레이션 × (1 + 만기수익률) = 9.52 × 1.05 = 9.99
47 ③ 신용공여가 외부적 신용보강방법이고, 나머지는 내부적 신용보강방법이다.
48 ④ 향후 신용등급 방향 검토는 등급전망(Outlook) 제도를 이용한다.
49 ③ Outlook(등급전망)은 회사채 등 장기 채권에만 적용되며 기업어음, ABS, 부도·워크아웃·구조조정촉진법 대상 채권은 제외된다. 또한 Watch list에 등록된 경우에도 부여할 수 없다.
50 ② 국고채전문딜러는 자기매매가 가능해야 하므로 투자매매업 인가를 받은 기관 중에서 선정된다.

핵심개념 이해도 체크

적절한 개념에 체크 ☑ 하세요.!

01 채권시장에서는 (☐ 만기수익률 / ☐ 표면이율)이 계속해서 변하면서 채권가격을 변화시킨다.

02 표면이율이 10%이고 매 3개월 단위로 이자가 지급되는 3년 만기 회사채의 경우 만기에 지급되는 원리금은 액면 10,000원을 기준으로 (☐ 10,250원 / ☐ 11,000원)이다.

03 차등가격경매방식은 (☐ 최고 / ☐ 최저) 낙찰수익률 이하 응찰수익률을 일정 간격으로 그룹화하여 각 그룹별로 (☐ 최고 / ☐ 최저) 낙찰수익률을 적용하는 방식이다.

04 K-Bond는 채권 (☐ 장내시장 / ☐ 장외시장)에서 금융투자회사 또는 주요 시장참가자 간의 매매·중개를 위한 호가탐색과 거래상대방과의 협상을 지원하기 위한 시스템을 말한다.

05 회사채는 대부분 (☐ 보증 / ☐ 무보증) 형태로 발행되며, 공모발행하는 경우 대부분 금융투자회사의 (☐ 잔액인수 / ☐ 총액인수)를 통해 액면 발행된다.

06 수의상환위험은 채권발행 시 이자율보다 시장금리가 (☐ 높아질 / ☐ 낮아질) 경우에 발생한다.

07 달러표시 채권에 투자한 후 달러의 가치가 상승하면 채권가격에는 변화가 없더라도 원화에 의한 채권 가치는 (☐ 상승 / ☐ 하락)하게 된다.

08 만기가 일정할 때 채권수익률 하락으로 인한 가격상승폭은 같은 폭의 채권수익률 상승으로 인한 가격하락폭보다 (☐ 크다 / ☐ 작다).

09 잔존기간 3년, 표면이율 8%인 연단위 후급 이표채의 듀레이션이 2.78년이라면, 다른 조건은 동일하나 표면이율이 10%인 이표채의 듀레이션은 2.78년보다 (☐ 크다 / ☐ 작다).

정답

01 만기수익률
02 10,250원(원금 10,000원과 3개월 이자 250원을 지급)
03 최고, 최고
04 장외시장
05 무보증, 총액인수
06 낮아질
07 상승
08 크다
09 작다

10 잔존기간 3년, 표면이율 8%인 연단위 후급이표채의 볼록성이 8.94이라면, 다른 조건은 동일하나 표면이율이 12%인 채권의 볼록성은 8.94보다 (☐ 크다 / ☐ 작다).

11 실제 채권가격의 상승폭은 듀레이션으로 계산한 것보다 볼록성만큼 (☐ 크고 / ☐ 작고), 하락폭은 듀레이션으로 계산한 것보다 볼록성만큼 (☐ 크다 / ☐ 작다).

12 (☐ 실효수익률 / ☐ 만기수익률)은 채권 만기까지 단위기간별로 발생하는 이자와 액면 금액에 의한 현금흐름의 현재가치의 합을 채권가격과 일치시키는 할인율이다.

13 불편기대 가설에 의하면 장기채권의 수익률은 미래에 예상되는 단기채권들의 수익률의 (☐ 산술평균 / ☐ 기하평균)과 같아진다.

14 수익률 곡선 타기 전략은 (☐ 우상향 / ☐ 우하향)하는 수익률곡선의 형태가 투자기간동안 변동없이 유지된다고 예상될 때 사용한다.

15 향후 스프레드가 축소될 것으로 판단하여 시행하는 교체 전략을 (☐ 수익률 획득 교체 / ☐ 수익률 포기 교체)라고 한다.

16 투자기간과 채권 포트폴리오의 (☐ 만기 / ☐ 듀레이션)(를/을) 일치시켜야 수익률변동위험에 면역이 가능해진다.

17 전환사채의 괴리율이 (☐ 양 / ☐ 음)의 값이 나온다는 것은 전환사채에 투자한 후 곧바로 전환하여 전환차익을 볼 수 있는 차익거래가 가능함을 의미한다.

18 다른 조건이 같다면 수의상환청구채권(putable bond)의 가치는 일반채권의 가치보다 (☐ 크다 / ☐ 작다).

정답

10 작다
11 크고, 작다
12 만기수익률
13 기하평균
14 우상향
15 수익률 획득 교체 (yield pick - up swap)
16 듀레이션
17 음
18 크다

핵심개념 이해도 체크

19 자산유동화증권(ABS)은 (☐ 발행자의 원리금 상환능력 / ☐ 유동화자산의 현금흐름)을 기초로 발행된다.

20 (☐ Watch list제도 / ☐ Outlook제도)는 신용평가사가 부여한 등급에 신용상태 변화요인이 발생하여 등급변경 검토에 착수하였음과 검토방향을 외부에 공시하는 제도이다.

정답

19 유동화자산의 현금흐름
20 Watch list제도

memo

www.epasskorea.com

이패스코리아 금융투자분석사

03장

파생상품평가·분석

03 파생상품평가·분석

학습전략

본 과목에서는 총 10문제가 출제됩니다. 파생상품은 암기해서 해결할 수 있는 과목이 아니라 개념을 잘 이해하여야 하는 과목입니다. 특히 출제 문항수에 비해 학습량이 많으므로 다른 과목에 비해 더 많은 시간을 할애하여야 합니다. 금융선물에서는 선물가격의 계산, 베이시스, 헤지거래, 차익거래, 스프레드거래, 투기거래(손익계산) 등이 중요하며, 특히 선물을 종류별(통화선물, 단기금리선물, 장기금리선물, 주가지수선물)로 비교하여 정리하는 것이 필요합니다. 옵션에서는 풋 – 콜 패리티 정리, 옵션 투자전략(헤지, 투기, 스프레드, 컴비네이션), 민감도지표, 차익거래(컨버전, 리버설) 등의 출제경향이 높은 편입니다.

학습포인트

내 용	출제빈도		
	상	중	하
제1장 금융선물거래			
1. 선물과 선도의 차이점		○	
2. 금융선물거래의 구분 : 헤지거래, 투기거래, 스프레드거래, 차익거래		○	
3. 금융선물의 종류 : 통화선물, 단기금리선물, 중장기금리선물, 주가지수선물			○
4. 주가지수선물의 베이시스		○	
5. 선물가격의 형성	○		
6. 차익거래와 헤지거래	○		
제2장 옵션거래			
1. 옵션가격과 옵션가격결정		○	
2. 풋 – 콜 패리티(Put – Call Parity)	○		
3. 옵션가격결정 모형 : CRR모형, 블랙 – 숄즈 모형	○		
4. 옵션투자전략 : 투기, 헤지, 스프레드, 콤비네이션, 차익거래 전략	○		
5. 옵션의 민감도 지표		○	

이패스 금융투자분석사

금융선물거래에 대한 설명으로 가장 거리가 먼 것은?

① 거래이행보증을 위한 증거금 제도가 있다.
② 소규모 기업이나 개인도 참여가 가능하다.
③ 기초자산을 만기에 인수도하는 비중이 크다.
④ 표준화된 상품을 정형화된 방법으로 거래한다.

 출제 Point 선물은 대부분 중도에 청산하므로 만기에 실물인수도하는 비중이 매우 작다.

함정 & 오답 피하기
선도(forward)는 만기일에 항상 실물인수도가 이루어진다. (×) ⇨ 대부분 실물인수도

핵심탐구   금융선물거래

① 매매계약 체결일로부터 일정 기간 후에 거래대상물과 대금이 교환되는 예약거래의 일종
② 선물(futures)과 선도(forward)

구 분	선물거래	선도거래
거래장소	거래소 ⇨ 장내파생상품	점두거래(OTC) ⇨ 장외파생상품
계약조건	표준화	제한 없음
인수도	대부분 반대거래에 의해 중도 청산	대부분 만기에 실물인수도
신용위험	청산소에서 거래이행 보증	계약불이행위험 존재
중도청산	쉬움(반대거래)	어려움
증거금	반드시 납입	원칙적으로 불필요
거래규모	소액 ⇨ 소규모 기업이나 개인이 이용	거액 ⇨ 기관투자가 또는 은행이 이용

정답 | ③

금융선물을 이용한 투기거래와 헤지거래에 대한 설명으로 가장 거리가 먼 것은?

① 투기거래는 한 종류의 선물계약만을 매입 또는 매도하여 이익을 추구하는 전략이다.
② 스프레드거래는 하나의 선물을 매입하고 동시에 다른 하나의 선물을 매도하는 전략이다.
③ 매입헤지는 미래에 매입할 현물가격의 상승에 대비하여 선물을 미리 매입하는 전략이다.
④ 매도헤지는 현물보유 없이 현물가격의 하락에 대비하여 선물을 미리 매도하는 전략이다.

 매도헤지는 현물을 보유한 경우 현물가격의 하락에 대비하여 선물을 미리 매도하는 전략이다. 현물보유 없이 단순히 선물을 매도하면 투기거래이다.

핵심탐구 — 금융선물거래의 구분

(1) 헤지거래
  ① 선물시장에서 현물과 반대포지션을 취하여 현물포지션에서 발생하는 손실이나 이익을 선물에서 발생하는 이익이나 손실로 상쇄함으로써 가격을 고정시키는 것 ⇨ 기대이익도 포기
  ② 헤지는 현물가격과 선물가격이 동일한 방향으로 일정한 관계를 유지하면서 변동해야 극대화됨
  ③ 종류
    ㉠ 매도헤지(short hedge) : 미래에 현물을 불확실한 가격으로 팔아야 하는 상황에서 현물의 가격하락에 대비해 미리 선물을 매도하는 것
    ㉡ 매입헤지(long hedge) : 미래에 현물을 불확실한 가격으로 사야 하는 상황에서 현물의 가격상승에 대비해 미리 선물을 매입하는 것
(2) 투기거래
  ① 장래 가격변동을 예상하여 이익을 추구하면서 예상이 빗나갔을 때 손실도 감수하는 거래로, 한 종류의 선물계약만을 거래대상으로 함
  ② 증거금만으로 거래가 가능하여 레버리지효과 발생
  ③ 헤지거래자가 전가하려는 위험을 받아주며 시장에 유동성을 조성하는 역할
(3) 스프레드거래
  ① 스프레드의 변동을 예상하여 하나의 선물을 사고 다른 선물을 파는 거래
  ② 두 선물의 절대가격변동이 아닌 상대가격변동에 초점을 맞춤
  ③ 보수적인 투자전략으로 투기거래에 비해 증거금 수준이 낮게 책정
(4) 차익거래
  ① 현물과 선물의 일시적 가격 평가 차이를 이용하여 현물과 선물 중 고평가된 쪽은 매도하고 저평가된 쪽은 매수함으로써 위험이 없는 이득을 취하고자 하는 거래
  ② 시장을 효율적으로 만드는 역할을 함

정답 | ④

코스피200선물의 상품명세로 사실과 다른 것은?

① 거래단위 : 선물가격×50만(거래승수)
② 결제월 : 분기월 4개(3, 6, 9, 12월)
③ 최종거래일 : 각 결제월의 두 번째 목요일
④ 결제방법 : 현금결제

 코스피200선물의 거래승수는 25만 원이다.

핵심탐구 — 금융선물의 종류

(1) 통화선물
  ① 특정 통화를 거래대상으로 하는 선물계약
  ② 대표상품
    ㉠ CME Group : 유로, 호주 달러, 영국 파운드, 캐나다 달러, 일본 엔, 스위스 프랑 등이 거래
    ㉡ 한국거래소(KRX) : 미국 달러, 일본 엔, 유럽연합 유로, 중국 위안의 4가지
(2) 단기금리선물
  ① 만기 1년 미만인 단기금리를 거래대상으로 하는 선물계약
  ② 대표상품 : 유로달러(Libor)선물, 미연방기금 금리선물, T-Bill 선물
(3) 중장기금리선물
  ① 채권을 거래대상으로 하는 선물계약 ⇨ 채권선물이라고도 함
  ② 대표상품
    ㉠ CME(시카고상업거래소) Group : T-Note선물, T-Bond선물
    ㉡ 한국거래소 : 국채선물(3년물 / 5년물 / 10년물)
(4) 주가지수선물
  ① 특정 주가지수를 거래대상으로 하는 선물계약
  ② 최초 주가지수선물 : 캔사스상품거래소(KCBT)의 밸류라인선물
  ③ 한국거래소 : 코스피200선물, 코스닥150선물

정답 | ①

주가지수선물의 베이시스에 대한 설명으로 가장 거리가 먼 것은?

① 지수선물의 만기에는 베이시스가 0이 된다.
② 선물지수가 현물지수보다 큰 경우를 콘탱고(contango)라고 한다.
③ 베이시스가 음(-)인 경우를 백워데이션(backwardation)이라고 한다.
④ 배당수익이 이자비용보다 작은 경우, 균형상태의 베이시스는 0이 된다.

 Point 배당수익이 이자비용보다 작은 경우, 선물지수가 현물지수에 비해 프리미엄 상태로 거래되므로 베이시스는 양(+)이 된다.

함정 & 오답 피하기
- 시장 베이시스는 보유비용과 같다. (×) ⇨ 이론 베이시스
- 콘탱고는 이론 선물가격이 현물가격보다 낮은 상황을 말한다. (×) ⇨ 시장 선물가격

핵심탐구 — 주가지수선물의 베이시스

① 선물가격(F)과 현물가격(S)의 차이 ⇨ B = F − S
② 만기가 가까워질수록 보유비용이 감소하여 베이시스는 0으로 수렴
③ 시장 베이시스와 이론 베이시스
  ㉠ 시장 베이시스 = 시장 선물가격 − 현물가격
  ㉡ 이론 베이시스 = 이론 선물가격 − 현물가격 ⇨ 보유비용과 같음
    예) 현물가격 100, 이론 선물가격 105, 시장 선물가격 110인 경우
      ⇨ 시장 베이시스 = 110 − 100 = 10, 이론 베이시스 = 105 − 100 = 5
④ 콘탱고(Contango)와 백워데이션(Backwardation)
  ㉠ 콘탱고 : 시장 선물가격이 현물가격보다 높은 상황 ⇨ F > S
  ㉡ 백워데이션 : 시장 선물가격이 현물가격보다 낮은 상황 ⇨ F < S

정답 | ④

이패스 금융투자분석사

KOSPI200지수 110pt, 3개월 만기 CD 수익률 5%, 배당수익률 3%일 때, 만기가 6개월 남은 KOSPI200선물의 이론가격은?

① 109.45 ② 110.82
③ 111.10 ④ 111.20

출제 Point   F = 110 + 110(0.05 − 0.03) × 1 / 2 = 111.10

핵심탐구 — 선물의 이론가격 산출

(1) 주가지수선물

$$F = S + S(r-d) \times t/365$$
(S : 현물지수, r : 이자율, d : 배당수익률, t : 잔존기간)

(2) 채권선물

$$F = S + S(r-d) \times t/365 \text{ or } S \cdot e^{(r-d)t}$$
(S : 현물채권가격, r : 이자율, d : 표면이율, t : 잔존기간)

(3) 통화선물

$$F = S + S(r-d) \times t/365$$
(S : 현물환율, r : 자국이자율, d : 외국이자율, t : 잔존기간)

(4) 단기금리선물

$$F = 100 - R \text{ (R : 선도금리)}$$

① 단기금리선물가격에 내재된 금리는 해당 선물의 만기 이후 선도금리임(예를 들어 3월물 유로달러선물이 95.00라면 3월 3째 수요일부터 90일 Libor가 5%란 의미). 따라서 선물의 이론가격을 계산하려면 장단기 현물금리를 이용하여 선도금리를 계산한 후 이를 100에서 차감해야 함
② 선도금리(forward rate) : 미래의 일정시점부터 이후 일정기간 동안의 금리

$$\text{선도금리(FR)} = \frac{r_2 \times t_2 - r_1 \times t_1}{(t_2 - t_1)}$$

(r_1 : 단기금리, r_2 : 장기금리, t_1 : 단기기간, t_2 : 장기기간)

정답 | ③

시장의 선물가격이 이론선물가격에 비해 고평가되었다면 어떤 차익거래가 가능한가?

① 선물매도 + 현물매수
② 선물매수 + 현물매도
③ 선물매수 + 현물매수
④ 선물매도 + 현물매도

 Point 고평가된 선물은 매도하고 현물은 매수한다. 즉, 매수차익거래가 가능하다.

핵심탐구 차익거래(arbitrage)

(1) 개요
  ① 특징 : 시장의 불균형(시장F≠이론F) 이용, 역투자전략(고평가매도 + 저평가매수), 이론적으로 무위험 거래
  ② 매수차익거래와 매도차익거래

시장선물가격 > 이론선물가격	시장선물가격 < 이론선물가격
• 선물 고평가 • 선물매도 + 현물매수 • 매수차익거래(현물보유전략) • 프로그램 매수 발생	• 선물 저평가 • 선물매수 + 현물매도 • 매도차익거래(역현물보유전략) • 프로그램 매도 발생

▶ 프로그램매매는 컴퓨터를 이용하여 현물을 사고파는 거래기법을 말함

(2) 달러선물의 차익거래
  ① 시장가격 > 이론가격 ⇨ 선물매도 + 현물매수(원화를 차입하여 달러를 매입한 후 운용)
  ② 시장가격 < 이론가격 ⇨ 선물매수 + 현물매도(달러를 차입하여 원화를 매입한 후 운용)

정답 | ①

이패스 금융투자분석사

각 상황별 금리변동위험에 대한 헤지방법이다. 바르지 않은 것은?

① 현재 채권을 보유하고 있는 경우 채권선물을 매도한다.
② 향후 채권에 투자할 예정인 경우 채권선물을 매입한다.
③ 현재 고정금리로 자금을 차입하고 있는 경우 단기금리선물을 매입한다.
④ 향후 변동금리로 자금을 차입할 예정인 경우 단기금리선물을 매입한다.

향후 변동금리로 자금을 차입할 예정인 경우 금리상승위험에 대비해야 하므로 금리선물을 매도한다.

용어이해하기

헤징(hedging) | 원래 포지션을 그대로 둔 채 추가 포지션을 통해 손익을 중립적으로 만드는 기법이다. 즉, 'A포지션의 손익 + B포지션의 손익=0'이 되도록 만드는 작업이다.

핵심탐구 — 헤지거래

(1) 매도헤지와 매입헤지
  ① 매도헤지(short hedge)의 사례
    ㉠ 주식운용자가 주가하락에 대비해 주가지수선물을 매도
    ㉡ 자금차입자가 금리상승에 대비해 단기금리선물을 매도
    ㉢ 채권운용자가 채권가격하락(또는 금리상승)에 대비해 채권선물을 매도
    ㉣ 수출업자가 환율하락, 즉 외화가치 하락에 대비해 통화선물을 매도
  ② 매입헤지(long hedge)의 사례
    ㉠ 주식투자예정자가 주가상승에 대비해 주가지수선물을 매입
    ㉡ 자금운용자가 금리하락에 대비해 단기금리선물을 매입
    ㉢ 채권투자예정자가 채권가격상승(또는 금리하락)에 대비해 채권선물을 매입
    ㉣ 수입업자가 환율상승, 즉 외화가치 상승에 대비해 통화선물을 매입
(2) 직접헤지와 교차헤지
  ① 직접헤지(direct hedge) : 현물과 동일한 기초자산을 가진 선물을 이용하는 것
  ② 교차헤지(cross hedge) : 현물과 다른 특성을 갖는 선물을 이용하는 것
(3) 스트립헤지와 스택헤지
  ① 단기금리선물을 이용하여 장기간의 금리 리스크를 헤지하는 기법
  ② 스트립(strip) : 각 결제월의 선물을 동일 수량만큼 매입 또는 매도해 전체적으로 균형화하는 헤지
  ③ 스택(stack) : 최근월 선물을 매입 또는 매도한 후 만기가 되면 그 다음의 최근월물로 치환하는 헤지

정답 | ④

기초자산가격이 15,000원인 경우에 행사가격 13,000원인 콜옵션의 프리미엄이 2,500원이라면, 이 옵션의 시간가치는 얼마인가?

① 0원
② 500원
③ 2,000원
④ 2,500원

 **Point**
- 내재가치 = 기초자산가격 − 행사가격 = 15,000원 − 13,000원 = 2,000원
- 시간가치 = 프리미엄 − 내재가치 = 2,500원 − 2,000원 = 500원

용어이해하기

- 콜매수 | 프리미엄을 지불하고 기초자산을 행사가격으로 살 권리를 가짐
- 콜매도 | 프리미엄을 수취하고 기초자산을 행사가격으로 팔 의무를 짐
- 풋매수 | 프리미엄을 지불하고 기초자산을 행사가격으로 팔 권리를 가짐
- 풋매도 | 프리미엄을 수취하고 기초자산을 행사가격으로 살 의무를 짐

핵심탐구 옵션가격

(1) 프리미엄(옵션가격) = 내재가치 + 시간가치
  ① 내재가치(또는 행사가치) : 권리행사하는 경우 확실하게 얻어지는 이익의 크기
    ㉠ 콜옵션의 경우 max(기초자산가격 − 행사가격, 0)
    ㉡ 풋옵션의 경우 max(행사가격 − 기초자산가격, 0)
    ㉢ ITM옵션만 존재, ATM / OTM옵션은 제로(0)
  ② 시간가치 : 향후 옵션가격이 유리하게 진행될 가능성에 대한 기대치
    ㉠ 시간가치 = 프리미엄 − 내재가치
    ㉡ 시간가치의 특징
      • 등가격(ATM)일 때 시간가치는 최대
      • ITM / OTM에서도 시간가치는 존재 ⇨ 0 또는 음(−)은 아님
      • 만기도래시 점점 작아져 만기가 되면 소멸

(2) 옵션의 특징
  ① 매수자의 경우 손실위험은 제한적이면서 큰 이익기회 제공
  ② 권리와 의무의 분리 : 매수자는 권리만, 매도자는 의무만 보유
  ③ 손익구조의 비대칭성 : 옵션가치의 최소치는 0이고 최대치는 무한대

정답 | ②

풋옵션의 가격에 대한 설명으로 가장 거리가 먼 것은?

① 행사가격이 낮을수록 비싸다.
② 기초자산의 가격이 하락할수록 비싸다.
③ 기초자산의 가격변동성이 클수록 비싸다.
④ 만기가 다가올수록 시간가치 감소(time decay)는 커진다.

 풋가격은 행사가격이 높을수록 비싸다.

함정 & 오답 피하기

- 이자율과 옵션가격의 관계
  ㉠ 이자율 상승 ⇨ 행사가격의 현재가치 감소 ⇨ 콜옵션 매수자는 지불할 돈의 가치가 감소하여 유리, 풋옵션 매수자는 수취할 돈의 가치가 감소하여 불리 ⇨ 따라서 콜옵션 가격은 상승, 풋옵션 가격은 하락
  ㉡ 하지만 이자율이 옵션가격에 미치는 영향은 미미함

핵심탐구 | 옵션가격결정

(1) 내가격, 등가격, 외가격 옵션

구 분	콜옵션	풋옵션
내가격(ITM) 옵션	S > X	S < X
등가격(ATM) 옵션	S = X	S = X
외가격(OTM) 옵션	S < X	S > X

(S : 기초자산가격, X : 행사가격)

(2) 옵션가격결정 요인
① 기초자산가격(S), 행사가격(X), 잔존기간(t), 가격변동성(σ), 이자율(r), 배당(d) 등에 영향
② 관계

구 분	콜옵션가격	풋옵션가격	비 고
S↑	상승	하락	콜옵션의 경우 max(S − X, 0)
X↑	하락	상승	풋옵션의 경우 max(X − S, 0)
t↑	상승	상승	
σ↑	상승	상승	
r↑	상승	하락	
d↑	하락	상승	

정답 | ①

10

콜옵션 매수와 동일한 포지션은? (풋 – 콜 패리티 고려)

① 풋옵션 매수 + 기초자산 매도 + 채권 매도(자금차입)
② 풋옵션 매수 + 기초자산 매수 + 채권 매도(자금차입)
③ 풋옵션 매도 + 기초자산 매수 + 채권 매수(자금운용)
④ 풋옵션 매도 + 기초자산 매도 + 채권 매수(자금운용)

출제 Point C = P + S − B

함정 & 오답 피하기
- 기초자산이 현물인 경우 등가격 콜과 등가격 풋의 가치는 이론적으로 동일해야 한다. (×) ⇨ 풋–콜 패리티에 따르면 C > P

핵심탐구 풋 – 콜 패리티(Put – Call Parity)

(1) 풋 – 콜 패리티 조건
① 만기(t)와 행사가격(X)이 같은 유럽식 풋현물옵션(P)과 콜현물옵션(C) 프리미엄 사이에 성립하는 관계식

$$P_t + S_t = C_t + B_t \quad \text{단, } B_t = \frac{X}{(1+rt)}$$

② 풋가격 + 기초자산 현재가격 = 콜가격 + 만기시점 행사가격만큼 지급하는 채권의 할인가치
③ 단, 기초자산은 무배당 주식

(2) 포지션의 동등성

관계	의미
P = C + B − S	• 풋옵션 매수 = 콜옵션 매수 + 채권 매수(자금운용) + 기초자산 매도
S = C + B − P	• 기초자산 매수 = 콜옵션 매수 + 채권 매수 + 풋옵션 매도
C = P + S − B	• 콜옵션 매수 = 풋옵션 매수 + 기초자산 매수 + 채권 매도(자금조달)
B = P + S − C	• 채권 매수 = 풋옵션 매수 + 기초자산 매수 + 콜옵션 매도

정답 | ②

11

만기가 1년인 다음 콜옵션의 가치에 가장 가까운 값은 얼마인가? (단, 기초자산의 가격 변화는 이항분포를 가정한다.)

- 기초자산가격 : 10,000원
- 행사가격 : 10,000원
- 무위험이자율 : 연 5%
- 기초자산의 1년 후 상승률 : 20%
- 기초자산의 1년 후 하락률 : 10%

① 924.5원 ② 935.5원
③ 943.5원 ④ 952.4원

출제 Point  가정에 따르면 현재 10,000원인 기초자산이 1년 후 12,000원 또는 9,000원의 가격을 갖는다. 이에 따라 행사가격 10,000원인 콜옵션의 1년 후 가치는 2,000원 또는 0이다. 따라서

- 헤지확률 $P = \dfrac{0.05 + 0.1}{0.2 + 0.1} = 0.5$

- 콜가격 $= \dfrac{2,000 \times 0.5 + 0 \times (1 - 0.5)}{1 + 0.05} = 952.38$

핵심탐구 　 옵션가격결정 모형

(1) CRR(Cox – Ross – Rubinstein)모형
　① 옵션기준물의 가격이 일정한 비율로 오르거나 내리는 이항분포를 따른다는 가정에서 개발된 평가모형
　② 콜옵션 가치의 계산 절차
　　㉠ 기초자산가격, 상승률, 하락률, 행사가격을 이용해 콜의 만기가치를 구함
　　㉡ 헤지확률 P를 구함

$$P = \frac{r+d}{u+d} \quad (단, r < u)$$
(r : 무위험이자율, u : 상승률, d : 하락률)

　　㉢ 콜옵션의 현재가치 C를 구함

$$C = \frac{C_u \times P + C_d \times (1-P)}{(1+r)}$$
(C_u : 상승시 만기가치, C_d : 하락시 만기가치)

(2) 블랙·숄즈 모형의 가정
　① 기준물의 거래가 불연속이 아니라 지속적으로 이루어지므로 항상 가격의 변동이 일어나고 있다.
　② 기준물의 1일 가격변동치가 로그정규분포를 따른다.
　③ 옵션 잔존기간 동안 무위험 이자율이 변하지 않는다.
　④ 가격의 변동성은 옵션의 잔존기간 동안 고정되어 있다.
　⑤ 옵션 잔존기간 동안 주식배당금이나 쿠폰지불금 같은 배당금의 지불이 없다.
　⑥ 옵션의 행사는 단지 만기일에만 할 수 있는 유럽식 옵션의 가격을 산정한다.

정답 | ④

12

유럽식 주식옵션의 거래 손익에 대한 설명으로 가장 올바른 것은?

① 풋옵션 매도자의 최대손실은 무한대이다.
② 풋옵션 매입자의 최대손실은 행사가격이다.
③ 콜옵션 매도자의 최대손실은 행사가격이다.
④ 콜옵션 매입자의 최대손실은 지불한 프리미엄이다.

출제 Point [참고] ① 풋옵션 매도자의 최대손실은 주가가 0일 때로 그 크기는 (행사가격 - 프리미엄)이다.
② 풋옵션 매입자의 최대손실은 지불한 프리미엄이다.
③ 콜옵션 매도자의 최대손실은 무한대이다.

핵심탐구 — 투기 전략

(1) 구 분

구 분	만기손익구조	손익분기점	최대이익	최대손실
콜매수	max(S - X, 0) - C	X + C	무한	C
콜매도	- max(S - X, 0) + C	X + C	C	무한
풋매수	max(X - S, 0) - P	X - P	(X - P)	P
풋매도	- max(X - S, 0) + P	X - P	P	(X - P)

(S : 기초자산가격, X : 행사가격, C : 콜프리미엄, P : 풋프리미엄)

(2) 손익그래프

콜매수	콜매도	풋매수	풋매도

정답 | ④

13

보호적 풋(protective put) 매수전략에 대한 설명으로 가장 거리가 먼 것은?

① 발생가능한 수익의 크기는 일정범위 이내로 제한된다.
② 콜옵션 매수포지션과 동일한 형태의 수익구조를 갖는다.
③ 옵션기준물 매수포지션과 풋옵션 매수포지션으로 구성된다.
④ 옵션기준물 가격의 하락에 대비하는 방법으로 사용하는 헤지전략이다.

출제 Point 손실은 제한되고 수익의 크기는 제한이 없다.

핵심탐구 > 헤지 전략

(1) 구분

Protective put	Covered call
• 주식매수 + 풋매수 • 시세하락장 대비 • Call 매수와 유사(손실제한·이익무한) • 초기비용 필요 • 변동성 클 것으로 예상 시 사용 • 포트폴리오보험(PI) 전략	• 주식매수 + 콜매도 • 약보합장 대비 • Put 매도와 유사(손실무한·이익제한) • 초기수입 발생 • 변동성 작을 것으로 예상 시 사용

(2) 손익그래프

protective put	covered call

(3) 펜스(fences)
① Protective Put은 손실이 제한되나 비용이 발생하고, Covered Call은 비용은 발생하지 않으나 손실제한이 안됨
   ⇨ 펜스는 두 전략의 장점을 동시에 취하는 헤지 기법
② 구축방법 : 주식매수 + 풋매수 + 콜매도

정답 | ①

콜옵션을 이용한 강세 콜 스프레드(bull call spread)의 전략으로 옳은 것은?

① 행사가격이 높은 call 매입 + 행사가격이 낮은 call 매도
② 만기가 긴 call 매입 + 만기가 짧은 call 매도
③ 행사가격이 낮은 call 매입 + 행사가격이 높은 call 매도
④ 만기가 짧은 call 매입 + 만기가 긴 call 매도

 Point ① 약세 콜 스프레드 ② 수평 스프레드 매수 ③ 강세 콜 스프레드 ④ 수평 스프레드 매도

핵심탐구 | 스프레드 전략

(1) 수직 스프레드 : 행사가격이 다른 옵션을 이용

구 분	강세스프레드	약세스프레드
그래프	(손익 그래프, X_1 X_2)	(손익 그래프, X_1 X_2)
사용시기	상승장	하락장
구성방법	낮은 행 매수 + 높은 행 매도	낮은 행 매도 + 높은 행 매수
구축비용	• 콜옵션 이용 ⇨ 순지출 • 풋옵션 이용 ⇨ 순수입	• 콜옵션 이용 ⇨ 순수입 • 풋옵션 이용 ⇨ 순지출

(2) 수평(시간) 스프레드 : 만기가 다른 옵션을 이용

구 분	수평 스프레드 매수	수평 스프레드 매도
구성방법	근월물 매도 + 원월물 매수	근월물 매수 + 원월물 매도

(3) 나비 스프레드 : 3개의 옵션 이용

구 분	나비스프레드 매수	나비스프레드 매도
그래프	(손익 그래프, X_1 X_2 X_3)	(손익 그래프, X_1 X_2 X_3)
사용시기	횡보장	급변장
구성방법	낮은 행 매수 + 중간 행 매도×2 + 높은 행 매수	낮은 행 매도 + 중간 행 매수×2 + 높은 행 매도

정답 | ③

이패스 금융투자분석사

다음 중 스트랭글 거래에 해당하는 것은?

① 행사가격 100 콜매수 + 행사가격 100 풋매수
② 행사가격 100 콜매수 + 행사가격 90 풋매수
③ 행사가격 90 콜매수 + 행사가격 100 풋매수
④ 행사가격 90 콜매수 + 행사가격 100 콜매도

 ① 스트래들(straddle) ② 스트랭글(srtangle) ③ 거트(gut) ④ 강세 콜 스프레드

핵심탐구 콤비네이션(combination) 전략

(1) 스트래들

구 분	스트래들매수	스트래들매도
그래프	(V자 그래프, X)	(역V자 그래프, X)
사용시기	급변장	횡보장
구성방법	동일 행사가격 콜매수 + 풋매수	동일 행사가격 콜매도 + 풋매도
손익분기점	행사가격 − 두 옵션가격의 합 행사가격 + 두 옵션가격의 합	좌동

(2) 스트랭글

구 분	스트랭글매수	스트랭글매도
그래프	(U자 그래프, X_1 X_2)	(역U자 그래프, X_1 X_2)
사용시기	급변장	횡보장
구성방법	낮은 행 풋매수 + 높은 행 콜매수 ⇨ OTM옵션을 이용하므로 스트래들보다 초기비용 작음	낮은 행 풋매도 + 높은 행 콜매도
손익분기점	풋옵션 행사가격 − 두 옵션가격의 합 콜옵션 행사가격 + 두 옵션가격의 합	좌동

정답 | ②

다음은 컨버전에 대한 설명이다. 가장 거리가 먼 것은?

① 콜옵션이 고평가된 경우에 사용한다.
② 옵션시장만을 이용하는 차익거래이다.
③ 현물을 매수하고 콜을 매도, 풋은 매수한다.
④ 현물을 매수하고 합성선물을 매도하여 구성하는 차익거래전략이다.

 Point 옵션시장과 현물(또는 선물)시장을 동시에 이용한다.

함정 & 오답 피하기
- 동일한 행사가격의 콜옵션을 매수하고 풋옵션을 매도하면 합성매도 포지션이 된다. (×) ⇨ 합성매수

핵심탐구 차익거래 전략

(1) 차익거래
① 옵션가격의 불균형 발생시(풋 – 콜 패리티로 판단) 고평가된 옵션은 매도, 저평가된 옵션은 매수하여 무위험이익을 얻을 수 있는 전략
② 컨버전(conversion)과 리버설(reversal)

구 분	컨버전	리버설
사용시기	콜 고평가 시 즉, P + S < C + B	풋 고평가 시 즉, P + S > C + B
구 성	합성매도(=콜매도 + 풋매수) + 주식매수 + 자금조달(채권매도)	합성매수(=콜매수 + 풋매도) + 주식매도 + 자금운용(채권매입)

(2) 합성포지션

구 분	구 성	풋 – 콜 패리티 관계
합성선물매수	콜매수 + 풋매도	F(S) = C – P
합성선물매도	콜매도 + 풋매수	– F(S) = – C + P
합성콜매수	풋매수 + 기준물매수	C = P + S
합성콜매도	풋매도 + 기준물매도	– C = – P – S
합성풋매수	콜매수 + 기준물매도	P = C – S
합성풋매도	콜매도 + 기준물매수	– P = – C + S

정답 | ②

옵션의 민감도 지표에 대한 설명으로 가장 거리가 먼 것은?

① 콜옵션 델타는 0에서 1 사이의 값을 가진다.
② 감마는 ATM에서 제일 작고, ITM일수록 다시 커진다.
③ 매입포지션에서 콜옵션 및 풋옵션의 베가는 항상 양의 숫자이다.
④ 세타는 옵션가치가 시간이 경과함에 따라 얼마나 빨리 잠식되는가를 나타낸다.

 Point 감마의 값은 ATM에서 제일 크고, ITM일수록 작아진다.

용어이해하기

- **민감도 지표** | 기초자산의 현재가, 잔존기간, 가격변동성, 이자율 등에 따라 옵션의 프리미엄이 어떻게 반응하는가 하는 민감도를 따져보는 것으로 델타, 감마, 쎄타, 베가, 로우가 있다.
- **델타** | 기초자산 가격이 변화할 때 옵션 프리미엄이 얼마나 변하는가를 보여주는 지표이다. 예를 들어 기초자산 가격이 200에서 210으로 상승할 때 콜옵션의 프리미엄이 10에서 15가 되었다면 이 콜옵션의 델타는 0.5(= 5 / 10)가 된다.

핵심탐구 옵션의 민감도 지표

델타	• 기초자산가격의 변화에 따른 옵션가격의 변화를 나타냄 • 0 ≤ 콜의 델타 ≤ 1, −1 ≤ 풋의 델타 ≤ 0 • ITM델타는 ±1, ATM델타는 ±0.5, OTM델타는 0에 가까움 • ITM옵션으로 남아있을 확률을 의미 **예** ATM옵션의 델타는 0.5(50%) • 헤지비율을 결정하는데 사용 ⇨ 즉 h = 1 / 델타 • 델타중립포지션 : 포지션델타가 제로(0)여서 기초자산가격의 움직임에 무관한 상태의 포트폴리오 ⇨ 헤지포지션을 의미
감마	• 기초자산가격의 변화에 따른 델타의 변화를 나타냄 • ATM에서 가장 크고 OTM이나 ITM일수록 작음 • 새로운 델타 = 기존 델타 + 델타 변화분(=감마×기초자산가격 변화분)
쎄타	• 시간의 경과에 따른 옵션가격의 변화를 나타냄 • 시간가치 감소를 의미 ⇨ ATM에서 가장 큼
베가	• 기초자산의 변동성 변화에 따른 옵션가격의 변화를 나타냄 • ATM에서 가장 크고, 잔존만기가 길수록 증가(베가와 잔존기간은 비례)
로우	• 금리의 변화에 따른 옵션가격의 변화를 나타냄 • 콜옵션의 로우값은 양수, 풋옵션의 로우값은 음수

정답 | ②

18

콜옵션 매도포지션을 분석한 것으로 바르지 않은 것은?

① 이자율이 상승하면 불리해진다.
② 변동성이 증가하면 불리해진다.
③ 다른 변화는 없고 시간만 경과하면 불리해진다.
④ 기초자산이 상승하면 불리해지고, 상승폭이 클수록 손실에 가속도가 붙는다.

출제 Point 콜옵션 매도포지션는 시간이 경과할수록 유리해진다. 즉, 쎄타는 양(+)의 부호

용어이해하기

옵션그래프로 부호 판단하기
- 델타는 그래프상의 기울기, 감마는 그래프상의 볼록도를 나타내는 특성을 이용한다.
- 콜옵션 매수의 경우 ① 우상향하는 양의 기울기를 가지므로 델타 +, ② 밑에서 보았을 때 볼록한 형태이므로 감마 +, ③ 쎄타는 −(감마와 항상 반대), ④ 베가는 +(감마와 항상 동일)
- 이와 같은 방법으로 다른 옵션포지션도 판단할 수 있다.

핵심탐구 옵션의 민감도 부호

(1) 옵션포지션별 민감도 부호

포지션	델타	감마	쎄타	베가
콜옵션 매입	+	+	−	+
콜옵션 매도	−	−	+	−
풋옵션 매입	−	+	−	+
풋옵션 매도	+	−	+	−

(2) 민감도 부호의 해석
① 콜매수 포지션 : 기초자산이 상승하면 이익(델타 +), 상승폭이 클수록 이익이 가속도로 증가(감마 +), 시간만 경과하면 손실(쎄타 −), 변동성이 증가하면 이익(베가 +), 이자율이 상승하면 이익(로우 +)
② 풋매수 포지션 : 기초자산이 하락하면 이익(델타 −), 하락폭이 클수록 이익이 가속도로 증가(감마 +), 시간만 경과하면 손실(쎄타 −), 변동성이 증가하면 이익(베가 +), 이자율이 하락하면 이익(로우 −)
③ 콜매도 포지션은 콜매수 포지션과 정반대
④ 풋매도 포지션은 풋매수 포지션과 정반대

정답 | ③

01 선물(futures)거래에 대한 설명으로 가장 올바른 것은?

① 거래당사자 간에 사적인 계약에 의해 자유롭게 거래가 이루어진다.
② OTC(over the counter)방식에 의하여 거래가 이루어진다.
③ 계약이행 여부는 오직 거래당사자의 신용에 의해 결정된다.
④ 만기일 이전이라도 반대매매를 통해 계약을 청산할 수 있다.

02 선물거래의 경제적 기능에 대한 설명으로 가장 거리가 먼 것은?

① 선물거래는 투기성 자금의 시장유입을 촉진하여 시장을 활성화시킨다.
② 헤저로부터 투기자에게 위험이 이전되어 시장 전체적으로는 가격변동위험이 소멸된다.
③ 다수의 시장참가자가 경쟁함에 따라 독점력이 감소되어 금융시장의 효율적인 자원배분이 가능하다.
④ 선물가격은 현재시점에서 미래의 현물가격에 대한 수많은 시장 참가자들의 일치된 견해를 반영하고 있다.

03 다음은 투기거래에 대한 설명이다. 적절치 못한 것은?

① 단순 투기거래는 한 종류의 선물계약을 거래대상으로 삼는다.
② 장래 가격변동을 예상하여 이익을 추구하면서 예상이 빗나갔을 때 입을 수 있는 잠재적 손실도 감수하는 거래이다.
③ 현물시장에서의 신용거래보다도 높은 증거금수준을 요구하기 때문에 현물거래에 비하여 손익확대(leverage)효과가 크다.
④ 스프레드거래는 하나의 선물을 매입하고 동시에 다른 하나의 선물을 매도하는 보수적인 전략으로 요구되는 증거금수준도 단순투기거래에 비해 낮게 책정되어 있다.

04 금융선물거래를 이용한 매도헤지에 대한 설명으로 가장 올바른 것은?

① 동시에 하나의 선물을 사고 다른 선물을 매도함으로써 수익을 얻고자 하는 전략이다.
② 선물을 매입함으로써 미래의 현물 매입에 따른 가격위험을 회피하고자 하는 전략이다.
③ 보유한 현물의 가격하락 위험에 대비하여 해당 현물에 대응하는 선물을 미리 매도하는 전략이다.
④ 현물의 보유 없이 현물가격의 하락을 예상하여 선물을 매도함으로써 이익을 추구하고 반대로 현물가격이 상승하면 손실을 입게 되는 전략이다.

05 잔존만기가 3개월이고 행사가격이 800,000원인 A주식의 유럽식 풋옵션을 15,000원에 매입하였다. 현재 A주식이 시장에서 820,000원에 거래되고 있다면, 이 풋옵션의 시간가치는?

① 0원
② 10,000원
③ 15,000원
④ 35,000원

06 옵션 가격결정요인 중 콜옵션과 풋옵션 가격에 동일한 방향으로 영향을 미치는 것으로만 모두 묶은 것은?

㉠ 기초자산가격	㉡ 행사가격
㉢ 만기까지 잔존기간	㉣ 변동성
㉤ 무위험이자율	㉥ 배당률

① ㉢, ㉣
② ㉡, ㉥
③ ㉢, ㉤
④ ㉠, ㉤

정답 및 해설

01 ④ [참고] ①, ②, ③은 선도거래의 특징이다.
02 ② 가격변동위험은 헤저로부터 투기자로 전가될 뿐이지, 소멸되는 것은 아니다.
03 ③ 현물시장에서의 신용거래보다 낮은 증거금수준(일반적으로 10% 이내)을 요구한다.
04 ③ ① 스프레드거래 ② 매입헤지 ④ 투기거래
05 ③ OTM 풋옵션이므로 프리미엄 전체가 시간가치의 크기이다.
06 ① 잔존기간과 변동성은 동일한 방향으로 영향을 미친다.

07 현재 KOSPI200지수가 250pt이고, 만기 1년의 KOSPI200선물의 이론가격이 260pt이다. KOSPI200지수의 배당수익률이 연 5%일 때, 연 이자율은?

① 5.0%   ② 8.0%
③ 9.0%   ④ 10.0%

08 표면금리가 10%인 채권이 현물시장에서 $100에 거래되고 있다. 단기 시장이자율이 4%일 때 선물계약 만기까지 3개월 남았다면, 연속적 복리조건하에 캐리모형을 이용하여 이 채권의 이론선물가격을 구하면 얼마인가? (단, $e^{-0.023} = 0.9753$, $e^{-0.06} = 0.9418$, $e^{-0.015} = 0.9851$, $e^{0.01} = 1.01$)

① $94.18   ② $97.53
③ $98.51   ④ $101.00

09 현재 1개월 만기 유로달러금리가 2.6875%, 4개월 만기 유로달러금리가 2.9850%일 때, 현재 시점에서 1개월 후 3개월간의 유로달러 내재선도금리는 얼마인가? (단, 1년은 360일로 하고, 거래비용은 없다고 가정하여 가장 가까운 근사치를 구하시오.)

① 2.08%   ② 3.08%
③ 3.58%   ④ 4.50%

10 3개월 원화금리는 연 4%, 3개월 달러금리는 연 3%이다. 원/달러 현물환율이 1,050원일 때, 만기 3개월 남은 이론선물환율의 스왑레이트(swap rate)는 얼마인가?

① 2.62   ② 5.62
③ 8.62   ④ 9.55

11 다음 중 한국거래소(KRX)에서 거래되는 금융선물이 아닌 것은?

① CD금리선물
② 코스피200선물
③ 국채선물
④ 중국위안선물

12 보유비용이 '비용 – 수익'이라면 다음 중 음(–)의 보유비용을 갖는 상품은?

| ㉠ 상품선물 | ㉡ T – bond와 같은 금리선물 |
| ㉢ 고금리 통화선물 | ㉣ 주가지수선물 |

① ㉠, ㉡
② ㉡, ㉢
③ ㉠, ㉣
④ ㉡, ㉣

13 원월물 선물보다 근월물 선물의 더 빠른 상승을 예상할 때 적합한 결제월간 스프레드는?

① 근월물을 매도하고 원월물을 매수하는 약세 스프레드
② 근월물을 매수하고 원월물을 매도하는 강세 스프레드
③ 근월물을 매도하고 원월물을 매수하는 강세 스프레드
④ 근월물을 매수하고 원월물을 매도하는 약세 스프레드

정답 및 해설

07 ③ 260 = 250 + 250(r – 0.05)에서 r = 0.09

08 ③ $F = S \cdot e^{(r-d)t} = 100 \times e^{(0.04-0.1) \times \frac{1}{4}} = 100 \times e^{-0.015} = 98.51$
[별해] F = 100 + 100(0.04 – 0.10) × 1/4 = 98.50

09 ② $FR = \frac{4 \times 2.9850\% - 1 \times 2.6875\%}{4-1} = 3.08\%$

10 ① 스왑레이트는 선물환율과 현물환율의 차이를 말한다. 따라서 swap rate = 1,050 × (0.04 – 0.03) × 1/4 = 2.625
[참고] 이론선물환율 F = 1,050 + 2.625 = 1,052.625

11 ① CD금리선물은 한국거래소에 상장된 상품이 아니다.

12 ② 상품선물, 주가지수선물, 저금리 통화선물은 비용요소가 더 크므로 양(+)의 보유비용을 갖고, 금리선물과 고금리 통화선물은 수익요소가 더 크므로 음(–)의 보유비용을 갖는다.

13 ② • 원월물보다 더 빨리 상승하는 근월물의 가격변화를 예상 ⇨ 강세 스프레드(근월물 매수 + 원월물 매도)
• 원월물보다 더 빨리 하락하는 근월물의 가격변화를 예상 ⇨ 약세 스프레드(근월물 매도 + 원월물 매수)

14 장단기금리가 동일하게 상승할 것으로 예상될 때 가장 적절한 금리선물 스프레드 전략은?

① 근월물을 매입하고 원월물을 매도하는 결제월간 스프레드
② T-bill선물을 매입하고 ED선물을 매도하는 TED 매입
③ T-note선물을 매입하고 T-bond선물을 매도하는 NOB 매입
④ T-bill선물을 매도하고 T-bond선물을 매수하는 Turtle 매도

15 국제적으로 신용위기가 고조될 것으로 예상될 때 가장 적절한 금리선물 스프레드 전략은?

① 근월물을 매입하고 원월물을 매도하는 결제월간 스프레드
② T-bill선물을 매입하고 T-bond선물을 매도하는 Turtle 매입
③ T-note선물을 매입하고 T-bond선물을 매도하는 NOB 매입
④ T-bill선물을 매입하고 ED선물을 매도하는 TED 매입

16 현재 T-bond선물의 시장가격이 이론가격보다 낮게 거래되는 상황이다. 현 상황에서 가능한 차익거래 전략으로 가장 올바른 것은?

① T-bond현물을 매수하는 동시에 T-bond선물을 매도하는 매수차익거래
② T-bond현물을 매도하는 동시에 T-bond선물을 매입하는 매도차익거래
③ T-bond현물을 매수하는 동시에 T-bond선물을 매도하는 매도차익거래
④ T-bond현물을 매도하는 동시에 T-bond선물을 매입하는 매수차익거래

17 균형선물환율이 990원/$이고 시장선물환율이 1,100원/$일 때 가능한 차익거래는?

① 현물환매수(원화차입 + 달러예치) + 선물환매도
② 현물환매수(달러차입 + 원화예치) + 선물환매도
③ 현물환매도(원화차입 + 달러예치) + 선물환매수
④ 현물환매도(달러차입 + 원화예치) + 선물환매수

18 스트립(strip) 헤지의 장점이 아닌 것은?

① 미래의 여러 시점에 노출된 위험을 거의 완벽하게 헤지할 수 있다.
② 원월물의 유동성이 적을 때 사용한다.
③ 거래실수의 가능성이 적고 수수료가 저렴하다.
④ 거래에 따른 사후관리가 거의 필요치 않다.

19 A회사는 1년 동안 변동금리(90일 LIBOR 기준)로 1천 2백만 달러를 차입하였다. 차입일은 20XX년 12월 31일이고 만기는 1년이며 이자는 매분기 말에 지급된다. A회사는 금리상승위험을 유로달러선물을 이용하여 스트립 헤지를 하려고 한다. 옳은 방법은? (단, 유로달러선물 1계약의 가치는 100만 달러)

① 3월물 4계약 매도, 6월물 4계약 매도, 9월물 4계약 매도
② 6월물 4계약 매도, 9월물 4계약 매도, 12월물 4계약 매도
③ 6월물 12계약 매도, 9월물 12계약 매도, 12월물 12계약 매도
④ 3월물 12계약 매도, 6월물 12계약 매도, 9월물 12계약 매도

정답 및 해설

14 ③ 장단기금리가 상승하면 중기채권인 T-note선물보다 장기채권인 T-bond선물이 많이 하락하게 되므로 T-note선물을 매입하고 T-bond선물을 매도하는 NOB 스프레드 매입거래가 적합하다.
15 ④ 신용위기가 고조되면 T-bill금리보다 유로달러금리가 더 크게 상승하므로 T-bill선물가격보다 유로달러선물가격이 더 많이 하락한다. 따라서 T-bill선물을 매입하고 ED선물을 매도하는 TED 스프레드 매입거래가 적합하다.
16 ② 시장선물가격이 저평가된 상황에서는 T-bond현물을 매도하는 동시에 T-bond선물을 매입하는 매도차익거래 전략을 실행한다.
17 ① 선물환율이 고평가되어 있다. 따라서 현물환매수(원화를 차입하여 달러를 매입후 예치) + 선물환매도의 차익거래가 가능하다.
18 ② 원월물의 유동성이 적을 때는 스택(stack)헤지를 사용한다.
19 ④ 최초 3개월(20XX년 12월~이듬해 3월) 이자를 제외한 나머지 구간을 헤지하여야 하므로 3월물(3월~6월), 6월물(6월~9월), 9월물(9월~12월)을 각각 12계약(= 1200만 달러/100만 달러)씩 매도한다. [참고] 스택헤지를 선택했다면 3월물 36계약을 매도한다.

출제예상 문제

20 한국거래소의 국채선물 상품명세로 사실과 다른 것은?

① 종류 : 10년물, 20년물, 30년물
② 거래단위 : 액면가 1억 원
③ 최종거래일 : 결제월의 세 번째 화요일
④ 거래대상 : 표면금리 연 5%, 6개월 이표지급 방식의 국고채

21 만기가 1년인 A주식의 현재가격은 10,000원이며, 1년 후 주가는 상승 시 12,500원, 하락 시 8,500원이 될 것으로 예상한다. 무위험이자율이 연 5%일 때, 이항모형에서 헤지확률은? (단, 무배당 가정)

① 0.4　　② 0.5　　③ 0.6　　④ 0.7

22 CRR모형(이항모형)에 의하여 아래와 같은 조건의 만기 1년인 주식 A의 콜옵션가격을 산출하고자 한다. 다음 설명 중 사실과 가장 거리가 먼 것은?

- 주식 A의 현재가격 : 500원
- 행사가격 : 500원
- 주식 A의 1년 후 상승률 : 10%
- 주식 A의 1년 후 하락률 : 8%

① 주식 A의 가격이 이항분포를 따른다고 가정하고 있다.
② 모형이 성립하기 위한 무위험이자율의 상한은 8%이다.
③ 무위험이자율이 0%인 경우 콜옵션의 가격은 22원(원 미만 절사)이다.
④ 무위험이자율이 5%인 경우 콜옵션의 가격은 34원(원 미만 절사)이다.

23 다음 중 블랙–숄즈 모형의 가정이 아닌 것은?

① 거래비용이 없다.
② 기초자산으로부터 배당은 없다.
③ 미국식 콜옵션만을 대상으로 한다.
④ 무위험이자율로 무제한 차입, 대출이 가능하다.

24 다음 중 풋매수 포지션의 손익구조를 합성하는 방법은?

① 풋매도 + 기초자산 매수 ② 풋매수 + 기초자산 매수
③ 콜매도 + 기초자산 매수 ④ 콜매수 + 기초자산 매도

25 옵션의 내재변동성에 대한 설명 중 바르지 않은 것은?

① 옵션가격을 이용하여 변동성을 추정한다.
② 기초자산가격의 과거자료를 이용하여 추정한다.
③ 내재변동성은 역사적 변동성보다 산출이 쉽지 않다.
④ 시장참가자들의 평가를 대변해 준다는 점에서 많이 이용되고 있다.

26 투자자 A는 행사가격 10,000원인 콜옵션 5개를 개당 3,000원에 매입하고, 행사가격 9,000원 풋옵션 3개를 개당 1,000원에 매도하였다. 만기일에 해당 기초자산의 가격이 20,000원이면 투자자 A의 손익은 얼마인가? (단, 기초자산과 만기는 동일하며, 별도의 거래비용은 없다.)

① 12,000원 ② 15,000원
③ 32,000원 ④ 38,000원

정답 및 해설

20 ① 국채선물은 거래대상인 국고채권의 만기에 따라 3년물, 5년물, 10년물 3종류가 있다.

21 ② $p = \dfrac{r+d}{u+d} = \dfrac{0.05+0.15}{0.25+0.15} = 0.5$

22 ② u > r이므로 무위험이자율(r)의 상한은 10%이다.

[참고] ③의 경우 $p = \dfrac{0.08}{0.10+0.08} = 0.44$이고 $c = \dfrac{50 \times 0.44}{1} = 22$

④의 경우 $p = \dfrac{0.05+0.08}{0.10+0.08} = 0.72$이고 $c = \dfrac{50 \times 0.72}{1.05} = 34$

23 ③ 유럽형 옵션을 대상으로 한다.
24 ④ 풋 – 콜 패리티에 따르면 C – S = P 즉, 콜매수 + 기초자산 매도 = 풋매수
25 ② 기초자산가격의 과거자료를 이용하는 것은 역사적 변동성이다.
26 ④ • 콜의 손익 = (20,000 – 10,000 – 3,000) × 5 = 35,000원 이익
 • 풋의 손익 = 1,000원 × 3 = 3,000원 이익

27 옵션기준물을 보유한 상태에서 해당 콜옵션을 매도하는 옵션투자 전략을 무엇이라 하는가?

① 무방비 콜(naked call)
② 보증된 콜(covered call)
③ 보호적 풋(protective put)
④ 수직강세 스프레드(vertical bull spread)

28 다음은 어떤 전략에 대한 설명인가?

> ㉠ Protective Put과 Covered Call 전략의 장점을 동시에 얻을 수 있다.
> ㉡ 외가격 풋옵션을 매입하고 등가격 콜옵션을 매도하는 포지션이다.
> ㉢ 강세장에서 순수입, 약세장에서 순손실이 발생한다.
> ㉣ 손익구조는 강세 풋스프레드와 유사하다.

① 델타 헤지   ② 포트폴리오보험
③ 동태적 헤지   ④ 펜스(fences)

29 옵션을 이용한 투자전략에 대한 설명 중 가장 거리가 먼 것은?

① 나비스프레드는 행사가격이 다른 두 개의 옵션을 이용하는 전략이다.
② 시간스프레드는 행사가격은 같고 만기가 다른 두 개의 옵션을 이용하는 전략이다.
③ 스트랭글(strangle)은 동일한 만기이지만 행사가격이 다른 콜옵션과 풋옵션을 동시에 매수하거나 매도하는 전략이다.
④ 스트래들(straddle)은 동일한 만기와 동일한 행사가격을 갖는 콜옵션과 풋옵션을 동시에 매수하거나 매도하는 전략이다.

30 옵션 전략 중 '커버된 콜옵션 전략'과 유사한 수익구조를 나타내는 전략은?

① 풋옵션 매입   ② 콜옵션 매입
③ 풋옵션 매도   ④ 콜옵션 매도

31 강세 콜스프레드에 대한 설명이다. 가장 거리가 먼 것은?

① 기초자산의 가격이 하락하면 손실이다.
② 이익의 폭은 제한되어 있고 손실의 폭은 제한되어 있지 않다.
③ 행사가격이 낮은 콜을 매입하고 행사가격이 높은 콜을 매도하는 전략이다.
④ 프리미엄이 비싼 콜을 매입하고 프리미엄이 싼 콜을 매도한다.

32 다음은 옵션투자기법 중 스트래들 매입(long straddle) 전략의 손익구조에 대한 설명이다. ( ) 안에 들어갈 말이 순서대로 올바르게 짝지어진 것은?

- 최대손실 = (㉠) + 풋옵션 프리미엄
- 상방손익 분기점 = 행사가격 + (㉡)

	㉠	㉡
①	콜옵션 프리미엄	두 옵션 프리미엄의 합
②	행사가격	두 옵션 프리미엄의 합
③	콜옵션 프리미엄	풋옵션 프리미엄
④	행사가격	풋옵션 프리미엄

정답 및 해설

27 ② 보증된 콜(covered call)이라 한다.
28 ④ 헤지전략의 일종인 펜스에 대한 특징이다.
29 ① 나비스프레드는 행사가격이 다른 3개의 옵션을 이용한다.
30 ③ Covered Call은 Put매도와 유사한 손익구조를 갖는다.
31 ② 이익과 손실의 폭 모두 제한된다.
32 ① • 최대손실 = 콜옵션 프리미엄 + 풋옵션 프리미엄
 • 상방손익 분기점 = 행사가격 + 두 옵션 프리미엄의 합
 • 하방손익 분기점 = 행사가격 − 두 옵션 프리미엄의 합

33. 투자는 행사가격 100인 스트래들 매입 전략을 고려하고 있다. 콜옵션 프리미엄이 8, 풋옵션프리미엄이 6일 때 손실이 나는 구간은? (S:기초자산가격)

① 92 < S < 106
② 94 < S < 106
③ 92 < S < 108
④ 86 < S < 114

34. 괄호 안에 들어갈 말을 순서대로 나열한 것은?

> 컨버젼(conversion) 전략은 합성 (   ) 포지션과 현물 (   ) 포지션을 병행하는 전략으로서 일종의 (   )차익거래에 해당된다.

① 매수, 매도, 매수
② 매도, 매수, 매도
③ 매도, 매수, 매수
④ 매수, 매도, 매도

35. 선물 2계약 매수, 콜옵션(델타 0.4) 5계약 매도, 풋옵션(델타 −0.5) 6계약 매수포지션을 취하였다. 이 포지션의 전체 델타는 얼마인가?

① 1.5
② −1.5
③ 3.0
④ −3.0

36. 옵션의 민감도 지표 중 기초자산의 가격변화에 따른 델타의 변화율을 나타내는 것은?

① 델타
② 감마
③ 쎄타
④ 베가

 **37** 어떤 콜옵션의 감마가 0.003이고 델타가 0.50일 때, 옵션기준물의 가격이 30포인트 상승하였다면 새로운 콜옵션의 델타는?

① 0.09
② 0.503
③ 0.59
④ 1.5

 38 옵션포지션의 민감도 부호이다. 바르지 않은 것은?

① 옵션매수자의 감마는 양(+)이다.
② 옵션매수자의 쎄타는 음(-)이다.
③ 콜옵션 매수포지션은 델타(+), 감마(+), 쎄타(-), 베가(+)이다.
④ 풋옵션 매도포지션은 델타(-), 감마(-), 쎄타(+), 베가(-)이다.

 39 현재 100원인 주식가격이 1기 후 130원 또는 90원이 될 것으로 예상하고 있다. 행사가격이 100원인 풋옵션을 매수한 후 델타중립포지션을 구축하기 위해서는 기초자산인 주식을 얼마만큼 매수해야 하는가?

① 0.1주
② 0.25주
③ 0.5주
④ 0.75주

정답 및 해설

33 ④ 손익분기점인 86과 114의 사이에서 손실이 발생한다.
34 ③ 컨버젼(conversion) 전략은 합성 매도포지션과 현물 매수포지션을 병행하는 전략으로서, 합성매도는 동일한 행사가격의 풋옵션 매수·콜옵션 매도를 통해서 기초자산 가격의 하락 시 이익을 보도록 포지션을 구축하는 방법이다. 합성 매도 포지션과 현물 매수포지션을 동시에 취하면 매수차익거래 포지션이 만들어 진다.
35 ④ 포지션델타 = (1 × 2) + (0.4 × -5) + (-0.5 × 6) = -3.0
36 ② 감마이다. 감마는 델타 값의 변화 속도를 나타낸다.
37 ③ 새로운 델타 = 기존 델타 + 델타의 변화분(감마 × 기초자산변화분)
= 0.50 + 0.003 × 30 = 0.50 + 0.09 = 0.59
38 ④ 풋옵션 매도포지션은 기초자산가격이 상승해야 이익이므로 델타(+)이다.
39 ② 풋옵션의 만기가치는 주가가 130일 때 0, 주가가 90일 때 10이다. 주식의 만기변화폭은 40(130~90)이고 풋옵션의 만기변화폭은 10(0~10)이므로 델타는 0.25(=10/40)이다. 따라서 헤지비율(주식 : 풋옵션)은 (0.25 : 1) 또는 (1 : 1/0.25)이다. [참고] 콜옵션이라면 0.75주.

40 포트폴리오보험(Portfolio insurance)에 대한 설명으로 바르지 않은 것은?

① 주가지수선물을 이용하여 풋매수 포지션을 복제하는 것이다.
② 주가지수가 상승하면 선물매도 계약수를 증가시킨다.
③ 주식투자의 수익성과 보장성을 동시에 달성하려는 자산운용전략이다.
④ 풋매수 델타헤지의 장점인 볼록성을 유지하면서 시간가치가 소멸하는 부정적 효과를 제거할 수 있다.

41 액면가 $1,000,000인 T–bond를 보유하고 있는 투자자가 T–bond선물(액면 $100,000)을 이용하여 헤지하려고 한다. CTD 전환계수가 1.2일 경우 투자자가 매도해야 하는 T–bond선물의 계약수는?

① 1계약 ② 1.2계약
③ 10계약 ④ 12계약

42 2개월 후 $100,000,000를 수취하여 3개월간 유로달러정기예금을 하려고 한다. 현 시점에서 2개월 후의 예금금리를 확정하기 위한 헤지 전략은? (유로달러선물의 액면은 $1,000,000)

① 유로달러선물 100계약 매입
② 유로달러선물 100계약 매도
③ 유로달러선물 1,000계약 매도
④ 유로시장에서 $100,000,000을 2개월간 예금

43 홍길동이 보유하고 있는 금융자산은 30억원 상당의 주식포트폴리오(베타 = 1.2)와 20억원 상당의 채권이며, KOSPI200선물가격은 160이다. 베타를 제로로 만들기 위해서는 다음 중 어떤 전략을 취해야 하는가? (단, KOSPI200선물의 거래승수는 25만원이다.)

① KOSPI200선물 88계약 매수 ② KOSPI200선물 88계약 매도
③ KOSPI200선물 90계약 매수 ④ KOSPI200선물 90계약 매도

44 다음 중 콜옵션 매도자의 만기손익구조를 표현한 것은? (S : 기초자산 가격, X : 행사가격, C : 콜 프리미엄)

① max(S-X, 0)-C
② -max(S-X, 0)-C
③ max(S-X, 0) + C
④ -max(S-X, 0) + C

45 다음과 같은 약세 스프레드(bear spread) 전략의 만기 손익은? (단, 프리미엄 이외의 비용은 없음)

- 행사가격이 180인 콜옵션 1계약을 6에 매도
- 행사가격이 185인 콜옵션 1계약을 3에 매수
- 옵션만기 시 기초자산가격은 175

① 이익 3 ② 이익 5
③ 손실 2 ④ 손실 3

정답 및 해설

40 ② 주가지수가 상승하면 수익을 극대화하기 위해 선물매도 계약수를 줄여야 한다. 반면 주가지수가 하락하면 손실을 방어하기 위해 선물매도 계약수를 늘려야 한다.

41 ④ 헤지계약수 = (현물액면가 / 선물1계약금액) × 전환계수(h) = ($1,000,000 / $100,000) × 1.2 = 12계약

42 ① 2개월 후 금리하락에 대비하여 운용금리를 고정시켜야 하므로 유로달러선물을 100계약($100,000,000 / $1,000,000) 매입해야 한다.

43 ④ 채권은 베타가 제로이므로 주식에 대해서만 매도헤지를 하면 베타를 제로로 만들 수 있다. 즉, n = (1.2 × 30억원) / (160 × 25만원) = 90계약

44 ④ 콜옵션 매수자의 만기손익구조 : max(S − X, 0) − C, 콜옵션 매도자의 만기손익구조 : −max(S − X, 0) + C

45 ① 모두 외가격(OTM)옵션이 되었으므로 초기수입인 3만큼 이익이다.

46 다음은 스트랭글(strangle) 매입 전략의 손익구조에 대한 설명이다. ( ) 안에 들어갈 말이 순서대로 올바르게 짝지어진 것은?

- 최대손실 = (㉠) + 풋옵션 프리미엄
- 상방손익 분기점 = (㉡) + 두 옵션가격의 합

	㉠	㉡
①	콜옵션 프리미엄	풋옵션 행사가격
②	행사가격	풋옵션 행사가격
③	콜옵션 프리미엄	콜옵션 행사가격
④	행사가격	콜옵션 행사가격

47 옵션투자전략의 포지션 구축방법으로 가장 거리가 먼 것은?

① 스트랩(strap)은 두 개의 콜옵션과 하나의 풋옵션을 결합한다.
② 스트립(strip)은 하나의 콜옵션과 두 개의 풋옵션을 결합한다.
③ 스트랭글(strangle)은 OTM옵션을 이용하고, 거트(gut)는 ITM옵션을 이용한다.
④ 거트(gut)는 행사가격이 낮은 풋옵션과 행사가격이 높은 콜옵션을 동시에 매입한다.

48 다음과 같은 나비형 스프레드의 최대이익과 최대손실은 각각 얼마인가?

- 행사가격 298 콜, 프리미엄 2pt에 1개 매입
- 행사가격 302 콜, 프리미엄 0.5pt에 1개 매입
- 행사가격 300 콜, 프리미엄 1pt에 2개 매도

① 0.5, -1.5 ② 1.5, -0.5
③ 1.5, -1.5 ④ 2.5, -1.5

49 주식운용자가 주가의 큰 폭 상승을 예상한다면 주가변동위험 헤지방법 중에서 (㉠) – (㉡) – (㉢)순으로 선택하는 것이 바람직하다. 다음 중 그 순서로 알맞은 것은?

① 선물매도 – 보호적 풋매수 – 보증된 콜매도
② 보호적 풋매수 – 선물매도 – 보증된 콜매도
③ 보증된 콜매도 – 보호적 풋매수 – 선물매도
④ 보호적 풋매수 – 보증된 콜매도 – 선물매도

50 3개월 후에 구입할 예정인 A주식의 최고매입가격을 102로 미리 확정하기를 원한다. 옵션 프리미엄이 5인 경우 다음 중 가장 적절한 방법은?

① 행사가격이 97인 콜옵션을 매입한다.
② 행사가격이 102인 콜옵션을 매입한다.
③ 행사가격이 102인 콜옵션을 매도한다.
④ 행사가격이 107인 풋옵션을 매입한다.

정답 및 해설

46 ③
- 최대손실 = 콜옵션 프리미엄 + 풋옵션 프리미엄
- 하방손익 분기점 = 풋옵션 행사가격 – 두 옵션가격의 합
- 상방손익 분기점 = 콜옵션 행사가격 + 두 옵션가격의 합

47 ④ 거트(gut)는 ITM옵션을 이용하므로 행사가격이 낮은 콜옵션과 행사가격이 높은 풋옵션을 동시에 매입한다.

48 ②
- 최대이익 = (중간 행사가격 – 낮은 행사가격) – 지불한 프리미엄 = (300 – 298) – 0.5 = 1.5
- 최대손실 = 지불한 프리미엄(0.5)

49 ④ 헤지방법의 선택(주식운용자의 경우)
㉠ 주가가 큰 폭 상승 시 ⇨ 보호적 풋매수 – 보증된 콜매도 – 선물매도 순
㉡ 주가가 큰 폭 하락 시 ⇨ 선물매도 – 보호적 풋매수 – 보증된 콜매도 순
㉢ 주가가 안정적인 경우 ⇨ 보증된 콜매도 – 선물매도 – 보호적 풋매수 순

50 ① 콜옵션을 매입하면 해당 콜옵션의 손익분기점(=X+C)으로 주식의 최고매입가격이 확정된다. 따라서 X+5 = 102에서 X = 97 [참고] 풋옵션을 매입하면 풋옵션의 손익분기점(=X–P)으로 주식의 최저매도가격이 확정된다.

핵심개념 이해도 체크

적절한 개념에 체크 ☑하세요.!

01 (☐ 선도계약 / ☐ 선물계약)은 소규모 기업이나 개인도 참여가 가능하다.

02 헤지거래는 선물시장에서 현물과 (☐ 동일 / ☐ 반대) 포지션을 취하여 현물포지션에서 발생하는 손실이나 이익을 선물에서 발생하는 이익이나 손실로 상쇄함으로써 가격을 고정시키는 것이다.

03 T-Bond선물은 대표적인 (☐ 중장기 / ☐ 단기) 금리선물이다.

04 KOSPI200지수가 400, 선물이론지수가 405, 선물지수가 410이라면 시장 베이시스는 (☐ 5 / ☐ 10)이다.

05 주가지수선물가격 = 현물가격 + 현물가격[이자율 − ( )] × t / 365

06 선물가격이 고평가된 상황에서는 (☐ 매수차익거래 / ☐ 매도차익거래) 기회가 존재한다.

07 우리나라 수출기업은 달러에 대한 (☐ 매수헤지 / ☐ 매도헤지)를 체결하여 환리스크를 헤지할 수 있다.

08 콜옵션의 본질가치 = max[0, ( ) − ( )]

09 풋옵션의 경우 행사가격보다 기초자산 가격이 높을수록 (☐ 내가격 / ☐ 외가격) 옵션이 된다.

정답

01 선물계약
02 반대
03 중장기
04 10(=410−400)
05 배당수익률
06 매수차익거래 (= 현물매수 + 선물매도)
07 매도헤지
08 기초자산가격, 행사가격
09 외가격

10 풋-콜 패리티에서 콜매수 = 풋매수 + (   ) + 채권발행

11 블랙·숄즈 모형은 (□ 유럽식 / □ 미국식) 옵션의 가격을 산정한다.

12 콜옵션 매수자는 기초자산 가격이 (□ 행사가격 / □ 행사가격 + 콜옵션 프리미엄) 이상일 때 이익이 발생한다.

13 Protective Put의 손익구조는 (□ 풋매수 / □ 콜매수)와 유사하다.

14 강세 스프레드 전략을 실행할 때 콜옵션을 이용하면 초기 (□ 순수입 / □ 순지출)이, 풋옵션을 이용하면 초기 (□ 순수입 / □ 순지출)이 발생한다.

15 스트랭글 전략은 (□ 동일한 / □ 다른) 행사가격의 콜옵션과 풋옵션으로 구성한다.

16 동일한 행사가격의 콜옵션을 매도하고 풋옵션을 매수하면 (□ 합성매수 / □ 합성매도) 포지션이 된다.

17 콜옵션의 델타는 기초자산가격이 상승할수록 (□ 0 / □ 1), 하락할수록 (□ 0 / □ 1)의 값에 가까워진다.

18 콜옵션 매수자의 쎄타 부호는 (□ 양수 / □ 음수)이다.

정답

10 주식 매수	14 순지출, 순수입	18 음수(시간만 경과 시 손실)
11 유럽식	15 다른	
12 행사가격 + 콜옵션 프리미엄	16 합성매도	
13 콜매수	17 1, 0	

이패스코리아 금융투자분석사

04장

파생결합증권평가·분석

04 파생결합증권평가·분석

학습전략

본 과목은 5문제 정도 출제됩니다. 파생결합증권의 개요에서는 파생결합증권의 종류, 파생결합증권의 취급요건 및 발행 등이 중요합니다. 주식워런트증권(ELW)은 출제 비중이 높은 파트로서 ELW의 특징 및 경제적 기능, 투자지표(기어링, 유효기어링, 자본지지점 등)가 중요합니다. 특히 ELW의 투자지표에서 계산문제가 출제될 수 있으므로, 이에 대비해 주요 지표의 산출 공식을 암기하는 것이 필요합니다. 주가연계증권(ELS)에서는 ELD·ELS·ELF의 차이점, ELS의 상품구조, 평가방법론 등을 학습하여야 합니다. 마지막 상장지수증권(ETN)은 기본개념과 투자지표 및 투자위험 등이 출제될 수 있습니다.

학습포인트

내 용	출제빈도		
	상	중	하
제1장 파생결합증권의 개요			
1. 파생결합증권 : 정의, 종류			○
제2장 주식워런트증권(ELW)			
1. ELW의 특징		○	
2. ELW의 주요 개념 : 전환비율, 내재가치 등		○	
3. ELW의 투자지표 : 패리티, 기어링, 유효기어링	○		
4. ELW의 발행조건 : 상장규정상 기초자산			○
제3장 주가연계증권(ELS/DLS)			
1. ELS와 DLS			○
2. ELS의 상품구조 : 원금보장형과 조기상환형		○	
제4장 상장지수증권(ETN)			
1. ETN의 특징		○	
2. ETN의 상장제도	○		
3. ETN의 투자지표와 투자위험		○	

이패스 금융투자분석사

파생결합증권의 정의에 대한 설명으로 바르지 않은 것은?

① 주가연계증권(ELS)은 대표적인 파생결합증권이다.
② 타인의 노력과 무관하게 외생적 지표에 의해 수익이 결정되는 증권이다.
③ 파생결합증권 기초자산의 종류는 투자자 보호를 위해 한정적으로 열거하고 있다.
④ 탄소배출권과 같은 환경적 위험도 평가가 가능하면 기초자산으로 편입될 수 있다.

출제 Point 파생결합증권은 기초자산의 범위를 확대하여 금융투자상품, 통화, 일반상품, 신용위험 그 밖에 자연적, 환경적, 경제적 현상 등에 속하는 위험으로서 평가가 가능한 것으로 매우 포괄적으로 정의하고 있다.

함정 & 오답 피하기
- ELB는 파생결합증권이다. (×)
- ETN은 이자율, 환율, 원자재, 신용위험 등의 변동과 연계하여 사전에 정해진 수익조건에 따라 상환금액을 지급하는 파생결합증권이다. (×)

핵심탐구 파생결합증권의 정의

(1) 정의
  ① '기초자산의 가격, 이자율, 지표, 단위 또는 이를 기초로 하는 지수 등의 변동과 연계하여 미리 정하여진 방법에 따라 지급금액 또는 회수금액이 결정되는 권리가 표시된 것'으로 정의
  ② 기초자산의 개념을 포괄적으로 정의함으로써 그 범위를 확대

(2) 대표적 파생결합증권
  ① ELS(주가연계증권) : 주식의 가격이나 주가지수의 변동과 연계하여 사전에 정해진 수익조건에 따라 상환금액을 지급
  ② DLS(기타 파생결합증권) : 이자율, 환율, 원자재, 신용위험 등의 변동과 연계하여 사전에 정해진 수익조건에 따라 상환금액을 지급
  ③ ELW(주식워런트증권) : 특정 주가 또는 주가지수를 사전에 정해진 조건에 따라 매매할 수 있는 권리
  ④ ETN(상장지수증권) : 기초지수 변동과 수익률이 연동되도록 증권회사가 발행한 것으로 주식처럼 거래소에 상장되어 거래되는 증권

(3) 파생결합사채
  ① 발행회사의 신용위험을 제외하면 투자자에게 원금이 보장되면서 기초자산의 변동과 연계하여 금리만 변동하는 채무증권
      cf. 파생결합증권과 다름
  ② ELB(주가연계 파생결합사채), DLB(기타 파생결합사채) 등

정답 | ③

다음 중 일괄신고서 제출이 불가능한 것은?

① ETN
② ELW
③ 손실배수가 1 이하인 공모 고난도 DLS
④ 손실배수가 1 이하인 공모 고난도 ELS

 거래소 상장상품인 ETN, ELW는 고난도에서 제외되므로 일괄신고서 제출이 가능하다. 한편 ELS는 고난도에 해당하지만 손실배수가 1이하인 경우에는 예외적으로 일괄신고서 제출이 가능하다.

> **함정 & 오답 피하기**
> - 파생결합증권을 발행하기 위해서는 증권과 장내파생상품에 대한 투자매매업 인가를 받아야 한다. (×)
> - 모든 파생결합증권은 일괄신고서를 이용할 수 없다. (×) ⇨ 공모 고난도 파생결합증권만 불가
> - 일괄신고서를 제출하면 발행예정기간 중 2회 이상 그 증권을 발행하여야 한다. (×)

핵심탐구 | 파생결합증권의 발행

(1) 파생결합증권의 발행
  ① 파생결합증권을 발행하기 위해서는 증권 및 장외파생상품에 대한 투자매매업 인가를 받아야 함
  ② 공모(모집·매출)발행과 사모발행이 모두 가능
(2) 증권신고서
  ① 공모 파생결합증권 발행자는 증권신고서를 작성하여 금융위에 제출해야 함
  ② 증권신고서는 수리된 날로부터 15일 경과 후에 효력이 발생
(3) 일괄신고서
  ① 일괄신고서는 일정기간(보통 1년 단위) 동안의 모집·매출 예정물량을 사전에 신고하는 것
  ② 일괄신고서를 제출한 경우 발행예정기간 중 3회 이상 그 증권을 발행하여야 함
  ③ 일괄신고서 제출대상 제한
    ㉠ 공모 고난도 파생결합증권은 일괄신고서 제출 금지
    ㉡ 다음은 제출 가능
      ⓐ 고난도 파생결합증권이 아닌 경우 ⇨ ELW와 ETN이 대표적
      ⓑ 고난도 파생결합증권 중 오랫동안 반복적으로 발행된 것으로서 기초자산이 주식 또는 주가지수(해외 포함)이고 손실배수가 1이하인 ELS

정답 | ③

ELW의 특징으로 사실과 다른 것은?

① 기초자산의 가격에 따라 이익과 손실의 제한이 없다.
② 적은 투자금액으로 큰 수익을 얻을 수 있는 레버리지 효과가 있다.
③ ELW를 매수하여 보유한 주식에서 발생할 위험을 회피하거나 줄일 수 있다.
④ 기초자산인 주식이 상승할 때는 콜 ELW, 하락할 때는 풋 ELW에 투자하면 되므로 양방향 투자수단이 된다.

 출제 Point ELW는 일반 옵션과 달리 투자자가 매수만 가능하기 때문에 이익은 제한이 없는 반면 손실은 투자원금(프리미엄)으로 한정된다. 또한 거래소에 유동성 공급자(LP)가 존재하여 ELW에 대한 매수·매도 호가를 제공함으로써 원활한 거래를 도와준다.

핵심탐구 주식워런트증권(ELW : equity linked warrant)

개요	• 개별 주식 및 주가지수 등의 기초자산을 만기 시점에 미리 정한 가격으로 사거나 팔 수 있는 권리를 나타내는 옵션(콜옵션, 풋옵션) • 거래소에 상장되어 주식처럼 거래되는 증권
특징	* 문제 참조
종류	• 콜 ELW : 만기에 기초자산을 행사가격으로 인수하거나, 만기평가가격과 행사가격의 차액을 수령할 수 있는 권리로, 기초자산가격 상승에 따라 이익이 발생 • 풋 ELW : 만기에 기초자산을 행사가격으로 인도하거나, 행사가격과 만기평가가격의 차액을 수령할 수 있는 권리로, 기초자산가격 하락에 따라 이익이 발생
주식옵션과 비교	• 법적 특성 : ELW는 파생결합증권, 주식옵션은 파생상품 • 발행주체 : ELW는 금융투자회사(증권사), 주식옵션은 포지션 매도자 • 계약이행보증 : ELW는 발행자의 자기신용, 주식옵션은 거래소가 결제이행보증 • 유동성공급 : ELW는 유동성 공급자를 둠, 주식옵션은 시장의 수요와 공급에 맡김 • 거래기간 : ELW는 3개월~3년, 주식옵션은 결제월제도에 따름 • 표준화 여부 : ELW는 원칙적으로 비표준상품, 주식옵션은 표준화된 조건

정답 | ①

ELW 가격변화에 대한 설명으로 바르지 않은 것은?

① 행사가격이 낮을수록 콜 ELW의 가격은 상승한다.
② 기초자산 가격이 하락하면 풋 ELW의 가격은 상승한다.
③ 만기까지 잔존기간이 길면 길수록 ELW의 가격은 상승한다.
④ 변동성이 증가하면 콜 ELW 가격은 하락, 풋 ELW 가격은 상승한다.

출제 Point 변동성이 증가하면 콜 ELW, 풋 ELW 가격은 모두 상승한다.

함정 & 오답 피하기
- 콜 ELW의 내재가치 = Max(0, 기초자산가격 − 행사가격) (×) ⇨ 전환비율도 고려
- 역사적 변동성은 블랙−숄즈 모형을 이용하여 ELW의 시장가격에 내재된 변동성을 추출한 것이다. (×)

핵심탐구 | ELW의 주요 개념

가격구조	• ELW가격 = 내재가치 + 시간가치 • 콜 ELW 내재가치 = Max(0, 기초자산가격 − 행사가격) × 전환비율 • 풋 ELW 내재가치 = Max(0, 행사가격 − 기초자산가격) × 전환비율 • 시간가치는 기대가치이므로 만기일에 근접할수록 감소하여 0에 근접
가격결정요인	• 기초자산가격이 상승할수록 콜 가격은 올라가고, 풋 가격은 내려간다. • 행사가격이 높을수록 콜 가격은 내려가고, 풋 가격은 올라간다. • 변동성이 증가할수록 콜 가격과 풋 가격은 모두 올라간다. • 잔존만기가 길수록 콜 가격과 풋 가격은 모두 올라간다. • 금리가 올라가면 콜 가격은 올라가고, 풋 가격은 내려간다. • 배당이 증가하면 콜 가격은 내려가고, 풋 가격은 올라간다.
변동성 추정	• 역사적 변동성 : 과거 일정기간 동안의 기초자산수익률의 표준편차 ⇨ 구하기 쉬우나, 미래의 변동성에 대한 정확한 예측치로 볼 수 없음 • 내재변동성 : 시장의 ELW가격에서 역으로 블랙−숄즈 모형에 내재된 변동성을 추출 ⇨ 시장을 충실하게 반영하나, 동일 구조의 ELW라 하더라도 그 값이 모두 다름

정답 | ④

행사가격과 기초자산가격의 상대적 크기를 나타낸 것으로, ELW의 내재가치 존재여부를 나타내는 투자지표는?

① 자본지지점
② 패리티
③ 전환비율
④ 손익분기점

 Point 패리티이다. 패리티가 1이면 등가격, 1보다 크면 내가격, 1보다 작으면 외가격이 된다.

함정 & 오답 피하기
- 콜 ELW의 손익분기점 = 행사가격 + ELW 가격 (×) ⇨ 전환비율도 고려
- 콜 ELW의 패리티 = 행사가격/기초자산가격 (×) ⇨ 콜은 기초자산가격/행사가격, 풋은 행사가격/기초자산가격

핵심탐구 ELW 투자지표

전환비율	• 만기에 ELW 1증권을 행사하여 얻을 수 있는 기초자산의 수 • 예를 들어 전환비율이 0.2인 ELW는 5개가 있어야 기초자산 하나를 얻을 수 있음
프리미엄	• 시간가치가 기초자산가격에서 차지하는 비율 ⇨ 높을수록 더 많은 값을 지불 • 프리미엄 = $\frac{ELW가격 - 내재가치}{기초자산가격} \times 100$
손익분기점	• 콜 ELW의 손익분기점 = 행사가격 + (ELW가격/전환비율) • 풋 ELW의 손익분기점 = 행사가격 - (ELW가격/전환비율)
자본지지점(CFP)	• 기초자산 또는 ELW 중 어느 것을 보유하더라도 만기일의 최종 실현가치가 같아지는 기초자산의 연간 기대수익률을 의미 ⇨ 낮을수록 좋음 • 콜의 CFP = $[(\frac{X}{S_0 - ELW_0})^{\frac{1}{T}} - 1] \times 100$, 풋의 CFP = $[(\frac{X}{S_0 + ELW_0})^{\frac{1}{T}} - 1] \times 100$ (S_0 : 기초자산가격, X : 행사가격, ELW_0 : ELW가격, T : ELW 만기)
패리티	• 행사가격과 기초자산가격의 상대적 크기를 나타낸 것 ⇨ 1이면 등가격, 1보다 크면 내가격, 1보다 작으면 외가격 • 콜의 패리티 = 기초자산가격 / 행사가격, 풋의 패리티 = 행사가격 / 기초자산가격

정답 | ②

ELW의 기초자산에 대한 설명이다. 사실과 거리가 먼 것은?

① 해외 주가지수는 일본의 니케이225, 홍콩의 HSI로 한정되어 있다.
② 코스피200지수나 코스닥150지수가 가능하다.
③ 코스닥150 구성종목 중 거래소가 공표하는 종목(5개)이 가능하다.
④ 코스피200을 구성하는 모든 종목이 가능하다.

출제 Point 코스피200 구성종목 중 거래소가 분기별로 공표하는 종목(50개) 또는 해당 복수종목의 바스켓이 기초자산이다. 따라서 코스피200을 구성하는 모든 종목이 가능한 것은 아니다.

함정 & 오답 피하기
- 해외 개별주식도 ELW의 기초자산이 될 수 있다. (×)
- S&P500지수도 ELW의 기초자산이 될 수 있다. (×) ⇨ 해외 주가지수는 우리나라와 거래시간이 유사한 일본의 NIKKEI225, 홍콩의 HSI로 한정

핵심탐구 — ELW의 거래제도

기초자산	• 국내 개별주식 　① 코스피200 구성종목 중 거래소가 분기별로 공표하는 50종목 또는 해당 복수종목의 바스켓 　② 코스닥150 구성종목 중 거래소가 월별로 공표하는 5종목 또는 해당 복수종목의 바스켓 • 해외 개별주식 : 없음 • 국내 주가지수 : 코스피200지수, 코스닥150지수 • 해외 주가지수 : 니케이225지수, 홍콩 HSI지수
만기결제	• 현금결제방식을 채택 • 만기지급일은 권리행사일(만기일)로부터 2일째 되는 날
유동성공급자(LP)	• 유동성공급자는 원활한 거래를 지원하는 시장참가자로서 시장에 주문이 충분하지 않아 매도, 매수 주문의 가격 차이가 크게 확대되어 있는 경우 이 가격 차이를 좁히기 위해 매도, 매수 양방향의 주문을 일정수량 이상 제출할 의무가 있음 • 유동성공급자의 역할은 ELW를 발행한 증권회사 또는 제3의 증권회사가 담당
거래방법	• 주식계좌를 이용하여 주식과 동일하게 매매 • 개인투자자가 ELW를 신규로 거래하려면 일정 금액 이상의 기본예탁금이 필요 • 파생결합증권이므로 적정성원칙이 적용 ⇨ 적정성 확인을 거쳐야만 거래 가능

정답 | ④

주가연계증권(ELS)에 대한 설명으로 바르지 않은 것은?

① 파생결합증권으로 분류된다.
② 발행사가 자금조달 목적으로 발행한다.
③ 발행으로 들어온 투자금은 대부분 상환금을 준비하는 목적으로 사용되고 있다.
④ 타금융기관으로부터 동일한 상품을 매입하여 헤지하는 방식을 백투백이라고 한다.

 Point ELS는 자금조달목적이 아닌 투자자의 위험선호도에 따른 맞춤형으로 설계된 금융상품이다.

함정 & 오답 피하기
- ELS는 발행사의 신용도로 발행금리가 정해진다. (×) ⇨ 내재된 파생상품의 수익구조에 따라 정해짐
- 주식이나 장내·외 파생상품의 매매를 통하여 ELS의 지급구조를 직접 복제하는 방법을 '백투백'이라고 부른다. (×)

핵심탐구 | 주가연계증권(ELS : equity linked securities)

(1) ELS와 DLS
① ELS는 주식가격이나 주가지수의 변동과 연계된 파생결합증권
② DLS는 주식 이외에 이자율/원자재/귀금속/신용위험 등의 변동과 연계된 파생결합증권

(2) ELS와 전환사채(CB) 및 신주인수권부사채(BW)
① 채권과 옵션이 결합된 증권이라는 공통점이 있음
② 차이점

구 분	ELS	CB, BW
옵션형태	다양한 형태의 옵션	전환권, 신주인수권
이자지급	특정한 지급주기와 형태를 따를 필요 없음	권리행사 이전에는 고정적인 이자 지급
발행동기	투자자의 위험선호도에 따른 맞춤형 설계	기업체의 자금조달
발행기관	금융투자회사	개별기업

(3) ELS 상환금 준비방법
① 백투백(back-to-back) 헤지 : 외국 금융기관으로부터 동일한 상품을 매입
② 자체 헤지 : 주식, 장내/외 파생상품 매매를 통하여 ELS 지급구조를 복제

정답 | ②

다음과 같은 ELS의 상품구조를 무엇이라고 하는가?

> 만기까지 기초자산가격이 배리어(barrier) 수준 이상으로 올라간 적이 있으면 원금과 일정 금액을 수취하며, 배리어 수준 이상으로 올라간 적이 없으면 원금과 콜옵션의 현금흐름을 수취한다.

① 양방향구조
② Reverse convertible
③ Down - and - out Put
④ Up - and - out Call with Rebate

출제 Point   Up - and - out Call with Rebate 구조이다.

핵심탐구 ▶ ELS의 상품구조

유러피안 구조	• Bull spread : 행사가격이 낮은 콜옵션을 매입하고 높은 행사가격 콜옵션을 매도하는 구조로서 주가가 낮은 행사가격 이하이면 원금만 돌려받으며, 주가가 높은 행사가격 이상이면 원금과 고정 금액을 돌려받음 • Reverse convertible : 풋옵션 매도를 통한 수수료 수익을 추가로 획득할 수 있지만 원금손실가능성이 있는 구조로서, 만기 시 기초자산가격이 풋옵션의 행사가격 이상으로 상승하면 원금과 프리미엄을 합한 금액을 받고, 행사가격 이하이면 원금에서 풋옵션의 현금흐름을 뺀 나머지를 돌려받게 됨
배리어 구조	• Up - and - out Call with rebate : 만기까지 기초자산가격이 배리어 이상으로 올라간 적이 있으면 원금과 리베이트만 수취하며, 배리어 이상으로 올라간 적이 없으면 원금과 콜옵션의 현금흐름을 수취함 ⇨ Up - and - out 콜옵션과 Knock - in 리베이트의 결합 • Down - and - out Put : 만기까지 기초자산가격이 배리어 이하로 내려간 적이 있으면 원금만 수취하며, 배리어 이하로 내려간 적이 없으면 원금과 풋옵션의 현금흐름을 수취함 • 양방향 구조 : 동일한 행사가격의 콜옵션과 풋옵션으로 구성되는 스트래들(straddle) 구조로 만기까지 기초자산가격이 양쪽 배리어 이내이면 원금과 옵션의 현금흐름을 수취하며, 어느 한쪽이라도 배리어를 건드리면 원금만 수취함
조기상환 구조	• 기본구조 : 통상 만기를 2~3년으로 하고 발행 후 6개월 단위로 평가하여 사전에 약정한 수익을 지불하는 형태로 만기를 장기화하고 원금보장성을 약화시킨 구조 ⇨ 원금손실가능성 있음 • Step down 구조 : 매 조기상환시점마다 일정 비율씩 조기상환 기준지수를 완화함으로써 조기상환의 가능성을 높인 구조

정답 | ④

09

ETN의 특징으로 사실과 다른 것은?

① 운용규제가 적어 다양한 기초자산을 대상으로 하는 자유로운 상품개발이 가능하다.
② 거래소에 상장되어 거래되므로 시장변동에 신속하게 대처할 수 있다.
③ 벤치마크지수와의 차이인 추적오차에 대해 자유롭지 못한 단점이 있다.
④ 채권형식으로 발행되기에 일반적인 공모펀드에 비하여 신속하고 유연한 구조로 발행할 수 있다.

> **출제 Point** 사전에 약정된 기초지수 수익률의 지급을 발행자가 약속함으로써, 추적오차가 발생하지 않는다.

핵심탐구 — 상장지수증권(ETN : exchange traded note)

구분	내용
개요	• 기초지수 변동과 수익률이 연동되도록 증권회사가 발행하는 파생결합증권 • 주식처럼 거래소에 상장되어 거래되는 증권
특징	* 문제 참조

기초지수	• ETN이 투자대상으로 삼고 있는 것
	• 기초지수 요건
	   ㉠ KRX 시장에서 거래되는 지수
	   ㉡ 외국거래소의 지수
	   ㉢ 국내외 주식 또는 채권으로 구성하는 경우 최소 5종목 이상, 동일 종목 비중 30% 이내
	      (단, 국채, 통안채, 지방채로만 구성 시 3종목 이상이면 가능)
	• 레버리지, 인버스 지수도 가능 : ±0.5배, ±2배, ±3배 등

시장참가자	• 발행회사 : ETN은 무담보 신용상품으로 발행회사의 재무안정성 및 신용도가 매우 중요 • 유동성공급자 : 발행된 ETN을 최초로 투자자에게 매도하는 한편, 상장 이후 지속적으로 유동성공급호가를 제출 ⇒ ELW와 동일 • 지수산출기관 : 발행회사는 지수산출기관과 지수 사용계약을 맺거나 자체지수를 산출 • 한국예탁결제원 : 매일 장 종료 후 ETN의 지표가치를 계산하고 거래소와 코스콤을 통해 공시

정답 | ③

ETN을 상장하는 발행회사의 자격요건으로 사실과 다른 것은?

① 자기자본 5,000억원 이상
② 신용등급 AA- 이상
③ 순자본비율 100% 이상
④ 최근 3사업연도의 개별재무제표와 연결재무재표에 대한 감사의견이 모두 적정

 Point 발행회사의 순자본비율은 150% 이상이어야 한다.

함정 & 오답 피하기
- ETN은 공모로 발행되어야 하므로 반드시 청약절차를 거쳐야 한다. (×)
- ETN 발행회사의 자기자본이 5,000억원 미만이면 퇴출요건에 해당한다. (×)

핵심탐구 ETN의 상장제도

(1) ETN의 상장요건

발행회사 요건	• 증권 및 장외파생상품 투자매매업 인가를 받은 금융투자업자 • 자기자본 5,000억원 이상 • 신용등급 AA- 이상 • 순자본비율 150% 이상 • 최근 3년간 감사의견 모두 적정
발행규모와 한도	• 발행원본액은 70억원 이상, 발행증권수는 10만 증권 이상 • 과도한 신용위험에 노출되는 것을 방지하기 위해 자기자본의 50%까지만 발행 가능
만기	• 1년 이상 20년 이내
발행절차	• 공모로 발행 ⇨ 다만, 청약절차를 거치지 않고 발행사 또는 유동성공급자가 전량 보유한 상태에서 상장 이후 매출이 시작되는 간주모집을 이용

(2) ETN의 상장폐지 사유
① 발행회사 자격요건 미달 : 인가 취소, 자기자본 2,500억원 미만, 신용등급 BBB- 미만, 순자본비율 50% 미만 또는 3개월간 지속하여 100% 미만, 최근 연도 감사의견이 부적절 또는 의견거절인 경우
② 기초지수 요건 미달
③ 유동성공급 능력 부족 : LP가 없게 되는 경우, 그 날로부터 1개월 이내에 다시 체결하지 않는 경우
④ 상장규모 및 거래규모 부족 : 발행원본액과 지표가치금액이 모두 50억원에 미달
⑤ 신고의무 위반 등

정답 | ③

이패스 금융투자분석사

ETN 투자지표에 대한 설명으로 적절하지 않은 것은?

① 실시간 지표가치는 최대 15초 이내로 산출해야 한다.
② 일일 지표가치는 제비용과 분배금 등을 가감하여 거래소가 산출한다.
③ 중도상환 기준가는 지표가치에서 중도상환수수료를 공제하여 산출한다.
④ 괴리율은 발행사 신용위험이 커지거나 유동성공급이 원활하지 않을수록 높아진다.

 일일 지표가치의 산출은 한국예탁결제원 등 일반 사무관리회사가 담당한다.

핵심탐구 — ETN의 투자지표

일일 지표가치	• ETN 1증권당 실질가치 • 발행일 기준가로부터 일일 기초지수 변화율에 제비용, 분배금 등을 가감하여 산출 • 중도상환 기준가(= 당일 지표가치 - 중도상환수수료)로 활용 • 당일 시장가격과의 괴리율 판단기준 • 한국예탁결제원 등 일반 사무관리회사에서 산출
실시간 지표가치	• 하루에 한번 발표되는 일일 지표가치를 보완한 지표 • 전일 지표가치에 장중 기초지수 변화율을 반영하여 최대 15초 이내로 산출
괴리율	• ETN 시장가격과 지표가치의 차이를 나타내는 지표 • 괴리율 = (시장가격 - 지표가치) / 지표가치 × 100 • 발행사 신용위험이 커지거나 유동성공급이 원활하지 않을 때 높아짐

정답 | ②

12

ETN의 투자위험에 대한 설명으로 옳은 것은?

① 추적 배율이 1배가 아닌 ETN을 2일 이상 보유하는 경우 ETN의 누적수익률은 투자대상의 누적수익률에 추적 배율을 곱한 값과 같아진다.
② 상장폐지되면 투자금을 회수할 수 없게 된다.
③ 유동성공급자가 존재하므로 유동성 위험은 없다.
④ 무보증·무담보 일반사채와 동일한 발행자 신용위험을 가진다.

출제 Point
① ETN은 투자대상 등의 누적수익률이 아니라 일별수익률에 연동되므로 ETN의 누적수익률은 투자대상의 누적수익률에 추적 배율을 곱한 값과 차이가 난다.
② 상장폐지되어도 발행회사가 최종거래일의 지표가치에 해당하는 금액은 투자자에게 지급한다.
③ 유동성공급자는 호가제시의무가 있을 뿐 투자자가 원하는 가격으로 반드시 호가를 제출하거나 거래를 체결시킬 의무가 있는 것이 아니기 때문에 즉각적인 거래가 어려울 수 있다.

함정 & 오답 피하기
- ETN은 신탁재산을 별도 보관한다. (×)
- 국내 주식형 ETN의 경우 매도할 때 증권거래세가 면제되어 단기거래 시에도 비용증가 위험이 없다. (×)

핵심탐구 ETN의 투자위험

발행회사 신용위험	· 신탁재산을 별도 보관하는 ETF와 달리 무보증·무담보 일반사채와 동일한 신용위험을 가짐 · ETF에 비해 추적오차의 위험이 적은 반면, 발행회사의 채무불이행 위험으로부터 자유롭지 못함
기초자산 가격변동위험	· ETN은 기초지수를 따라 움직이는 인덱스 구조이기 때문에 지수 하락위험을 피할 수 없음
유동성 부족 위험	· 유동성공급자는 호가를 제시할 의무가 있을 뿐 투자자가 원하는 가격으로 반드시 호가를 제출하거나 거래를 체결시켜야 하는 의무가 있는 것은 아니므로 투자자가 원하는 가격에 즉각적으로 거래하지 못할 가능성이 있음
단기거래 비용증가 위험	· 매매가 빈번할 경우 위탁수수료 비용이 증가해 투자수익률에 좋지 않은 영향을 미칠 수 있음
상장폐지 위험	· 발행회사의 부도발생이 아닌 경우에는 상장폐지 되더라도 ETN 발행회사가 최종거래일의 지표가치에 해당하는 금액은 투자자에게 지급
일별 복리화 효과 위험	· 추적 배율이 1배가 아닌 ETN을 2일 이상 보유하는 경우 ETN의 누적수익률은 투자대상 등의 누적수익률에 추적 배율을 곱한 값과 차이가 남
롤오버 위험	· ETN의 투자대상 등이 선물인 경우 롤오버 효과가 발생하여 기초자산의 가격을 기준으로 한 누적수익률과 실제의 누적수익률간 차이가 발생할 수 있음

정답 | ④

출제예상 문제

01 다음 중 파생결합증권이 아닌 것은?
① ELB
② DLS
③ ELW
④ ETN

02 ELS 공모 발행에 대한 설명으로 적절하지 않은 것은?
① 발행회사는 증권 및 장외파생상품에 대한 투자매매업 인가를 받아야 한다.
② 고난도 파생결합증권이 아닌 ELS는 일괄신고서 제출이 가능하다.
③ 일괄신고서를 제출한 경우에는 발행예정기간 중 3회 이상 발행하여야 한다.
④ 유동성공급자가 발행물량을 일괄하여 취득한 후 시장을 통하여 매매하는 간주 공모의 형태로 발행된다.

03 ELW에 대한 다음 설명 중 옳은 것은?
① ELW 매수자의 손실은 기초자산의 가격에 따라 제한이 없다.
② 일반투자자도 ELW를 발행할 수 있다.
③ ELW는 만기시점에 거래소가 결제이행을 보증한다.
④ 현금결제방식의 ELW는 자동적으로 권리가 행사된다.

04 ELW와 주식옵션의 차이점이다. 사실과 다른 것은?
① ELW는 파생결합증권이고 주식옵션은 파생상품이다.
② 주식옵션은 제도에 따라 결제월물이 정해진다.
③ ELW는 상대적으로 표준화된 상품이다.
④ ELW는 금융투자회사가 발행하고 주식옵션은 매도 포지션 보유자가 발행자가 된다.

05 ELW의 기초자산이 될 수 있는 것을 모두 고르면?

> ㉠ 해외 개별주식 ㉡ 홍콩의 HSI 지수
> ㉢ 나스닥 지수   ㉣ 코스피200지수

① ㉠, ㉢　　　　② ㉡, ㉣
③ ㉢, ㉣　　　　④ ㉠, ㉡

06 ELW 거래에 관한 설명으로 적절하지 않은 것은?
① 주식계좌를 이용하여 주식과 동일하게 매매할 수 있다.
② ELW는 적정성 확인을 통하여야 거래가 가능하다.
③ 최종결제는 만기일로부터 2영업일이 되는 날에 현금으로 결제한다.
④ 개인투자자에 대한 기본예탁금 제도는 도입하지 않고 있다.

07 기초자산의 가격 상승이나 하락에 비례하여 수익이 상승하지 않고 일정 수준 도달 시 미리 정해진 수익으로 확정 지급하는 ELW 옵션구조는?
① 콜옵션　　　　② 풋옵션
③ 디지털옵션　　④ 베리어옵션

정답 및 해설

01 ① ELB, DLB 등의 파생결합사채는 자본시장법상 채무증권이다.
02 ④ 간주 공모는 거래소에 상장하는 ELW, ETN의 발행 형태이다.
03 ④ ① ELW 매수자는 기초자산의 만기평가가격을 보고 유리하면 권리를 행사하고 불리하면 권리를 포기할 수 있다. 따라서 이익은 기초자산의 가격에 따라 제한이 없으나, 손실은 기초자산의 가격과 무관하게 ELW 매수가격으로 한정된다. ② 주식옵션이라면 일반투자자가 발행자(매도자)가 될 수 있지만, ELW에서는 매수만 할 수 있다. ③ ELW는 발행자가 자기신용으로 계약이행을 보증한다.
04 ③ 거래소에 상장된 주식옵션이 표준화된 상품이다. ELW는 원칙적으로 비표준화된 상품이다.
05 ② ㉡, ㉣만 가능하다. 해외 개별주식은 기초자산으로 사용할 수 없다. 해외 주가지수는 우리나라와 거래시간이 유사한 일본의 NIKKEI225, 홍콩의 HSI로 한정되어 있다.
06 ④ ELW는 개인투자자에 대한 기본예탁금 제도가 있어서 개인투자자가 ELW를 신규로 거래하기 위해서는 1,500만원 이상의 기본예탁금을 예탁하여야 한다.
07 ③ 디지털옵션이다.

 **08** 기초자산의 가격이 14,000원이고 행사가격이 12,000원이며, 전환비율이 0.3인 콜 ELW의 내재가치는 얼마인가?

① 0원 ② 600원
③ 2,000원 ④ -600원

 09 ELW의 투자지표 중 프리미엄을 나타낸 식으로 가장 올바른 것은?

① $\dfrac{(내재가치 - 시간가치)}{기초자산가격} \times 100$ ② $\dfrac{(시간가치 - 내재가치)}{기초자산가격} \times 100$

③ $\dfrac{(ELW가격 - 내재가치)}{기초자산가격} \times 100$ ④ $\dfrac{(ELW가격 - 행사가격)}{기초자산가격} \times 100$

 10 다음 ㉠, ㉡에 들어갈 내용이 순서대로 바르게 나열된 것은?

> (㉠)이 (㉡)인 ELW 1증권으로는 해당 기초자산의 1/5에 대해서만 권리를 행사할 수 있다. 즉, ELW 5개가 있어야 권리행사 시 기초자산 하나를 사고 팔 수 있다.

① 전환비율, 0.2 ② 패리티, 0.2
③ 패리티, 5 ④ 전환비율, 5

 11 기초자산가격이 10,000원, 행사가격이 12,000원인 풋 ELW의 패리티는 얼마인가?

① 0.5 ② 0.8
③ 1.0 ④ 1.2

12 행사가격이 12,000원, 전환비율이 0.3, ELW 가격이 600원인 콜 ELW의 손익분기점은 얼마인가?

① 10,000원 ② 11,400원
③ 12,600원 ④ 14,000원

13 현재 A 주식의 가격이 9,300원, A 주식을 기초자산으로 하는 만기 2년, 행사가격 9,900원인 콜 ELW의 가격이 500원일 때, 자본지지점(CFP)은?(근사치로 구하시오)

① 5.60% ② 6.07%
③ 7.95% ④ 8.25%

14 ELW의 자본지지점(CFP)에 대한 설명으로 바르지 않은 것은?

① 자본지지점을 이용하면 만기구조가 서로 다른 ELW간 비교가 가능하다.
② 자본지지점이 10%인 ELW보다 15%인 ELW가 더 매력적이다.
③ 만약 기대수익률이 자본지지점보다 높다면 주식과 ELW 중에서 ELW에 투자하는 것이 합리적이다.
④ 기초자산과 ELW의 수익률이 같아지는 시점까지 필요한 기초자산의 연간 기대상승률을 의미한다.

정답 및 해설

08 ②
- 콜 ELW의 내재가치 = (14,000 − 12,000) × 0.3 = 600
- 풋 ELW의 내재가치 = (12,000 − 14,000) × 0.3 = −600(×) ⇨ 음의 값일 경우 내재가치는 0이 됨

09 ③ 프리미엄 = (ELW가격 − 내재가치) / 기초자산가격 × 100

10 ① ELW 1증권을 행사하여 얻을 수 있는 기초자산의 수를 전환비율이라고 한다. 따라서 ㉠ 전환비율, ㉡ 0.2

11 ④ 풋 ELW의 패리티 = 행사가격 / 기초자산가격 = 12,000 / 10,000 = 1.2(내가격 상태)이다. 콜 ELW라면 기초자산가격 / 행사가격 = 10,000 / 12,000 = 0.8(외가격 상태)

12 ④ 콜 ELW의 손익분기점 = 행사가격 + (ELW 가격 / 전환비율) = 12,000 + 600 / 0.3 = 14,000, 풋 ELW라면 행사가격 − (ELW 가격 / 전환비율) = 12,000 − 600 / 0.3 = 10,000

13 ② $CFP = [(\dfrac{X}{S_0 - ELW_0})^{\frac{1}{T}} - 1] \times 100 = [(\dfrac{9,900}{9,300 - 500})^{\frac{1}{2}} - 1] \times 100 = 6.07\%$

14 ② 자본지지점이 낮은 ELW가 더욱 매력적이다. 즉, CFP가 10%인 ELW는 기초자산이 10%만 올라도 기초자산에 직접 투자한 것과 동일한 수익률을 얻게 된다.

제4장 파생결합증권평가·분석 | **271**

15 풋 ELW의 자본지지점(CFP)을 구하는 산식은?

(S_0 : 기초자산 현재가격, X : 행사가격, ELW_0 : ELW 현재가격, T : ELW 만기)

① $[(\dfrac{X}{S_0 - ELW_0})^{\frac{1}{T}} - 1] \times 100$

② $[(\dfrac{X}{S_0 + ELW_0})^{\frac{1}{T}} - 1] \times 100$

③ $[(\dfrac{S_0}{X - ELW_0})^{\frac{1}{T}} - 1] \times 100$

④ $[(\dfrac{S_0}{X + ELW_0})^{\frac{1}{T}} - 1] \times 100$

16 ELW의 투자지표 중 패리티에 해당하는 것은?

① 만기에 ELW 1증권을 행사하여 얻을 수 있는 기초자산의 수이다.
② 이것이 10%인 ELW는 기초자산이 10%만 올라도 기초자산에 직접투자한 것과 동일한 수익률을 얻게 된다.
③ 이것이 1보다 크면 내가격, 1보다 작으면 외가격 ELW가 된다.
④ 시간가치가 기초자산 가격에서 차지하는 비율을 의미한다.

17 ELW의 가격결정요인인 변동성 추정에 대한 설명으로 적절하지 않은 것은?

① 역사적 변동성은 과거 일정기간 동안의 기초자산 수익률의 표준편차이다.
② 역사적 변동성은 구하기는 쉬워도 미래변동성의 정확한 예측치로 사용하기 어렵다.
③ 내재변동성은 ELW 시장가격으로부터 옵션가격결정모형에 내재된 변동성을 역으로 추출하는 것이다.
④ 내재변동성은 ELW 시장을 가장 충실하게 반영하는 변동성이므로 기초자산 고유의 특성을 나타낸다고 볼 수 있다.

18 ELW 민감도 지표 중 감마를 의미하는 것은?

① 기초자산 가격이 1단위 변화함에 따라 델타가 변화하는 비율
② 기초자산 가격의 변동성이 1%p 변화할 때 ELW 가격이 변화하는 비율
③ 잔존만기가 1일 감소할 때 ELW 가격이 변화하는 비율
④ 무위험이자율이 1%p 변화할 때 ELW 가격이 변화하는 비율

19 ELW의 발행 및 상장제도에 대한 설명으로 적절하지 않은 것은?

① 증권신고서는 수리된 날부터 15영업일이 경과돼야 효력이 발생한다.
② 일괄신고서를 제출하면 효력발생을 위한 대기 없이 신속한 진행이 가능하다.
③ 주식의 상장절차와 동일하므로 재무상태, 영업이익요건 등에 대한 심사가 필요하다.
④ 현실적으로 ELW는 발행물량의 대부분을 유동성공급자(LP)가 청약하고 있다.

20 이자율/환율/원자재/신용위험 등을 기초로 하는 지수의 수치 또는 지표에 연계하여 증서의 가치에 해당하는 금전의 지급청구권을 표시하는 파생결합증권은?

① DLS   ② ETN   ③ ELS   ④ ELW

21 주가연계상품을 비교한 것으로 바르지 않은 것은?

번호	구분	ELD	ELS	ELF
①	투자형태	정기예금	파생결합증권	수익증권
②	원금보장	100% 보장	사전 약정	사전 약정
③	자산운용	고유계정	고유계정	고유계정 분리
④	예금보호	보호	비보호	비보호

정답 및 해설

15 ② 풋의 CFP = $[(\frac{X}{S_0 + ELW_0})^{\frac{1}{T}} - 1] \times 100$

16 ③ ① 전환비율 ② 자본지지점 ③ 패리티 ④ 프리미엄

17 ④ 내재변동성은 ELW 시장을 가장 충실하게 반영하는 변동성은 맞지만 개별 ELW에 대한 수치이므로 동일한 기초자산을 기반으로 하는 동일 구조의 ELW라 하더라도 그 값이 다를 수 있어 기초자산 고유의 특성으로 보기 힘들다.

18 ① ① 감마 ② 베가 ③ 세타 ④ 로

19 ③ ELW는 일반주식과 달리 특정 주식가격 및 주가지수의 변동과 연계하여 권리를 행사하는 상품으로서 주식의 신규상장에 적용하는 재무상태, 영업이익요건 등에 대한 심사가 불필요하다.

20 ① DLS(기타파생결합증권)에 대한 설명이다.

21 ② ELF는 실적배당상품으로서 원금보장이나 사전 약정수익을 제시하지 않는다.

22 Bull spread형 ELS에 대한 설명으로 바르지 않은 것은?

① 만기 주가가 낮은 행사가격 이하이면 원금손실이 발생한다.
② 만기 주가가 낮은 행사가격 이상이고 높은 행사가격 미만이면 원금과 낮은 행사가격 콜옵션의 현금흐름을 지급받는다.
③ 만기 주가가 높은 행사가격 이상이면 원금과 고정금액을 돌려받게 된다.
④ 낮은 행사가격의 콜옵션을 매입하고 높은 행사가격의 콜옵션을 매도하는 구조다.

23 Reverse convertible형 ELS에 대한 설명으로 바르지 않은 것은?

① 풋옵션 매도를 통한 수수료 수익을 추가로 획득할 수 있다.
② 원금손실 가능성이 없는 구조이다.
③ 만기 주가가 풋옵션 행사가격 이상으로 상승하면 원금과 프리미엄을 합한 금액을 돌려받는다.
④ 만기 주가가 풋옵션 행사가격 이하이면 원금에서 풋옵션의 현금흐름을 뺀 나머지를 돌려받게 된다.

24 기초자산의 가격이 배리어 수준 이하로 내려간 적이 있으면 원금만 지급되며, 내려간 적이 없으면 원금과 함께 풋옵션의 현금흐름을 수취하는 ELS의 구조는?

① Up - and - out put
② Up - and - out put with rebate
③ Down - and - out put
④ Down - and - out put with rebate

25 동일한 행사가격의 유러피안 콜옵션과 풋옵션으로 구성되는 Straddle 전략을 훨씬 저렴한 배리어옵션으로 구성한 상품은?

① Bull spread형 ELS
② 양방향구조 ELS
③ Step down ELS
④ 조기상환형 ELS

26 조기상환형 ELS에 대한 설명이다. 바르지 않은 것은?

① 만기를 2년 또는 3년으로 장기화하고 원금보장성을 약화시킨 상품이다.
② 조기상환 시점에 주가가 기준가 이상이면 사전에 약정한 수익을 받고 종료된다.
③ 조기상환 시점에 주가가 기준가 이하면 다음 조기상환 시점까지 기다려야 한다.
④ Step down ELS는 매 조기상환 시점마다 일정 비율씩 조기상환 기준지수를 완화함으로써 조기상환의 가능성을 약화시킨 것이다.

27 ETN의 특징으로 옳지 않은 것은?

① 공모펀드에 비해 발행이 신속하다.
② 신상품에 대한 접근성이 뛰어나다.
③ 발행자의 신용위험에서 자유롭다.
④ 기초지수와의 추적오차가 최소화할 수 있다.

28 국내외 주식 또는 채권으로 ETN의 기초지수를 구성할 경우 구성종목 수와 분산 요건으로 옳은 것은?

① 3종목 이상, 동일 종목 비중 30% 이내
② 3종목 이상, 분산 요건 미적용
③ 3종목 이상, 동일 종목 비중 50% 이내
④ 5종목 이상, 동일 종목 비중 30% 이내

정답 및 해설

22 ① Bull spread형은 원금보장 구조이다. 만기 주가가 낮은 행사가격 이하이면 원금만 돌려받는다.
23 ② Reverse convertible형 ELS는 원금손실 가능성이 있는 구조이다.
24 ③ 문제의 내용에 가장 부합하는 것은 Down - and - out put 구조이다.
25 ② 양방향구조 ELS이다.
26 ④ Step down ELS는 조기상환 기준지수를 완화함으로써 조기상환의 가능성을 높인 구조이다.
27 ③ ETN은 무보증·무담보 일반사채와 동일한 발행자 신용위험을 가진다.
28 ④ ② 국채, 통안채, 지방채로만 구성된 기초지수 ③ 해외증권시장에서 거래되는 종목으로만 구성되는 기초지수 ④ 국내외 주식, 또는 채권으로 구성된 기초지수

ETN의 발행에 대한 설명으로 적절하지 않은 것은?

① ETN은 1년 이상 20년 이내의 만기로 발행할 수 있다.
② 개인이나 기관은 청약을 통해 발행물량을 배정받을 수 있다.
③ 발행자는 자기자본의 50%까지만 ETN을 발행할 수 있다.
④ ETN은 고난도 파생결합증권이 아니므로 일괄신고서 제출이 가능하다.

ETN의 투자지표 산식 중 괴리율을 의미하는 것은?

① 전일 지표가치 × 당일 기초지수변화율 − 제비용 ± 분배금
② 당일 지표가치 − 중도상환수수료
③ (ETN시장가격 − 지표가치) / 지표가치
④ 전일 지표가치 ± 당일 장중 기초지수변화율

ETN의 유동성공급자(LP) 제도에 대한 설명으로 적절하지 않은 것은?

① LP는 매수와 매도 양쪽 방향으로 최소 100증권 이상씩 호가를 제출해야 한다.
② 국내 기초자산만을 추적하는 ETN의 경우 호가스프레드비율을 2%(해외 기초자산이 포함된 경우는 3%) 이내로 유지하여야 한다.
③ 거래소는 ETN의 괴리율이 3%(해외 기초자산의 경우 6%)를 초과하지 않도록 유동성공급호가를 제출하도록 하고 있다.
④ ETN의 발행사 이외의 제3자가 유동성공급자로서 유동성공급을 하여야 한다.

ETN에서 LP가 호가를 제출할 의무가 없는 경우로 사실과 다른 것은?

① 증권시장 개시 후 5분간
② 오전 단일가매매 호가접수시간
③ 오후 단일가매매 호가접수시간
④ 호가스프레드 비율이 ETN 상장 시 거래소에 신고한 비율을 초과한 경우

33 ETN 발행회사의 퇴출 요건으로 사실과 다른 것은?

① 자기자본 : 2,500억원 미만
② 신용등급 : 투자적격등급(BBB-) 미만
③ 최근 사업연도 감사의견 : 부적정, 의견거절
④ 순자본비율 : 150% 미만

34 ETN의 투자위험으로 적절하지 않은 것은?

① 국내 주식형 ETN의 경우 매도할 때 증권거래세가 면제되어 단기거래 시에도 비용 증가 위험은 없다.
② 일별 복리효과 위험은 추적 배율이 1배가 아닌 ETN을 2일 이상 보유하는 경우 ETN의 누적수익률이 투자대상의 누적수익률에 추적 배율을 곱한 값과 차이가 날 위험을 말한다.
③ 롤오버 위험은 ETN의 기초지수가 목표로 하는 투자대상이 선물인 경우 롤오버 효과가 발생하여 기초자산의 가격을 기준으로 한 누적수익률과 실제의 수익률간 차이가 발생할 수 있는 위험을 말한다.
④ ETN은 신탁재산을 별도 보관하는 ETF와 달리 무보증·무담보 일반사채와 동일한 발행자 신용위험을 가진다.

정답 및 해설

29 ② ETN은 유동성공급자를 제외한 개인이나 기관의 청약은 허용하지 않고 유동성공급자에게 일괄하여 배정하는 형태로 발행(간주 공모)하므로 유동성공급자가 발행물량을 전부 취득한 후 거래소를 통하여 일반투자자에게 매출함으로써 거래가 시작된다.
30 ③ ① 일일 지표가치 ② 중도상환기준가 ③ 괴리율 ④ 실시간 지표가치
31 ④ 유동성공급자 역할은 ETN을 발행한 증권회사 또는 제3의 증권회사가 담당한다.
32 ④ 09:05~15:20 사이라도 호가스프레드 비율이 ETN 상장 시 거래소에 신고한 비율 이하면 호가를 제출하지 않아도 된다.
33 ④ 순자본비율이 50%미만이거나, 100% 미만인 상태가 3개월간 지속되면 퇴출요건에 해당된다.
34 ① 국내 주식형 ETN의 경우 증권거래세가 면제되어도 매매가 빈번할 경우 위탁수수료 비용이 증가해 투자수익률에 좋지 않은 영향을 미칠 수 있다는 점을 고려해야 한다.

핵심개념 이해도 체크

적절한 개념에 체크 ☑ 하세요.!

01 ELB, DLB 등은 (☐ 파생결합증권 / ☐ 파생결합사채)에 해당한다.

02 파생결합증권을 발행하기 위해서는 증권 및 (☐ 장내파생상품 / ☐ 장외파생상품)에 대한 (☐ 투자매매업 / ☐ 투자중개업) 인가를 받아야 한다.

03 ELW의 유동성은 (☐ 시장수급 / ☐ 유동성 공급자)에 의존한다.

04 (☐ 역사적 변동성 / ☐ 내재변동성)은 시장의 ELW 가격에서 역으로 블랙-숄즈 모형에 내재된 변동성을 추출한 것이다.

05 (☐ 전환비율 / ☐ 패리티)은(는) 행사가격과 기초자산가격의 상대적 크기를 나타낸 것으로 1보다 크면 내가격 상태의 ELW가 된다.

06 ELS 상환금 준비방법 중 (☐ 백투백 / ☐ 자체 헤지)은(는) 주식, 파생상품의 매매를 통해 ELS의 지급구조를 직접 복제하는 것을 말한다.

07 (☐ Down-and-out Put / ☐ Reverse convertible) ELS는 풋옵션 매도를 통한 수수료 수익을 추가로 획득할 수 있지만 원금손실 가능성이 있는 구조이다.

08 (☐ Bull spread / ☐ Step down) 구조는 매 조기상환시점마다 일정 비율씩 조기상환 기준지수를 완화함으로써 조기상환의 가능성을 높였다.

09 ETN은 기초지수 변동과 수익률이 연동되도록 (☐ 증권회사 / ☐ 자산운용회사)가 발행하는 파생결합증권이다.

정답

01 파생결합사채
02 장외파생상품, 투자매매업
03 유동성 공급자
04 내재변동성
05 패리티
06 자체 헤지
07 Reverse convertible
08 Step down
09 증권회사

10 ETN의 기초지수 구성종목 수는 국내 주식인 경우 최소 (☐ 5종목 / ☐ 10종목) 이상으로 한다.

11 ETN의 일일 지표가치는 (☐ 거래소 / ☐ 한국예탁결제원)에서 산출한다.

12 ETN은 추적오차 위험이 (☐ 큰 / ☐ 작은) 반면 발행회사의 채무불이행 위험이 (☐ 크다 / ☐ 작다).

정답

10 5종목
11 한국예탁결제원
12 작은, 크다

www.epasskorea.com

이패스코리아 금융투자분석사

이패스코리아 금융투자분석사

제 **03** 과목

재무분석론

- 제1장   재무제표론
- 제2장   기업가치평가 · 분석

www.epasskorea.com

이패스코리아 **금융투자분석사**

01장

재무제표론

01 재무제표론

학습전략

본 과목에서는 총 10문제가 출제됩니다. 본 과목은 재무회계와 재무제표의 이해, 재무상태표, 손익계산서, 현금흐름표, 자본변동표, 이익잉여금처분계산서 및 연결재무제표로 구성됩니다. 기존 재무제표분석과는 달리, 회계기준을 알고 있어야 해결할 수 있는 문제가 다수 출제되고 있어 까다로운 과목이라고 할 수 있습니다. 기본서에서 중심이 되는 회계기준은 한국채택국제회계기준(K-IFRS)입니다. 따라서 K-IFRS 주요 회계기준을 이해해야 합니다. 재무상태표와 포괄손익계산서에서 높은 비중으로 출제됩니다.

학습포인트

내용	개념이해 난이도		
	상	중	하
제1장 재무회계의 개요			
1. 재무회계의 기초			○
2. 회계기준의 제정		○	
3. 재무제표작성과 표시를 위한 개념체계		○	
제2장 재무제표에 대한 이해			
1. 재무제표의 상호연관성			○
2. 재무제표 작성 및 표시를 위한 일반 고려사항		○	
3. 재무상태표 / 손익계산서 / 현금흐름표 / 자본변동표 / 주석	○		
제3장 재무상태표론			
1. 금융상품	○		
2. 재고자산	○		
3. 유형자산	○		
4. 무형자산	○		
5. 리스회계	○		
6. 자산손상		○	
7. 충당부채, 우발부채 및 우발자산		○	
8. 주식기준보상			○
9. 차입원가자본화			○
10. 파생상품		○	
제4장 손익계산서			
1. 일반론	○		
2. 매출	○		
3. 비용	○		
4. 주당순손익	○		
제5장 현금흐름표			
1. 현금흐름표의 개요		○	
2. 현금흐름표의 작성		○	
제6장 자본변동표, 이익잉여금처분계산서			
1. 자본변동표		○	
2. 이익잉여금처분계산서		○	
제7장 연결재무제표			
1. 연결회계처리	○		
2. 사업결합처리			○
3. 관계기업투자	○		
4. 환율변동효과			○

다음 중 재무제표의 작성과 표시를 위한 개념체계에 대한 설명 중 잘못된 것은?

① 개념체계는 한국채택국제회계기준이 아니므로, 특정한 측정과 공시에 관한 기준을 정하지 않는다.
② 재무제표의 작성책임은 경영진에 있다.
③ 재무제표는 일반적으로 기업이 계속기업이라는 것을 가정하에 작성된다.
④ 재무제표는 현금주의로 작성된다.

출제 Point 재무제표는 발생주의를 기준으로 한다.

핵심탐구 — 회계의 기본가정과 질적 특성

(1) 기본가정
  ① 발생기준 : 거래나 그 밖의 사건의 영향을 현금이나 현금성 자산의 수취나 지급시점이 아니라 발생한 기간에 인식
  ② 계속기업의 가정 : 예상가능한 기간동안 영업을 계속할 것

(2) 질적 특성

목적 적합성	정보이용자의 의사결정에 영향을 주는 정보
충실한 표현	서술은 완전하고, 중립적이며, 오류가 없어야 함
보강적 특성	비교가능성, 검증가능성, 적시성, 이해가능성

보충학습

회계 : 정보이용자에게 기업의 실체에 대한 economic information을 전달하는 것으로 재무회계와 관리회계로 구분

구 분	재무회계	관리회계
목적	외부보고서	내부보고서
보고수단	재무제표	특수목적보고서
작성원칙	일반기업회계기준, K-IFRS 등	특정회계기준 없음

정답 | ④

다음 중 재무제표 요소에 대한 설명으로 잘못된 것은?

① 자산은 미래 사건의 결과로 기업이 통제하고 있고, 미래경제적 효익이 유입될 것으로 기대되는 자원이다.
② 부채는 과거 사건에 의하여 발생하였으며 경제적 효익이 내재된 자원이 기업으로부터 유출됨으로써 이행될 것으로 기대되는 현재의무이다.
③ 자본은 기업의 자산에서 모든 부채를 차감한 잔여지분이다.
④ 수익은 지분참여자에 의한 출연과 관련된 것은 제외한다.

 Point 재무상태와 경영성과를 나타내는 재무제표 요소를 이해해야 한다.

핵심탐구 재무제표 구성요소

(1) **재무상태** : 자산, 부채, 자본의 정의는 단순한 법률적 형식이 아닌 거래의 경제적 실질이 중요
  ① 자산 : 과거 사건의 결과로 기업이 통제하고 있고, 미래경제적 효익이 기업에 유입될 것으로 기대되는 자원
  ② 부채 : 과거 사건에 의하여 발생하였으며 경제적 효익이 내재된 자원이 기업으로부터 유출됨으로써 이행될 것으로 기대되는 현재의무
  ③ 자본 : 기업의 자산에서 모든 부채를 차감한 잔여지분. 소분류하여 표시 가능함
(2) **경영성과**
  ① 수익 : 주주와의 거래를 제외한 자산의 증가 또는 부채의 감소로 인하여 자본의 증가를 수반하는 거래
  ② 비용 : 주주와의 거래를 제외한 자산의 감소 또는 부채의 증가로 인하여 자본의 감소를 수반하는 거래

정답 | ①

03

K – IFRS에 대한 다음 설명 중 잘못된 것은?

① K – IFRS 도입으로 글로벌 기업들의 재무제표 이중 작성부담을 경감시킬 수 있다.
② K – IFRS는 상장기업 비상장기업 모두 의무 적용대상이다.
③ K – IFRS는 '기업회계기준서'와 '기업회계기준해석서' 등으로 구성되어 있다.
④ 이익잉여금처분계산서는 재무제표에서 제외된다.

> **출제 Point** 상장기업과 비상장기업의 회계기준 적용을 이해할 수 있어야 한다.

핵심탐구 | 한국채택국제회계기준(K – IFRS), 일반기업회계기준

(1) 한국채택국제회계기준(K – IFRS)
  ① 국제회계기준위원회(IASB)에서 국제적으로 통일된 국제회계기준(IFRS) 제정
  ② 대한민국은 국제회계기준(IFRS)를 전면 도입한 후 K – IFRS로 명명함
  ③ 2011년부터 상장기업기업은 K – IFRS 의무적용
(2) 일반기업회계기준 : 비상장기업을 위한 회계기준

정답 | ②

다음 중 재무제표의 종류와 특징이 잘못 연결된 것은?
① 재무상태표 - 일정 기간의 재무상태를 알려주는 표
② 포괄손익계산서 - 일정 기간의 경영성과를 알려주는 표
③ 자본변동표 - 자본의 크기와 그 변동에 관한 정보를 알려주는 표
④ 현금흐름표 - 일정 기간의 현금증감 원인과 결과를 알려주는 표

 Point 재무제표의 특징을 이해할 수 있어야 한다.

핵심탐구 재무제표의 특징

- 재무상태표 : 일정 시점의 재무상태를 알려주는 표
- 포괄손익계산서 : 일정 기간의 경영성과를 알려주는 표
- 자본변동표 : 자본의 크기와 그 변동에 관한 정보를 알려주는 표
- 현금흐름표 : 일정 기간의 현금증감 원인과 결과를 알려주는 표

정답 | ①

05

(K - IFRS)재무상태표에 대한 설명으로 잘못된 것은?

① 기업에게 세부적인 지침을 제공하기보다는 기업들이 준수해야 할 원칙들을 규정하고 있다.
② 자산과 부채는 유동항목과 비유동항목으로 구분하고 유동성이 높은 항목부터 배열해야만 한다.
③ 재무상태표에 충당부채는 표시되어야 한다.
④ 재무상태표에 비지배지분은 표시되어야 한다.

출제 Point 재무상태표에서 K-IFRS 작성기준과 일반기업회계기준의 차이점을 이해해야 한다.

함정 & 오답 피하기
자산과 부채를 유동성 순서에 따라 표시하는 방법이 신뢰성 있고 더욱 목적 적합한 정보를 제공하는 경우를 제외하고는 자산과 부채를 유동항목과 비유동항목으로 구분하여 재무상태표에 표시한다. 이 경우, 세부 표시 순서는 기업이 자율적으로 정한다.

핵심탐구 재무상태표론

(1) 재무상태표 : 일정 시점에서 기업의 재무상태를 나타낸 표
(2) 재무상태표의 작성기준

구 분	일반기업회계기준	K - IFRS
자산구분	유동자산(당좌, 재고), 투자자산, 유형자산, 무형자산, 기타비유동자산	• 세부지침 제공이 아닌 원칙만 규정 • 재무상태표에 표시되어야 할 최소한 항목만 규정
부채구분	유동부채, 비유동부채	
자본구분	자본금, 자본잉여금, 자본조정, 기타포괄손익누계액, 이익잉여금	
유동성배열	유동성순서에 따라 배열	제한없음

정답 | ②

다음 재무상태표의 항목 중에서 유동자산으로 분류할 수 없는 것은?

① 사용의 제한이 없는 현금과 현금성 자산
② 기업의 정상적인 영업주기 내에 판매할 목적으로 보유하고 있는 자산
③ 단기매매 또는 단기보유 목적으로 1년 내에 현금화 될 것으로 기대되는 자산
④ 정상적인 영업주기 내에 사용되는 설비자산

 재무상태표 주요 계정의 정의와 항목의 특징을 이해해야 한다.

핵심탐구 — 재무제표의 정의와 항목 이해

구 분	내용
유동자산	기업의 정상 영업주기 내에 실현될 것으로 예상하거나, 정상 영업주기 내에 판매하거나 소비할 의도로 보유한 과거사건의 결과로 기업이 통제하고 있고, 미래 경제적 효익이 기업에 유입될 것으로 기대되는 자원의 특성
비유동자산	미래 경제적 효익이 기업에 유입될 것으로 기대되는 자원으로 구성되었으나 기업의 정상 영업주기를 초과하여 실현될 것으로 예상하거나, 보고기간 후 12개월을 초과하여 실현될 것으로 예상되는 자산

정답 | ④

07

다음 중 포괄손익계산서에 대한 다음 설명 중 잘못된 것은?

① 수익, 매출원가, 매출총이익으로 분류하는 방식을 성격별 분류라고 한다.
② 유형자산, 무형자산 재평가 잉여금은 기타포괄손익으로 보고한다.
③ 총포괄손익은 당기손손익과 기타포괄손익으로 구성된다.
④ 매도가능금융자산의 평가손익은 기타포괄손익으로 보고한다.

출제 Point 수익, 매출원가, 매출총이익으로 분류하는 방식은 기능별 분류라고 한다.

핵심탐구 | 기능별로 분류된 포괄손익계산서

기능별로 분류된 포괄손익계산서 : 이 경우, 성격별 분류를 주석으로 추가 공시해야 함

성격별		기능별	
수익	1000	수익	1000
원재료사용액	300	매출원가	500
인건비	300	매출총이익	500
감가상각비	100	판매비	200
기타비용	100	관리비	100
영업이익	200	영업이익	200

정답 | ①

재무제표 자산의 측정방법에 대한 설명으로 잘못된 것은?

① 역사적 원가 - 취득의 대가로 취득 당시에 지급한 현금 또는 현금성자산이나 그 밖에 대가의 공정가치로 기록
② 현행원가 - 동등한 자산을 현재시점에서 취득할 경우에 그 대가로 지불할 현금이나 현금성 자산으로 평가
③ 실현가능가치 - 정상적으로 처분하는 경우 수취할 것으로 예상되는 현금이나 현금성 자산의 금액으로 평가
④ 현재가치 - 정상적인 영업과정에서 그 자산이 창출할 것으로 기대되는 미래 순현금유입액의 명목가치로 평가

 자산과 부채 평가방법의 특징을 이해해야 한다.

핵심탐구 — 자산과 부채의 평가

재무상태표에 기재되는 자산이나 부채의 금액을 결정하는 것

(1) 자산평가 기준
① 원가주의 : 과거 자산을 취득할 시점의 교환가격인 역사적 원가로 자산을 평가
② 공정가치주의 : 시장에서 거래되는 가격으로 자산을 평가
③ 저가주의 : 원가와 공정가치를 비교하여 낮은 가격으로 자산을 평가

(2) 자산과 부채 평가방법의 비교

평가방법		특 징
역사적 원가		과거 자산이나 부채를 취득할 시점의 교환가격으로 평가
	장점	객관성, 검증 가능
	단점	화폐가치변동을 반영하지 못함
현행원가		동일한 자산이나 부채를 현재시점에서 취득하거나, 의무를 이행하는데 필요한 금액
	장점	현행유입가치, 현재시점의 경제적 가치평가
	단점	객관성 결여
순실현가능가치		정상적으로 처분하는 경우 수취할 것으로 예상되는 금액
	장점	현행유출가치, 현재시점의 경제적 가치평가
	단점	객관성 결여
현재가치		자산이 미래 창출할 것으로 기대되는 미래 순현금유입액의 현재 할인가치
	장점	이론적으로 우수함
	단점	객관성 결여

정답 | ④

09

다음 중 금융자산이 아닌 것은?

① 매출채권
② 대여금
③ 현금
④ 특허권

출제 Point 금융상품과 부채의 정의를 이해해야 한다.

함정 & 오답 피하기

특허권 : 무형자산에 해당됨

핵심탐구 ▶ 자산 / 부채 평가 기준의 이해

(1) **금융상품** : 거래상대방에게 금융자산을 발생시키고, 동시에 다른 거래상대방에게 금융부채나 지분상품을 발생시키는 모든 계약
  ① 금융자산 : 현금 및 현금성 자산, 매출채권, 대여금, 유가증권
  ② 금융부채 : 매입채무, 차입금, 사채, 파생상품

정답 | ④

보충학습

금융상품의 인식 및 평가

금융자산이나 금융부채는 최초 인식 시 공정가치로 측정

(1) 분류
① 당기손익인식금융자산 : 단기매매항목으로 분류되거나 최초 인식시점에 당기손익인식항목으로 지정한 금융상품(위험회피수단을 제외한 파생상품)
② 만기보유금융자산 : 만기가 고정되었고, 지급금액이 확정되었거나 결정 가능한 비파생금융자산으로서 만기까지 보유할 적극적인 의도와 능력이 있는 경우
③ 대여금과 수취채권 : 지급금액이 확정되었거나 결정가능하며 활성시장에서 가격이 공시되지 않는 비파생금융자산
④ 매도가능금융자산 : 매도가능항목으로 지정한 비파생금융자산 또는 당기손익인식금융자산, 만기보유금융자산, 대여금과 수취채권으로 분류되지 않은 비파생금융자산

(2) 최초인식 / 취득 후 평가

구 분	금융자산	최초인식	취득 후 평가	평가손익
당기손익인식금융자산	지분상품	공정가치	없음	당기손익인식
	채무상품			
	파생상품			
대여금 및 수취채권	지분상품	불가	불가	불가
	채무상품	공정가치	상각 후 원가	없음
	파생상품	불가	불가	불가
만기보유금융자산	지분상품	불가	불가	불가
	채무상품	공정가치	상각 후 원가	없음
	파생상품	불가	불가	불가
매도가능금융자산	지분상품	공정가치	공정가치	기타포괄손익
	채무상품			
	파생상품	불가	불가	불가

(3) 손상차손 평가 : 회수가능액 < 상각 후 원가

제1장 재무제표론

10

다음 중 재고자산에 대한 설명 중 잘못된 것은?

① K-IFRS는 재고자산 원가결정방법에 선입선출법, 가중평균법, 후입선출법을 인정한다.
② 재고자산 장부금액은 취득원가와 순실현가능가치 중 작은 것으로 한다.
③ 취득원가에는 매입원가에 재고자산을 현재의 상태에 이르게 하는데 발생한 기타 원가로 구성된다.
④ 순실현가능가치는 정상적인 영업과정에서 재고자산의 판매를 통해 실현할 것으로 기대하는 순매각금액을 말한다.

출제 Point 재고자산의 원가결정방법을 이해해야 한다.

함정 & 오답 피하기
후입선출법은 K-IFRS에서는 인정되지 않음

핵심탐구 — 재고자산

(1) 최초인식 : 취득원가 (매입원가 or 제조원가)
(2) 취득 후 평가 : 저가법 : Lower of (취득원가 or 시가(순실현가치))
(3) 기말 재고자산의 원가 결정방법

구 분	단가결정	기말재고	매출원가	당기순이익 영향 (인플레이션 발생 시)
프로젝트별 생산제품	개별법			
대량생산제품	선입선출법	최근 재고	기초 재고	이익 Up
	가중평균법	평균	평균	평균적 영향
	후입선출법	기초 재고	최근 재고	이익 Down

▶ K-IFRS에는 후입선출법이 인정되지 않음

정답 | ①

다음 중 유형자산의 원가를 구성하지 않는 항목은?
① 유형자산의 매입에 관련된 종업원 원가
② 설치장소 준비원가
③ 설치원가 및 조립원가
④ 유형자산 관리 및 기타 일반간접원가

출제 Point 관리 및 기타 일반간접원가는 기간비용으로 인식한다.

함정 & 오답 피하기
관리 및 기타 일반간접원가 : 취득과정에 직접 관련되지 않으므로 해당기간의 비용으로 인식함

핵심탐구 유형자산

(1) 최초인식 : 취득원가(구입원가 or 제작원가)
  ① 자산을 가동하는데 필요한 장소와 상태에 이르게 하는데 직접 관련된 원가는 취득원가 포함
  ② 자본화 대상인 차입원가 포함 가능
  ③ 복구원가에 대한 충당부채 포함
  ④ 교환으로 취득한 유형자산 취득원가
    ▷ 공정가치(단, 교환거래에 상업적 실질이 결여된 경우는 장부가)
(2) 유형자산 취득 후 지출 처리
  ① 자본적 지출(자산) : 생산능력 증대, 내용연수 연장, 원가절감, 품질향상
  ② 수익적 지출(비용) : 수선유지 등
(3) 취득 후 평가
  ① 원가모형 : 취득원가 - 감가상각누계액 - 손상차손누계액
  ② 재평가모형 : 공정가치(재평가) - 감가상각누계액 - 손상차손누계액
  ③ 평가손익 : 평가이익(기타포괄손익누계액), 평가손실(당기손실)

정답 | ④

이패스건설(주)의 20×1년 감가상각비는? (정액법과 정률법으로 구하시오.)

20×1년 9월 1일 기중에 기계장치를 취득하였다. 취득원가는 1,000,000원, 잔존가액은 100,000원으로 추정하고 있다. 내용연수는 5년이며, 정률법상각 시 상각률은 30%이다. 한편, 이패스건설(주)의 결산일은 12월 31일이다.

	정액법	정률법
①	60,000원	100,000원
②	60,000원	180,000원
③	200,000원	300,000원
④	200,000원	1,000,000원

출제 Point
- 정액법 : 감가상각비(60,000) = (1,000,000 − 100,000) / 5 × 4 / 12
- 정률법 : 감가상각비(100,000) = 1,000,000 × 0.3 × 4 / 12

핵심탐구 감가상각

유형자산 금액을 내용연수에 걸쳐 합리적이고 체계적인 방법으로 배분

구 분	감가상각액 산정(연간)	특 징
정액법	(기초가격 − 잔존가격) / 내용연수	간단명료함 현실적 가치감소와 맞지 않음
정률법	미상각잔액 × 정률(R)	초기 많은 금액 상각
생산량비례법	(기초가격 − 잔존가격) × (실제생산량 / 추정총생산량)	논리상 적절

➡ 감가상각방법, 잔존가치, 내용연수는 매년 말 재검토해야 함 : 변경시 회계추정의 변경으로 전진법 적용

정답 | ①

이패스건설(주)의 20×1년 감가상각에 대한 다음 설명 중 잘못된 것은?

20×1년 9월 1일 기중에 기계장치를 취득하였다. 취득원가는 1,000,000원, 잔존가액은 100,000원으로 추정하고 있다. 내용연수는 5년이며, 정률법상각 시 상각률은 30%이다. 한편, 이패스건설(주)의 결산일은 12월 31일이다.

① 초년도에 정률법이 정액법보다 감가상각금액이 크다.
② 초년도에 정률법이 정액법보다 당기순이익 보고금액이 작다.
③ 감가상각방법은 매년 말 재검토되어야 한다.
④ 정액법은 조업도 변화에 따른 인식이 가능한 장점이 있다.

 조업도 변화를 인식하는 방법은 생산량 비례법이다.

함정 & 오답 피하기
정액법은 조업도 변화에 관계없이 매년 동일한 금액의 감가상각비를 인식함

핵심탐구 감가상각

유형자산 금액을 내용연수에 걸쳐 합리적이고 체계적인 방법으로 배분

구 분	감가상각액 산정(연간)	특 징
정액법	(기초가격 – 잔존가격) / 내용연수	간단명료함 현실적 가치감소와 맞지 않음
정률법	미상각잔액 × 정률(R)	초기 많은 금액 상각
생산량비례법	(기초가격 – 잔존가격) × (실제생산량 / 추정총생산량)	논리상 적절

➡ 감가상각방법, 잔존가치, 내용연수는 매년 말 재검토해야 함

정답 | ④

다음 중 무형자산 회계처리에 대한 설명으로 맞는 것은?

① 내부적으로 창출된 무형자산이 인식기준을 충족하는지 평가하기 위해서는 자산의 발생과정을 연구단계와 개발단계로 구분하고, 연구단계에서 자본화한다.
② 정액법 상각은 합리적인 상각방법을 정할 수 없는 경우 사용한다.
③ 내부적으로 창출한 영업권은 법적권리가 없더라도 자본화한다.
④ 내용연수가 비한정인 무형자산은 20년 기준으로 감가상각을 한다.

출제 Point 무형자산 취득원가와 무형자산 상각 등 주요 회계기준에 대해서 이해해야 한다.

함정 & 오답 피하기
영업권은 사업결합으로 인해서만 발생이 가능함

핵심탐구 — 무형자산

(1) 취득원가
  ① 구입가격 + 부대비용
  ② 사업전환으로 취득한 무형자산의 원가(취득일의 공정가치)
  ③ 내부적으로 창출된 무형자산
    • 연구단계 : 비용처리
    • 개발단계 : 자산인식기준 충족 시 자산으로 인식
  ④ 내부적으로 창출한 영업권은 자산으로 인식하지 않음
  ⑤ 사업개시비용, 교육훈련비, 광고 및 판매촉진비, 사업이전비 → 비용처리
(2) 무형자산 상각 : 내용연수 → MIN[경제적 내용연수, 통제가능 기간]
  ① 합리적인 상각방법이 없을 경우 정액법 사용
  ② 잔존가액이 없음을 원칙
  ③ 내용연수가 비한정인 무형자산 : 상각하지 않음, 매 기간 말 손상검사 수행
  ④ 재평가모형 : 유형자산과 동일

정답 | ②

다음 한국채택국제회계기준(K – IFRS)에 대한 설명 중 잘못된 것은?

① 손상차손의 환입은 손상차손을 인식하기 전 장부금액의 감가상각 또는 상각 후 잔액을 초과할 수 없다.
② 자산손상에서 회수가능액은 순공정가치와 사용가치 중 큰 금액으로 한다.
③ 장부가액이 시가총액보다 크다면, 자산손상의 징후로 볼 수 있다.
④ 차입원가는 비용처리를 원칙으로 한다.

 Point 자산손상과 차입원가에 대한 자본화 원칙을 이해해야 한다.

함정 & 오답 피하기

차입원가(이자비용)은 통상적인 경우 기간비용이나, 적격자산위 취득을 위한 자금차입과 관련한 차입원가는 해당 자산의 취득원가에 가산함(자본화). 따라서 ④의 차입원가는 적격자산과 관련한 차입원가를 의미하는 것으로 보아 자본화됨을 원칙으로 봄이 마땅함

핵심탐구 — 자산손상과 차입원가 자본화 이해

1. **자산손상**
   유무형자산이 자산의 진부화 및 시장가치의 급격한 하락 등으로 인하여 자산의 회수가능액이 장부금액에 중요하게 미달이 되는 경우
   (1) 자산손상의 징후 : 장부금액 > 시가총액
   (2) 손상차손 인식 : 장부금액 – 회수가능액
       ▶ 회수가능액 = Max[순공정가치 or 사용가치(미래현금흐름의 현재가치)]
   (3) 현금창출단위와 영업권에 대한 손상검토
   (4) 손상차손 환입
       ① 손상차손을 인식하기 전 장부금액의 감가상각 후 잔액을 초과할 수 없음
       ② 영업권 손상차손 환입 불가
       ▶ 현금창출단위 식별 : 다른 자산이나 자산집단에서의 현금유입과는 거의 독립적인 현금유입을 창출하는 식별 가능한 최소 자산집단

2. **차입원가 자본화**
   ① 적격자산의 취득을 위하여 자금을 차입한 경우 차입원가의 자본화 함
   ② 특정차입금과 일반차입금을 구분하여 차입원가 자본화

정답 | ④

이패스 금융투자분석사

이패스(주)는 20×1년 1월 1일 기준으로 액면가액 1,000원, 발행가액 1,000원으로 전환사채를 발행하였다. 전환권이 없고, 모든 조건이 동일한 일반사채의 가치가 현재 930원이라면, 이패스(주)가 20×1년 1월 1일 현재 인식해야 하는 부채와 자본은 얼마인가?

① 부채 1,000원,   자본 0원
② 부채 0원,   자본 1,000원
③ 부채 930원,   자본 70원
④ 부채 1,000원,   자본 70원

 **Point** 전환사채 및 신주인수권부 사채의 회계처리를 이해해야 한다.

(차) 현   금   1,000원   (대) 전 환 사 채 (부 채)   1,000원
    전환권조정(부채)   70원   전 환 권 대 가 (자 본)   70원

⇨ 전환사채는 일반사채에 해당하는 부분 부채와 전환권에 해당하는 부분 자본으로 인식한다.

핵심탐구 │ 복합금융상품

자본요소와 부채요소를 모두 가지고 있는 파생상품이 아닌 비파생상품

(1) 예시 : 전환사채, 신주인수권부 사채, 상환의무 우선주, 영구적 의무배당을 해야 하는 참가적 우선주
① 최초인식 발행 시 : 부채요소와 자본요소 분리표시
② 행사 시
• 전환사채 : 부채를 제거하고 자본으로 인식 (손익 발생 없음)
• 신주인수권부사채 : 부채는 신주인수권 행사와 관계없이 원금상환시까지 존재, 추가적인 현금이 납입됨

정답 | ③

17

다음 중 충당부채의 인식과 측정에 대한 설명으로 잘못된 것은?

① 과거 사건이나 거래의 결과로 현재의 의무가 존재한다.
② 자원이 유출될 가능성이 매우 높다.
③ 유출될 금액을 신뢰성 있게 추정할 수 있다.
④ 불법적인 환경오염으로 인한 벌칙금에 적용될 수 있다.

 출제 Point 충당부채의 인식 기준을 명확히 숙지하고, 한국채택국제회계기준(K-IFRS)와 차이점을 이해해야 한다.

함정 & 오답 피하기
충당부채는 자원이 유출될 가능성이 높으면 되는 것이지, "매우" 높아야 함을 요구하진 않음(표현 주의)

핵심탐구 — 충당부채의 인식과 측정

1. **충당부채**
   과거의 사건이나 거래의 결과에 의한 현재의무가 존재하며 지출시기 또는 금액이 불확실하지만, 자원유출가능성이 높고, 금액을 신뢰성 있게 추정 가능한 경우

2. **충당부채인식**

구 분	신뢰성 있게 추정 가능	추정 불가능
유출 가능성이 높음(50% 초과)	충당부채 인식	우발부채로 주석공시
유출 가능성이 높지 않음	우발부채로 주석공시	우발부채로 주석공시
유출 가능성이 거의 없음	공시하지 않음	공시하지 않음

보충학습

우발자산인식

구 분	신뢰성 있게 추정 가능	추정 불가능
가능성이 매우 높음	우발자산으로 주석공시	우발자산으로 주석공시
가능성이 매우 높지 않음	공시하지 않음	공시하지 않음

▶ 일반회계기준 : 80%↑(자원유출가능성), K-IFRS : 50%↑(자원유출가능성)

정답 | ②

18

다음 K-IFRS 회계기준에 대한 설명 중 잘못된 것은?

① 이연법인세 부채는 가산할 일시적 차이 × 소멸되는 회계연도의 평균세율로 산출한다.
② 이연법인세는 법인세비용을 수익·비용 대응의 원칙에 따라 이연하여 인식하는 제도이다.
③ 우발부채는 유출가능성이 높은 경우 충당부채로 인식한다.
④ 확정급여제도에서 보험수리적 손익은 당기손익으로 반영한다.

출제 Point 확정급여제도에서 보험수리적 손익은 기타포괄손익으로 인식한다.

핵심탐구 K-IFRS 회계기준

1. 종업원급여
   (1) 분류 : ① 단기종업원급여 ② 퇴직급여 ③ 기타장기종업원급여 ④ 해고급여
   (2) 퇴직급여 특징

종류	위험부담	퇴직급여액	기업의무	회계처리
확정기여제도(DC)	종업원	불확정	기여금에 한정	기여금 인식에 한정
확정급여제도(DB)	기업	확정	변동	퇴직급여 충당부채 인식

   (3) 확정급여제도 재무제표 표시
      ① 순확정급여부채 : 확정급여채무의 현재가치 − 사외적립자산의 공정가치
      ② 확정급여원가의 구성요소
         • 당기손익인식 : 당기근무원가, 이자원가, 기대수익
         • 기타포괄손익인식 : 보험수리적 손익 (임금인상률, 투자수익률, 할인율 등의 변화)

보충학습

법인세 회계

회계기준	세무조정법	법인세법
수익	± 일시적 차이	익금
비용	± 비일시적 차이	손금
회계이익	≠	과세소득
× 세율		× 세율
법인세비용		법인세부담액

(1) 법인세 비용 : 당기법인세 + 이연법인세
(2) 이연법인세 자산·부채 측정 : 일시적 차이에 대한 세금효과를 인식하여 손익계산서의 법인세 비용에 가감. 재무상태표에 이연법인세 자산·부채를 인식
   ① 이연법인세 부채 = 가산할 일시적 차이 × 소멸되는 회계연도의 평균세율
   ② 이연법인세 자산 = 실현가능한 차감할 일시적 차이 × 소멸되는 회계연도의 평균세율

정답 | ④

19

다음 중 화폐성 자산이 아닌 것은?
① 매출채권
② 미수금
③ 대여금
④ 재고자산

출제 Point 환율변동효과에서 기능통화와 표시통화의 개념을 이해하고, 외화거래의 환산방법을 이해해야 한다.

함정 & 오답 피하기
- 화폐성 자산 : 확정되었거나 결정 가능한 화폐단위를 받을 권리
- 재고자산은 매출채권등과 같이 그 자체가 결정된 금액을 받을 권리가 아니므로 비화폐성 자산임

핵심탐구 — 환율변동효과

(1) 용어정리
  ① 기능통화 : 영업활동이 이루어지는 주된 경제 환경의 통화
  ② 표시통화 : 재무제표를 표시할 때 사용하는 통화

(2) 외화거래를 기능통화로 환산 및 보고
  ① 최초인식 : 현물환율
  ② 후속기간 말 보고

구 분	대상자산	환율적용
화폐성 자산	현금, 수취채권, 유동부채, 장기채권 / 채무	마감환율
비화폐성 자산	선급비용, 재고자산, 판매보증채무, 선수수익, 선수금, 전환사채	역사적환율 or 공정가치가 결정된 날의 환율

  ③ 환산손익 : 당기손익 인식

보충학습

표시통화로 환산

구 분	대 상	환율적용
재무상태표	자산 / 부채	마감환율
손익계산서	수익 / 비용	평균환율

① 환산손익 : 기타포괄손익으로 인식

정답 | ④

이패스 금융투자분석사

다음 중 파생상품 회계처리에 대한 요건이 아닌 것은?

① 기초변수 및 계약단위의 수량이 있어야 한다.
② 최초계약 시 순투자금액이 다른 유형의 거래보다 적어야 한다.
③ 차액결제가 가능해야 한다.
④ 내재파생상품은 파생상품이 아닌 주계약을 포함하는 복합상품의 구성요소이다.

 파생상품의 요건과 회계처리를 이해해야 한다. 차액결제가 아닌 미래결제가 파생상품의 정의이다.

핵심탐구 ▶ 파생금융상품회계

(1) 파생요건
 ① 기초변수 및 계약단위의 수량(지급규정)
 ② 적은 순투자금액 필요
 ③ 미래에 결제

(2) 위험회피회계

파생상품 투자목적		평 가	평가손익
매매		공정가치평가	당기손익
위험회피	공정가치위험회피	공정가치평가	당기손익
	현금흐름위험회피	위험회피에 효과적인 부분	기타포괄손익누계액
		위험회피에 효과적이지 않은 부분	당기손익
	해외사업장순투자위험회피	현금흐름위험회피와 동일	현금흐름위험회피와 동일

보충학습

주식기준보상

구 분	정 의	보상비용 인식
주식결제형	재화나 용역을 제공받은 대가로 지분상품을 부여	주식선택권(자본)
현금결제형	재화나 용역을 제공받은 대가로 기업의 주식이나 다른 지분상품의 가격에 기초한 금액만큼의 현금을 지급	장기미지급비용(부채)

정답 | ③

다음 중 금융리스 요건에 해당하지 않는 것은?
① 리스기간 종료시점까지 리스자산의 소유권이 리스이용자에게 이전
② 리스이용자가 염가구매선택권을 보유하고, 선택권 행사가 거의 확실한 경우
③ 리스기간이 경제적 내용연수의 상당기간 차지
④ 리스약정일 최소리스료의 현재가치가 리스자산 공정가치의 1/2에 해당하는 경우

 출제 Point 금융리스와 운용리스의 차이를 명확히 이해해야 한다.

> **함정 & 오답 피하기**
> 금융자산이 되려면 최소리스료의 현재가치가 리스자산 공정가치의 대부분에 상당해야 함. 여기서 "대부분"이라 함은 기준서상 명확한 수치가 표현되어 있진 않으나, 상식적으로 1/2보다는 훨씬 높아야 할 것으로 보면 됨

핵심탐구 리스회계

(1) 금융리스 : 리스이용자에게 자산소유에 대한 위험과 보상이 대부분 이전되는 경우
(2) 금융리스 요건
    ① 리스기간 종료시점까지 리스자산의 소유권이 리스이용자에게 이전
    ② 리스이용자가 염가구매선택권을 보유하고, 선택권 행사가 거의 확실한 경우
    ③ 리스기간이 경제적 내용연수의 상당기간 차지
    ④ 리스약정일 기준 최소 리스료의 현재가치가 적어도 리스자산 공정가치의 대부분 상당
    ⑤ 리스이용자만이 중요한 변경 없이 사용할 수 있는 특수한 성격의 리스자산인 경우
(3) 금융리스 회계
    ① 리스이용자 : 사용권자산 / 부채인식, 이자비용인식, 감가상각인식
    ② 리스제공자 : 자산제거, 금융리스채권인식, 이자수익인식
(4) 운용리스 회계
    ① 리스이용자 : 리스료비용인식
    ② 리스제공자 : 자산인식, 리스료수익인식, 감가상각인식
(5) 판매 후 리스 : 리스이용자가 리스제공자에게 자산을 판매하고 다시 그 자산을 리스하는 거래
    ① 금융리스 : 판매이익 이연 (리스기간에 이연 환입)
    ② 운용리스 : 손익즉시 인식

정답 | ④

이패스 금융투자분석사

다음 중 포괄손익계산서에 대한 설명으로 잘못된 것은?

① 기타포괄손익의 변동 내용도 함께 보고하는 포괄손익계산서의 작성이 요구된다.
② 매출총이익에서 판매비와 관리비를 차감하여 영업이익을 표시한다.
③ 성격별, 기능별 분류 방법 중 선택하여 작성할 수 있다.
④ 일반적인 항목은 서로 상계하여 간단히 작성한다.

 손익계산서의 작성기준을 이해해야 한다.

함정 & 오답 피하기
특별한 상황이 아니라면 일반적으로 상계는 허용되지 않는 것이 원칙임(총액주의)

핵심탐구 — 손익계산서

(1) 작성원칙 : 발생주의, 실현주의, 수익, 비용 대응의 원칙, 총액주의, 구분계산
(2) 유용성 VS 한계점 : 경영성과 VS 임의적 회계배분, 불확실한 추정, 역사적 원가주의
(3) K - IFRS 포괄손익계산서

구 분	일반기업회계기준	K - IFRS
포괄손익계산서	당기순손익만 표시	기타포괄손익 변동보고
분류방식	기능별 분류	성격별 or 기능별 분류 가능

보충학습

비용과 수익의 인식기준

(1) 현금주의 : 현금 유입 / 유출
(2) 발생주의 : 비용과 수익을 발생한 시기에 정당하게 배분
(3) 실현주의 : 확실하고 객관적인 수익만을 계상 *cf.* 판매시점

정답 | ④

23

다음 중 수익인식기준에 대한 설명으로 가장 거리가 먼 것은?

① 매출액 인식 시 매출에누리와 환입, 매출할인은 제외한다.
② 대가의 유입이 이연되는 경우 현재가치로 수익을 인식한다.
③ 위탁판매는 수탁자가 판매한 날 수익을 인식한다.
④ 할부판매 시 이자부분을 포함하여 수익을 인식한다.

출제 Point 손익계산서에서 수익의 인식 기준을 정확히 이해해야 한다.

함정 & 오답 피하기
할부판매시 이자를 제외한 부분만을 수익(매출)로 인식함. 예를 들어, 100만원씩 3년에 걸쳐 수령하는 대가로 판매할 경우, 현재가치에 해당하는 250(가정)만을 매출로 인식하고, 나머지 50은 3년에 걸쳐 이자수익으로 인식함

핵심탐구 — 수익의 인식

(1) 재화의 판매에 따른 수익인식 : 재화를 판매한 때 수익을 실현한 것으로 인식
  ① 제한적인 반품권이 부여된 판매 : 공식적 재화의 선적 수락 or 반품기간 종료
  ② 위탁판매 : 수탁자가 제3자에게 재화를 판매한 시점
  ③ 출판물 : 해당 품목의 가액이 매기 비슷한 경우에는 발송기간에 걸쳐 정액기준으로 인식
  ④ 대가가 분할된 할부판매 : 이자부분을 제외한 판매가격에 해당하는 수익을 판매시점에 인식
(2) 용역의 제공에 따른 수익인식
  ① 설치수수료 : 설치의 진행률
  ② 광고수수료 : 매체수수료(대중에게 전달 시), 제작수수료(광고제작 진행률)
  ③ 입장료 : 행사 개최 시
  ④ 강의료 : 강의기간에 걸쳐 수익인식

보충학습

건설계약

건설계약의 결과를 신뢰성 있게 추정할 수 있는 경우, 건설계약과 관련한 계약수익과 계약원가는 보고기간 말 현재 계약활동의 진행률 기준으로 인식

① 신뢰성있게 측정 가능한 경우 : 당기수익 = 공사계약금액 × 공사 진행률

$$공사진행률 = \frac{당기발행총원가}{공사완성시까지 총예정원가}$$

② 신뢰성있게 측정할 수 없는 경우 : 회수가능기준(계약수익은 회수 가능할 것으로 기대되는 발생원가를 한도로 인식)

정답 | ④

24. 이패스 금융투자분석사

다음의 자료를 바탕으로 이패스(주)가 20x1년에 포괄손익계산서에 보고하여야 할 매출총이익은?

- 총매출 : 1,000원
- 기초상품 : 50원
- 기말상품 : 200원
- 감가상각비 : 200원
- 이자수익 : 30원
- 매출할인 : 10원
- 매입 : 800원
- 급여 : 50원
- 이자비용 : 20원

① 90원　　　　　　　　　② 100원
③ 290원　　　　　　　　　④ 340원

출제 Point
- 손익계산서 자료를 활용하여 매출총이익, 영업이익을 산출할 수 있어야 한다.
- 매출총이익 340 = 1,000 − 10 − 650(50 + 800 − 200)

핵심탐구　포괄손익계산서의 주요 항목

포괄손익계산서의 주요 항목의 성격
(1) 매출액 : 매출할인, 매출환입, 매출에누리 차감
(2) 매출원가 : 기초재고 + 매입 / 제조 − 기말재고
(3) 영업이익 : 매출총이익(매출액 − 매출원가) − 판매비, 관리비

보충학습

비용
(1) 기타손익 : 배당금수익, 외화환산손익, 유무형자산처분손익
(2) 금융손익 : 이자수익, 이자비용, 금융자산 및 부채에서 발생하는 외화환산손익

정답 | ④

이패스(주)의 20X1년 보통주에 귀속되는 이익이 1,500원이고, 20X1년 가중평균유통주식수는 100주이다. 만약 이패스(주)의 행사가격 10원, 시장가격 20원의 행사 가능한 Stock Option 100주가 시장에 존재한다고 가정할 때, 이패스(주)의 20X1년 희석주당이익을 산출하라.

① 10원
② 15원
③ 20원
④ 30원

 Point
- 기본주당이익과 희석주당이익을 산출할 수 있어야 한다.
- 유통보통주식수(100주) + 희석증권수(50주) = 희석주당순이익 적용 주식수 150주
- 즉, 대가없이 50주가 발행된 것으로 가정한다.

핵심탐구 — 희석주당이익의 산출

주당순이익 산출방법

주당순이익	산출식
기본주당순이익	보통주 귀속 당기순이익 ÷ 가중평균유통보통주식수
분류방식	희석 당기순이익 ÷ (유통보통주식수 + 희석증권수)

보충학습

희석증권의 예
- 옵션과 주식매입권
- 전환금융상품
- 조건부발행 보통주
- 보통주나 현금으로 결제할 수 있는 계약
- 매입옵션
- 매도풋옵션

정답 | ①

제1장 재무제표론 | 311

26

이패스 금융투자분석사

다음 중 현금성자산으로 인정하지 않는 항목은 무엇인가?

① 만기가 12개월 이내에 도래하는 채권
② 보통예금
③ 당좌예금
④ 현금

출제 Point 현금흐름표에서 현금의 정의를 명확히 이해해야 한다.

함정 & 오답 피하기
현금성자산이 되려면 취득시점부터 만기일까지 3개월 이내여야 함

핵심탐구 — 현금흐름표에서의 현금의 정의 이해

현금의 범위
당좌, 보통예금, 현금성자산 – 만기 3개월 이내(채권, 상환우선주, 환매채)

보충학습

현금흐름표의 중요성
(1) 미래현금흐름 창출능력에 대한 정보, 이익의 질에 대한 정보
(2) 영업활동 수행능력에 관한 정보, 재무탄력성과 유동성에 대한 평가

정답 | ①

www.epasskorea.com

이패스(주)의 20X1년 당기순이익은 1,000원이며, 감가상각비 500원, 외화환산손실 100원, 유형자산처분이익 100원, 이자비용 100원, 배당금지급 100원일 때 이 회사의 20X1년 영업활동 현금흐름은 얼마인가? (단, 이자비용은 영업활동, 배당지급은 재무활동으로 가정한다)

① 1,000원 ② 1,300원
③ 1,400원 ④ 1,500원

- 현금흐름표의 영업활동현금흐름을 간접법으로 산출할 수 있어야 한다.
- 간접법에 의하면 (당기순이익 1,000 + 감가상각비 500 + 외화 환산손실 100 – 유형자산처분이익 100)으로 영업활동 현금흐름을 산출할 수 있다.

함정 & 오답 피하기
이자비용과 배당지급은 영업활동 혹은 재무활동중 기업이 선택할 수 있으나, 문제에서 특정 활동으로 지정되어 있다면, 그 지정을 따르면 됨

핵심탐구 — 현금흐름표의 영업활동현금흐름 산출

재무상태표계정과 활동의 분류
(1) 영업활동 : 매출채권, 선급비용, 선급금, 매입채무, 선수금, 미지급비용, 당기순이익, 수입이자, 수입배당금
(2) 투자활동 : 장기금융상품, 대여금, 유형·무형자산
(3) 재무활동 : 단기차입금, 미지급금, 사채·장기차입금, 배당금지급, 유동성장기금융부채 (당기순이익 제외)
(4) 직접법 VS 간접법
  ① 직접법 : 수익과 비용 총액표시, 현금 유입 / 유출액 원천별 표시
  ② 간접법 : 당기순이익 ± 비현금비용수익 ± 운전자본증감
    ▶ K – IFRS 차이점
      (1) 단기매매목적으로 보유하는 유가증권 및 대출채권은 영업활동 현금흐름에 포함
      (2) 이자수령액, 배당금수령액, 이자지급액 및 법인세납부액을 영업활동으로 인한 현금흐름 중 별도로 구분표시 해야 함

보충학습

현금흐름표 주석사항
(1) 현금의 유입과 유출이 없는 거래
현물출자로 인한 유형자산 취득, 유형자산의 연불구입, 무상증자, 무상감자, 주식배당, 전환사채의 전환 등 현금의 유입과 유출이 없는 거래 중 중요한 거래

정답 | ④

28

다음 중 연결재무제표에 대한 설명 중 잘못된 것은?

① 한국채택국제회계기준(K-IFRS)하에서 지분율 50%를 초과하는 종속회사가 존재하면, 연결재무제표를 작성해야 한다.
② 별도재무제표에서 종속기업과 관계기업은 지분법으로 처리한다.
③ 연결재무제표 작성시 지배기업의 투자주식과 종속기업 자본 중 지배기업지분은 제거해야 한다.
④ 연결기업간 내부거래는 모두 제거되어야 한다.

출제 Point 연결재무제표와 별도재무제표의 작성절차를 이해해야 한다.

핵심탐구 — 연결재무제표의 이해

(1) 투자지분율별 회계처리 방법

지분율	0 ~ 20%	20% ~ 50%	50% 이상
피투자회사주식	유가증권	관계회사	종속기업
영향력	영향력 없음	유의적 영향력	지배력
회계처리	공정가치	지분법	연결재무제표 별도재무제표

(2) 별도재무제표 : 종속기업이나 관계기업의 처리는 원가법으로 처리
(3) 연결재무제표 작성절차
　① 재무제표 합산 : 회계정책 일치 검토
　② 투자자본 상계 : 지배기업 투자주식과 종속기업 자본 중 지배기업지분 제거
　③ 내부거래 제거 : 채권 및 채무 상계, 미실현손익 제거
　④ 비지배지분 표시 : 종속기업의 비지배지분 별도 표시

보충학습

사업결합
기업이 사업을 구성하는 순자산을 취득하거나 하나 이상의 다른 기업에 지분을 취득하여, 해당 기업에 대한 지배력을 획득하는 것

(1) 자산, 부채 및 비지배지분 인식
　① 식별 가능한 피취득회사의 자산, 부채를 공정가치로 평가
　② 비지배지분의 인식 및 측정(우발부채 포함)
(2) 식별 가능한 순자산 공정가치와 인수대가의 차이
　① 영업권 : 순자산 공정가치 < 인수대가
　② 염가매수차익 : 순자산 공정가치 > 인수대가

정답 | ②

29

다음 중 관계기업에 대한 설명 중 잘못된 것은?

① 피투자기업의 당기손익에 지분율을 곱한 부분을 지분법 손익으로 인식한다.
② 피투자기업의 기타포괄손익의 변동은 기타포괄손익으로 인식한다.
③ 피투자기업으로부터 수취한 배당금은 배당금 수익으로 인식한다.
④ 피투자기업의 미실현손익은 제거되어야 한다.

출제 Point 관계기업의 주요 회계처리를 이해해야 한다.

핵심탐구 관계기업

(1) 관계기업 : 피투자기업에 대하여 유의적인 영향력이 있는 경우(지분율 20% 이상)
(2) 최초인식 : 취득원가
(3) 취득 후 평가 : 취득원가 ± 피투자기업의 순자산변동액 × 지분율

피투자기업의 순자산변동액 × 지분율	회계처리	손익계산서 영향
1. 당기손익	지분법 손익	영향 있음
2. 자본증가/감소	지분법 자본변동 (기타포괄손익누계액)	영향 없음
3. 배당금	지분법적용투자주식 차감	영향 없음
4. 미실현손익	지분법적용투자주식 차감	영향 있음

(4) 손상차손 : 회수가능액 < 장부가액

정답 | ③

01 내용연수 5년, 취득가 100,000원, 잔존가치 10,000원인 컴퓨터에 대해서 감가상각비를 정액법으로 계산할 때, 첫해 계상할 감가상각비는?

① 10,000원 ② 18,000원
③ 20,000원 ④ 0원

02 다음 중 포괄손익계산서의 한계점이 아닌 것은?

① 기업의 이익을 정확히 측정하기 어려움
② 불확실한 추정이 존재
③ 감가상각의 비용배분이 기업의 실질을 반영하지 못함
④ 기업의 자본구조, 재무구조의 건전성에 관한 정보제공

03 다음 중 유형자산 취득 후 수익적 지출로 처리해야 하는 사항은?

① 최초 성능수준의 유지
② 생산능력의 증대
③ 내용연수의 연장
④ 상당한 수준의 원가절감

04 이패스건설(주)의 20x1년 당기순이익은 1,000원이고, 감가상각비 300원, 유형자산처분이익 100원, 외화환산평가손실 200원이다. 영업활동으로 인한 현금흐름은?

① 1,000원 ② 1,300원
③ 1,400원 ④ 1,500원

내용연수 5년, 취득가 100,000원, 잔존가치 10,000원인 컴퓨터의 감가상각비를 계산할 때, 다음 중 최초년도에 가장 적은 감가상각비를 계상하는 방법은?

① 정액법
② 연수합계법
③ 이중체감잔액법
④ 정률법

 다음 거래 중 한국채택국제회계기준(K-IFRS) 적용 시 비현금거래로 현금흐름표 주석정보 공시사항은?

① 전환사채의 주식전환
② 유상증자
③ 여유자금의 단기유가증권 투자
④ 투자목적 건물취득

 다음 중 투자활동으로 인한 현금흐름에 포함되지 않는 것은?

① 재고자산 투자
② 장기유가증권 투자
③ 유형자산 투자
④ 투자부동산 투자

정답 및 해설

01 ② (취득가 100,000 − 잔존가치 10,000) × 1/5
02 ④ 기업의 자본구조, 재무구조에 관한 사항은 재무상태표 관련 사항이다.
03 ① 최초 성능수준의 유지 및 회복에 대한 후속적 지출은 비용으로 처리한다.
04 ③ 당기순이익 + 감가상각비 + 외화환산평가손실 − 유형자산처분이익
05 ① 정액법이 가장 적은 감가상각비를 계상한다.
06 ① 전환사채의 주식전환은 비현금거래로 주석정보로 공시한다.
07 ① 재고자산 투자는 운전자본 증감 항목으로 영업활동으로 인한 현금흐름 항목이다.

08 다음 중 건설계약에 대한 진행기준 수익인식 측정 계산식 중 적절한 것은?

① 당기수익 = 공사계약금액
② 진행률 = 당기발생총원가 / 공사계약액
③ 당기수익 = 공사계약금액 × 공사원가율
④ 누적 진행률 = 당기까지 발생한 총원가 / 공사완성 시까지 총예정원가

09 다음 중 금융리스 거래에서 리스이용자가 인식해야 하는 회계처리가 아닌 것은?

① 이자비용　　　　　　　　② 금융리스채권
③ 금융리스 자산 감가상각비　④ 정액리스비용

10 다음 중 금융자산의 분류 범위에 포함되지 않는 것은?

① 당기손익인식금융자산
② 만기보유금융자산
③ 현금
④ 현금흐름위험회피 파생상품(위험회피에 효과적임)

11 이패스건설(주)는 20×1년 1월 1일에 공사계약액 1,000원의 3년간 도급공사를 수주하였다. 도급공사의 공사예정 총원가는 800원이며, 20X1년 발생원가는 200원이며, 20×2년 발생원가는 200원이었다. 20×2년에 인식할 공사수익은?

① 0원　　　　　　　　② 200원
③ 250원　　　　　　　④ 400원

12 다음의 자료를 바탕으로 이패스(주)가 20×1년 손익계산서에 보고하여야 할 영업이익은?

- 총매출 : 1,000원
- 기초상품 : 50원
- 기말상품 : 200원
- 감가상각비 : 200원
- 이자수익 : 30원
- 매출할인 : 10원
- 매입 : 800원
- 판매직원 급여 : 50원
- 이자비용 : 20원

① 90원 ② 100원
③ 290원 ④ 300원

13 20×1년도 말 포괄손익계산서의 매출액은 1,000원이다. 20×1년 12월 31일 현재 재무상태표의 매출채권잔액은 500원이고, 20×0년 12월 31일 기준 재무상태표의 매출채권잔액은 600원이라면 20X1년 매출관련 현금유입액은?

① 1,000원 ② 1,100원
③ 1,500원 ④ 1,600원

14 이패스(주)의 당기 기초재고는 100원, 당기제품제조원가는 250원, 기말재고는 70원으로 조사되었다. 이패스(주)의 당기 매출원가를 계산하면?

① 70원 ② 250원
③ 280원 ④ 420원

> **정답 및 해설**

08 ④ 누적 공사진행률 = 당기까지 발생한 총원가 / 공사완성 시까지 총예정원가이다.
09 ④ 정액리스비용은 운용리스 경우에 발생한다.
10 ④ 파생상품은 위험회피에 효과적인 파생상품을 제외하면 금융자산 범주에 속한다.
11 ③ 당기 공사진행률(200/800) × 공사 계약금액(1,000)
12 ① 영업이익(90) = 총매출(1,000) − 매출할인(10) − 매출원가650(50 + 800 − 200) − 급여(50) − 감가상각비(200)
13 ② 현금유입액 = 매출액 − 매출채권증가 = 매출액 − (기말매출채권 − 기초매출채권)
14 ③ 매출원가 = 기초재고 + 당기제품제조원가(당기상품순매입원가) − 기말재고

15 다음 중 기타포괄손익누계액 항목이 아닌 것은?

① 재평가잉여금의 변동
② 현금흐름회피 파생상품평가손익
③ 자기주식처분이익
④ 매도가능금융자산 평가손익

16 이패스(주)의 20X1년 토지에 대한 자산 재평가 전 장부금액은 1,000원이고, 20X1년 말 재평가 후 금액은 900원이다. 3년 후 해당 토지에 대한 재평가 금액이 1,100원이라면 20X4년 말 (주) 이패스가 인식할 재평가잉여금은?

① 100원
② 200원
③ 900원
④ 1,100원

17 다음의 자료를 바탕으로 이패스(주)의 영업활동 현금흐름은 얼마인가?

- 당기순이익 : 1,000
- 유형자산 감가상각비 : 300
- 무형자산 감가상각비 : 200
- 유형자산 처분손실 : 200
- 관계기업 지분법이익 : 50
- 유상증자 : 250
- 회사채발행 : 150

① 1,650
② 1,900
③ 2,000
④ 2,050

18 리스거래가 금융리스로 인식되었을 때, 다음 중 리스 이용자의 회계처리와 관계없는 것은?

① 리스 개시일에 리스자산과 리스부채를 인식해야 한다.
② 리스기간에 걸쳐 이자비용을 인식해야 한다.
③ 리스기간에 걸쳐 감가상각비를 인식해야 한다.
④ 리스기간에 걸쳐 리스비용을 매기 정액으로 인식해야 한다.

19 이패스(주)가 회사 임원에게 20X1년 12월 31일에 10년동안 장기근속에 대한 보상으로 주식매입선택권을 부여하였다. (주식매입선택권:보통주 대상, 액면가 100원, 공정가치 1000원, 행사가격 500원, 주식수 10주) 이패스(주)가 현금결제형으로 회계처리를 한다면, 20X1년에 인식되어야 할 주식기준보상비용은?

① 1,000원 ② 5,000원
③ 10,000원 ④ 없음

20 다음의 자료를 바탕으로 이패스(주)가 재무상태표에 기록할 기타포괄손익누계액 잔액은?

- 자본금 : 100,000원
- 감자차익 : 100,000원
- 이익준비금 : 200,000원
- 자기주식처분이익 : 5,000원
- 주식발행초과금 : 100,000원
- 자기주식 : 5,000원
- 해외사업환산이익 : 10,000원

① 5,000원 ② 10,000원
③ 210,000원 ④ 305,000원

21 기말재고자산의 일부를 재고조사시 누락하여 재고자산이 과소계상 될 경우 재무제표·재무비율에 미치는 영향은?

① 당기순이익이 감소할 것이다. ② 유동비율이 증가할 것이다.
③ 매출원가가 감소할 것이다. ④ 부채비율이 감소할 것이다.

정답 및 해설

15 ③ 해외사업환산손익, 매도가능금융자산 평가손익, 재평가잉여금변동, 확정급여제도의 보험수리적 손익, 현금흐름회피 파생상품평가손익은 기타포괄손익누계액 항목에 해당한다.
16 ① 재평가잉여금은 이전에 당기손실로 인식한 재평가 감소액이 있다면, 그 금액을 한도로 재평가 증가액만큼 당기손익으로 인식한다.
17 ① 1,650 = 1000 + 300 + 200 + 200 - 50
18 ④ 리스기간에 걸쳐 리스료비용을 매기 정액으로 인식하는 것은 운용리스이다.
19 ② 현금결제형은 현금지급차액을 인식한다.
20 ② 기타포괄손익누계액 잔액은 해외사업환산이익, 파생상품평가손익, 매도가능증권평가손익에 해당한다.
21 ① 기말재고자산의 감소는 매출원가의 증가를 가져와 당기순이익이 감소할 것이다.

22 현금흐름회피목적 파생상품 거래이익을 공정가치위험회피목적 파생상품 거래이익으로 잘못 기재하였을 경우 재무제표·재무비율에 미치는 영향은?

① 당기순이익이 증가한다.
② 자본잉여금이 증가한다.
③ 기타포괄손익누계액이 증가한다.
④ 자본조정항목이 증가한다.

 23 이패스(주)는 금에 대한 선도거래를 체결하였으며, 해당 거래는 현금흐름회피의 요건을 충족한 다고 가정한다. 해당 거래로 인한 누적평가이익이 10,000원이고 위험회피대상 거래에 따른 금 현물의 현금흐름변동액이 8,000원이라면 재무상태표에 기타포괄손익누계액으로 기재할 금액은?

① 2,000원 ② 8,000원
③ 10,000원 ④ 18,000원

 24 다음 중 환율변동효과에 대한 설명 중 잘못된 것은?

① 영업활동이 이루어지는 주된 경제 환경의 통화를 기능통화라 한다.
② 재무제표를 표시할 때 사용하는 통화는 표시통화라 한다.
③ 외화거래를 기능통화로 환산 및 보고 시 환산손익은 당기손익으로 인식한다.
④ 표시통화로 환산시 환산손익은 당기손익으로 인식한다.

 25 다음 중 무형자산에 대한 설명으로 잘못된 것은?

① 다른 자산과 교환으로 무형자산을 취득한 경우에는 교환으로 제공한 자산의 공정가치로 취득원가를 한다.
② 내부적으로 창출된 영업권은 무형자산으로 인식하지 않는다.
③ 창업비도 무형자산의 인식기준을 충족하기 때문에 무형자산으로 인식한다.
④ 무형자산의 과목에는 산업재산권, 라이센스와 프랜차이즈, 저작권 등이 있다.

이패스(주)는 본사건물을 신설하기로 하고, 건물 설계비 100원, 자재비 3,000원, 노무비 1,500원, 경비 350원을 지출하였고, 이의 경비를 마련하기 위해 은행으로부터 3,000원을 차입하였으며 건설기간 중에 이자 300원이 발생하였다. K-IFRS상 재무상태표에 기재하여야 할 건물가액은?

① 4,500원 ② 4,950원
③ 5,250원 ④ 8,250원

 다음 피투자기업의 순자산변동 요인 중 투자기업의 손익계산서에 영향을 주는 요인은?

① 배당금
② 재평가잉여금의 변동
③ 당기손실
④ 매도가능 금융자산의 평가익의 변동

 다음 기말 재고자산의 원가 결정방법 중에서 지속적인 인플레이션 발생 시 당기순이익을 가장 크게 보고하는 방법은?

① 선입선출법 ② 총평균법
③ 이동평균법 ④ 후입선출법

정답 및 해설

22 ① 공정가치 위험회피목적 파생상품손익은 당기손익 처리한다.
23 ② 현금흐름회피 거래에서는 위험회피에 효과적인 부분만 기타포괄손익누계액으로 처리한다.
24 ④ 표시통화 환산 시 환산손익은 기타포괄손익으로 인식한다.
25 ③ 창업비, 개업비는 무형자산의 인식기준을 충족하지 못한다.
26 ③ 자가건설에 의한 취득 시 취득원가는 건설기간 중에 소요된 모든 비용과 건설기간 중 발생한 차입금의 이자를 포함한다.
27 ③ 당기손익은 지분법 적용으로 손익계산서에 영향을 준다.
28 ① 선입선출법은 기초재고가 팔린 것을 가정하므로, 기말재고자산과 당기순이익을 가장 크게 보고 한다.

29 다음 지분법적용투자주식에 대한 설명 중 잘못된 것은?

① 유의적인 영향력은 피투자회사의 재무정책과 영업정책에 관한 의사결정에 참여할 수 있는 경우를 말한다.
② 일반적으로 지분율이 20% 이상이면, 유의적인 영향력이 있는 것으로 본다.
③ 미실현손익은 회계처리 시 제거해야 한다.
④ 피투자회사가 배당금지급 시 배당금수익으로 회계처리해야 한다.

30 다음 중 종업원 급여에 대한 설명 중 잘못된 것은?

① 확정기여제도를 적용하는 퇴직급여는 보험수리적 방법으로 비용을 인식한다.
② 기타장기종업원급여는 보험수리적 평가를 적용하지만, 당기손익으로 인식한다.
③ 해고급여는 급여를 근무제공기간에 배분하지 않는다.
④ 확정급여제도를 적용하는 기업은 순확정급여부채를 산출해야 한다.

31 (주)이패스는 X1년 당기법인세 1,000원이 발생하였다. 또한 X2년에 가산할 일시적 차이 (즉, X1년에 차감한 일시적 차이) 5,000원이 발생하였다. 가산할 일시적 차이는 X2년 소멸예정이며, 법인세율은 20%로 변동이 없을 것으로 예상된다. (주)이패스가 X1년에 인식할 법인세비용은 얼마인가?

① 0원
② 1,000원
③ 2,000원
④ 5,000원

32 (주)이패스는 지분을 60%를 보유하고 있는 자회사 (주) 김패스에게 X1년 10,000원의 재고자산을 12,000원에 외상판매하였다. X1년 말 (주) 김패스가 (주)이패스로부터 구입한 재고자산을 보유하고 있다고 가정할 때, 다음 연결재무제표 작성 시 설명 중 잘못된 것은?

① (주)이패스는 매출채권 12,000원을 제거해야 한다.
② (주)김패스의 매입채무 12,000원을 제거해야 한다.
③ (주)김패스에 대한 판매이익의 60%를 제거해야 한다.
④ 재고자산 2,000원을 제거해야 한다.

정답 및 해설

29 ④ 피투자회사의 당기손익보고시 지분법이익을 보고하고, 배당금수령 시는 지분법적용투자주식을 직접차감한다.
30 ① 보험수리적 방법을 적용하는 것은 확정급여제도이다.
31 ③ 법인세비용은 당기법인세 비용(1,000원)과 이연법인세 비용(1,000원 = 5,000원 × 20%)의 합으로 구성된다.
32 ③ 내부거래 관련 수익 비용은 모두 제거되어야 한다.
　　　매출 12,000 / 매출원가 10,000
　　　　　　　　　　재고자산 2,000

핵심개념 이해도 체크

적절한 개념에 체크 ☑하세요.!

01 재무보고를 위한 개념체계와 한국채택국제회계기준이 상충하는 경우에는 재무보고를 위한 개념체계가 우선시된다. (☐ ○ / ☐ ×)

02 포괄손익계산서는 성격별 분류법과 기능별 분류법 중 선택하여 작성하며, 이 중 기능별 분류법을 사용하는 경우에는 성격별 분류에 따른 추가 공시가 필요하다. (☐ ○ / ☐ ×)

03 현금성자산은 유동성이 매우 높은 자산으로, 확정된 금액의 현금으로 전환이 용이하고 가치변동위험이 중요하지 않은 자산을 말한다. (☐ ○ / ☐ ×)

04 기타포괄손익-공정가치 측정으로 선택한 지분상품의 경우 처분할 때 당기손익으로 인식할 처분손익이 발생하지 않는다. (☐ ○ / ☐ ×)

05 저가법은 재고자산의 항목별로 적용해야 하며, 조별기준이나 총계기준은 절대로 적용할 수 없다. (☐ ○ / ☐ ×)

06 유형자산의 재평가모형을 적용하는 경우, 재평가이익과 재평가손실은 모두 기타포괄손익으로 인식하고 자본에 가감한다. (☐ ○ / ☐ ×)

07 무형자산의 내용연수가 비한정인 경우에는 상각하지 않고 손상평가만을 한다. (☐ ○ / ☐ ×)

08 주식을 할인발행하는 경우 신주발행비는 주식할인발행차금에서 차감한다. (☐ ○ / ☐ ×)

09 수익인식의 5단계는 계약의 식별, 수행의무의 식별, 거래가격의 산정, 거래가격의 배분, 수익의 인식이다. (☐ ○ / ☐ ×)

정답

01 × (상충시 K-IFRS가 우선적용됨)
02 ○
03 ○
04 ○
05 × (항목별 적용이 원칙이며, 조별기준은 예외적 허용되나, 총계기준은 절대 적용 불가임)
06 × (오르면 자본, 떨어지면 비용, 반대 것이 있으면 그것부터 상계함)
07 ○
08 × (주식할인발행차금에서 차감이 아니라 가산하는 것임)
09 ○

10 회계정책의 변경과 회계추정의 변경을 구분하기 어려운 경우에는 회계정책의 변경으로 본다.(□ ○ / □ ×)

정답

10 × (구분이 어려운 경우 추정변경으로 보아 전진법 적용함)

www.epasskorea.com

이패스코리아 금융투자분석사

02장

기업가치평가·분석

02 기업가치평가·분석

학습전략

본 과목에서는 총 10문제가 출제됩니다. 상대가치평가방법은 가장 출제비중이 높은 파트로 각 비율의 특징과 장단점을 이해해야 합니다. 현금흐름할인법에서는 자본비용관련 내용의 출제빈도가 높으며, EVA의한 기업가치를 계산할 수 있어야 합니다. 현금흐름할인법과 EVA 기업가치평가는 계산이 복잡하므로, 단계적인 접근이 필요합니다.

학습포인트

내 용	개념이해 난이도		
	상	중	하
제1장 기업가치평가의 개요			
1. 기업가치의 평가목적		○	
2. 기업가치의 평가방법		○	
제2장 상대가치평가법			
1. PER	○		
2. EV / EBITDA	○		
3. PBR	○		
4. PSR	○		
제3장 현금흐름할인법			
1. 현금흐름할인법의 기본구조		○	
2. 영업의 가치		○	
3. 자본비용의 산정	○		
4. 비영업자산의 가치		○	
5. FCFF 할인법	○		
제4장 EVA에 의한 가치평가			
1. EVA 산정 및 가치창출 요소	○		
2. EVA에 의한 가치평가	○		
제5장 공모주식 가치평가			
1. 공모가격 산정 제도의 과거와 현재			○
2. 상대가치, 본질가치		○	
3. 세법에 의한 가치평가			○

채권자의 장부가치가 50억원, 자본의 장부가치가 100억원, 채권자의 시장가치가 60억원, 기업가치가 150억원일 때 주주지분의 가치는 얼마인가?

① 50억원
② 90억원
③ 100억원
④ 150억원

 Point
- 기업가치를 구성하는 채권자가치와 주주가치와의 관계를 이해할 수 있다.
- 기업가치는 채권자가치 + 주주지분가치로 구성된다.

핵심탐구 　 기업가치

① 기업가치 : 기업의 미래수익 창출력 잠재적 수익창출력, 내재가치(intrinsic value)
② Firm value(기업가치) = 채권자가치 + 주주지분가치
　cf. Firm value↑ = 채권자가치 + 주주지분가치↑

보충학습

기업가치 평가 목적
투자의사결정, 기업공개(IPO), 과세목적(상속, 증여), 회계결산 → 비상장주식 영업권

정답 | ②

이론적 기업가치 평가방법 중에서 수익가치에 해당하는 것은?
① 청산가치
② 장부가치
③ PBR
④ EVA할인모형

 Point 다양한 기업가치평가방법의 특징을 이해할 수 있다.

핵심탐구 기업가치의 평가방법

구 분	가치평가방법		특 징
이론적	자산가치	청산가치	1. 청산회사에 적합 2. 신뢰성이 높고, 보수적 평가방법 3. 미래수익가치 반영못함
		장부가치	
		시장평가가치	
	수익가치	DCF	1. 안정적, 성숙기 산업 평가 적합 2. 미래수익가치반영하는 이론적 우수성 3. 미래현금흐름 추정이 불확실함
		EVA할인모형	
		배당할인모형	
	상대가치	PER	1. 상장사(유사기업 존재) 평가에 적합 2. 평가방법이 용이함, 시장상황 변동을 평가에 반영 가능함 3. 유사상장회사 없을 시 평가 어려움
		EV / EBITDA	
		PSR	
		PBR	
법률적 (비상장주식평가)	상속세 및 증여세법		1. 비상장회사 합병가액, 상속 및 증여 시 활용 2. 자산가치와 수익가치 포함 3. 이론적 기반 없음
	증권 발행 및 공시규정		

정답 | ④

이패스 금융투자분석사

상대가치평가방법과 그 산식이 잘못 연결된 것은?

① PER - 주가 / 주당순이익
② EV / EBITDA - 기업가치(순차입금 + 시가총액) / EBITDA
③ PBR - 주가 / 주당 순자산의 공정가치
④ PSR - 주가 / 주당매출액

출제 Point
- 상대가치평가의 산식을 정의할 수 있어야 한다.
- PBR = 주가 / 주당 순자산으로 산출한다.

핵심탐구 상대가치평가방법

구 분	PER	EV/EBITDA	PBR	PSR
계산식	$PER = \dfrac{P}{EPS}$	$\dfrac{EV}{EBITDA}$	$PBR = \dfrac{P}{BPS}$	$PSR = \dfrac{P}{SPS}$
	P : 시가총액 / 주식수	EV : 시가총액 + 순차입금 (총차입금 - 현금) → 시장평가 기업가치	P : 시가총액 / 주식수	P : 시가총액 / 주식수
	EPS : 당기순이익 / 주식수	EBITDA : 영업이익 + 감가상각비 → 영업현금이익	BPS : 당기순자산 / 주식수	SPS : 당기매출액 / 주식수

정답 | ③

다음 중 PER의 의미에 대한 설명으로 잘못된 것은?

① 주가는 미래에 예상되는 수익 창출력에 대한 시장기대에 의해 결정된다.
② PER가 낮으면 1주당 순이익 대비 주가가 낮다는 것으로 평가된다.
③ PER는 적자인 경우에도 적용할 수 있다.
④ PER의 가장 큰 장점은 적용하기가 간단하다는 것이다.

출제 Point
- 상대가치평가 방법의 장 / 단점 및 특징을 이해해야 한다.
- PER는 적자인 경우 적용하기 곤란하다.

핵심탐구   PER의 의미

구분	PER	EV / EBITDA	PBR	PSR
장점	1. 보편적 활용되며, 적용이 간단함	1. 적자인 경우에도 사용가능 2. 감가상각비 영향 없음 3. 재무구조 영향 없음 4. 장치산업에 활용 가능	1. 적자인 경우 사용 가능 2. 자산가치는 상대적으로 변동성이 낮음	1. Sales 적자인 경우 없음
단점	1. 과거 EPS는 과거이익 반영 2. 적자인 경우 적용곤란 3. 상이한 회계기준에 영향을 받음 4. 기타 가치요소 미반영	1. EBITDA가 적자인 경우 적용 곤란 2. 자본적 지출을 고려하지 않아 실질적인 영업현금흐름 반영이 어려움 예) 노후화 기업	1. 자본잠식 적용 어려움 2. 상이한 회계기준에 영향을 받음 3. 업종 차이(서비스업종 VS 장치산업) 4. 자산재평가 시 기업별 차이 존재	1. 비용구조의 차이 무시 2. 재무구조의 차이 무시

정답 | ③

 이패스 금융투자분석사

이패스(주)는 토목분야 강점이 있는 건설회사이며 20×1년 당기순이익은 10억원을 기록하였다. 토목분야 경쟁기업의 PER가 20일 때, 상대가치평가방법을 적용한 이패스(주)의 적정시가총액은?

① 200억원
② 30억원
③ 20억원
④ 11억원

 Point
- 상대가치평가방법을 적용해서 적정시가총액 및 적정주가를 구할 수 있어야 한다.
- 적정시가총액 = PER(경쟁기업 or 벤치마크) × 당기순이익

함정 & 오답 피하기
- PER = P / EPS
  위 식의 분자, 분모에 주식수를 곱하면, 아래와 같은 식이 도출됨.
- PER = 시가총액 / 당기순이익
  20 = 시가총액 / 10억

핵심탐구 상대가치평가방법 적용

구분	PER	EV / EBITDA	PBR	PSR
주가 계산	P = PER × EPS	EV = EV / EBITDA × EBITDA	P = PBR × BPS	P = PSR × SPS
	PER : 유사기업 PER 평균 or 산업평균 PER	EV / EBITDA : 유사기업 EV / EBITDA or 산업평균 EV / EBITDA	PBR : 유사기업 PBR 평균 or 산업평균 PBR	PSR : 유사기업 PSR 평균 or 산업평균 PSR

정답 | ①

이패스(주)의 주주지분은 80억, 총차입금은 60억, 그리고 현금 및 현금성 자산은 10억으로 측정될 경우, 이패스(주)의 EV를 구하여라.

① 90억원
② 100억원
③ 110억원
④ 130억원

 Point
- EV / EBITDA의 정의를 명확히 이해할 수 있어야 한다.
- EV = 차입금 + 시가총액 − 현금성자산

핵심탐구 | 유사회사 선정기준

구분	PER	EV / EBITDA	PBR	PSR
주가 계산	P = PER × EPS	EV = EV / EBITDA × EBITDA	P = PBR × BPS	P = PSR × SPS
	PER : 유사기업 PER 평균 or 산업평균 PER	EV / EBITDA : 유사기업 EV / EBITDA or 산업평균 EV / EBITDA	PBR : 유사기업 PBR 평균 or 산업평균 PBR	PSR : 유사기업 PSR 평균 or 산업평균 PSR

보충학습

유사회사 선정기준

(1) 유사회사 선정의 중요성 : 적정주가배수 산정이 유사회사로부터 이루어지므로, 유사회사 선정이 매우 중요함. 고평가된 유사회사가 선정되면, 적정주가배수가 고평가됨
(2) 실무적 유사회사 선정기준
  ① 사업내용의 유사성
  ② 일반기준의 유사성
  ③ 경영성과의 질적 유사성
  ④ 재무사항의 유사성과 적정성
  ⑤ 이해관계적 적정성 및 주가 유의성 기준

정답 | ④

제2장 기업가치평가 · 분석 | **337**

이패스(주)의 영업이익은 15억, 유형자산의 감가상각비는 6억, 무형자산의 상각비는 4억일 경우, 이패스(주)의 EBITDA를 구하라

① 5억원
② 10억원
③ 25억원
④ 30억원

 Point   EBITDA = 영업이익 + 감가상각비

핵심탐구   유사회사 선정기준

구분	PER	EV / EBITDA	PBR	PSR
주가 계산	P = PER × EPS	EV = EV / EBITDA × EBITDA	P = PBR × BPS	P = PSR × SPS
	PER : 유사기업 PER 평균 or 산업평균 PER	EV / EBITDA : 유사기업 EV / EBITDA or 산업평균 EV / EBITDA	PBR : 유사기업 PBR 평균 or 산업평균 PBR	PSR : 유사기업 PSR 평균 or 산업평균 PSR

보충학습

유사회사 선정기준

(1) 유사회사 선정의 중요성 : 적정주가배수 산정이 유사회사로부터 이루어지므로, 유사회사 선정이 매우 중요함. 고평가된 유사회사가 선정되면, 적정주가배수가 고평가됨
(2) 실무적 유사회사 선정기준
   ① 사업내용의 유사성
   ② 일반기준의 유사성
   ③ 경영성과의 질적 유사성
   ④ 재무사항의 유사성과 적정성
   ⑤ 이해관계적 적정성 및 주가 유의성 기준

정답 | ③

어떤 투자자가 연간 액면 배당률이 10%인 우선주를 보유하고 있다. 해당 우선주의 액면가액이 5,000원이고, 해당 우선주의 할인율이 10%라면 우선주의 가치를 얼마로 평가해야 하는가?

① 500원
② 5,000원
③ 50,000원
④ 500,000원

출제 Point
- 화폐의 시간가치 계산을 활용하여 우선주 가치평가를 할 수 있어야 한다.
- 매년 배당액 500 / 0.1 = 5,000원이다.

핵심탐구 │ 현금흐름 할인법의 개요

① 화폐의 시간가치

$$\text{value} = \sum_{t=1=0}^{\infty} \frac{E(\text{CF}_t)}{(1+r)^t}, \quad PV = \frac{FV}{(1+r)^t}$$

② 현재가치 계산

$$PV = \frac{\text{CF}_1}{r-g}, \quad PV = \frac{\text{CF}_1}{r}$$

(성장률이 zero인 경우, 우선주 가치평가에 활용)

정답 | ②

09

투하자본과 기업가치에 대한 설명 중 잘못된 것은?

① 총투자금액 = 영업투하자본 + 비영업자산투자
② 기업가치 = 영업의 가치 + 비영업자산 가치
③ 주주가치 = 기업가치 − 채권자 가치
④ 영업투하자본 = 영업관련 비유동자산 + 투자자산

출제 Point
- 현금흐름할인법의 기본구조를 이해하기 위해서 투하자본과 기업가치의 관계를 이해해야 한다.
- 영업투하자본 = 영업관련 유동자산 + 비유동자산 − 영업관련부채

함정 & 오답 피하기
- 영업투하자본 = 순운전자본 + 영업비유동자산
- 순운전자본 = 영업유동자산 − 영업유동부채

핵심탐구 | 현금흐름할인법의 기본구조 이해

1. 현금할인법의 기본구조(DCF)
   ① 총투자금액 = 영업투하자본 + 비영업자산 투자
   ② 기업가치 = (영업가치 = $\sum_{t=1}^{\infty} \dfrac{FCFF_t}{(1+WACC)^t}$) + 비영업자산의 가치
   ③ 주주가치 = 기업가치 − 채권자가치

2. 영업투하자본
   ① 영업자산 − 영업부채 = 재무부채(이자부채) + 자본

정답 | ④

10

다음의 자료를 바탕으로 주주잉여현금흐름(FCFE)을 계산하라.

- 손익계산서 : 영업이익 300억원, 이자비용 100억원, 당기순이익 160억원, 법인세율 20%
- 재무상태표 : 자본적 지출 100억원, 추가 운전자본투자 50억원, 감가상각비 50억원, 신규 순차입금 20억원

① 200억원　　　　　　② 150억원
③ 80억원　　　　　　　④ 50억원

출제 Point
- FCFF, FCFE의 차이점을 이해하고, 잉여현금흐름(FCF)를 산출할 수 있어야 한다.
- FCFE = 세후영업이익 − 순투자 − 채권자 귀속현금흐름
- 채권자 귀속현금흐름 = 이자비용(1 − t) − 순차입금

핵심탐구　FCFF, FCFE의 차이점, FCF 산출

- FCFF = 세후영업이익(영업이익 − 법인세) − 순투자(자본적지출 + 추가운전자본투자 − 감가상각비)
- FCFE = 세후영업이익 − 순투자 − 채권자 귀속현금흐름(이자비용(1 − t) − 순차입금)

보충학습

- 영업가치 = $\sum_{t=1}^{\infty} \dfrac{FCFF_t}{(1+WACC)^t}$
- 주주가치 = $\sum_{t=1}^{\infty} \dfrac{FCFE_t}{(1+K_e)^t}$

정답 | ③

 이패스 금융투자분석사

다음 중 자본비용을 산정할 때의 고려사항으로 잘못된 것은?

① 베타계수가 1보다 크다면 시장의 평균적 수준보다 높은 위험도를 갖는 주식이다.
② 무위험이자율을 국채에 대한 이자율을 무위험이자율로 사용한다.
③ 비상장회사는 베타를 측정하기 어려우므로, 하마다모형을 사용한다.
④ 타인자본비용의 산정은 모든 이자부 부채와 무이자부 부채를 포함한다.

- 현금흐름할인법에서 할인율이되는 자본비용 계산 및 유의사항에 대해서 정리해야 된다.
- 타인자본비용의 산정은 이자부 부채만을 고려한다.

핵심탐구 | 자본비용의 산정

구 분	산 식	산식 설명	적 용
WACC	$K_e \dfrac{V_e}{V_e+V_d} + K_d(1-t)\dfrac{V_d}{V_e+V_d}$	K_e = 자기자본비용 K_d = 타인자본비용 V_e = 자기자본비용 시장가치 V_d = 타인자본비용 시장가치	
K_e(CAPM)	$R_f + \beta \times [E(R_m) - R_f]$	R_f = 무위험이자율	국채이자율
		β = 민감도 변수	상장주식 : Cov(Ri, Rm)/Var(Rm) 회귀분석 이용
			비상장주식 : 하마다모형
		$E(R_m) - R_f$ = 시장위험프리미엄	
K_d	① 이자부부채만을 대상으로 함 ② 타인자본비용은 차입이자율이 아니라 현행이자율로 측정 ③ 타인자본비용은 대상 차입금의 명목금액기준으로 가중한 평균차입이자율 ④ 이자비용의 감세효과반영($K_d(1-t)$)		

정답 | ④

EVA에 대한 다음 설명 중 잘못된 것은?

① EVA는 자기자본의 기회비용을 고려한다.
② EVA는 타인자본의 기회비용을 고려한다.
③ EVA는 기업의 가치를 회계적 이익으로 분석한다.
④ EVA는 세후영업이익 – 영업투하자본 × 자본비용으로 구한다.

- EVA 컨셉에 의한 가치평가의 의의와 배경을 이해해야 한다.
- EVA는 기업의 가치를 경제적 이익의 관점에서 분석한다.

함정 & 오답 피하기
경제적 이익은 타인자본 분만 아니라 자기자본에 대한 기회비용까지 모두 고려한 것임

핵심탐구 EVA

기업가치의 원천을 회계적 이익이 아닌 경제적 이익으로 인식하고, 기업의 영업활동에 사용된 모든 자본에 대한 자본비용을 고려한 성과지표

정답 | ③

이패스 금융투자분석사

이패스건설(주)의 ROIC는 20%, WACC는 15%이다. 영업투하자본이 1,000억원이라면 EVA는 얼마인가?

① 200억원
② 150억원
③ 100억원
④ 50억원

출제 Point
- EVA를 산식을 적용하여 산출할 수 있어야 한다.
- EVA = (ROIC – WACC) × 1,000억원

핵심탐구 EVA의 계산

EVA = NOPAT – WACC × (영업투하자본)
　　 = 영업투하자본 × (ROIC – WACC)
　　cf. NOPAT = EBIT × (1 – 법인세율)

보충학습

EVA 가치평가 특징
① EVA는 회계지표(투하자본 수익률)로 산출이 되므로, 감가상각의 영향을 많이 받음
② 투자회수기간이 길 경우 EVA 기업가치 판단하기 어려움
③ EVA는 금액평가기준이므로, 기업규모가 다르면 주의해야 함

정답 | ④

14

이패스전자(주)는 매년 100억원의 EVA를 창출하리라고 기대된다. 가중평균자본비용이 10%라면 MVA는 얼마인가?

① 2,000억원
② 1,500억원
③ 1,000억원
④ 500억원

출제 Point
- EVA에 의한 가치평가 방법을 숙지해야 한다.
- 기업가치 = 영업투하자본(IC) + 미래초과수익의 현가(MVA)
- MVA(시장부가가치) = EVA / 0.1

핵심탐구 — EVA에 의한 가치평가

기업가치 = 영업투하자본(IC) + 미래초과수익의 현가(MVA)

cf. 미래초과수익의 현가(MVA) = $\sum_{t=1}^{\infty} \frac{EVA_t}{(1+WACC)^t}$

정답 | ③

이패스 금융투자분석사

현행 공모가격 산정방식에 대한 설명으로 올바르지 않은 것은?

① 수익가치와 자산가치를 엄격하게 비율로 가중하여 공모가격을 산정한다.
② 주간회사와 발행회사의 협의로 가장 적합한 공모가격 산정방식을 자유롭게 선정할 수 있다.
③ 어떠한 주식가치 평가방법이라도 타당한 근거가 있으면 문제되지 않는다.
④ 본질가치 산정으로 위한 산식을 적용할 수도 있다.

출제 Point
- 공모주식 가치평가 방법과 특징에 대해서 이해해야 한다.
- 현행 제도상 공모가격의 결정방법은 완전 자율화되어 있어 어떠한 방법을 적용해도 법률적으로 문제되지 않는다.

 공모주식 가치평가

① 과거 : 본질가치, 상대가치
② 현재 : 공모가격 결정방식 자율화
  ▶ 공모기업 재무정보 비교제시 의무화
  cf. 직접공모 : 직접매출, 간접공모 : 인수인통해 모집, 매출

정답 | ①

16

비상장 기업 A는 1주당 자산가치가 10,000원 1주당 수익가치가 20,000원일 경우 A기업의 1주당 본질가치는? (현행 합병가액 산정기준 적용)

① 10,000원
② 12,000원
③ 16,000원
④ 30,000원

출제 Point
- 본질가치 산정방법을 이해해야 한다.
- 본질가치는 (자산가치 × 1.0 + 수익가치 × 1.5)/2.5으로 산정한다.

핵심탐구 — 본질가치 산정방법의 이해

1. 유사상장회사가 있는 경우 : 상대가치
   상대가치(PER, EV / EBITDA)
2. 유사상장회사가 없는 경우 : 본질가치
   본질가치 : (자산가치 × 1.0 + 수익가치 × 1.5) / 2.5
   (1) 자산가치 = 조정 후 순자산가액 / 분석기준일 현재 총발행주식수
   (2) 수익가치 = 가중평균 주당추정이익 / 자본환원율
      cf. 자본환원율 : 차입금 가중평균 이자율의 1.5배 또는 상속세 및 증여세법상 할인율 중 높은 것
   (3) 본질가치 단점
      ① 이론적 근거 없음
      ② 자산공정가치 적용하지 않음
      ③ 향후 2개년 중장기적 성장성 반영되지 않음
      ④ 자본환원율 이론적 근거 없음

보충학습

세법에 의한 가치평가
(1) 상장주식 평가방법 : 평가기준일 전 / 후 2개월간의 종가평균에 의해 산정
   ① 최대주주 지분율 50% 이하 : 20% 할증
   ② 최대주주 지분율 50% 초과 : 30% 할증
(2) 비상장주식 평가방법
   순손익가치와 순자산가치를 3 : 2로 가중산술평균

정답 | ③

출제예상 문제

01 이론적 기업가치 평가방법에 대한 설명 중 잘못된 것은?
① 청산가치 - 자산의 청산가액 평가
② 장부가치 - 자산의 장부가액 평가
③ DCF - 과거현금흐름의 미래예측방법
④ EVA할인모형 - 미래 EVA 할인평가모형

02 다음 중 자산가치 평가방법의 장점이 아닌 것은?
① 신뢰성이 높다.
② 보수적 평가방법이다.
③ 미래수익가치를 반영한다.
④ 청산기업에 적절하다.

03 다음 중 EV / EBITDA에 대한 설명으로 가장 거리가 먼 것은?
① EBITDA는 적자가 될 수 있다.
② 유형자산 자본지출에 대한 고려가 누락되어 영업현금흐름 관점을 반영한다.
③ 감가상각 방식이 상이한 기업간에 직접적인 비교가 가능하다.
④ EBITDA는 재무레버리지가 상이한 기업간의 비교에 적합하지 않다.

04 'PBR 1배 미만'에 대한 해석으로 옳은 것은?
① 주가가 장부상 순자산보다 높은 수준에 거래되고 있다.
② 절대적 고평가의 의미이다.
③ 주가가 기업의 가치를 정확히 반영한다는 의미이다.
④ 부외부채의 가능성이 PBR을 1배 미만으로 만들 수도 있다.

다음 중 PBR의 한계점이 아닌 것은?
① 자본잠식 가능성
② 회계처리의 차이
③ 업종의 생산방식에 따른 차이
④ 이익보다 큰 변동성

다음 중 PSR 투자지표의 단점이라고 할 수 있는 것은?
① 매출액이 음의 값을 가질 수 있다.
② 회계처리로 인한 변동성이 이익보다 심하다.
③ 부실기업, 벤처기업에는 적용하기 어렵다.
④ 비용을 무시한다.

다음 중 유사회사의 선정 기준과 관계없는 것은?
① 사업내용의 유사성
② 경영성과의 질적 유사성
③ 주주구성의 유사성
④ 재무사항의 유사성

> **정답 및 해설**

01 ③   DCF는 미래현금흐름 할인평가 방법이다.
02 ③   자산가치 평가방법은 미래수익가치를 반영하지 못한다.
03 ④   재무구조와 관계없이 재무레버리지가 상이한 기업간에도 비교가 가능하다.
04 ④   장부상 순자산에 누락되어 있는 부채가 PBR 지표를 1배 미만으로 할 수 있다.
05 ④   장부상 순자산가치는 이익보다 변동성이 낮다.
06 ④   주주이익은 매출에서 비용을 차감하여 결정되므로, 매출만으로 가치평가를 하는 것은 문제가 있다.
07 ③   주주구성의 유사성은 유사회사의 선정기준과 거리가 멀다.

[08~09] 아래 정보를 보고 다음 물음에 답하시오.

구 분	A기업	업종평균	전산업평균
PER	10	12	8
PSR	1	1.5	3
PBR	6	5	1.3
EV / EBITDA	7	5	8

다른 조건이 일정할 때, 다음 설명 중 잘못된 것은?

① PER기준으로 A기업은 업종대비 저평가된 상태이다.
② PSR기준으로 A기업은 업종대비 저평가된 상태이다.
③ A기업이 속한 업종은 전산업과 비교할 때, 장부가치 기준으로 저평가된 상태이다.
④ EV / EBITDA 기준으로, A기업은 업종대비 고평가된 상태이다.

회계 오류로 A기업의 감가상각비 10억원이 누락되었다면, 다음 설명 중 잘못된 것은?

① A기업의 PER는 더 높아져야 한다.
② A기업의 PSR은 같다.
③ A기업의 PBR은 더 높아져야 한다.
④ A기업의 EBITDA는 더 높아져야 한다.

10 다음의 상대가치지표 중에서 감가상각비 회계처리 변경에 가장 민감한 것은?

① PER　　　　　　　　② PSR
③ PBR　　　　　　　　④ EV / EBITDA

11 다음의 자료를 이용하여, 추가 운전자본투자금액을 산출하라.

> 매출채권 증가 : 20억원, 재고자산 증가 : 50억원, 매입채무 증가 : 20억원

① 90억원　　　　　　　　② 70억원
③ 50억원　　　　　　　　④ 20억원

12 유엠(주)의 타인자본비용은 10%, 법인세율은 20%, 무위험이자율은 6%, 베타는 1.2, 시장위험프리미엄은 5%라고 할 때, 가중평균자본비용을 구하라. 단, 유엠(주)는 부채비율 100%를 유지하고 있다.

① 8%　　　　　　　　② 10%
③ 12%　　　　　　　　④ 14%

13 PER 모형의 한계점에 대한 설명 중 잘못된 것은?
① 평가 대상의 순이익이 적자인 경우 적용이 불가능하다.
② 회계기준에 따라 쉽게 영향을 받는다.
③ 비계량적요소를 반영하기 어렵다.
④ 산식이 복잡하여, 실무적 적용이 매우 까다롭다.

정답 및 해설

08 ③　A가 속한 업종은 전산업평균보다 PBR이 높기 때문에, 장부가치 기준으로 고평가된 상태이다.
09 ④　EBITDA는 감가상각에 영향을 받지 않으므로 같다.
10 ①　PER가 감가상각비 비용에 가장 민감하다.
11 ③　추가 운전자본투자금액 = (매출채권 + 재고자산)의 증가 − (매입채무)의 증가
12 ②　• 가중평균자본비용 = 자기자본비용 × (가중치) + 세후타인자본비용 × (가중치)
　　　• 가중치 : 자기자본 50%
　　　　　　　 타인자본 = 50%
13 ④　손익계산서에서 EPS만 산출하면 쉽게 적용이 가능하다.

 이패스전자(주)의 총자산은 100억, 총부채는 50억이다. 현재 주가는 10,000원이며, 발행주식 수는 100,000주라고 할 때, PBR은?

① 0.1
② 0.2
③ 5
④ 10

 A기업의 장부상 총자산은 100억원, 총부채는 50억원, 총부채의 시장가치는 40억원이며, 총자산에는 실질가치가 없는 무형자산 10억원이 포함되어 있다. A기업과 유사한 회사의 평균 PBR이 1.5이라면 A기업의 주주가치는 상대가치로 얼마라고 할 수 있는가?

① 40억원
② 50억원
③ 60억원
④ 100억원

 다음 중 총투자금액과 영업투하자본의 차이를 발생시키는 원인은?

① 매출채권
② 재고자산
③ 유형자산
④ 투자부동산

 다음의 자료를 바탕으로 주주잉여현금흐름(FCFE)을 계산하라.

- 손익계산서 : 영업이익 300억원, 이자비용 100억원, 당기순이익 160억원, 법인세율 20%
- 재무상태표 : 자본적 지출 100억원, 추가 운전자본투자 50억원, 감가상각비 50억원, 신규 순차입금 20억원

① 200억원
② 150억원
③ 80억원
④ 50억원

[18~20] 다음과 같은 이패스건설(주)의 20×1년도 재무자료를 이용하여 물음에 답하시오.

- 영업이익 : 100억원
- 세전 타인자본비용 : 10%
- 부채비율 : 100%
- 기말운전자본 : 200억원
- 기말 비유동영업자산 : 600억원
- 법인세율 : 20%
- 자기자본비용 : 12%
- 기초운전자본 : 100억원
- 기초 비유동영업자산 : 500억원

※ 단, 영업투하자본은 연간 지속적으로 증가하였음

이패스건설(주)의 20×1년도 말 시점에서의 가중평균자본비용은 얼마인가?
① 20% ② 12%
③ 10% ④ 2.4%

이패스건설(주)의 20×1년도 말 시점에서의 EVA는 얼마인가?
① 20억원 ② 15억원
③ 10억원 ④ 5억원

정답 및 해설

14 ② BPS = 총자본(50억) / 발행주식수(100,000), PBR = 주가 / BPS
   PBR = 10,000 / 50,000 = 0.2
15 ③ 적정가치 = 적정 PBR × 총자본으로 산출할 수 있다.
   1.5 × (100억 − 50억 − 10억) = 60억원
16 ④ 투자부동산과 같은 비영업자산이 총투자금액과 영업투하자본의 차이를 발생시킨다.
17 ③ 주주잉여현금흐름 = 세후영업이익(240억) − 순투자(100억) − 채권자 귀속현금흐름(60억)
   채권자 귀속현금흐름 = 이자비용(100억)(1 − 20%) − 순차입금(20억)
18 ③ 가중평균자본비용 = 12% × 50% + 10%(1 − 20%) × 50% = 10%
19 ③ EVA = 세후영업이익 − 평균영업 투하자본 × 가중평균자본 비용 = 80억 − 700억 × 10% = 10억원

20 이패스건설(주)의 20 × 1년도 말 시점에서의 EVA에 의한 기업가치는 얼마인가? (단, 이 시점의 EVA가 영구적으로 지속된다고 가정한다.)

① 1,000억원
② 900억원
③ 800억원
④ 700억원

21 다음 중 EVA의 한계점이 아닌 것은?

① EVA는 투하자본 수익률이라는 회계지표를 토대로 산출되기 때문에 감가상각에 영향을 많이 받는다.
② 특정연도의 EVA를 가지고 장래의 가치창출 여부를 판단하는 것이 어렵다.
③ 자본비용을 고려하므로, 회계적 이익이 아닌 경제적 이익 관점이다.
④ 기업 간 비교 시 규모의 문제가 생길 수 있다.

22 A기업은 올해 10억원의 현금흐름이 발생하였으며, 매년 5%의 성장률이 영원히 지속될 것으로 예상된다. 현재 무위험이자율은 5%, A와 유사기업의 할인률이 15%일 때, 현금흐름 할인법을 기초로 했을 경우 A기업의 기업가치 얼마인가?

① 10억원
② 100억원
③ 105억원
④ 200억원

[23~24] 아래 정보는 U기업의 재무상태표를 수정한 것이다. 물음에 답하시오. 단, 금융부채는 시장가치와 같다.

영업관련 유동자산	250억원	영업부채	400억원
영업관련 비유동자산	500억원	금융부채	200억원
투자자산	100억원	자기자본	

23 다음 설명 중 잘못된 것은?

① 영업관련 유동자산에는 현금, 매출채권, 재고자산 등이 포함된다.
② U기업의 영업투하자본은 750억원이다.
③ U기업의 비영업자산투자는 100억원이다.
④ U기업의 총투자금액은 450억원이다.

24 U기업의 영업가치가 500억으로 산출되었다. U기업의 기업가치와 주주가치를 구하라.

① 기업가치 : 600억, 주주가치 : 400억
② 기업가치 : 500억, 주주가치 : 400억
③ 기업가치 : 600억, 주주가치 : 0억
④ 기업가치 : 500억, 주주가치 : -100억

정답 및 해설

20 ② • 기업가치 = 기말영업 투하자본(800억) + MVA(100억)
　　　• MVA = EVA / 0.1
21 ③ 경제적 이익은 기회비용을 고려한 것으로 한계점과는 거리가 멀다.
22 ③ $PV = \dfrac{CF_1}{r-g}$, $PV = \dfrac{CF_1}{r}$의 현재가치 공식을 활용한다.
　　　(10억원 × 1.05) / (15% - 5%) = 105억원
23 ② 영업투하자본은 350억원이다. 영업관련 유동자산 + 영업관련 비유동자산 - 영업부채로 산출한다.
24 ① 기업가치 = 영업가치 + 비영업자산의 가치
　　　주주가치 = 기업가치 - 채권자가치

25 다음 중 영업가치 산출과 관계없는 것은?

① FCF
② 타인자본비용
③ 자기자본비용
④ 비영업자산 가치

26 A기업은 시장부가가치를 적용하여 기업가치를 평가한다. 효율적 시장을 가정하고 A기업의 세후영업이익은 30억원, 자기자본은 100억원, 타인자본은 50억원이고, 자기자본비용은 12%, 세후타인자본비용은 9%, 영업자산에 실제로 투입되는 자산이 120억원이라면 주주가치는 얼마인가?(단, 타인자본은 금융부채로만 구성되어 있다.)

① 약 122.72억원
② 약 222.72억원
③ 약 252.72억원
④ 약 330억원

27 비상장 기업 A는 1주당 자산가치가 20,000원 1주당 수익가치가 40,000원일 경우 A기업의 1주당 본질가치는? (현행 합병가액 산정기준 적용)

① 16,000원
② 20,000원
③ 32,000원
④ 40,000원

[28~29] 아래의 (주)이패스 기업정보를 보고 물음에 답하시오.

〈손익정보〉

매 출 액	1,000
영 업 이 익	500
유무형자산상각비	200
이 자 비 용	100
당 기 순 이 익	50

〈기타정보〉

자 산 총 계	1,200
총 차 입 금	500
자 본 총 계	700
주 가	10
주 식 수	100
현 금 성 자 산	200

※ 단, 총차입금은 시장가치를 반영한다.

356 | 제3과목 재무분석론

28 위 정보를 이용하여 EV를 구하면 얼마인가?
① 1,300　　② 1,200
③ 1,000　　④ 700

29 위 정보를 이용하여 EBITDA를 구하면 얼마인가?
① 250　　② 500
③ 700　　④ 800

30 다음 중 공모주시기 가치평가에 대한 다음 설명 중 잘못된 것은?
① 공모가격 결정방식은 자율화되었다.
② 본질가치는 자산가치와 수익가치를 가중평균해서 산출한다.
③ 본질가치는 이론적 근거가 없으며, 자산공정가치를 적용하지 않는 단점이 있다.
④ 세법 상 비상장 주식은 순손익가치와 순자산가치를 2 : 3으로 가중평균한다.

> **정답 및 해설**

25 ④　비영업자산은 영업가치와 관계가 없다.
26 ②　• EVA = 30 − 120 × 가중평균자본비용 11% = 16.8
　　　• MVA = 16.8 / 0.11 = 152.72
　　　• 기업가치 = 152.72 + 120 = 272.72
　　　• 주주가치 = 기업가치 − 타인자본 가치 = 272.72 − 50 = 222.72
27 ③　자산가치 × 0.4 + 수익가치 × 0.6으로 구한다.
28 ①　EV = 총차입금(500) + 주가(10) × 발행주식수(100) − 현금성자산(200)
29 ③　EBITDA = 영업이익(500) + 유무형자산상각비(200)
30 ④　세법상 비상장 주식은 순손익가치와 순자산가치를 3 : 2로 가중산술평균한다.

핵심개념 이해도 체크

적절한 개념에 체크 ☑ 하세요.!

01 유가증권시장 및 코스닥시장 등 주식시장에 상장하기 위한 기업공개 과정에서 공모 가격의 결정을 위해서 가치평가가 이루어진다.(□ ○ / □ ×)

02 기업가치평가법의 종류는 대표적으로 자산가치평가법, 수익가치평가법, 절대가치평가법이 있다.(□ ○ / □ ×)

03 수익가치평가법은 현금흐름 등 미래수익의 추정과정에서 객관성 확보가 어렵고, 자본비용의 합리적인 산정도 현실적으로 용이하지 않는 현실적인 한계점이 있다.(□ ○ / □ ×)

04 PER 방법 하에서, 특정시점의 주가는 해당 기업의 미래에 기대되는 예상이익에 대한 시장 기대감 보다는 과거 영업성과를 반영하게 된다.(□ ○ / □ ×)

05 EV/EBITDA는 일정 시점에서 영업활동의 결과로 시장에서 평가된 기업가치가 영업활동으로부터 창출된 연간 EBITDA의 몇 배인가를 나타내는 지표이다.(□ ○ / □ ×)

06 다양한 감가상각방법 중 어떠한 방식을 적용하는 가에 따라 영업이익과 순이익은 중대한 영향을 받는 반면, EBITDA는 영향을 받지 않는다.(□ ○ / □ ×)

07 PSR은 수익구조와 자본구조가 상이한 회사들 간의 비교에도 적용이 가능하다.(□ ○ / □ ×)

08 현금흐름할인법 적용시, 비영업자산의 가치는 관련 현금흐름이 영업활동 현금흐름과는 그 성격과 리스크가 완전히 다르다는 점에서 영업가치와는 별도로 산정한다.(□ ○ / □ ×)

정답

01 ○
02 × (절대가치평가법이 아니라 상대가치평가법임)
03 ○
04 × (반대로, 주가는 과거보다는 미래 예상이익에 대한 기대감을 반영함)
05 ○
06 ○
07 × (수익구조와 자본구조가 유사한 기업들간의 비교시에만 PSR이 유의적임)
08 ○

09 영업가치는 영업활동을 통해 창출되는 연차별 잉여현금흐름을 자본제공자들의 가중평균 자본비용으로 할인한 현재가치로 산정한다.(□ ○ / □ ×)

10 경제적 부가가치(EVA)는 자본비용이 고려된 후의 초과이익이라는 점에서 곧 기업가치의 증가분을 의미한다.(□ ○ / □ ×)

> 정답

09 ○
10 ○

www.epasskorea.com

이패스코리아 금융투자분석사

이패스코리아 금융투자분석사

제04과목

증권법규 및 직무윤리

- 제1장 자본시장과 금융투자업에 관한 법률·금융위원회 규정(금융소비자보호법 포함)
- 제2장 회사법
- 제3장 직무윤리

www.epasskorea.com

이패스코리아 금융투자분석사

01장

자본시장과 금융투자업에 관한 법률·금융위원회 규정 (금융소비자보호법 포함)

01 자본시장과 금융투자업에 관한 법률·금융위원회 규정(금융소비자보호법 포함)

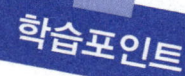

학습전략

본 과목에서는 총 10문제가 출제됩니다. 자본시장법 총설에서는 자본시장법의 규제의 방향을 정리하고 금융투자상품의 구분을 정확히 정리해 둘 필요가 있습니다. 금융투자업에서는 금융투자업의 종류별 개념과 인가 및 등록요건뿐만 아니라 금융투자업자의 지배구조 문제도 살펴야 합니다. 또한 금융투자업자의 영업행위규칙은 공통적으로 적용되는 규칙 위주로 정리하시고, 특히 투자매매업자와 투자중개업자의 불건전영업행위에 관한 규칙에 대해 철저한 대비가 필요합니다. 불공정거래행위 규제에서는 미공개정보이용행위나 시세조종행위에 대하여 구체적으로 정리해야 합니다. 또한 금융소비자보호법의 신설된 권리는 모두 중요하며 특히 위법계약해지권과 청약철회권, 6대 판매원칙이 중요합니다. 각종 숫자를 정확하게 암기하여 학습하시기 바랍니다.

학습포인트

내 용	개념이해 난이도		
	상	중	하
제1장 총설			
1. 자본시장법 개관	○		
2. 감독기관 및 관계기관	○		
3. 금융법규 체계의 이해			○
제2장 금융투자상품 및 금융투자업			
1. 금융투자상품	○		
2. 금융투자업	○		
3. 투자자	○		
제3장 금융투자업자에 대한 규제·감독			
1. 인가·등록 개요	○		
2. 인가심사	○		
3. 등록심사			○
4. 건전성규제	○		
5. 영업행위 규칙	○		
제4장 투자매매업자 및 투자중개업자에 대한 영업행위 규제			
1. 개요			○
2. 매매 또는 중개업무관련 규제	○		
3. 불건전영업행위 규제	○		
4. 신용공여 규제		○	
5. 투자자재산보호를 위한 규제		○	
6. 투자성 있는 예금·보험에 대한 특례			○
제5장 증권 발행시장 공시제도			
1. 증권신고서제도	○		
2. 발행신고서 관련 세부규정			
3. 투자설명서제도			
제6장 증권 유통시장 공시제도			
1. 정기공시			○
2. 주요 사항 보고제도	○		
3. 수시공시제도	○		
제7장 기업의 인수합병 관련 제도			
1. 개관		○	
2. 공개매수제도			○
3. 주식등의 대량보유상황 보고제도		○	
4. 의결권 대리행사 권유제도		○	
제8장 장외거래 및 주식 소유제한			
1. 장외거래	○		
2. 공공적 법인의 주식 소유제한	○		
3. 외국인의 증권 소유제한		○	
제9장 불공정거래행위에 대한 규제			
1. 총칙		○	
2. 미공개정보 이용규제		○	
3. 시세조종행위, 부정거래행위, 시장질서 교란행위규제		○	
제10장 금융기관 검사 및 제재에 관한 규정			
제11장 금융소비자보호법		○	

이패스 금융투자분석사

자본시장법의 주요 내용이 아닌 것은?
① 금융투자상품의 정의를 열거주의에서 포괄주의로 전환
② 기능별 규제체계에서 기관별 규제체계로 전환
③ 투자권유대행인 제도 도입 등 업무범위 확장
④ 투자자 보호 강화

 **Point** 과거보다는 출제빈도가 낮아졌지만 출제된다면 ①아니면 ②에서 출제된다. 정확하게 알 것

함정 & 오답 피하기
- 자본시장법은 금융투자상품의 정의를 열거주의로 전환하였다. (×)
- 자본시장법은 기관별 규제체계에서 기능별 규제체계로 전환하였다. (○)

핵심탐구 ▸ 자본시장법의 주요내용 및 감독기관

1. 자본시장법 내용 및 기대효과

	주요내용	기대효과
금융투자상품의 개념	열거주의 → 포괄주의	자본시장의 효율성 제고
금융투자업 규제방식	기관별 규제 → 기능별 규제	금융투자업자의 규제차익 유인 최소화
업무 영역	업무범위 확장	종합적인 서비스 제공 가능
투자자보호	강화	자본시장의 지속가능성 제고

2. 금융투자업 감독기관

[금융위원회 VS 증권선물위원회]

	금융위원회	증권선물위원회
소속	국무총리 소속의 합의제 중앙행정기구	금융위 내의 위원회
위원 수	9인	5인
소관업무	① 금융정책 ② 외국환업무 취급기관의 건전성 감독 ③ 금융기관 감독 등 주요정책	① 자본시장의 **불공정거래** 조사 ② 기업**회계**의 기준 및 감리에 관한 업무
기타	비상임위원 중 4인의 당연직 : 기획재정부 차관, 금융감독원 원장, 예금보험공사 사장, 한국은행 부총재	금융위 부위원장이 증선위 위원장을 겸임

* 금융감독원 : 금융위 및 증선위의 지도, 감독을 받아 금융기관의 검사 및 감독 업무를 수행하는 무자본 특수법인

정답 | ②

자본시장법상 금융투자상품을 분류하는 기준으로 바르지 못한 것은?

① 원금손실 가능성(투자성) 여부로 금융투자상품과 비금융투자상품을 구분한다.
② 금융투자상품 중 취득 이후에 추가적인 지급의무를 부담하는 것은 파생상품으로 분류한다.
③ 금융투자상품 중 원본을 손실한도액으로 하는 것은 증권으로 분류한다.
④ 장내파생상품이란 한국거래소에서 거래되는 파생상품만을 말한다.

출제 Point
- 금융투자상품은 매번 시험에 출제되므로 전부 중요한 사항이다. 그 중에서 본 문제는 금융투자상품을 분류하는 개별기준을 물어본 것이다.
- 장내파생상품이란 한국거래소 또는 해외 정형화된 파생상품거래소에서 거래되는 파생상품을 말한다.

핵심탐구 — 금융투자상품의 정의 및 분류

1. 금융투자상품의 정의

(1) 개념 요소
① 이익을 얻거나 손실을 회피할 목적으로 지급 ← 소비목적 X
② 취득하는 것 : 권리이어야 한다. ← 실물 X
③ 원금손실 가능성(=투자성)이 있어야 한다.

(2) 투자성 판단

제외항목	판매수수료, 보험계약에 따른 사업비와 위험보험료 등
포함항목	환매수수료, 해지수수료, 세금, 거래상대방의 채무불이행으로 인한 미지급금 등

← 제외와 포함을 혼동하지 말 것

(3) 금융투자상품에서 제외되는 것 ← 3가지 모두 외울 것
① 원화로 표시된 양도성 예금증서(CD) ← 외화표시 X
② 관리형신탁의 수익권 ← 처분형 신탁 X
③ 주식매수선택권

2. 금융투자상품의 분류

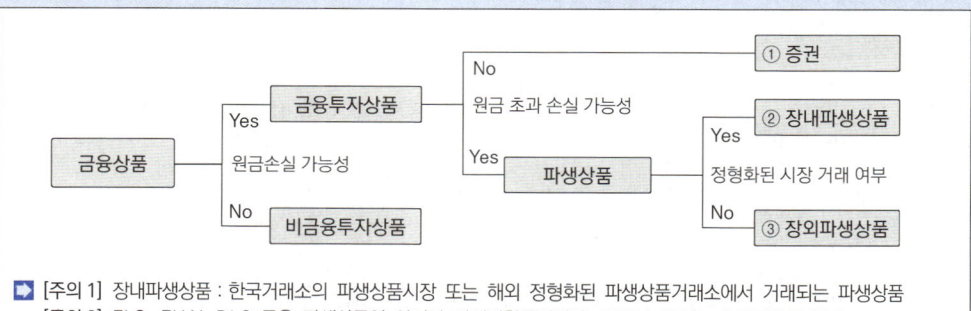

▶ [주의 1] 장내파생상품 : 한국거래소의 파생상품시장 또는 해외 정형화된 파생상품거래소에서 거래되는 파생상품
[주의 2] ELS, ELW, DLS 등은 파생상품이 아니라 파생결합증권이다. 그러나 ETF는 수익증권의 일종

정답 | ④

자본시장법상 인정되는 증권에 대한 설명으로 바르지 못한 것은?

① 특수채는 법률에 의해 설립된 법인이 직접 발행하는 채무증권이다.
② 자연적 현상에 속하는 위험으로서 합리적인 방법에 따라 가격, 이자율 등의 산출이 가능한 것도 파생결합증권의 기초자산이 될 수 있다.
③ 외국인이 발행한 증권도 포함된다.
④ ELS, ELW는 파생상품이다.

 Point 각종 증권의 특성을 알아야 한다. ELS, ELW는 파생결합증권이다.

함정 & 오답 피하기
합리적이고 적정한 방법으로는 평가가 어려운 경제적 현상에 속하는 위험은 파생결합증권의 기초자산이 될 수 없다. (○)

핵심탐구 — 증권의 분류

1. 채무증권 (국채, 지방채 등 지급청구권이 표시된 것)	① 특수채 : 법률에 의해 설립된 법인이 직접 발행하는 채권 ② 기업어음 : 기업이 자금조달을 위해 발행한 약속어음 ③ 사적인 금전채권은 제외
2. 지분증권 (주권, 신주인수권 등 출자지분이 표시된 것)	① 상법상의 회사나 조합의 출자지분도 포함 ② 합명회사나 합자회사의 무한책임사원의 지분(×)
3. 수익증권	금전신탁이나 투자신탁의 수익권 등
4. 투자계약증권	투자자가 타인이 수행하는 공동사업에 금전 등을 투자하고 그 결과에 따른 손익을 귀속받는 권리가 표시된 것
5. 파생결합증권	증권의 수익이 외생적 지표(가격, 이자율, 지수 등)에 따라 결정되는 모든 증권을 포괄하는 개념 예 ELW, ELS, DLS 등
6. 증권예탁증권(DR)	① 위의 5가지 증권을 예탁받은 자가 그 증권이 발행된 국가 외의 국가에서 발행한 것으로서 그 예탁받은 증권에 관련된 권리가 표시된 것 ② 국내 증권예탁증권, 외국 증권예탁증권이 해당

주의1. 외국인이 발행한 증권도 포함된다.
주의2. 파생결합증권의 기초자산의 범위
　　① 통화(외국통화 포함) ② 금융투자상품 ③ 일반상품 ④ 신용위험에 제한되지 않고
　　⑤ 자연적, 환경적, 경제적 현상에 속하는 위험으로서 합리적인 방법에 따라 가격, 이자율 등의 산출이 가능한 것도 될 수 있다(포괄주의).

정답 | ④

자본시장법상 금융투자업에 대한 설명으로 바르지 못한 것은?

① 투자중개업이란 누구의 명의로 하든지 자기의 계산으로 금융투자상품의 매매, 증권의 발행·인수 또는 그 청약의 권유, 청약, 청약의 승낙을 영업으로 하는 것을 말한다.
② 불특정다수인을 대상으로 발행 또는 송신되고 불특정다수인이 수시로 구입·수신할 수 있는 간행물, 방송 등을 통하여 조언을 하는 경우에는 투자자문업의 적용이 배제된다.
③ 투자권유대행인이 투자권유를 대행할 때는 투자중개업이 적용되지 않는다.
④ 자기가 투자신탁의 수익증권을 발행하는 것은 투자매매업에 해당한다.

> **출제 Point** 개별 금융투자업의 정의와 적용이 배제되는 경우를 알아야 한다. 또한 투자매매업과 투자중개업의 차이를 정확하게 알아야 한다.

금융투자업의 종류와 적용배제

1. 금융투자업의 분류와 적용배제
(1) 투자매매업

정의	누구의 명의로 하든지 자기의 계산으로 금융투자상품의 매매, 증권발행·인수 또는 그 청약의 권유 청약, 청약의 승낙을 영업으로 하는 것
적용배제	① 자기가 증권을 발행하는 경우 (단, 투자신탁의 수익증권, 특정 파생결합증권을 발행하는 경우는 투자매매업 적용) ② 투자매매업자를 상대방으로 하거나 투자중개업자를 통하여 금융투자상품을 매매하는 경우 ③ 국가, 한국은행 등이 공익을 위하여 관련 법령에 따라 금융투자상품을 매매하는 경우 등

(2) 투자중개업

정의	누구의 명의로 하든지 **타인의 계산**으로 금융투자상품의 매매, 그 청약의 권유, 청약, 청약의 승낙 또는 증권의 발행·인수에 대한 청약의 권유, 청약, 청약의 승낙을 영업으로 하는 것
적용배제	① 투자권유대행인 ② 거래소 ③ 협회 등

(3) 집합투자업 : 종합금융회사의 어음관리계좌(CMA)등은 적용배제
(4) 투자자문업

정의	금융투자상품의 가치 또는 투자판단(상품의 종류, 종목, 취득이나 처분의 방법 및 시기나 수량 등에 대한 판단)에 관하여 자문에 응하는 것을 영업으로 하는 것
적용배제	① 유사투자자문업 : **불특정**다수인을 대상으로 발행 또는 송신되고 불특정다수인이 수시로 구입 또는 수신할 수 있는 간행물, 방송 등을 통하여 조언을 하는 경우 ② 따로 대가없이 다른 영업에 부수하여 금융투자상품의 가치나 금융투자상품에 대한 투자판단에 관한 자문에 응하는 경우 등

(5) 투자일임업

정의	투자자로부터 금융투자상품에 대한 투자판단의 전부 또는 일부를 일임받아 투자자별로 구분하여 운용하는 것을 영업으로 하는 것
적용배제	① 주식 매도주문을 받으면서 하루를 정하여 총매수수량과 총매매금액을 지정한 경우로서, 수량, 가격, 시기에 대한 투자판단을 일임받은 경우 ② 투자자가 여행질병 등으로 일시적으로 부재하는 경우에 주가가 폭락하면 약관 등에 따라 주식을 매도하도록 일임받은 경우 등

(6) 신탁업
적용배제 : 저작권법에 따른 저작권신탁 관리업 등

정답 | ①

이패스 금융투자분석사

다음 중 온라인소액투자중개업에 대한 설명으로 바르지 못한 것은?

① 온라인상에서 누구의 명의로 하든지 타인의 계산으로 채무증권, 지분증권, 투자계약증권의 모집 또는 사모에 관한 중개를 영업으로 하는 투자중개업자를 지칭한다.
② 금융위에 등록하면 인가받은 것으로 간주된다.
③ 온라인소액투자중개업을 하기 위해서는 3억원 이상의 자기자본이 있어야 한다.
④ 지점 또는 영업소를 설치한 외국 온라인소액투자중개업도 가능하다.

- 온라인소액투자중개업의 등록요건 중 자기자본 요건을 정확하게 알아야 한다.
- 5억원 이상의 자기자본이 있어야 한다.

핵심탐구 금융투자업의 종류와 적용배제

2. 기타
(1) 전담중개업무(프라임 브로커)
  일반사모펀드의 신용공여와 담보관리를 위한 종합금융투자사업자의 업무
(2) 온라인소액투자중개업
  ① 정의 : 온라인상에서 타인의 계산으로 채무증권, 지분증권, 투자계약증권의 모집 또는 사모에 관한 중개를 영업으로 하는 투자중개업자(증권형 크라우드 펀딩)
  ② 등록요건 : 금융위에 등록하면 인가받은 것으로 간주
    ㉠ 주식회사 혹은 지점이나 영업소를 설치한 외국 온라인소액투자중개업자
    ㉡ 5억원 이상의 자기자본을 갖출 것 등
  ③ 투자광고의 특례 : 온라인소액투자중개업자가 개설한 인터넷 홈페이지 이외의 수단을 통해서 투자광고하는 행위를 금지한다.
  ④ 1년간 투자한도

구분	소득 등 요건을 갖춘 자	요건을 갖추지 못한 자
동일 발행인에 대한 투자	1천만원 이하	5백만원 이하
누적 투자한도	2천만원 이하	1천만원 이하

정답 | ③

자본시장법상 투자자에 대한 설명으로 바르지 못한 것은?

① 금융투자상품에 관한 전문성 및 소유자산 규모 등에 비추어 투자에 따른 위험감수 능력이 있는 투자자는 전문투자자이다.
② 일정한 요건을 갖춘 개인과 법인은 금융위 확인 후 2년간 전문투자자 대우를 받을 수 있다.
③ 지방자치단체는 일반투자자 대우를 받겠다는 의사를 금융투자업자에게 서면으로 통지한 경우 일반투자자로 간주될 수 있다.
④ 주권상장법인은 장내파생상품을 거래하는 경우에 별도의 표시를 하지 않으면 일반 투자자로 간주된다.

 **Point**
- 자발적 전문투자자의 요건과 주권상장법인의 특성을 알아야 한다.
- 주권상장법인은 장외파생상품을 거래하는 경우에 별도의 표시를 하지 않으면 일반투자자로 간주된다.

핵심탐구 | 전문투자자의 종류

1. 절대적 전문투자자

개념	일반투자자 대우를 받을 수 없는 전문투자자
종류	국가 등 대부분의 전문투자자

2. 상대적 전문투자자

개념	① 일반투자자 대우를 받겠다는 의사를 금융투자업자에게 서면으로 통지한 경우 일반투자자로 간주되는 자 ② 금융투자업자는 정당한 사유가 없는 한 이에 동의하여야 한다.
종류	주권상장법인, 기금관리 및 운용법인, 공제사업 영위법인, 지방자치단체 등 ← 주권상장법인과 지자체는 외우자
주권상장법인 등이 장외파생상품을 거래할 때	① 별도 의사를 표시하지 아니하면 일반투자자 대우를 받는다. ② 전문투자자 대우를 받기 위해서는 그 내용을 서면으로 금융투자업자에게 통지하여야 한다.

3. 자발적 전문투자자

구분	요건	효과
법인 및 단체	100억원(외부감사대상법인은 50억원)이상의 금융투자상품 잔고 보유	2년간 전문투자자
개인 (① + ② 또는 ① + ③ 또는 ① + ④) (이에 준하는 외국인도 포함)	① 투자경험 : 최근 5년 중 1년 이상 금융위가 고시하는 금융투자상품 월말 평균잔고가 5천만원 이상 보유한 경험이 있을 것 ② 소득기준 : 직전년도 소득액이 본인이 1억원 이상이거나 본인과 배우자 합산액이 1억 5천만원 이상일 것 ③ 자산기준 : 총자산에서 거주부동산·임차보증금 및 총부채를 차감한 금액이 5억원 이상일 것 ④ 전문성 : 해당 분야에서 1년 이상 종사한 ㉠ 회계사·변호사·세무사 등 ㉡ 투자운용인력, 재무위험관리사 등 시험합격자 ㉢ 금융투자업 주요직무종사자(1년 이상 등록 이력이 있는 투자자산운용사, 금융투자분석사)	2년간 전문투자자

정답 | ④

이패스 금융투자분석사

자본시장법상 금융투자업의 인가에 대한 설명으로 바르지 못한 것은?

① 금융투자업, 금융투자상품, 투자자의 유형에 따라서 인가요건이 달라진다.
② 예비인가를 반드시 거쳐야 하는 것은 아니다.
③ 인가요건은 인가받은 이후에도 계속 유지하여야 하나, 자기자본은 70%로 완화되어 적용된다.
④ 투자자문업과 투자일임업을 하기 위해서는 금융위원회부터 인가를 받아야 한다.

 **Point** 금융투자업의 인가대상과 등록대상의 구별은 가장 기초적인 문제이지만 계속 출제되고 있다. 인가요건에 대한 암기도 필요하다. 투자자문업과 투자일임업을 하기 위해서는 금융위원회부터 등록을 받아야 한다.

핵심탐구 | **금융투자업 진입규제(인가를 중심으로)**

1. 진입규제 원칙
(1) 금융투자업 + 금융투자상품 + 투자자를 고려하여 인가나 등록을 승인 ← ○ 이 3가지를 암기하자
    (예) 투자매매업+증권+모든 투자자=자기자본 500억원 필요)
(2) 인가 대상 금융투자업자 : 투자매매업, 투자중개업, 집합투자업, 신탁업
(3) 등록 대상 금융투자업자 : 투자자문업, 투자일임업, 온라인소액투자중개업, 일반사모집합투자업
2. 금융투자업 인가 심사
(1) 예비인가

신청사실의 공고 및 의견수렴 단계	공청회 실시
예비인가 심사 단계	실지조사, 평가위원회 구성
심사기간	2개월

(2) 인가요건

	내용	비고
법인격	주식회사이거나 대통령령이 정하는 금융기관	(외국업자는 지점 또는 영업소 설치) 개인은 인가(×)
자기자본	인가업무 단위별 5억원과 대통령령에서 정하는 금액 중 큰 금액 이상	유지의무의 완화 : 최저자기자본의 **70%** 이상만 유지하면 됨
인력	집합투자증권의 투자매매업자·투자중개업자 : 투자권유자문인력을 5인 이상 갖추어야 함	임원결격사유 : 제한능력자, 형집행 종료 후 5년이 경과되지 아니한 자, 파산선고받은 후 복권되지 않은 자 등
물적시설	전산설비 등	
사업계획서	타당하고 건전할 것	등록요건은 아님 ← ○ 등록요건이 아님을 강조
대주주	최대주주의 특수관계인인 주주 등도 포함. 출자능력 등을 갖추어야 함	유지의무의 완화 : 출자능력, 재무건전성, 부채비율요건은 배제
건전한 재무상태와 사회적 신용	대통령령으로 정함	
이해상충 방지체계		

* 자기자본과 대주주요건은 인가받은 후에 그 유지의무는 완화됨
* 등록 : 임원의 자격은 인가와 동일. 투자자문업은 전문인력이 1인, 투자일임업은 2인 이상 필요
(3) 심사기간 : 3개월 이내(예비인가를 받은 경우에는 1개월)

정답 | ④

다음 중 금융투자업자의 자산건전성 분류에 대한 설명으로 바르지 못한 것은?

① 금융투자업자는 매분기마다 자산 및 부채에 대한 건전성을 3단계로 분류하여야 한다.
② 금융투자업자는 매분기말 현재 고정 이하로 분류된 채권에 대하여 적정한 회수예상가액을 산정하여야 한다.
③ 금융투자업자는 회수의문 및 추정손실로 분류되는 자산은 조기에 상각하여 자산의 건전성을 확보하여야 한다.
④ 정상으로 분류된 자산도 대손충당금을 적립하는 것이 원칙이다.

 최근에 자주 출제되고 있다. 금융투자업자는 매분기마다 자산 및 부채에 대한 건전성을 5단계로 분류하여야 한다는 것은 알아야 한다.

핵심탐구 자산건전성 분류

(1) 자산건전성 분류
  ① 매분기마다 자산 및 부채에 대한 건전성을 정상, 요주의, 고정, 회수의문, 추정손실의 5단계로 분류
  ② 매분기말 현재 고정 이하로 분류된 채권에 대하여 적정한 회수예상가액을 산정
  ③ 회수의문 및 추정손실로 분류되는 자산은 조기에 상각하여 자산의 건전성을 확보

(2) 충당금의 적립기준

	대손충당금	비고
정상	0.5%	콜론 등은 대손충당금을 적립하지 아니할 수 있음
요주의	2%	
고정	20%	
회수의문	75%	
추정손실	100%	

(3) 금융투자업자는 자산건전성 분류 결과 및 대손충당금 적립결과를 감독원장에게 보고하여야 함

정답 | ①

09

금융투자업 규정상 순자본비율의 산정원칙에 대한 설명으로 바르지 못한 것은?

① 금융투자업자의 자산, 부채, 자본은 연결재무제표에 계상된 장부가액을 기준으로 한다.
② 시장위험과 신용위험을 동시에 내포하는 자산에 대해서는 큰 위험액을 기준으로 한다.
③ 영업용순자본 차감항목에 대해서는 원칙적으로 위험액을 산정하지 않는다.
④ 부외자산과 부외부채에 대해서도 위험액을 산정한다.

출제 Point
- (영업용) 순자본 규제는 산정원칙이 제일 중요하다.
- 정확히 암기하여야 한다. 시장위험과 신용위험을 동시에 내포하는 자산에 대해서는 시장위험액과 신용위험액을 모두 산정하여야 한다.

핵심탐구 › 순자본비율 규제

(1) 의의
 ① 금융투자업자의 파산을 사전에 예방하고 파산시에는 고객 등에게 안전한 변제가 되도록 유도.
 ② 위험손실을 감안한 현금화 가능 자산 규모가 상환의무 있는 부채보다 항상 커야 된다.
 ③ 금융투자업자는 순자본비율 100% 이상 유지의무 → 미달이 되면 지체없이 금감원장에게 보고.
 ④ 금융투자업자는 최소한 일별로 순자본비율을 산정해야 함.

(2) 순자본비율의 산정원칙 ← ○ 4가지 원칙은 무조건 외우자
 ① 금융투자업자의 자산, 부채, 자본은 연결재무제표에 계상된 장부가액을 기준으로 함
 ② 시장위험과 신용위험을 동시에 내포하는 자산은 시장위험액과 신용위험액을 모두 산정
 ③ 차감항목에 대해서는 원칙적으로 위험액을 산정하지 않는다.
 ④ 부외자산과 부외부채에 대해서도 위험액 산정

(3) 산정방법
 ① 영업용순자본 = 순자산가치(자산총액 – 부채총액) – 차감항목 + 가산항목
  ㉠ 차감항목 : 자산 중에서 즉시 현금화하기 곤란한 자산
  ㉡ 가산항목 : 부채로 계상되었으나 실질적인 채무이행 의무가 없거나 실질적으로는 자본의 보완적 기능을 하는 항목
   (예 후순위차입금 등)
 ② 총위험액 = 시장위험액 + 신용위험액 + 운영위험액(시장위험액 : 주식위험액, 금리위험액, 외환위험액, 일반상품위험액 등) ← ○ 시장위험액의 종류를 가끔 물어본다
 ③ 필요유지자본 : 금융투자업자가 영위하는 인가 또는 등록 업무 단위별로 요구되는 자기자본을 합계한 금액
 ④ 순자본비율 = (영업용순자본 – 총위험액) / 필요유지자기자본

정답 | ②

다음은 적기시정조치의 순자본비율 요건을 나타낸 것이다. ( )에 들어갈 말이 순서대로 올바른 것은?

적기시정조치	순자본비율
경영개선권고	( ) 미만
경영개선요구	( ) 미만
경영개선명령	0% 미만

① 150%, 100% ② 150%, 120% ③ 100%, 70% ④ 100%, 50%

출제 Point
- 적기시정조치의 기준이 되는 순자본비율과 경영실태평가 요건을 알아야 한다.
- 경영개선권고는 100% 미만, 경영개선요구는 50% 미만이다.
- 적기시정조치를 받은 금융투자업자는 당해 조치일로부터 2개월의 범위 내에서 경영개선계획을 감독원장(금융위 X)에게 제출하여야 한다.
- 다만, 자본의 확충 또는 자산의 매각 등으로 단기간 내에 적기시정조치의 요건에 해당되지 아니하게 될 수 있다고 판단되는 경우에는 일정기간 조치를 유예할 수 있다. (○)

핵심탐구 : 경영실태평가 및 적기시정조치

(1) 경영실태평가
① 금융투자업자의 경영 및 재무건전성을 평가
② 금감원장이 공통부분(수익성, 자본적정성, 내부통제)과 업종부분(유동성, 안전성)으로 구분하여 평가
③ 전업 투자자문·일임업자 제외

(2) 적기시정조치  시험의 보고이다. 표를 외우자

구분	경영개선권고	경영개선요구	경영개선명령
순자본비율	100% 미만 (금감원장에게 보고의무)	50% 미만	0% 미만
경영실태평가결과	종합평가 3등급 이상 & 자본의 적정성 4등급 이하	종합평가 4등급 이하	부실금융기관
적기시정조치	부실자산처분, 인력 및 조직운용의 개선, 신규업무 진출의 제한, 자본금의 증액 또는 감액, 점포관리의 효율화 등	점포의 폐쇄 및 통폐합, 조직의 축소, 자회사의 정리, 영업의 일부 정지, 임원진 교체요구 등	6개월 이내의 영업정지, 영업의 전부 또는 일부의 양도 등
경영개선계획 이행기간	6개월	1년	금융위가 정한 기간

(3) 긴급조치
① 휴업 또는 영업의 중지 등으로 돌발사태가 발생하여 정상적인 영업이 불가능한 경우
② 발행한 어음 또는 수표가 부도로 되거나 은행과의 거래가 정지 또는 금지되는 경우
③ 유동성이 일시적으로 급격히 악화되어 투자자예탁금 등의 지급불능 사태에 이른 경우 등
→ 금융투자회사에게 투자자예탁금 반환명령 등 가능

정답 | ④

제1장 자본시장과 금융투자업에 관한 법률·금융위원회 규정(금융소비자보호법 포함) | 375

금융투자업 규정상 금융투자업자의 위험관리에 대한 설명으로 가장 거리가 먼 것은?

① 금융투자업자는 각종 거래에서 발생하는 제반 위험을 적시에 인식·평가·감시·통제하는 위험관리체제를 갖추어야 한다.
② 장외파생상품 투자매매업자는 경영상 발생할 수 있는 위험을 종합관리하는 전담조직을 두어야 한다.
③ 금융투자업자의 이사회는 위험관리지침의 제정 및 개정에 관한 사항을 심의·의결한다.
④ 금융투자업자는 주요 위험변동 상황을 자회사와 분리하여 인식하고 감시하여야 한다.

출제 Point
- 출제된다면 ③ 혹은 ④에서 출제된다. 분리가 아니라 연결이다.
- 금융투자업자의 감사위원회는 경영전략에 부합하는 위험관리 기본방침을 수립하여야 한다. (×)

핵심탐구 　기타 건전성 규제

(1) 위험관리
금융투자업자는 리스크 중심의 감독체제를 구축하여야 한다.
① 금융투자업자는 주요 위험변동상황을 자회사와 연결하여 종합적으로 인식하고 감시하여야 한다.
 분리 ×
② 금융투자업자는 위험관리에 관한 사항 등을 규정한 위험관리지침을 마련하여야 한다.
③ 금융투자업자의 **이사회**는 위험관리지침의 제정에 관한 사항 등을 심의·의결한다.
④ 위험을 효율적으로 관리하기 위하여 부서별, 거래별 또는 상품별 위험부담한도·거래한도 등을 적절히 설정·운영하여야 한다.

(2) 경영공시 요건
금융투자업자는 다음의 경우에 금융위에 보고하고 인터넷 홈페이지 등을 이용하여 공시하여야 함
① 부실채권의 발생 : 직전 분기말 자기자본의 100분의 10의 금액 초과할 때
② 금융사고 : 직전 분기말 자기자본의 100분의 2의 금액을 초과하는 손실이 예상되는 경우
③ 민사소송 패소 : 직전 분기말 자기자본의 100분의 1의 금액을 초과하는 손실이 발생한 경우

(3) 대주주와의 거래제한

	원칙	예외
대주주 발행 증권	소유 금지	담보권 실행 등의 경우 등
계열회사 발행의 주식, 채권, 약속어음	자기자본의 **8%** 초과 소유 금지	담보권 실행 등의 경우 등
대주주 신용공여	제공 및 받는 것 모두 금지 (대주주의 특수관계인 포함)	담보권 실행 등의 경우 등

* 신용공여는 보증 등도 포함하는 개념
* 대주와 예외적으로 신용공여할 때 : 이사 전원의 찬성에 의한 이사회 결의가 필요한 것이 원칙, 다만 단일거래금액이 자기자본의 10/10,000과 10억원 중 적은 금액의 범위인 경우에는 이사회 결의 불필요　2/3 혹은 과반수 ×
* 금융위는 금융투자업자 또는 대주주에게 자료제출을 명할 수 있음

정답 | ④

12

금융투자업자의 공통 영업행위규칙의 내용으로 바르지 못한 것은?

① 금융투자업자는 자기의 명의를 대여하여 타인에게 금융투자업을 영위하게 하여서는 안 된다.
② 금융투자업자는 다른 금융업무를 겸영하고자 하는 경우에 그 업무를 영위하기 시작한 날로부터 2주 이내에 금융위에 보고하여야 한다
③ 금융투자업자는 금융투자업에 부수하는 업무를 영위하고자 하는 경우에 금융위에 사전보고하여야 한다.
④ 금융투자업자는 제3자에게 업무를 위탁하는 경우에 실제업무 수행일의 7일 전까지 금융위에 보고하여야 한다.

출제 Point 업무겸영과 부수업무는 영위하기 시작한 날로부터 2주 이내에 사후보고하는 것으로 바뀌었다.

핵심탐구 | 겸영업무, 업무위탁 등

(1) 신의성실의 원칙
(2) 명의대여 금지
(3) 겸영업무
    ① 그 업무를 영위하기 시작한 날로부터 2주 이내에 금융위에 보고하여야 한다
    ② 겸영대상 업무
        ㉠ 국가·공공단체 업무 대리 및 투자자예탁금 자금이체업무(투자매매업자 및 투자중개업자)
        ㉡ 지급보증업무(증권 및 장외파생상품 투자매매업자)
(4) 부수업무 영위
    그 업무를 영위하기 시작한 날로부터 2주 이내에 금융위에 보고하여야 한다.
(5) 업무위탁
    ① 금융투자업자는 제3자와 위탁계약을 체결하여야 하며, 실제 업무 수행일의 7일 전까지 금융위에 보고하여야 함
    ② 금융투자업의 본질적 업무(인가·등록과 직접 관련되는 필수업무)를 위탁하는 경우에는 위탁받는 자가 당해 업무수행에 필요한 인가·등록한 자이어야 함
    ③ 준법감시인 및 위험관리책임자의 업무 등 내부통제업무는 위탁이 금지됨
    ④ 원칙적으로 재위탁은 금지되나, 단순업무 및 외화자산 운용·보관업무는 위탁자의 동의를 받아 재위탁할 수 있음
(6) 정보교류 차단장치
    ① 미공개 중요정보, 투자자의 금융투자상품 매매 또는 소유현황에 관한 정보로서 불특정다수인이 알 수 있도록 공개되기 전의 정보 등의 교류는 원칙적으로 금지된다.
    ② 금융투자업자는 정보교류차단을 위한 기준, 예외적 교류를 위한 요건 등을 포함한 내부통제기준을 수립하여야 한다.

정답 | ③

자본시장법상 투자권유의 규제에 대한 설명으로 올바르지 않은 것은?

① 적정성의 원칙은 투자권유 없이 일반금융소비자에 대하여 파생상품 등을 판매하는 경우에 적용된다.
② 금융투자업자는 정보를 제공하지 않는 일반금융소비자에게 파생상품 등을 판매할 수 없다.
③ 금융투자업자는 전문금융소비자의 투자목적 등에 비추어 해당 파생상품 등이 투자자에게 적정하지 아니하다고 판단되면 이를 알리고 서명 등의 확인을 받아야 한다.
④ 금융투자업자는 설명의무 위반으로 인해 발생한 투자자의 손해를 배상할 책임이 있는데, 일반금융소비자 손실액 전부가 손해액으로 추정된다.

출제 Point
- 금융투자업자가 투자권유를 할 때 일반투자자 보호장치는 아주 중요하다. 이는 직무윤리에서 상세히 공부한다.
- 적정성의 원칙은 일반금융소비자에게만 적용된다.

핵심탐구 투자권유 규제 (1)

1. **투자권유의 의의**
   특정인을 상대로 ① 금융투자상품의 매매, ② 투자자문계약, ③ 투자일임계약, ④ 신탁계약 체결을 권유하는 것

2. **적합성의 원칙**
   ① 금융투자업자는 금융소비자가 일반금융소비자인지 전문금융소비자인지를 확인하여야 함
   ② 고객파악의무 : 금융투자업자는 일반금융소비자에게 투자권유를 하기 전에 면담 등을 통하여 투자자의 투자목적·재산상황·투자경험 등의 정보 파악 + 서명 등으로 확인 + 투자자에게 제공
   ③ 적합성의 원칙 : 금융투자업자는 일반금융소비자에게 투자권유를 하는 경우 투자목적 등에 비추어 적합하지 아니하다고 인정되는 투자권유를 하여서는 아니 된다.

3. **적정성의 원칙**
   ① 금융투자업자는 일반금융소비자에게 투자권유를 하지 아니하고
   ② 자본시장법에 따른 파생상품 및 파생결합증권, 사채 중 일정한 사유가 발생하는 경우 주식으로 전환되거나 원리금을 상환하여야 할 의무가 감면될 수 있는 사채, 자본시장법 시행령에 따른 고난도금융투자상품, 고난도투자일임계약 및 고난도 금전신탁계약 등을 판매하려는 경우에는
   ③ 반드시 정보 파악 의무 : 면담 등을 통하여 연령, 금융상품에 대한 이해도, 기대이익 및 기대손실 등을 고려한 위험에 대한 태도 등의 정보를 파악하여야 한다.
   ④ 금융투자업자는 일반금융소비자의 투자목적 등에 비추어 해당 파생상품 등이 투자자에게 적정하지 아니하다고 판단되면 이를 알리고 서명 등의 확인받음

4. **설명의무**
   ① 금융투자업자는 일반금융소비자에게 투자권유를 하는 경우에는 금융투자상품 등의 내용(수수료, 계약의 해제·해지에 관한 사항 등) 등을 투자자가 이해할 수 있도록 설명 + 확인
   ② 위반시 손실액 전부를 손해액으로 추정(손해액 산정의 입증책임의 전환 : 자본시장법)

정답 | ③

14

다음 중에서 투자권유대행인의 금지행위가 아닌 것은?

① 금융투자상품의 거래에 관한 정보를 금융투자업자가 관리하고 있다는 사실을 알리는 행위
② 위탁한 금융투자업자를 대리하여 계약을 체결하는 행위
③ 투자자로부터 금전·증권, 그 밖의 재산을 수취하는 행위
④ 위탁계약을 체결한 금융투자업자가 이미 발행한 주식의 매수 또는 매도를 권유하는 행위

출제 Point 투자권유대행인은 금융투자상품의 매매 등의 정보를 금융투자업자가 관리하고 있다는 사실을 알려야 한다.

핵심탐구 | 투자권유 규제(2) – 부당권유 금지 등

1. 투자권유준칙
① 금융투자업자는 투자권유를 함에 있어 임직원이 준수하여야 할 구체적인 기준 및 절차를 정하여야 하고, 파생상품 등에 대하여는 일반투자자의 투자목적 등을 고려하여 투자자 등급별로 차등화된 투자권유준칙을 마련하여야 한다. ← 증권 X
② 협회(금융위 X)는 금융투자업자가 공통으로 사용할 수 있는 표준투자권유준칙을 정할 수 있다.

2. 투자권유대행인
(1) 자격 : 투자권유자문인력·투자운용인력 시험에 합격한 자 등
(2) 금융위에 등록 : 금융위는 협회에 등록업무를 위탁.
(3) 투자권유대행인의 금지행위 ← 중요하니까 외우자
① 둘 이상의 금융투자업자와 투자권유 위탁계약을 체결하는 행위(1사 전속)
② 위탁한 금융투자업자를 대리하여 계약을 체결하는 행위
③ 보험설계사가 소속 보험회사가 아닌 보험회사와 투자권유 위탁계약을 체결하는 행위
④ 투자자로부터 금전, 증권, 그 밖의 재산을 수취하는 행위
⑤ 투자권유대행업무를 제3자에게 재위탁하는 행위
⑥ 위탁계약을 체결한 금융투자업자가 이미 발행한 주식의 매수 또는 매도를 권유하는 행위 등
(4) 기타
① 투자권유대행인이 투자권유를 대행하면서 투자자에게 손해를 끼치면 민법상의 **사용자책임** 준용
② 투자자로부터 금전 등을 수취할 수 없다는 사실 등의 금지행위, 금융투자상품의 매매·기타 거래에 관한 정보는 금융투자업자가 관리한다는 사실 등의 사전고지의무
③ 투자권유대행인은 투자권유대행과 관련하여 업무 및 재산상황에 대하여 금감원장의 검사를 받는다.

3. 임직원의 금융투자상품 매매
① 자기의 계산으로 특정 금융투자상품(상장 지분증권, 장내파생상품 등. 다만, 집합투자증권은 제외)을 매매하는 경우에는
② 자기의 명의로 하나의 투자중개업자(투자중개업자의 임직원은 그가 소속된 투자중개업자에 한함)를 통하여 하나의 계좌로 매매하여야 한다
③ 매매명세를 분기별(주요 직무종사자는 월별)로 소속 회사에 통지하여야 한다.

정답 | ①

자본시장법상 투자매매업자 또는 투자중개업자의 영업행위 규제에 대한 설명으로 가장 거리가 먼 것은?

① 투자자로부터 금융투자상품의 매매에 관한 주문을 받는 경우에는 거래가 체결된 후에 자기가 투자매매업자인지 중개업자인지를 알려야 한다.
② 투자자로부터 금융투자상품의 매매에 관한 주문을 받는 경우에 자기가 투자매매업자인지 중개업자인지를 알리는 방법상의 제한은 없다.
③ 금융투자상품의 매매를 위탁받은 투자중개업자는 고객의 대리인이 될 수 없는 것이 원칙이다.
④ 임의매매를 한 투자매매업자 또는 투자중개업자는 형사처벌의 대상이 된다.

- 투자매매업자 또는 투자중개업자의 영업행위 규제의 일반적인 내용을 알아야 한다.
- 투자자에게 금융투자상품의 매매에 관한 주문을 받는 경우에는 사전에 투자자에게 자기가 투자매매업자인지 중개업자인지를 알려야 한다.

핵심탐구 | 투자매매업자 및 투자중개업자의 매매 또는 중개업무 관련 규제

1. **매매형태의 명시**
   금융투자상품의 매매에 관한 주문을 받는 경우 투자자에게 투자매매업자인지 중개업자인지를 **사전에** 밝혀야 하며, 이를 알리는 방법상의 제한은 없다.
2. **자기계약의 금지** : 직무윤리 참조
3. **최선집행의무**
   ① 대상상품 : **상장주권**
   ② 투자자의 청약 또는 주문을 처리하기 위하여 최선의 거래조건으로 집행하기 위한 조건을 마련하고 공표.
4. **자기주식의 예외적 취득**
   투자매매업자는 투자자로부터 자신이 발행한 자기주식으로서 증권시장의 매매수량 단위 미만의 주식에 대하여 매도의 청약을 받은 경우에는 이를 증권시장 밖에서 취득할 수 있다.(단 취득일로부터 3개월 이내 처분의무).
5. **임의매매의 금지**
   ① 투자매매업자나 투자중개업자는 투자자나 대리인으로부터 금융투자상품의 매매의 청약이나 주문을 받지 않고는 투자자로부터 예탁받은 재산으로 금융투자상품을 매매할 수 없다.
   ② 임의매매를 한 투자매매업자 또는 투자중개업자는 징역이나 벌금 등의 형사처벌 받음

정답 | ①

자본시장법상 투자매매업자 또는 투자중개업자의 영업행위 규제에 대한 설명으로 가장 거리가 먼 것은?

① 선행매매는 원칙적으로 금지된다.
② 조사분석자료 내용이 사실상 확정된 때부터 공표 후 24시간 이내에는 투자자 보호를 위하여 금융투자상품을 절대로 거래할 수 없다.
③ 일반적으로 투자매매업자 또는 투자중개업자는 일임매매를 할 수 없지만, 투자일임업의 형태로 하는 것은 가능하다.
④ 투자매매업자는 조사분석자료의 작성을 담당하는 자에 대해서는 일정한 기업금융업무와 연동된 성과보수를 지급할 수 없다.

 **Point** 조사분석자료 내용이 사실상 확정된 때부터 공표 후 24시간 이내라도 거래할 수 있는 예외가 있다(핵심탐구 참조).

핵심탐구 | 불건전영업행위의 금지(1)

위반자는 행정조치 뿐만 아니라 형사벌칙의 대상이 되는 경우도 있음

1. **선행매매의 금지**
   ① 투자중개업자 또는 투자매매업자는 투자자로부터 금융투자상품의 가격에 중대한 영향을 미칠 수 있는 매수 또는 매도의 청약이나 주문을 받거나 받게 될 가능성이 큰 경우 고객 주문을 체결하기 전에 자기 계산으로 매수 또는 매도하거나 제3자에게 매수 또는 매도를 권유하는 행위(front-running)를 할 수 없다.
   ② 예외
      ㉠ 투자자의 매매주문에 관한 정보를 이용하지 않았음을 입증하는 경우
      ㉡ 증권시장과 파생상품시장 간의 가격차이를 이용한 차익거래 등
2. **조사분석자료 공표 후 매매금지(스캘핑금지)**
   ① 투자중개업자 또는 투자매매업자는 조사분석자료를 투자자에게 공표함에 있어 조사분석자료의 내용이 사실상 확정된 때부터 공표 후 **24시간**이 경과 전에 그 조사분석자료의 대상이 된 금융투자상품을 자기 계산으로 매매(scalping)하는 행위는 금지된다.
   ② 예외
      ㉠ 조사분석자료의 내용이 직접 또는 간접으로 특정 금융투자상품의 매매를 유도하는 것이 아닌 경우
      ㉡ 해당 조사분석자료가 이미 공표한 조사분석자료와 비교하여 새로운 내용을 담고 있지 아니한 경우 등
3. 조사분석자료 작성자에게 일정한 기업금융 업무와 연동된 성과보수 지급 금지 (기업금융업무 : 인수 및 합병의 중개, 모집·사모·매출의 주선업무 등)
4. 투자중개업자 또는 투자매매업자는 주권 등 일정한 증권의 모집 또는 매출과 관련된 계약을 체결한 날로부터 그 증권이 최초로 증권시장에 상장된 후 **40일** 이내에 그 증권에 대한 조사분석자료 공표·제공 금지
5. 일임매매의 원칙적 금지, 예외적 허용

정답 | ②

다음은 일반투자자 중 65세 이상인 사람을 대상으로 일정한 금융투자상품을 판매할 때의 유의사항이다. 바르지 못한 것은?

① 판매과정을 녹취하지 않아도 된다.
② 청약을 철회할 수 있는 기간에 대해 안내하여야 한다.
③ 투자권유를 받고 금융투자상품의 청약 등을 한 투자자에게 2영업일 이상의 숙려기간을 부여하여야 한다.
④ 숙려기간 동안 투자자에게 투자에 따르는 위험, 투자원금의 손실가능성 등을 고지하여야 한다.

 Point 판매과정을 녹취하지 않거나 투자자의 요청에도 불구하고 녹취된 파일을 제공하지 않는 행위는 금지된다.

핵심탐구 › 불건전영업행위의 금지 (1)

6. 기타 불건전영업행위 금지
   ① 투자매매업자 또는 투자중개업자에게 서면으로 일반투자자와 같은 대우를 받는다고 통지한 (상대적) 전문투자자의 요구에 정당한 사유없이 동의하지 않는 행위
   ② 투자자에게 해당 투자매매업자, 투자중개업자가 발행한 자기주식의 매매를 권유하는 행위
   ③ 일반투자자 중 정보를 파악한 결과 판매상품이 적합하지 않거나 65세 이상인 사람을 대상으로 일정한 금융투자상품을 판매할 때 다음의 행위
      ㉠ 판매과정을 녹취하지 않거나 투자자의 요청에도 불구하고 녹취된 파일을 제공하지 않는 행위
      ㉡ 청약을 철회할 수 있는 기간에 대해 안내하지 않는 행위
      ㉢ 투자권유를 받고 금융투자상품의 청약 등을 한 투자자에게 2영업일 이상의 숙려기간을 부여하지 않는 행위
      ㉣ 숙려기간 동안 투자자에게 투자에 따르는 위험, 투자원금의 손실가능성 등을 고지하지 않거나 청약 등을 집행하는 행위 등
   ④ 채권자로서 그 권리를 담보하기 위하여 백지수표나 백지어음을 받는 행위
   ⑤ 투자자가 시세조종행위 금지규정 등을 위반하여 거래하려는 것을 알고 거래를 위탁받는 행위 등

정답 | ①

18

금융투자업규정상 투자매매업자 또는 투자중개업자의 신용공여에 대한 설명으로 바르지 못한 것은?

① 투자매매업자 또는 투자중개업자에게 증권매매거래계좌를 개설하고 있는 자에 대하여 증권의 매매를 위한 매수자금을 융자할 수 있다.
② 총 신용공여규모는 원칙적으로 자기자본의 범위 이내로 한다.
③ 담보로 제공된 집합투자증권은 전일에 고시된 기준가격으로 평가한다.
④ 가치산정이 곤란하거나 대출금회수가 곤란한 증권은 담보로 징구할 수 없다.

 담보로 제공된 집합투자증권은 당일에 고시된 기준가격으로 평가한다.

핵심탐구 | 신용공여에 관한 규제

1. **개념** : 증권과 관련하여 금전의 융자 또는 증권대여의 방법으로 투자자에게 신용을 공여하는 것
2. **방법과 한도**
   ① 신용공여 약정 + 신용거래계좌 설정
   ② 회사별 한도 : 자기자본의 범위 내
   ③ 이는 투자매매업자 또는 투자중개업자의 고유업무는 아니지만 증권에 대해서 예외적으로 허용
3. **담보**

구분	담보	담보평가
청약자금 대출	청약하여 배정받은 증권	① 청약주식 - 취득가액
신용거래 융자	매수한 주권 또는 ETF	② 상장주권 또는 상장지수집합투자기구의 집합투자증권 - 당일 종가 ← 전일 X
신용거래 대주	매도대금	③ 상장채권 또는 공모로 발행된 파생결합증권 - 2 이상의 채권평가회사가 제공하는 가격정보를 기초로 투자매매업자 또는 투자중개업자가 정한 가격 ← 평균가격 X
예탁증권 담보융자	예탁증권 (가치산정이 곤란하거나 대출금회수가 곤란한 증권은 불가)	④ 집합투자증권 - 당일에 고시된 기준가격

* 담보비율 : 신용공여금액의 **100분의 140 이상**

4. **임의상환**
   ① 사유 : 채무미상환, 추가담보 미납, 수수료미납
   ② 조치 : 그 다음 영업일에 투자자 계좌에 예탁된 현금충당. 담보증권, 그 밖의 증권의 순서로 임의처분하여 처분제비용, 연체이자, 이자, 채무원금의 순서로 충당
   ③ 상장된 증권을 처분할 때는 증권시장에서 시가결정에 참여하는 호가에 따라 처분하여야
5. **신용거래제한**
   ① 투자경고종목 등은 신용거래 불가
   ② 인수증권에 대한 신용공여의 제한 : 투자매매업자는 증권의 인수일로부터 3개월 이내에 투자자에게 그 증권을 매수하게 하기 위하여 그 투자자에게 신용공여를 할 수 없다.
6. **위반시 제재** 투자매매업자·중개업자에게 형사상의 제재는 없고 회사 및 임직원은 금융위의 행정조치 대상이 됨

정답 | ③

자본시장법상 투자매매업자 또는 투자중개업자의 투자자 재산보호에 대한 설명으로 바르지 못한 것은?

① 투자매매업자 또는 투자중개업자는 투자자예탁금을 고유재산과 구분하여 한국예탁결제원에 예탁하여야 한다.
② 투자매매업자 또는 투자중개업자는 증권금융회사에게 투자자예탁금을 예치하는 경우에는 그 투자자예탁금이 투자자의 재산이라는 점을 명시하여야 한다.
③ 누구든지 예치기관에 예치 또는 신탁된 투자자예탁금을 상계·압류하지 못한다.
④ 금융투자업자가 인가취소, 파산선고 등을 받은 경우에는 예치기관에 예치 또는 신탁한 투자자예탁금을 인출하여 투자자에게 우선하여 지급하여야 한다.

출제 Point
- 투자자예탁금에 대한 기본적인 이해를 요한다.
- 투자매매업자 또는 투자중개업자는 투자자예탁금을 증권금융회사에 예치 또는 신탁하여야 한다.

핵심탐구 — 투자자 재산 보호를 위한 규제

1. 투자자예탁금
투자자로부터 금융투자상품의 매매 그밖의 거래와 관련하여 예탁받은 금전을 의미

별도예치의무	① 투자매매업자 또는 투자중개업자는 투자자예탁금을 고유재산과 구분하여 증권금융회사에 예치하거나 신탁업자에게 신탁하여야 한다.  예탁결제원 X ② 겸영금융투자업자 중 신탁업을 하는 은행이나 보험회사는 투자자예탁금을 자기계약할 수 있다. ③ 투자매매업자 또는 투자중개업자는 증권금융회사 또는 신탁업자에게 투자자예탁금을 예치 또는 신탁하는 경우에는 그 투자자예탁금이 투자자의 재산이라는 점을 명시하여야 한다.
상계 또는 압류 금지	① 누구든지 예치 또는 신탁한 투자자예탁금을 상계·압류하지 못함 ② 예치 금융투자업자는 이를 양도하거나 담보제공 불가(예외있음)
투자자예탁금의 우선지급	① 예치 금융투자업자의 인가 취소, 해산결의, 파산선고 ② 투자매매업 또는 중개업의 전부양도·전부폐지 승인, 전부 정지명령 등
투자자예탁금의 운용	예치기관은 국채, 지방채나 특수채증권의 매수 등 안정적 운용을 하여야 한다.

2. 투자자예탁증권
예탁결제원에 의무 예탁

정답 | ①

다음 중에서 종합금융투자회사의 지정요건이 아닌 것은?

① 상법상의 주식회사일 것
② 증권에 관한 인수업을 영위할 것
③ 1조원 이상의 자기자본을 갖출 것
④ 이해상충 발생가능성을 관리할 수 있는 내부통제기준과 이해상충방지체계를 갖출 것

③ 요건이 중요하다. 3조원 이상의 자기자본을 갖추어야 한다.

핵심탐구 | 종합금융투자회사의 지정요건

1. 다자간매매체결회사

대체거래시스템(ATS)	정보통신망이나 전자정보처리장치를 이용하여 다수의 투자자간에 상장주권의 매매 또는 중개·주선이나 대리업무를 수행하는 투자매매업자 또는 투자중개업자(전문투자자만을 대상으로 함)
주식소유 분산	다자간매매체결회사의 의결권 있는 발행주식 총수의 100분의 15를 초과하여 소유할 수 없는 것이 원칙

2. 종합금융투자사업자에 관한 특례

지정요건	① 상법상의 주식회사일 것 ② 증권에 관한 인수업을 영위할 것 ③ 3조원 이상의 자기자본을 갖출 것 ④ 이해상충 발생가능성을 관리할 수 있는 내부통제기준과 이해상충방지체계를 갖출 것

업무	(1) 전담중개업무
	  ① 일반 사모펀드(헤지펀드) 등에 대하여 증권대차, 재산의 보관·관리, 금전융자, 신용공여 등 각종 금융서비스를 연계하여 제공
	  ② 그의 계열회사에는 신용공여 금지, 그 법인이 운용하는 전일반사모펀드에 대하여는 전담중개업무를 할 수 없음
	(2) 신용공여업무
	  종합금융투자사업자는 자본시장법 또는 다른 금융관련 법령에도 불구하고 기업에 대한 신용공여 업무를 할 수 있음

정답 | ③

다음 중 증권의 모집, 매출과 관련하여 바르지 못한 설명은?

① 매출이라 함은 50인 이상의 투자자에게 새로 발행되는 증권의 취득의 청약을 권유하는 것을 말한다.
② 매출의 경우에도 증권신고서 제출의무자는 발행인이다.
③ 청약의 권유를 받는 자의 수가 50인 미만인 경우에도 해당 증권이 발행일로부터 1년 이내에 50인 이상의 자에게 양도될 수 있는 일정한 경우에는 모집으로 간주된다.
④ 국채, 지방채, 국가 또는 지방자치단체가 원리금의 지급을 보증한 채무증권 등에는 증권신고서 제도가 적용되지 않는다.

 발행시장 공시는 출제할 부분이 많으므로 자세히 알아야 한다. 본 문제는 모집과 매출의 차이점을 묻는 것이다. 50인 이상의 투자자에게 새로 발행되는 증권의 취득의 청약을 권유하는 것은 모집이다.

핵심탐구 | 증권신고서 제도 (1)

1. 증권신고서

취지	불특정다수인을 상대로 증권시장밖에서 증권을 모집·매출할 때 해당 증권 및 발행인에 대한 사항을 투자자에게 공시
대상행위	① 모집 : 50인 이상의 투자자에게 새로 발행되는 증권취득의 청약권유 ② 매출 : 50인 이상의 투자자에게 이미 발행된 증권매도의 청약을 하거나 매수의 청약을 권유하는 것 * 50인 산정방법 : 일정한 전문가와 연고자(발행인의 임원 및 우리사주조합원 등)는 제외
적용면제증권	국채, 지방채, 국가가 원리금의 지급을 보증한 채무증권 등 무위험증권
신고대상금액	증권의 모집이나 매출가액 1년 총액이 **10억원** 이상인 경우
소액공모공시제도	발행인은 투자자보호를 위하여 재무상태 등 일정한 사항 공시의무 있음
신고의무자	언제나 발행인(매출의 경우에도 발행인임을 유의)
효력발생	① 금융위가 증권별로 정해진 효력발생기간 동안 별도의 조치를 하지 않으면 효력발생 ② 효력 발생의 의미 : 증권의 가치를 정부가 보증하는 것은 아니다.
거래의 제한	증권신고서의 효력이 발생하지 아니한 증권의 취득 또는 매수의 청약이 있는 경우에 증권의 발행인·매출인은 그 청약의 승낙을 할 수 없다.

2. 특수한 신고서
(1) 일괄신고서
   ① 개념 : 같은 종류의 증권을 지속적으로 발행할 때 그 증권을 일괄신고하고 추가발행시는 추가서류만 제출
   ② 대상증권 : 주권, 사채권(주권관련 사채권 포함), 파생결합증권, 개방형펀드
(2) 정정신고서 : 정정요구를 받은 후 3개월 이내에 발행인이 미제출 → 해당 증권신고서를 철회한 것으로 봄
(3) 철회신고서 : 청약일 전일까지는 제출하여야 한다.

정답 | ①

아래 내용은 금융위원회 규정상 주권비상장법인의 지분증권을 직접 공모할 때, 증권분석기관이 그 증권의 가치를 평가할 수 없는 경우에 대한 설명이다. ( ) 안에 들어갈 숫자를 순서대로 묶은 것은?

㉠ 해당 법인의 임원이 증권분석기관에 그 자본금의 100분의 (   ) 이상을 출자하고 있는 경우
㉡ 증권분석기관이 해당 법인에 그 자본금의 100분의 (   ) 이상을 출자하고 있는 경우

	㉠	㉡		㉠	㉡
①	1	3	②	1	5
③	3	1	④	3	3

출제 Point
- 증권분석기관이 그 증권의 가치를 평가할 수 없는 경우 3가지를 정확히 알아야 한다.
- 임원은 1%를 기준으로 하고, 상호 출자는 3%를 기준으로 한다.

핵심탐구 증권신고서제도 (2)

1. 간주모집
(1) 개념 : 청약의 권유를 받은 자가 50인 미만 + 해당 증권의 발행일로부터 1년 이내에 50인 이상에게 전매가능성
(2) 전매가능성 판단기준  없는 경우가 더 쉬우니까 없는 경우를 이해하자

없는 경우	① 예탁결제원에 증권예탁 후 1년간 인출하지 않기로 계약체결 후 이행 ② 전환권의 권리행사금지기간을 발행 후 1년 이상으로 정하는 경우 ③ 50매 미만으로 발행 : 증권의 권면에 발행 후 1년 이내 분할금지특약 기재
있는 경우	① 같은 종류의 지분증권이 모집·매출된 실적이 있는 경우 ② 같은 종류의 지분증권이 증권시장에 상장된 경우 ③ 지분증권이 아닌 경우에 50매 이상으로 발행된 경우 ④ 지분증권이 아닌 경우에 50매 미만으로 발행 : 50매 이상으로 권면분할 가능

(3) 보호예수된 증권의 인출사유
① 액면분할 또는 병합에 따라 새로운 증권으로 교환하기 위한 경우
② 회사의 합병에 따라 다른 증권으로 교환하기 위한 경우 등

2. 증권분석기관
(1) 증권분석기관이 될 수 있는 곳
① 인수업무, 모집·매출·사모의 주선업무를 인가받은 자
② 신용평가업자
③ 공인회계사법에 따른 회계법인
④ 채권평가회사 ← 감정평가업자 X
(다만 증권분석기관이 금융위로부터 관련 업무 정지조치를 받은 경우 그 정지기간 중에는 증권분석업무를 할 수 없다.)

(2) 증권분석기관의 평가제한

증권분석기관 임원이 해당 법인에 출자 혹은 해당 법인의 임원이 증권분석기관에 출자	그 자본금의 100분의 1 이상 출자
증권분석기관이 해당법인에 출자(그 반대도 포함)	그 자본금의 100분의 3 이상 출자
동일인이 양쪽에 출자	그 자본금의 100분의 5 이상 출자

정답 | ①

이패스 금융투자분석사

투자설명서에 대한 설명으로 바르지 못한 것은?

① 투자설명서는 법정 투자권유문서이다.
② 집합투자증권은 간이투자설명서만을 가지고 사용할 수 있다.
③ 예비투자설명서는 신고서 수리 후 기간의 제한없이 사용할 수 있다.
④ 일정한 요건 하에 전자문서의 방법으로도 교부할 수 있다.

> **출제 Point** 투자설명서를 시간에 흐름에 따라 다르게 사용하는 것을 알아야 한다. 신고서 수리 후 기간의 제한없이 사용할 수 있는 것은 간이투자설명서이다.

핵심탐구 — 투자설명서 제도

1. 개요
① 증권의 모집·매출을 위해 투자자에게 실제로 교부되는 투자권유문서
② 증권신고서에 기재된 내용과 다른 내용을 표시하거나 그 기재사항을 누락할 수 없다(단, 기업비밀사항 등은 기재생략 가능).
③ 증권신고의 효력이 발생하는 날에 투자설명서를 금융위원회에 제출하여야 한다.
④ 증권 발행인의 본점, 금융위, 거래소 등에 비치

2. 개방형 집합투자증권에 대한 특례
발행인은 투자설명서 및 간이투자설명서를 제출한 후 **1년**마다 1회 이상 다시 고친 투자설명서 및 간이투자설명서를 제출

3. 투자설명서 교부의무

(1) 교부의무
① 누구든지 증권신고의 효력이 발생한 증권을 취득하고자 하는 자에게 투자설명서를 미리 교부하지 아니하면 그 증권을 취득하게 하거나 매도할 수 없다(집합투자증권의 경우 투자자가 투자설명서의 교부를 별도로 요청하지 아니하는 경우에는 간이투자설명서를 말함).
② 전자문서 방법의 교부는 일정한 요건하에 인정된다.

(2) 교부 면제자
① 전문투자자 등 일정한 전문가
② 투자설명서 받기를 거부한다는 의사를 서면·전화 등으로 표시한 자
③ 이미 취득한 것과 같은 집합투자증권을 계속하여 추가로 취득하려는 자
(다만 해당 집합투자증권의 투자설명서의 내용이 직전에 교부한 투자설명서의 내용과 같은 경우만 해당)

(3) 사용방법 *시간적 한계를 정확히 알 것*

투자설명서	증권신고서 효력 발생 후 사용
예비투자설명서	신고서 수리 후 효력 발생 전에 사용 (신고서 제출시 효력 발생 전이라고 기재하고 모집·매출시 사용 가능)
간이투자설명서	신고서 수리 후 신문·방송·잡지 등을 이용한 광고, 안내문, 홍보전단 또는 전자전달매체 등을 통하여 사용(투자설명서 중 중요한 내용만 발췌)

* 집합투자증권은 간이투자설명서만을 가지고 사용할 수 있다.

정답 | ③

다음 중 유통시장에서의 기업공시와 관련하여 바르지 못한 설명은?

① 사업보고서는 사업연도 경과 후 45일 이내에, 반기보고서와 분기보고서는 반기 및 분기 종료 후 60일 이내에 금융위와 거래소에 제출하여야 한다.
② 주요사항보고서 제출대상 법인과 사업보고서 제출대상 법인은 동일하다.
③ 증권의 소유자 수가 500인 이상인 발행인은 사업보고서를 제출하여야 한다.
④ 당해 기업이 발행한 어음이 부도났는데도 주요사항보고서를 제출하지 않으면 법적인 제재를 받는다.

 **Point** 유통시장 정기공시에서 사업보고서와 분기(반기)보고서 제출날짜는 정확하게 알아야 한다. 사업보고서는 90일 이내에, 반기보고서와 분기보고서는 45일 이내에 금융위와 거래소에 제출하여야 한다.

핵심탐구 — 유통시장 정기공시 및 주요사항보고서제도

1. 정기공시

제출대상법인	① 주권상장법인 및 일정한 증권(주권 외의 지분증권, 전환사채권, 신주인수권, 파생결합증권 등)을 상장한 발행인 (다만 집합투자증권 X) ② 증권을 모집 또는 매출한 발행인 ③ 증권의 소유자 수가 500인 이상인 외부감사대상법인
제출면제	① 파산으로 사업보고서 제출이 사실상 불가능한 경우 등 ② 주주 수가 500인 이상이었다가 300인 미만이 된 경우
제출기한	① 사업보고서 : 사업연도 경과 후 **90일** 이내 ② 반기(분기)보고서 : 반기 및 분기 종료 후 **45일** 이내(최초로 사업보고서 제출법인 : 제출법인에 해당하게 된 날로부터 5일 이내 직전 사업연도 사업보고서 제출)

2. 주요사항보고서 제도
① 상장법인은 회사존립, 조직재편성, 자본증감 등 주요경영사항 정보를 기업 스스로 공시하여 정보의 지속성과 정확성을 담보
② 이를 금융위가 관리. 따라서 수시공시는 주요사항보고서 제도와 거래소가 관리하는 수시공시로 이원화됨

제출대상	사업보고서 대상과 동일
제출사유	① 발행한 어음 또는 수표의 부도 등 ② 영업활동의 전부 또는 **중요한** 일부 정지 ← 중요한이 빠지면 틀린다. ③ 회생절차개시의 신청이 있을 때 등
제출기한	그 사실이 발생한 다음날까지 금융위에 제출 (미제출시 법적 제재 가능) ← 이 점이 수시공시와 다르다

정답 | ①

다음 중 유통시장에서의 수시공시와 관련하여 바르지 못한 설명은?

① 당해 기업이 발행한 주권 가격에 현저한 변동이 있어서 거래소가 답변을 요구하면 당해 기업은 그 날로부터 1일 이내에 답변하여야 한다.
② 공정공시의무를 이행하였다고 해서 다른 수시공시의무가 면제되는 것은 아니다.
③ 상장법인은 거래소 공시규정이 정하는 주요경영사항에 해당하는 사실 또는 결정이 있는 경우에는 그 사유발생 다음날까지 거래소에 신고하여야 한다.
④ 상장법인은 주요경영사항 이외의 사유가 발생하는 경우 이를 지체 없이 거래소에 신고하여야 하며, 이를 위반하면 법적 제재를 받는다.

 수시공시 사항을 위반하여도 법적인 제재는 불가능하다는 점이 중요하다.

핵심탐구 — 수시공시 제도

취지	투자자들의 정확한 투자판단을 위해서 기업에 중요한 변화가 발생하는 경우 이를 지체 없이 거래소에 신고하는 제도
특색	위반시에도 법적인 제재는 불가능 ← 제일 중요
주요경영사항 공시 (의무공시)	① 거래소 공시규정이 정하는 주요경영사항에 해당하는 사실 또는 결정이 있는 경우 ② 그 사유발생 다음날까지 거래소에 신고
자율공시	① 주요경영사항 이외의 정보를 투자자에게 알릴 필요가 있을 때 ② 그 사유발생 다음날까지 거래소에 신고
조회공시	① 기업의 주요 경영사항에 대한 풍문·보도 : 거래소의 답변요구시점이 오전이면 당일 오후까지, 오후이면 다음날 오전까지 답변의무 ② 시황급변 : 거래소의 답변요구를 받은 날로부터 1일 이내에 답변의무
공정공시	중요정보를 특정인(애널리스트 등)에게 선별적으로 제공할 때 모든 시장참가자가 정보를 알 수 있도록 그 특정인에게 제공하기 전에 증권시장을 통해 공시

* 공정공시의무를 이행하였다고 해서 다른 수시공시의무가 무조건적으로 면제되는 것은 아님

정답 | ④

다음 중 공개매수와 관련하여 바르지 못한 설명은?

① 공개매수 기간은 20일 이상 60일 이내이다.
② 공개매수자는 공개매수할 주식 등을 매도하고자 하는 자에게 공개매수설명서를 미리 교부하지 않으면 그 주식 등을 매수할 수 없다.
③ 공개매수가 공고된 이후에는 철회가 금지되지만, 대항공개매수 등 일정한 경우에는 철회가 가능하다.
④ 응모주주는 공개매수 기간 중에는 언제든지 응모를 취소할 수 있지만 위약금을 지급하여야 한다.

- 공개매수의 요건과 절차를 암기하여야 한다.
- 응모주주는 공개매수 기간 중에는 언제든지 응모를 취소할 수 있으며 위약금을 지급할 필요가 없다.

핵심탐구 | 기업의 인수, 합병(M&A) 관련 제도 (1)

1. 공개매수

요건	① 주식등을 6개월간 **증권시장 밖에서** 10인 이상으로부터 매수 + 본인과 그 특별관계자(특수관계인과 공동보유자)의 주식 등의 총수가 **100분의 5** 이상일 것 ② 특수관계인이 보유하는 주식등의 수가 1,000주 미만이면 특수관계인에서 제외
적용대상 증권	① 주권상장법인이 발행한 의결권 있는 주권, 신주인수권, 신주인수권부사채권, 전환사채권 혹은 이를 기초자산으로 하는 파생결합증권 ② 주권상장법인외의 자가 발행하는 교환사채권 등
적용면제	① 소각을 목적으로 하는 주식등의 매수 ② 주식매수청구에 응한 주식의 매수 등

절차	1) 공개매수의 공고 : 전국을 보급지역으로 하는 둘 이상의 신문에 공개매수에 관한 사항을 공고
	2) 공개매수신고서 제출 : 공개매수기간, 가격, 결제일 등 공개매수 조건 기재
	3) 발행인의 의견표명
	4) 공개매수의 실시
	  ① 기간 : 20일 이상 60일 이내
	  ② 공개매수설명서의 교부 : 공개매수자는 공개매수설명서를 공개매수공고일에 금융위와 거래소에 제출하여야 하며, 공개매수할 주식 등을 매도하고자 하는 자에게 공개매수설명서를 미리 교부하지 않으면 그 주식 등을 매수할 수 없다.
	  ③ 공개매수의 철회금지(**대항공개매수** 등 일정한 경우에는 철회가능)
	  ④ 응모주주의 철회자유(위약금 없음)
	  ⑤ 공개매수 기간 중에 별도매수 금지
	  ⑥ 전부매수의무 : 단, 조건을 기재하면 주식의 전부나 일부를 매수하지 않을 수 있음
	5) 공개매수결과보고서 제출

정답 | ④

다음 중 주식대량보유상황 공시제도(5% Rule)에 대한 설명으로 바르지 못한 것은?

① 보고대상 증권은 공개매수와 동일하다.
② 상장증권을 5% 이상 보유한 자가 보유비율이 5% 이상 변동되는 경우에는 금융위와 거래소에 5일 이내에 보고하여야 한다.
③ 보유목적이 경영에 영향을 주기 위한 것이 아닌 경우에는 약식보고서에 의할 수 있고 사유발생일로부터 5일 이내에 보고할 필요가 없다.
④ 보유목적이 발행인의 경영권에 영향을 주기 위한 것으로 보고한 자는 그 보고하여야 할 사유가 발생한 날로부터 보고한 날 이후 5일까지 발행인의 주식 등을 추가로 취득할 수 없다.

출제 Point 5% Rule의 요건에 대해서 정확히 알아야 한다. 변동은 1%를 기준으로 한다.

핵심탐구 : 기업의 인수, 합병(M&A) 관련 제도 (2)

2. 주식등의 대량보유상황 보고제도

취지	시장 투명성 제고 및 적대적 M&A 시도 공시
적용대상증권	공개매수와 동일(의결권 있는 주식이 대상)
보고사유 (금융위와 거래소에 보고)	① 신규보고 : 새로 5% 이상 보유(특별관계자 소유분 합산) ② 변동보고 : 5% 이상 보유자의 보유비율이 1% 이상 변동  변동은 5% 아니다 ③ 변경보고 : 신규보고 및 변동보고자의 보유목적(단순 투자목적과 경영참가목적 간)의 변경 등
보고면제	주식수에 따라 신주를 배정받은 경우 등
보고내용 및 보고기한	① 보유목적이 발행인의 경영권에 영향을 주기 위한 경우 : 보유상황 변동일로부터 5일까지 보고 ② 보유목적이 발행인의 경영권에 영향을 주기 위한 것이 아닌 경우 : 5일 아님 * 보고기준일 : 증권시장에서 주식을 매수한 경우에는 **계약체결일**
냉각기간	① 발행인의 경영권에 영향을 주기 위한 것으로 보고 : 그 보고하여야 할 사유가 발생한 날로부터 보고한 날 이후 5일까지 발행인의 주식 등을 추가로 취득하거나 보유주식 등에 대하여 의결권을 행사할 수 없다. ② 이를 위반하여 추가로 취득한 주식에 대하여는 의결권 행사 금지

3. 의결권 대리행사 권유제도

취지	피권유자의 합리적인 의사결정 지원하여 공정한 기업지배권 경쟁 유도
적용대상	① 자기 또는 제3자에게 의결권 행사를 대리시키도록 권유하는 행위 ② 의결권의 행사 또는 불행사를 요구하거나 의결권 위임의 철회를 요구하는 행위 ③ 의결권의 확보 또는 그 취소 등을 목적으로 주주에게 위임장 용지를 송부하거나 의견을 제시하는 행위
적용제외 및 특례	① 해당 상장주권의 발행인과 임원 외의 자가 10명 미만의 상대방에게 그 주식의 의결권 대리행사를 권유를 하는 경우 등은 제외 ② 공공적 법인 : 당해 공공적 법인만이 그 주식의 의결권 대리행사 권유가능
권유방법	상장주권 의결권 권유자는 피권유자에게 위임장용지와 참고서류를 교부하여야 한다.

정답 | ②

자본시장법상 장외파생상품을 거래하는 투자매매업자 또는 투자중개업자가 준수하여야 할 기준으로 바르지 못한 것은?

① 거래상대방이 일반투자자인 경우에는 위험회피 목적의 거래를 하는 경우로 제한된다.
② 월별 장외파생상품의 매매 혹은 중개 등의 거래 내역을 다음 달 10일까지 금융위에 보고하여야 한다.
③ 장외파생상품의 매매에 따른 위험액이 금융위가 정하는 한도를 초과하면 안 된다.
④ 장외파생상품의 매매를 할 때마다 준법감시인의 승인을 받아야 한다.

 Point
- 장외거래에서는 장외파생상품을 거래할 때 준수하여야 하는 사항이 중요하다.
- 준법감시인이 아니라 파생상품업무책임자의 승인을 받아야 한다.

핵심탐구 장외거래

1. 장외거래 개요
   ① 장외거래는 일정한 경우를 제외하고는 단일의 매도자와 매수자 간에 매매하여야 한다.
   ② 기업어음증권 : 둘 이상의 신용평가업자로부터 신용평가를 받은 기업어음증권 거래 가능
   ③ 해외시장 거래
      일반투자자는 해외 증권시장이나 파생상품시장에서 외화증권 및 장내파생상품을 매매할 때 투자중개업자를 통하여 매매하여야 한다.

2. 장외파생상품 매매
   ① 매매 등의 상대방이 일반투자자인 경우에는 그 일반투자자가 위험회피 목적의 거래를 하는 경우로 한정할 것
   ② 매매에 따르는 위험액이 금융위가 정하는 한도를 초과하지 않을 것
   ③ (영업용순자본-총위험액)/업무 단위별 자기자본이 150% 미달 : 그 미달상태가 해소될 때까지는 신규거래 중지 ← 모든 거래 중지 X
      (미종결거래의 정리나 위험회피에 관련된 업무만을 수행할 것)
   ④ 원칙적으로 거래할 때마다 파생상품업무책임자의 승인을 받을 것 ← 준법감시인 X
   ⑤ 월별 거래내역 등을 다음달 10일까지 금융위에 보고할 것

정답 | ④

29

공공적 법인의 주식에 대한 설명 중 바르지 못한 것은?

① 누구든지 공공적 법인이 발행한 주식을 누구의 명의로 하든지 자기의 계산으로 법에서 정한 기준을 초과하여 소유할 수 없다.
② 누구든지 공공적 법인의 주식에 대한 의결권 대리행사 권유가 가능하다.
③ 그 주식이 상장된 당시에 발행주식총수의 100분의 10 이상을 소유한 주주는 그 소유비율을 초과하여 소유할 수 없다.
④ 공공적 법인이 발행한 지분증권에 대해서 종목별 외국인 1인의 취득한도는 해당 공공적 법인이 정관에서 정한 한도이다.

공공적 법인에 대한 종합문제이다. 출제가능성은 낮지만 정리해두자. 공공적 법인은 당해 공공적 법인만이 그 주식의 의결권 대리행사 권유가 가능하다.

핵심탐구 | 기업의 인수, 합병(M&A) 관련 제도 (1)

1. 공공적 법인의 주식 소유 제한

공공적 법인의 요건	① 경영기반이 정착되고 계속적인 발전가능성이 있는 법인 ② 재무구조가 건실하고 높은 수익이 예상되는 법인 ③ 주식분산이 광범위할 수 있도록 자본금 규모가 큰 법인
주식 소유제한	① 그 주식이 상장된 당시에 발행주식총수의 100분의 10 이상을 소유한 주주는 그 소유비율 초과 소유 금지 ② ①에 따른 주주 외의 자는 발행주식총수의 100분의 3 이내에서 정관이 정하는 비율 초과소유 금지 ③ 기준을 초과하여 주식을 소유하면 초과분에 대해서는 의결권을 행사할 수 없고, 금융위는 기준을 초과하여 주식을 소유하는 자에게 6개월 이내 기간을 정하여 기준을 준수할 것을 명할 수 있음

2. 외국인의 증권 소유 제한

개념	외국인 : 국내에 6개월 이상 주소 또는 거소를 두지 않은 개인 외국법인 : 외국정부, 외국 지자체, 외국기업 등
공공적 법인이 발행한 지분증권 취득한도 제한	① 종목별 외국인 1인 취득한도 : 해당 공공적 법인의 정관에서 정한 한도 ② 종목별 외국인 전체 취득한도 : 해당 종목 지분증권 총수의 100분의 40 ③ 위반시 조치는 공공적 법인과 동일
거래기준	① 상장증권 매매 : 증권시장을 통하여 매매하고 계좌개설 등에 관하여 금융위 고시기준을 충족할 것 ② 장내파생상품 매매시 계좌개설 등에 관하여 금융위 고시기준을 충족할 것 ③ 상장증권을 매매 외의 방식으로 거래하는 경우에는 거래내역의 신고 등에 관하여 금융위가 정한 기준을 충족할 것

정답 | ②

자본시장법상 미공개 중요정보의 이용이 금지되지 않는 자는?

① 당해 상장법인 및 계열회사, 그 법인의 임직원·대리인 직무와 관련하여 미공개 중요정보를 알게 된 해당 법인의 임직원 또는 대리인
② 권리행사 과정에서 미공개 중요정보를 알게 된 해당법인 주주
③ 당해 상장법인과 계약 체결을 교섭하고 있는 자로서 계약체결과정에서 미공개 중요정보를 알게 된 자
④ 당해 상장법인의 내부자로부터 미공개 중요정보를 수령한 자

 Point
- 미공개 중요정보의 이용이 금지되는 3부류를 정확히 알아야 한다.
- 당해 상장법인 및 계열회사의 주요 주주가 규제대상이다.

핵심탐구 — 내부자거래 규제(1)

1. 미공개중요정보 이용행위 금지

적용대상법인	상장법인(6개월 내에 상장이 예정된 법인도 포함)
대상증권	① 상장법인이 발행한 증권(단 채무증권, 수익증권, 파생결합증권은 제외) ② 상장법인 외의 자가 발행한 것으로서 위의 증권과 교환을 청구할 수 있는 교환사채권 ③ 위의 증권만을 기초자산으로 하는 금융투자상품

규제대상자
(직무관련성 필요)
	① 내부자
	  ㉠ 당해 상장법인 및 계열회사, 그 법인의 임직원, 대리인
	  ㉡ 그 법인의 주요 주주
	② 준내부자
	  ㉠ 그 법인에 대한 법령상 감독 등의 권한을 가지는 자
	  ㉡ 그 법인과 계약 체결을 하고 있거나 교섭하고 있는 자
	③ (1차)정보수령자 : 내부자 및 준내부자로부터 그 정보를 받은 자

규제행위	미공개 + 중요정보의 이용행위가 금지되는 것임(시행령이 정하는 방법에 따라 공개한 후 주지기간이 지나면 공개정보로 된다)

2. 공개매수 관련 정보의 이용행위 금지
3. 대량취득 및 처분 관련정보 이용행위 금지

정답 | ②

자본시장법상 내부자의 단기매매차익반환 제도와 관련한 설명으로 올바른 것은?

① 단기매매차익 산정기간은 3개월이다.
② 주요주주는 매도·매수한 시기 중 어느 한 시기에 있어서 주요주주가 아닌 경우에는 적용하지 않는다.
③ 내부자가 미공개중요정보를 이용하여야 적용된다.
④ 상장법인의 주요주주 및 모든 임직원이 그 대상이 된다.

출제 Point
- 단기매매차익반환 제도는 그 대상, 미공개중요정보 이용여부 등이 자주 출제된다.
  ① 단기매매차익 산정기간은 6개월이다.
  ③ 단기매매차익반환의무는 내부정보의 이용과 무관하게 인정된다.
  ④ 상장법인의 내부자 중에서 주요주주 및 모든 임원(업무집행지시자 포함)은 적용이 되지만, 직원은 증선위가 미공개중요정보를 알 수 있는 자로 인정되는 자에 한한다.

핵심탐구 — 내부자거래 규제(2)

1. 내부자의 단기매매차익 반환제도

취지	① 내부자의 미공개 중요정보 이용행위 예방 ② 미공개 중요정보 이용 여부와 **관계없이** 반환
반환대상자	내부자 ← 준내부자 X 단, 직원의 범위는 축소(예 생산업무 종사자는 제외) ← 중요
반환대상	특정증권 등(내부자거래 대상과 동일)을 매수한 후 **6개월** 이내에 매도 혹은 특정증권 등을 매도한 후 **6개월** 이내에 매수하여 얻은 이익
반환의 예외	① 주요주주는 매도·매수한 시기 중 어느 한 시기에 있어서 주요주주가 아닌 경우에는 제외 ② 법령에 따라 불가피하게 매수 또는 매도한 경우 ③ 정부의 문서에 의한 지도에 따라 매수 또는 매도한 경우 ④ 국민연금법에 따른 국민연금기금의 운용을 위한 매매가 일정한 요건을 갖춘 경우 등
공시	증선위는 이를 알게 된 경우 해당 법인에 통보, 법인은 이를 공시

2. 주권상장법인 임원 및 주요주주의 특정증권 소유상황 보고제도

요건	① 임원 또는 주요 주주가 된 날로부터 5영업일 이내에 누구의 명의로 하든지 자기의 계산으로 소유하고 있는 특정 증권 등의 소유상황 보고의무 ② 그 증권에 변동이 있는 경우에는 누적변동수량이 1,000주 이상이거나 누적취득금액이 1,000만원 이상인 경우 변동이 있는 날로부터 5영업일까지 증선위와 거래소에 보고의무

정답 | ②

다음 중 시세조종행위 규제에 대한 설명으로 바르지 않은 것은?

① 시세조종행위는 내부자만을 규제한다.
② 장내파생상품 매매에서 부당한 이익을 얻거나 제3자에게 부당한 이익을 얻게 할 목적으로 그 장내파생상품의 기초자산의 시세를 변동 또는 고정시키는 행위는 금지된다.
③ 장내파생상품의 기초자산의 매매에서 부당한 이익을 얻거나 제3자에게 부당한 이익을 얻게 할 목적으로 그 장내파생상품의 시세를 변동 또는 고정시키는 행위는 금지된다.
④ 증권의 매매에서 부당한 이익을 얻거나 제3자에게 부당한 이익을 얻게 할 목적으로 그 증권과 연계된 증권의 시세를 변동 또는 고정시키는 행위는 금지된다.

 Point 시세조종행위는 누구든지 할 수 있다. 현·선 연계시세조종행위는 모두 금지된다.

핵심탐구 | 시세조종행위

1. 시세조종행위

개요	① 목적범(예-타인을 유인할 목적 등) ② 누구든지 규제 대상 ③ 대상상품 : 상장증권, 장내파생상품
위장거래	① 통정매매 : 사전에 짠 후 매도(매수)하는 행위 등 ② 가장매매 : 그 권리의 이전을 목적으로 하지 않는 시세조종행위
현실거래	
허위표시	
가격고정 또는 안정조작행위	다른 시세조종행위와 달리 **예외 있음**(예-투자매매업자가 시장조성을 수탁하는 경우 등)
현·선연계 시세조종행위	① 현·선연계 시세조종(장내파생상품-기초자산) 　㉠ 장내파생상품 매매에서 부당한 이익을 얻을 목적 : 삼성전자 주식 옵션거래에서 부당한 이익을 목적으로 삼성전자 주식의 시세를 변동시키는 것 　㉡ 장내파생상품의 기초자산 매매에서 부당한 이익을 얻을 목적 : 삼성전자 주식 매매에서 부당한 이익을 목적으로 삼성전자 주식 옵션의 시세를 변동시키는 것 ② 현·현연계 시세조종(증권-연계증권) 　증권의 매매에서 부당한 이익을 목적으로 그 증권과 연계된 증권의 시세를 변동시키는 것

2. 시장질서교란행위

정보이용 교란행위	① **2차 이상의 다차 정보수령자**의 미공개정보 이용 ② 해킹, 절취, 기망, 협박 등 부정한 방법으로 정보를 알게 되거나 이런 정보임을 알면서 전득한 자
시세관여 교란행위	① 매매유인이나 부당이득 **목적이 없더라도** 시세에 부당한 영향을 줄 우려가 있는 행위 규제 ② 따라서, 거래 성립이 희박한 호가를 대량으로 제출하거나 호가를 제출한 후 해당 호가를 반복적으로 정정·취소하는 행위도 규제된다.

* 위반시 5억원 이하 과징금 부과

정답 | ①

33

다음 중 자본시장조사 업무규정상 상장법인의 조사대상에 포함되지 않는 행위는?

① 미공개중요정보 이용행위
② 시세조종 등 불공정거래행위
③ 공시의무 위반행위
④ 임직원의 횡령행위

출제 Point 임직원의 횡령행위는 자본시장 조사업무의 대상이 아니다.

핵심탐구 금융기관 검사 및 제재에 관한 규정 등

1. 금융기관 검사 및 제재에 관한 규정
   (1) 개요
      ① 금감원장은 금융기관 업무 및 재산상황 또는 특정부문에 대한 검사 실시
      ② 종합검사는 대부분 현장조사로 한다.
      ③ 검사결과 조치 : 금융위의 심의·의결을 거쳐 조치
   (2) 제재절차
      ① 금감원장은 제재심의위원회를 설치(위원회 심의생략 가능한 경우 있음)
      ② 사전통지 및 의견진술 기회 부여(사전통지 생략가능한 경우 있음)
      ③ 금감원장은 제재를 하는 경우 제재대상자에게 불복할 수 있는 권리에 대하여 알려주어야 함.
      ④ 이의신청
         ㉠ 금감원장은 금융위의 제재사항에 대하여 당해 처분의 취소 또는 기각을 금융위에 건의. 다만, 이의신청이 이유없다고 인정할 명백한 사유가 있을 때는 금감원장이 이의신청을 기각할 수 있음
         ㉡ 이의신청 처리결과에 대해서는 다시 이의신청할 수 없음
         ㉢ 금감원장은 증거서류의 누락, 법원의 무죄판결 등으로 그 제재가 위법 또는 부당함을 발견한 때는 직권으로 재심하여 조치를 취할 수 있음
      ⑤ 금융기관의 장은 제재조치를 받은 경우 금감원장이 정하는 바에 따라 이사회에 보고하는 절차를 취하여야 한다.
   (3) 금융기관의 주요정보 보고사항
      ① 민사소송에서 패소 확정
      ② 소송물 가액이 최직근 분기말 현재 자기자본의 100분의 1 또는 100억원을 초과하는 민사소송에 피소
2. 자본시장 조사업무 규정
   (1) 조사대상
      ① 미공개중요정보 이용행위   ② 시세조종 등 불공정거래행위   ③ 상장법인의 공시의무 위반행위
      ④ 내부자의 단기매매차익 취득   ⑤ 5% Rule   ⑥ 임원 등의 특정증권 보고의무 위반 등
   (2) 조사결과 조치
      ① 고발 또는 수사기관 통보, 과태료(벌금 X), 과징금 부과
      ② 1년 이내의 범위에서 증권의 발행 제한, 임원(직원 X)에 대한 해임 권고, 인가나 등록의 취소 등

정답 | ④

34

다음 중 금융투자전문인력의 등록 거부 사유에 해당하지 않는 것은?

① 금융투자회사(신용평가회사)의 임직원이 아닌 자를 등록신청한 경우
② 다른 회사에 금융투자전문인력으로 등록되어 있는 자를 등록신청한 경우
③ 금융투자전문인력 등록의 효력정지, 등록거부 기간이 경과하지 아니한 자를 등록신청한 경우
④ 자격 요건을 갖춘 날로부터 3년이 경과한 자를 등록신청한 경우

출제 Point 금융투자전문인력의 등록 거부 사유 정도는 알아두는 것이 좋다. 자격 요건을 갖춘 날로부터 5년이 경과하여 전문성 강화교육이 필요한 경우 등록거부사유가 된다.

핵심탐구 | 금융투자전문인력과 자격시험에 관한 규정

1. 금융투자전문인력
(1) 투자권유자문인력(3종), 투자상담관리인력, 투자자산운용사, 금융투자분석사, 위험관리전문인력, 신용평가전문인력 등
(2) 투자권유자문인력
① 펀드투자권유자문인력 ② 증권투자권유자문인력 ③ 파생상품투자권유자문인력

2. 펀드관계회사인력
집합투자재산계산전문인력, 집합투자기구평가전문인력, 집합투자재산평가전문인력의 3종

3. 주요직무종사자의 등록
(1) 금융투자회사가 임직원에게 금융투자전문인력의 업무를 수행하게 하려는 경우 협회에 등록을 신청하여야 한다.
(2) 등록거부사유
① 금융투자회사의 임직원이 아닌 자를 등록신청한 경우
② 다른 금융투자회사의 금융투자자문인력으로 등록되어 있는 자를 등록신청한 경우
③ 협회의 심사결과 부적격하다고 판단되는 경우
④ 등록요건을 갖춘 날 또는 최근 업무수행일로부터 5년이 경과하여 전문성강화 교육을 이수하여야 하는 자를 등록신청한 경우

4. 금융투자전문인력에 대한 제재사유
① 금융투자전문인력의 업무와 관련하여 자본시장법령을 위반한 경우
② 협회가 실시하는 자격시험에서 부정행위를 한 경우
③ 금융투자전문인력의 자격 또는 명의를 대여한 경우
④ 정당한 사유없이 보수교육을 이수하지 않은 경우 등

5. 제재
(1) 금융투자전문인력에 대한 제재 : 자격취소, 자격시험 응시제한, 등록말소 등
(2) 금융투자회사 등에 대한 제재 : 6개월 이내의 금융투자전문인력 신규등록 정지조치 등

정답 | ④

핵심탐구 금융소비자보호법 핵심정리 (직무윤리와 겹치는 부분은 서술않음)

1. 개요
(1) 내용상 주요 체계
1) 금융상품
   ① 예금성 상품
   ② 투자성 상품 : 자본시장법에 따른 금융투자상품, 투자일임계약, 신탁계약 등
   ③ 보장성 상품
   ④ 대출성 상품 : 신용거래융자·신용대주, 증권담보대출, 청약자금대출
2) 금융상품판매업자 구분

구분	개념	예시
직접판매업자	자신이 직접 계약의 상대방으로 계약체결을 영업으로 하는 자	금융투자업자, 은행, 보험회사 등
판매대리·중개업자		투자권유대행인, 보험중개인, 카드·대출모집인
자문업자		투자자문업자(자본시장법)

(2) 금융소비자법의 위치
   금융소비자 보호에 관한 일반법적 효력을 가진다.
(3) 전문금융소비자의 분류
   ① 투자성 상품 중 장외파생상품 거래의 경우 주권상장법인도 일반금융소비자로 취급받다가 자신이 전문금융소비자와 같은 대우를 받겠다는 의사를 서면으로 표시한 주권상장법인에 한하여 전문금융소비자로 취급할 수 있다.(자본시장법과 동일)
   ② 대출성 상품의 경우 상시근로자 5인 이상의 법인 등도 전문금융소비자에 포함된다.
   ③ 판매대리·중개업자, 대부업자의 경우에는 예금성 상품을 제외하고 모두 전문금융소비자에 포함된다.

2. 금융소비자 권익강화제도
(1) 분쟁조정위원회 객관성 확보 : 분쟁조정위원회 회의시 구성위원은 위원장이 회의마다 지명하는데, 이때 분쟁조정위원회의 객관성 공정성 확보를 위해 소비자단체와 금융업권 추천 위원은 동수로 지명
(2) 금융위원회는 금융상품으로 인하여 금융소비자의 재산상 현저한 피해가 발생할 우려가 있다고 명백히 인정되는 경우로서 대통령령으로 정하는 경우에는 그 금융상품을 판매하는 금융상품판매업자에 대하여 해당 금융상품 계약 체결의 권유 금지 또는 계약 체결의 제한 금지를 명할 수 있다.
(3) 징벌적 과징금과 과태료

	과징금	과태료
부과대상	금융상품직접판매업자 또는 금융상품자문업자	금융상품 대리·중개업자도 해당
부과사유	① 설명의무위반, 불공정영업행위, 부당권유행위, 광고규제 위반 ② 적합성의 원칙과 적정성의 원칙은 대상이 아님	① 6대판매원칙 위반, ② 내부통제기준 미수립 ③ 계약서류 제공의무 위반 ④ 자료를 기록, 관리하지 않은 경우 등

내용	위반행위로 인한 수입액 등의 50%까지 가능	① 1억원 이하
		  ㉠ 설명의무위반, 불공정영업행위, 부당권유행위, 광고규제 위반
		  ㉡ 내부통제기준 미수립, 계약서류 제공의무 위반 등
		② 3천만원 이하 : 적합성의 원칙과 적정성의 원칙 위반 등
		③ 1천만원 이하 : 변경된 등록요건을 보고하지 않은 경우

memo

01 증권선물위원회에 대한 설명으로 바르지 못한 것은?

① 9인으로 구성된 합의제 행정기관이다.
② 자본시장의 불공정거래 조사업무를 담당한다.
③ 기업회계의 기준 및 회계감리를 담당한다.
④ 위원장은 금융위 부위원장이 겸임한다.

02 금융위원회와 금융감독원에 대한 설명으로 바르지 못한 것은?

① 금융위원회는 국무총리 소속의 합의제 행정기관이다.
② 금융위원회 비상임위원 중 4인의 당연직은 기획재정부 차관, 금융감독원 원장, 예금보험공사 사장, 한국은행 부총재이다.
③ 금융위는 업무·운영·관리에 대해서 금감원의 지도와 감독을 받는다.
④ 금감원은 무자본 특수법인으로 금융기관에 대한 검사·감독업무를 수행한다.

03 자본시장법상 증권의 분류에 따른 증권의 종류와 이에 해당하는 증권으로 가장 적절하게 연결된 것은?

① 지분증권 – 주가연계증권
② 채무증권 – 기업어음증권
③ 수익증권 – 신주인수권증서
④ 파생결합증권 – 증권예탁증권

04 자본시장법상 금융투자상품에 대한 설명으로 가장 거리가 먼 것은?

① 수익증권은 신탁의 수익권이 표시된 증권이다.
② 파생결합증권은 기초자산을 기초로 하는 지수 등의 변동과 연계하여 미리 정하여진 방법에 따라 지급금액 또는 회수금액이 결정되는 권리가 표시된 증권을 말한다.
③ 증권과 파생상품은 원금초과손실가능성 여부로 구별된다.
④ 채무증권은 특정 투자자가 그 투자자와 타인간의 공동사업에 금전 등을 투자하고 주로 타인이 수행한 공동사업의 결과에 따른 손익을 귀속받는 계약상의 권리가 표시된 증권이다.

자본시장법상 금융투자상품에 관한 설명으로 올바른 것은?
① 투자성은 투자할 때 원본 손실에 대한 위험을 말한다.
② 투자성 없는 은행예금은 은행이 파산할 경우 원본의 손실이 발생할 수 있으므로 금융투자상품에 해당한다.
③ 판매수수료, 보험계약에 따르는 사업비, 위험보험료 등은 투자금액에 포함된다.
④ 중도해지에 따라 지급하는 환매·해지수수료와 각종 세금 등은 회수금액에 포함되지 않는다.

 자본시장법상 파생상품에 속하지 않는 것은?
① 파생연계증권(DLS)
② 코스피 200 선물거래
③ 옵션거래
④ 스왑거래

정답 및 해설

01 ① 증권선물위원회는 5인으로 구성된다. 9인의 위원은 금융위원회이다.
02 ③ 금감원이 금융위 및 증선위의 지도와 감독을 받는다.
03 ② ① 주가연계증권은 파생결합증권의 일종
　　③ 신주인수권증서는 지분증권의 일종
　　④ 파생결합증권과 증권예탁증권은 아무런 관련이 없다.
04 ④ 이는 투자계약증권의 정의이다.
05 ① ② 은행예금은 투자성이 없으므로 금융투자상품이 아니다. 파산은 함정지문이다.
　　③ 판매수수료, 보험계약에 따르는 사업비 등은 투자 금액에 포함되지 않는다.
　　④ 환매수수료, 해지수수료, 세금 등은 회수금액에 포함된다.
06 ① 파생연계증권(DLS)은 파생상품이 아니라 증권에 속한다. ELW, ELS 등도 마찬가지이다.

07 자본시장법상 금융투자상품인 것은?

① 원화로 표시된 CD
② 관리신탁의 수익권
③ 주식매수선택권
④ 기업어음

08 자본시장법상 금융투자상품에 대한 설명으로 바르지 못한 것은?

① 투자계약증권이란 투자자가 타인이 수행하는 공동사업에 금전 등을 투자하고 그 결과에 따른 손익을 귀속받는 권리가 표시된 것을 말한다.
② 이자연계 파생결합채권은 채무증권의 일종이다.
③ 증권의 발행주체에 외국인을 포함함으로써 역외적용을 실행하고 있다.
④ 외국증권예탁증권은 자본시장법상의 증권에 해당하지 않는다.

09 다음 중 투자매매업에 대한 설명으로 바르지 못한 것은?

① 자기가 투자신탁의 수익증권을 발행하는 경우에는 투자매매업에 해당하지 않는다.
② 투자매매업자를 상대방으로 하거나 투자중개업자를 통하여 금융투자상품을 매매하는 경우에는 투자매매업의 적용이 배제된다.
③ 한국은행이 공개시장조작을 하는 경우에는 투자매매업의 적용이 배제된다.
④ 누구의 명의로 하든지 자기의 계산으로 증권의 발행·인수를 영업으로 하는 것은 투자매매업에 해당한다.

10 다음 중 금융투자업에 대한 설명으로 바르지 못한 것은?

① 따로 대가없이 다른 영업에 부수하여 금융투자상품의 가치나 금융투자상품에 대한 투자판단에 관한 자문에 응하는 경우는 투자자문업의 적용이 배제된다.
② 타인의 계산으로 증권의 인수에 대한 청약의 권유를 영업으로 하는 것은 투자중개업이다.
③ 투자매매업은 누구의 명의로 하든지 자기의 계산으로 매매가 이루어진다는 점에서 투자중개업과 구별된다.
④ 협회가 장외 주식중개시장을 개설·운영하는 경우에는 투자중개업이 적용된다.

11 다음 중 투자일임업이 적용되는 경우는?

① 주식 매도 주문을 받으면서 수량, 가격, 시기에 대한 투자판단을 일임받은 경우
② 투자자가 여행·질병 등으로 일시적으로 부재하는 경우에 주가가 폭락하면 약관 등에 따라 주식을 매도하도록 일임받은 경우
③ 투자자가 신용공여에 따른 상환의무나 담보비율 유지의무를 이행하지 못하면 약관 등에 따라 매도하도록 일임받은 경우
④ 투자중개업자가 투자자의 매매주문을 받아 이를 처리하는 과정에서 투자판단의 전부 또는 일부를 위임받을 필요가 있는 경우

 12 자본시장법상 어떠한 경우에도 일반투자자 대우를 받을 수 없는 전문투자자만으로 올바르게 묶은 것은?

① 국가, 금융투자협회
② 지방자치단체, 주권상장법인
③ 기금운용법인, 한국은행
④ 국가, 공제사업 영위법인

정답 및 해설

07 ④ 기업어음은 기업이 자금조달을 위하여 발행하는 약속어음으로서 채무증권이다.
①,②,③은 금융투자상품에서 제외된다.
08 ④ 증권예탁증권(DR)에는 국내, 외국 모두 포함된다.
09 ① 자기가 증권을 발행하는 것은 투자매매업에서 제외되나, 투자신탁의 수익증권이나 특정 파생결합증권을 발행하는 것은 투자매매업으로 본다.
②, ③은 투자매매업의 적용이 배제되는 경우이다.
10 ④ 협회가 장외 주식중개시장을 개설·운영하는 경우에는 투자중개업의 적용이 배제된다.
11 ① 매매거래일(하루에 한정)과 총매매수량이나 총매매금액을 지정한 경우로서 그 범위에서 수량, 가격 및 시기에 대한 투자판단 일임을 받아야 투자일임업의 적용이 배제된다. ②③④는 투자일임업의 적용이 배제되는 경우이다.
12 ① 국가, 금융투자협회, 한국은행 등 대부분의 전문투자자는 일반투자자 대우를 받을 수 없는 절대적 전문투자자이다. 그러나, 지방자치단체, 주권상장법인, 기금관리·운용법인, 공제사업 영위법인 등은 일반투자자 대우를 받겠다는 의사를 금융투자업자에게 서면으로 통지하면 일반투자자로 간주되는 상대적 전문투자자이다.

13 다음은 개인이 전문투자자가 되기 위한 요건이다. 순서대로 올바른 것은?

- 최근 5년 중 1년 이상 금융위가 고시하는 금융투자상품의 월말 평균 잔고 기준으로 (   ) 이상 보유한 경험이 있을 것
- 본인의 직전년도 소득액이 (   ) 이상이거나 본인과 배우자의 직전년도 소득액의 합계금액이 (   ) 이상일 것

① 5천만원, 1억원, 1억5천만원   ② 5천만원, 1억5천만원, 2억원
③ 1억원, 1억원, 2억원   ④ 1억원, 1억원, 1억5천만원

14 다음 중 자본시장법상 인가 또는 등록의 유형이 다른 금융투자업자는?
① 투자매매업   ② 투자자문업
③ 신탁업   ④ 집합투자업

15 자본시장법상 금융투자업의 인가요건에 대한 설명으로 바르지 못한 것은?
① 일정 기간 관련업무를 영위하면 개인도 인가받을 수 있다.
② 이해상충방지체계를 진입시부터 구비하여야 한다.
③ 사업계획이 건전하고 타당하여야 한다.
④ 대주주의 요건은 최대주주의 특수관계인인 주주에게도 적용된다.

16 자본시장법상 금융투자업의 인가에 대한 설명으로 가장 거리가 먼 것은?
① 온라인소액투자중개업을 하기 위해서는 금융투자업 인가를 받아야 한다.
② 금융관계법령을 위반하여 해임된 임원은 5년을 경과하지 않으면 다시 임원이 될 수 없다.
③ 매 회계연도말 기준 자기자본이 인가업무 단위별 최저 자기자본의 70% 이상을 유지하여야 한다.
④ 자기 자본을 산정하는 경우에는 최근 사업연도말 이후 인가신청일까지의 자본금의 증감분을 포함하여 계산한다.

자본시장법상 금융투자업의 예비인가에 대한 설명으로 바르지 못한 것은?

① 신청 공고 및 의견수렴 단계에서 필요하다면 공청회를 열 수 있다.
② 예비인가 심사 단계에서 필요하다면 실지조사나 평가위원회를 구성할 수 있다.
③ 금융위는 예비인가 신청을 받은 경우에 2개월 이내에 인가여부를 결정하여야 한다.
④ 예비인가를 받았다면 (본)인가 심사기간은 3개월이다.

 금융투자업규정상 금융위원회가 금융투자회사에게 투자자예탁금 반환명령 등 긴급조치를 취할 수 있는 사유로 가장 거리가 먼 것은?

① 순자본비율이 100% 미만인 경우
② 발행한 어음 또는 수표가 부도로 되거나 은행과의 거래가 정지 또는 금지되는 경우
③ 유동성이 일시적으로 급격히 악화되어 투자자예탁금 등의 지급불능 사태에 이른 경우
④ 휴업 또는 영업의 중지 등으로 돌발사태가 발생하여 정상적인 영업이 불가능한 경우

정답 및 해설

13 ① 5천만원, 1억원, 1억5천만원이다.
14 ② 투자자문업과 투자일임업은 등록을 요하고 나머지는 인가를 요한다.
15 ① 주식회사이거나 대통령령이 정하는 금융기관만이 인가받을 수 있으므로, 개인은 인가(혹은 등록)를 받을 수 없다.
16 ① 온라인소액투자중개업을 하기 위해서는 금융투자업 등록을 받아야 한다.
17 ④ 예비인가를 받지 않았다면 인가 심사기간은 3개월이지만 예비인가를 받은 경우에는 1개월이다.
18 ① 이는 적기시정조치 대상이다.

19 금융투자업 규정상 순자본비율에 대한 설명으로 가장 거리가 먼 것은?

① 순자본은 순재산에서 현금화하기 어려운 자산을 차감하고 보완자본을 가산하여 계산한다.
② 순자본비율은 총위험액에 대해서 영업용순자본을 %수치로 표시한 비율이다.
③ 순자본비율의 기초가 되는 금융투자업자의 자산, 부채, 자본은 연결재무제표에 계상된 장부가액을 기준으로 한다.
④ 필요유지자기자본은 금융투자업자가 영위하는 인가 또는 등록여부 단위별로 요구되는 자기자본을 합계한 금액이다.

 20 금융투자업규정상 금융투자업자의 총위험액 산정시 시장위험액에 해당되지 않는 것은?

① 주식위험액
② 외환위험액
③ 신용위험액
④ 일반상품위험액

 21 다음 중 순자본비율과 경영실태평가와 관련한 내용으로 바르지 않은 것은?

① 순자본비율 = (영업용순자본 − 총위험액) / 필요유지자기자본 이다.
② 금융투자업자는 순자본비율이 100% 미만이 된 경우에는 경영개선권고의 대상이 된다.
③ 부실금융기관에 해당하면 금융위는 6개월 이내의 영업정지 조치를 할 수 있다.
④ 경영실태평가결과 종합등급이 4등급 이하이면 경영개선권고의 대상이 된다.

 22 금융투자업 규정상 금융위원회가 경영개선권고할 수 있는 조치로서 가장 거리가 먼 것은?

① 신규업무 진출의 제한
② 인력 및 조직운용의 개선
③ 자본금의 증액 또는 감액
④ 영업의 전부 또는 일부의 양도

23 금융투자업규정상 자산건전성 분류와 대손충당금에 대한 설명으로 가장 거리가 먼 것은?

① 금감원장은 금융투자업자의 자산건전성 분류 및 대손충당금 등 적립의 적정성을 점검하여야 한다.
② 금융투자업자는 고정 이하로 분류된 채권에 대하여 적정한 회수예상가액을 산정하여야 한다.
③ 금융투자업자는 정상으로 분류된 자산 외의 모든 자산에 대해서 대손충당금을 적립하여야 한다.
④ 금융투자업자는 매분기마다 자산 및 부채에 대한 건전성을 정상, 요주의, 고정, 회수의문, 추정손실의 5단계로 분류하여야 한다.

24 다음 중 경영공시의 요건으로 바르지 못한 것은?

① 공정거래법상 동일 기업집단별로 금융투자업자의 직전 분기말 자기자본이 100분의 5에 상당하는 금액을 초과하는 부실채권이 발생한 경우
② 금융사고 등으로 금융투자업자의 직전 분기말 자기자본의 100분의 2에 상당하는 금액을 초과하는 손실이 예상되는 경우
③ 민사소송 패소 등의 사유로 금융투자업자의 직전 분기말 자기자본의 100분의 1에 상당하는 금액을 초과하는 손실이 발생한 경우
④ 적기시정조치나 인가취소를 받은 경우

정답 및 해설

19 ② 이는 영업용순자본비율을 말한 것이다.
20 ③ 신용위험액은 시장가격의 변동과 관련이 없는 위험이다.
21 ④ 경영실태평가결과 종합등급이 4등급 이하이면 경영개선요구의 대상이 된다.
22 ④ 영업의 전부 또는 일부의 양도는 경영개선명령의 대상이다.
23 ③ 정상으로 분류된 자산도 대손충당금을 적립하여야 한다.
24 ① 100분의 5가 아니라 100분의 10에 상당하는 금액을 초과하는 부실채권이 발생하면 공시하여야 한다.

25. 금융투자업자와 대주주와의 거래제한에 대한 내용으로 바르지 못한 것은?

① 금융투자업자는 대주주가 발행한 증권을 소유할 수 없는 것이 원칙이지만, 인수 등 일정한 경우에는 금융위가 정하는 기간까지 소유할 수 있다.
② 금융투자업자는 그 계열회사가 발행한 주식, 채권, 약속어음을 자기자본의 8%를 초과하여 소유할 수 없는 것이 원칙이다.
③ 금융투자업자는 대주주 및 대주주의 특수관계인에 대하여 신용공여를 하여서는 아니 되지만, 해외현지법인을 위한 채무보증 등 일정한 경우에는 가능하다.
④ 금융투자업자가 대주주와 예외적으로 신용공여를 할 경우에는 재적이사 2/3 이상의 찬성에 의한 이사회 결의를 거쳐야 하는 것이 원칙이다.

26. 다음 중에서 지급보증업무를 겸영할 수 있는 금융투자업자는?

① 증권 및 장외파생상품을 취급하는 투자매매업자
② 투자매매업자 및 투자중개업자
③ 모든 금융투자업자
④ 투자중개업자

27. 금융투자업자의 업무 위탁과 관련한 내용으로 바르지 못한 것은?

① 금융투자업의 본질적 업무를 위탁하는 경우에 위탁받는 자는 그 업무 수행에 필요한 인가를 받거나 등록을 한 자이어야 한다.
② 준법감시인 및 위험관리책임자의 업무 등 내부통제업무는 위탁이 금지된다.
③ 외화자산의 운용 등의 업무는 위탁자의 동의를 받아서 할 수 있다.
④ 금융투자업자는 실제업무 수행 후 7일 내에 금융위에 보고하여야 한다.

28 금융투자업자의 이해상충관리와 관련한 서술 중 옳지 않은 것은?

① 금융투자업자는 금융투자업의 영위와 관련하여 이해상충이 발생할 가능성을 미리 파악하고, 내부통제기준이 정하는 방법에 따라 이를 적절히 관리하여야 한다.
② 금융투자업자는 금융투자업의 영위와 관련하여 이해 상충이 발생할 가능성이 있다고 판단되면 그 사실을 미리 해당 투자자에게 알려야 한다.
③ 금융투자업자는 이해상충이 발생할 가능성을 내부통제기준이 정하는 절차에 따라 투자자 보호에 문제가 없는 수준으로 낮춘 후 매매 등의 거래를 하여야 한다.
④ 이해상충이 발생할 가능성을 낮추는 것이 곤란하다고 판단되는 경우에는 준법감시인의 승인을 받은 후에 거래를 하여야 한다.

 29 자본시장법상의 정보교류 차단장치와 관련한 내용으로 바르지 못한 것은?

① 교류차단 대상 정보는 법령에서 정하지만 회사가 이해상충 우려가 없다고 판단하는 경우 스스로 차단대상 정보에서 제외할 수 있다.
② 집합투자재산, 투자일임재산 및 신탁재산의 구성내역과 운용에 관한 정보로서 불특정다수인이 알 수 있도록 공개되기 전의 정보 등의 교류는 원칙적으로 금지된다.
③ 내부통제기준에는 정보교류차단업무를 독립적으로 총괄하는 임원 등 일정한 사항을 반드시 포함하여야 한다.
④ 금융투자업자는 정보교류 차단을 위한 내부통제기준을 전부 자율적으로 정할 수 있다.

정답 및 해설

25 ④ 2/3가 틀렸다. 재적이사 전원의 찬성에 의한 이사회 결의를 거쳐야 하는 것이 원칙이다.
26 ① 증권 및 장외파생상품을 취급하는 투자매매업자만이 지급보증업무를 겸영할 수 있다.
27 ③ 금융투자업자는 실제업무 수행일의 7일 전까지 금융위에 보고하여야 한다.
28 ④ 이해상충이 발생할 가능성을 낮추는 것이 곤란하다고 판단되는 경우에는 거래를 하여서는 안된다.
29 ④ 금융투자업자는 내부통제기준의 적정성에 대한 정기적 점검 등 일정한 사항을 준수하도록 법에서 규정하고 있다.

금융소비자보호법상 투자권유의 규제에 대한 설명으로 바르지 못한 것은?

① 금융투자업자는 일반금융소비자에게 투자권유를 하는 경우 그 투자자의 투자목적 등에 비추어 적합하지 아니하다고 인정되는 투자권유를 해서는 안된다.
② 금융투자업자는 일반금융소비자에게 투자권유를 하지 아니하고 파생상품 등을 판매하려는 경우에는 면담 등을 통하여 투자목적 등의 정보를 파악하여야 한다.
③ 금융투자업자는 해당 파생상품 등이 그 일반금융소비자에게 적정하지 아니하다고 판단되는 경우에는 그 사실을 알리고 서명 등의 확인을 받아야 한다.
④ 금융투자업자가 전문금융소비자에게 투자권유를 하지 않고 자본시장법 시행령에 따른 고난도금융투자상품 등을 판매하려는 경우에는 적정성의 원칙이 적용된다.

 금융소비자보호법상 전문금융소비자에게 적용되는 투자권유원칙은?

① 고객파악의무 및 적합성의 원칙
② 적정성의 원칙
③ 설명의무
④ 부당권유 금지

 다음은 부당권유의 금지와 관련된 내용이다. 바르지 못한 것은?

① 금융상품의 가치에 중대한 영향을 미치는 사항을 미리 알고 있으면서 금융소비자에게 알리지 않는 행위는 금지된다.
② 투자권유를 거부하는 투자자에게 1개월이 지난 후에 투자권유를 하는 행위는 가능하다.
③ 투자권유를 거부하는 투자자에게 다른 종류의 금융투자상품에 대한 투자권유는 가능하다.
④ 투자자에게 투자권유의 요청을 받지 않고 방문이나 전화의 실시간 대화의 방법으로 증권의 투자권유를 하는 것은 금지된다.

33 다음 중 투자권유대행인에 대한 설명으로 바르지 못한 것은?
① 둘 이상의 금융투자업자와 파생상품 투자권유 위탁계약을 체결할 수 있다.
② 투자자로부터 금전 등을 수취할 수 없다는 사실 등의 금지행위를 사전에 투자자에게 알려야 한다.
③ 투자권유대행인이 투자권유를 대행함에 있어 투자자에게 손해를 끼치면 민법상의 사용자책임이 준용된다.
④ 금융투자업자는 투자권유대행인을 금융위에 등록하여야 하는데, 금융위는 등록업무를 협회에 위탁하였다.

34 다음 중 금융투자업자의 영업행위 규제에 대한 설명으로 바르지 못한 것은?
① 금융투자업자는 증권에 대하여는 일반투자자의 투자목적 등을 고려하여 투자자 등급별로 차등화된 투자권유준칙을 마련하여야 한다.
② 금융투자업자는 금융투자업 영위와 관련하여 약관을 제정·변경하려는 경우에는 미리 금융위에 신고하여야 하는 것이 원칙이다.
③ 금융투자업자는 수수료부과 기준 및 절차를 협회에 통보하여야 하며, 협회는 금융투자업자별로 비교·공시하여야 한다.
④ 금융투자업자는 고유재산으로 소유하는 증권 및 원화 CD를 예탁결제원에 예탁하여야 하지만, 외화증권은 외국 보관기관에 예탁할 수 있다.

정답 및 해설

30 ④ 적정성의 원칙은 일반금융소비자에게만 적용된다.
31 ④ 부당권유 금지는 일반투자자, 전문투자자 모두에게 적용된다. 하지만, ①, ②, ③은 일반투자자에게만 적용된다.
32 ④ 일반금융소비자이건 전문금융소비자이건 증권에 대한 불초청권유는 할 수 있다.
33 ① 둘 이상의 금융투자업자와 투자권유 위탁계약을 체결할 수 없다. 또한 투자권유대행인은 파생상품을 취급할 수 없다.
34 ① 금융투자업자는 파생상품 등에 대하여는 일반투자자의 투자목적 등을 고려하여 투자자 등급별로 차등화된 투자권유준칙을 마련하여야 한다.

35 자본시장법상 금융투자업자 임직원의 금융투자상품 매매에 관한 설명으로 바르지 못한 것은?

① 자기의 계산으로 특정 금융투자상품을 매매하는 경우에는 일정한 요건을 갖추어야 한다.
② 특정 금융투자상품은 상장된 지분증권이나 장내파생상품 등을 말한다.
③ 자기의 명의로 하나의 투자중개업자를 통하여 매매하여야 하는 것이 원칙이다.
④ 주요 직무종사자는 매매명세를 분기별로 소속 회사에 통지하여야 한다.

36 투자매매업자 또는 투자중개업자는 금융투자상품의 매매주문을 처리하기 위하여 최선집행기준을 마련하고 공표하여야 한다. 이에 대한 설명으로 바르지 못한 것은?

① 투자매매업자 또는 투자중개업자는 상장된 주권의 매매에 관한 투자자의 청약 또는 주문을 처리하기 위하여 대통령령으로 정하는 바에 따라 최선의 거래조건으로 집행하기 위한 조건을 마련하고 이를 공표하여야 한다.
② 최선집행기준에는 상품의 가격, 수수료 등을 고려하여 최선의 거래조건으로 집행하기 위한 방법 및 이유 등이 포함되어야 한다.
③ 투자자가 청약 또는 주문의 처리에 관하여 별도의 지시를 하였을 때에는 그에 따라 최선집행기준과 달리 처리할 수 있다.
④ 투자매매업자 또는 투자중개업자는 6개월마다 최선집행기준의 내용을 점검하여야 한다.

37 투자매매업자 또는 투자중개업자는 투자자로부터 금융투자상품의 가격에 중대한 영향을 미칠 수 있는 매수 또는 매도의 청약이나 주문을 받거나 받게 될 가능성이 큰 경우에 고객의 주문을 체결하기 전에 자기의 계산으로 매수 또는 매도하거나 제3자에게 매수 또는 매도를 권유하는 행위를 할 수 없다. 이를 무엇이라고 하는가?

① 임의매매의 금지
② 일임매매의 금지
③ 선행매매의 금지
④ 스캘핑 금지

38 자본시장법상 투자매매업자 또는 투자중개업자의 불건전영업행위의 내용으로 바르지 못한 것은?

① 65세 이상의 일반투자자에게 일정한 금융투자상품을 판매하는 경우 판매과정을 녹취할 필요가 없다.
② 해당 조사분석자료가 이미 공표한 조사분석자료와 비교하여 새로운 내용을 담고 있지 아니한 경우에는 공표 후 24시간 이내라도 대상 금융투자상품을 매매할 수 있다.
③ 선행매매는 원칙적으로 금지되나 차익거래와 같이 투자자정보를 의도적으로 이용했다고 볼 수 없는 경우에는 예외적으로 인정된다.
④ 투자자에게 해당 투자매매업자 또는 투자중개업자가 발행한 자기주식의 매매를 권유하는 행위는 금지된다.

39 자본시장법상 투자매매업자 및 투자중개업자의 영업행위규칙에 대한 설명으로 가장 거리가 먼 것은?

① 공개시장을 통하여 매매하는 경우에는 자기계약을 할 수 있다.
② 증권시장과 파생상품시장 간의 가격차이를 이용한 차익거래는 선행매매를 할 수 있다.
③ 투자매매업자 또는 투자중개업자는 투자권유대행인 또는 투자권유자문인력이 아닌 자에게 투자권유를 하도록 할 수 없다.
④ 투자자에게 해당 투자매매업자가 발행한 자기주식의 매매를 권유할 수 있다.

> **정답 및 해설**

35 ④ 임직원은 매매명세를 분기별로 소속 회사에 통지하여야 하지만, 주요 직무종사자는 월별로 통지하여야 한다.
36 ④ 투자매매업자 또는 투자중개업자는 3개월마다 최선집행기준의 내용을 점검하여야 한다.
37 ③ 지문은 선행매매의 금지를 말한다.
38 ① 65세 이상의 일반투자자에게 일정한 상품을 판매할 때는 판매과정을 녹취하여야 한다.
39 ④ 투자자에게 해당 투자매매업자가 발행한 자기주식의 매매를 권유하는 행위는 불건전영업행위이다.

40 금융투자업규정상 신용공여에 대한 설명으로 가장 거리가 먼 것은?

① 신용거래대주를 할 때는 매도대금을 담보로 받아야 한다.
② 거래소가 투자경고종목으로 지정한 증권은 신규의 신용거래를 할 수 없다.
③ 투자자매매업자 또는 투자중개업자는 투자자의 신용상태 및 종목별 거래상황 등을 고려하여 신용공여금액의 100분의 120 이상에 상당하는 담보를 징구하여야 한다.
④ 투자매매업자 또는 투자중개업자는 청약자금대출을 할 수 있다.

 41 금융투자업규정상 투자매매업자 또는 투자중개업자의 신용공여에서 담보의 징구에 대한 설명으로 바르지 못한 것은?

① 청약자금을 대출할 때에는 청약하여 배정받은 증권을 담보로 징구한다.
② 신용거래융자를 할 때에는 매수한 주권 또는 ETF의 집합투자증권을 담보로 징구한다.
③ 투자중개업자의 총신용공여의 규모는 자기자본 범위 이내이다.
④ 투자중개업자는 신용공여를 하고자 하는 경우에는 투자자와 신용공여 약정을 체결할 필요가 없다.

 42 금융투자업규정상 신용공여에서 담보 및 보증금으로 제공되는 증권의 평가에 대한 설명으로 바르지 못한 것은?

① 청약주식 – 취득가액
② 상장주권 또는 ETF의 집합투자증권 – 전일 종가
③ 상장채권 또는 공모로 발행된 파생결합증권 – 2 이상의 채권평가회사가 제공하는 가격정보를 기초로 투자매매업자 또는 투자중개업자가 산정한 가격
④ 집합투자증권 – 당일에 고시된 기준가격

43 자본시장법상 투자매매업자 또는 투자중개업자의 투자자 재산보호에 대한 설명으로 바르지 못한 것은?

① 투자매매업자 또는 투자중개업자는 투자자예탁금을 고유재산과 구분하여 한국예탁결제원에 예탁하여야 한다.
② 투자매매업자 또는 투자중개업자는 투자자예탁금을 양도하거나 담보로 제공할 수 없는 것이 원칙이다.
③ 투자자예탁금을 신탁업자에 신탁할 수 있는 금융투자업자는 은행, 보험회사 등이며 자기계약이 가능하다.
④ 투자자예탁금은 투자자로부터 금융투자상품의 매매 그밖의 거래와 관련하여 예탁받은 금전을 의미한다.

44 다음 중 증권신고서에 관한 설명으로 바르지 못한 것은?

① 모집 또는 매출하려는 금액이 각각 10억원 이상인 경우에는 발행인이 모집 또는 매출에 관한 신고서를 금융위에 제출하여 수리되지 않으면 이를 할 수 없다.
② 증권신고서의 효력이 발생하지 아니한 증권의 취득 또는 매수의 청약이 있는 경우에 증권의 발행인은 그 청약의 승낙을 할 수 없다.
③ 매출의 경우에도 증권신고서는 발행인이 제출하여야 한다.
④ 증권신고서가 효력을 발생한다는 의미는 증권의 가치를 정부가 보증하거나 승인하는 것이다.

정답 및 해설

40 ③ 투자자매매업자 또는 투자중개업자는 투자자의 신용상태 및 종목별 거래상황 등을 고려하여 신용공여금액의 100분의 140 이상에 상당하는 담보를 징구하여야 한다.
41 ④ 투자중개업자는 신용공여를 하고자 하는 경우에는 투자자와 신용공여 약정을 체결하여야 한다.
42 ② 상장주권 또는 ETF의 집합투자증권 - 당일 종가이다.
43 ① 투자매매업자 또는 투자중개업자는 투자자예탁금을 증권금융회사에 예치하거나 신탁하여야 한다.
44 ④ 증권신고서가 효력을 발생한다는 의미는 증권의 가치를 정부가 보증하거나 승인하는 것이 아니다.

 **45** 증권을 공모발행함에 있어서 전매기준에 해당되지 않는 경우는?

① 같은 종류의 지분증권이 모집·매출된 실적이 있거나 증권시장에 상장된 경우
② 전환권이 부여된 전환사채권에 부여된 권리의 목적이 되는 증권이 증권시장에 상장된 경우
③ 지분증권이 아닌 경우에 50매 이상으로 발행된 경우
④ 지분증권이 아닌 경우에 50매 미만으로 발행된 후 증권의 권면에 발행 후 1년 이내 분할금지특약을 기재하는 경우

 46 다음 중 증권분석기관이 될 수 없는 곳은?

① 인수업무, 모집·매출·사모의 주선업무를 인가받은 자
② 신용평가업자
③ 공인회계사법에 따른 회계법인
④ 감정평가업자

 **47** 자본시장법상 전매제한 조치를 위해 예탁된 증권에 대해 예탁결제원이 증권의 인출을 허용할 수 있는 사유와 가장 거리가 먼 것은?

① 공개매수에 응모하기 위한 경우
② 전환형 조건부자본증권을 주식으로 전환하기 위한 경우
③ 신주인수권 등 증권에 부여된 권리행사를 하는 경우
④ 액면분할 또는 병합에 따라 새로운 증권으로 교환하기 위한 경우

48 다음 중 투자설명서에 대한 설명으로 바르지 못한 것은?

① 투자설명서는 증권신고의 효력이 발생하는 날에 금융위원회에 제출하여야 한다.
② 증권신고서가 수리된 후 신고의 효력이 발생하기 전에 간이투자설명서를 사용할 수 있다.
③ 개방형 집합투자증권의 경우 투자설명서를 제출한 후 1년마다 1회 이상 다시 고친 투자설명서를 제출하여야 한다.
④ 전자문서의 방법에 의한 투자설명서 교부도 인정된다.

49 자본시장법상 투자설명서에 대한 설명으로 가장 거리가 먼 것은?

① 발행인은 투자설명서를 해당 증권의 발행인의 본점, 금융위, 거래소, 청약사무취급 장소에 비치하여야 한다.
② 발행인의 기업비밀에 해당되는 것으로서 금융위의 확인을 받은 사항에 대하여는 그 기재를 생략할 수 있다.
③ 투자설명서를 받기를 거부하는 의사를 서면이나 전화로 표시한 투자자에 대해서도 투자자 보호를 위하여 투자설명서를 반드시 교부하여야 한다.
④ 이미 취득한 것과 같은 집합투자증권을 계속하여 추가로 취득하려는 자에게는 투자설명서 교부가 면제된다.

> 정답 및 **해설**

45 ④ 지분증권이 아닌 경우에 50매 미만으로 발행된 후 증권의 권면에 발행 후 1년 이내 분할금지특약을 기재하는 경우에는 전매가능성이 없다. 반면에, 50매 이상으로 권면분할되어 거래될 수 있는 경우라면 전매가능성이 있다.
46 ④ 감정평가업자는 증권분석기관이 될 수 없다. 그러나 채권평가회사는 증권분석기관이 될 수 있다.
47 ① 공개매수에 응모하기 위한 경우는 해당 요건이 아니다.
48 ② 증권신고서가 수리된 후 신고의 효력이 발생하기 전에 예비투자설명서를 사용할 수 있다. 간이투자설명서는 증권신고서가 수리된 후 시간의 제약이 없이 사용할 수 있다.
49 ③ 투자설명서를 받기를 거부하는 의사를 서면이나 전화로 표시한 투자자에 대해서는 투자설명서를 교부할 필요가 없다.

 **50** 다음 중 사업보고서 제출 대상 법인이 아닌 것은?
① 주권 이외의 지분증권을 상장한 발행인
② 주권을 모집 또는 매출한 발행인
③ 주식회사의 외부감사법에 따라 증권의 소유자가 500인 이상이었다가 현재는 400인이 된 경우의 발행인
④ 파산으로 인하여 사업보고서 제출이 사실상 불가능한 경우

 51 다음 중 사업보고서 제출대상이 아닌 것은?
① 전환사채권을 상장한 발행인
② 집합투자증권을 상장한 발행인
③ 파생결합증권을 상장한 발행인
④ 신주인수권부사채권을 상장한 발행인

 52 다음 ( ) 속에 들어갈 올바른 숫자는?

주식 등을 ( )개월간 증권시장 밖에서 ( )인 이상의 자로부터 매수 등을 하고자 하는 자는 그 매수 등을 한 후에 본인과 그 특별관계자가 보유하게 되는 주식 등의 수의 합계가 그 주식 등의 총수의 100분의( ) 이상이 되는 경우에는 공개매수를 하여야 한다.

① 6, 10, 5
② 12, 50, 5
③ 6, 50, 5
④ 12, 10, 10

53 다음 중 주식등의 대량보유상황 보고제도에 대한 설명으로 바르지 못한 것은?

① 보고대상 증권은 공개매수와 동일하며, 보고의무자는 본인과 특별관계자를 합하여 주권상장법인의 주식 등을 5% 이상 보유하게 된 자 또는 보유하고 있는 자이다.
② 적용대상 증권을 5% 이상 보유한 자가 보유비율이 5% 이상 변동되는 경우에는 보고할 의무가 있다.
③ 보고사유 발생일로부터 5일 이내에 보고하여야 하는데, 근로자의 날, 공휴일, 토요일은 기간 계산시 산입하지 않는다.
④ 보유목적이 발행인의 경영권에 영향을 주기 위한 것으로 보고한 자는 그 보고하여야 할 사유가 발생한 날로부터 보고한 날 이후 5일까지 발행인의 주식 등을 추가로 취득할 수 없다.

54 다음 중 의결권 대리행사권유 제도에 대하여 설명한 것으로 거리가 먼 것은?

① 누구든지 법에 정하는 바에 의하지 아니하고 상장주권 의결권행사를 자기 또는 타인에게 대리하게 할 것을 권유하지 못한다.
② 누구든지 상장주권 의결권대리행사를 권유하는 자는 피권유자에게 위임장용지와 참고서류를 교부하여야 한다.
③ 위임장용지와 참고서류를 인터넷 홈페이지를 이용하여 고지할 수 없다.
④ 공공적 법인의 경우 당해 공공적 법인만이 주식의 의결권대리행사를 권유할 수 있다.

정답 및 해설

50 ④ 파산으로 인하여 사업보고서 제출이 사실상 불가능한 경우에는 사업보고서 제출이 면제된다.
[참고] 주식회사의 외부감사법에 따라 증권의 소유자가 500인 이상이었다가 현재는 300인 미만이 된 경우에는 사업보고서 제출대상 법인이 아니다. 따라서, 지문의 경우는 현재 증권의 소유자가 400인이므로 사업보고서를 제출하여야 한다.
51 ② 집합투자증권은 대상이 아니다.
52 ① 6, 10, 5
53 ② 적용대상 증권을 5% 이상 보유한 자가 보유비율이 1% 이상 변동되는 경우에는 보고할 의무가 있다.
54 ③ 위임장용지와 참고서류는 직접교부, 우편, 전자우편의 방법, 주주총회 소집통지와 함께 보내는 방법, 인터넷 홈페이지를 이용하는 방법 모두 가능하다.

 **55** 자본시장법상 내부자거래규제의 적용대상에 대한 설명으로 바르지 못한 것은?
① 상장법인 또는 6개월 내 상장이 예정된 법인이 규제대상이다.
② 미공개중요정보를 매매에 이용한 경우만 처벌되고 타인으로 하여금 이를 이용하게 한 경우까지 처벌하는 것은 아니다.
③ 상장법인외의 자가 발행한 것으로서 당해법인의 증권과 교환을 청구할 수 있는 교환사채권도 규제대상이 된다.
④ 공개매수 관련 정보의 이용행위도 금지된다.

 56 자본시장법상 미공개중요정보를 알게 된 자 중에서 미공개 중요정보 이용행위 규제자들을 <보기>에서 모두 고르면?

〈 보기 〉
ㄱ. 해당 법인의 계열회사의 임직원
ㄴ. 해당 법인의 임원으로부터 정보를 들은 자
ㄷ. 해당 법인에 대하여 법령상 허가를 받은 자

① ㄱ, ㄴ
② ㄱ, ㄷ
③ ㄴ, ㄷ
④ ㄱ, ㄴ, ㄷ

 57 상장법인의 직원 중 증선위가 미공개 중요정보를 알 수 있는 자로 인정하지 않는 자는?
① 그 법인에서 주요사항보고서 사항을 수립·변경·공시 등의 업무를 하는 직원
② 그 법인의 재무·회계에 관련된 업무에 종사하고 있는 직원
③ 그 법인의 기획·연구개발에 관련된 업무에 종사하고 있는 직원
④ 그 법인의 생산에 관련된 업무에 종사하고 있는 직원

58 다음 ( )에 들어갈 올바른 숫자는?

> 임원, 주요주주의 특정증권 소유상황보고가 면제되는 경미한 변동의 기준은 변동수량은 ( ) 미만, 그 취득 및 처분금액은 ( ) 미만이다.

① 1,000주, 1천만원
② 1,000주, 1억원
③ 3,000주, 1천만원
④ 3,000주, 1억원

59 다음 중 시세조종행위 규제에 대한 설명으로 바르지 않은 것은?

① 통정매매는 자기가 매도(매수)하는 시기와 같은 시기에 그와 같은 가격 또는 약정수치로 타인이 그 증권 또는 장내파생상품을 매수(매도)할 것을 사전에 그 자와 짠 후 매도(매수)하는 행위를 말한다.
② 가장매매는 증권 또는 장내파생상품의 매매를 함에 있어서 그 권리의 이전을 목적으로 하지 않는 거짓으로 꾸민 매매를 하는 행위를 말한다.
③ 가격고정 또는 안정조작행위는 절대적으로 금지된다.
④ 시세조종행위는 일정한 목적이 있어야 성립된다.

정답 및 해설

55 ② 타인으로 하여금 이를 이용하게 한 경우에도 동일하게 처벌된다.
56 ④ ㄱ은 내부자, ㄴ은 정보수령자, ㄷ은 준내부자로서 규제받는다.
57 ④ 생산관련 업무는 미공개 중요정보를 알 수 있는 자로 인정되지 않는다.
58 ① 1,000주, 1천만원
59 ③ 가격고정 또는 안정조작행위는 금지되지만, 일정한 경우에는 예외가 인정된다.

60 금융기관 검사 및 제재에 관한 규정상 금융기관 검사에 대한 설명으로 바르지 못한 것은?

① 검사결과 조치는 금융위의 심의·의결을 거쳐 조치한다.
② 금감원장은 제재에 관한 사항을 심의하기 위하여 제재심의위원회를 설치·운영하지만 필요하다고 인정하는 때에는 심의회의 심의를 생략할 수 있다.
③ 이의신청이 이유없다고 인정할 명백한 사유가 있는 경우에는 금감원장이 직권으로 이의신청을 기각할 수 있다.
④ 이의신청 결과에 대해서는 1회에 한해서 이의신청할 수 있다.

61 금융기관검사 및 제재에 관한 규정상 금융기관의 검사 및 제재에 관한 설명으로 가장 거리가 먼 것은?

① 금융위의 이의신청 처리결과에 대해서는 다시 이의신청할 수 있다.
② 검사의 종류는 종합검사와 부문검사로 구분하고 검사의 실시는 현장검사 또는 서면검사의 방법으로 행한다.
③ 금융기관의 장은 제재조치를 받은 경우 금감원장이 정하는 바에 따라 이사회에 보고하는 절차를 취하여야 한다.
④ 금감원장은 제재에 관한 사항을 심의하기 위하여 제재심의위원회를 설치한다.

62 [금융기관 검사 및 제재에 관한 규정] 상 금융기관 검사에 대한 설명으로 가장 적절하지 않은 것은?

① 금감원장은 금융기관의 업무 및 재산상황 또는 특정부분에 대한 검사를 실시한다.
② 금감원장은 무죄 판결 등으로 그 제재가 위법 또는 부당함을 발견하였을 때는 직권으로 재심하여 조치를 취할 수 있다.
③ 금감원장이 제재를 하는 때에 제재예정 내용을 제재대상자에게 사전 통지하면 안된다.
④ 금감원장이 금융기관에 대한 검사결과를 당해 금융기관에 통보하고 필요한 조치를 취할 수 있다.

> **정답 및 해설**
>
> 60 ④ 이의신청 결과에 대해서는 다시 이의신청할 수 없다.
> 61 ① 금융위의 이의신청 처리결과에 대해서는 다시 이의신청할 수 없다.
> 62 ③ 금감원장이 제재를 하는 때에 제재예정 내용을 제재대상자에게 구체적으로 사전 통지하여야 한다.

[금융소비자보호법]

01 금융소비자보호법의 내용으로 바르지 못한 것은?
① 금융상품은 예금성 상품, 투자성 상품, 보장성 상품, 대출성 상품으로 구분된다.
② 금융상품판매업자는 직접판매업자, 판매대리·중개업자, 자문업자, 일임업자로 구분된다.
③ 자본시장법상 집합투자업자는 직접판매업을 영위하는 직접판매업자에 해당한다.
④ 투자성 상품의 경우 자본시장법에 따른 투자중개업자는 직접판매업자에 해당한다.

02 금융소비자보호에 관한 법률에서 규정하고 있는 소비자보호장치가 아닌 것은?
① 위법계약해지권
② 자료열람권
③ 판매제한 명령권
④ 손해배상금액 추정

03 금융소비자보호법에 따른 전문금융소비자의 내용과 다른 것은?
① 판매대리 중개업자의 경우 예금성 상품을 제외하고 각각 상품별로 전문금융소비자에 포함된다.
② 투자권유대행인은 투자성 상품과 관련하여 일반금융소비자이다.
③ 대출성 상품의 경우 상시근로자 5인 이상 법인도 전문금융소비자이다.
④ 대부업자의 경우에는 예금성 상품을 제외하고 모두 전문금융소비자에 포함된다.

정답 및 해설

01 ② 금소법에서 금융상품일임업자는 인정되지 않는다.
02 ④ 손해배상금액 추정은 자본시장법의 내용이다. 설명의무 위반시 귀책사유에 대한 입증책임의 전환과는 구별하여야 한다.
03 ② 투자권유대행인은 투자성 상품과 관련하여 전문금융소비자이다.

04 금융소비자보호법상 설명의무에 대한 설명으로 바르지 못한 것은?

① 기본계약을 체결하고 그 계약내용에 따라 계속적·반복적으로 거래를 하는 경우에는 설명서를 교부하지 않아도 된다.
② 기존 계약과 동일한 내용으로 계약을 갱신하는 경우에는 설명서를 교부하지 않아도 된다.
③ 설명의무를 위반하면 과태료부과 사유는 되지만 과징금 부과사유는 아니다.
④ 금융상품판매업자등은 설명의무를 위반했을 때 자신에게 고의 또는 과실이 없음을 입증하지 못하면 손해배상책임을 면할 수 없다.

 05 금융소비자보호법상 광고규제의 내용으로 바르지 못한 것은?

① 금융회사를 자회사나 손자회사로 두고 있는 지주회사는 금융상품에 대한 광고를 할 수 있다.
② 투자성 상품의 경우에 금융상품판매대리·중개업자는 금융상품에 관한 광고를 할 수 있다.
③ 투자성 상품의 경우 과거 운용실적을 포함하여 광고하는 경우에는 그 운용실적이 미래의 수익률을 보장하는 것이 아니라는 사항을 광고에 포함시켜야 한다.
④ 투자성 상품의 경우 수익률이나 운용실적을 표시하는 경우 수익률이나 운용실적이 좋은 기간의 수익률이나 운용실적만을 표시하는 행위는 금지된다.

 06 금융소비자보호법상 금융소비자 권익강화 제도에 대한 내용으로 바르지 못한 것은?

① 금융상품판매업자등은 내부통제기준의 제정 및 운영 등에 관한 자료는 5년간 보관하여야 한다.
② 금융회사는 금융소비자로부터 자료 열람 등을 요구받은 날로부터 6영업일 이내에 해당 자료를 열람할 수 있게 하여야 한다.
③ 일반금융소비자는 금융상품 등 계약의 청약 이후 청약과정에 하자가 있어야 청약의 철회를 금융회사에 요구할 수 있다.
④ 회사는 청약이 철회된 경우 투자자에 대하여 청약의 철회에 따른 손해배상 또는 위약금 등 금전 지급을 청구할 수 없다.

07 금융소비자보호법에서 정하고 있는 내용과 상이한 것은?
① 청약철회에 대한 특약으로 투자자에게 불리한 것은 무효이다.
② 위법계약해지의 효력은 소급하여 무효이다.
③ 금융소비자의 자료열람요구에도 법령이 정한 경우 또는 다른 사람의 생명 신체를 해칠 우려가 있는 등의 사유가 있을 때는 제한할 수 있다.
④ 금융감독원 분쟁조정위원회 회의 시 구성위원은 소비자 단체와 금융업권 추천위원을 각각 동수로 지명된다.

08 금융소비자보호법에서 정하고 있는 내용과 상이한 것은?
① 일반금융소비자가 청약철회의 의사가 서면, 휴대전화 문자메시지 등의 방법으로 도달된 때 청약 철회의 효력이 발생한다.
② 분쟁조정 신청 전·후에 소가 제기되면, 법원은 조정이 있을 때까지 소송절차를 중지할 수 있다.
③ 위법계약해지권은 계약체결일로부터 5년 이내 범위의 기간 내에 행사할 수 있다.
④ 금융위원회는 판매과정에서 금융상품으로 인하여 금융소비자의 재산상 현저한 피해가 발생할 우려가 있다고 명백히 인정되는 일정한 경우에는 해당상품의 판매금지도 명령할 수 있다.

> **정답 및 해설**

04 ③ 6대판매원칙 중에서 설명의무·불공정영업행위·부당권유행위·광고규제 위반행위는 과징금과 과태료 모두 부과대상이다. 이에 반해서 적합성의 원칙과 적정성의 원칙 위반은 과징금 부과대상은 아니고 과태료부과 대상에만 해당됨을 유의
05 ② 투자성 상품의 경우에 금융상품판매대리·중개업자는 금융상품뿐 아니라 금융상품판매업자등의 업무에 관한 광고도 수행할 수 없다.
06 ③ 일반금융소비자는 금융상품 등 계약의 청약 이후 청약과정에 하자가 없음에도 청약의 철회를 금융회사에 요구할 수 있다.
07 ② 위법계약해지의 효력은 장래에 대하여만 효력이 있다.
08 ① 일반금융소비자가 청약철회의 의사를 서면, 휴대전화 문자메시지 등의 방법으로 발송한 때에 청약 철회의 효력이 발생한다.

핵심개념 이해도 체크

적절한 개념에 체크 ☑하세요.!

[총설]

01 자본시장법은 금융투자상품의 정의를 (☐ 열거주의 / ☐ 포괄주의)로 전환하였다.

02 자본시장법은 (☐ 기관별 / ☐ 기능별) 규제체계로 전환하였다.

03 금융위원회 위원은 (☐ 9인 / ☐ 5인)이다.

04 자본시장의 불공정거래를 조사하는 곳은 (☐ 금융위원회 / ☐ 증권선물위원회)이다.

[금융투자상품 및 금융투자업]

01 (☐ 원금손실 가능성 / ☐ 원금초과손실가능성) 여부로 증권과 파생상품을 구분한다.

02 (☐ 원화 / ☐ 외화)로 표시된 양도성 예금증서는 금융투자상품에서 제외된다.

03 투자자가 타인이 수행하는 공동사업에 금전 등을 투자하고 그 결과에 따른 손익을 귀속받는 권리가 표시된 것은 (☐ 투자계약증권 / ☐ 증권예탁증권)이다.

04 누구의 명의로 하든지 자기의 계산으로 금융투자상품의 매매, 증권발행·인수 또는 그 청약의 권유 청약, 청약의 승낙을 영업으로 하는 금융투자업은 (☐ 투자매매업 / ☐ 투자중개업)이다.

05 (☐ 특정 / ☐ 불특정)다수인을 대상으로 발행 또는 송신되고 (☐ 특정 / ☐ 불특정)다수인이 수시로 구입 또는 수신할 수 있는 간행물, 방송 등을 통하여 조언을 하는 경우에는 투자자문업의 적용이 배제된다.

정답

[총설]
01 포괄주의
02 기능별
03 9인
04 증권선물위원회

[금융투자상품 및 금융투자업]
01 원금초과손실 가능성
02 원화
03 투자계약증권
04 투자매매업
05 불특정, 불특정

06 온라인소액투자중개업을 (□ 인가 / □ 등록)받기 위해서는 (□ 3억원 / □ 5억원) 이상의 자기자본이 필요하다.

07 주권상장법인 등이 (□ 장내파생상품 / □ 장외파생상품)을 거래할 때는 일반투자자가 된다.

08 (□ 70억원 / □ 100억원)이상의 금융투자상품 잔고를 보유한 법인은 (□ 1년 / □ 2년)간 전문투자자가 될 수 있다.

[금융투자업자에 대한 규제·감독]

01 투자자문업이나 투자일임업을 하기 위해서는 금융위원회로부터 (□ 인가 / □ 등록)을(를) 받아야 한다.

02 예비인가 심사단계에서 필요하면 (□ 공청회 / □ 실지조사)를 할 수 있다.

03 개인은 인가받을 수 (□ 있다 / □ 없다).

04 금융투자업자는 매분기마다 자산 및 부채에 대한 건전성을 (□ 3단계 / □ 5단계)로 분류하여야 한다.

05 차감항목에 대해서는 원칙적으로 위험액을 (□ 산정한다 / □ 산정하지 않는다).

06 주식위험액이나 금리위험액은 (□ 시장위험액 / □ 운영위험액)이다.

07 순자본비율이 50% 미만이면 경영개선(□ 요구 / □ 명령)의 대상이 된다.

정답

06 등록, 5억원
07 장외파생상품
08 100억원, 2년

[금융투자업자에 대한 규제·감독]
01 등록
02 실지조사
03 없다.

04 5단계
05 산정하지 않는다.
06 시장위험액
07 요구

핵심개념 이해도 체크

08 금융투자업자는 주요 위험변동상황을 자회사와 (☐ 연결 / ☐ 분리)하여 종합적으로 인식하고 감시하여야 한다.

09 대주주와 예외적으로 신용공여할 때는 이사 (☐ 과반수 / ☐ 전원)의 찬성에 의한 이사회 결의가 필요한 것이 원칙이다.

10 일반투자자의 투자목적 등에 비추어 적합하지 아니하다고 인정되는 투자권유를 하여서는 아니되는 원칙을 (☐ 적합성의 원칙 / ☐ 적정성의 원칙)이라고 한다.

11 전문금융소비자의 투자권유 요청이 없는데도 방문·전화 등을 이용하여 (☐ 장내파생상품 / ☐ 장외파생상품)을 투자권유하는 것은 금지된다.

12 금융투자업자는 (☐ 증권 / ☐ 파생상품 등)에 대하여는 일반투자자의 투자목적 등을 고려하여 투자자 등급별로 차등화된 투자권유준칙을 마련하여야 한다.

13 임직원이 상장된 지분증권을 매매할 때 주요 직무종사자는 매매명세를 (☐ 월별 / ☐ 분기별)로 회사에 통지하여야 한다.

정답

08 연결
09 전원
10 적합성의 원칙
11 장외파생상품
12 파생상품 등
13 월별

[투자매매업자 및 투자중개업자에 대한 영업행위 규제]

01 금융투자상품의 매매에 관한 주문을 받는 경우 투자자에게 투자매매업자인지 중개업자인지를 (□ 사전에 / □ 사후에) 밝혀야 한다.

02 금융투자상품의 가격에 중대한 영향을 미칠 수 있는 매수 또는 매도주문을 받고서 고객주문을 체결하기 전에 자기 계산으로 매수 또는 매도하는 행위는 (□ 선행매매 / □ 스캘핑)이며 이는 금지되는 것이 원칙이다.

03 조사분석자료의 내용이 사실상 확정된 때부터 공표 후 (□ 24시간 / □ 48시간)이 경과하기 전에는 그 대상이 된 금융투자상품을 자신의 계산으로 매매할 수 없다.

04 투자매매업자는 조사분석자료의 작성을 담당하는 자에 대해서는 일정한 기업금융업무와 연동된 성과보수를 지급할 수 (□ 있다 / □ 없다).

05 증권이 최초로 증권시장에 상장된 후 (□ 25일 / □ 40일) 이내에 그 증권에 대한 조사분석자료를 공표·제공하는 것은 금지된다.

06 신용공여 담보비율은 원칙적으로 신용공여금액의 (□ 100분의 100 / □ 100분의 140) 이상이다.

07 투자매매업자 또는 투자중개업자는 투자자예탁금을 고유재산과 구분하여 (□ 예탁결제원 / □ 증권금융회사)에 예치 또는 신탁하여야 한다.

정답

[투자매매업자 및 투자중개업자에 대한 영업행위 규제]
01 사전에
02 선행매매
03 24시간
04 없다.
05 40일
06 100분의 140
07 증권금융회사

핵심개념 이해도 체크

적절한 개념에 체크 ☑하세요.!

[증권발행시장 공시제도]

01 50인 이상의 투자자에게 새로 발행되는 증권의 취득을 청약권유하는 것은 (☐ 모집 / ☐ 매출)이다.

02 증권의 발행인은 과거 1년간 모집·매출 합계액이 각각 (☐ 5억원 / ☐ 10억원) 이상인 경우에는 금융위원회에 증권신고서를 제출하여야 한다.

03 같은 종류의 지분증권이 모집·매출된 실적이 있는 경우에는 전매가능성이 (☐ 있는 / ☐ 없는)경우이다.

04 증권분석기관의 임원이 해당법인에 (☐ 100분의 1 / ☐ 100분의 5) 이상 출자한 경우에는 증권분석을 할 수 없다.

05 증권신고서 수리 후 기간 제한없이 광고·홍보가 가능한 투자설명서는 (☐ 예비투자설명서 / ☐ 간이투자설명서)이다.

정답

[증권발행시장 공시제도]
01 모집
02 10억원
03 있는
04 100분의 1
05 간이투자설명서

[증권유통시장 공시제도]

01 증권의 소유자 수가 (☐ 200인 / ☐ 500인) 이상인 발행인은 사업보고서를 금융위와 거래소에 제출하여야 한다.

02 사업보고서는 사업연도 경과 후 (☐ 45일 / ☐ 90일) 이내에 금융위와 거래소에 제출하여야 한다.

03 최초로 사업보고서를 제출하는 법인은 제출법인에 해당하게 된 날로부터 (☐ 5일 / ☐ 15일) 이내에 직전 사업보고서를 제출하여야 한다.

04 주요사항보고서 제출사유가 있는데도 제출하지 않으면 법적 제재를 (☐ 받는다 / ☐ 받지 않는다).

05 거래소 공시규정이 정하는 주요경영사항에 해당하는 사실이 있는데도 공시를 하지 않으면 법적 제재를 (☐ 받는다 / ☐ 받지 않는다).

06 기업이 주요경영사항 이외에 투자자에게 알릴 필요가 있을 때 하는 수시공시를 (☐ 조회공시 / ☐ 자율공시)라고 한다.

정답

[증권유통시장 공시제도]
01 500인
02 90일
03 5일
04 받는다.
05 받지 않는다.
06 자율공시

핵심개념 이해도 체크

적절한 개념에 체크 ☑ 하세요.!

[기업의 인수합병제도 ~ 자본시장 조사업무규정]

01 증권시장 (☐ 안 / ☐ 밖)에서 (☐ 10인 / ☐ 20인) 이상으로부터 주식을 매수하여 본인과 그 특별관계자의 주식 등의 총수가 (☐ 100분의 1 / ☐ 100분의 5) 이상이면 공개매수를 하여야 한다.

02 주권상장법인 주식 등을 (☐ 1% / ☐ 5%) 이상 보유하게 된 경우이거나 (☐ 1% / ☐ 5%) 이상 변동하는 경우에는 사유발생일로부터 (3일 / 5일) 이내에 보고하여야 한다.

03 공공적 법인은 (☐ 누구든지 / ☐ 당해 공공적 법인만이) 그 주식의 의결권대리행사 권유가 가능하다.

04 장외파생상품은 원칙적으로 거래할 때마다 (☐ 준법감시인 / ☐ 파생상품업무책임자)의 승인을 받아야 한다.

05 그 법인과 계약 체결을 교섭하고 있는 자는 내부자거래의 규제대상이 (☐ 된다 / ☐ 안된다)

06 단기매매차익의 산정기간은 (☐ 3개월 / ☐ 6개월)이다.

07 단기매매차익반환의무는 내부정보의 (☐ 이용을 하여야 / ☐ 이용과 무관하게) 인정된다.

08 권리의 이전을 목적으로 하지 않는 시세조종행위를 (☐ 통정매매 / ☐ 가장매매)라고 한다.

09 시장질서교란행위는 매매유인이나 부당이득 목적이 (☐ 있어서 / ☐ 없더라도) 시세에 부당한 영향을 줄 우려가 있는 행위를 규제하는 것이다.

정답

[기업의 인수합병제도]
01 밖, 10인, 100분의 5
02 5%, 1%, 5일
03 당해 공공적 법인만이
04 파생상품업무책임자
05 된다.
06 6개월
07 이용과 무관하게
08 가장매매
09 없더라도

10 임직원의 횡령행위는 자본시장조사 업무규정상 상장법인의 조사대상에 (☐ 포함된다 / ☐ 포함되지 않는다)

[금융소비자보호법]

01 금융소비자법은 금융소비자를 대상으로 하는 금융상품 판매와 금융소비자 보호에 관한 (☐ 일반법적 / ☐ 특별법적) 효력을 가진다.

02 대출성 상품의 경우 상시근로자 (5인 / 10인) 이상의 법인 등도 전문금융소비자에 포함된다.

03 기본계약을 체결하고 그 계약내용에 따라 계속적·반복적으로 거래를 하는 경우에 설명서를 (☐ 교부하여야 한다. / ☐ 교부하지 않아도 된다.)

04 투자성 상품에 관한 계약의 체결을 권유하면서 일반금융소비자가 요청하지 않은 다른 대출성 상품을 안내하거나 관련 정보를 제공하는 행위는 부당권유행위에 (☐ 해당한다. / ☐ 해당하지 않는다.)

05 금융상품판매업자등은 내부통제기준의 제정 및 운영 등에 관한 자료를 (☐ 5년간 / ☐ 10년간) 기록 및 유지·관리하여야 한다.

06 금융회사는 금융소비자로부터 자료 열람 등을 요구받은 날로부터 (☐ 5일 / ☐ 6영업일) 이내에 해당 자료를 열람할 수 있게 하여야 한다.

07 금융회사는 철회가 접수된 날로부터 (☐ 3 영업일 / ☐ 5 영업일) 이내에 이미 받은 금전, 재화 등을 반환해야 한다.

정답

10 포함되지 않는다
[금융소비자보호법]
01 일반법적
02 5인
03 교부하지 않아도 된다.
04 해당한다.
05 5년간
06 6영업일
07 3 영업일

핵심개념 이해도 체크

08 금융회사는 (일반/전문)금융소비자가 신청한 소액 분쟁 권리가액이 (☐ 1천만원 / ☐ 2천만원) 이내인 사건에 대하여는 조정안 제시 전까지 소 제기를 할 수 없다.

09 적합성의 원칙과 적정성의 원칙을 위반하면 과징금 (☐ 부과대상이다. / ☐ 부과대상이 아니다.)

정답

08 일반, 2천만원
09 부과대상이 아니다.

memo

www.epasskorea.com

이패스코리아 금융투자분석사

02장

회사법

02 회사법

학습전략

회사법은 총 5문항이 출제됩니다. 주식회사의 3대 요소인 자본·주식·주주에 대해 전반적으로 이해하셔야 하며 특히 주주의 권리와 주식양도에 대해서는 숙지하셔야 합니다. 주식회사의 기관과 신주발행, 자본감소, 사채발행에 대해서 파악하시고 회사의 합병과 분할도 잘 이해하셔야 합니다. 회사의 설립절차부터 성장하고 소멸되는 과정에서의 큰 흐름을 염두에 두고 학습하시면 좋은 효과를 기대할 수 있습니다.

학습포인트

내 용	개념이해 난이도		
	상	중	하
제1장 주식회사의 개념과 자본			
1. 주식회사의 개념		○	
2. 주식회사의 요소	○		
3. 주식회사법의 특색		○	
제2장 주식회사의 설립			
1. 주식회사의 설립절차		○	
2. 설립등기		○	
3. 설립하자			○
4. 회사설립에 관한 책임			○
제3장 주식과 주주			
1. 주식과 주권	○		
2. 주주와 주주명부	○		
3. 주식양도·담보·소각		○	
4. 주식의 포괄적 교환·이전			○
제4장 회사의 기관	○		
제5장 신주의 발행			
1. 발행사항의 결정	○		
2. 신주의 액면미달 발행	○		
3. 신주인수권		○	
4. 신주발행의 절차		○	
5. 이사의 인수담보책임			○
6. 불공정가액에 의한 신주발행의 금지			○
7. 신주발행의 유지·무효의 소		○	
제6장 정관변경			
1. 정관변경의 절차·효력		○	
제7장 자본감소			
1. 자본감소의 방법		○	
2. 자본감소의 절차	○		
제8장 회사의 계산			
1. 재무제표 및 영업보고서			○
2. 준비금·이익배당·주식배당	○		
3. 주주의 경리검사권			○
4. 사용인의 우선변제권			○
제9장 사채			
1. 사채와 주식의 구별		○	
2. 사채발행에 대한 상법상의 제한	○		
3. 사채의 유통		○	
4. 사채의 이자지급과 상환		○	
5. 사채권자 집회			○
6. 특수사채	○		
제10장 회사의 합병·분할			
1. 회사의 합병	○		
2. 회사의 분할		○	

다음 중 자본충실의 원칙과 관련이 없는 것은?
① 이익배당의 제한
② 변태설립에 대한 엄격한 감독
③ 법정준비금제도
④ 우선주의 발행

- 주식회사에서는 자본충실의 원칙이 제일 중요하다.
- 우선주의 발행은 자본충실의 원칙과 관련이 없다.

핵심탐구 — 주식회사의 개념

1. 자본
(1) 자본금의 의의
   ① 회사가 액면주식을 발행할 때에는 발행주식의 액면총액으로 한다.
   ② 회사가 무액면주식을 발행할 때에는 발행가액의 2분의 1 이상의 금액으로서 이사회에서 자본금으로 계상하기로 한 금액의 총액이 자본금이 된다.
   ③ 회사의 자본금은 액면주식을 무액면주식으로 전환하거나 무액면주식을 액면주식으로 전환하더라도 이를 변경할 수 없다.
(2) 주식회사의 자본원칙
   ① 자본확정의 원칙 : 회사의 설립시 인수가액 전액 납입
   ② 자본충실의 원칙
      ㉠ 이익배당의 제한
      ㉡ 변태설립에 대한 엄격한 감독
      ㉢ 법정준비금제도
      ㉣ 주식의 액면미달 발행의 제한
      ㉤ 발기인의 주식인수, 납입담보책임
   ③ 자본불변의 원칙
2. 지분의 균일성
   주식회사에서 지분은 균등한 비율적 단위로 구분된 주식으로 표현된다. 액면주식을 발행하는 경우에는 액면주식의 금액은 균일하여야 한다.
3. 주주의 유한 책임
   주주는 회사에 대하여 그가 가지는 주식의 인수가액을 한도로 출자의무를 부담할 뿐 그 밖의 의무는 지지 않는다.

정답 | ④

주식회사의 설립절차에 대한 설명으로 바르지 못한 것은?

① 발기인조합 – 정관작성 – 실체구성 – 설립등기의 순으로 진행된다.
② 발기인은 반드시 1주 이상의 주식을 인수하여야 한다.
③ 법원에서 선임한 검사인이 설립절차를 조사하는 것이 원칙이다.
④ 변태설립사항은 정관의 상대적 기재사항이다.

 발기설립이든 모집설립이든 설립절차의 검사는 원칙적으로 이사와 감사가 담당한다.

핵심탐구 — 주식회사의 설립

1. 발기인
   ① 발기인 조합에는 민법의 조합에 관한 규정이 적용된다.
   ② 발기인은 정관에 발기인으로 기명날인 또는 서명한 자만을 의미한다.
   ③ 발기인의 자격에는 제한이 없으므로 법인도 발기인이 될 수 있으며, 발기인은 반드시 1주 이상의 인수 의무를 부담한다.
   ④ 의사결정은 과반수로 하지만, 정관 작성이나 주식발행 사항의 결정 등은 전원의 동의가 있어야 한다.

2. 정관 작성
   (1) 절대적 기재사항 : ① 목적 ② 상호 ③ 회사가 발행할 주식의 총수 ④ 액면주식을 발행하는 경우 1주의 금액 ⑤ 회사의 설립시에 발행하는 주식의 총수 ⑥ 본점소재지 ⑦ 회사가 공고를 하는 방법 ⑧ 발기인의 성명, 주민등록번호, 주소
   (2) 상대적 기재사항
      ① 정관에 기재하여야 효력이 발생한다. 변태설립사항이 가장 중요하다.
      ② 변태설립사항 : ㉠ 발기인이 받을 특별이익 ㉡ 현물출자 ㉢ 재산인수(회사성립 후에 양수할 것을 약정한 재산) ㉣ 회사가 부담할 설립비용 ㉤ 발기인이 받을 보수액
   (3) 공증인의 인증 : 원시정관은 공증인의 인증이 있어야 그 효력이 발생한다.

3. 실체구성
   (1) 발기설립 : 발기인이 회사 설립 시에 발행하는 주식 모두를 인수한다.
   (2) 모집설립
      ① 회사 설립 시에 발행하는 주식의 일부를 발기인 외의 자가 인수한다.
      ② 주주 모집은 반드시 주식청약서주의에 의하여야 하며, 이에 대한 배정은 자유로이 할 수 있다.
      ③ 창립총회 결의는 출석한 인수인의 의결권의 3분의 2 & 인수된 주식의 과반수로 결의
   (3) 설립절차의 감독
      ① 이사, 감사가 담당하는 것이 원칙이다(다만 모집설립은 창립총회에서 이사·감사 선임).
      ② 변태설립사항은 법원이 선임한 검사인이 조사하는 것이 원칙이지만, 공증인이나 감정인으로 대체가 가능하다.
      ③ 현물출자나 재산인수의 총액이 자본금의 5분의 1을 초과하지 않는 등 일정한 경우에는 검사인의 조사가 면제된다.

정답 | ③

다음 중 주식회사의 설립의 하자에 대한 설명으로 거리가 먼 것은?

① 설립등기 후에는 주식청약서의 요건 흠결을 이유로 주식인수의 무효를 주장하거나, 착오·사기·강박을 이유로 주식인수를 취소하지 못한다.
② 설립무효소송은 주주, 이사, 감사가 회사성립일로부터 2년 내 소송의 방법에 의해서만 주장할 수 있다.
③ 주식회사 설립에 취소사유가 있으면 설립취소소송이 인정된다.
④ 원고가 승소한 경우에는 판결의 효력은 소송의 당사자 이외의 제3자에게도 미친다.

- 주식회사 설립의 하자는 중요한 부분이므로 정확히 알아야 한다.
- 주식회사는 설립취소소송이 인정되지 않는 점을 유의.

핵심탐구 | 회사설립 등기, 책임

1. **설립등기**
   ① 회사는 실체구성이 종료한 후 2주 내에 설립등기를 하여야 한다.
   ② 설립등기 후에는
      ㉠ 주식청약서의 요건 흠결을 이유로 주식인수의 무효를 주장할 수 없다.
      ㉡ 착오·사기·강박을 이유로 주식인수를 취소하지 못한다.
   ③ 주식회사 설립무효소송
      ㉠ 주주, 이사, 감사가 회사성립일로부터 2년 내 소송의 방법에 의해서만 주장할 수 있다.
      ㉡ 대세효 : 원고가 승소한 경우에는 판결의 효력은 소송의 당사자 이외의 제3자에게도 미친다.
      ㉢ 비소급효 : 판결의 효력이 설립등기시까지 소급하지 않으므로 그 판결 확정 전에 생긴 회사와 사원 및 제3자간의 권리의무에 영향을 미치지 아니한다.

2. **회사설립에 관한 책임**

(1) 발기인의 책임

 1) 회사가 성립된 경우의 책임
   ① 회사에 대한 책임
      ㉠ 자본충실책임(무과실책임) – 인수담보책임, 납입담보책임
      ㉡ 손해배상책임(과실책임) – 발기인이 임무를 해태한 경우
   ② 제3자에 대한 책임 : 발기인이 악의나 중과실로 임무를 해태한 때

 2) 회사가 성립하지 않은 경우
   그 설립에 관한 행위에 대하여 발기인 전원이 연대책임을 지고, 회사의 설립에 관하여 지급한 비용일체를 발기인이 부담하여야 한다.

3. **이사·감사 등의 책임**
   이사·감사가 임무를 게을리하여 회사나 제3자에게 손해를 입힌 때에는 이를 연대하여 배상할 책임이 있다.

정답 | ③

04

다음 중 상법상 주식에 대한 설명으로 바르지 못한 것은?

① 주식의 전환에 관한 종류주식에는 회사전환주식도 인정된다.
② 이익배당의 우선여부에 관계없이 의결권이 없는 종류주식이나 의결권이 제한되는 종류주식의 발행이 가능하다.
③ 복수의결권을 내용으로 하는 주식, 거부권주식 등을 발행할 수 있다.
④ 액면주식 이외에 무액면주식의 발행도 가능하다.

- 주식은 출제빈도가 아주 높은 부분이다. 그런데, 2011년 개정상법으로 주식과 관련되는 내용이 많이 바뀌었다.
- 복수의결권을 내용으로 하는 주식, 거부권주식 등은 여전히 발행할 수 없다.

핵심탐구 — 주식과 주권

1. **주식** : 액면주식의 금액은 100원 이상으로서 균일하여야 한다.
2. **주식의 종류**
   (1) 액면주식과 무액면주식 : 정관에 규정이 있으면 주식의 전부를 무액면 주식으로 발행할 수 있다.
   (2) 기명주식과 무기명주식 : 2014년 상법개정으로 무기명주식은 폐지되었다.
   (3) 종류주식 : 일정한 권리에 대하여 특수한 내용을 부여하는 주식을 말한다. 종류주식을 발행하기 위해서는 정관으로 각 종류주식의 내용과 수를 정하여야 한다.
   ① 이익배당이나 잔여재산분배에 관한 종류주식(우선주, 열후주, 후배주)
   ② 의결권의 배제・제한에 관한 종류주식
      ㉠ 의결권 없는 보통주의 발행이 가능해졌다.
      ㉡ 그러나, 차등의결권 또는 복수의결권을 내용으로 하는 주식, 거부권주식 등은 발행할 수 없다.
   ③ 주식의 상환에 관한 종류주식
      ㉠ 발행시부터 이익에 의한 소각이 예정되어 있는 우선주식
      ㉡ 종류주식에만 상환주 발행이 가능하므로 보통주식은 상환주식으로 할 수 없다고 본다.
      ㉢ 주주상환주식과 회사상환주식이 있다.
   ④ 주식의 전환에 관한 종류주식
      주주전환주식 외에 회사전환주식도 인정된다.
3. **주권**
   ① 의의 : 주권은 유가증권 중에서 비설권증권이며, 요식증권이다.
   ② 발행 : 회사는 그 성립 후 또는 신주의 납입기일 후 지체없이 주권을 발행하여야 한다. 회사는 정관으로 정하는 바에 따라 전자등록기관의 전자등록부에 주식을 등록할 수도 있다.
   ③ 주권의 불소지
      ㉠ 주주가 주권불소지의 뜻을 회사에 신고한 때 회사는 주권을 발행하지 아니할 수 있다. 이 경우 이미 발행한 주권은 이를 무효화하거나 명의개서대리인에게 임치하여야 한다.
      ㉡ 주권불소지의 경우에도 주주는 언제나 주권의 발행이나 반환을 청구할 수 있다. 다만, 주권불소지제도는 정관에 의하여 그 적용을 배제할 수 있다.

정답 | ③

다음 중 상법상 주주권에 대한 설명으로 바르지 않은 것은?

① 의결권과 신주발행유지청구권, 재무제표열람청구권은 단독주주권이다.
② 해산판결청구권은 10% 이상의 주식을 가진 주주만이 행사할 수 있는 소수주주권이다.
③ 대표소송제기권과 위법행위유지청구권은 3% 이상의 주식을 가진 주주만이 행사할 수 있는 소수주주권이다.
④ 소수주주권은 복수주주의 주주수를 합산하여 충족여부를 결정한다.

- 주주권의 종류는 자주 출제되는 영역이다. 특히, 신주발행유지청구권과 위법행위유지청구권을 구별하여야 하고, 재무제표 열람청구권과 회계장부열람청구권도 구별하여야 한다.
- 대표소송제기권과 위법행위유지청구권은 1% 이상의 주식을 가진 주주만이 행사할 수 있는 소수주주권이다.

핵심탐구 주주의 권한

1. 주주
(1) 주주의 자격과 수 : 주주의 자격에는 제한이 없으며, 1인의 주주가 인정된다.
(2) 주주평등의 원칙
(3) 주주의 권리와 의무
   ① 자익권 : 이익배당청구권, 잔여재산분배청구권, 신주 인수권 등 주주의 재산적 이익을 위하여 인정되는 개인적 권리
   ② 공익권 : 자기의 이익뿐만 아니라 회사 또는 주주 공동의 이익을 위하여 행사하는 권리
      ㉠ 단독주주권 : 의결권, 설립무효판결청구권, 신주발행유지청구권, 정관이나 재무제표의 열람청구권
      ㉡ 소수주주권 : 단독 또는 복수주주의 지주수를 합산하여 충족여부를 결정한다. 상장회사의 경우에는 6개월 이상 주식을 보유하여야 함이 원칙이다.
         ⓐ 1% 소수주주권 : 위법행위유지청구권, 대표소송제기권, 총회검사인선임청구권
         ⓑ 3% 소수주주권 : 주주총회소집청구권, 재산상태검사청구권, 회계장부열람청구권, 이사 등 해임청구권, 주주제안권, 집중투표청구권 등 다수
         ⓒ 10% 소수주주권 : 해산판결청구권
   ③ 주주의 의무 : 주주는 회사에 대하여 주식의 인수가액에 따른 납입의무만을 진다. 그 밖에 주주의 의무는 정관이나 주주총회 결의로도 그 이상 가중하지 못한다.

2. 주주명부
(1) 의의
   ① 주주와 회사채권자는 영업시간 내에는 언제나 주주명부의 열람 또는 등사를 청구할 수 있다.
   ② 주식의 이전은 취득자의 성명과 주소를 주주명부에 기재하지 아니하면 회사에 대항하지 못한다.
   ③ 주주명부에 주주로 기재되면 주주로 추정된다.
(2) 주주명부의 폐쇄와 기준일
   ① 폐쇄기간을 정한 때에는 그 기간의 2주 전에 이를 공고하여야 하나, 정관으로 이를 정한 때에는 공고가 필요없다.
   ② 주주명부 폐쇄기간 동안에도 전환사채나 전환주식의 전환권 행사는 가능하지만, 그 기간 중의 총회의 결의에 관해서는 의결권 행사는 할 수 없다.
   ③ 주주명부의 폐쇄기간은 3월을 초과하지 않아야 한다.
   ④ 주주명부 폐쇄에 갈음하여 기준일(등록일)을 지정할 수 있다(주식의 양도성을 제약하지 않는 장점).
(3) 실질주주명부 : 예탁결제원이 통지한 증권회사별로 고객명부를 기초로 하여 상장법인이 작성

정답 | ③

다음 중 주식양도에 대한 설명으로 바르지 못한 것은?

① 법률 또는 정관에 의하지 아니하면 주식양도를 제한하지 못한다.
② 주식양도에 이사회의 승인을 요건으로 하는 규정을 정관에 둘 수 있다.
③ 회사성립 후 또는 신주납입기일 후 6월이 경과하면 주권발행 전의 양도라도 그 효력이 인정된다.
④ 권리주의 양도는 당사자 간에도 무효이다.

 Point 주식의 양도는 회사법에서 가장 중요한 내용이다. 권리주의 양도는 회사에 대하여는 무효이지만 당사자에 대해서는 유효라는 점을 주의하여야 한다.

핵심탐구 > 주식양도

법률이나 정관에 의하지 않고는 주식양도를 제한할 수 없다.

1. **법률상 주식양도의 제한**
   (1) 권리주의 양도제한 : 권리주의 양도는 회사에 대하여 효력이 없다.
   (2) 주권발행 전의 주식양도 제한 : 주권발행 전의 주식양도는 회사에 대해 효력이 없다. 단 회사설립 후 또는 신주납입기일 후 6개월이 경과하면 주권발행 전의 주식양도라도 효력을 인정한다.
   (3) 자기주식의 취득
      ① 원칙 : 자본충실의 원칙상 자기주식의 취득은 금지된다.
      ② 예외
         ㉠ 배당가능 이익 범위 내에서의 자사주 취득 : 주주총회의 결의가 필요
         ㉡ 합병 등 특정 목적에 의한 자기주식 취득 : 취득 재원에 대한 제한 없이 자사주 취득 가능
         ㉢ 자기 주식 질취에 관하여는 발행주식 총수의 20분의 1을 초과하는 경우에만 금지된다.
         ㉣ 자기주식 취득금지규정에 위반한 주식취득이나 질취는 무효이다.
      ③ 자기주식의 처분 : 정관으로 정하거나 이사회가 이를 결정한다.
      ④ 자기주식의 법적 지위 : 의결권이 인정되지 아니하며, 그밖에 공익권, 자익권도 없다.
   (4) 상호주식의 취득금지
      ① 모자관계회사 : 모회사란 자회사 발행주식 총수의 100분의 50을 초과하는 주식을 가지고 있는 회사이다. ⇨ 자회사는 모회사의 주식을 취득할 수 없다.
      ② 비모자회사간 : 회사가 다른 회사 발행 주식총수의 10분의 1을 초과하는 주식을 가지고 있는 경우 ⇨ 그 다른 회사가 가지고 있 주식의 의결권은 제한된다.

2. **정관상 제한**
   ① 회사가 필요한 경우에 이사회 승인을 얻어야 하는 것으로 정관에 규정할 수 있다.
   ② 회사는 1개월 이내에 승인 여부를 주주에게 서면 통지하고, 거부통지가 없으면 승인한 것으로 본다.
   ③ 회사가 승인을 거부한 때에는 양도상대방 지정청구나 주식매수청구권을 회사에 행사할 수 있다.

정답 | ④

이패스 금융투자분석사

다음 중 주식매수선택권에 대한 설명으로 바르지 못한 것은?

① 주식매수선택권이 인정되기 위해서는 정관의 규정과 주주총회 특별결의가 있어야 한다.
② 주식매수선택권 부여로 인해 발행할 신주 또는 양도할 자기주식은 회사의 발행주식 총수의 100분의 10을 초과할 수 없다.
③ 주식매수선택권은 양도할 수 없으며, 상속이 금지된다.
④ 신주발행의 경우 부여일을 기준으로 하여 실질가액과 권면액 중 높은 가액을 행사가격으로 한다.

- 주식매수선택권의 요건과 행사가격을 알아야 한다.
- 주식매수선택권은 양도할 수 없으나 상속은 가능하다.

핵심탐구 　 주식양도

3. 주식의 양도방법
  ① 당사자간의 의사의 합치와 주권의 교부에 의하여 그 효력이 생긴다.
  ② 명의개서는 회사에 대한 대항요건이다.
4. 주권의 선의취득
  무권리자로부터 주권을 교부받은 경우에 선의 + 무중과실이면 주권을 선의취득한다.
5. 명의개서대리인
  회사는 주주명부나 사채원부를 본점에 비치하여야 하고, 회사가 명의개서대리인을 둔 때에는 주주명부, 사채원부 또는 그 복본을 명의개서대리인의 영업소에 비치할 수 있다.

▶ **주식매수선택권**

1. 요건
  ① 정관의 규정과 주주총회 특별결의가 있어야 한다.
  ② 주식매수선택권 부여로 인해 발행할 신주 또는 양도할 자기주식은 회사의 발행주식 총수의 100분의 10을 초과할 수 없다.
  ③ 주총결의일로부터 2년 이상 재임 또는 재직하여야 행사할 수 있다.
  ④ 회사의 이사, 집행임원, 감사 또는 피용자라 하더라도 의결권 없는 발행주식의 100분의 10 이상을 가진 자나 회사의 주요경영사항에 대하여 사실상 영향력을 행사하는 자, 그리고 이들의 배우자와 직계존비속에게는 주식매수선택권을 부여할 수 없다.
2. 행사가액
  ① 신주발행의 경우 부여일을 기준으로 하여 실질가액과 권면액 중 높은 가액을 행사가격으로 한다. 회사가 자기주식을 양도하는 경우에는 주식매수선택권 부여일을 기준으로 한 실질가액 이상을 행사가액으로 한다.
  ② 주식매수선택권 행사가액이 주식의 실질가액보다 낮은 경우 회사는 그 차액을 금전으로 지급하거나 그 차액에 상당하는 자기주식을 양도할 수 있다.
3. 주식매수선택권은 양도할 수 없으나, 상속은 가능하다.

정답 | ③

다음 중 지배주주의 매도청구 및 소수주주의 매수청구와 관련하여 바르지 못한 설명은?

① 회사의 발행주식 총수의 100분의 95 이상을 자기 계산으로 보유하고 있는 주주는 회사의 경영목적 달성을 위하여 필요한 경우에는 소수주주가 보유하고 있는 주식의 매도를 청구할 수 있다.
② 지배주주가 소수주주에게 주식의 매도를 청구할 때에는 주주총회의 승인을 받아야 한다.
③ 지배주주의 매도청구를 받은 소수주주는 매도청구를 받은 날로부터 3개월 이내에 지배주주에게 보유하고 있는 주식을 매도하여야 한다.
④ 지배주주가 있는 회사의 소수주주는 보유주식을 언제든지 지배주주에게 매수해 줄 것을 청구할 수 있다.

출제 Point
- 지배주주의 매도청구 및 소수주주의 매수청구는 2011년 개정상법의 내용이다. 특히, 숫자 암기를 잘 하여야 한다.
- 지배주주의 매도청구를 받은 소수주주는 매도청구를 받은 날로부터 2개월 이내에 지배주주에게 보유하고 있는 주식을 매도하여야 한다.

핵심탐구 지배주주의 매도청구 및 매수청구

▶ 주식의 포괄적 교환·이전
1. **주식의 포괄적 교환 : 기존회사**
   ① 의의 : 회사 A가 신주를 발행하여 회사 B의 주주가 가진 주식 전부와 교환하여 A는 완전모회사가 된다. A, B회사는 주주총회 특별결의에 의한 승인을 거쳐야 한다.
   ② 주식교환의 효력 발생 : 주식이전과 주식배정은 주식교환일에 그 효력이 발생한다.
   ③ 이를 반대하는 주주의 매수청구권은 인정되지만, 소규모 주식교환의 경우에는 그렇지 않다.
2. **주식의 포괄적 이전 : 신설회사**
   ① 의의 : 기존 B회사가 별도의 회사 A를 신설하여 B회사 주식전부를 A회사에 이전하고 A회사는 기존회사 주주에게 신주를 발행하여 A가 완전모회사가 되는 경우이다. 역시 주주총회 특별결의에 의한 승인이 필요하다.
   ② 주식이전의 효력 발생 : 주식이전은 주식이전을 할 때 설립하는 완전모회사가 설립등기를 함으로써 그 효력이 발생한다.

▶ 지배주주의 매도청구 및 매수청구
1. **지배주주의 매도청구**
   ① 매도청구권자 : 회사의 발행주식 총수의 100분의 95 이상을 자기 계산으로 보유하고 있는 주주는 회사의 경영목적 달성을 위하여 필요한 경우에는 소수주주가 보유하고 있는 주식의 매도를 청구할 수 있다.
   ② 주주총회 승인 : 지배주주가 소수주주에게 주식의 매도를 청구할 때에는 주주총회의 승인을 받아야 한다.
   ③ 소수주주의 매도의무 : 지배주주의 매도청구를 받은 소수주주는 매도청구를 받은 날로부터 2개월 이내에 지배주주에게 보유하고 있는 주식을 매도하여야 한다.
   ④ 매매가액 산정 : 매매가액은 지배주주와 소수주주 협의로 결정하되, 매도청구를 받은 날로부터 30일 이내에 협의가 이루어지지 않으면 법원에서 결정한다.
   ⑤ 매수청구의 효력 발생 : 지배주주가 매매가액을 소수주주에게 지급한 때 발생한다.
2. **소수주주의 매수청구**
   지배주주가 있는 회사의 소수주주는 보유주식을 언제든지 지배주주에게 매수해 줄 것을 청구할 수 있다.

정답 | ③

제2장 회사법 | **449**

09 이패스 금융투자분석사

다음 중 상법상 주주총회의 보통결의사항에 해당하지 않는 것은?

① 이사·감사·청산인의 선임 ② 재무제표의 승인
③ 주식배당결정 ④ 이사·감사의 해임

 Point
- 주주총회의 보통결의사항과 특별결의사항 및 특수결의 사항을 구별하는 것은 자주 출제된다.
- 이사, 감사의 해임은 주주총회 특별결의 사항이다.

핵심탐구 — 주주총회

1. **주주총회의 권한**
   법률과 정관에 규정된 사항만을 의결할 수 있으며, 제3자(이사회)에게 위임하지 못한다.
   (1) **보통결의 사항** : 발행주식 총수의 1/4 이상에 해당하는 주식 및 출석주식의 과반수가 필요하다.
   ① 이사·감사·청산인의 선임과 보수의 결정
   ② 재무제표의 승인
   ③ 주식배당
   ④ 총회의 연기 또는 속행의 결정
   ⑤ 지배주주의 매도청구
   (2) **특별결의 사항**
   ① 발행주식 총수의 1/3 이상에 해당하는 주식 및 출석주식의 2/3 이상이 필요하다.
   ② 보통결의를 제외한 대부분의 중요한 사항이 해당한다. 특히, 이사나 감사의 해임은 특별결의사항에 해당함을 주의하여야 한다.
   (3) **특수결의 사항**(의결권 없는 주식을 포함한 총주주의 동의)
   ① 이사의 회사에 대한 책임면제(단, 자본충실책임은 면제되지 않음)
   ② 주식회사의 유한회사로의 조직변경

2. **주주총회의 소집**
   (1) **소집권자**
   ① 원칙적으로 이사회이다.
   ② 발행주식 총수의 100분의 3에 해당하는 주식을 가진 소수주주와 감사, 법원도 주주총회를 소집할 수 있다.
   (2) **소집절차**
   ① 회일을 정하여 그 2주 전에 각 주주에게 서면 또는 각 주주의 동의를 받은 전자문서로 통지를 발송하여야 한다.
   ② 주주명부상의 주소에 계속 3년간 도달하지 아니하는 경우에는 그 주주에게 총회소집을 통지하지 아니할 수 있다.
   ③ 의결권 없는 주주에 대하여는 통지하지 않아도 된다.
   ④ 상장법인 : 의결권의 100분의 1 이하 주주에게는 주총 2주 전 + 2개 이상의 일간신문 + 2회 이상 공고.
   (3) **소집시기** : 정기총회는 매년 1회 (단, 연 2회 이상 결산기를 정한 때에는 매기에 소집)
   (4) **소집장소** : 정관에 다른 정함이 없는 한 본점 소재지 또는 이에 인접한 지역에서 소집하여야 한다.

정답 | ④

10

다음은 주주의 의결권 제한에 관한 설명이다. 바르지 못한 것은?

① 총회의 결의에 특별한 이해관계가 있는 자는 의결권을 행사하지 못한다.
② 회사가 다른 회사의 발행주식 총수의 10분의 1을 초과하는 주식을 가지고 있는 경우에는 그 다른 회사가 가지고 있는 회사의 주식에 대하여는 의결권을 행사하지 못한다.
③ 감사 선임의 경우에 의결권 없는 주식을 제외한 발행주식 총수의 100분의 1이상을 가진 주주는 그 초과하는 주식에 대하여는 의결권을 행사하지 못한다.
④ 회사가 예외적으로 자기 주식을 취득한 때에 그 주식에 대하여는 의결권을 행사하지 못한다.

출제 Point
- 주주의 의결권 제한 중에서는 감사의 선임과 관련한 제한이 가장 중요하다.
- 감사 선임의 경우에 의결권 없는 주식을 제외한 발행주식 총수의 100분의 3 이상을 가진 주주는 그 초과하는 주식에 대하여는 의결권을 행사하지 못한다.

핵심탐구 주주제안권, 의결권

1. **주주제안권**
   ① 의제제안권과 의안제안권을 모두 포함한다.
   ② 의결권 없는 주식을 제외한 발행주식 총수의 100분의 3 이상에 해당하는 주식을 가진 소수주주에게만 인정된다.
   ③ 소수주주가 총회일 6주 전에 서면 또는 전자문서로 이사에게 청구하는 방법으로 제안한다.
   ④ 주주총회에서 의결권의 100분의 10 미만의 찬성밖에 얻지 못하여 부결된 내용과 동일한 의안을 부결된 날로부터 3년 이내에 다시 제안하는 경우 등 일정한 경우에는 제외된다.

2. **의결권**
   (1) 의결권의 수 : 모든 주주는 1주마다 1개의 의결권을 갖는다.
   (2) 의결권의 행사
      ① 대리행사 : 주주는 자기의 의결권을 대리인으로 하여금 행사하게 할 수 있다.
      ② 불통일행사 : 주주가 수개의 주식을 소유하는 경우에 이를 통일하지 아니하고 행사할 수 있으며, 회사는 주주의 의결권 불통일행사를 거부할 수 있다. 다만, 주주가 주식의 신탁을 인수하였거나 기타 타인을 위하여 주식을 가지고 있는 경우에는 거부하지 못한다.
   (3) 서면투표 : 정관에 규정이 있으면 주주는 서면으로 의결권을 행사할 수 있다.
   (4) 전자투표 : 이사회 결의로 주주가 주주총회에 출석하지 않고도 전자적 방법에 의한 의결권 행사가 가능하다.
   (5) 의결권 행사의 제한
      ① 총회의 결의에 특별한 이해관계가 있는 자는 의결권을 행사하지 못한다.
      ② 감사 선임의 경우에 의결권 없는 주식을 제외한 발행주식 총수의 100분의 3 이상을 가진 주주는 그 초과하는 주식에 대하여는 의결권을 행사하지 못한다.
      ③ 회사가 예외적으로 자기 주식을 취득한 때에 그 주식에 대하여는 의결권을 행사하지 못한다.
      ④ 비모자회사간
      ⑤ 의결권 계산 : 종류주식, 자기주식 및 10% 초과보유 주식으로서 의결권 없는 주식의 수는 발행주식 총수에 산입하지 않는다.

3. **주주총회 결의 하자**

취소의 소	무효확인의 소	부존재확인의 소	부당결의취소·변경의 소
절차상의 하자 또는 결의 내용의 정관 위반(2개월 내에 제기)	결의 내용의 법령 위반	절차의 중대한 하자	특별한 이해관계있는 주주를 배제한 경우(2개월 내에 제기)

* 판결의 소급효 있음

정답 | ③

다음 중 이사에 대한 설명으로 바르지 못한 것은?
① 이사를 집중투표제도로 선임하는 것은 강제사항이 아니다.
② 이사는 일방적 의사표시로 사임할 수 있다.
③ 이사의 임기는 2년을 초과하지 못하지만, 정관으로 그 임기 중의 최종의 결산기에 관한 정기주주총회의 종결시까지 연장할 수 있다.
④ 이사의 임기를 정하고 있는 경우 정당한 이유없이 임기만료 전에 이를 해임한 때에는 그 이사는 회사에 손해배상을 청구할 수 있다

- 이사의 일반적인 사항을 알아야 한다.
- 이사의 임기는 3년을 초과하지 못하지만, 정관으로 그 임기 중의 최종의 결산기에 관한 정기주주총회의 종결 시까지 연장할 수 있다.

핵심탐구 　이사회 및 업무집행기관

1. 이사
(1) 선임
　① 집중투표란 2인 이상의 이사의 선임을 목적으로 하는 주주총회 이사 선임 결의시 각 주주에게 1주마다 선임할 이사의 수와 동일한 수의 의결권을 부여하고 그 의결권을 이사 후보자 1인 또는 수인에게 집중하여 투표하는 방법을 말한다.
　② 이사를 집중투표제도로 선임하는 것은 강제사항이 아니다.
(2) 수, 임기 : 이사는 3인 이상이어야 하며, 임기는 3년을 초과하지 못하지만, 정관으로 그 임기 중의 최종의 결산기에 관한 정기주주총회의 종결시까지 연장할 수 있다.
(3) 자격 : 이사는 자연인이어야 하며, 법인은 이사가 될 수 없다. 이사의 자격을 정관으로 제한하는 것은 무방하다.
(4) 이사의 종임
　① 이사와 회사는 위임관계이므로 위임의 종료사유에 의하여 종임하게 된다. 또한, 이사는 일방적 의사표시로 사임할 수 있다.
　② 이사의 임기를 정하고 있는 경우 정당한 이유없이 임기만료 전에 이를 해임한 때에는 그 이사는 회사에 손해배상을 청구할 수 있다.
　③ 이사의 종임으로 인하여 법률 또는 정관에서 정한 원수가 모자라게 된 때에는 임기만료 또는 사임으로 인하여 퇴임한 이사에 한하여 새 이사가 취임할 때까지 이사의 권리가 있다.
　④ 이사선임결의 무효나 취소 또는 이사해임의 소 등이 제기된 경우에 법원은 당사자의 신청에 의하여 가처분으로써 이사의 직무집행을 정지할 수 있고 또는 직무대행자를 선임할 수 있다.
(5) 이사의 의무
　① 경업금지 의무 : 이사는 이사회 승인없이 자기 또는 제3자의 계산으로 회사의 영업부류에 속한 거래를 하거나 동종영업을 목적으로 하는 다른 회사의 무한책임사원이나 이사가 되지 못한다. (위반시 거래는 유효, 회사는 개입권 가능)
　② 회사의 기회 및 자산유용금지 : 이사는 이사회의 승인 없이 현재 또는 장래에 회사의 이익이 될 수 있는 회사의 사업기회를 자기 또는 제3자의 이익을 위하여 이용하여서는 안된다.(개입권 불인정)
　③ 자기거래금지 의무 : 이사 등(주요주주, 배우자 등 포함)은 이사회의 사전승인없이 자기 또는 제3자의 계산으로 회사와 거래할 수 없다..

상장법인	자산 2조원 이상 상장법인
이사총수의 4분의 1(예외있음)	3인 & 이사 총수의 과반수

정답 | ③

12 다음 중 이사회에 대한 설명으로 바르지 못한 것은?

① 이사회는 이사 및 감사 전원의 동의가 있는 때에는 소집절차 없이 언제든지 회의할 수 있다.
② 서면에 의한 이사회 결의는 인정되지 않는다.
③ 이사회 의사록은 주주 및 채권자가 그 열람 및 등사를 청구할 수 있다.
④ 이사회 결의사항에 관하여 특별한 이해관계가 있는 이사는 의결권을 행사하지 못한다.

- 이사회는 자주 출제되는 영역이다.
- 의사록은 주주에 한하여 그 열람 및 등사를 청구할 수 있다.

핵심탐구 — 이사회 및 업무집행기관

(9) 이사의 회사에 대한 책임
  ① 손해배상책임 : 이사가 법령 또는 정관에 위반한 행위를 하거나 그 임무를 해태한 때에는 그 이사는 회사에 대하여 연대하여 손해를 배상할 책임이 있다. 이는 총주주의 동의가 있으면 면제가능하다.
  ② 자본충실책임 : 신주발행에 의한 변경등기 후에 아직 인수하지 아니한 주식이 있거나 주식인수의 청약이 취소된 때에는 이사가 이를 공동으로 인수한 것으로 본다. 이는 총주주의 동의가 있어도 면제할 수 없다.
  ③ 이사의 결산에 관한 책임 : 정기주주총회에서 재무제표의 승인을 한 후 2년 내에 다른 결의가 없으면 이사 또는 감사의 다른 부정행위가 없는 한 회사는 이사와 감사의 책임을 면제한 것으로 본다.

2. 이사회
 (1) 소집
  ① 이사회 소집은 각 이사가 하는 것이 원칙이다.
  ② 회의의 1주간 전에 이사 및 감사에게 통지를 발송하여야 하지만, 이 기간은 정관으로 단축할 수 있다. 그러나, 이사 및 감사 전원의 동의가 있는 때에는 소집절차 없이 언제든지 회의할 수 있다.
 (2) 이사회 결의
  ① 이사회 결의는 이사 과반수의 출석과 출석이사 과반수로 한다(단, 정관으로 이 비율을 높일 수 있음).
  ② 이사회 결의사항에 관하여 특별한 이해관계가 있는 이사는 의결권을 행사하지 못한다.
  ③ 서면에 의한 이사회 결의는 인정되지 않는다.
  ④ 정관에서 달리 정하는 경우를 제외하고는 원격통신수단을 이용하는 방법으로 결의하는 것도 가능하다.
 (3) 이사회의 권한 : 의사결정권(대표이사의 선임, 공동대표의 결정, 신주의 발행, 사채의 발행 등) + 업무감독권
 (4) 이사회의 의사록 : 결의에 참가한 이사는 의사록에 이의를 제기한 기재가 없는 한 그 결의에 찬성한 것으로 추정된다. 의사록은 주주에 한하여 그 열람 및 등사를 청구할 수 있다.
 (5) 이사회결의의 하자 : 상법에 규정이 없으므로 법의 일반이론에 의하여야 한다.
 (6) 이사회 내 위원회
  ① 정관의 규정에 따라 이사회의 권한을 위원회에 위임할 수 있지만, 주총승인을 요하는 사항, 대표이사의 선임 및 해임, 위원회의 설치와 그 위원의 선임 및 해임, 정관에서 정하는 사항은 위원회에 위임할 수 없다.
  ② 2인 이상의 이사로 구성된다.
  ③ 이사회는 위원회가 결의한 사항을 다시 결의할 수 있다.

정답 | ③

13

다음 중 집행임원에 대한 설명으로 바르지 못한 것은?

① 집행임원이란 이사회나 대표이사 체제에서 대표이사를 대신하는 업무집행기관이다.
② 집행임원을 둔 회사는 대표이사를 따로 두지 못한다.
③ 회사가 집행임원을 둘 지 여부는 회사의 자율로 정할 수 있다.
④ 집행임원의 임기는 정관에서 달리 정하고 있지 않으면 3년을 넘지 못한다.

- 집행임원은 2011년 개정상법의 내용이다. 기본적인 것을 암기하여야 한다.
- 집행임원의 임기는 정관에서 달리 정하고 있지 않으면 2년을 넘지 못한다.

핵심탐구 | 이사회 및 업무집행기관

3. 대표이사 및 집행임원

(1) 집행임원 미설치회사 - 대표이사
① 대표이사의 선임 : 이사회가 선임한다. 수인의 대표이사가 공동으로 회사를 대표할 것을 정할 수 있다.
② 대표이사의 종임 : 이사의 자격을 상실하면 대표이사 자격도 상실하지만, 대표이사의 직을 상실하더라도 이사의 지위는 당연 상실되는 것은 아니다.
③ 대표이사의 권한
  ㉠ 대표이사가 수인인 경우에는 각자가 단독으로 회사의 업무를 집행한다.
  ㉡ 대표이사는 회사의 영업에 관하여 재판상 또는 재판외의 모든 행위를 할 수 있는 권한이 있다.
  ㉢ 이사와 회사간의 소송이 있으면 감사가 회사를 대표한다. 감사를 선임하지 않은 회사인 경우(자본금 10억원 미만인 회사)에는 회사, 이사 또는 이해관계인이 법원에 회사를 대표할 자를 선임하여 줄 것을 신청하여야 한다.
  ㉣ 대표이사가 주주총회나 이사회 결의에 위반하여 행위를 하더라도 대외적 행위는 유효하다.
④ 표현대표이사 : 대표이사가 아님에도 대표이사의 명칭을 사용한 행위에 대해서 회사는 선의의 제3자에게 책임을 진다.

(2) 집행임원
이사회의 감독 기능에 대한 문제점을 해결하기 위해 이사회의 업무집행과 감독기능을 분리하여 대표이사를 대신하는 업무집행기관을 둠
① 의의 : 대표이사를 대신하는 업무집행기관이다. 회사는 집행임원을 둘 수 있고, 집행임원을 둔 회사는 대표이사를 따로 두지 못한다.
② 선임·임기 : 집행임원은 이사회에서 선임하며, 정관에서 달리 정하고 있지 않으면 2년을 초과하지 못한다.
③ 권한 : 집행임원은 상법상 대표이사 권한사항에 속하는 회사의 업무집행권과 이사회결의나 정관규정으로 집행임원에게 위임한 업무집행에 관한 의사결정권을 가진다.
④ 이사회 보고 : 집행임원은 3개월에 1회 이상 업무의 집행상황을 이사회에 보고하여야 한다.

정답 | ④

다음 중 감사에 대한 설명으로 바르지 못한 것은?
① 의결권 없는 주식을 제외한 발행주식 총수의 100분의 3을 초과하는 수의 주식을 가진 주주는 그 주식 전부에 대하여 의결권을 행사하지 못한다.
② 자산총액이 2조원 이상인 상장회사는 주총결의로 감사위원 중 1인을 다른 이사들과 분리하여 선임하여야 한다.
③ 감사의 임기는 취임 후 3년 내의 최종의 결산기에 관한 정기주주총회의 종결시까지로 법정되어 있다.
④ 전자투표를 실시하는 회사는 감사 및 감사위원을 출석한 주주의 의결권의 과반수로서 선임할 수 있다.

- 감사에 관한 핵심적인 사항을 정리할 필요가 있다. 의결권 없는 주식을 제외한 발행주식 총수의 100분의 3을 초과하는 수의 주식을 가진 주주는 그 초과주식에 대하여 의결권을 행사하지 못한다.

핵심탐구 — 감사

1. 선임 · 자격 · 임기
   ① 선임 : 주주총회에서 선임하되, 의결권 없는 주식을 제외한 발행주식 총수의 100분의 3을 초과하는 수의 주식을 가진 주주는 그 초과주식에 대하여 의결권을 행사하지 못한다. 그 비율은 정관으로 낮게 정할 수 있다.
   ② 자격 : 제한이 없으나, 회사 및 자회사의 이사 또는 지배인 기타의 사용인은 그 성질상 감사의 지위를 겸하지 못한다.
   ③ 임기 : 취임 후 3년 내의 최종의 결산기에 관한 정기주주총회의 종결시까지이다.
   ④ 자산 1천억원 이상인 상장회사 : 상근감사 1인 이상 두어야 한다.

2. 업무감사
   (1) 의의
      회계에 관한 감사를 포함하여 회사의 업무뿐만 아니라 이사의 직무에 속한 사항의 전반에 미치게 한다.
   (2) 이사회의 업무감사권과의 차이
      ① 감사 – 타율적 감독, 이사회 – 자율적 감독
      ② 감사 – 이사회 결의 자체까지 감사 가능. 이사회 – 불가능
      ③ 감사 – 감사 결과를 주주총회에 보고할 의무 있음. 이사회 – 없음
      ④ 감사 – 업무집행의 적법성까지 감사 가능. 이사회 – 업무집행의 타당성까지 감사 가능

3. 감사의 권한
   (1) 영업보고청구권 : 감사는 언제나 이사에 대하여 영업에 관한 보고를 요구할 수 있다.
   (2) 업무·재산상태조사권
   (3) 자회사감사권
   (4) 이사회참석권
   (5) 이사에 대한 유지청구권 : 이사의 위법행위에 대한 유지청구권은 소수주주뿐만 아니라 감사에게도 인정된다.
   (6) 주주총회 및 이사회 소집청구권
   (7) 감사해임에 대한 의견진술권 등
   (8) 이사·회사간 소송대표권

정답 | ①

핵심탐구 감사

➔ 감사위원회(감사의 대체기관이므로 감사와 병존 불가능)

(1) 의의 : 이사회 내 위원회이다. 자산총액이 2조원 이상인 상장회사는 감사위원회를 설치하여야 하지만, 기타의 회사는 임의적 기관이다(3분의 2 이상이 사외이사이어야 한다.).

(2) 구성 : 감사위원회는 3인 이상의 이사로 구성하며, 그대표는 감사위원회 결의로 선임한다. 감사위원의 선임과 해임은 이사회 결의로 하는데, 감사위원의 해임은 이사 3분의 2 이상의 찬성이 있어야 한다.

(3) 자산총액이 2조원 이상인 상장회사 : 감사위원 중 1인은 주총결의로 다른 이사들과 분리하여 감사위원이 되는 이사를 선임하여야 한다(2020년 개정상법).

다음 중 신주발행과 관련하여 바르지 못한 내용은?

① 신주인수권의 양도는 신주인수권증서를 교부하는 방법으로 행하여야 한다.
② 주주는 원칙적으로 그가 가진 주식 수에 따라서 신주의 배정을 받을 권리를 가진다.
③ 제3자의 신주인수권은 정관에 규정이 있으면 가능하다.
④ 신주의 인수인은 주금납입 또는 현물출자의 이행을 한 때에는 그 납입기일의 다음날부터 주주가 된다.

 Point
- 신주발행은 중요한 부분이므로 핵심사항을 정리하여야 한다.
- 제3자의 신주인수권은 정관에 규정이 있어야 하고, 신기술의 도입이나 재무 구조의 개선 등 회사의 경영목적 달성에 필요한 경우로 국한된다.

핵심탐구 │ 신주의 발행

1. **발행사항의 결정**
   ① 정관에 규정이 없는 것은 이사회가 결정한다.
      (회사가 무액면주식을 발행하고 있는 경우 신주발행도 무액면주식만 가능)
   ② 현물출자는 회사설립시는 변태설립사항이지만, 회사성립 후 현물출자는 이사회가 정한다.
   ③ 현물출자에 관한 사항을 조사하기 위하여 법원에 검사인의 선임을 청구하여야 하지만, 공인된 감정인으로 대체할 수 있다.

2. **액면미달발행**
   ① 회사가 성립한 날로부터 2년이 경과한 후에만 할 수 있다.
   ② 주주총회의 특별결의가 있어야 한다.
   ③ 법원의 인가를 얻어야 한다(변경인가 가능. 상장법인은 법원의 인가 면제).
   ④ 법원의 인가 후 1개월 내에 발행하여야 하는 것이 원칙이다.

3. **신주인수권**
   ① 주주의 신주인수권 : 주주는 원칙적으로 그가 가진 주식수에 따라서 신주의 배정을 받을 권리를 가진다.
      (구체적 신주인수권은 이사회의 신주발행 결의로 발생한다. 추상적 인수권은 주식과 분리하여 양도불가)
   ② 제3자의 신주인수권 : 정관에 규정이 있으면 가능하지만, 이 경우에도 신기술의 도입이나 재무 구조의 개선 등 회사의 경영목적 달성에 필요한 경우로 국한된다.
   ③ 신주인수권의 양도
      ㉠ 의의 : 이사회 결의 후 주주가 취득하는 구체적 신주인수권은 독립된 권리로서 주식과 분리하여 양도가 가능하다.
      ㉡ 양도의 요건 : 주주의 신주인수권의 양도는 이사회의 결의에 의하여 인정될 수 있다. 다만, 이사회가 신주인수권의 양도에 관해 결정이 없는 경우에도 지명채권 양도의 방법으로 신주인수권을 양도할 수 있다(판례).
      ㉢ 양도의 방법 : 신주인수권의 양도는 신주인수권 증서의 교부에 의하여서만 가능하다.

4. **신주발행절차**
   ① 신주발행사항은 원칙적으로 이사회가 결정한다.
   ② 신주의 인수인은 주금납입 또는 현물출자의 이행을 한 때에는 그 납입기일의 다음날부터 주주가 된다.
      (이자 배당에 대하여 배당기준일을 영업연도말 이외의 날짜로 자유롭게 정할 수 있다. – 2020년 개정상법)
   ③ 신주의 배정을 받은 신주인수인의 지위의 양도는 회사에 대하여 효력이 없다.
   ④ 발행을 예정하고 있는 신주 전부에 대한 인수·납입이 없더라도, 인수·납입이 있는 부분에 대하여만 신주발행의 효력이 생긴다.
   ⑤ 신주를 인수한 자가 이사와 통모하여 현저하게 불공정한 발행가액으로 신주를 인수하면 공정한 발행가액과의 차액을 지급하여야 한다.

정답 | ③

다음 중 주식회사의 자본감소에 대한 설명으로 바르지 못한 것은?

① 주주총회의 특별결의가 있어야 한다.
② 자본감소에는 주금액의 감소와 주식 수의 감소가 있다.
③ 회사채권자가 이의제출기간 내에 자본감소에 대한 이의를 제기하지 않으면 자본감소를 승인한 것으로 본다.
④ 자본감소의 효력은 변경등기가 되었을 때 발생한다.

출제 Point
- 자본감소의 효력은 변경등기와는 관계없다는 점을 주의하여야 한다.
- 자본감소의 효력은 자본감소의 절차가 끝났을 때 발생한다.

핵심탐구 › 자본금의 감소

1. **총설**
   ① 실질적인 자본금 감소(영업축소) : 감소액이 주주에게 반환되는 경우
   ② 명목상의 자본금 감소(이익배당 불가능) : 계산상으로만 자본금 감소
2. **자본금 감소의 방법**
   (1) 주금액(자본금)의 감소
       감소된 자금의 환급(자본회수 수단임) 혹은 부실경영으로 감소된 자본을 주주가 포기(절기)
   (2) 주식 수의 감소
       ① 주식소각 : 자사주 소각, 상환주식의 소각은 주식수만 줄고 자본금은 줄지 않는다.
       ② 주식병합 : 단순히 액면단위를 크게 하는 것이며 주식 수는 줄어드나 자본금은 변화가 없다.
3. **절차**
   ① 주주총회의 특별결의가 있어야 한다. 그러나, 결손보전을 위한 자본금 감소는 주주총회 보통결의로 할 수 있다.
   ② 채권자보호 절차 :
       ㉠ 자본금감소는 회사채권자에게 중대한 영향을 미치므로, 회사는 자본금감소 결의일로부터 2주 내에 이의를 제출할 것을 공고하여야 한다.
       ㉡ 사채권자가 이의를 제기하려면 사채권자집회의결의가 있어야 한다.
       ㉢ 회사채권자가 1개월 내에 자본감소에 대한 이의를 제기하지 않으면 자본감소를 승인한 것으로 본다.
4. **자본감소의 효력** : 자본금감소의 절차가 끝났을 때 발생한다.
5. **자본금감소의 무효**
   ① 주주, 이사, 감사, 파산관재인, 자본금감소를 승인하지 않은 회사채권자는 자본금감소 변경등기가 있는 날로부터 6개월 이내에 소만으로 주장할 수 있다.
   ② 자본금감소 무효의 소의 판결의 효력 : 소급효를 가진다.

정답 | ④

다음 중 주식회사의 준비금에 대한 설명으로 잘못된 것은?

① 준비금으로 이익배당을 할 수 있다.
② 회사는 자본의 1/2에 달할 때까지 매결산기 이익 배당액의 1/10 이상의 금액을 이익준비금으로 적립하여야 한다.
③ 준비금의 자본전입은 이사회의 권한이지만, 정관으로 주주총회의 결의사항으로 정할 수 있다.
④ 법정준비금에 의한 결손보전은 먼저 이익준비금으로 충당할 필요가 없다.

- 법정준비금의 용도는 결손전보 혹은 자본전입(무상증자)이다.
- 이익준비금은 이익배당시의 공제항목이다.

핵심탐구 › 회사의 계산

1. **재무제표 및 영업보고서**
   ① 이사는 매 결산기마다 재무제표와 영업보고서를 작성하여 이사회의 승인을 받아야 한다.
   ② 이사는 정기총회 6주간 전에 재무제표와 영업보고서를 감사에게 제출하여야 하고, 감사는 서류를 받은 날로부터 4주 내에 감사보고서를 이사에게 제출하여야 한다.
   ③ 정기총회 회일의 1주간 전부터 재무제표 및 영업보고서와 감사보고서를 본점에 5년간, 그 등본을 지점에 3년간 비치하여야 한다.
   ④ 재무제표는 정기총회에서 승인받아야 하며, 영업보고서는 정기총회에 그 내용을 보고하여야 한다.

2. **법정준비금**
   (1) 이익준비금 : 매 결산기 이익배당액의 1/10 이상의 금액을 자본의 1/2에 달할 때까지 적립하여야 한다.
   (2) 자본준비금 : 자본거래에서 생긴 잉여금을 재원으로 하여 적립하는 준비금(별도의 적립한도의 정함이 없다.)
   (3) 법정준비금의 용도
      ① 결손전보
         ㉠ 원칙적으로 자본의 결손을 전보하는 목적에만 사용할 수 있다.
         ㉡ 자본의 결손은 먼저 이익준비금으로 전보할 필요는 없다.
      ② 자본전입 (무상증자) : 자본전입의 효력은 그 전입을 이사회가 결의한 때에는 신주배정일에, 주주총회가 결의한 때에는 당해 결의시 효력이 발생한다.
   (4) 법정준비금의 감소 : 적립된 법정준비금의 총액이 자본금의 1.5배를 초과하는 경우 주주총회 보통결의에 따라 그 초과한 금액 범위내에서 자본준비금과 이익준비금을 감액할 수 있다.

3. **이익배당**
   (1) 요건 : 이익이 없으면 배당도 없다.
   (2) 중간배당
      ① 연 1회의 결산기를 정한 회사는 정관규정이 있는 경우에 연 1회에 한하여 이사회결의로 중간배당을 할 수 있다.
      ② 중간배당은 금전배당 외에 현물로도 배당할 수 있다. (상장회사는 분기배당 가능)
   (3) 배당금지급청구권 : 배당금은 주주총회 결의일로부터 1개월 이내에 지급하여야 한다. 그 소멸시효는 5년이다.
   (4) 현물배당 : 정관으로 금전 외의 재산으로 배당을 할 수 있음을 정할 수 있다.
   (5) 위법배당 : 위법한 배당이 있으면 회사의 채권자도 회사에 반환할 것을 청구할 수 있다. 위법배당 후의 채권자에게도 인정된다.

정답 | ①

다음 중 사채권자의 집회에 관한 설명으로 잘못된 것은?

① 사채총액의 10분의 1 이상에 해당하는 사채를 소유하는 소수채권자는 기채회사에 소집을 청구할 수 있다.
② 사채권자의 이해에 중대한 영향을 미치는 사안은 법원의 허가를 받아야 한다.
③ 각 사채권자는 그가 가지는 해당 종류의 사채금액의 합계액에 따라 의결권을 가진다.
④ 사채권집회의 결의는 법원의 인가를 받아야 효력이 생긴다.

출제 Point 과거의 상법 내용이다. 현재는 ④으로 바뀌었다.

핵심탐구 _ 사채발행

4. 주식배당
(1) 요건
 ① 배당가능이익이 있어야 한다.
 ② 주식배당은 이익배당총액의 2분의 1에 상당하는 금액을 초과하여 할 수 없다.
(2) 절차
 ① 주식배당의 실시는 주주총회의 보통결의로 할 수 있다.
 ② 주식배당은 주식의 권면액으로 하고, 회사가 종류주식을 발행한 때에는 각각 그와 같은 종류의 주식으로 할 수 있다.
(3) 효과
 ① 주식배당을 하면 그만큼 신주가 발행되어 회사자본이 증가하게 된다.
 ② 주식배당의 결의를 한 주주총회가 끝난 때부터 신주의 주주가 된다.

➜ 사채

1. 사채발행의 절차
 ① 회사는 이사회의 결의로 사채를 발행할 수 있다.
 ② 사채의 모집에 응하고자 하는 자는 사채청약서 2통에 그 인수할 사채의 수와 주소를 기재하고 기명날인 또는 서명하여야 한다.
 ③ 사채의 모집이 완료된 때에는 이사는 지체없이 인수인에 대하여 각 사채의 전액 또는 제1회의 납입을 시켜야 한다. 즉, 분할납입이 가능하다.
 ④ 사채의 납입은 상계, 대물변제로도 할 수 있다.

2. 사채의 유통
 ① 사채전액의 납입이 완료한 후가 아니면 채권을 발행하지 못한다.
 ② 기명사채는 당사자의 의사의 합치와 채권의 교부로써 할 수 있다. 자기사채 취득도 가능하다.

3. 사채의 이자지급과 상환
 사채의 이자지급권의 소멸시효는 5년, 상환청구권의 소멸시효는 10년이다.

4. 사채권자의 집회(상법상 법률상의 회의체로 인정)
 ① 소집 : 사채발행회사 또는 사채관리회사가 소집한다. 사채총액의 10분의 1 이상에 해당하는 사채를 소유하는 소수채권자는 기채회사에 소집을 청구할 수 있다.
 ② 사채 총액의 500분의 1 이상을 가진 사채권자 중에서 1인 또는 수인의 대표자를 선임하여 그 결의한 사항의 결정 위임 가능
 ③ 결의요건 : 각 사채권자는 그가 가지는 해당 종류의 사채금액의 합계액에 따라 의결권을 가진다. 결의요건은 주주총회 특별결의 요건을 준용한다.
 ④ 결의효력 : 사채권집회의 결의는 법원의 인가를 받아야 효력이 생긴다.

정답 | ②

19

다음 중 특수사채에 대한 설명으로 틀린 것은?

① 원칙적으로 신주인수권부사채의 인수권은 주주에게 있으나, 주주총회의 보통결의로 제3자에게 부여할 수 있다.
② 분리형 신주인수권부사채에 있어서는 채권의 양도는 채권에 의하고, 신주인수권의 양도는 신주인수권증권의 교부에 의한다.
③ 전환사채의 경우 전환은 사채권자가 전환청구서를 회사에 제출함으로써 효력이 생기고 회사의 승낙을 요하지 않는다.
④ 신주인수권의 행사로 인하여 주주가 되는 시기는 신주발행가액의 전액을 납입할 때이다.

출제 Point 신주인수권부사채의 인수권을 제3자에게 부여하기 위하여는 주주총회의 특별결의를 요건으로 하는 점을 주의하여야 한다. 원칙적으로 신주인수권부사채의 인수권은 주주에게 있으나, 주주총회의 특별결의로 제3자에게 부여할 수 있다.

핵심탐구 — 특수사채

1. **전환사채**
(1) 발행의 결정
   ① 이사회가 결정한다.
   ② 제3자에게 전환사채를 발행할 경우 : 정관에 규정이 없으면 주주총회 특별결의를 거쳐야 하며, 신기술의 도입이나 재무구조의 개선 등 회사의 경영목적 달성에 필요한 경우로 국한된다.
(2) 전환의 청구
   주주명부 폐쇄기간 중에도 전환청구가 인정되지만, 그 기간 중의 총회에서 의결권을 행사할 수는 없다.
(3) 특징
   ① 전환권을 행사하면 사채는 소멸한다.
   ② 별도로 주금액을 납입할 필요가 없다.
   ③ 주식발행총액은 사채총액의 범위 내에서 일치하여야 한다.
(4) 전환의 효력
   사채권자가 전환청구서를 회사에 제출함으로써 효력이 생기고 회사의 승낙을 요하지 않는다. 그 결과 사채권자는 주주가 된다. 그러나, 이익이나 이자의 배당에 관하여는 편의상 그 청구를 한 때가 속하는 영업연도말에 전환된 것으로 본다.

2. **신주인수권부사채**
(1) 전환사채와 동일한 점
   이사회결정사항, 제3자에게 신주인수권부사채 부여의 요건, 주주명부 폐쇄기간에도 신주행사권의 행사 가능 등은 전환사채와 동일하다.
(2) 전환사채와의 차이점
   ① 신주인수권을 행사하여도 사채는 소멸하지 않는다.
   ② 신주인수권을 행사하여도 사채는 소멸하지 않으므로 별도로 주금액을 납입하여야 한다.
   ③ 주식발행총액은 사채총액의 범위 내에서 회사가 조절할 수 있다.
(3) 양도
   분리형 신주인수권부사채에 있어서는 채권의 양도는 채권에 의하고, 신주인수권의 양도는 신주인수권증권의 교부에 의한다.
(4) 신주인수권행사의 효력
   신주인수권의 행사로 인하여 주주가 되는 시기는 신주발행가액의 전액을 납입할 때이다.

정답 | ①

다음 중 합병에 대한 설명으로 바르지 못한 것은?

① 주식회사나 유한회사가 다른 회사와 합병하는 경우에는 존속회사 또는 신설회사는 주식회사 또는 유한회사이어야 한다.
② 합병등기를 하여야 효력이 발생한다.
③ 합병결의에 반대하는 주주는 주주총회 전에 서면으로 회사에 반대의사를 통지하여야 매수청구권을 행사할 수 있다.
④ 합병을 승인한 회사채권자는 합병등기 후 6월 이내에 소를 제기할 수 있다.

출제 Point
- 합병에 관한 중요한 사항을 정리하여야 한다.
- 합병을 승인하지 않은 회사채권자는 합병등기 후 6월 이내에 소를 제기하여야 한다.

핵심탐구  회사의 합병 및 분할

1. 회사의 합병
(1) 합병의 자유와 제한 : 합병은 자유이지만 일정한 제한이 있을 수가 있다.
(2) 합병의 절차
  ① 합병결의와 주주총회 특별결의가 있어야 한다.
  ② 소규모합병이나 간이합병의 경우에는 이사회의 승인만으로 주주총회 특별결의에 갈음할 수 있다.
  ③ 회사채권자의 보호 : 합병총회일로부터 2주 전부터 합병을 한 날 이후 6월이 경과하는 날까지 합병하는 각 회사의 대차대조표 등을 본점에 비치하고, 회사채권자는 영업시간 내에 언제든지 이를 열람하고 그 등본이나 초본의 교부를 청구할 수 있다.
  ④ 합병의 효력 : 합병등기를 하여야 효력이 발생한다.
(3) 합병의 효과
  ① 포괄적 승계 : 소멸회사의 권리·의무는 일부를 제약하여 존속회사 또는 신설회사로 승계할 수 없다.
  ② 주식매수청구권 : 합병결의에 반대하는 주주는 주주총회 전에 서면으로 회사에 반대의사를 통지하여야 총회의 결의일로부터 20일 이내에 매수청구권을 행사할 수 있다.
  ③ 합병으로 소멸하는 회사는 청산절차 불필요
(4) 합병의 무효
  주주, 이사, 감사, 파산관재인, 합병을 승인하지 않은 회사채권자는 합병등기 후 6월 이내에 소를 제기하여야 한다.
2. 회사의 분할
(1) 분할의 요건
  ① 회사의 분할은 주식회사에서만 인정된다.
  ② 분할계획서나 분할합병계약서 작성, 분할공시, 주주총회 특별결의, 채권자보호절차(분할의 경우에는 원칙적으로 불요), 분할등기를 거쳐 분할이 종료된다.
(2) 분할의 효과
  ① 분할절차가 종료하면 분할등기를 하여야 하는데, 이 등기에 의하여 분할이나 분할합병의 효력이 발생한다.
  ② 분할 또는 분할합병으로 인하여 설립되는 회사 또는 존속하는 회사는 분할하는 회사의 권리와 의무를 분할계획서 또는 분할합병계약서가 정하는 바에 따라서 승계한다.
  ③ 그러나 분할되는 회사가 분할 후에 존속하는 때에는 분할로 인하여 설립되는 회사가 부담하지 않는 채무만을 부담할 수 있다.
  ④ 반대주주의 주식매수청구권은 분할합병의 경우에만 인정된다.
(3) 분할의 무효
  분할 또는 분할합병에 중대한 하자가 있으면 소로서만 주장할 수 있다. 그 요건과 효과는 합병무효와 비슷하다.

정답 | ④

21

다음 중 자본금 총액이 10억원 미만인 주식회사에 적용되는 특례로 바르지 못한 것은?

① 발기설립의 경우에 공증인의 인증이 있어야만 원시정관의 효력이 발생한다.
② 원칙적으로 기명주주에 대한 주주총회의 소집통지는 주주총회일의 10일 전에 각 주주에게 서면으로 통지하면 적법하다.
③ 감사를 선임하지 아니할 수 있다.
④ 주주 전원이 동의하면 서면에 의한 결의로써 주주총회의 결의를 갈음할 수 있다.

 **Point**
- 자본금 총액이 10억원 미만인 주식회사에 인정되는 특례는 자주 출제된다.
- 발기설립의 경우에 공증인의 인증이 없어도 원시정관의 효력이 발생한다.

핵심탐구 — 주식회사 특례

1. 자본금 10억 미만인 주식회사에는 다음과 같은 특례가 인정된다.
   ① 감사 선임이 임의제도이다(대표이사는 임의제도가 아니다.).
   ② 이사가 1인 또는 2인이어도 무방하다. 따라서, 이사회가 없을 수도 있다.
   ③ 발기설립 시 공증인의 인증이 없어도 정관은 효력을 발생한다.
   ④ 주주총회 소집통지기간을 주주총회일 10일 전으로 단축이 가능하다.
   ⑤ 주주 전원의 동의가 있으면 주주총회 소집절차를 생략할 수 있다.

2. 각종의 소
   (1) 원고가 승소하면 모든 소에는 대세효가 있다.
   (2) 무효의 소의 제소기간
      ① 원칙 : 6개월
      ② 예외 : 회사 설립 무효의 소는 2년 이내에 제기 가능
   (3) 소급효
      ① 원칙 : 없음
      ② 예외 : 주주총회 무효의 소와 자본감소 무효의 소.

3. 법적 효력이 발생하는 시점
   (1) 등기가 효력요건인 것 : 합병 혹은 분할이나 분할합병이 유일하다.
   (2) 기타
      ① 신주발행 : 신주인수인은 납일 기일의 다음 날부터 주주로서의 권리가 있다.
      ② 자본전입 : 그 전입을 이사회가 결의한 때에는 신주배정일에, 주주총회가 결의한 때에는 당해 결의시 효력이 발생한다.
      ③ 자본감소의 절차가 끝났을 때 효력이 발생한다.
      ④ 주식배당 : 그 결의를 한 주주총회가 끝난 때부터 신주의 주주가 된다.
      ⑤ 전환사채 : 사채권자가 전환청구를 한 때 주주가 된다.
      ⑥ 신주인수권부사채 : 신주발행가액의 전액을 납입할 때 주주가 된다.

정답 | ①

01 현행 상법상 주식회사의 자본에 대한 설명으로 바르지 못한 것은?

① 회사 설립 시 발행하는 주식수를 정관상 발행예정주식총수의 4분의 1 이상으로 하고 있다.
② 주식회사의 자본은 발행주식의 액면총액으로 한다.
③ 회사가 무액면주식을 발행할 때에는 주식 발행가액의 2분의 1 이상의 금액으로서 이사회에서 자본금으로 계상하기로 한 금액의 총액이 자본금이 된다.
④ 회사의 자본금은 액면주식을 무액면주식으로 전환하거나 무액면주식을 액면주식으로 전환하더라도 이를 변경할 수 없다.

02 주식회사의 설립절차에 대한 설명으로 바르지 못한 것은?

① 발기인조합 - 정관작성 - 실체구성 - 설립등기의 순으로 진행된다.
② 발기인은 반드시 1주 이상의 주식을 인수하여야 한다.
③ 법원에서 선임한 검사인이 설립절차를 조사하는 것이 원칙이다.
④ 변태설립사항은 정관의 상대적 기재사항이다.

03 상법 상 주식회사에 대한 설명으로 틀린 것은?

① 주주는 주식의 인수가액을 한도로 출자의무를 부담할 뿐이며 정관이나 주주총회결의로도 그 이상 가중하지 못한다.
② 액면주식의 금액은 100원 이상이어야 하며, 균일하여야 한다.
③ 설립중의 회사는 권리능력이 없다.
④ 발기인이 받을 특별이익, 현물출자, 사후설립, 회사가 부담할 설립비용, 발기인이 받을 보수액은 변태설립사항이다.

04 주식회사의 발기인에 대한 다음 설명 중 바르지 못한 것은?

① 발기인 조합에는 민법의 조합에 관한 규정이 적용된다.
② 발기인은 정관에 발기인으로 기명날인 또는 서명한 자만을 의미한다.
③ 발기인의 자격에는 제한이 없다.
④ 주식회사의 설립에는 3인 이상의 발기인을 필요로 한다.

05 다음은 발기설립과 모집설립을 비교한 것이다. 바르지 못한 것은?

① 모집설립의 경우에 주식인수의 청약은 반드시 주식청약서에 의하여야 한다.
② 발기설립의 경우에는 창립총회가 필요하다.
③ 모집설립의 경우에 주식인수의 청약에 대한 배정은 자유롭게 할 수 있다.
④ 발기설립의 경우에 출자이행 절차가 완료되면 발기인은 의결권의 과반수로서 이사와 감사를 선임하여야 한다.

06 상법상 주식회사의 설립에 대한 설명으로 바르지 못한 것은?

① 발기인이 주식발행 사항을 결정할 때는 전원의 동의가 있어야 한다.
② 발기인의 자본충실책임은 과실책임이다.
③ 회사설립 무효의 판결의 효력은 설립등기시까지 소급하지 않는다.
④ 회사가 불성립한 경우에 발기인은 그 설립에 관한 행위에 대하여 연대하여 책임을 진다.

정답 및 해설

01 ① 개정 상법은 회사설립 시 발행하는 주식수를 정관상 발행예정주식 총수의 4분의 1 이상으로 하는 제한을 폐지하였다.
02 ③ 발기설립이든 모집설립이든 설립절차의 검사는 원칙적으로 이사와 감사가 담당한다.
03 ④ 재산인수는 변태설립사항이지만, 사후설립은 변태설립사항이 아니다.
04 ④ 발기인의 수에는 제한이 없다.
05 ② 발기설립의 경우에는 창립총회가 필요없다.
06 ② 발기인의 자본충실책임은 무과실책임이다.

 **07** 다음 중 주식회사를 설립할 때 정관의 절대적 기재사항이 아닌 것은?
① 본점소재지
② 자본금
③ 회사가 발행할 주식의 총수
④ 액면주식을 발행하는 경우 1주의 금액

 08 상법상 주식에 대한 설명으로 바르지 못한 것은?
① 이익배당이나 잔여재산 분배에 관하여 종류주식을 발행할 수 있다.
② 보통주의 형태로 의결권이 없는 종류주식 발행을 할 수 없다.
③ 보통주식은 원칙적으로 상환주식으로 할 수 없다.
④ 종류주식은 정관의 규정이 없으면 발행하지 못한다.

 09 종류주식의 설명에 관한 내용으로 바르지 못한 것은?
① 우선주는 항상 보통주로 전환할 수 있다.
② 의결권 없는 주주에 대하여는 주주총회 소집통지를 생략할 수 있다.
③ 이익배당우선주라고 해서 항상 배당을 받을 수 있는 것은 아니다.
④ 비참가적우선주도 우선주이다.

 10 주식의 소각·병합·분할에 대한 설명으로 잘못된 것은?
① 자본감소에 의한 소각, 자기주식 소각, 상환주식 소각은 허용되지만 이익소각제도는 폐지되었다.
② 자기주식은 이사회의 결의를 거쳐 소각할 수 있다.
③ 주식의 병합은 병합의 뜻을 통지한 때 효력이 발생한다.
④ 주식을 분할하는 경우 주주총회의 특별결의가 있어야 한다.

11 다음 중 주식에 대한 설명으로 바르지 못한 것은?

① 회사는 이사회 결의에 따라 전자등록기관의 전자등록부에 주식을 등록할 수도 있다.
② 회사는 그 성립 후 또는 신주의 납입기일 후 지체없이 주권을 발행하여야 한다.
③ 주주가 주권불소지의 뜻을 회사에 신고한 때 회사는 주권을 발행하지 아니할 수 있다.
④ 주권불소지제도는 정관에 의하여 그 적용을 배제할 수 있다.

12 주주에 대한 설명으로 잘못된 것은?

① 주주명부상의 주주는 회사에 대해서 주주로서의 지위를 가지게 된다.
② 주주자격에는 제한이 없으며, 1인 주식회사가 인정된다.
③ 주주평등의 원칙은 강행법규이므로 이에 위반한 정관규정이나 주주총회 결의는 무효다.
④ 의결권은 자익권에 해당한다.

13 다음 중 주주권에 대한 설명으로 올바른 것은?

① 신주발행유지청구권과 위법행위유지청구권은 1% 소수주주권이다.
② 재무제표열람청구권과 회계장부열람청구권은 3% 소수주주권이다.
③ 주주총회소집청구권과 이사의 해임청구권은 3% 소수주주권이다.
④ 집중투표청구권이 소수주주권 중에서 가장 가중치가 높은 요건을 필요로 한다.

> **정답 및 해설**

07 ② 자본금은 등기만 하면 된다. 회사의 설립시에 발행하는 주식의 총수를 정관에 반드시 기재하여야 한다.
08 ② 보통주의 형태로 의결권이 없는 종류주식 발행을 할 수 있다.
09 ① 우선주식이 전환주식으로 발행되어야 전환할 수 있다.
10 ③ 주식의 병합은 주권제출기간이 만료한 때에 효력이 발생한다.
11 ① 회사는 정관으로 정하는 바에 따라 전자등록기관의 전자등록부에 주식을 등록할 수도 있다.
12 ④ 의결권은 공익권에 해당한다.
13 ③ ① 신주발행유지청구권은 단독주주권이다.
　　② 재무제표열람청구권은 단독주주권이다.
　　④ 해산판결청구권이 소수주주권 중에서 가장 가중치 높은 요건(10%)을 필요로 한다.

14 다음 중 주주명부에 대한 설명으로 바르지 못한 것은?

① 폐쇄기간을 정한 때에는 그 기간의 2주 전에 이를 공고하여야 하나, 정관으로 이를 정한 때에는 공고가 필요없다.
② 주주명부 폐쇄기간 동안에도 전환사채나 전환주식의 전환권 행사는 가능하지만 그 기간 중의 총회의 결의에 관하여는 의결권 행사는 할 수 없다.
③ 주주명부의 폐쇄기간은 제한이 없이 회사의 자율로 정할 수 있다.
④ 주주와 회사채권자는 영업시간 내에는 언제나 주주명부의 열람 또는 등사를 청구할 수 있다.

15 상법상 자기주식의 취득에 대한 설명 중 바르지 못한 것은?

① 회사는 배당가능 이익의 범위 내에서 자기주식을 취득할 수 있다.
② 회사는 배당가능 이익을 취득 재원으로 하지 않더라도 합병 등 특수목적으로 자기주식을 취득할 수 있다.
③ 회사는 발행주식총수의 10분의 1을 초과하여 자기주식을 질취(質取)할 수 없으나, 합병 등 일정한 경우에는 그 한도를 초과할 수 있다.
④ 자기주식의 취득금지 규정에 위반한 주식의 취득이나 질취는 무효이다.

16 다음 중 주식의 양도에 대한 설명으로 잘못된 것은?

① 회사가 다른 회사 발행 주식총수의 10분의 1을 초과하는 주식을 가지고 있는 경우에 그 다른 회사가 가지고 있는 주식의 의결권은 제한된다.
② 주권의 불소지를 신고한 주주도 주식을 양도하려면 회사에 대하여 주권의 발행을 청구해야 한다.
③ 주권의 교부는 주식양도의 효력발생요건이며, 회사에 대한 대항요건으로는 주주명부에 명의개서를 하여야 한다.
④ 모자관계의 회사에 있어서 자회사가 모회사의 주식을 취득할 수 있다.

17 다음 중 주식매수선택권에 대한 설명으로 바르지 못한 것은?
① 주총결의일로부터 2년 이상 재임 또는 재직하여야 행사할 수 있다.
② 회사의 이사, 집행임원, 감사 또는 피용자라 하더라도 의결권 없는 발행주식의 100분의 10 이상을 가진 자에게는 부여할 수 없다.
③ 회사의 주요경영사항에 대하여 사실상 영향력을 행사하는 자의 배우자와 직계존비속에게는 주식매수선택권을 부여할 수 있다.
④ 주식매수선택권 행사가액이 주식의 실질가액보다 낮은 경우 회사는 그 차액을 금전으로 지급하거나 그 차액에 상당하는 자기주식을 양도할 수 있다.

18 주식의 포괄적 교환에 대한 설명으로 잘못된 것은?
① 주식교환계약서를 작성하여 주주총회 특별결의에 의한 승인을 받아야 한다.
② 주식교환에 관련되는 각 회사의 주주 부담이 가중되는 경우 주주총회 및 종류 주주총회 결의뿐만 아니라 주주 전원의 동의가 있어야 한다.
③ 간이주식교환, 소규모주식교환의 경우에는 주주총회의 승인을 이사회 승인으로 갈음할 수 있다.
④ 주식의 포괄적 교환에 반대하는 주주는 주식매수청구권을 행사할 수 없다.

정답 및 해설

14 ③ 회사는 3월을 초과하지 않는 기간을 정하여야 한다.
15 ③ 회사는 발행주식총수의 20분의 1을 초과하여 자기주식을 질취(質取)할 수 없으나, 합병 등 일정한 경우에는 그 한도를 초과할 수 있다. 기명주주에 대한 주총소집통지는 2주간 전까지 한다.
16 ④ 모자관계의 회사에 있어서 자회사가 모회사의 주식을 취득할 수 없다.
17 ③ 회사의 주요경영사항에 대하여 사실상 영향력을 행사하는 자, 그리고 이들의 배우자와 직계존비속에게는 주식매수선택권을 부여할 수 없다.
18 ④ 주식의 포괄적 교환에 반대하는 주주는 주식매수청구권을 행사할 수 있다.

19 다음 중 주주총회에 관한 설명으로 사실과 거리가 먼 것은?

① 주주총회 소집권자는 원칙적으로 이사회이다.
② 발행주식 총수의 100분의 3에 해당하는 주식을 가진 소수주주와 감사, 법원도 주주총회를 소집할 수 있다.
③ 주주총회 4주 전까지 각 주주에게 서면 또는 각 주주의 동의를 받은 전자문서로 통지해야 한다.
④ 연 2회 이상 결산기를 정한 때에는 매기에 정기총회를 소집하여야 한다.

20 다음 중 주주총회 결의에 대한 설명으로 바르지 못한 것은?

① 보통결의 사항은 발행주식 총수의 1/4 이상에 해당하는 주식 및 출석주식의 과반수를 요건으로 한다.
② 이사·감사의 선임과 보수의 결정은 보통결의 사항이다.
③ 주식회사의 유한회사로의 조직변경에는 총주주의 동의가 필요하다.
④ 이사의 회사에 대한 책임면제를 위해서는 특별결의를 필요로 한다.

21 의결권이 있는 주주라 하여도 그 행사가 법률상 제한되는 경우가 있다. 다음 중에서 의결권 행사를 제한하는 경우에 해당하지 않는 것은?

① 총회 결의에 대한 특별한 이해관계가 있는 자
② 회사가 자기주식을 가지고 있는 경우
③ 감사선임 시 발행주식총수의 2% 초과분
④ 회사가 다른 회사의 발행주식 총수의 10%를 초과하여 소유하고 있는 경우

22 다음 중 주주총회의 의결권에 대한 설명으로 바르지 못한 것은?

① 주주는 자기의 의결권을 서면이나 대리인으로 하여금 행사하게 할 수 있다.
② 주주가 주식의 신탁을 인수한 경우에 불통일행사를 하면 회사는 거부하지 못한다.
③ 주주총회 결의는 의사록을 작성하여야 그 효력이 발생한다.
④ 이사회 결의로 주주가 주주총회에 출석하지 않고도 전자적 방법에 의한 의결권 행사가 가능하다.

23 상법상 주주총회에 대한 설명으로 잘못된 것은?

① 결의취소의 소는 형식적인 하자 혹은 결의 내용이 정관에 위반한 경우에 제기하여야 한다.
② 결의 내용의 법령위반이 있으면 무효확인의 소를 제기한다.
③ 주주총회 결의 하자를 다투는 소의 판결의 효력은 소급효가 없다.
④ 소집절차나 결의방법에 총회결의가 있다고 볼 수 없을 정도의 중대한 하자가 있으면 결의부존재확인의 소의 대상이 된다.

24 상법상 주식회사의 이사에 대한 설명으로 잘못된 것은?

① 이사는 이사회 결의에 의하여 임기만료 전에 언제나 해임될 수 있다.
② 이사의 선임은 정관으로 그 선임을 다른 기관에 위임할 수 없다.
③ 이사는 신주발행의 경우에 자본충실책임을 진다.
④ 이사 자격을 주주로 제한하는 것은 가능하다.

정답 및 해설

19 ③ 주주에 대한 주총소집통지는 2주 전까지 한다.
20 ④ 이사의 회사에 대한 책임면제를 위해서는 특수결의를 필요로 한다.
21 ③ 감사선임 시는 발행주식총수의 3% 초과분은 의결권이 없다.
22 ③ 주주총회 결의는 의사록을 작성하여야 그 효력이 발생하는 것은 아니다. 의사록은 증거에 불과하다.
23 ③ 주주총회 결의 하자를 다투는 소의 판결의 효력은 소급효가 있다.
24 ① 이사는 주주총회 특별결의에 의하여 임기만료 전에 언제나 해임될 수 있다.

25 상법상 주식회사의 이사에 대한 설명으로 바르지 못한 것은?

① 이사는 재임 중은 물론 퇴임 후에도 직무상 알게 된 회사의 영업상 비밀을 누설하여서는 안된다.
② 이사는 이사회의 승인없이 자기 또는 제3자의 계산으로 회사의 영업부류에 속한 거래를 하거나 동종 영업을 목적으로 하는 다른 회사의 무한책임사원이나 이사가 되지 못한다.
③ 이사는 이사회의 승인없이 현재 또는 장래에 회사의 이익이 될 수 있는 회사의 사업기회를 자기 또는 제3자의 이익을 위하여 이용하여서는 안된다.
④ 이사는 이사회의 사전 승인이 없더라도 자기 또는 제3자의 계산으로 회사와 거래할 수 있다.

26 이사의 회사에 대한 책임으로 바르지 못한 것은?

① 이사가 법령 또는 정관에 위반한 행위를 하거나 그 임무를 해태한 때에는 그 이사는 회사에 대하여 연대하여 손해를 배상할 책임이 있다.
② 이사의 손해배상책임은 총주주의 동의가 있어도 면제할 수 없다.
③ 신주발행에 의한 변경등기 후에 아직 인수하지 아니한 주식이 있거나 주식인수의 청약이 취소된 때에는 이사가 이를 공동으로 인수한 것으로 본다.
④ 정기주주총회에서 재무제표의 승인을 한 후 2년 내에 다른 결의가 없으면 이사 또는 감사의 다른 부정행위가 없는 한 회사는 이사와 감사의 책임을 면제한 것으로 본다.

27 주식회사의 이사에 대한 설명으로 잘못된 것은?

① 이사가 경업금지의무를 위반하여 거래를 한 경우 그 거래는 무효이다.
② 대표소송은 주주가 회사를 위하여 이사의 회사에 대한 책임을 추궁하는 소송이다.
③ 법률상의 이사가 아님에도 불구하고 이사에게 회사의 업무집행을 지시한 자도 이사와 동일한 책임을 부과한다.
④ 이사의 보수는 정관으로 정하지 않은 경우는 주주총회 보통결의로 정한다.

28 다음 중 이사회에 대한 설명으로 바르지 못한 것은?
① 이사회 소집은 각 이사가 하는 것이 원칙이다.
② 감사는 이사회 출석권은 있지만, 의결권은 없다.
③ 이사회는 이사회 내의 위원회가 결의한 사항을 다시 결의할 수 없다.
④ 정관에서 달리 정하는 경우를 제외하고는 원격통신수단을 이용하는 방법으로 결의하는 것도 가능하다.

29 이사회와 감사는 모두 업무감사권이 있다. 그 차이에 대한 설명으로 잘못된 것은?
① 이사회는 자율적 감독인 반면 감사는 타율적 감독으로서의 성질이 있다.
② 이사회는 이사회의 결의 자체를 감사할 수 없으나 감사는 이사회 결의 자체까지 감사할 수 있다.
③ 이사회는 주주총회에 대한 감사보고가 있으나, 감사는 감사결과를 주주총회에 보고할 의무가 없다.
④ 이사회는 업무집행의 타당성까지 감사할 수 있으나 감사는 원칙적으로 업무집행의 타당성까지는 감사할 수 없다.

30 다음 중 대표이사에 대한 설명으로 바르지 못한 것은?
① 대표이사는 이사회가 선임한다.
② 대표이사의 직을 상실하더라도 이사의 지위는 당연 상실되는 것은 아니다.
③ 이사와 회사간의 소송이 있으면 준법감시인이 회사를 대표한다.
④ 대표이사가 아님에도 대표이사의 명칭을 사용한 행위에 대해서 회사는 선의의 제3자에게 책임을 진다.

정답 및 해설

25 ④ 이사는 이사회의 사전 승인이 없으면 자기 또는 제3자의 계산으로 회사와 거래할 수 없다.
26 ② 총주주의 동의로 이사의 회사에 대한 손해배상책임을 면제할 수 있지만 자본충실책임은 면제될 수 없다.
27 ① 이사가 경업금지의무를 위반하여 거래를 하더라도 그 거래는 유효하다.
28 ③ 이사회는 이사회 내의 위원회가 결의한 사항을 다시 결의할 수 있다.
29 ③ 이사회의 업무감독에 있어서는 주주총회에 대한 감사보고가 없으나, 감사의 업무감사에 있어서는 감사결과를 반드시 주주총회에 보고해야 한다.
30 ③ 이사와 회사간의 소송이 있으면 감사가 회사를 대표한다.

31 주식회사의 감사에 대한 설명으로 잘못된 것은?

① 회사의 지배인이나 사용인은 감사가 될 수 있다.
② 감사는 이사의 위법행위에 대하여 유지청구권을 행사할 수 있다.
③ 부당한 결의가 성립되는 것을 방지하기 위하여 감사는 이사회에 출석하여 의견을 진술할 권리가 있다.
④ 회사와 이사의 소송에서는 감사가 그 소에 대하여 회사를 대표한다.

32 상법상 감사위원회에 관한 설명으로 옳지 않은 것은?

① 사외이사가 위원의 3분의 2 이상이 되어야 한다.
② 감사위원회는 2인 이상의 이사로 구성된다.
③ 감사위원의 해임에는 이사 총수의 3분의 2 이상의 결의를 필요로 한다.
④ 감사위원회의 대표는 감사위원회의 결의로 선임한다.

33 다음 중에서 감사의 권한이 아닌 것은?

① 이사회의결권
② 영업보고청구권
③ 자회사감사권
④ 위법행위유지청구권

34 신주발행에 대한 설명으로 옳지 않은 것은?

① 신주발행은 납입의 범위 내에서 효력이 발생한다.
② 이사회 결의 사항이다.
③ 신주의 인수인은 주금납입 또는 현물출자의 이행을 한 때에는 납입기일의 다음 날로부터 주주가 된다.
④ 현물출자는 이사만이 할 수 있다.

35 신주발행에 대한 설명으로 옳지 않은 것은?

① 주주총회 특별결의를 거쳐야 하는 경우도 있다.
② 신주인수권증서는 청구기간 중에 청구를 한 주주에게만 발행한다.
③ 신기술의 도입, 재무구조의 개선 등 회사의 경영상 목적을 달성하기 위하여 주주에게만 배정할 수 있다.
④ 신주인수권의 양도성은 인정된다.

 36 다음 중 위법한 신주발행에 대하여 주주를 보호하는 사전적 구제방법은?

① 신주발행유지청구권
② 신주발행무효의 소
③ 책임추궁 대표소송
④ 이사에 대한 손해배상청구권

 37 다음 중 신주의 액면미달발행과 관련한 설명으로 바르지 못한 것은?

① 회사가 성립한 날로부터 1년이 경과한 후에만 할 수 있다.
② 주주총회의 특별결의가 있어야 한다.
③ 법원의 인가를 얻어야 한다.
④ 법원의 인가 후 1개월 내에 발행하여야 하는 것이 원칙이다.

정답 및 해설

31 ① 이사뿐만 아니라 회사의 지배인이나 사용인도 감사가 될 수 없다.
32 ② 감사위원회는 3인 이상의 이사로 구성된다.
33 ① 감사는 이사회참석권은 있지만 이사회의결권은 없다.
34 ④ 현물출자는 누구든지 할 수 있다.
35 ③ 신기술의 도입, 재무구조의 개선 등 회사의 경영상 목적을 달성하기 위하여는 주주이외의 자에게도 신주를 배정할 수 있다.
36 ① 신주발행유지청구권만이 사전적 구제방법이고 나머지는 모두 사후적 구제방법이다.
37 ① 회사가 성립한 날로부터 2년이 경과한 후에만 할 수 있다.

38 다음 중 주주의 신주인수권에 대한 설명으로 바르지 못한 것은?

① 이사회 결의 후 주주가 취득하는 구체적 신주인수권은 독립된 권리로서 주식과 분리하여 양도가 가능하다.
② 제3자의 신주인수권은 이사회에 의해서만 부여할 수 있다.
③ 주주의 신주인수권의 양도는 이사회의 결의에 의하여 인정될 수 있다.
④ 신주를 인수한 자가 이사와 통모하여 현저하게 불공정한 발행가액으로 신주를 인수하면 공정한 발행가액과의 차액을 지급하여야 한다.

 39 다음 중 주식회사의 자본감소에 대한 설명으로 바르지 못한 것은?

① 결손보전을 위한 자본금 감소는 주주총회 보통결의로 할 수 있다.
② 회사는 채권자보호를 위하여 자본금감소 결의일로부터 2주 내에 이의를 제출할 것을 공고하여야 한다.
③ 주주, 이사, 감사, 파산관재인, 자본금감소를 승인하지 않은 회사채권자는 자본금감소 변경등기가 있는 날로부터 6개월 이내에 자본감소 무효의 소를 제기할 수 있다.
④ 자본금감소 무효의 소의 판결의 효력은 소급효가 없다.

 40 상법상 자본금의 감소에 대한 설명으로 잘못된 것은?

① 액면주식을 발행한 회사는 주금액이나 주식 수를 감소하는 방법이 있다.
② 무액면주식을 발행한 회사의 자본금 감소는 주식 수와 연계됨이 없이 자본금만 감소시키면 된다.
③ 명목적 자본감소는 합병이나 영업축소시에 일어난다.
④ 경우에 따라서는 종류주주총회의 결의도 있어야 한다.

41 상법상 재무제표 및 영업보고서에 대한 설명으로 바르지 않은 것은?

① 이사는 정기총회 6주간 전에 재무제표와 영업보고서를 감사에게 제출하여야 하고, 감사는 서류를 받은 날로부터 4주 내에 감사보고서를 이사에게 제출하여야 한다.
② 정기총회 회일의 1주간 전부터 재무제표 및 영업보고서와 감사보고서를 본점에 5년간, 그 등본을 지점에 3년간 비치하여야 한다.
③ 재무제표와 영업보고서는 정기총회에서 승인받아야 한다.
④ 정기총회에서 재무제표에 대한 승인을 한 후 2년 이내에 다른 결의가 없으면 회사는 이사와 감사의 책임을 해제한 것으로 본다. 그러나, 부정행위가 있는 때에는 해제되지 않는다.

42 상법상 주식회사의 준비금에 대한 설명으로 잘못된 것은?

① 준비금을 자본금으로 전입할 수 있는 것은 주주총회의 결의로만 가능하다.
② 회사는 이익배당액의 1/10 이상을 이익준비금으로 적립해야 한다.
③ 준비금으로 이익배당 할 수 없다.
④ 회사는 적립된 자본준비금과 이익준비금의 총액이 자본금의 1.5배를 초과하는 경우에 주주총회의 보통결의에 따라 그 초과한 금액의 범위에서 자본준비금과 이익준비금을 감액할 수 있다.

정답 및 해설

38 ② 제3자의 신주인수권은 정관규정에 의해서 부여할 수 있다.
39 ④ 자본금감소 무효의 소의 판결의 효력은 소급효를 가진다.
40 ③ 실질적 자본감소는 합병이나 영업축소시에 일어난다.
41 ③ 재무제표는 정기총회에서 승인받아야 하며, 영업보고서는 정기총회에 그 내용을 보고하여야 한다.
42 ① 준비금을 자본금으로 전입할 수 있는 것은 이사회 결의사항이다.

43 다음 중 이익배당에 대한 설명으로 틀린 것은?

① 위법한 배당이 있으면 회사의 채권자도 회사에 반환할 것을 청구할 수 있다.
② 회사는 주주총회에서 따로 정하지 않는 한 배당결의일로부터 3개월 이내에 배당금을 지급하여야 한다.
③ 연 1회의 결산기를 정한 회사는 정관규정이 있는 경우에 연 1회에 한하여 이사회결의로 중간배당을 할 수 있다.
④ 중간배당은 금전배당 외에 현물로도 배당할 수 있다.

44 다음 상법상 주식배당에 관한 설명으로 적절치 않은 것은?

① 주식배당의 실시는 주주총회 보통결의로 한다.
② 상법상 주식배당은 이익배당총액에 상당하는 금액을 초과하여 할 수 없다.
③ 주식배당을 받은 주주는 주식배당의 결의가 있는 주주총회가 종료한 때부터 신주의 주주가 된다.
④ 일부 주주에게는 현금배당을, 일부 주주에게는 주식배당을 하는 것은 주주평등의 원칙에 위배되므로 금지된다.

45 다음 중 사채와 주식을 비교한 설명으로 바르지 못한 것은?

① 사채와 주식 모두 분할납입이 가능하다.
② 사채는 액면미달 발행이 허용되지만 주식은 원칙적으로 허용되지 않는다.
③ 사채권자는 이익의 유무에도 불구하고 일정한 이자를 받지만, 주식은 배당 가능한 이익이 있어야만 배당을 받는다.
④ 사채는 타인 자본이므로 회사의 채무일 뿐이지만, 주식은 자기 자본이므로 회사의 자본을 증가시킨다.

46 다음 중 사채에 대한 설명으로 바르지 못한 것은?
① 회사는 이사회의 결의로 사채를 발행할 수 있다.
② 사채전액의 납입이 완료한 후가 아니면 채권을 발행하지 못한다.
③ 사채의 이자지급권과 상환청구권의 소멸시효는 10년이다.
④ 사채의 모집이 완료된 때에는 이사는 지체없이 인수인에 대하여 각 사채의 전액 또는 제1회의 납입을 시켜야 한다.

 47 다음 중 전환사채와 신주인수권부사채의 공통점은?
① 사채의 소멸여부
② 주금액의 납입여부
③ 사채총액과 신주발행총액의 동일여부
④ 발행권자

정답 및 해설

43 ② 회사는 주주총회에서 따로 정하지 않는 한 배당결의일로부터 1개월 이내에 배당금을 지급하여야 한다.
44 ② 상법상 주식배당은 이익배당총액의 2분의 1에 상당하는 금액을 초과하여 할 수 없다. 지문은 상장법인의 경우이다.
45 ① 사채는 분할납입이 가능하지만 주식은 전액납입주의에 의한다.
46 ③ 사채의 이자지급권의 소멸시효는 5년, 상환청구권의 소멸시효는 10년이다.
47 ④ 양자 모두 발행권자는 원칙적으로 이사회이다.
  ① 전환사채는 전환권을 행사하면 사채가 소멸하지만, 신주인수권부사채는 신주인수권을 행사하더라도 사채가 소멸하지 않는다.
  ② 전환사채는 신주발행의 대가로 별도 출자를 요구하지 않으나, 신주인수권부사채는 별도 출자가 필요하다.
  ③ 전환사채의 전환에 의한 신주발행 총액은 사채발행 총액과 일치하여야 하지만, 신주인수권부사채는 회사가 조절할 수 있다.

48 다음 중 전환사채에 대한 설명으로 틀린 것은?

① 전환사채의 발행사항 결정은 이사회가 결정한다.
② 제3자에게 전환사채를 발행할 경우에 정관에 규정이 없으면 주주총회 특별결의가 필요하며, 신기술의 도입이나 재무 구조의 개선 등 회사의 경영목적 달성에 필요한 경우로 국한된다.
③ 전환은 편의상 그 청구를 한 때가 속하는 영업연도말에 전환된 것으로 본다.
④ 주주명부 폐쇄기간 중에는 전환청구가 인정되지 않는다.

49 다음 중 합병과 관련하여 바르지 못한 설명은?

① 합병총회일로부터 2주 전부터 합병을 한 날 이후 6월이 경과하는 날까지 합병하는 각 회사의 대차대조표 등을 본점에 비치하여야 한다.
② 소규모합병이나 간이합병의 경우에는 이사회의 승인만으로 주주총회 특별결의에 갈음할 수 있다.
③ 소멸회사의 권리·의무는 일부를 제약하여 존속회사 또는 신설회사로 승계할 수 있다.
④ 합병결의에 반대하는 주주는 주주총회 전에 서면으로 회사에 반대의사를 통지하여야 총회의 결의일로부터 20일 이내에 매수청구권을 행사할 수 있다.

50 상법상 주식회사의 합병에 대한 설명으로 잘못된 것은?

① 합병에 반대한 주주는 존속회사의 주주가 될 수 없다.
② 존속회사는 소멸회사의 권리와 의무를 포괄적으로 승계한다.
③ 합병에 반대한 회사채권자는 합병무효의 소를 제기할 수 있다.
④ 합병으로 소멸하는 회사는 청산절차를 거치지 않고 소멸한다.

51 합병무효의 소송에 대한 설명으로 잘못된 것은?

① 주주, 이사, 감사, 청산인, 파산관재인 또는 합병을 승인하지 않은 채권자가 제기할 수 있다.
② 합병무효는 소만으로 주장할 수 있다.
③ 합병비율이 현저하게 불공정한 경우에도 합병무효의 사유가 된다.
④ 합병무효의 소송은 합병등기일부터 2년 내에 제기해야 한다.

52 회사의 분할에 대한 설명으로 바르지 못한 것은?

① 주식회사의 경우에만 인정된다.
② 분할 또는 분할합병으로 인하여 설립되는 회사 또는 존속하는 회사는 분할하는 회사의 권리와 의무를 분할계획서 또는 분할합병계약서가 정하는 바에 따라서 승계한다.
③ 소규모분할도 주주총회 특별결의가 있어야 한다.
④ 분할절차가 끝나면 분할등기를 하여야 하며 이 등기에 의하여 분할이나 분할합병의 효력이 발생한다.

정답 및 해설

48 ④ 주주명부 폐쇄기간 중에도 전환청구가 인정된다.
49 ③ 회사의 합병으로 권리의무가 포괄적으로 승계된다. 따라서 소멸회사의 권리의무 중 일부만을 한정적으로 승계할 수는 없다.
50 ① 합병에 반대하는 주주라고 하더라도 주식매수청구권을 행사하지 않는 한 존속회사나 신설회사의 주주가 될 수 있다.
51 ④ 합병무효의 소송은 합병등기일부터 6개월 내에 제기해야 한다.
52 ③ 소규모분할은 이사회승인만으로 가능하다.

53 상법상 합병 및 분할에 대한 설명으로 잘못된 것은?
① 신설합병시 합병교부금의 지급은 허용되지 않는다.
② 분할이나 분할합병으로 성립되는 회사 또는 존속하는 회사는 분할이나 분할합병 전의 회사채무에 대하여 연대채무를 진다.
③ 소규모합병의 경우에는 그 존속하는 회사의 주주총회의 승인을 이사회의 승인으로 갈음할 수 있다.
④ 회사의 분할 또는 분할합병으로 인하여 분할 또는 분할합병에 관련되는 각 회사의 주주의 부담이 가중되는 경우 그 주주 전원의 동의가 있어야 한다.

 54 다음 중 법적 효력이 발생하는 시점에 대한 설명으로 바르지 못한 것은?
① 신주발행의 경우 신주인수인은 납일 기일의 다음 날부터 주주로서의 권리가 있다.
② 주식배당을 하면 그 결의를 한 주주총회가 끝난 때부터 신주의 주주가 된다.
③ 자본감소의 효력은 자본감소의 절차가 끝났을 때 발생한다.
④ 회사합병의 효력은 합병절차가 끝났을 때 발생한다.

정답 및 해설

53 ① 신설합병시 주식발행에 갈음하여 교부금만을 지급할 수도 있고 금전대신 그밖의 재산을 제공할 수도 있다.
54 ④ 합병은 등기를 하여야 효력이 발생한다.

핵심개념 이해도 체크

적절한 개념에 체크 ☑ 하세요.!

[주식회사의 개념 ~ 주식회사 기관]

01 회사가 무액면주식을 발행할 때에는 발행가액의 (☐ 2분의 1 / ☐ 3분의 1) 이상의 금액으로서 이사회에서 자본금으로 계상하기로 한 금액의 총액이 자본금이 된다.

02 회사설립시 정관 작성이나 주식발행 사항의 결정 등은 발기인 (☐ 과반수의 / ☐ 전원의) 동의가 있어야 한다.

03 원시정관은 공증인의 인증이 (☐ 있어야 / ☐ 없어도) 그 효력이 발생한다.

04 변태설립사항은 법원이 선임한 검사인이 조사하는 것이 원칙인데, 공증인이나 감정인으로 대체가 (☐ 가능하다 / ☐ 가능하지 않다).

05 주식회사의 각종 소는 원고가 승소한 경우에는 판결의 효력이 소송의 당사자 이외의 제3자에게도 (☐ 미친다 / ☐ 미치지 않는다).

06 주식회사는 차등의결권 또는 복수의결권을 내용으로 하는 주식, 거부권주식 등을 발행할 수 (☐ 있다 / ☐ 없다).

07 신주발행유지청구권은 (☐ 단독주주권 / ☐ 소수주주권)이다.

08 주주명부의 폐쇄기간은 (☐ 1월 / ☐ 3월)을 초과하지 않아야 한다.

09 주권발행 전의 주식양도는 회사에 대해 효력이 없다. 단 회사설립 후 또는 신주납입기일 후 (☐ 3개월 / ☐ 6개월)이 경과하면 그러하지 않다.

정답

[주식회사의 개념 ~ 주식회사 기관]
- 01 2분의 1
- 02 전원의
- 03 있어야(단, 자본금 10억 미만인 주식회사는 예외)
- 04 가능하다
- 05 미친다
- 06 없다
- 07 단독주주권
- 08 3월
- 09 6개월

핵심개념 이해도 체크

10 지배주주가 소수주주에게 주식의 매도를 청구하는 것은 주주총회의 (☐ 보통결의 / ☐ 특별결의) 사항이다.

11 주식회사의 유한회사로의 조직변경은 주주총회 (☐ 특별결의 / ☐ 특수결의)사항이다.

12 감사 선임의 경우에 의결권 없는 주식을 제외한 발행주식 총수의 (☐ 100분의 1 / ☐ 100분의 3)이상을 가진 주주는 그 초과하는 주식에 대하여는 의결권을 행사하지 못한다.

13 이사를 집중투표로 선임하는 것은 (☐ 임의규정 / ☐ 강제규정)이다.

14 이사는 (☐ 주주총회 / ☐ 이사회)의 승인없이 자기 또는 제3자의 계산으로 회사의 영업부류에 속한 거래를 하거나 동종 영업을 목적으로 하는 다른 회사의 이사가 되지 못한다.

15 정기주주총회에서 재무제표의 승인을 한 후 (☐ 1년 / ☐ 2년) 내에 다른 결의가 없으면 이사 또는 감사의 다른 부정행위가 없는 한 회사는 이사와 감사의 책임을 면제한 것으로 본다.

정답

10 보통결의	**14** 이사회
11 특수결의	**15** 2년
12 100분의 3	
13 임의규정	

[신주의 발행~끝]

01 신주발행시 주주가 되는 시기는 (☐ 납입기일 / ☐ 납입기일의 다음날)이다.

02 액면미달발행은 회사가 성립한 날로부터 (☐ 1년 / ☐ 2년)이 경과한 후에만 할 수 있다.

03 주주의 신주인수권의 양도는 (☐ 주주총회 / ☐ 이사회)의 결의에 의하여 인정될 수 있다.

04 자본감소는 (☐ 절차가 끝났을 때 / ☐ 변경등기를 한 때) 법적 효력이 발생한다.

05 자본감소 무효의 소에 대한 판결의 효력은 소급효가 (☐ 있다 / ☐ 없다).

06 회사는 자본의 (☐ 3분의 1 / ☐ 2분의 1)에 달할 때까지 매결산기 이익 배당액의 (☐ 5분의 1 / ☐ 10분의 1) 이상의 금액을 이익준비금으로 적립하여야 한다.

07 중간배당은 금전배당 외에 현물로 배당할 수 (☐ 있다 / ☐ 없다).

08 주주명부 폐쇄기간 중에 전환사채의 전환청구가 인정(☐ 된다 / ☐ 안된다)

09 회사의 분할은 (☐ 모든 회사에서 / ☐ 주식회사에서만) 인정된다.

10 합병의 효력은 (☐ 절차완료 / ☐ 합병등기)시 효력을 발생한다.

정답

[신주의 발행~끝]
01 납입기일의 다음날
02 2년
03 이사회
04 절차가 끝났을 때
05 있다.
06 2분의 1, 10분의 1
07 있다
08 된다
09 주식회사에서만
10 합병등기

이패스코리아 금융투자분석사

03장

직무윤리

03 직무윤리

학습전략

기업윤리와 직무윤리의 비교, 직무윤리의 필요성, 신의칙, 이해상충방지의무, 상품판매단계와 판매이후 단계에서의 소비자보호(숫자 중요함)의 구별 및 그 내용, 특히 적정성의 원칙, 본인에 대한 의무에서 사적 이익 추구금지, 회사에 대한 의무에서 대외활동 시 준수사항, 사회에 대한 의무에서 시장질서 교란행위, 그리고 내부통제에서는 준법감시인이 특히 중요합니다.

학습포인트

내 용	개념이해 난이도		
	상	중	하
제1장 직무윤리 일반			
1. 직무윤리에 대한 이해	○		
2. 직무윤리의 기초 및 국내외 동향		○	
3. 본 교재에서의 직무윤리		○	
제2장 금융투자업 직무윤리			
1. 기본원칙	○		
2. 이해상충의 방지 의무	○		
3. 금융소비자보호 의무		○	
4. 본인, 회사 및 사회에 대한 윤리	○		
제3장 직무윤리의 준수절차 및 위반시 제재			
1. 직무윤리 준수절차	○		
2. 직무윤리 위반행위에 대한 제재		○	

이패스 **금융투자분석사**

다음은 기업윤리와 직무윤리를 설명한 내용이다. 기술 중 가장 잘못된 것은?

① 직무윤리를 기업의 경영방식에 도입한 것이 윤리경영이다.
② 기업윤리와 직무윤리는 흔히 혼용되어 사용되기도 한다.
③ 기업윤리는 조직 구성원 개개인들이 자신이 맡은 업무를 수행하면서 지켜야 하는 윤리적 행동과 태도를 구체화한 것이다.
④ 직무윤리는 기업윤리의 범주 내에서 구체화된 미시적 개념으로 정의할 수 있다.

출제 Point 기업윤리와 직무윤리의 차이점은 자주 출제되므로 정확히 알아야 한다. 기업윤리는 조직 모두가 지키는 윤리를 말한다.

함정 & 오답 피하기
- 기업윤리 : 구성원 전체가 대상. 거시적, 포괄적(○)
- 직무윤리 : 구성원 개개인이 대상. 미시적, 구체적(○)

핵심탐구 기업윤리와 직무윤리의 비교

[법과 윤리]

	법	윤리
개념	법 = 정의. 법이란 정당한 사회관계를 규정하기 위하여 강제력을 갖는 규범들의 총합	사람으로서 마땅히 하여야 할 도리
특색	① 법이 지키고자 하는 정의는 사회적이다 ② 법은 궁극적으로 윤리의 실현을 목적으로 한다. 법은 최소한의 윤리	윤리는 개인의 도덕심을 지키는 데 가장 큰 목적이 있으므로 개인적이다.
강제성	○ 법위반을 감독하는 사람들은 누가 감독하는가의 무한소급의 문제 발생	× 내면화된 준법정신의 필요

← 윤리는 최소한의 법 ✗

[기업윤리와 직무윤리의 비교]
기업윤리와 직무윤리는 혼용되어 사용되는 경우가 많지만 다음과 같이 구분 가능

	기업윤리	직무윤리
대상	조직의 **모든** 구성원에게 요구	조직 구성원 개개인들이 맡은 업무를 수행하면서 지켜야 하는 윤리적 행동
특색	추상적, **거시적**, **포괄적**	**구체적**, **미시적**
표현 형태	윤리강령	임직원 행동강령

* 윤리경영은 직무윤리를 기업경영 방식에 도입한 것

정답 | ③

금융산업에의 윤리경영과 직무윤리의 중요성이 특히 강조되고 있다. 다음 중 그 이유로서 틀린 것은?

① 현대사회에서는 위험비용을 제외한 거래비용의 최소화를 요구하기 때문이다.
② 금융소비자보호법은 금융투자회사의 임직원이 사전정보제공 - 판매 - 사후피해구제에 이르는 금융소비의 전과정에서 금융소비자보호를 포괄하는 체계를 구축하고 있다.
③ 자본시장법에서 금융투자상품을 포괄적으로 정의함으로써 그 적용대상과 범위가 확대됨에 따라 법의 사각지대를 메워주는 직무윤리의 중요성이 강조된다.
④ 자본시장법상 전문투자자가 주된 보호대상에서 빠져 있지만 회사의 윤리적 책임까지 완전히 면제되는 것은 아니다.

출제 Point 직무윤리가 강조되는 이유에서는 ①지문이 제일 출제가 많이 된다. 나머지는 상식선에서 해결할 수 있다. 제외가 아니라 포함이다.

함정 & 오답 피하기
- 현대사회에서는 위험비용을 제외한 거래비용의 최소화를 요구한다. (×)
- 자본시장법은 금융투자상품의 개념이 열거주의로 변경되었기 때문에 직무윤리의 중요성이 증대되었다. (×)

핵심탐구 │ 윤리경영의 필요성

(1) 윤리경쟁력의 시대
① 환경의 변화 : 고도의 정보와 복잡한 시스템의 사회
② 위험과 비용 : 위험비용도 거래비용에 포함시켜 비용이 적은 쪽 선택 ← 제외 X
③ 생산성 제고 : 직무윤리는 공공재로서 생산성 제고를 통한 장기생존을 위한 인프라
④ 신종 자본 : 신용은 새로운 무형자본으로서 기업의 가장 중요한 자산
⑤ 인프라 구축 : 공정하고 자유로운 경쟁의 전제조건
⑥ 사회적 비용의 감소 : 비용의 감소와 평판의 증가

(2) 금융투자업에서의 직무윤리

산업의 고유 속성	이해상충의 발생 가능성이 높다. 그러므로 엄격한 직무윤리는 자본시장의 신뢰성 확보를 위한 필수적인 전제요건
상품의 특성	투자성(원본손실 가능성) 내포
금융소비자의 질적 변화	상품의 복잡화·전문화로 적극적인 소비자보호 필요
안전장치	업무종사자들을 보호하는 안전장치

▶ 자본시장법과 직무윤리
① 법 제정 이전에는 서비스의 영역이었던 것이 상당부분 법적 의무로 제도화됨
② 증권의 개념이 포괄주의로 변경 : 그 적용대상이 확대되어 법의 사각지대를 메워주는 직무윤리의 중요성 증대
   ← 열거주의 X
③ 전문투자자에 대한 법적 규제는 완화되지만 윤리적 책임은 요구
④ 금융소비자보호법은 금융투자회사의 임직원이 금융소비의 전과정(사전정보제공 - 판매 - 사후피해구제)에서 금융소비자 보호를 포괄하는 체계를 구축하고 있다.

정답 | ①

다음 중 직무윤리의 환경에 대한 설명으로 옳지 않은 것은?

① OECD의 '국제 공통의 기업윤리강령'은 강제규정이다.
② 김영란법은 공직자 등이 직무관련성이나 대가성이 없더라도 금품수수 시 제재한다.
③ 각 국가별 부패인식지수(CPI)를 발표하는 곳은 국제투명성기구(TI)이다.
④ 최근의 CPI를 보면 우리나라는 윤리수준이 낮게 평가받고 있다.

> **출제 Point** OECD의 '국제 공통의 기업윤리강령'은 강제규정은 아니지만 따르지 않는 기업은 불이익을 받는다. 이 부분에서는 ③④이 그나마 중요하다.

함정 & 오답 피하기
- 국가별 CPI를 발표하는 기구는 국제투명성기구이다. (○)
- 우리나라는 CPI 지수가 높게 나타난다. (×)

핵심탐구 | 직무윤리의 사상과 국내외적 환경

1. 사상적 배경
자본주의 출현의 직무윤리 근거에는 칼뱅주의를 토대로 한 베버의 사상이 있다.

칼뱅	1. **금욕적 생활윤리 강조** : 초기 자본주의 발전의 정신적 토대가 됨 2. 소명론 : 근검 · 정직 · 절제를 통하여 얻는 부는 신앙인의 정당하고 신성한 의무
베버	1. 프로테스탄티즘의 윤리와 자본주의 정신 2. 서구의 문화적 특성은 세속적 금욕생활과 직업윤리에 의하여 형성됨

2. 윤리경영의 국제적 환경
(1) OECD의 '국제 공통의 기업윤리강령' : 강제규정은 아니다
(2) 각 국가별 부패인식지수(CPI)  기업 X
　① 국제투명성기구(TI)에서 매년 발표
　② 우리나라는 최근에도 낮게 평가됨 ← ○ 높게 X

3. 윤리경영의 국내적 환경
김영란법
① 공직자 등이 직무관련성이나 대가성이 없더라도 금품수수 시 제재.
② 또한 전국민을 적용대상으로 하고 있어 영향력이 매우 크다.

4. 윤리경영 평가척도
산업정책연구원의 KOBEX, 전경련의 FKI-BEX, 서강대의 Sobex 등이 있다.

5. 기업의 사회적 책임 강조

정답 | ①

직무윤리의 적용대상으로 바르지 못한 설명은?

① 관련 자격증을 갖기 이전에 그 업무에 실질적으로 종사하는 자도 포함된다.
② 회사와 정식으로 고용관계에 있지 않은 자나 무보수로 일하는 자도 직무윤리를 준수하여야 한다.
③ 잠재적 고객은 아직 정식 고객이 아니므로 직무윤리 적용 대상이 아니다.
④ 금융투자업에 관련된 일체의 직무활동은 직무행위에 해당한다.

 **Point** 상식선에서 해결할 수 있다. 그나마 ③이 상대적으로 중요하다. 잠재적 고객에 대해서도 직무윤리를 준수하여야 한다.

> **함정 & 오답 피하기**
> • 회사와 고용계약 및 보수 여부를 불문하고 직무윤리를 준수하여야 한다. (○)
> • 잠재적 고객은 직무윤리 적용대상이 아니다. (×)

핵심탐구 직무윤리 적용대상

직무윤리의 적용대상

구분	직무윤리 적용대상
직무행위 범위	회사 분만 아니라 고객, 시장에 대한 직무행위도 포함
준수자의 범위	실질적 업무 종사자는 모두 포함 1. 자격증 취득 전의 업무종사자 2. 회사와 정식 고용관계에 있지 않은 자 3. 무보수로 일하는 자도 포함
준수대상자	아직 아무런 계약관계를 맺지 않은 잠재적 고객에 대해서도 직무윤리를 준수하여야 한다.

정답 | ③

 이패스 금융투자분석사

금융투자업 종사자의 신의성실의무에 대한 설명으로 옳지 않은 것은?

① 금융투자업자는 신의성실의 원칙에 따라 공정하게 금융투자업을 영위하여야 한다.
② 이해상충방지 및 금융소비자보호와 관련된 기본원칙이다.
③ 상품 판매 전의 개발단계부터 모든 단계에서 적용된다.
④ 신의성실의무를 위반하더라도 손해배상책임의 문제는 발생하지 않는다.

 Point 신의성실의 원칙은 윤리적 의무에 불과한 것이 아니라 법적 의무이므로 위반시 불법행위에 대한 손해배상의 문제가 발생한다.

함정 & 오답 피하기
- 신의성실의 원칙은 윤리적 의무에 불과하다. (×)

핵심탐구 │ 신의성실의 원칙

1. **신임의무와 직무윤리의 기본원칙**
   (1) 직무윤리의 핵심 2대원칙 ← 선관주의의무에서 발생
      금융소비자와 금융투자업 종사자는 이익충돌 상황이 발생할 수 있다.
      ① 고객우선의 원칙
      ② 신의성실의 원칙
   (2) 핵심 2대원칙의 법제화·구체화
      ① 이해상충방지의무
      ② 금융소비자보호의무

2. **신의성실의 원칙**
   ① 금융투자업자는 신의성실의 원칙에 따라 공정하게 금융투자업을 영위하여야 한다(자본시장법 37조).
   ② 회사와 임직원은 정직과 신뢰를 가장 중요한 가치관으로 삼고, 신의성실의 원칙에 입각하여 맡은 업무를 충실히 수행하여야 한다(표준윤리준칙 4조).
   ③ 상품개발단계부터 판매 및 판매 이후 단계까지 <u>모든 단계</u>에 걸쳐 적용
   ④ 윤리적 원칙이자 동시에 <u>법적 의무</u>
      법적 의무는 <u>신의칙상 부수의무로서 고객을 보호하여야 할 주의의무 발생. 이를 위반하면 불법행위 책임 발생</u>

정답 | ④

일반투자자에게 투자권유 할 때 과당매매 판단기준이 아닌 것은?

① 투자자의 이익이나 손실 규모
② 일반투자자가 부담하는 수수료의 총액
③ 일반투자자의 재산상태 및 투자목적에 적합한지 여부
④ 개별 매매거래시 투자권유의 타당성 여부

> **출제 Point** 단골문제. 결과적인 수익발생 여부는 판단대상이 아니다. 또한 투자자의 이익이나 손실 규모는 판단기준이 아니며, 위험에 대한 인식여부가 중요하다.

함정 & 오답 피하기
- 투자자에게 결과적으로 손해가 발생하였다면 과당매매일 가능성이 크다. (×)

핵심탐구 이해상충 방지의무

(1) 개요
① 금융소비자의 이익을 최우선으로 하여 업무수행
② 결과뿐 아니라 과정에서도 최선의 결과 도출 노력

(2) 이해상충의 발생원인

① 금융투자업자 내부의 문제	공적 ← ○ 사적 ✗ 업무영역(예 자산관리 등 공개된 정보를 이용하여 거래하는 부서)에서 사적 ← ○ 공적 ✗ 업무영역(예 합병 등 미공개중요정보를 취득할 수 있는 부서) 정보를 이용하는 경우
② 금융투자업자와 고객 간의 문제	정보의 비대칭-금융투자업자가 금융소비자의 이익을 희생하여 자신이나 제3자의 이익을 추구할 가능성이 높다
③ 법률적 문제	금융투자업 겸영업무의 범위 확대

(3) 이해상충의 대표적인 사례
① 과당매매
② 과당매매 판단기준  결과적으로 손해발생 ✗
   ㉠ 수수료의 총액
   ㉡ 투자자의 재산상태 및 투자목적에 적합한지 여부
   ㉢ 개별 매매거래시 권유내용의 타당성 여부
   ㉣ 투자자가 거래에 수반되는 위험을 잘 이해하고 있는지 여부

정답 | ①

이패스 금융투자분석사

자본시장법상 이해상충방지 체계에 대한 설명으로 올바른 것은?

① 금융투자업자는 어떠한 경우에도 금융소비자와 거래당사자가 되면 안된다.
② 금융투자업자는 이해상충을 방지하기 위해 내부통제기준이 정하는 방법 및 절차에 따라 이를 적절히 관리하여야 한다.
③ 금융투자업자는 이해상충이 발생할 가능성이 있는 경우에 그 사실을 알렸다면 별도의 조치없이 매매 등의 거래를 할 수 있다.
④ 금융투자업자는 이해상충방지체계를 자율적으로 마련하여야 한다.

 **Point** 이해상충관리 부분에서는 ③ 및 (지문에는 없지만) 저감 후 거래의무가 중요하다. ① 고객의 동의 등 예외가 있다. ③ 별도의 조치가 필요하다. ④ 금융투자업자의 이해상충방지체계 마련은 법적 의무이다.

함정 & 오답 피하기
- 이해상충이 발생할 가능성이 있으면 그 사실을 나중에 투자자에게 알린다. (×)
- 이해상충이 발생할 가능성을 낮추는 것이 곤란하면 준법감시인의 승인을 받은 후에 거래를 하여야 한다. (×)

용어이해하기
자기거래ㅣ금융투자업 종사자가 직접 투자자의 거래 당사자가 되는 것 혹은 이해관계인의 대리인이 되는 것

핵심탐구 이해상충 방지의무

(4) 이해상충의 방지체계
① 금융투자업의 인가·등록시부터 필요
② 금융투자업자의 이해상충발생 가능성 파악 등 관리의무
③ 이해상충이 발생할 가능성이 있다고 인정되면 그 사실을 미리 해당 투자자에게 알리고 투자자보호에 문제가 없는 수준으로 낮춘 후 거래할 의무
④ 그럼에도 불구하고 금융투자업자는 그 이해상충이 발생할 가능성을 낮추는 것이 곤란하다고 판단되는 경우에는 매매 등을 하여서는 안된다.

(5) 정보교류의 차단(Chinese Wall)의무
금융투자업자는 미공개중요정보 등에 대한 회사 내부의 정보교류차단 뿐만이 아니라 계열회사를 포함한 제3자에게 정보를 제공하는 경우 등에 대해 내부통제기준을 마련하여 이해상충이 발생할 수 있는 정보를 적절히 차단해야 한다.

(6) 조사분석자료 작성 대상 및 제공 제한
금융투자업자 자신이 발행하였거나 관련된 대상에 대한 조사분석자료의 공표와 제공을 원천적으로 금지

(7) 자기거래 금지

개념	1. 투자매매업자 또는 투자중개업자가 금융투자상품에 관한 같은 매매에 있어서 자신이 본인이 됨과 동시에 상대방의 투자중개업자가 되어서는 안된다. 2. 이해관계인의 대리인이 되는 것도 금지된다.
예외	1. 고객의 동의가 있는 경우 2. 상대방이 우연히 결정되는 등 투자자의 이익을 해칠 우려가 없는 경우 ① 투자중개업자가 투자자로부터 증권시장 등에서의 매매의 위탁을 받아 증권시장 등을 통하여 매매가 이루어지도록 한 경우 ② 투자매매업자 또는 투자중개업자가 자기가 판매하는 집합투자증권을 매수하는 경우 등

정답ㅣ②

금융투자업종사자의 금융소비자보호에 대한 설명으로 바르지 못한 것은?

① 금융투자업 종사자는 전문가로서의 주의를 기울여 그 업무를 수행하여야 한다.
② 금융투자업 종사자는 위임계약이 무상이어도 최선을 다할 의무가 있다.
③ 금융소비자 보호는 금융시장에서의 불균형을 시정하고 금융소비자의 신뢰제고를 통하여 자본시장을 발전시키는 것을 목표로 한다.
④ 금융소비자는 금융회사와 거래하고 있는 당사자만을 의미한다.

출제 Point
- 금융투자업종사자는 금융회사와 거래하고 있는 당사자뿐만 아니라 금융회사의 상품이나 서비스를 이용하고자 하는 자를 포괄하는 개념이다.
- 금융소비자보호법의 기본취지를 묻는 문제는 간혹 출제되기는 하지만 쉬운 부분이다.

핵심탐구 — 금융소비자 보호의무

(1) 금융소비자보호법에서의 금융소비자 정의
　예금자, 투자자, 보험계약자, 신용카드 이용자 등 금융회사와 거래하고 있는 당사자뿐만 아니라 금융회사의 상품이나 서비스를 이용하고자 하는 자를 포괄하는 개념이다

(2) 전문가로서의 주의의무
　① 일반인보다는 높은 주의 요구 : 신중한 투자자의 원칙이 기준이 될 수 있음
　　(포트폴리오 이론에 따라서 자산을 운용하면 적법한 것으로 인정되는 원칙)
　② 위임계약은 무상이어도 최선을 다할 의무가 있음
　③ 회사가 상품개발하는 단계부터 매수이후 단계까지 전 단계에서 적용
　④ 금융투자업자는 금융기관의 공공성으로 인하여 일반주식회사에 비하여 더욱 높은 수준의 주의의무를 요한다.

(3) 금융소비자법 제정
　① G20 정상회의에서 채택한 금융소비자 보호 10대 원칙의 내용 포함
　② 기존의 금융소비자보호 모범규준에서 정한 사항들이 법적 의무 사항으로 강화됨
　③ 자본시장법에서 제한적으로 적용되던 금융소비자 보호에 관한 사항이 금융상품 전체로 확대

정답 | ④

09 이패스 금융투자분석사

[금융소비자보호 표준내부통제기준] 상 금융소비자보호 총괄책임자가 수행하는 직무에 대한 설명으로 가장 거리가 먼 것은?

① 민원발생부서 평가 기준의 수립 및 운영업무
② 민원접수 및 처리에 관한 관리·감독
③ 위험관리체계에 관한 관리·감독업무
④ 금융상품 각 단계별 소비자보호 체계에 관한 관리·감독업무

 위험관리체계에 관한 관리·감독업무는 CCO의 직무가 아니다.
※ CCO의 직무는 의외타문제로 간혹 출제된다. 위험관리체계에 대한 업무는 CCO의 업무가 아니라고 외워두는 것이 좋다.

핵심탐구 | 금융소비자보호법상 내부통제체계

금융소비자보호법상 내부통제체계

(1) 개요
① 금융소비자 보호업무를 준법감시 업무와 마찬가지로 내부통제업무로 본다.
② 기존의 금융소비자보호 모범규준과는 달리 금융소비자보호에 관한 내부통제업무의 승인 권한을 회사의 최고의사결정기구인 이사회까지 확대시킴

(2) 조직별 권한과 의무
① 이사회 : 최고 의사결정기구로서 금융소비자보호에 관한 내부통제체계의 구축 및 운영에 관한 기본방침을 정한다.
② 대표이사 : 일정한 업무를 금융소비자보호 총괄책임자에게 위임할 수 있음 (없음 ×)
③ 금융소비자보호 내부통제위원회
  ㉠ 대표이사를 의장으로 하는 금융소비자보호 내부통제위원회를 설치하도록 의무화하고 있다.
  ㉡ 매 반기마다 1회 이상 의무적으로 개최해야 하며, 개최결과를 이사회에 보고하는 것은 물론 최소 5년 이상 관련 기록을 유지해야 한다.
④ 금융소비자보호 총괄책임자(CCO)
  대표이사(상근감사 ×) 직속으로 준법감시인에 준하는 독립적 지위를 보장받는다.
  ㉠ 민원접수 및 처리에 관한 관리·감독
  ㉡ 민원발생부서 평가 기준의 수립 및 운영업무
  ㉢ 금융상품 각 단계별 소비자보호 체계에 관한 관리·감독업무 등

정답 | ③

상품개발 및 판매 이전 단계에서의 금융소비자보호의 내용으로 바르지 않은 것은?

① 금융회사는 신상품개발시 상품개발부서와 해당상품 마케팅부서 및 금융소비자보호 총괄기관은 사전 협의를 거쳐야 한다.
② 금융회사는 판매임직원 등의 판매자격 관리절차를 마련한다.
③ 금융회사는 판매임직원 등 대상 교육체계를 마련한다.
④ 금융회사는 해당 상품에 대한 미스터리쇼핑을 자체적으로 실시한다.

 미스터리쇼핑은 상품판매 이후 단계에서 실행하는 절차이다.
※ 주의 : 각 회사는 판매임직원 등을 대상으로 금융소비자에게 제공되는 상품별 교육을 포괄적으로 실시할 수 있다.(×) 개별적 교육을 실시하여야 한다.

핵심탐구 — 상품개발단계의 금융소비자보호

1. 상품개발단계의 금융소비자보호

(1) 사전협의절차
  ① 상품개발부서와 해당상품 마케팅부서 및 금융소비자보호 총괄기관 간의 협의
  ② 금융소비자보호 총괄기관은 사전협의절차 이행 여부를 정기적으로 모니터링

(2) 금융상품 개발 관련 점검
  금융소비자보호 총괄기관은 금융상품을 개발하는 경우 금융소비자에게 불리한 점은 없는지 등을 진단하기 위한 점검항목을 마련해야 하며, 상품개발부서에게 이를 제공해야 한다.

(3) 외부 의견 청취
  금융상품개발 초기 단계부터 금융소비자의 불만 예방 및 피해의 신속한 구제를 위해 이전에 발생된 민원, 소비자만족도 등 금융소비자 의견이 적극 반영될 수 있도록 업무절차를 마련해 운영하여야 한다.

2. 상품 판매 이전 단계의 금융소비자보호

(1) 교육체계의 마련
  ① 금융소비자보호법은 각 회사가 판매임직원 등을 대상으로 금융소비자에게 제공되는 '개별상품'별 교육을 실시하도록 규정하고 있다.
  ② 회사가 판매임직원 등을 대상으로 해당 회사의 금융소비자보호 내부통제기준 및 금융소비자보호관련법령 등의 준수에 관한 교육을 의무적으로 실시하여야 한다.
  ③ 이 교육을 받지 않은 임직원은 금융상품을 판매할 수 없도록 하는 등 금융상품의 판매 전 교육을 통해 불완전판매가 발생하지 않도록 하고 있다.

(2) 판매자격의 관리
  회사는 회사의 임직원 등이 금융상품을 판매할 수 있는 자격증을 보유하고 있는지, 자격유지를 위한 보수교육은 이수하고 있는지 관리하여야 한다.

정답 | ④

이패스 금융투자분석사

투자권유 실행순서로 올바른 것은?

> ⓐ 투자목적, 재산상황, 투자경험 등의 정보파악
> ⓑ 일반투자자 여부 확인
> ⓒ 투자자금의 성향 파악
> ⓓ 파악된 정보를 바탕으로 투자성향 분석결과 설명 및 확인서 제공
> ⓔ 투자권유를 원하는지 확인

① ⓐ – ⓑ – ⓒ – ⓓ – ⓔ
② ⓑ – ⓔ – ⓐ – ⓓ – ⓒ
③ ⓐ – ⓔ – ⓒ – ⓓ – ⓑ
④ ⓔ – ⓑ – ⓐ – ⓓ – ⓒ

 투자권유의 실행절차는 기본적인 문제이다.

핵심탐구 | 상품판매단계의 금융소비자보호 (1)

1. 적합성의 원칙
　① 투자권유 전의 실행절차
　　㉠ 해당 고객이 투자권유를 원하는지 여부 확인 : 투자권유를 희망하지 않는 경우 판매자의 투자권유 불가 사실 안내
　　㉡ 해당 고객이 일반투자자인지 전문금융소비자인지 확인 : 전문 금융소비자인 경우 별도의 등록 절차 진행
　　㉢ 일반 금융소비자인 경우 금소법에 정해진 바에 따라 계약체결을 권유하는 금융상품별 항목에 대하여 면담·질문 등을 통하여 정보 파악
　　㉣ 파악된 정보를 바탕으로 고객의 투자성향 분석결과 설명 및 확인서 제공
　　　투자성향 분석결과 및 확인서의 제공은 1회성에 그치는 것이 아니라 금융소비자가 금융상품을 가입할 때마다 실행
　　㉤ 투자자금의 성향 파악 : 원금보존을 원하는지 확인하고 원금보존을 원하는 경우에는 가입에 제한이 있음을 안내
　② 예금성 상품은 제외
　③ 고객이 투자권유를 원하지 않고 본인의 정보를 제공하지 않는 경우 판매임직원은 해당 고객에게 적합성의 원칙 및 설명의무가 적용되지 않는다는 사실을 안내하여야 한다.

정답 | ④

12

금소법상 적정성의 원칙에 대한 설명으로 바르지 않은 것은?

① 모든 금융투자상품의 판매에 대하여 적용되는 것은 아니다.
② 전문금융소비자에게는 적용되지 않는다.
③ 금융투자업자가 투자권유를 하는 경우에 적용되는 원칙이다.
④ 금융투자업자는 투자자의 투자목적 등에 비추어 해당 투자성 상품 등이 그 투자자에게 적정하지 않다고 판단되는 경우에는 그 사실을 알려주어야 한다.

함정 & 오답 피하기
- 적합성의 원칙, 적정성의 원칙은 일반금융소비자에게만 지키면 된다. (○)

용어이해하기
적정성의 원칙 | 투자성 상품 등을 판매(투자권유 ×)할 때 지켜야 하는 원칙

핵심탐구 — 상품판매단계의 금융소비자보호 (2) : 6대판매원칙 (1)

2. 적정성의 원칙
   ① 적합성의 원칙이나 적정성의 원칙 모두 일반 금융소비자를 대상으로 하는 점은 같다.
   ② 이를 위반시 3천만원 이하의 과태료 부과 대상인 점도 같다. 그러나 과징금 부과 대상은 아니다.
   ③ 적합성의 원칙이 계약체결을 권유할 때 적용되는 반면, 적정성의 원칙은 계약체결을 권유하지 않고 계약체결을 원하는 경우에 적용된다.
   ④ 금융상품을 판매하는 금융투자업자는 대통령령으로 정하는 보장성 상품, 투자성 상품, 대출성 상품에 대해서 각 상품별로 해당 고객의 정보를 면담 또는 질문을 통해 파악하여야 한다.
   ⑤ 수집된 정보를 바탕으로 해당 금융상품이 고객에게 적정하지 아니하다고 판단되면 이를 알리고 서명 등의 방법을 통해 고객에게 그 사실을 알렸다는 내용을 확인받아야 한다.

정답 | ③

금융소비자보호법상 설명의무에 대한 내용으로 바르지 못한 것은?

① 금융회사는 계약체결의 권유가 없더라도 일반금융소비자가 요청하는 경우에는 각 금융상품별 중요사항에 대해 금융소비자에게 고지하고 이해할 수 있도록 설명하여야 한다.
② 설명의무의 대상이 예금성 상품, 대출성 상품, 보장성 상품, 투자성 상품으로 확대되었는데, 각 상품과 연계하거나 제휴 서비스가 있는 경우까지 설명의무가 있는 것은 아니다.
③ 금융회사는 예외적인 경우를 제외하고는 반드시 사전에 서면, 전자우편 등의 방법으로 금융소비자에게 해당 금융상품의 설명서를 제공해야 한다.
④ 금융회사가 설명의무를 위반하면 해당 금융상품의 계약으로 얻는 이익의 최대 50% 이내에서 과징금이 부여될 수 있다.

 설명의무는 전부 중요하다. 정확하게 숙지하자.

핵심탐구 상품판매단계의 금융소비자보호(3) : 6대판매원칙(2)

3. 설명의무

(1) 적용대상의 확대
① 금소법에서는 예금성 상품, 대출성 상품, 보장성 상품, 투자성 상품으로 확대. 또한 각 상품과 연계하거나 제휴 서비스가 있는 경우에도 설명의무가 있는 점을 유의
② 금융회사는 각 금융상품별로 금융소비자에게 계약의 체결을 권유하는 경우 및 계약체결의 권유가 없더라도 일반금융소비자가 요청하는 경우 → 각 금융상품별 중요사항에 대해 금융소비자가 이해할 수 있도록 설명하여야 함.
③ 투자성 상품 : 상품의 주요 내용, 투자에 따르는 위험, 위험등급, 수수료, 계약의 해지 및 해제에 관한 사항 등
④ 민원 및 분쟁조정 절차, 청약철회권, 위법계약해지권, 자료열람요구권 등도 설명의 대상에 포함

(2) 설명서의 제공 및 확인의무
① 금융회사는 사전에 서면, 전자우편, 휴대전화 문자메시지 등의 방법으로 설명서를 제공해야 함. 다만 시행령에서 예외 인정.(기존 계약과 동일한 내용으로 계약을 갱신하는 경우, 기본계약을 체결하고 그 계약내용에 따라 계속적·반복적으로 거래를 하는 경우 등)
② 금융회사는 일반금융소비자에게 설명의무를 이행한 경우에 설명한 내용을 그가 이해하였음을 서명, 녹취 등의 방법으로 확인을 받고 해당 기록을 유지, 보관할 의무가 있음

(3) 설명의무 위반
① 과징금 부과 : 중요사항을 설명하지 않거나 설명서를 사전에 제공하지 않거나 설명하였음을 확인받지 않은 경우에 해당 금융상품의 계약으로 얻는 이익의 최대 50% 이내 부과 가능
② 과태료 : 최대 1억원 이내

정답 | ②

금융소비자보호법상 청약철회권에 대한 설명으로 바르지 못한 것은?

① 금융회사는 금융상품의 계약체결을 권유할 때 청약철회권을 반드시 설명해야 한다.
② 청약철회권은 금융회사의 고의 또는 과실 등 귀책사유가 있어야 일반금융소비자가 행사할 수 있다.
③ 투자성 상품 중에서는 자본시장법 시행령에 따른 고난도금융투자상품, 고난도투자일임계약, 고난도금전신탁계약 그리고 비금전 신탁계약이 그 대상이 된다.
④ 금융회사는 철회가 접수된 날로부터 3영업일 이내에 이미 받은 금전, 재화 등을 반환해야 한다.

출제 Point
- 청약철회권은 중요하다. 정확하게 숙지하자.
- 청약철회권은 금융회사의 고의 또는 과실 사유 여부 등 귀책사유가 없더라도 일반금융소비자가 행사할 수 있는 법적 권리이다.

핵심탐구 상품판매단계의 금융소비자보호 (4) : 6대판매원칙 (3)

(4) 금융소비자에게 제공하는 정보의 요건
① 정확성
② 시의성
③ 접근성 및 용이성  전문성 X : 그림이나 기호 등의 시각적인 요소를 적극 활용
④ 금융소비자의 권익침해 표시금지

(5) 청약철회권
① 개념 : 일반금융소비자는 예금성 상품을 제외한 3가지 유형의 금융상품 계약의 청약 이후 각 상품유형별로 금소법에서 정하고 있는 기간 내에 계약 청약의 철회를 금융회사에 요구할 수 있다.
 ㉠ 투자성상품·금융상품자문 : 계약서류를 제공받은 날로부터 7일
 ㉡ 대출성상품 : 계약서류를 제공받은 날로부터 14일
② 취지 : 청약철회권은 금융회사의 고의 또는 과실 사유 여부 등 귀책사유가 없더라도 일반금융소비자가 행사할 수 있는 법적 권리로 금융소비자의 권익이 크게 강화된 제도
③ 대상 : 투자성 상품 중에서는 고난도금융투자상품(일정기간에만 모집하고 그 기간이 종료된 이후에 집합투자를 실시하는 ELF, DLF 등만 해당), 고난도투자일임계약, 고난도 금전신탁계약 그리고 비금전 신탁계약이 그 대상이 된다.
④ 금융회사는 철회가 접수된 날로부터 3영업일 이내에 이미 받은 금전, 재화 등을 반환해야 한다. 투자성 상품은 원금을 반환하며, 반환이 지연되면 지연이자를 가산한다.
⑤ 금융회사가 금융상품의 계약체결을 권유할 때 청약철회권을 반드시 설명해야 한다.
⑥ 청약의 철회는 서면을 발송한 때 효력이 발생한다.
⑦ 청약이 철회된 경우 금융상품판매업자등은 소비자에게 위약금 등의 금전지급을 청구할 수 없다.
⑧ 법규정에 반하는 특약으로서 일반금융소비자에게 불리한 것은 무효로 한다.

정답 | ②

금소법상 불공정영업행위의 금지와 부당권유 금지행위에 대한 설명으로 바르지 못한 것은?

① 금융회사가 자신의 우월적 지위를 이용하여 금융소비자의 권익을 침해하면 과징금과 과태료부과 사유가 된다.
② 금융회사는 계약의 체결을 권유하는 금융상품과 다른 금융상품을 비교할 때 반드시 명확한 비교대상 및 기준을 밝혀야 한다.
③ 금융회사는 권유하는 상품의 우수성 및 금융소비자에 대한 유리 여부에 대한 판단을 할 때 그 근거를 명확히 하여야 한다.
④ 금융상품의 가치에 중대한 영향을 미치는 사항에 대해 금융회사가 알고 있는 경우 해당 사항을 금융소비자에게 설명하지 않으면 설명의무 위반에만 해당되며 부당권유행위는 아니다.

 금융상품의 가치에 중대한 영향을 미치는 사항에 대해 금융회사가 알고 있는 경우 해당 사항을 금융소비자에게 설명하지 않으면 설명의무 위반과 동시에 부당권유행위 금지 위반에 해당한다.

핵심탐구 | 상품판매단계의 금융소비자보호 (5) : 6대판매원칙 (4)

4. **불공정영업행위의 금지**
   모든 금융소비자를 대상으로 한다.
   ① 금융회사가 자신의 우월적 지위를 이용하여 금융상품의 계약 체결에 있어 금융소비자에게 불리한 행위를 요구하는 것은 금지된다. 주로 대출성 상품에 대한 갑질이 문제된다.
   ② 위반시 과징금과 과태료부과는 설명의무위반과 동일
5. **부당권유 금지**
   모든 금융소비자를 대상으로 한다.
   (1) 합리적 근거 제공
      ① 금융소비자에 대한 금융상품의 계약 체결 또는 권유는 합리적이고 충분한 근거에 기초하여야 한다.
         ㉠ 금소법에서는 계약의 체결을 권유하는 금융상품과 다른 금융상품을 비교할 때 반드시 명확한 비교대상 및 기준을 밝히도록 의무화하였다
         ㉡ 권유하는 상품의 우수성 및 금융소비자에 대한 유리 여부에 대한 판단을 할 때 그 사유를 명확히 하도록 요구하고 있다.
         ㉢ 따라서 금융소비자의 의사결정에 중대한 영향을 미칠 수 있는 정보를 제공할 때는 당해 사실 또는 정보의 출처를 밝힐 수 있어야 한다.
      ② 금융상품의 가치에 중대한 영향을 미치는 사항에 대해 금융회사가 알고 있는 경우 해당 사항은 반드시 금융소비자에게 설명하여야 한다. 이는 동시에 설명의무 위반이기도 하다.
   (2) 적정한 표시 의무
      ① 중요사실에 대한 정확한 표시의무 : 표시방법은 구두 등 불문.
      ② 투자성과 보장 등에 관한 표현금지 등
      ③ 허위・과장・부실표시의 금지

정답 | ④

16

다음은 부당권유 행위 금지에 대한 설명이다. 바르지 못한 것은?

① 전문투자자에게도 적용된다.
② 일반증권은 투자자의 요청이 없는데도 방문하여 투자권유를 해서는 안된다.
③ 투자성 상품에 관한 계약의 체결을 권유하면서 일반금융소비자가 요청하지 않은 다른 대출성 상품을 안내하거나 관련 정보를 제공하는 행위는 금지된다.
④ 투자권유를 받은 투자자가 거부의사를 표시했더라도 1개월이 지나거나 다른 종류의 금융투자상품에 대하여 투자권유를 하는 행위는 허용된다.

출제 Point 불초청권유 대상상품과 재권유가 가능한 경우는 단골 문제이다. 1주일이나 15일이 아니라 1개월인 점을 주의. 투자자의 요청이 없는데도 방문하여 일반증권에 대한 투자권유는 할 수 있다.

함정 & 오답 피하기
• 투자자의 요청이 없는데도 전화나 방문하여 증권투자를 권유해서는 안된다. (×)

핵심탐구 : 상품판매단계의 금융소비자보호(6) : 6대판매원칙(5)

(3) 요청하지 않은 투자권유의 금지

불초청 투자권유(전화, 방문 등)	㉠ 일반금융소비자 : 고난도금융투자상품, 고난도투자일임계약, 고난도금전신탁계약, 사모펀드, 장내파생상품, 장외파생상품 투자권유금지 ㉡ 전문금융소비자 : 장외파생상품 투자권유금지
투자권유를 받은 자가 거부했을 때 재권유가 가능한 경우	㉠ 1개월 경과  / 주일 X ㉡ 다른 금융투자상품

개정 방문판매에 관한 법률은 소비자를 방문(유선 연락 등 실시간 대화의 방법 포함)하여 금융상품을 판매하는 경우에는 금융소비자에 대한 사전 안내, 자격증명, 판매과정 녹취 등 관련 법령 등에서 정하고 있는 절차를 준수하여야 한다. (2022년 12월부터 시행)

(4) 기타 부당권유행위
금소법에서 금융소비자 보호 또는 건전한 거래질서를 해칠 우려가 있는 행위로서 대통령령으로 정하는 행위를 말한다.
① 내부통제기준에 따른 직무수행 교육을 받지 않은 자로 하여금 계약체결 권유와 관련된 업무를 하게 하는 행위
② 투자성 상품에 관한 계약의 체결을 권유하면서 일반금융소비자가 요청하지 않은 다른 대출성 상품을 안내하거나 관련 정보를 제공하는 행위 등

정답 | ②

금융소비자보호법상 계약서류 제공과 관련한 내용으로 올바른 것은?

① 법상 '지체없이'는 회사에서 별도로 정하는 특정한 기간 이내를 말한다.
② 상품설명서는 금융상품에 대한 설명을 한 이후에 고객에게 제공되어야 한다.
③ 전문 금융소비자는 그 대상이 아니다.
④ 계약서류의 제공에 대한 입증책임은 금융상품판매업자가 부담한다..

계약서류의 제공의무에 대한 입증책임은 금융회사로 전환되었기 때문에 금융투자업종사자들은 그 증빙을 갖추어야 한다.
① '지체없이'는 몇 일과 같이 특정되는 것이 아니라 사업이 허락하는 한 가장 신속하게 처리해야 하는 기한을 의미한다.
② 상품설명서는 설명을 하기 전에 고객에게 제공되어야 한다.
③ 전문 금융소비자도 그 대상이 된다.

핵심탐구 상품판매단계의 금융소비자보호 (7) : 6대판매원칙 (6)

6. 광고 관련 준수사항
(1) 광고의 주체
  ① 금융소비자보호법상 관련 법령 등에 따라 등록된 금융상품판매업자만이 금융상품 또는 업무에 관한 광고가능
  ② 다만 협회와 금융회사를 자회사나 손자회사로 두고 있는 지주회사 등은 광고가 가능하다.
(2) 광고에 포함되어야 할 내용
  ① 금융상품 계약 체결 전 설명서 및 약관을 읽어볼 것을 권유하는 내용, 금융회사의 명칭 및 내용 등
7. 계약서류의 제공 의무
  ① 금융회사가 금융소비자와 금융상품의 계약을 체결하는 경우 금융상품 계약서 및 금융상품의 약관을 포함하여, 투자성 상품인 경우에는 금융상품 설명서를 계약서류로 제공하도록 의무화하고 있다. (금소법 23조)
  ② 이 때 금융소비자는 일반금융소비자 여부를 구분하지 않지만, 예외적으로 법령 등에서 정하고 있는 경우에는 설명서를 제공하지 않을 수 있다.
  ③ 금융소비자보호법의 시행으로 인해 계약서류의 제공의무에 대한 입증책임은 금융회사로 전환되었기 때문에 금융투자업종사자들은 그 증빙을 갖추어야 한다.
  ④ 계약 서류 등은 '지체없이' 제공하여야 하는데, 이는 몇시간 또는 몇 일과 같이 물리적인 시간을 의미한다기 보다는 사정이 허락하는 한 가장 신속하게 처리하여야 하는 것을 말한다(법제처 법령 해석례)

정답 | ④

금융소비자보호법상 자료열람요구권에 대한 설명으로 바르지 못한 것은?

① 분쟁조정 또는 소송의 수행 등 금융소비자의 권리구제를 위한 목적으로 금소법에서 신설된 권리이다.
② 해당 금융회사는 금융소비자로부터 자료 열람 등을 요구받은 날로부터 6영업일 이내에 해당 자료를 열람할 수 있게 하여야 한다.
③ 금융소비자가 자료열람을 신청하면 금융회사는 이에 반드시 응하여야 한다.
④ 금융소비자가 우편 등을 통해 해당 자료열람을 요청한 경우 금융회사는 우송료 등을 금융소비자에게 청구할 수 있다.

 Point 금융회사는 다른 사람의 생명, 신체를 해칠 우려가 있는 등 일정한 경우에는 열람을 제한하거나 거절할 수 있다.

핵심탐구 | 상품판매 이후 금융소비자보호(1)

(1) 보고 및 기록의무
  ① 처리결과 보고의무
     금융투자업자 종사자는 고객으로부터 위임받은 업무를 처리한 경우 그 결과를 지체없이 고객에게 보고하고 그에 따라 필요한 조치를 하여야 한다.
     * 매매명세 통지(자본시장법 시행령)
       ㉠ 매매가 체결된 후 지체없이 매매유형 등을 통지하고, 매매가 체결된 날의 다음 달 20일까지 월간매매내역·월말현재 잔액현황 등을 통지할 것
       ㉡ 다만 투자자가 통지를 받기를 원하지 않는 경우에는 지점 등에 비치하거나 인터넷 홈피에 접속하여 수시로 조회가 가능하게 할 것
       ㉢ 집합투자증권의 매매가 체결된 경우 집합투자기구에서 발생한 모든 비용을 반영한 실질투자수익률, 투자원금, 환매예상 금액 등을 매월 마지막 날까지 통지할 것
  ② 기록 및 유지·관리의무
     ㉠ 금융상품판매업자등은 대통령령으로 정하는 자료를 기록하고 10년간 유지·관리하여야 한다.
     ㉡ 내부통제 기준의 제정 및 운영 등에 관한 자료는 5년 이내로 함
  ③ 자료열람요구권 : 금소법에서 신설
     ㉠ 분쟁조정 또는 소송의 수행 등 권리구제를 위한 목적으로 금융소비자는 금융회사가 기록 및 유지 관리하는 자료에 대해 열람, 제공, 청취를 요구할 수 있다.
     ㉡ 열람의 승인 및 연기 : 해당 금융회사는 금융소비자로부터 자료 열람 등을 요구받은 날로부터 6영업일 이내에 해당 자료를 열람할 수 있게 하여야 함. 다만 정당한 사유가 있는 경우에는 열람을 연기할 수 있으며 이는 승인과 달리 반드시 문서로 그 사유와 함께 통지하여야 한다.
     ㉢ 열람의 제한 및 거절 : 다른 사람의 생명, 신체를 해칠 우려가 있는 등 일정한 경우에는 금융회사는 열람을 제한하거나 거절할 수 있다. 이도 반드시 문서로 통지하여야 한다.
     ㉣ 비용의 청구 : 금융소비자가 우편 등을 통해 해당 자료열람을 요청한 경우 금융회사는 우송료 등을 금융소비자에게 청구할 수 있다.
(2) 정보의 누설 및 부당이용 금지
  ① 이를 위반하면 윤리기준 뿐만 아니라 개인정보보호법에도 위반되게 된다.
  ② 회사는 수집된 개인정보를 관리하는 개인정보책임자를 선임하여야 한다.

정답 | ③

19

다음 중 상품판매 이후 금융소비자보호제도가 아닌 것은?

① 청약철회권 ② 위법계약해지권
③ 고객의 소리 ④ 해피콜 서비스

- 상품판매 이후 금융소비자보호제도에는 어떤 것이 있는지는 외워야 한다.
- 청약철회권은 계약의 청약을 진행하는 단계에서 행사하는 것이다.

핵심탐구 | 상품판매 이후 금융소비자보호 (2)

(3) 관련제도
  1) 판매 후 모니터링 제도(해피콜 서비스)
     금융회사는 금융소비자와 판매계약을 맺은 날로부터 7영업일 이내에 판매직원이 아닌 제3자가 해당 금융소비자와 전화하여 해당 판매직원이 설명의무 등을 적절히 이행하였는지 여부를 확인하여야 한다.
  2) 고객의 소리(VOC : Voicee of Consumer)
     고객의 만족도 조사, 고객 패널제도 등 고객의 의견을 청취하는 제도
  3) 위법계약해지권
     ① 개요

청약철회권	위법계약해지권
금융회사의 귀책사유 필요없음	금융회사의 귀책사유 필요 (5대 판매원칙을 위반하여 계약체결. 6대 판매원칙 중에서 광고위반은 제외)
계약의 청약을 진행하는 단계에서 행사	계약 체결 이후에 행사

  ② 대상 및 절차
    ㉠ 금융소비자와 금융회사 간 계속적 거래가 이루어지고 금융소비자가 해지 시 재산상 불이익이 발생하는 금융상품임(다만, 온라인투자연계 금융투자업자와 체결한 계약 등은 제외)
    ㉡ 금융소비자는 금융상품의 계약 체결일로부터 5년 이내이고, 위법계약 사실을 안 날로부터 1년 이내인 경우에만 위법계약의 해지 요구가 가능.(두 가지 요건을 모두 충족하여야 함)
  ③ 해지요구의 수락 및 거절
    ㉠ 금융회사는 해지 요구일로부터 10일 이내에 수락 여부를 결정하여 금융소비자에게 통지의무.(해지 요구를 거절할 때는 사유를 알려야 함)
    ㉡ 금융회사가 정당한 사유없이 거절하는 경우 금융소비자는 해당 계약을 해지할 수 있음
    ㉢ 정당한 사유의 예 : ⓐ 계약체결 당시에는 위반사항이 없었으나 계약 체결 이후에 사정변경이 생긴 경우 ⓑ 고객의 동의를 받아 위반사항을 시정한 경우 ⓒ 금융회사가 해지요구를 받은 날로부터 10일 이내에 법위반 사실이 없었다는 객관적인 근거를 고객에게 제시한 경우 등
    ㉣ 금융회사가 고객의 요구를 수락하여 계약이 해지되는 경우 별도의 수수료 등의 비용을 부과할 수 없다.

정답 | ①

금융소비자보호법상 금융소비자를 구제하는 제도에 대한 설명으로 바르지 못한 것은?

① 조정이 신청된 사건에 대하여 신청 전 또는 신청 후 소가 제기되어 소송이 진행 중일 때에는 수소법원은 조정이 있을 때까지 소송절차를 중지하여야 한다.
② 일반금융소비자가 분쟁조정을 신청하고 그 가액이 2천만원 미만인 경우에는 조정대상기관은 해당 사건에 대해서 소제기를 할 수 없다.
③ 금융상품판매업자등이 고의 또는 과실로 금소법을 위반하여 금융소비자에게 손해를 발생시킨 경우에는 그 손해를 배상할 책임이 있다.
④ 설명의무를 회사가 위반한 경우에 손해배상에 관한 입증책임은 금융회사에게 있다.

출제 Point
- 전부 중요한 내용이다.
- 수소법원은 조정이 있을 때까지 소송절차를 중지할 수 있다. 중지하여야 하는 의무가 있는 것은 아니다.

핵심탐구 상품판매 이후 금융소비자보호 (3)

4) 미스터리 쇼핑
   금융투자회사 자체적으로 혹은 외주전문업체를 통하여 금융소비자임을 가장하여 해당 영업점을 방문하여 불완전판매행위 발생여부를 확인하는 제도
(4) 기타 금융소비자의 사후구제를 위한 법적 제도
   ① 법원의 소송 중지
      ㉠ 조정이 신청된 사건에 대하여 신청 전 또는 신청 후 소가 제기되어 소송이 진행 중일 때에는 수소법원은 조정이 있을 때까지 소송절차를 중지할 수 있다.
      ㉡ 법원이 반드시 소송을 중지해야 하는 의무를 갖는 것은 아니라는 점을 유의
   ② 소액분쟁사건의 분쟁조정 이탈금지
      일반금융소비자가 신청 + 그 가액이 2천만원 미만인 경우 : 해당 사건에 대해서 소제기 금지
   ③ 손해배상책임
      ㉠ 금융상품판매업자등이 고의 또는 과실로 금소법을 위반하여 금융소비자에게 손해를 발생시킨 경우에는 그 손해를 배상할 책임이 있다.
      ㉡ 설명의무를 위반한 경우에는 해당 손해배상에 관한 입증책임은 금융회사에게 있다. 따라서 금융회사가 고의 또는 과실이 없음을 입증하여야 한다.
      (※ 참고 : 설명의무위반과 손해발생 사이의 인과관계 입증도 금융회사에 있음. 이를 회사가 입증못하면 손해배상액이 추정되는데 이는 자본시장법에 규정되어 있음)

정답 | ①

본인에 대한 직무윤리의 내용과 가장 거리가 먼 것은?

① 회사와 임직원은 업무를 수행함에 있어서 관련 법령 및 제규정을 이해하고 준수해야 하며 법규를 몰라도 구속력이 있다.
② 경영진은 직원대상 교육을 실시하는 등 올바른 윤리문화 정착을 위해 노력해야 한다.
③ 임직원은 회사의 품위나 사회적 신뢰를 훼손할 수 있는 일체의 행위를 해서는 아니된다.
④ 회사와 임직원은 경영환경 변화에 유연하게 적응하기 위해 창의적 사고를 바탕으로 끊임없이 자기혁신에 힘써야 한다.

 Point 본인에 대한 윤리와 회사에 대한 윤리를 구별하는 문제는 의외로 자주 출제된다. 본인에 대한 의무 5가지를 외우는 것이 좋다. 경영진의 책임은 회사에 대한 윤리이다.

함정 & 오답 피하기
- 품위유지는 회사에 대한 의무이다. (×)
- 법규준수의무는 사회에 대한 의무이다. (×)

핵심탐구 — 본인에 대한 의무 (1)

본인에 대한 윤리	회사에 대한 윤리	사회에 대한 윤리
1) 법규준수 2) 자기혁신 3) 품위유지 4) 공정성 및 독립성 유지 5) 사적 이익 추구금지 　① 부당한 금품 수수금지 　② 직무관련 정보의 사적 이용금지 　③ 직위의 사적 이용금지	1) 상호존중 2) 공용재산의 사적 사용 및 수익금지 3) 경영진의 책임 4) 정보보호 5) 위반행위의 보고 6) 대외활동 7) 고용계약 종료 후의 의무	1) 시장질서 존중 2) 주주가치 극대화 3) 사회적 책임

1. 본인에 대한 윤리
(1) 법규준수
　① 법에 대한 무지는 변명되지 않는다.
　② 법의 범위 : 자본시장법 분만 아니라 인접분야의 법령 포함
　③ 협회와 같은 자율규제기관이 만든 규정, 회사의 사규 등도 포함
　④ 법조문 분만 아니라 법정신도 포함
(2) 자기 혁신(전문지식 배양의무) : 담당 업무에 관한 이론·실무 숙지
(3) 품위유지
(4) 공정성 및 독립성 유지 : 온정주의나 타협주의는 공정성 및 독립성을 해치는 가장 큰 걸림돌

정답 | ②

재산상 이익의 제공에 대한 내용으로 바르지 못한 것은?

ㄱ. 회사 및 그 종사자가 거래상대방에게 제공하거나 수령한 재산상 이익의 가액이 5억원을 초과시에는 즉시 인터넷을 통해 공시하여야 한다.
ㄴ. 이사회가 정한 금액 이상을 초과하여 동일거래 상대방에게 제공하는 경우에 주주총회의 승인을 받아야 한다.
ㄷ. 회사 및 그 종사자는 재산상 이익을 제공하는 경우 5년간 기록을 보관하여야 한다.

① ㄱ, ㄴ　　② ㄱ, ㄴ, ㄷ　　③ ㄴ, ㄷ　　④ ㄱ, ㄷ

출제 Point ㄱ. × 10억원이 기준이다. ㄴ. × 주주총회가 아니라 이사회의 승인을 받아야 한다. ㄷ. ○

함정 & 오답 피하기
자산운용사 직원이 펀드판매 증권사 직원에게 백화점 상품권을 제공할 수 있다. (×)

핵심탐구　본인에 대한 의무 (2)

(5) 사적 이익 추구 금지

부당한 금품 등의 제공 및 수령 금지	① 협회의 재산상의 이익 및 수령 등에 관한 한도규제를 폐지하고 내부통제절차 강화 ② 공시의무 신설 : 제공 또는 수령한 재산상 이익의 가액이 **10억원** 초과시 즉시 인터넷을 통해 제공목적 및 금액 등을 공시하도록 의무 ③ 재산상 이익의 제공에 대한 적정성 평가 및 점검 : 매년 이사회에 보고 ④ 이사회의 사전 승인 : 이사회가 정한 금액 이상을 초과하여 동일거래 상대방에게 제공하는 경우 ← 주주총회 × ⑤ 관련 기록은 **5년간** 보관 ⑥ 상호 교차점검 : 소속 임직원의 동의를 받은 후 대표이사 명의로 서면 요청 ⑦ 금지행위 　㉠ 거래상대방만 참석한 여가 및 오락활동에 수반되는 비용을 제공하는 경우 　㉡ 투자매매회사 또는 중개회사가 판매회사의 변경 또는 변경에 따른 이동액을 조건으로 하여 재산상 이익을 제공하는 경우 등
직무관련 정보를 이용한 사적 거래 제한	내부자거래와 시장질서교란행위 금지
직위의 사적 이용 금지	업무 종사자는 사적 이익을 위하여 회사의 명칭이나 직위를 공표, 게시하는 방법으로 자신의 직위를 이용하거나 이용하게 해서는 안된다.

▶ **문화상품권** 제공 가능 대상자(금품, 백화점상품권 등은 금지)
1. 타인의 재산을 일임받아 이를 금융투자회사가 취급하는 금융투자상품에 운용하는 것을 업무로 영위하는 자에게 제공하는 경우
2. 법인 등의 고유재산관리업무를 수행하는 자에게 제공하는 경우
3. 집합투자업자가 자신이 운용하는 집합투자기구의 집합투자증권을 판매하는 투자매매회사, 투자중개회사 및 그 임직원과 투자권유대행인에게 제공하는 경우

정답 | ①

다음은 회사에 대한 윤리 중에서 정보보호를 설명한 것이다. 바르지 못한 것은?

① 회사의 경영에 중대한 영향을 미칠 수 있는 정보라 하더라도 기록형태가 아니면 비밀정보에서 제외된다.
② 일정한 미공개정보는 기록과 관계없이 비밀정보로 본다.
③ 특정한 정보가 비밀정보인지 불명확한 경우 그 정보를 이용하기 전에 준법감시인의 사전 확인을 받아야 한다.
④ 특정한 정보가 비밀정보인지 불명확한 경우 일단 비밀 정보로 관리하여야 한다.

 ①② 처럼 비밀정보의 범위가 중요하다. 나머지는 상식선에서 풀 수 있다. 회사의 경영에 중대한 영향을 미칠 수 있는 정보는 기록과 관계없이 비밀정보로 본다.

> **함정 & 오답 피하기**
> - 고객의 신상정보에 관한 미공개정보는 기록유무와 관계없이 비밀정보이다. (○)
> - 회사의 재산은 동산, 부동산, 무체재산권, 영업비밀과 정보, 고객관계와 같은 유·무형이 포함된다. (○)

핵심탐구 회사에 대한 윤리(1)

(1) 상호존중
(2) 공용(회사)재산의 사적 사용 및 수익금지
   ① 회사의 재산은 동산이나 부동산 뿐만 아니라 영업비밀이나 고객관계 등 무형의 것도 포함
   ② 회사의 영업기회를 가로채는 행위는 형사법 처벌의 대상이 될 수 있다.
(3) 경영진의 책임
   회사 및 경영진은 당해 업무종사자에게 필요한 지도와 지원을 하여야 한다. 위반시 사용자책임 발생
(4) 정보보호

비밀정보의 범위	다음의 미공개정보는 기록형태나 기록유무와 관계없이 비밀정보로 본다. ① 회사의 재무건전성이나 경영 등에 중대한 영향을 미칠 수 있는 정보 ② 고객 또는 거래상대방의 신상정보, 매매거래내역, 계좌번호 등에 관한 정보 ③ 회사의 경영전략이나 새로운 상품 및 비즈니스 등에 관한 정보
특정정보가 비밀정보인지 불명확한 경우	① 그 정보를 이용하기 전에 준법감시인의 사전 확인을 받아야 하고 ② 그 이전까지는 일단 비밀 정보로 관리하여야 한다.

   ① 비밀정보의 관리 : ㉠ 금융투자회사는 정보교류차단벽을 마련하여야 한다. 정보차단벽이 설치된 사업부서에서 발생한 정보는 우선적으로 비밀정보로 간주되어야 한다. ㉡ 비밀정보가 포함된 서류는 필요 이상의 복사본을 만들어서는 안된다.
   ② 비밀정보의 제공 : 그 필요성이 인정되는 경우에 한하여 회사가 정하는 사전승인 절차에 따라 이루어져야 한다.
(5) 위반행위의 보고

> ▶ **내부제보**
> ① 제보자는 육하원칙에 따른 정확한 사실만을 제보하여야 한다.
> ② 신분상의 불이익을 당한 제보자는 준법감시인에 대하여 조치를 요구할 수 있다.
> ③ 준법감시인은 제보자에게 포상(인사상+금전적 혜택)을 추진할 수 있다.
> ④ 내부제보제도에는 회사에 중대한 영향을 미칠 수 있는 위법·부당한 행위를 인지하고도 회사에 제보하지 않는 미제보자에 대한 불이익 부과 사항 등이 반드시 포함되어야 한다.

정답 | ①

다음 중 금융투자업 종사자의 대외활동에 대한 설명 중 옳은 것은?

① 대외활동으로 회사의 주된 업무수행에 영향을 주어서는 아니된다.
② 금전적인 보상은 수고에 대한 대가이므로 반드시 신고할 필요는 없다.
③ 회사의 공식의견이 아닌 사견은 발표할 수 없다.
④ 경쟁회사에 대한 부정적인 언급은 허용된다.

출제 Point 자주 출제된다. ②③ 이 중요하다.
② 금전적인 보상을 받게 된 경우 회사에 신고하여야 한다.
③ 대외활동시 사견임을 밝히고 발표할 수 있다.
④ 경쟁회사에 대한 비방은 절대적으로 금지된다.

함정 & 오답 피하기
- 임직원과 고객간의 이메일은 회사에서 보내는 경우에만 표준내부통제기준의 적용을 받는다. (×)
- 회사에 대한 선관주의의무는 고용관계 종료 후에는 소멸된다. (×)

핵심탐구 회사에 대한 윤리(2)

(6) 대외활동
범위 : 외부강연이나 기고, 언론매체 접촉, 회사가 운영하지 않는 온라인 커뮤니티나 SNS 그리고 웹사이트 등을 이용한 활동
① 소속 회사의 직무수행에 영향을 줄 수 있는 지위를 겸하거나 업무수행 : 회사의 사전승인 필요
② 소속 회사의 직무수행에 영향을 줄 수 있는 것이면 회사와 경쟁관계에 있거나 이해상충관계에 있는지의 여부를 불문하고 금지(계속성 여부도 불문)
③ 허가 등의 절차 : 대외활동의 성격, 목적 등에 따라 소속 부점장, 준법감시인 또는 대표이사의 사전승인을 받아야 한다.
④ 준수사항

준수사항	① 회사의 공식의견이 아닌 경우 사견임을 명백히 표현하여야 한다. ② 대외활동으로 인하여 **금전적인 보상**을 받게 된 경우 회사에 신고하여야 한다. ③ 불확실한 사항을 단정적으로 표현하거나 다른 금융투자회사를 비방하여서는 안된다.
전자통신수단의 사용	① 고객간의 이메일 : **사용장소에 관계없이** 표준내부통제기준 및 관계법령 적용 ② 사외 대화방 참여 : 공중포럼으로 간주되어 언론기관과 접촉할 때와 동일한 윤리기준 준수 ③ 인터넷 게시판이나 웹사이트 등의 특정 상품에 대한 분석이나 권유 게시 : 사전에 준법감시인이 정하는 절차와 방법에 따라야 한다(다만 출처 명시한 경우는 예외).

* 대외활동을 하는 임직원에게 회사는 정당한 사유가 있으면 그 중단을 요구할 수 있고 임직원은 즉시 따라야 한다.
* 언론기관과 접촉할 때는 홍보부 등의 부서와 사전에 충분히 협의하여야 한다.

(7) 고용계약 종료 후의 의무
① 회사에 대한 선관주의의무는 고용관계 종료 후에도 **합리적인 기간** 지속된다. 즉 퇴직 후에도 회사와 고객의 이익을 해하는 행위를 하여서는 안된다.
② 서면에 의한 권한을 부여받아야 비밀정보를 출간, 공개 등을 할 수 있다.
③ 자신의 통제하에 있는 기밀정보를 포함한 모든 자료는 회사에 반납하여야 한다.
④ 회사명, 상표, 로고 등을 사용하여서는 아니되고, 고용기간 동안 본인이 생산한 지적재산물은 회사의 재산으로 반환하여야 한다.

정답 | ①

다음 중 시장질서 교란행위 규제에 대한 설명으로 바르지 못한 것은?

① 미공개 중요정보의 1차 수령자만이 제재대상이다.
② 해킹, 절취, 기망, 협박 및 그 밖의 부정한 방법으로 정보를 알게 된 자도 규제된다.
③ 목적성이 없어도 시세에 부당한 영향을 주는 행위는 규제된다.
④ 금융위는 시장질서 교란행위자에게 5억원 이하의 과징금을 부과할 수 있다.

 Point 자본시장법과 완벽하게 겹친다. 자본시장법의 내용을 복습한다고 생각하자. 미공개 중요정보의 1차 수령자뿐만 아니라 전달한 자도 규제받는다.

함정 & 오답 피하기
시세에 부당한 영향을 주려는 목적이 없는 경우에는 제재하지 않는다. (×)

핵심탐구 사회 등에 대한 윤리

(1) 시장 질서 존중
　회사와 임직원은 공정하고 자유로운 시장경제질서를 존중한다. 다음은 시장질서 교란행위의 내용이다.
　① 적용대상 확대
　　㉠ 미공개 중요정보 전달자도 포함
　　㉡ 해킹, 절취, 기망, 협박 및 그 밖의 부정한 방법으로 정보를 알게 된 자, 이들로부터 나온 정보임을 알면서 이를 받거나 전달받은 자들도 포함
　② 목적성 불요
　　프로그램 오류 등으로 대량 매매거래가 체결되어 시세의 급변을 초래한 경우라 할지라도 제재
　③ 과징금 부과 : 5억원 이하의 과징금을 부과할 수 있다.
(2) 주주가치 극대화
(3) 사회적 책임
　회사와 임직원은 모두 시민사회의 일원임을 인식하고 사회적 책임과 역할을 다하여야 한다.

정답 | ①

26

표준내부통제에 따른 준법감시인에 관한 설명 중 바르지 못한 것은?

① 내부통제체제의 구축 및 운영에 관한 기준을 정한다.
② 이사회와 대표이사의 지휘를 받아 회사 전반의 내부통제업무를 수행한다.
③ 준법감시인의 임기는 2년 이상으로 한다.
④ 일정한 요건하에 준법감시업무 중 일부를 준법감시업무를 담당하는 임직원에게 위임할 수 있다.

출제 Point 내부통제체제의 구축 및 운영에 관한 기준을 정하는 곳은 이사회라는 것은 외워야 한다. 준법감시인의 업무와 구별하여야 하기 때문이다.

함정 & 오답 피하기
- 내부통제기준의 제정과 변경에는 주주총회의 의결이 필요하다. (×)
- 준법감시인은 감사의 지휘를 받아서 내부통제업무를 수행한다. (×)

핵심탐구 — 내부통제기준 및 내부통제의 주체별 역할

1. **내부통제**
   ① 감사와 달리 사전적, 상시적 예방을 위해 준법감시제도 도입 ← 사후적 ×
   ② 금소법에서는 금융소비자보호 영역을 별도의 내부통제활동으로 명확하게 분리하고 있다.

(1) **내부통제기준**
   ① 개념 : 금융투자업자가 법령을 준수하고, 자산을 건전하게 운용하며, 이해상충방지 등 투자자를 보호하기 위하여 금융투자업자의 임직원이 직무를 수행함에 있어서 준수하여야 할 적절한 기준 및 절차를 정한 것
   ② 그 작성은 **법적 의무이다.**
   ③ 내부통제 기준의 제정·변경 : 이사회의 결의 ← 주주총회 ×

(2) **주체별 역할**
   ① 준법감시인 : 이사회 및 대표이사의 지휘를 받아 회사 전반의 내부통제업무를 수행한다. ← 감사 ×
   ※ 준법감시인은 임직원의 관계법령 및 내부통제기준의 준수 여부를 점검하기 위하여 회사의 경영 및 영업활동 등 업무전반에 대한 준법감시 프로그램을 구축·운영하여야 한다.
   ㉠ 임면 : 이사회 결의 필요(해임 : 총 이사 2/3 이상의 찬성 필요)
   ㉡ 사내이사 또는 업무집행책임자 중에서 선임할 것
   ㉢ 임기는 2년 이상
   ㉣ 준법감시인 임면일로부터 7영업일 이내에 금융위(협회 ×)에 보고
   ㉤ 업무 중 일부를 준법감시 담당 임직원에게 위임 가능
   ㉥ 회사는 준법감시인에 대하여 회사의 재무적 경영성과와 연동하지 아니하는 별도의 보수지급 및 평가기준을 마련하여야 한다.
   ㉦ 금융투자업 종사자는 회사가 정하는 준법서약서를 작성하여 준법감시인에게 제출하여야 한다.
   ② 이사회 : 내부통제체제 구축 및 운영에 관한 **기준**을 정한다.
   ③ 지점장 : 지점장은 소관 영업에 대한 내부통제업무의 적정성을 정기적으로 점검하여 그 결과를 대표이사에게 보고한다.

정답 | ①

준법감시인이 영업점에 대한 준법감시업무를 위하여 지명하는 영업점별 영업관리자의 요건 중 옳지 못한 것은?

① 당해 영업점에 상근하고 있을 것
② 영업점장일 것
③ 영업점에서 1년 이상 근무한 경력이 있을 것
④ 업무를 수행할 충분한 경력과 능력, 윤리성을 갖출 것

 Point 의외 문제로 출제할 수 있다. 숙지하자.

함정 & 오답 피하기
- 준법감시인은 영업점별 영업관리자에 대하여 연간 2회 이상 법규 및 윤리 관련 교육을 실시하여야 한다. (×)
- 고객전용 공간에서 이루어지는 매매거래의 적정성을 모니터링하면 안된다. (×)
- 영업점장이 아닌 책임자급일 것

핵심탐구 내부통제기준 및 내부통제의 주체별 역할

④ 내부통제위원회(지배구조법)
 ㉠ 대표이사를 위원장으로 하여 준법감시인등을 위원으로 한다.
 ㉡ 최근 사업연도말 현재 자산총액이 5조원 미만인 금융투자업자는 내부통제위원회를 두지 않을 수 있다. 다만 그 금융투자업자가 운용하는 집합투자재산, 투자일임재산, 신탁재산의 전체 합계액이 20조원 이상일 때에는 두어야 한다.
 ㉢ 매 반기별 1회 이상 회의를 개최하여야 하며 회의 내용을 기재한 의사록을 작성한다.
⑤ 준법감시부서 : 독립성 확보를 위해서 일정한 업무 겸직 금지
⑥ 명령휴가제도 : 회사는 임직원의 위법·부당한 행위를 사전에 방지하기 위하여 명령휴가제도를 운영하여야 한다.
⑦ 직무분리기준 마련 : 회사는 입출금 등 금융사고 발생 우려가 높은 단일거래에 대해 복수인력이 참여토록 하거나 해당 업무를 일선, 후선 통제절차 등으로 분리하여 운영토록 하는 직무분리기준을 운영해야 한다.
⑧ 영업점에 대한 준법감시 통제
 ㉠ 영업점별 영업관리자 요건
  ⓐ 영업점에서 1년 이상 근무한 경력이 있을 것(혹은 준법감시, 감사업무를 1년 이상 수행하였을 것)
  ⓑ 당해 영업점에 상근하고 있을 것
   (다만 요건을 갖춘 경우 1명의 영업관리자가 2이상의 영업점을 묶어 관리 가능)
  ⓒ 영업점장이 아닌 책임자급일 것
 ㉡ 내부통제
  ⓐ 준법감시인은 영업점별 영업관리자에 대하여 연간 1회 이상 법규 및 윤리 관련 교육을 실시하여야 한다.
  ⓑ 회사는 영업점별 영업관리자의 임기를 1년 이상으로 하여야 한다.
  ⓒ 영업점별 영업관리자에게 업무수행 결과에 따라 적절한 보상을 지급할 수 있다.
 ㉢ 고객전용공간 제공시 준수사항
  ⓐ 당해 공간은 직원과 분리되어야 한다.
  ⓑ 사이버룸의 경우에는 사이버룸임을 명기하고, 개방형 형태로 설치

정답 | ②

다음 중 내부통제기준 위반시 회사에 대한 제재의 내용이 다른 것은?

① 준법감시인의 임면사실을 금융위원회에 보고하지 않은 자
② 준법감시인을 두지 아니한 자
③ 사내이사 또는 업무집행책임자 중에서 준법감시인을 선임하지 않은 자
④ 이사회결의를 거치지 아니하고 준법감시인을 임면한 자

출제 Point
- 역시 의외 문제로 출제할 수 있다. 과태료부과의 내용을 구별할 줄 알아야 한다.
- 준법감시인의 임면사실을 금융위원회에 보고하지 않는 자는 2천만원 이하의 과태료 대상이다.
- 나머지는 모두 1억원 이하의 과태료 대상이다.

함정 & 오답 피하기
- 다른 사람의 위반사실을 고의로 보고하지 않은 자는 제재대상이 아니다. (×)
- 준법감시인의 임면사실을 금융위원회에 보고하지 않는 자는 1억원 이하의 과태료 대상이다. (×)

핵심탐구  내부통제기준 위반시 회사의 조치 및 제재

(3) 내부통제기준 위반시 제재
 ① 회사의 개인에 대한 제재
  ㉠ 내부통제기준을 직접 위반한 자
  ㉡ 지시·묵인·은폐 등에 관여한 자
  ㉢ 다른 사람의 위반사실을 고의로 보고하지 않은 자도 포함
 ② 회사에 대한 제재

과태료	내용
1억원 이하의 과태료 부과	① 내부통제기준을 마련하지 아니한 자 ② 준법감시인을 두지 아니한 자 ③ 사내이사 또는 업무집행책임자 중에서 준법감시인을 선임하지 않은 자 ④ 이사회결의를 거치지 아니하고 준법감시인을 임면한 자 ⑤ 금융위가 위법한 행위를 한 회사 또는 임직원에게 내리는 제재조치를 이행하지 않은 자
3천만원 이하의 과태료 부과	① 준법감시인에 대한 별도의 보수지급 및 평가기준을 마련, 운영하지 않은 자 ② 준법감시인이 일정한 업무를 겸직하거나 겸직하게 한 자
2천만원 이하의 과태료 부과	준법감시인의 임면사실을 금융위원회에 보고하지 않은 자 ← 이것 하나만이라도 외우자

정답 | ①

직무윤리 및 내부통제기준을 위반한 행위의 제재에 대한 설명 중 부적절한 것은?

① 협회 등 자율규제기관에 의한 제재를 받지는 않는다.
② 형사책임을 부담할 수도 있는데 양벌규정이 많다.
③ 금융위원회가 일정한 처분이나 조치를 할 때는 청문을 실시하는 것이 원칙이다.
④ 금융위원회의 처분이나 조치에 대해서 불복하는 자는 고지를 받는 날로부터 30일 이내에 이의신청을 할 수 있으며 금융위는 60일 이내에 결정을 하여야 한다.

③에서 모든 경우에 청문을 하는 것은 아니라는 점을 유의하여야 하고 ④의 숫자는 외워야 한다. 협회(자율규제기관)는 주요직무종사자의 등록 및 관리권과 회원의 제명 등의 제재권이 있다.

함정 & 오답 피하기
협회는 회원의 임직원에 대하여 직접 제재가 가능하다. (×)

핵심탐구 | 직무윤리 위반행위에 대한 제재

(1) 자율규제
  협회의 주요직무종사자의 등록 및 관리권과 회원의 제명 등의 제재권(회원의 임직원에 대한 제재의 권고를 포함)
(2) 금융위의 행정제재
  ① 금융위의 금융투자업자에 대한 제재권
    ㉠ 금융위원회의 각종 조치명령권
    ㉡ 금융투자업의 인가 또는 등록의 취소권: 6개월 이내 업무의 전부 또는 일부 정지 등
  ② 금융투자업자의 임직원에 대한 조치권
  ③ 청문 및 이의신청
    ㉠ 금융위원회가 일정한 처분이나 조치를 할 때는 청문을 실시하여야 한다.
    ㉡ 금융위원회의 처분이나 조치에 대해서 불복하는 자는 고지를 받는 날로부터 30일 이내에 이의신청을 할 수 있으며 금융위는 60일 이내에 결정을 하여야 한다(30일 연장 가능).
(3) 민사책임
  직무윤리 위반이 동시에 법위반이 되면 사법적 제재로서 당해 행위의 실효나 손해배상책임이 발생
(4) 형사책임
  행위자와 법인 모두를 처벌하는 양벌규정이 많다.
(5) 시장의 통제
  법적 제재를 받지 않더라도 시장에서의 신뢰상실이나 소비자의 외면은 가장 무서운 타격이 됨

정답 | ①

memo

 **01** 다음 중 직무윤리에 대한 설명으로 적절하지 않은 것은?

① 기업윤리는 포괄적, 거시적 개념이다.
② 윤리경영은 직무윤리를 기업의 경영방식에 도입하는 것으로 정의될 수 있다.
③ 직무윤리는 구체적, 미시적 개념이다.
④ 기업윤리는 임직원 행동강령 등의 형태로 나타나는 것이 보통이다.

 02 자본시장법에서 직무윤리의 역할에 대한 설명이다. 가장 올바르게 설명된 것은?

① 현대 사회에서 직무윤리는 자본이라고 볼 수 없다.
② 직무윤리의 준수는 금융산업종사자를 보호하는 역할을 한다.
③ 금융투자업은 속성상 이해상충의 발생 가능성이 낮다.
④ 자본시장법은 금융소비자 보호와 금융투자업자의 평판리스크 관리를 위해 자체 내부통제 중심의 자발적 윤리의무를 강화하였다.

 03 직업윤리의 사상적 배경을 제공한 철학자와 그 사상에 대한 내용 중 잘못된 것은?

① 칼뱅 - 금욕적 생활윤리는 초기 자본주의의 발전의 정신적 토대가 됨
② 칼뱅 - 근검, 정직, 절제를 통하여 부를 얻는 행위는 신앙인의 정당하고 신성한 의무
③ 베버 - 프로테스탄티즘의 윤리와 자본주의 정신
④ 베버 - 모든 신앙인은 노동과 직업이 신성하다는 소명을 가져야 한다.

04 다음 중 신임의무에서 발생하는 직무윤리의 두가지 핵심원칙은?

① 고객우선의 원칙과 이해상충방지의무
② 이해상충방지의무와 금융소비자보호의무
③ 고객우선의 원칙과 신의성실의 원칙
④ 신의성실의 원칙과 금융소비자보호의무

05 다음 중 금융투자업자의 이해상충방지의무와 관련하여 바르지 못한 설명은?

① 금융투자업자는 이해상충이 발생할 가능성을 낮추는 것이 곤란하다고 판단되는 경우에는 내부통제기준에 따라서 매매 등을 하여야 한다.
② 금융투자업자는 미공개중요정보 등에 대한 회사 내부의 정보교류차단에 대해 내부통제기준을 마련하여야 한다.
③ 금융투자업자는 계열회사를 포함한 제3자에게 정보를 제공하는 경우 등에 대해서도 내부통제기준을 마련하여야 한다.
④ 내부통제기준에는 정보교류차단을 위해 필요한 기준 등 이해상충 발생을 방지하기 위하여 대통령령으로 정하는 사항이 포함되어야 한다.

정답 및 해설

01 ④ 기업윤리는 윤리강령의 형태를 지닌 추상적인 선언문의 형태를 지닌다.
02 ② ① 현대 사회에서 직무윤리는 신용으로서 새로운 무형의 자본이 되고 있다.
   ③ 금융투자업은 속성상 이해상충의 발생 가능성이 높다.
   ④ 자본시장법은 법적 의무를 강화하였다.
03 ④ 소명론을 강조한 이는 칼뱅이다.
04 ③ 신임의무에서 발생하는 직무윤리의 두가지 핵심원칙은 고객우선의 원칙과 신의성실의 원칙이다. 자본시장법은 2대 원칙에 따라 발생하는 의무를 이해상충 방지의무와 금융소비자 보호의무로 보다 법적으로 구체화하고 있다.
05 ① 금융투자업자는 이해상충이 발생할 가능성을 낮추는 것이 곤란하다고 판단되는 경우에는 매매 등을 하여서는 안된다.

06 금융투자회사의 표준윤리준칙 4조에서는 '회사와 임직원은 (　)과(와) (　)를(을) 가장 중요한 가치관으로 삼고, (　)에 입각하여 맡은 업무를 충실히 수행하여야 한다'라고 규정하고 있다. 빈 칸에 알맞은 말로 짝지어진 것은?

① 정직 – 신뢰 – 신의성실의 원칙
② 수익 – 비용 – 효율성의 원칙
③ 공정 – 공평 – 기회균등의 원칙
④ 합리 – 이성 – 독립성의 원칙

 07 특정 거래가 과도한 거래인지를 판단할 때에 고려하여야 할 사항과 가장 거리가 먼 것은?

① 투자자가 부담하는 수수료의 총액
② 투자자의 재산상태 및 투자목적
③ 투자자가 당해 거래로 인하여 실제 투자손실을 입었는지의 여부
④ 투자자가 투자지식이나 경험에 비추어 당해 거래에 수반되는 위험을 잘 이해하고 있는지 여부

 08 자본시장법상 이해상충방지에 대한 설명으로 부적절한 것은?

① 금융투자업종사자는 금융소비자가 동의한 경우를 제외하고는 금융소비자의 거래당사자가 되면 안된다.
② 금융투자업자 자신이 발행하거나 관련되어 있는 대상에 대한 조사분석자료의 공표와 제공은 원천적으로 금지된다.
③ 금융투자업종사자는 금융소비자가 동의하지 않더라도 이해관계인의 대리인이 될 수는 있다.
④ 금융투자업자는 인가나 등록시부터 이해상충방지체계를 갖추도록 의무화하고 있다.

09 금융투자업종사자의 충실의무에 대한 설명이다. 해당되지 않는 것은?

① 금융투자업자는 고객의 이익을 최우선으로 하여 업무를 수행하여야 한다.
② 최선의 이익이란 적극적으로 고객의 실현가능한 최대한의 이익을 추구하여야 하는 것까지 포함한다.
③ 이것은 단순히 결과에 있어서 최대의 수익률을 얻어야 한다는 것을 뜻한다.
④ 결과와 과정 모두에서 최선의 결과를 얻도록 노력하여야 한다.

 10 금융투자업종사자의 주의의무에 대한 설명이다. 해당되지 않는 것은?

① 금융투자업자는 금융기관의 공공성으로 인하여 일반주식회사에 비하여 더욱 높은 수준의 주의의무를 요한다.
② 이는 일반인에게 평균적으로 요구되는 수준의 주의를 말한다.
③ 금융투자업종사자의 주의의무는 '신중한 투자자의 원칙'이 그 기준이 될 수 있다.
④ 신임의무의 존부를 판단함에 있어서 보수의 유무는 문제되지 않는다.

정답 및 해설

06 ①
07 ③ 실제 손실 여부는 고려대상이 아니다. 개별 매매거래시 권유내용의 타당성 여부가 고려되어야 한다.
08 ③ 금융투자업종사자는 금융소비자가 동의한 경우를 제외하고는 이해관계인의 대리인이 되는 것 역시 금지된다.
09 ③ 이것은 결과에 있어서 최대의 수익률을 얻어야 한다는 것을 뜻하는 것이 아니다. 결과와 과정 모두에서 최선의 결과를 얻도록 노력하여야 한다.
10 ② 이는 일반인 이상의 해당 전문가집단에 평균적으로 요구되는 수준의 주의를 말한다.

11 금융투자업종사자가 고객에게 투자를 권유하거나 이와 관련된 직무를 수행함에 있어 따라야 할 기준과 가장 거리가 먼 것은?

① 투자권유 전 고객의 재무상황, 투자경험, 투자목적에 관하여 적절한 조사를 하여야 한다.
② 투자권유시 환경 및 사정변화가 발생하더라도 일관성 있는 투자권유를 위해서 당해 정보를 변경하여서는 안된다.
③ 합리적 근거없이 투기적인 증권투자를 권유하는 과잉권유는 적합성의 원칙에 반한다.
④ 파생상품 등과 같이 투자위험성이 큰 경우 일반 금융투자상품에 요구되는 수준 이상의 각별한 주의를 기울여야 한다.

12 금융소비자보호법에 대한 설명으로 바르지 못한 것은?

① 금융소비자란 금융업자와 직접 거래하는 소비자만을 의미한다.
② 금융소비자보호는 상품개발단계에서부터 판매 이후의 단계까지 전 단계에 걸쳐 적용된다.
③ 청약철회권, 위법계약해지권, 자료열람권 등의 권리가 신설되었다.
④ 대표이사는 법령에 규정된 업무를 다른 임원에게 위임할 수 있다.

13 금융투자회사의 금융소비자법 내부통제기준상 일반투자자에게 투자권유를 할 때 합리적 근거 제공과 적정한 표시에 대한 설명으로 가장 거리가 먼 것은?

① 계약체결 권유는 합리적이고 충분한 근거에 기초하여야 한다.
② 중요한 사실을 정확하게 표시하는 방법은 반드시 문서에 의하여야 한다.
③ 계약체결을 권유하는 상품과 다른 금융상품을 비교할 때 반드시 명확한 비교대상 및 기준을 밝혀야 한다.
④ 금융소비자의 의사결정에 중대한 영향을 미칠 수 있는 정보를 제공할 때는 정보의 출처를 밝힐 수 있어야 한다.

14 금융소비자보호법상 부당권유의 내용으로 바르지 못한 것은?

① 금융상품의 내용을 사실과 다르게 알리는 행위는 금지된다.
② 금융상품의 가치에 중대한 영향을 미치는 사항을 미리 알고 있으면서 금융소비자에게 알리지 않는 행위는 금지된다.
③ 금융상품의 내용의 일부에 대하여 비교대상 및 기준을 밝히지 아니하거나 객관적인 근거없이 다른 금융상품과 비교하여 해당 금융상품이 우수하거나 유리하다고 알리는 행위는 금지된다.
④ 투자성 상품의 계약체결 권유를 받은 금융소비자가 이를 거부하는 취지의 의사를 표시하였는데 다른 금융상품에 대해서 계약체결을 권유하는 행위는 금지된다.

15 다음 중 상품판매 이후 금융소비자보호와 관련된 내용으로 바르지 못한 것은?

① 금융투자업 종사자는 금융소비자로부터 위임받은 업무를 처리한 경우 그 결과를 금융소비자에게 지체없이 보고하여야 한다.
② 보고란 단순히 위임받은 사무를 처리하였다는 사실을 통지하는 것만을 의미한다.
③ 금융상품판매업자등은 내부통제 기준의 제정 및 운영 등에 관한 자료는 5년 이내의 범위에서 금융위가 정하여 고시하는 기간 동안 보관하여야 한다
④ 회사는 수집된 개인정보를 관리하는 개인정보책임자를 선임하여야 한다.

정답 및 해설

11 ② 투자권유가 환경 및 사정변화를 반영할 수 있도록 당해 정보를 변경하여야 한다.
12 ① 금융소비자는 금융회사와 거래하고 있는 당사자뿐만 아니라 금융회사의 상품이나 서비스를 이용하고자 하는 자를 포괄하는 개념이다.
13 ② 중요한 사실을 정확하게 표시하는 방법은 문서, 구두, 이메일 등으로 할 수 있다.
14 ④ 투자성 상품의 계약체결 권유를 받은 금융소비자가 이를 거부할 때 다른 금융상품에 대해서 계약체결을 권유하는 행위는 금지되지 않는다.
15 ② 보고란 단순히 위임받은 사무를 처리하였다는 사실을 통지하는 것만이 아니라 고객이 적절한 지시를 할 수 있도록 필요한 사항도 포함되어야 한다.

16 다음 중에서 투자성상품의 경우 청약철회권이 적용되지 않는 상품은?
① 부동산신탁계약
② 파생결합증권
③ 고난도 금전신탁계약
④ 고난도 투자일임계약

17 자본시장법상 매매명세의 통지에 대한 설명으로 옳지 않은 것은?
① 투자매매업자 또는 투자중개업자는 금융상품의 매매가 체결된 경우에는 지체없이 매매유형 등의 명세를 투자자에게 통지하여야 한다.
② 집합투자증권의 매매가 체결된 경우 집합투자기구에서 발생한 모든 비용을 반영한 실질 투자수익률 등을 매월 마지막 날까지 통지하여야 한다.
③ 매매가 체결된 날의 다음 달 20일까지 월간 매매내역·손익내역·월말 현재 잔액현황·미결제약정 현황 등을 통지한다.
④ 투자자가 통지받기를 원하지 않아도 통지의 취지를 달성하기 위하여 서면이나 전자우편으로 통지하여야 한다.

18 금융소비자보호법상 위법계약해지권에 대한 설명으로 바르지 못한 것은?
① 금융소비자가 위법계약해지권을 행사하기 위해서는 금융회사의 귀책사유가 있어야 하고, 금융소비자는 계약의 청약을 진행하는 단계에서 이를 행사할 수 있다.
② 금융소비자와 금융회사 간 계속적 거래가 이루어지고 금융소비자가 해지 시 재산상 불이익이 발생하는 금융상품이 대상이 되는 것이 원칙이다.
③ 금융소비자는 금융상품의 계약 체결일로부터 5년 이내이고, 위법계약 사실을 안 날로부터 1년 이내인 경우에만 위법계약의 해지 요구가 가능하다.
④ 금융회사는 금융소비자의 위법계약 해지 요구가 있는 경우에 해당일로부터 10일 이내에 계약 해지 요구의 수락 여부를 결정하여 금융소비자에게 통지하여야 한다.

19 상품판매 이후 금융소비자보호와 관련된 내용으로 바르지 못한 것은?

① 금융회사는 금융소비자와 판매계약을 맺은 날로부터 7일 이내에 판매직원이 아닌 제3자가 해피콜 서비스를 하여야 한다.
② 고객의 소리는 금융소비자의 주된 불만 사항 등을 파악하여 개선함으로써 금융소비자의 만족도를 제고하기 위한 목적으로 운영된다.
③ 금융투자회사가 자체적으로 금융소비자임을 가장하여 해당 영업점을 방문하여 불완전판매행위 발생 여부를 확인하는 제도를 미스터리 쇼핑이라고 한다.
④ 미스터리 쇼핑은 금융투자회사가 외주전문업체를 통하여도 할 수 있다.

 20 다음 중 금융투자협회의 영업규정에서 금품수수에 대한 설명으로 바르지 못한 것은?

① 제조업체의 고유재산관리를 담당하는 직원에게 문화상품권을 제공하는 경우는 부당한 재산상의 제공이 아니다.
② 재산상의 이익 및 수령 등에 관한 한도를 폐지하고 공시의무를 신설하여 내부통제절차를 강화하였다.
③ 집합투자회사가 자신이 운용하는 집합투자기구의 집합투자증권의 판매실적에 연동하여 이를 판매하는 회사에 재산상 이익을 제공할 수 없다.
④ 금융투자회사는 이사회가 정한 금액 이상을 초과하여 동일한 거래상대방에게 재산상 이익을 제공하려면 준법감시인의 사전승인을 받아야 한다.

정답 및 해설

16 ② 파생결합증권이 아니라 고난도 금융투자상품(일정기간에만 모집하고 그 기간이 종료된 이후에 집합투자를 실시하는 ELF, DLF 등만 해당)이 그 대상이다.
17 ④ 투자자가 통지받기를 원하지 않으면 서면이나 전자우편으로 통지할 필요가 없다.
18 ① 계약의 청약을 진행하는 단계에서는 청약철회권을 행사할 수 있다. 위법계약해지권은 계약체결 이후에 행사할 수 있다.
19 ① 7일이 아니라 7영업일 이내이다. 정확하게 알아야 한다.
20 ④ 준법감시인이 아니라 이사회 사전승인이 필요하다.

 **21** 금융투자업종사자의 법규준수의무에 대한 설명으로 바르지 못한 것은?

① 법규는 당사자가 알고 모르고를 묻지 않고 구속력을 가진다.
② 협회와 같은 자율규제기관이 만든 규정, 회사의 사규 등은 법규에 포함하지 않는다.
③ 법규는 자본시장법 뿐만 아니라 은행법 등 직무와 관련하여 적용되는 인접분야의 법령을 포함한다.
④ 법규는 법조문은 물론이고 그 법정신과 취지도 포함한다.

 22 금융투자업자가 준수하여야 할 직무윤리로서 그 성격이 다른 항목과 가장 다른 것은?

① 법규준수
② 상호존중
③ 자기혁신
④ 품위유지

 23 X금융투자회사의 직원인 A는 업무상 해외출장이 잦은 관계로 유럽 왕복권 2장에 상당하는 마일리지를 적립하게 되었다. A는 이를 이용하여 이번 여름 휴가기간 동안 처와 함께 유럽여행을 다녀왔다. A의 이 같은 행위는 어느 직무윤리기준의 위반인가?

① 자기혁신
② 상호존중
③ 사적 이익 추구
④ 직위의 사적 이용

24 금융투자업종사자의 회사에 대한 윤리에 대한 설명으로 적절하지 않은 것은?

① 회사재산은 오로지 회사 이익을 위해서만 사용되어야 하고, 회사의 이익이 아닌 사적 용도로 이용하는 일체의 행위가 금지된다.
② 임직원은 대외활동을 사전승인 받았더라도 그 활동으로 인하여 고객, 주주 및 회사 등과 이해상충이 확대되는 경우 회사는 그 대외활동의 중단을 요구할 수 있다.
③ 소속업무담당자가 타인에게 손해를 끼친 경우 경영진은 윤리적 책임은 있으나 법적 책임은 없다.
④ 특정한 정보가 비밀정보인지 불명확한 경우 그 정보를 이용하기 전에 준법감시인의 사전확인을 받아야 한다.

25 금융투자협회의 표준내부통제기준 상 금융투자업 종사자의 준수원칙에 대한 설명으로 가장 적절한 것은?

① 회사의 비밀정보는 보호되어야 하므로 일체 타 부서에 제공할 수 없다.
② 고객의 금융정보는 절대적으로 보호되어야 하므로 어떠한 경우라고 하더라도 제3자에게 제공할 수 없다.
③ 투자성과를 보장하는 표현을 하였다면 그것이 원금까지만 보장하는 것인지 수익까지도 포함하는 것인지를 밝혀야 한다
④ 전화, 방문 등 실시간 대화의 방법으로 장내파생상품의 투자권유를 하는 행위는 금지되지 않는다.

정답 및 해설

21 ② 법규는 협회와 같은 자율규제기관이 만든 규정, 회사의 사규 등도 포함된다.
22 ② 나머지는 모두 본인에 대한 윤리이며, 상호존중은 회사에 대한 윤리이다.
23 ③ 업무상 해외출장으로 적립된 마일리지는 회사의 재산이다.
24 ③ 소속업무담당자가 타인에게 손해를 끼친 경우 관리·감독에 상당한 주의를 하지 않은 경연진은 법적 책임도 부담해야 한다.
25 ④ ① 회사의 비밀정보는 절차를 준수하면 업무수행을 위하여 타 부서에 제공할 수 있다.
② 고객의 금융정보는 법관의 영장 등 요건을 갖추면 제3자에게 제공할 수 있다.
③ 투자성과를 보장하는 표현 자체를 할 수 없다.

26 임직원의 대외활동에 관한 설명으로 바르지 못한 것은?

① 임직원과 고객간의 이메일은 사용장소에 관계없이 표준내부통제기준 및 관계법령 등의 적용을 받는다.
② 임직원의 사외 대화방 참여는 윤리기준을 준수할 필요가 없다.
③ 인터넷 게시판이나 웹사이트 등에 특정 금융투자상품에 대한 분석이나 권유와 관련된 내용을 게시하고자 하는 경우 사전에 준법감시인이 정하는 절차와 방법에 따라야 한다.
④ 표준내부통제기준에는 금융투자업 종사자가 정보통신수단을 사용함에 있어 직무윤리를 준수하도록 하고 있다.

27 금융투자업종사자의 회사비밀정보에 대한 설명 중 적절하지 않은 것은?

① 비밀정보는 회사에서 정한 기준에 따라 정당한 권한을 보유하고 있거나 권한을 위임받은 자만이 열람할 수 있다.
② 비밀정보의 제공은 필요성이 인정되는 경우에 한하여 회사가 정하는 사전승인 절차를 거쳐야 한다.
③ 기록되지 않은 경영전략에 대한 미공개정보는 비밀정보에 해당하지 않는다.
④ 비밀정보 제공을 받는 자는 비밀유지의무를 준수하고, 제공받은 목적 이외의 목적으로 사용하거나 타인에게 사용하도록 하면 아니된다.

28 금융투자회사의 표준윤리준칙 상 회사재산과 정보의 부당사용·유출금지와 관련하여 가장 거리가 먼 것은?

① 새로운 상품 및 비즈니스에 관한 미공개정보는 비밀정보이다.
② 회사의 재무건전성이나 경영 등에 중대한 영향을 미칠 수 있는 미공개정보는 비밀정보이다.
③ 회사의 경영 전략 중에서 미공개정보라 하더라도 기록이 없으면 비밀정보가 아니다.
④ 특정한 정보가 비밀정보인지 불명확한 경우 그 정보를 이용하기 전에 준법감시인의 사전 확인을 받아야 한다.

29 고용기간이 종료된 이후의 의무에 대한 설명이다. 틀린 것은?

① 고용기간의 종료와 동시에 또는 회사의 요구가 있을 경우에는 보유하고 있는 기밀정보를 포함한 모든 자료를 회사에 반납하여야 한다.
② 고용기간이 종료된 이후에도 회사로부터 명시적으로 서면상 권한을 부여받지 않으면 비밀정보를 출간, 공개 또는 제3자가 이용하도록 하여서는 아니 된다.
③ 고용기간이 종료되면 회사명, 상표, 로고를 사용하여서는 아니 된다.
④ 회사에 대한 선관주의의무는 고용관계 종료 후에는 즉시 소멸된다.

30 자본시장법상 시장질서교란행위에 대한 설명으로 타당하지 않은 것은?

① 타인을 거래에 끌어들이는 거래의 목적성이 있어야 한다.
② 정보의 1차 수령자 뿐만 아니라 모든 수령자가 적용대상이 된다.
③ 타인의 해킹 등을 통해 취득한 정보뿐만 아니라 이를 단순히 전달하는 것도 위반행위가 된다.
④ 단순 프로그램 오류로 시세에 영향을 미치는 경우도 위반행위가 된다.

> 정답 및 해설

26 ② 임직원의 사외 대화방 참여는 공중포럼으로 간주되어 언론기관과 접촉할 때와 동일한 윤리기준을 준수하여야 한다.
27 ③ 회사의 경영전략 등 일정한 미공개정보는 기록형태나 기록유무와 관계없이 비밀정보로 본다.
28 ③ 회사의 경영전략 같은 미공개정보는 기록과 관계없이 비밀정보이다.
29 ④ 회사에 대한 선관주의의무는 고용관계 종료 후에도 일정기간 지속된다.
30 ① 시장질서교란행위는 시세조종행위와 달리 목적성이 필요없다. 따라서, 단순 프로그램 오류로 시세에 영향을 미치는 경우도 위반행위가 된다.

31 직무윤리의 절차적 규정 중 성격이 다른 것은?

① 내부통제
② 민사책임
③ 행정제재
④ 시장통제

32 직무윤리 및 법규위반 시 제재에 대한 내용으로 바르지 못한 것은?

① 협회는 회원사의 임직원에 대한 제재권고를 할 수 있다.
② 금융위는 금융투자업자가 인가조건을 위반하면 6개월 이내 영업의 전부를 정지시킬 수 있다.
③ 금융위의 조치에 대하여 불복하는 자는 조치를 받은 날로부터 30일 이내에 금융위에 이의신청할 수 있다.
④ 금융위는 금융투자업자의 임원에 대하여는 제재를 할 수 있으나 직원에 대하여는 할 수 없다.

33 다음 중 내부통제기준에 대한 설명으로 바르지 못한 것은?

① 회사는 준법감시인에 대하여 회사의 재무적 경영성과와 연동하지 아니하는 별도의 보수지급 및 평가기준을 마련하여야 한다.
② 금융투자업자는 내부통제기준을 설치하여 운영하는 것이 법적 의무이며, 이를 제정하지 않으면 과태료부과 대상이 된다.
③ 금융투자업자는 내부통제 기준을 제정하거나 변경하려는 경우에는 주주총회의 결의를 거쳐야 한다.
④ 감사의 사후적 감독만으로는 한계가 있으므로 사전적, 상시적 감독하는 준법감시제도가 필요하다.

34 준법감시인에 대한 설명으로 바르지 못한 것은?
① 준법감시인은 감사의 지휘를 받아 업무를 수행한다.
② 사내이사 또는 업무집행책임자 중에서 선임하여야 한다.
③ 준법감시인 임면시 이사회 결의가 필요하며, 임기는 2년 이상이어야 한다.
④ 준법감시인을 임면한 날로부터 7영업일 이내에 금융위에 보고하여야 하며 이를 위반하면 회사는 2천만원 이하의 과태료 부과대상이 된다.

 35 내부통제에 대한 설명으로 옳지 않은 것은?
① 금융투자업 종사자는 회사가 정하는 준법서약서를 작성하여 준법감시인에게 제출하여야 한다.
② 회사는 임직원의 위법한 행위를 방지하기 위하여 명령휴가제도를 운영하여야 한다.
③ 내부고발자 중에서 우수자에 대해서 회사는 금전적 혜택을 부여할 수 있으나 인사상 혜택은 부여할 수 없다.
④ 회사는 임직원이 금융투자업무를 수행하는데 필요한 직무윤리와 관련된 윤리강령을 제정·운영하여야 한다.

정답 및 해설

31 ① 나머지는 모두 외부통제이다.
32 ④ 금융위는 금융투자업자의 직원에 대하여도 할 수 있다.
33 ③ 금융투자업자는 내부통제기준을 제정하거나 변경하려는 경우에는 이사회의 결의를 거쳐야 한다.
34 ① 준법감시인은 이사회 및 대표이사의 지휘를 받아 업무를 수행한다.
35 ③ 내부고발자 중에서 우수자에 대해서 회사는 인사상 혜택도 부여할 수 있다.

36 직무윤리 및 내부통제 위반에 대한 제재로서 옳지 않은 것은?

① 협회는 회원을 제명할 수 있다.
② 금융위는 위법행위의 시정명령이나 중지명령을 할 수 있다.
③ 행정제재나 회사 내부의 제재는 할 수 있으나 형사처벌은 할 수 없다.
④ 협회는 회원의 직원에 대한 제재 권고뿐만 아니라 임원에 대한 제재권고도 할 수 있다.

37 금융투자회사의 내부통제기준 상 영업점에 대한 내부통제에 대한 설명으로 가장 거리가 먼 것은?

① 영업관리자는 영업점에서 1년 이상 근무한 경력이 있어야 한다.
② 영업관리자는 영업점장이 아닌 책임자급이어야 한다.
③ 준법감시인은 영업점별 영업관리자에 대하여 연간 1회 이상 법규 및 윤리교육을 실시하여야 한다.
④ 금융투자회사는 영업점별 영업관리자에게 업무수행 결과에 따른 적절한 보상을 지급할 수 없다.

38 지배구조법상 내부통제위원회에 대한 설명으로 가장 거리가 먼 것은?

① 내부통제위원회는 반기별 1회 이상 회의를 개최하여야 한다.
② 내부통제위원회는 논의안건 및 회의결과 등 회의 내용을 기재한 의사록을 작성·보관하여야 한다.
③ 준법감시인을 위원장으로 하여 위험관리책임자 및 내부통제 업무 담당을 위원으로 하는 임원을 두어야 한다.
④ 최근 사업년도말 현재 자산총액이 5조원 미만이더라도 집합투자재산·투자일임재산·신탁재산의 전체 합계액이 20조원 이상인 경우에는 두어야 한다.

39 다음 위반행위 중 지배구조법에 따른 제재조치가 가장 큰 것은?

① 이사회 결의없이 준법감시인을 임면한 경우
② 준법감시인이 자산운용업무를 겸직한 경우
③ 준법감시인에 대한 별도의 보수지급 및 평가기준을 마련하지 않은 경우
④ 준법감시인의 임면사실을 금융위원회에 보고하지 않은 경우

40 다음의 <보기>에서 금융위가 금융투자회사에게 1억원 이하의 과태료를 부과할 수 있는 개수는?

〈 보기 〉
ㄱ. 준법감시인이 자산운용에 관한 업무를 겸직한 경우
ㄴ. 준법감시인에 대한 보수지급 및 평가기준을 마련하지 않은 경우
ㄷ. 금융위원회가 위법한 행위를 한 임직원에게 내리는 제재조치를 이행하지 않은 경우

① 0개   ② 1개   ③ 2개   ④ 3개

41 금융투자업자가 내부통제기준을 위반하였을 경우에 금융위가 내릴 수 있는 행정제재의 내용이 아닌 것은?

① 영업소 폐쇄   ② 계약의 인계명령
③ 업무방법의 개선 요구   ④ 금융투자협회의 회원자격의 정지

정답 및 해설

36 ③ 행정제재나 회사 내부의 제재 이외에 형사처벌도 할 수 있다.
37 ④ 금융투자회사는 영업점별 영업관리자에게 업무수행 결과에 따라 적절한 보상을 지급할 수 있다.
38 ③ 대표이사를 위원장으로 하며, 준법감시인 등을 위원으로 하는 임원을 두어야 한다.
39 ① 1억원 이하의 과태료 대상이다.
　②④ 3천만원 이하의 과태료 대상이다.
　③ 2천만원 이하의 과태료 대상이다.
40 ② 1개이다. ㄱ, ㄴ은 3천만원이하의 과태료 대상이고 ㄷ이 정답이다.
41 ④ 이는 협회가 제재하는 내용이다.

핵심개념 이해도 체크

적절한 개념에 체크 ☑ 하세요.!

[직무윤리 일반]

01 기업윤리는 (☐ 거시적 / ☐ 미시적) 개념이다.

02 현대사회에서는 위험비용을 (☐ 제외 / ☐ 포함)한 거래비용의 최소화를 요구한다.

03 김영란법은 공직자 등이 직무관련성이나 대가성이 (☐ 있는 / ☐ 없더라도) 금품수수 시 제재한다.

04 국제투명성기구(TI)는 (☐ 각 국가의 부패인식지수 / ☐ 기업의 사회적 책임지수)를 발표한다.

05 금욕적 생활윤리와 소명론을 강조한 이는 (☐ 칼뱅 / ☐ 베버)이다.

[금융투자업 직무윤리]

01 직무윤리의 핵심 2대원칙은 (☐ 고객우선의 원칙과 신의성실의 원칙 / ☐ 이해상충방지의무와 금융소비자보호의무)이다.

02 신의성실의 원칙은 (☐ 법적 의무 & 윤리적 의무 / ☐ 윤리적 의무)이다.

03 금융투자업종사자는 (☐ 본인의 동의 / ☐ 금융위의 승인)을(를) 제외하고는 금융소비자와의 거래당사자가 되거나 자기 이해관계인의 대리인이 되어서는 아니된다.

04 이해상충이 발생할 가능성이 있으면 그 사실을 (☐ 사전에 / ☐ 사후에) 투자자에게 알린다.

정답

[직무윤리 일반]
01 거시적
02 포함
03 없더라도
04 각 국가의 부패인식지수
05 칼뱅

[금융투자업 직무윤리]
01 고객우선의 원칙과 신의성실의 원칙
02 법적 의무 & 윤리적 의무
03 본인의 동의
04 사전에

05 투자권유의 첫순서는 (☐ 일반금융소비자인지 / ☐ 당해 고객이 투자권유를 원하는지) 여부를 확인하는 것이다.

06 변동성이 높은 파생상품을 판매할 때는 (☐ 적합성의 원칙 / ☐ 적정성의 원칙)이 적용된다.

07 금융투자업자는 중요한 사항을 (☐ 일반금융소비자 / ☐ 전문금융소비자)가 이해할 수 있도록 설명하여야 한다.

08 투자권유를 받은 투자자가 거부하는 취지의 의사를 표시하였다면 (☐ 1주일 / ☐ 1개월)이 지나야 다시 투자권유를 할 수 있다.

09 전문투자자의 요청이 없는데도 전화나 방문을 하여 (☐ 증권과 장내파생상품 / ☐ 장외파생상품)투자를 권유해서는 안된다.

10 기록 및 증거유지의무는 (☐ 상품 판매 시 / ☐ 상품판매 후) 준수하여야 할 의무이다.

11 청약철회권은 금융회사의 고의 또는 과실 등의 귀책사유가 (☐ 있어야 / ☐ 없어도) 일반금융소비자가 행사할 수 있다.

12 금융소비자는 금융상품의 계약 체결일로부터 (☐ 3년 / ☐ 5년)이내에 위법계약해지권을 행사할 수 있다.

13 품위유지의무는 (☐ 본인 / ☐ 회사 / ☐ 사회)에 대한 의무이다.

정답

05 당해 고객이 투자권유를 원하는지
06 적정성의 원칙
07 일반금융소비자
08 1개월
09 장외파생상품
10 상품판매 후
11 없어도
12 5년
13 본인

핵심개념 이해도 체크

14 회사의 재산은 동산이나 부동산 뿐만 아니라 영업비밀이나 고객관계 등 무형의 것을 (☐ 포함한다 / ☐ 포함하지 않는다).

15 일정한 미공개정보는 (☐ 기록과 관계없이 / ☐ 기록이 있어야) 비밀정보로 본다.

16 회사 및 그 종사자가 거래상대방에게 제공하거나 수령한 재산상 이익의 가액이 (☐ 5억원 / ☐ 10억원)을 초과할 때에는 즉시 인터넷을 통해 공시하여야 한다.

17 이사회가 정한 금액 이상을 초과하여 동일거래 상대방에게 제공하는 경우에 (☐ 주주총회 / ☐ 이사회)의 승인을 받아야 한다.

18 재산상 이익의 제공과 관련된 기록은 (☐ 5년간 / ☐ 10년간) 보관하여야 한다.

19 금융투자업 종사자는 고용계약이 종료하면 (☐ 즉시 / ☐ 합리적인 기간 이후) 선관주의의무가 종료된다.

정답

- **14** 포함한다
- **15** 기록과 관계없이
- **16** 10억원
- **17** 이사회
- **18** 5년간
- **19** 합리적인 기간 이후

[직무윤리의 준수절차 및 위반시 제재]

01 내부통제 작성은 (☐ 법적 / ☐ 윤리적) 의무이다.

02 준법감시인의 임면은 (☐ 이사회 / ☐ 주주총회)의 결의를 거쳐야 한다.

03 준법감시인은 (☐ 이사회 및 대표이사 / ☐ 감사)의 지휘를 받아 회사 전반의 내부통제업무를 수행한다.

04 내부통제체제 구축 및 운영에 관한 기준을 정하는 곳은 (☐ 이사회 / ☐ 대표이사)이다.

05 내부통제위원회는 (☐ 대표이사 / ☐ 준법감시인)을(를) 위원장으로 한다.

06 금융위원회의 처분이나 조치에 대해서 불복하는 자는 고지를 받는 날로부터 (☐ 30일 / ☐ 60일) 이내에 이의신청을 할 수 있으며 금융위는 (☐ 30일 / ☐ 60일) 이내에 결정을 하여야 한다.

07 회사가 준법감시인의 임면사실을 금융위원회에 보고하지 않으면 (☐ 1억원 / ☐ 3천만원 / ☐ 2천만원) 이하의 과태료를 부과받는다.

08 직무윤리 위반행위에 대해서 금융투자업자에 대한 제재권을 갖는 곳은 (☐ 협회 / ☐ 금융위원회)이다.

09 다른 사람의 위반사실을 고의로 보고하지 않은 자는 내부통제 위반자에 (☐ 해당한다 / ☐ 해당하지 않는다)

정답

[직무윤리의 준수절차 및 위반 시 제재]
01 법적
02 이사회
03 이사회 및 대표이사
04 이사회
05 대표이사
06 30일, 60일
07 2천만원
08 금융위원회
09 해당한다

www.epasskorea.com

이패스코리아 금융투자분석사

이패스코리아 금융투자분석사

부록

실전모의고사

- 제1회　실전모의고사
- 제2회　실전모의고사
- 제3회　실전모의고사
- 제4회　실전모의고사

제1회 실전 모의고사

01 다음 중 공분산의 특성에 관한 것 중 틀린 것은?
① 공분산은 두 개의 변수 X와 Y의 상호연관도를 측정하는 기준으로 사용된다.
② X와 Y가 독립적이지 않은 경우 $Var(aX \pm bY) = a^2Var(X) + b^2Var(Y) \pm 2abCov(X, Y)$이다.
③ 공분산은 두 변수의 방향성에 대한 정보를 나타내지만 결합정도(=힘)에 대한 정보는 유용하지 않다.
④ 두 변수간 공분산이 0이라면 서로 독립적이다.

02 베르누이 시행에서 성공이 나오기까지 시행한 횟수를 확률변수로 하는 분포는 무엇인가?
① 기하분포　　② 이항분포
③ 지수분포　　④ 포아송분포

03 '귀무가설이 옳은 경우 제1종 오류를 범할 최대 확률'을 통계적 가설검정에서 무엇이라고 하는가?
① 제1종 오류　　② 제2종 오류
③ 유의수준　　④ 검정력

04 다음 보기와 같은 가설 하에서 가설검정과 오류에 대한 다음 진술 중 검정력에 해당하는 것은?

〈보기〉
• 귀무가설 : 피고인 A는 무죄이다.
• 대립가설 : 피고인 A는 유죄이다.

① 피고인 A가 실제 무죄임에도 불구하고, 유죄로 판결
② 피고인 A가 실제 유죄임에도 불구하고, 무죄로 판결
③ 피고인 A가 실제 유죄이기 때문에 기소할 확률
④ 피고인 A가 실제 무죄임에도 불구하고, 기소할 확률

05 다음 중 단순회귀분석의 기본가정과 거리가 먼 것은?
① 오차항의 정규분포
② 오차항 간의 독립성
③ 오차항 간의 다중공선성
④ 오차항의 등분산성

06 통화 및 통화지표에 대한 다음 설명 중 가장 올바르지 않은 것은?
① 통화승수는 통화량을 본원통화로 나눈 값을 의미한다.
② 요구불예금은 유동성지표(LF)를 의미한다.
③ 만기 3년의 정기예금은 M2에 해당한다.
④ 본원통화 = 민간화폐보유액 + 시재금 + 지준예금

07 다음 소비이론에 대한 설명으로 가장 부적절한 것은?
① 단기적인 소비 형태에서 한계소비성향은 평균소비성향보다 크다.
② 실증적으로 관찰되는 소비현상 가운데 장기적으로는 평균소비성향과 한계소비성향은 같다.
③ 안도와 모딜리아니의 생애주기가설에서는 소비의 흐름이 시간에 걸쳐 안정적이라고 간주하였다.
④ 프리드만의 소비이론에 따르면 세금변화와 같은 재정정책은 효과가 없다.

08 투자이론에서 재화시장과 더불어 자본시장까지 고려하여 투자이론을 설명하고 있는 것은?
① 케인즈의 한계효율이론
② 토빈의 q이론
③ 가속도모형
④ 신고전학파의 투자이론

09 화폐수요이론을 틀리게 설명한 것은?

① 사뮤엘슨의 중첩세대모형에서는 재화의 저장이 불가능하기 때문에 화폐가 필요하다고 설명한다.
② 화폐수량설은 화폐유통속도가 불안정적이라고 가정한다.
③ 마샬은 개인들이 화폐를 수요하는 이유는 수입의 획득시점과 지불시점이 불일치하기 때문이라고 보았다.
④ 케인즈는 투기적 동기에서 화폐보유의 비회비용을 설명하고 있다.

10 다음 거래에서 화폐공급량이 감소하는 것은?

① 한국은행이 보유하는 증권을 매각하였다.
② 한국은행이 예금은행에 대하여 대출을 늘렸다.
③ 정부가 한국은행으로부터 자금을 빌렸다.
④ 수출보다 수입이 크게 감소하였다.

11 이자율에 대한 설명으로 가장 거리가 먼 것은?

① 고전학파에 의하면 화폐의 공급과 수요에 의해 이자율이 결정된다.
② 케인즈의 투기적 화폐수요는 이자율과 음(-)의 관계를 갖는다.
③ 유동성선호설에서 이자는 화폐와는 다른 금융자산을 보유하는데 따르는 보상으로 간주된다.
④ 고전학파는 이자를 절약에 대한 보상으로 간주한다.

12 실업에 대한 다음 설명 중 가장 올바르지 않은 것은?

① 고전학파의 실업이론을 뒷받침하는 모형으로 직장탐색모형과 노동자 탐색모형이 있다.
② 케인즈는 노동자가 실질임금보다는 명목임금에 따라 노동공급을 결정한다고 보았다.
③ 케인즈는 실업은 구조적에 의한 보다는 정보의 불균형에 따라 마찰적 실업이 발생하여 실업이 일어난다고 주장하였다.
④ 고전학파 모형에서 노동자들은 물가를 완전하게 예측한다고 가정한다.

13 다음 중 정부의 평가절하정책으로 나타나지 않는 효과는?

① 일시적인 무역수지의 악화
② 수출의 증가와 수입의 감소
③ 물가의 상승
④ 스태그플레이션

14 다음 중 실물적 균형경기변동이론의 관점에서 경기변동요인과 가장 거리가 먼 것은?

① 기술충격
② 인구의 증감
③ 소비자 기호의 변화
④ 통화량의 변화

15 다음 경제이론에 대한 설명이 부적절한 것은?

① 임금상승으로 여가의 기회비용이 커지면서 노동자들이 여가를 줄이고 노동을 더 많이 공급하려는 것은 소득효과라 한다.
② 케인즈학파는 실업을 구조적인 것으로 설명하고 명목임금의 하향경직성으로 인해 실업이 발생한다고 설명하였다.
③ 노동공급곡선이 어떤 수준 이상의 임금수준에서는 음의 관계가 나타날 수도 있는데 이를 후방굴절형 노동공급곡선이라고 한다.
④ 필립스곡선에 의하면 실업과 인플레이션은 상충관계에 있다.

16 다음 기업금융의 내용으로 나머지와 성격이 다른 하나는?

① 배당금의 지급
② 채권의 발행
③ 은행으로부터 차입
④ 자본예산

17 다음 중 할인율과 가장 거리가 먼 것은?

① 위험의 척도
② 기대수익률
③ 최저필수수익률
④ 투자자가 기대하는 최대 값

제1회 실전 모의고사

18 다음 중 위험의 성격으로 체계적 위험이라고 할 수 있는 것은?
① 분산가능위험
② 기업의 화재
③ 시장위험
④ 주요 경영진의 변화

19 다음 중에서 DCF모형과 관련된 것으로만 열거된 것은?
① 회수기간법, 내부수익률법
② 내부수익률법, 수익성지수법, 순현가법
③ 회수기간법, 순현가법
④ 회수기간법, 수익성지수법, 순현가법

20 다음과 같은 증권 중 콜옵션의 개념이 담겨있는 것으로만 올바르게 열거된 것은?
① 전환사채, 신주인수권부사채, 수의상환사채
② 이익참가적 우선주, 이익참가부 사채, 전환사채
③ 이익참가부사채, 전환사채, 신주인수권부사채
④ 수의상환사채, 이익참가적 우선주, 전환사채

21 물가가 상승하는 경우 증권시장선에 미치는 영향으로 가장 적절한 것은?
① 증권시장선은 위쪽으로 수평이동한다.
② 증권시장선은 아래쪽으로 수평이동한다.
③ Y절편의 변화는 없고 증권시장선은 시계방향으로 이동한다.
④ 증권시장선에 아무런 영향이 없다.

22 무위험이자율이 5%이고 시장은 15%의 수익률을 제공한다. 베타값이 0.8인 주식이 현재 20,000원에 거래되고 내년에 1,000원의 배당이 전망되며 주가는 22,000원에 거래될 것이라 생각한다면 가장 올바른 투자태도는?

① 고평가되었다고 생각해서 그 주식을 판다.
② 저평가되었다고 생각해서 그 주식을 산다.
③ 저평가되었다고 생각해서 신용을 이용하여 주식을 산다.
④ 적정평가되었다고 생각해서 관망한다.

23 APT모형을 이용하여 주식의 기대수익률을 구할 때 금융투자분석사는 무위험이자율을 5%로 보고 베타1의 값은 1.5, 베타2의 값은 2.0 그리고 위험요소 F1은 0.03, F2는 0.02로 보았다면 그가 이 주식에 기대하는 수익률은?

① 9.5%   ② 12.2%
③ 13.5%   ④ 15%

24 다음 중 효율적 시장이론에 반하는 시장의 이례적 현상이 아닌 것은?

① 1월 효과   ② 저PER효과
③ 규모효과   ④ 주식분할

25 다기간에 걸쳐 포트폴리오의 운용수익률을 측정할 때 사용하는 시간가중수익률의 계산방법으로 적절한 것은?

① 산술평균수익률   ② 기하평균수익률
③ 내부수익률   ④ 기대수익률

제1회 실전 모의고사

26 하루 중 주가지수가 일정 수준 이상으로 급락하는 경우 모든 주식매매를 일시적으로 중단하는 제도를 무엇이라 하는가?

① Circuit Breakers
② 사이드카
③ Short Selling
④ 집중거래

27 3개의 주식으로 지수를 구성하는 시장에서, 3개 주식의 발행주식수 그리고 기준시점에서의 주가와 비교시점에서의 주가는 다음 표와 같다. 기준시점의 주가지수를 100이라고 할 때, 주식가격 가중방법, 시가총액 가중방법, 동일가중방법을 이용해 산정한 주가지수의 값 중 가장 큰 지수는?

주식	발행주식수	기준시점 주가	비교시점 주가
주식 A	30주	5,000원	8,000원
주식 B	70주	4,000원	3,000원
주식 C	50주	9,000원	10,000원

① 주식가격가중지수
② 시가총액가중지수
③ 동일가중지수
④ 모두 동일하다.

28 다음 중 고든의 정률성장배당모형의 가정으로 잘못된 것은?

① 요구수익률이 항상 일정하며, 성장률은 요구수익률보다 높다.
② 성장에 필요한 자금을 내부자금만으로 조달한다.
③ 투자자금의 재투자수익률은 항상 일정하다.
④ 사내유보율과 배당성향은 항상 일정하다.

29 D기업의 영업이익은 300억원이고, 세전이익 200억원이다. 이 기업의 법인세율은 20%로 법인세는 90억원이다. 이 기업의 잉여현금흐름(FCF)을 추정하는 과정에서의 세후영업이익(NOPLAT)은 얼마인가?

① 210억원
② 230억원
③ 240억원
④ 270억원

30. 무위험이자율이 5%, 시장의 기대수익률이 15%일 때, 베타가 1.2인 회사에 대한 주주들의 요구수익률을 CAPM을 이용하여 구하면 얼마인가?
   ① 14.6%
   ② 17%
   ③ 18%
   ④ 18.6%

31. 다음 중 유통시장의 기능으로 볼 수 없는 것은?
   ① 증권의 공정한 가격 형성을 유도한다.
   ② 기업의 재무구조를 개선시킨다.
   ③ 증권에 대한 유동성을 높여 준다.
   ④ 다양한 포트폴리오 구성이 가능해져 분산투자효과가 커진다.

32. 같은 가격의 주문이면서 동시호가인 경우 적용되는 체결원칙은?
   ① 수량우선의 원칙
   ② 가격우선의 원칙
   ③ 시간우선의 원칙
   ④ 자기매매우선의 원칙

33. 인플레이션과 주가에 대한 설명으로 바르지 않은 것은?
   ① 명목이자율은 실질이자율과 기대인플레이션의 합이다.
   ② 인플레이션은 화폐성자산(monetary asset)의 가치를 하락시킨다.
   ③ 실질인플레이션이 기대인플레이션을 초과하게 되면 채권자는 이익을 보게 되고, 채무자는 손실을 보게 된다.
   ④ 인플레이션은 납세 후 실질투자수익률을 낮춘다.

34 다음은 경제적 부가가치(EVA)에 대한 설명이다. 틀린 것은?

① 매출액이나 당기순이익에 비해 기업의 진정한 경영성과를 측정하는 수단으로서의 의미가 있다.
② 타인자본과 자기자본을 모두 고려해 경영성과를 측정한다.
③ 세후당기순이익에서 자본비용을 차감한 값이다.
④ 기업의 투하자본이익률이 자본비용보다 높다면 기업가치는 창출된다.

35 다음 중 ROE 변동원인에 대한 분석으로 바르지 않은 것은?

① 매출액순이익률이 증가하면 ROE는 높아진다.
② 총자산회전률이 증가하면 ROE는 높아진다.
③ 부채레버리지가 감소하면 ROE는 높아진다.
④ 세부부담이 적거나 이자부담이 적으면 ROE는 높아진다.

36 다음 중 만기시점 이외의 시점에서도 여러 차례의 현금흐름이 발생할 수 있는 채권은?

① 복리채
② 단리채
③ 할인채
④ 이표채

37 채권수익률의 상승이 예상되는 국면에서의 채권투자전략으로 가장 거리가 먼 것은?

① 듀레이션을 짧게 조정한다.
② 표면이자율이 낮은 채권에 투자한다.
③ 동일한 만기라면 복리채와 할인채보다 이표채에 투자한다.
④ 잔존만기가 짧은 채권에 투자한다.

38 액면가 10,000원, 잔존 만기 2년, 표면 이율 6%인 연단위 후급 이표채의 만기수익률이 8%일 때, 만기까지 현금흐름과 현금흐름의 현가는 다음과 같다. 이 채권의 맥콜리 듀레이션은 약 얼마인가?

t	CF$_t$	현 가
1	600	555.55
2	10,600	9,087.79

① 1.88년　　　　　② 1.94년
③ 1.96년　　　　　④ 1.98년

39 현재 1년 만기, 2년 만기, 3년 만기 현물이자율이 각각 2%, 6%, 10%라 가정하자. 불편기대가설에 의하면 2년 후 1년 만기의 선도이자율은 약 얼마인가?

① 9.88%　　　　　② 12.76%
③ 18.46%　　　　　④ 23.10%

40 수의상환채권(callable bond)과 수의상환청구채권(putable bond)에 대한 설명으로 적절하지 않은 것은?

① 금리가 하락할수록 수의상환권(call option)의 가치는 증가한다.
② 다른 조건이 같다면 수의상환청구채권의 가치는 일반채권의 가치보다 크다.
③ 수의상환청구채권의 수의상환청구권(put option)은 금리가 상승할수록 행사 가능성이 커진다.
④ 수의상환채권의 수의상환권(call option)은 채권 투자자에게 부여된 권리이다.

41 액면금액이 10,000원이고 만기기간이 3년, 표면이율이 8%, 만기수익률이 10%인 연단위 복리채와 할인채의 만기상환 원리금액은 각각 얼마인가?

① 복리채 : 10,800원, 할인채 : 10,800원
② 복리채 : 12,597원, 할인채 : 10,800원
③ 복리채 : 12,597원, 할인채 : 10,000원
④ 복리채 : 10,800원, 할인채 : 10,000원

42 모든 투자자들이 미래의 이자율이 일정할 것으로 예상하고 있을 경우에 유동성프리미엄 이론에 따르면 수익률 곡선은 어떠한 형태가 되겠는가?

① 낙타형 곡선
② 우상향 곡선
③ 우하향 곡선
④ 수평형 곡선

43 ( ) 안에 각각 들어갈 말로 알맞은 것은?

> "볼록성은 수익률이 상승하는 경우에는 듀레이션에 의해 측정한 가격의 하락폭을 ( )시키고 수익률이 하락하는 때에는 듀레이션에 근거하여 추정한 가격의 상승폭을 ( )해 준다."

① 확대, 확대
② 확대, 축소
③ 축소, 확대
④ 축소, 축소

44 만기수익률(YTM)에 대한 설명으로 옳지 않은 것을 모두 고르면?

㉠ 채권시장에서 거래호가 및 가격을 계산할 때 사용하는 수익률이다.
㉡ 이표채는 항상 실효수익률과 만기수익률이 일치한다.
㉢ 매입 후 만기까지 보유하면 모든 채권은 매입 시의 만기수익률이 실현된다.
㉣ 채권에서 발생하는 현금흐름의 현재가치를 채권가격과 일치시키는 할인율이다.

① ㉠, ㉡
② ㉡, ㉢
③ ㉠, ㉡, ㉢
④ ㉡, ㉢, ㉣

45 듀레이션의 특징에 대한 설명으로 바르지 않은 것은?

① 듀레이션은 일련의 현금흐름의 현재 가치들의 무게 중심 역할을 하는 균형점이다.
② 잔존기간이 동일하다면 표면이율이 낮은 할인채는 표면이율이 높은 할인채보다 듀레이션이 더 크다.
③ 만기가 길어질수록 듀레이션은 증가한다.
④ 만기수익률이 높아질수록 이표채의 듀레이션은 감소한다.

46 다음 중 금융선물거래의 특성에 대한 설명으로 가장 거리가 먼 것은?

① 표준화된 만기구조를 갖고 있다.
② 청산기관에 의해 계약이행에 보증된다.
③ 점두거래(Over The Counter) 방식으로 거래되는 경우가 일반적이다.
④ 증거금(margin)을 예치하는 것이 일반적이다.

47 다음과 같은 콜옵션의 내재가치와 시간가치는 각각 얼마인가?

- 콜옵션의 가격 : 2,000원
- 기초자산의 가격 : 10,000원
- 콜옵션의 행사가격 : 8,500원

① 1,000원, 500원   ② 1,000원, 1,000원
③ 1,500원, 1,000원   ④ 1,500원, 500원

48 현재 KOSPI200지수가 140, 3개월 만기 CD수익률이 연 5%, 배당수익률이 연 1%이다. 만기가 6개월 남아 있는 KOSPI200지수선물의 이론가격은 약 얼마인가? (단, 단리 기준으로 계산한다.)

① 134.8   ② 138.8
③ 141.6   ④ 142.8

제1회 실전 모의고사

49 투자자 A는 행사가격 10,000원인 콜옵션 5개를 개당 3,000원에 매입하고, 행사가격 9,000원 풋옵션 3개를 개당 1,000원에 매도하였다. 만기일에 해당 기초자산의 가격이 20,000원이면 투자자 A의 손익은 얼마인가?(단, 기초자산과 만기는 동일하며 별도의 거래비용은 없다.)

① 38,000원
② 71,000원
③ 12,000원
④ 15,000원

50 다음은 옵션투자기법 중 스트래들 매입 전략의 손익구조에 대한 설명이다. (   ) 안에 들어갈 말로 바르게 짝지어진 것은?

- 최대손실 = (   ) + 풋옵션 프리미엄
- 하방 손익 분기점 = 행사가격 - (   )

① 콜옵션 프리미엄, 두 옵션 프리미엄의 합
② 행사가격, 두 옵션 프리미엄의 합
③ 콜옵션 프리미엄, 풋옵션 프리미엄
④ 행사가격, 풋옵션 프리미엄

51 표면금리가 10%인 채권이 현물시장에서 $100에 거래되고 있다. 단기 시장이자율이 4%일 때 선물계약 만기까지 3개월 남았다면, 연속적 복리조건하에 캐리모형을 이용하여 이 채권의 이론 선물가격을 구하면 얼마인가? (단, $e^{-0.023} = 0.9753$, $e^{-0.06} = 0.9418$, $e^{-0.015} = 0.9851$, $e^{0.01} = 1.01$)

① $94.18
② $97.53
③ $98.51
④ $101.00

52 100억원 상당의 주식포트폴리오를 보유하고 있는 펀드매니저가 향후 주가 하락을 예상하여 주가지수선물을 이용해 헤지하려고 한다. KOSPI200선물가격이 200point이고 주식포트폴리오의 베타가 1.5일 경우 적절한 헤지방법은?(단, KOSPI200선물의 거래승수는 25만원)

① 200계약 매수 ② 200계약 매도
③ 300계약 매수 ④ 300계약 매도

53 옵션을 이용한 다음 전략 중, 기초자산의 가격이 급변할 경우 이익이 발생하는 포지션은?

① 불스프레드 ② 스트랭글 매도
③ 나비스프레드 매수 ④ 스트래들 매수

54 콜옵션을 1계약 매도하고 콜옵션의 기초자산이 되는 주식을 Δ주만큼 매도하였다면 전체 포트폴리오의 Δ는 얼마인가?

① -2Δ ② 0
③ Δ ④ 2Δ

55 옵션의 이론가격 결정요인에 대한 일반적인 설명으로 가장 올바른 것은?

① 행사가격이 높을수록 콜옵션 프리미엄은 낮아지고, 풋옵션 프리미엄은 높아진다.
② 기초자산의 가격변동성이 클수록 콜옵션 프리미엄은 낮아지고, 풋옵션 프리미엄은 높아진다.
③ 기초자산가격이 높을수록 콜옵션 프리미엄은 낮아지고 풋옵션 프리미엄은 높아진다.
④ 잔존기간이 길수록 콜옵션 프리미엄은 낮아지고, 풋옵션 프리미엄은 높아진다.

56 ETN 1증권당 실질가치로 ETF의 순자산가치(NAV)와 유사한 개념인 (　)는 발행일 기준가로부터 기초지수 변화율에 일할 계산된 제비용, 분배금 등을 가감하여 산출한다. (　) 안에 들어갈 투자지표는?

① 패리티
② 실시간 지표가치
③ 괴리율
④ 일일 지표가치

57 기초자산 가격이 14,000원이고 권리행사 가격이 12,000원인 콜 ELW의 내재가치가 600원이라면 전환비율은 얼마인가?

① 0.1
② 0.2
③ 0.3
④ 0.4

58 다음 중 파생결합증권으로 분류되는 금융상품은 무엇인가?

① 주가연계펀드(ELF)
② 기업어음증권
③ 주가연계예금(ELD)
④ 주가연계증권(ELS)

59 조기상환형 ELS에 대한 설명 중 바르지 않은 것은?

① 주가 상승형에서는 조기상환 결정 시점에서의 주가가 기준가격보다 높은 경우 조기상환이 발생한다.
② 기초자산이 2개 이상인 경우에는 주로 낮은 수익률의 기초자산을 기준으로 현금흐름이 발생한다.
③ 만기까지 조기상환이 발생하지 않은 경우 항상 원금을 지급한다.
④ 기초자산이 2개 이상인 경우에는 기초자산 간 수익률의 상관관계가 가격에 영향을 미치게 된다.

60 풋옵션 매도를 통한 프리미엄 수익을 획득할 수 있지만 원금손실가능성이 존재하는 ELS 구조는?

① bull spread
② reverse convertible
③ down - and - out put
④ up - and - out call with rebate

61 내용연수 10년, 취득원가 100,000원, 잔존가치 10,000원인 컴퓨터에 대해서 감가상각비를 계산할 때, 최초년도에 가장 적은 감가상각비를 계상하는 방법은? (단, 컴퓨터의 최초년도 조업도는 컴퓨터 사용기간 동안 전체 사용가능한 시간의 20%이며, 정률은 25%, 이중체감잔액법은 50%를 적용한다.)

① 정액법
② 연수합계법
③ 이중체감잔액법
④ 정률법

62 다음중 K - IFRS 회계기준과 관계없는 것은?

① 감가상각방법 변경 시 회계추정 변경으로 본다.
② 영업권은 상각하지 않고 손상평가만 수행한다.
③ 재무상태일마다 충당부채의 잔액을 검토하고, 재무상태일 현재 최선의 추정치를 반영하여 조정한다.
④ 종업원 급여는 청산가치개념에 근거하여 퇴직급여를 산출한다.

63 20X1년도 말 포괄손익계산서의 매출액은 1000원이다. 20X1년 12월 31일 현재 재무상태표의 매출채권잔액은 500원이고, 20X0년 12월 31일 기준 재무상태표의 매출채권잔액은 600원이다. 20X1년 매출관련 현금유입액은?

① 1,000원
② 1,100원
③ 1,500원
④ 1,600원

64 다음 중 K – IFRS 포괄손익계산서에 대한 설명 중 잘못된 것은?

① 기타포괄손익의 변동 내용도 함께 보고하는 포괄손익계산서의 작성이 요구된다.
② 영업이익을 표시하지 않을 수 있다.
③ 두 개의 보고서(손익계산서, 포괄손익계산서) 형태가 가능하다.
④ 성격별, 기능별 분류 방법중 반드시 기능별 분류방법을 따라야 한다.

65 K – IFRS기준 적용 시, 무형자산에 대한 설명 중 잘못된 것은?

① 무형자산은 물리적 실체가 없는 화폐성 자산이다.
② 무형자산의 내용연수가 유한한지 또는 비한정인지 평가해야 한다.
③ 자산이 순현금유입을 창출할 것으로 기대되는 기간에 대하여 예측가능한 제한이 없을 경우, 무형자산의 내용연수는 비한정인 것으로 본다.
④ 내용연수가 유한한 무형자산의 상각기간과 상각방법은 적어도 매 회계연도 말에 검토한다.

66 이패스(주)는 20X1년 회계이익은 100원이고, 세무조정 결과 가산할 일시적 차이는 500원이다. 가산할 일시적 차이는 20X2년 소멸되며, 법인세율은 25%로 향후에도 동일하다. 이패스(주)가 20X1년 인식할 이연법인세부채는?

① 25원
② 75원
③ 125원
④ 500원

67 이패스(주)는 본사건물을 신설하기로 하고, 건물 설계비 100,000, 자재비 3,000,000, 노무비 1,500,000, 경비 350,000을 지출하였고, 이의 경비를 마련하기 위해 은행으로부터 3,000,000을 차입하였으며, 건설기간 중에 이자 200,000원이 발생하였다. K – IFRS 기준 재무상태표에 기재하여야 할 건물가액은?

① 4,500,000
② 4,950,000
③ 5,150,000
④ 8,250,000

68 다음 금융상품에 대한 설명 중 잘못된 것은?

① 파생상품은 위험회피수단을 제외하고, 당기손익인식금융상품으로 분류한다.
② 지분상품은 만기보유금융자산이나 대여금 및 수취채권이 될 수 없다.
③ 당기손익인식금융상품으로 지정된 금융상품이 아니라면, 최초 인식시 모든 비파생 금융상품을 매도가능금융자산으로 분류할 수 있다.
④ 만기보유금융자산은 공정가치로 평가하여, 기타포괄손익으로 인식한다.

69 '이용자가 과거, 현재 또는 미래의 사건을 평가하거나 과거의 평가를 확인 또는 수정하도록 도와주어 경제적 의사결정에 영향을 미치는 정보'에서 설명하고자 하는 재무제표의 질적 특성은 무엇인가?

① 이해가능성 ② 목적적합성
③ 신뢰성 ④ 비교가능성

70 K-IFRS 재무상태표, 포괄손익계산서, 현금흐름표에 대한 다음 내용 중 잘못된 것은?

① 재무상태표에는 적어도 무형자산을 표시해야 한다.
② 포괄손익계산서에는 적어도 총포괄손익을 표시해야 한다.
③ 포괄손익계산서에는 당기순이익을 비지배지분과 지배기업의 소유주로 나누어 표시해야 한다.
④ 이자수익, 배당금수익을 현금흐름표 분류에서 반드시 영업활동현금흐름으로 표시해야 한다.

제1회 실전 모의고사

71 다음은 이패스기업의 20x0년 재무자료이다. 해당 기업의 EVA가 영구적으로 지속된다고 가정할 때, 20x0년 말 시점에서 EVA에 의한 기업의 가치는?

- 영업이익 : 100억
- 법인세율 : 20%
- 세전 타인자본비용 10%
- 자기자본비용 : 12%
- 부채비율 : 100%
- 기초영업투하자본 : 600억, 기말영업투하자본 800억
- 비영업자산은 존재하지 않는다.

① 1,000억 ② 900억
③ 800억   ④ 700억

72 다음의 자료를 바탕으로 영업잉여현금흐름(FCFF)를 계산하라.

- 손익계산서 : 영업이익 300억, 영업이익에 대한 법인세 60억, 당기순이익 150억
- 대차대조표 : 자본적 지출 100억, 추가운전자본투자 50억, 감가상각비 50억

① 250억 ② 140억
③ 90억   ④ 50억

73 다음 중 EV / EBITDA의 한계점이 아닌 것은?

① EBITDA가 적자가 될 수 있다.
② 기업간 자본적 지출의 금액 차이가 지속적으로 발생할 경우, 영업활동현금흐름과 차이가 발생할 수 있다.
③ 미래의 영업현금창출능력 반영에 한계가 있다.
④ EBITDA는 감가상각처리방법에 따라 변동성이 심하다.

74 다음 자료를 이용하여 DCF법에 의해 구한 기업의 주주가치는?

- 비영업자산 장부가액 : 400억원 (시장가치 500억원)
- 채권자 가치 : 1,000억원
- FCFF : 500억원 (FCFF는 성장하지 않음을 가정)
- 가중평균자본비용 : 10%

① 2,500억원 ② 3,000억원
③ 3,500억원 ④ 4,500억원

75 다음 중 자본비용에 대한 설명으로 잘못된 것은?

① 이자비용에 대하여 법인세 효과를 고려해야 한다.
② 자기자본비용은 자본자산가격결정모형(CAPM)에 의해서만 산정할 수 있다.
③ 타인자본비용은 일반적으로 이자부 부채가 대상이 된다.
④ 가중평균자본비용 산정시 타인자본과 자기자본의 장부가액으로 구성해야 한다.

76 다음 자료를 바탕으로 EVA를 구하면?

- 세전영업이익 : 100억원
- 법인세율 : 25%
- 타인자본비용 : 8% (가중치 0.5)
- 영업투하자본 : 1,000억원
- 자기자본비용 : 10% (가중치 0.5)

① -5억원 ② 10억원
③ 15억원 ④ 75억원

77 EVA가 30억, EVA의 성장률은 0, 가중평균자본비용은 10%, 영업투하자본이 1,000억이라면 기업가치는?

① 300억원 ② 1,000억원
③ 1,300억원 ④ 2,000억원

제1회 실전 모의고사

78 다음은 K기업의 정보이다.

자본총계	1,000억원
• 실질가치가 없는 무형자산	100억원(자본총계 포함)
• 회수불능채권	50억원 (자본총계 포함)
• 자기주식	100억원(자본총계 포함)
수익가치	40,000원
• 주식수	1,000,000주

K기업의 본질가치는?

① 15,5000 ② 95,000
③ 62,000   ④ 40,000

79 현행 공모가격 산정방식에 대한 설명으로 맞지 않는 것은?

① 수익가치와 자산가치를 엄격하게 비율로 가중하여 공모가격을 산정한다.
② 주간회사와 발행회사의 협의로 가장 적합한 공모가격 산정방식을 자유롭게 선정할 수 있다.
③ 어떠한 주식가치 평가방법이라도 타당한 근거가 있으면 되지 않는다.
④ 본질가치 산정으로 위한 산식을 적용할 수도 있다.

80 다음 중 PER의 의미에 대한 다음의 설명 중 잘못된 것은?

① 적자를 기록하는 기업의 경우에 활용이 제한된다.
② PER가 낮은면 1주당 순이익 대비 주가가 낮다는 것으로 평가된다.
③ 기업간 회계처리방법이 다른 경우에도 적용이 가능하다는 장점이 있다.
④ 순이익에 일시적 이익이 포함되어 있다면, 제외하는 것이 바람직하다.

81 자본시장법상 금융투자상품을 분류하는 기준으로 바르지 못한 것은?

① 원금손실 가능성 여부로 금융투자상품과 비금융투자상품을 구분한다.
② 원금초과손실 가능성(추가지급의무) 여부로 증권과 파생상품을 구분한다.
③ 워런트와 같이 기초자산에 대해서 매매를 성립시킬 수 있는 권리를 포함한 금융투자 상품의 경우 파생상품으로 분류된다.
④ 장내파생상품이란 한국거래소의 파생상품시장 또는 해외 정형화된 파생상품 거래소에서 거래되는 파생상품을 말한다.

82 다음은 투자자에 대한 설명이다. 바르지 못한 것은?

① 국가는 일반투자자 대우를 받을 수 없는 절대적 전문투자자이다.
② 주권상장법인 및 지방자치단체는 일반투자자 대우를 받을 수 있는 상대적 전문투자자이다.
③ 100억원 이상의 금융투자상품 잔고를 보유한 법인은 금융위 확인 후 2년간 전문투자자 대우를 받을 수 있다.
④ 개인이 전문투자자가 되기 위해서는 소득요건은 반드시 갖추어야 한다.

83 시세조종행위와 시장질서교란행위에 대한 설명으로 바르지 못한 것은?

① 가장행위는 증권이나 장내파생상품의 매매를 함에 있어서 그 권리의 이전을 목적으로 하지 아니하는 거짓으로 꾸민 매매를 하는 행위를 말한다.
② 증권의 매매에서 부당한 이익을 얻거나 제3자에게 부당한 이익을 얻게 할 목적으로 그 증권과 연계된 증권의 시세를 변동 또는 고정시키는 행위는 금지된다.
③ 거래성립 가능성이 희박한 호가를 대량으로 제출하거나 호가를 제출한 후 해당 호가를 반복적으로 정정·취소하는 행위는 금지된다.
④ 시장질서교란행위에 대해서는 과징금을 부과할 수 없다.

84 자본시장법상 조사분석자료의 작성을 담당하는 자에 대해서는 일정한 기업금융업무와 연동된 성과보수를 지급할 수 없다. 다음 중에서 기업금융업무가 아닌 것은?

① 조사분석자료 작성업무
② 인수업무
③ 기업의 인수 및 합병의 중개·주선 또는 대리업무
④ 모집·사모·매출의 주선업무

85 자본시장법상 발행공시제도에 대한 설명으로 가장 거리가 먼 것은?

① 발행인의 임원 및 근로자복지기본법에 따른 우리사주조합원은 연고자로서 50인 산정에서 제외된다.
② 증권신고서 제출의무가 없는 모집이나 매출의 경우에도 발행인은 투자자 보호를 위하여 재무상태에 관한 사항 등 일정한 사항을 공시하는 등의 조치를 취해야 한다.
③ 금융위의 정정요구를 받은 후 3개월 이내에 발행인이 정정신고서를 제출하지 않는 경우에는 해당 증권신고서를 철회한 것으로 본다.
④ 증권신고서가 수리된 후 신고의 효력이 발생하지 아니한 증권에 대해서는 어떠한 경우라도 청약의 권유를 할 수 없다.

86 다음 중 영업용순자본 규제와 관련한 설명으로 바르지 못한 것은?

① 금융투자업자가 파산할 경우 위험손실을 감안한 현금화 가능 자산이 상환의무 있는 부채보다 크게 유지되어야 한다.
② 영업용순자본 = 자산 − 부채 − 차감항목 + 가산항목이다.
③ 차감항목은 재무상태상 즉시 현금화하기 곤란한 자산이고, 가산항목은 재무제표상 부채로 계상되었으나 실질적으로 채무가 없거나 자본을 보완하는 항목을 말한다.
④ 총위험액 = 기초위험액 + 신용위험액 + 운영위험액이다.

87 경영실태평가와 적기시정조치에 대한 내용으로 바르지 못한 것은?

① 경영개선권고 - 점포관리의 효율화, 부실자산의 처분
② 경영개선요구 - 점포의 폐쇄·통합, 임원진 교체요구
③ 경영개선명령 - 1년 이내의 영업정지
④ 금융위는 금융투자업자가 경영개선권고나 요구 또는 명령의 요건에 해당되더라도 일정한 경우에는 적기시정조치를 유예할 수 있다.

88 금융기관 검사 및 제재에 관한 규정 상 이의신청에 대한 설명으로 가장 거리가 먼 것은?

① 금감원장으로부터 제재를 받은 금융기관은 당해 제재가 위법 또는 부당하다고 인정되는 경우에는 이의신청을 할 수 있다.
② 금감원장은 무죄 판결 등으로 그 제재가 위법 또는 부당함을 발견하였을 때는 직권으로 재심하여 조치를 취할 수 있다.
③ 금감원장은 이의신청이 이유없다고 인정할 명백한 사유가 있는 경우에도 기각할 수 없다.
④ 이의신청 처리 결과에 대해서는 다시 이의신청할 수 없다.

89 금융투자업규정 상 금융투자업자의 자산건전성 분류 및 충당금 적립에 대한 설명으로 가장 거리가 먼 것은?

① 매분기마다 자산 및 부채의 건전성을 정상, 요주의, 고정, 회수의문, 추정손실의 5단계로 분류하여야 한다.
② 매분기말 현재 고정 이하로 분류된 채권에 대하여 적정한 회수예상가액을 산정하여야 한다.
③ 요주의로 분류된 자산은 조기에 상각하여 자산의 건전성을 확보하여야 한다.
④ 정상으로 분류된 콜론에 대해서는 대손충당금을 적립하지 아니할 수 있다.

90 자본시장법상 조사분석자료와 관련하여 보기의 (　)에 들어갈 내용으로 가장 적절한 것은?

> • 조사분석자료의 내용이 확정된 때부터 공표 후 (　)이 경과하기 전에 그 조사분석자료의 대상이 된 금융투자상품을 자기 계산으로 매매하는 행위는 금지된다.
> • 투자매매업자 또는 투자중개업자는 그 증권이 최초로 증권시장에 상장된 후 (　) 이내에 그 증권에 대한 조사분석자료를 공표하거나 제공할 수 없다.

① 24시간, 20일　　② 24시간, 40일
③ 48시간, 20일　　④ 48시간, 40일

91 상법상 주주권에 대한 설명으로 옳지 않은 것은?
① 주식보유, 즉 지주비율 수를 합산하여 충족 여부를 결정할 수 있다.
② 위법행위유지청구권과 신주발행유지청구권은 1% 소수주주권이다.
③ 상장회사의 경우에 집중투표청구권과 해산판결청구권은 6개월 이상의 주식보유가 요건이 아니다.
④ 의결권, 정관열람권, 재무제표열람권 등은 단독주주권이다.

92 다음 중 지배주주의 매도청구 및 소수주주의 매수청구와 관련하여 바르지 못한 설명은?
① 회사의 발행주식 총수의 100분의 95 이상을 자기 계산으로 보유하고 있는 주주는 회사의 경영목적 달성을 위하여 필요한 경우에는 소수주주가 보유하고 있는 주식의 매도를 청구할 수 있다.
② 지배주주가 소수주주에게 주식의 매도를 청구할 때에는 주주총회의 승인을 받아야 한다.
③ 지배주주의 매도청구를 받은 소수주주는 매도청구를 받은 날로부터 1개월 이내에 지배주주에게 보유하고 있는 주식을 매도하여야 한다.
④ 지배주주가 있는 회사의 소수주주는 보유주식을 언제든지 지배주주에게 매수해 줄 것을 청구할 수 있다.

93 다음 중 주식회사의 집행임원에 대한 설명으로 바르지 못한 것은?

① 집행임원을 둔 회사는 대표이사를 따로 두지 못한다.
② 집행임원의 임기는 정관에서 달리 정하고 있지 않으면 2년을 넘지 못한다.
③ 집행임원 해임은 주주총회 특별결의 사항이다.
④ 집행임원은 이사회에서 선임한다.

94 상법상 이사회에 대한 설명으로 가장 거리가 먼 것은?

① 이사회를 소집할 때에는 회의의 1주간 전에 각 이사 및 감사에 대하여 통지를 발송하여야 하며, 그 기간은 정관으로 단축할 수 있다.
② 이사회의 결의는 이사 과반수의 출석과 출석이사의 과반수로 하여야 하나, 정관으로 그 비율을 높게 정할 수 있다.
③ 이사회 내 위원회는 2인 이상의 이사로 구성되며, 대표이사 선임도 할 수 있다.
④ 이사회 결의에 참가한 이사는 의사록에 이의를 제기한 기재가 없는 한 그 결의에 찬성한 것으로 추정된다.

95 상법상 신주발행에 대한 설명으로 가장 올바른 것은?

① 주주의 신주인수권은 고유권이므로 정관으로도 박탈할 수 없다.
② 액면은 신주발행가의 최저액이므로 액면미달의 가격으로 신주를 발행할 수 없다.
③ 신주인수권을 양도하기 위해서는 신주인수권증서가 필요하다.
④ 신주의 인수인은 납입기일 당일부터 주주로서의 권리를 갖는다.

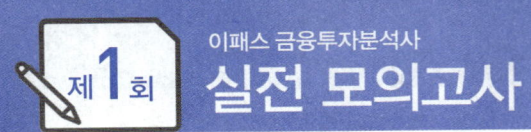

96 금융투자업에서 직무윤리가 강조되는 이유와 거리가 먼 것은?

① 자본시장법은 유가증권의 개념을 포괄주의로 정의함에 따라 법의 사각지대를 메워주는 직무윤리의 중요성이 증대되었다.
② 자본시장에서 금융소비자의 성격이 질적으로 변화하고 있다.
③ 직무윤리를 준수하는 것은 금융투자업 종사자들을 보호하는 역할을 한다.
④ 현대사회에서는 위험비용을 제외한 거래비용의 최소화를 요구하기 때문이다.

97 금융소비자보호법상 투자성 상품의 경우 청약철회권이 적용되지 않는 상품은 무엇인가?

① 고난도 투자일임계약
② 파생결합증권
③ 부동산신탁
④ 고난도금전신탁계약

98 KYC의 실행순서로 올바른 것은?

ⓐ 투자목적, 재산상황, 투자경험확인
ⓑ 일반투자자 여부 확인
ⓒ 확인받은 내용을 지체없이 투자자에게 제공
ⓓ 파악된 정보를 서명 기타의 방법으로 확인
ⓔ 투자권유를 원하는지 확인

① ⓐ - ⓑ - ⓒ - ⓓ - ⓔ
② ⓔ - ⓐ - ⓓ - ⓑ - ⓒ
③ ⓔ - ⓑ - ⓐ - ⓓ - ⓒ
④ ⓐ - ⓔ - ⓒ - ⓓ - ⓑ

99 다음은 부당권유와 관련된 내용이다. 바르지 못한 것은?

① 투자권유를 받은 투자자가 거부하는 취지의 의사를 표시하였음에도 불구하고 투자권유를 계속하는 행위는 금지된다.
② 투자자가 거부의사를 표시했더라도 1개월이 경과한 후에는 투자권유할 수 있다.
③ 회사의 위법성이 불분명한 경우에 사전에 준법감시인에게 보고하면 투자자와 사적 화해계약을 맺을 수 있다.
④ 투자자의 요청 없이 방문하여 증권을 투자권유를 해서는 안된다.

100 고용기간이 종료된 이후의 의무에 대해 설명하였다. 틀린 것은?

① 고용기간이 종료되면 회사명, 로고를 사용하여서는 아니 된다.
② 금융투자업종사자의 회사에 대한 선관주의 의무는 퇴직 후에도 합리적인 기간 동안 지속된다.
③ 고용기간이 종료된 이후에 회사로부터 명시적으로 서면상 권한을 부여받지 않으면 비밀정보를 출간하거나 공개하여서는 아니 된다.
④ 고용기간 동안 본인이 생산한 지적재산물은 본인의 창조물이므로 회사에 반환할 필요가 없다.

제2회 실전 모의고사

01 단순회귀분석에서 상관계수가 0.5일 경우 결정계수는 얼마인가?
① 계산할 수 없음
② 0.5
③ 0.8
④ 0.25

02 다음 중 음의 왜도 분포에서 평균, 중앙값, 최빈값의 관계를 바르게 나타낸 것은?
① 최빈값 < 중앙값 < 평 균
② 최빈값 < 평 균 < 중앙값
③ 평 균 < 최빈값 < 중앙값
④ 평 균 < 중앙값 < 최빈값

03 추정량의 특성에 대한 설명으로 가장 거리가 먼 것은?
① $E(\hat{\theta})=\theta$이 성립하는 경우, 추정량 $\hat{\theta}$를 모수 θ의 불편추정량이라고 한다.
② $Var(\hat{\theta}_1) > Var(\hat{\theta}_2)$인 경우, $\hat{\theta}_1$이 $\hat{\theta}_2$보다 효율적이다.
③ 모수에 대한 불편추정량 중에서 최소분산을 갖는 추정량을 최소분산 불편추정량이라고 한다.
④ 추정량 $\hat{\theta}$의 평균제곱오차는 $MSE(\hat{\theta}) = E[(\hat{\theta}-\theta)^2]$으로 나타낼 수 있다.

04 다음 중 다중공선성에 대한 설명으로 가장 거리가 먼 것은?
① 다중공선성 발생 시 추정량의 표준오차가 커져서 귀무가설 기각이 어려워진다.
② 심한 경우 한 변수를 제거하는 방법을 이용할 수 있다.
③ 단순회귀분석에서는 발생하지 않는다.
④ 독립변수와 종속변수 간의 상관관계가 높은 경우에 발생한다.

05 다중 공선성과 관련된 다음 보기 설명 중 가장 올바르지 않은 것은?
① 독립변수(설명변수)간에 상관관계가 높지 않다면 다중 공선성이 발생할 가능성은 낮다.
② 다중공선성은 표준오차가 증가할 때 발생할 수 있다.
③ 다중공선성이 존재하는지 여부의 검사는 상관계수행렬 검토를 통해 이루어진다.
④ 다중공선성이 존재할 때, 이를 치유할 수 있는 방법은 독립변수의 개수를 늘리는 것이다.

06 다음 중 경기동행지수에 해당하는 것은?
① 내수출하지수
② 장단기금리차
③ KOSPI
④ CP유통수익률

07 경제성장율이 6%이고 물가상승률이 2%일 때, 고전학파에서 주장하는 통화량증가율은 얼마인가? (단, 통화속도는 일정하다고 가정함)
① 4%
② 8%
③ 10%
④ 12%

08 투자이론에 대한 설명으로 가장 부적절한 것은?
① 케인즈는 투자가 기업가의 동물적 감각에 의해 결정된다고 본다.
② 신고전학파 투자이론에서는 투자의 단위비용이 단위이득과 같을 때 적정투자가 결정된다.
③ 투자비용과 투자에 의해 예상되는 수익의 현재가치를 일치시켜 주는 시장이자율은 투자의 한계효율이라고 부른다.
④ 투자자금의 한계비용이론은 시간에 따른 자본량의 동태적 조정경로와 조정비용을 직접적으로 고려한 모형이다.

09 다음 화폐수요이론에 관련된 설명으로 가장 거리가 먼 것은?
① 물물교환경제에서 자기가 교환하려는 재화를 원하는 거래당사자를 발견하는 것을 욕구의 이중적 일치라 한다.
② 화폐수량설의 관점에서는 인플레이션은 항상 화폐적 현상이라고 본다.
③ 케인즈는 화폐수요의 동기를 거래적 동기, 투기적 동기, 예비적 동기의 세 가지로 나누었다.
④ 자산선택이론에서 평균수익이 증가하게 되면 위험부담은 작아진다고 보았다.

10 본원통화가 100억원이고 법정지불준비율은 10%라면 파생적 통화는? (단, 민간의 현금보유비율은 0%)
① 1,000억원　　　　　　　　② 500억원
③ 181억원　　　　　　　　　④ 135억원

11 다음 이자율 결정에 관련된 설명으로 가장 부적절한 것은?

① 피셔방정식에 따르면 실질이자율은 명목이자율과 기대인플레이션의 차로 나타난다.
② 케인즈는 이자율을 저축과 투자에 의해 결정되는 실물적 현상으로 파악한다.
③ 이자율은 경기확장국면의 초기에는 하락하다가 시간이 흐르면서 점차 상승하는 모습이다.
④ 케인즈의 유동성선호설에 따르면 중앙은행이 화폐를 외생적으로 공급할 경우 확장적 통화정책은 유동성효과에 의해 이자율 하락을 유도할 수 있다.

12 IS – LM곡선에 대한 설명으로 틀린 것은?

① IS-LM곡선은 수요측면에서 도출된 것으로 AD곡선을 결정한다.
② LM곡선이 수직이면, 통화확대는 구축효과를 초래한다.
③ 정부지출의 감소와 조세의 증가는 IS곡선의 좌측으로 이동시킨다.
④ 고전학파에 따르면 대체로 통화정책이 재정정책보다 효과적이다.

13 다음 중 외환수요곡선의 이동요인으로 적합한 것은?

① 재화의 수입 ② 재화의 수출
③ 차관도입   ④ 외국인의 국내관광

14 환율의 변동에 상응하여 수출과 수입이 반응하려면 마샬 – 러너 조건이 성립해야 한다. 올바른 마샬러너조건은?

① (환율에 대한 외국의 수입수요의 가격탄력성 + 환율에 대한 자국수입수요의 탄력성)의 절대값이 1보다 커야 한다.
② (환율에 대한 외국의 수입수요의 가격탄력성 + 환율에 대한 자국수입수요의 탄력성)의 절대값이 1보다 작아야 한다.
③ (환율에 대한 외국의 수출수요의 가격탄력성 + 환율에 대한 자국수입수요의 탄력성)의 절대값이 1보다 커야 한다.
④ (환율에 대한 외국의 수출수요의 가격탄력성 + 환율에 대한 자국수입수요의 탄력성)의 절대값이 1보다 작아야 한다.

15 다음 중 환율과 환율관리제도에 대한 설명으로 가장 부적절한 것은?

① 외국인의 국내관광이 증가할 경우 외환공급곡선의 우측 이동으로 환율이 하락한다.
② 차관의 도입으로 외환공급곡선이 좌측 이동하여 환율은 상승한다.
③ 관리변동환율제도는 정부가 환율을 통제하되 어느 정도의 범위를 설정하고 그 한도 내에서 환율의 변동을 용인하는 제도이다.
④ 수출의 증가로 환율공급곡선은 우측 이동하여 환율이 하락한다.

16 다음 중 기업금융의 목표인 주주가치의 극대화와 가장 관계가 깊은 것은?

① 순이익　　　　　　　　　② 채권이자
③ 순현가　　　　　　　　　④ 배당금

17 어떤 회사의 이번 회계연도 주당순이익이 1,000원이다. 600원을 배당으로 지급하고 나머지는 자기자본수익률 25%로 재투자하여 지속적인 정책을 수행하면 자본환원율이 20%일 때 이 회사의 성장가치는 얼마인가?

① 500원　　　　　　　　　② 1,000원
③ 1,500원　　　　　　　　④ 2,000원

18 MM(1958), MM(1963), Miller(1977) 중 타인자본이 기업가치와 무관하다고 결론을 보인 정리는?

① MM(1958)과 MM(1963)
② MM(1958)과 Miller(1977)
③ MM(1963)
④ MM(1958)과 MM(1963), Miller(1977)

19 다음 중 금융리스와 가장 거리가 먼 것은?
① 매각 후 리스
② 단기 리스계약
③ 장기리스 계약
④ 염가매수선택권

20 다음 중 M&A비용을 증가시키기 위한 방어전략과 무관한 것은?
① 독약전략
② 황금낙하산 전략
③ 공개매수전략
④ 억지전략

21 포트폴리오의 기대수익률과 표준편차가 다음과 같이 측정되었다. 지배원리를 충족시키는 투자안으로 열거된 것은?

포트폴리오	A	B	C	D
기대수익률	20	8	20	6
표준편차	10	4	8	4

① A, B
② B, C
③ B, D
④ C, D

22 어떤 애널리스트가 주당 20,000원으로 거래되는 주식의 가치가 연말에는 24,000원이 될 것이라고 예상하였다. 전년도 배당이 500원이었으나 다음해에는 배당이 1,000원으로 증가할 것이라 예상하였다면 이 주식을 매수하여 얻을 수 있는 연 수익률은?
① 15%
② 20%
③ 25%
④ 30%

23 보유자금의 60%를 5% 수익률의 국공채에 투자하고, 40%의 자금으로 기대수익 15%와 표준편차 10%인 주식에 투자할 때 포트폴리오의 기대수익률과 표준편차는?

① 4%, 3%
② 5%, 7%
③ 9%, 4%
④ 9%, 5%

24 시장수익률과 어떤 주식의 수익률 간 공분산이 0.008이고 시장수익률의 표준편차가 0.08, 주식수익률이 표준편차는 0.11이라면 주식수익률과 시장수익률간 상관계수는?(가장 가까운 값으로 한다.)

① 0.45
② 0.77
③ 0.85
④ 0.91

25 무위험이자율이 1%이고 시장은 12%의 수익률을 제공한다. 베타값이 1인 주식에 대한 요구수익률은?

① 10%
② 12%
③ 15%
④ 20%

26 주가는 정률배당성장모형에 의해 결정된다고 가정하자. 현재 주가가 10,000원인 A기업의 내년도 주당 배당액은 600원으로 예상된다. 이 기업의 자기자본비용이 15%라면 배당의 성장률은 얼마인가? (단, 현재 주가를 균형가격으로 가정한다.)

① 6%
② 7%
③ 8%
④ 9%

27 ROE 변동원인을 분해한 것으로 빈칸에 알맞은 말은?

- ROE = 매출액순이익률 × (A) × [1 + 부채비율]
    = 비용통제의 효율성 × (B) × 자본조달의 안정성

① A : 매출액영업이익률, B : 재무구조의 안정성
② A : 총자산회전율,   B : 자산이용의 효율성
③ A : 총자산증가율,   B : 자산이용의 효율성
④ A : 총자산회전율,   B : 재무구조의 안정성

28 어느 기업의 기말 예상주당이익은 1,000원이다. 이 기업의 배당성향은 40%로 항상 일정하며 재투자수익률은 15%로 항상 일정하다고 한다. 이 기업 주식의 요구수익률이 10%라고 하면 모딜리아니·밀러의 정률성장이익모형에서 성장기회의 현재가치는 얼마인가?

① 20,000원
② 30,000원
③ 40,000원
④ 60,000원

29 A기업은 부채 300억원, 자기자본 200억원으로 구성된 회사이다. 부채의 평균이자율은 10%이고, 자기자본비용은 15%라 한다. 이 기업의 법인세율이 30%라 할 때 가중평균자본비용(WACC)은 얼마인가?

① 10.2%
② 10.8%
③ 11.2%
④ 12%

30 다음 중 PER의 유용성을 높이는 방법과 가장 거리가 먼 것은?

① 분모에 해당하는 정보내용을 적절히 반영시키기 위해 이익발표 직전 일정기간 동안의 주가평균을 사용한다.
② 주가는 미래 예상되는 이익을 반영한 것이기 때문에 당해 연도의 예측된 주당이익을 이용한다.
③ 전환증권의 발행이 있으면 희석화되는 주식수를 포함한다.
④ 경기순환에 취약한 기업이나 매우 적은 이익을 낸 기업의 PER도 산업평균 PER를 계산할 때 미래 이익에 대한 시장의 거래로서의 정보가치가 있기 때문에 그대로 사용한다.

31 A회사의 현(기준) 주가는 20,000원이고 발행주식수는 100,000주이며, 이제 25,000주의 유상증자를 실시하고자 한다. 할인율이 25%일 때 권리락 주가는?

① 15,000원 ② 5,000원
③ 19,000원 ④ 20,000원

32 신규 상장기업의 공모가격을 추정할 때 고려대상이 아닌 것은?

① 수익가치
② 자산가치
③ 성장가치
④ 상대가치

33 정부 경제정책에 대한 설명으로 바르지 않은 것은?

① 정부는 경기활성화를 위해서 재정흑자 정책을 사용할 수 있다.
② 정부의 재정적자 정책은 상대적으로 민간부문의 차입기회를 감소시켜 이자율만 상승하고 경제효과는 반감될 수 있다.
③ 통화공급의 증가는 시중이자율을 하락시켜 투자와 소비수요를 증가시킨다.
④ 통화공급의 증가는 장기적으로 물가상승으로 이어져 그 효과가 상쇄되기 쉽다.

34 제품수명주기에서 단계별 특징으로 적절하지 않은 것은?

① 쇠퇴기 : 마케팅 비용이 증가
② 성숙기 : 품질이 최고 수준
③ 성장기 : 수익성이 높아짐
④ 도입기 : 사업위험이 높음

| 35 | 정률성장배당모형에서 다른 조건들이 동일하다면 어떤 조건에서 주식가치가 커지는가?
① 예상된 배당금이 클수록
② 요구수익률이 작을수록
③ 기대성장률이 클수록
④ 모두 해당

| 36 | A채권은 액면가 10,000원, 만기 2년, 표면금리 5%인 연단위 복리채이다. 이 채권의 발행 후 1년 뒤와, 만기 시의 현금흐름으로 각각 올바른 것은?
① 500원, 10,500원
② 500원, 11,000원
③ 0원, 11,000원
④ 0원, 11,025원

| 37 | 다음 중 '말킬의 채권가격정리'에 대한 내용으로 가장 거리가 먼 것은?
① 채권의 잔존기간이 길수록 동일한 수익률 변동에 따른 가격변동률은 커진다. 그러나 그 정도는 점점 체감한다.
② 동일한 크기의 수익률 변동에 대한 채권가격의 변동률은 수익률이 하락할 때가 수익률이 상승할 때보다 크다.
③ 채권가격은 수익률과 반대 방향으로 움직인다.
④ 표면이율이 높을수록 동일한 수익률 변동에 대한 가격변동률은 커진다.

| 38 | A채권의 볼록성은 100이라 한다. 수익률이 1% 상승할 때 이 채권의 볼록성에 기인한 채권가격 변동률은 얼마인가?
① 0.05%
② 0.1%
③ -0.05%
④ -0.1%

39 다음의 수익률 기간구조에 관한 이론 중 미래의 단기수익률에 기초해 수익률곡선을 설명하면서, 시장참여자들이 미래에 단기수익률이 하락한다고 기대하는 경우에도 수익률곡선이 우상향하는 형태로 나타날 수 있다고 하는 가설은?

① 불편기대가설　　② 유동성선호가설
③ 시장분할가설　　④ 선호영역가설

40 A전환사채의 액면가는 10,000원이며 현재 시장가격은 11,000원이다. 이 전환사채가 전환될 수 있는 보통주의 현재가는 800원이고 전환가격이 1,000원이라면, 이 전환사채의 전환 프리미엄율(괴리율)은 얼마인가?

① 10%　　② 20%
③ 25%　　④ 37.5%

41 채권의 발행방법에 대한 설명으로 적절하지 못한 것은?

① 매출발행은 채권의 발행조건을 미리 정한 후 일정 기간 내에 개별적으로 투자자들에게 매출하여 매도한 금액 전체를 발행총액으로 삼는 방식이다.
② Conventional Auction은 최저수익률부터 발행예정액에 달할 때까지 순차적으로 낙찰자를 결정하는 방법으로 복수의 낙찰가격이 발생하게 된다.
③ Dutch Auction은 모든 낙찰자에게 낙찰된 수익률 중 가장 낮은 수익률을 일률적으로 통일하여 적용하는 방식이다.
④ 회사채 발행의 대부분은 간접발행인 총액인수방식에 의하고 있다.

42. 다른 조건은 모두 동일하다고 가정할 경우, 다음 중 채권가격 변동폭이 가장 큰 경우는?
① 잔존기간 3년, 표면이율 10% 이표채의 수익률이 1% 상승
② 잔존기간 3년, 표면이율 10% 이표채의 수익률이 1% 하락
③ 잔존기간 5년, 표면이율 5% 이표채의 수익률이 1% 상승
④ 잔존기간 5년, 표면이율 5% 이표채의 수익률이 1% 하락

43. 다음 중 합성채권에 대한 설명으로 바르지 않은 것은?
① 전환사채의 권리가 행사되면 사채권은 소멸한다.
② 신주인수권부사채의 표면금리는 전환사채보다는 높고 보통사채보다는 낮다.
③ 콜옵션부채권은 미래의 금리가 상승할 것으로 예상되는 경우에 발행된다.
④ 풋옵션부채권의 가치는 '일반채권가치 + put option가치'로 나타낸다.

44. 표면이율 10%, 액면가 10,000원, 만기 3년인 할인채가 수익률 6.5%일 때 단가는 8,278.4원이다. 만약 이 채권의 수익률이 1% 상승할 때 실제 채권가격 변동폭은?
① 3/1.065 × 0.01 × 8,278.4원 보다 크다.
② 3/1.065 × 0.01 × 8,278.4원 보다 작다.
③ - 3/1.065 × 0.01 × 8,278.4원 보다 크다.
④ - 3/1.065 × 0.01 × 8,278.4원 보다 작다.

45. 현재 평평한 형태를 띠고 있는 수익률 곡선이, 향후 중기물의 수익률은 하락하고 단기물과 장기물의 수익률은 상대적으로 상승함으로써 그 형태가 역나비형이 될 것으로 예측할 때 취해야 할 전략으로 가장 적절한 것은?
① 수익률곡선타기 전략
② Barbell형 채권운용 전략
③ Bullet형 채권운용 전략
④ 면역전략

제2회 실전 모의고사

46 다음 중 금융선물거래를 이용한 매도헤지에 대한 설명으로 가장 올바른 것은?

① 현물의 보유 없이 현물가격의 하락을 예상하여 선물을 매도함으로써 이익을 추구하고 반대로 현물가격이 상승하면 손실을 입게 되는 전략이다.
② 보유한 현물의 가격하락 위험에 대비하여 해당 현물에 대응하는 선물을 미리 매도하는 전략이다.
③ 동시에 하나의 선물을 사고 다른 선물을 매도함으로써 수익을 얻고자 하는 전략이다.
④ 선물을 매입함으로써 미래의 현물 매입에 따른 가격위험을 회피하고자 하는 전략이다.

47 다음 중 주가지수선물의 특성에 대한 설명으로 가장 올바른 것은?

① 선물지수가 현물지수보다 큰 경우를 백워데이션(backwardation)이라고 한다.
② 베이시스가 음(-)인 경우를 콘탱고(contango)라고 한다.
③ 지수선물의 만기에는 베이시스가 0이 된다.
④ 배당수익이 이자비용보다 작은 경우, 균형상태의 베이시스는 0이 된다.

48 만기가 1년인 다음과 같은 콜옵션의 가치에 가장 가까운 값은 얼마인가?

- 기초자산의 가격 : 10,000원
- 행사가격 : 10,000원
- 기초자산의 1년 후 예상가격 상승률 : 20%
- 기초자산의 1년 후 예상가격 하락률 : 10%
- 무위험 이자율 : 연 5% (단, 기초자산의 가격변화는 이항분포를 가정)

① 924.5원 ② 935.5원
③ 943.5원 ④ 952.4원

49 옵션기준물을 보유한 상태에서 해당 콜옵션을 매도하는 옵션투자 전략을 무엇이라 하는가?

① 보호적 풋(protective put)
② 보증된 콜(covered call)
③ 무방비 콜(naked call)
④ 수직강세 스프레드(vertical bull spread)

50 어떤 콜옵션의 델타가 0.4이고 감마가 0.002이다. 이 옵션의 기초자산 가격이 20포인트 상승한 경우 새로운 델타값은 얼마인가?

① 0.36
② 0.44
③ 0.46
④ 0.48

51 A주식의 현재가격은 10,000원이다. 3개월 후 A주식 한 주당 300원의 배당이 지급될 예정이고, 3개월 동안 10,000원에 대한 이자비용이 200원이라면 A주식의 3개월 만기 이론선물가격은 얼마인가?

① 9,900원
② 10,200원
③ 10,300원
④ 10,500원

52 만기 1년, 행사가격 10,500원인 유럽식 콜옵션의 가격이 1,500원이고 기초자산 가격은 11,000원, 금리는 5%일 때, 그 콜옵션과 만기와 행사가격이 동일한 풋옵션의 가격을 풋 – 콜 패리티로 계산하면 얼마가 되겠는가?

① 200원
② 250원
③ 300원
④ 500원

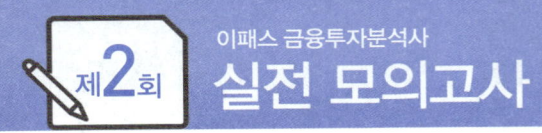

53 'P < C − S + X / (1 + r)'이 성립할 경우에 무위험차익거래를 하려면 어떠한 포지션을 구축해야 하는가?

① 콜옵션 매도 + 풋옵션 매수 + 기초자산 매수 + 자금운용
② 콜옵션 매도 + 풋옵션 매수 + 기초자산 매수 + 자금차입
③ 콜옵션 매수 + 풋옵션 매도 + 기초자산 매도 + 자금운용
④ 콜옵션 매수 + 풋옵션 매도 + 기초자산 매도 + 자금차입

54 옵션 포지션관리에 사용되는 지표에 대한 일반적인 설명으로 가장 거리가 먼 것은?

① 매입포지션에서 콜옵션 델타는 0에서 1 사이의 값을 가진다.
② 매입포지션에서 감마의 값은 ATM에서 제일 작고, ITM의 상태가 커질수록 다시 커진다.
③ 세타는 옵션가치가 시간이 경과함에 따라 얼마나 빨리 잠식되는가를 나타낸다.
④ 매입포지션에서 콜옵션 및 풋옵션의 베가는 항상 양의 숫자이다.

55 블랙 – 숄즈 옵션평가모형의 가정에 대한 설명으로 가장 거리가 먼 것은?

① 기초자산은 끊임없이 연속적으로 거래된다.
② 만기에만 행사가 가능한 유럽식 옵션을 가정한다.
③ 가격변동성은 옵션의 잔존기간동안 변화한다.
④ 무위험이자율은 만기까지 동일하다.

56 유가증권시장에 상장된 풋 ELW에 대한 설명으로 가장 올바른 것은?

① 레버리지 효과가 없다.
② 유동성 공급자가 따로 없다.
③ 투자위험은 투자원금으로 한정된다.
④ 매입자는 주식가격이 상승해야 이익을 얻는다.

57 ETN의 기초지수 요건으로 사실과 다른 것은?

① KRX 시장에서 거래되는 기초자산 가격의 변동을 종합적으로 나타내는 지수
② 외국거래소 시장 등 거래소가 인정하는 시장에서 거래되는 기초자산 가격의 변동을 나타내는 지수
③ 기초지수에 국내외 주식, 또는 채권이 포함되는 경우 주식 채권 각각 최소 5종목 이상, 동일 종목 비중 30% 이내로 분산되어야 한다.
④ 해외증권시장에서 거래되는 종목만으로 구성되는 지수인 경우 구성종목의 수는 5종목 이상으로 하며, 하나의 구성종목 비중은 30%를 초과하지 않아야 한다.

58 ELS, ELD 및 ELF에 대한 설명 중 올바르지 않은 것은?

① ELD는 은행에서 발행되는 정기예금으로 예금자보호법의 대상이다.
② ELF는 투신사에서 운용하는 수익증권으로써 원금은 보장되지 않는다.
③ ELS는 증권사에서 발행하는 증권으로 실적배당이다.
④ ELD는 원금이 보장되는 구조이다.

59 ELW의 투자지표 중 전환비율에 대한 설명으로 옳은 것은?

① 델타, 감마, 베가, 세타, 로 등이 해당된다.
② 행사가격과 기초자산가격의 상대적 크기이다.
③ 만기에 ELW 1증권을 행사하여 얻을 수 있는 기초자산의 수이다.
④ ELW의 권리를 행사함으로써 얻을 수 있는 이익을 의미한다.

60 파생결합증권의 발행을 위해 필요한 금융투자상품의 인가 범위로 옳은 것은?

① 증권
② 파생상품
③ 증권과 장내파생상품
④ 증권과 장외파생상품

제2회 실전 모의고사

61 다음 중 재무제표 요소에 대한 설명으로 잘못된 것은?
① 자산, 부채, 자본의 정의는 거래의 경제적 실질보다, 법률적 형식이 더 중요하다.
② 부채는 과거 사건에 의하여 발생하였으며 경제적 효익이 내재된 자원이 기업으로부터 유출됨으로써 이행될 것으로 기대되는 현재의무이다.
③ 자본은 기업의 자산에서 모든 부채를 차감한 잔여지분이다.
④ 수익과 비용은 지분참여자에 의한 출연과 관련된 것은 제외한다.

62 K – IFRS에 대한 다음 설명 중 잘못된 것은?
① K – IFRS 도입으로 글로벌 기업들의 재무제표 이중 작성부담을 경감시킬 수 있다.
② 비상장기업은 반드시 일반기업회계기준을 선택해야 한다.
③ K – IFRS는 세부적인 규정보다 기업들이 준수해야 할 원칙들을 규정하고 있다.
④ 이익잉여금처분계산서는 재무제표에서 제외된다.

63 자산, 부채 평가방법 중에서 가장 객관적이고, 검증이 가능한 방법은?
① 역사적 원가   ② 현행원가
③ 실현가능가치   ④ 현재가치

64 이패스(주)가 김패스(주)의 주식을 25% 취득하였으며, 유의적인 영향력을 행사하고 있다. 다음 설명 중 잘못된 것은?
① 김패스(주)는 이패스(주)의 관계기업이다.
② 김패스(주) 주식을 3% 매각한다고 하더라도, 유의적인 영향력에는 큰 차이가 없다.
③ 김패스(주)가 100억원의 이익이 발생했다면, 이패스(주)는 25억원의 이익을 기록해야 한다.
④ 김패스(주)가 50억원의 배당을 지급한다면, 이패스(주)는 12억5,000만원의 배당금수익을 기록해야 한다.

65 인플레이션이 지속적으로 발생하고 있다고 가정하면, 다음 기말 재고자산의 원가 결정방법 중에서 가장 높은 당기순이익을 보고하는 것은?

① 선입선출법 ② 총평균법
③ 후입선출법 ④ 이동평균법

66 다음 거래 중 금융상품에 대한 설명 중 잘못된 것은?

① 위험회피에 효과적인 파생상품은 금융상품이 아니다.
② 매도가능금융자산은 취득 시 공정가치 + 거래비용으로 취득원가를 구성한다.
③ 상환청구권이 투자자에게 있는 우선주는 자본으로 분류한다.
④ 복합금융상품은 자본요소와 부채요소를 모두 가지고 있는 비파생상품이다.

67 다음의 자료를 바탕으로 이패스(주)가 20X1년에 포괄손익계산서에 보고하여야 할 영업이익은?

- 총매출 : 1,000원
- 기초상품 : 100원
- 기말상품 : 100원
- 매출채권 대손상각비 : 200원
- 이자수익 : 30원
- 매출할인 : 100원
- 당기제조 : 500원
- 판매급여 : 100원
- 이자비용 : 20원

① 90원 ② 100원
③ 110원 ④ 300원

68 이패스(주)의 20X1년 당기순이익은 1,000원이며, 감가상각비 500원, 지분법이익 100원, 유형자산처분이익 100원, 이자지급(비용) 100원, 배당금 지급 100원일 때 일반기업회계기준에 의한 이 회사의 20X1년 영업활동 현금흐름은 얼마인가?

① 1,000원 ② 1,300원
③ 1,400원 ④ 1,500원

69 다음 거래 중 현금 유입과 유출이 없는 거래가 아닌 것은?

① 무상증자
② 무상감자
③ 전환사채의 전환
④ 지분법적용투자 주식의 취득

70 다음 중 연결재무제표 작성과 관련 없는 것은?

① 지배기업 투자주식과 종속기업의 비지배기업지분을 상계해야 한다.
② 내부거래 중에서 채권 및 채무를 상계한다.
③ 종속기업의 비지배지분을 별도로 표시해야 한다.
④ 해외에 종속기업이 존재하는 경우 지배기업의 화폐로 환산하여 합산한다.

71 다음의 이론적 기업가치 평가방법 중에서 상대가치를 평가하는 것이 아닌 것은?

① PER
② EV/EBITDA
③ PBR
④ EVA

72 다음 상대가치평가지표와 산식이 잘못 연결된 것은?

① PER = 주가/주당순이익
② EV/EBITDA = 순차입금 + 자본총액/EBITDA
③ PBR = 주가/주당 순자산
④ PSR = 주가/주당매출액

73 다음 상대가치 지표 중에서 다년간 적자로 자본잠식을 기록했으며, 현금흐름도 적자를 보이고 있는 기업에 활용 가능한 지표는?

① PER
② PSR
③ PBR
④ EV/EBITDA

74 이패스(주)는 20억의 당기순이익을 일정하게 창출하는 소비재 기업이다. 이패스(주)의 자본총계는 100억이다. 이패스의 주식수가 100,000,000주이고, 유사사업을 영위하는 경쟁기업의 PER 15이라면, 이패스(주)의 상대가치평가방법을 적용한 적정 주가는?

① 100원
② 200원
③ 300원
④ 450원

75 이패스(주)는 20x1년 포괄손익계산서에서 매출액 100억, 매출총이익 30억, 영업이익 10억, 감가상각비 20억, 당기순이익 5억의 실적을 공표하였다. 또한 재무상태표를 통하여 현금 50억, 차입금 100억, 자기자본 50억을 보유하고 있다. 이패스의 EV/EBITDA 방법을 적용한 주당 적정주가는? (유사기업 EV/EBITDA 배수는 10, 주식수는 10,000,000주이다.)

① 1,000원
② 2,500원
③ 3,000원
④ 3,500원

76 투하자본과 기업가치에 대한 설명 중 잘못된 것은?

① 총투자금액 = 영업투하자본 + 재무부채
② 영업투하자본 + 비영업자산 = 재무부채 + 자본
③ 영업가치 = $\sum_{t=1}^{\infty} \dfrac{FCFF_t}{(1+WACC)^t}$
④ 영업투하자본 = 영업관련 비유동자산 + 영업관련 유동자산 − 영업관련부채

제2회 실전 모의고사

77 이패스건설은 영업투하자본 1,000억원, 세후영업이익 200억원, WACC 15%이다. EVA는 얼마인가?

① 200억 ② 150억
③ 100억 ④ 50억

78 비상장 기업 A는 1주당 자산가치가 20,000원 1주당 수익가치가 20,000원일 경우, A기업의 1주당 본질가치는? (현행 합병가액 산정기준 적용)

① 10,000 ② 20,000
③ 30,000 ④ 40,000

79 이패스(주)는 세후 타인자본비용 = 9%, 무위험이자율 5%, 이패스(주)의 베타는 2, 시장수익률 10%라고 할 때, 가중평균자본비용을 구하라. 단, 이패스(주)는 부채의 시장가치는 100억, 자본의 시장가치는 200억이다.

① 9%   ② 10%
③ 12% ④ 13%

80 다음 중 자본비용을 산정할 때, 고려사항으로 잘못된 것은?

① 베타계수는 상장주식의 경우 회귀분석 방법을 활용하여 추정한다.
② 무위험이자율을 국채에 대한 이자율을 무위험이자률로 사용한다.
③ 비상장회사는 베타를 측정하기 어려우므로, 하마다모형을 사용한다.
④ 타인자본비용은 차입당시 이자율을 적용하여 산정한다.

81 다음 설명 중 올바르지 못한 것은?

① 금융감독원의 부위원장은 증권선물위원회의 위원장을 겸임한다.
② 기획재정부 차관, 금융감독원 원장, 예금보험공사 사장, 한국은행 부총재는 금융위 비상임 당연직 위원이다.
③ 자본시장의 불공정거래의 조사기관은 증권선물위원회이다.
④ 금융위는 국무총리 소속 중앙행정기관으로 9인의 위원으로 구성된다.

82 자본시장법상 금융투자업에 대한 설명으로 옳지 않은 것은?

① 누구의 명의로 하든지 타인의 계산으로 증권의 발행에 대한 청약의 권유를 영업으로 하는 것은 투자매매업이다.
② 불특정한 사람들을 대상으로 발행되고 불특정 다수인이 구입할 수 있는 출판물을 통해 조언하는 것은 투자자문업으로 보지 아니한다.
③ 투자권유대행인이 투자권유를 대행하는 경우에는 투자중개업의 적용이 배제된다.
④ 자기가 증권을 발행하는 경우에는 원칙적으로 투자매매업의 적용이 배제된다.

83 자본시장법상 금융투자상품에 대한 설명으로 바르지 못한 것은?

① 원화로 표시된 CD는 채무증권의 일종이다.
② 주식매수선택권과 관리신탁의 수익권은 금융투자상품에서 제외된다.
③ 금융투자상품도 파생결합증권의 기초자산이 될 수 있다.
④ 기업어음은 기업이 자금조달을 위해 발행한 약속어음을 말한다.

84 다음 중 증권신고서에 관한 설명으로 바르지 못한 것은?

① 모집 또는 매출하려는 금액이 각각 10억원 이상인 경우에는 발행인이 모집 또는 매출에 관한 신고서를 금융위에 제출하여 수리되지 않으면 이를 할 수 없다.
② 증권신고서의 효력이 발생하지 아니한 증권의 취득 또는 매수의 청약이 있는 경우에 증권의 발행인은 그 청약의 승낙을 할 수 없다.
③ 매출의 경우에는 실제 매출하는 주체인 대주주가 증권신고서를 제출하여야 한다.
④ 증권신고서가 효력을 발생한다는 의미는 증권의 가치를 정부가 보증하거나 승인하는 것이 아니다.

제2회 실전 모의고사

85 다음 중 단기매매차익반환과 관련하여 옳지 않은 설명은?
① 내부정보이용과 무관하게 규제대상이 된다.
② 그 법인이 발행한 일정한 증권만 규제대상이 된다.
③ 주요주주는 매도 매수한 시기 중 어느 한 시기에 있어서 주요주주가 아닌 경우에는 적용되지 않는다.
④ 직원은 미공개 중요정보에 접근가능성이 있는 자만 적용된다.

86 금융소비자보호법상 (　) 금융소비자가 조정을 신청한 (　) 이하의 소액분쟁사건의 경우 분쟁조정 절차가 완료될 때까지는 조정대상기관이 법원에 소송을 제기할 수 없다. (　)에 들어갈 적당한 말은?
① 일반, 1천만원　　② 일반, 2천만원
③ 전문, 1천만원　　④ 전문, 2천만원

87 금융투자업규정 상 순자본비율에 대한 설명으로 가장 거리가 먼 것은?
① 시장위험과 신용위험을 동시에 내포하는 자산에 대해서는 시장위험액과 신용위험을 모두 산정한다.
② 영업용순자본 산정 시 차감항목에 대해서는 위험액을 산정한다.
③ 금융투자업자는 최소한 일별로 순자본비율을 산정하여야 한다.
④ 순자본비율이 100% 미만이 되는 경우에는 지체없이 금감원장에게 보고하여야 한다.

88 금융상품판매업자등과 대통령령으로 정하는 보장성 상품, 투자성 상품, 대출성 상품에 관한 계약의 청약을 한 일반금융소비자는 일정 기간 내에 청약을 철회할 수 있다. 투자성 상품은 계약서류 제공일 또는 계약체결일로부터 (　) 이내에 철회할 수 있는가?
① 7일　　② 14일
③ 5일　　④ 3일

89 자본시장법상 투자설명서에 대한 설명으로 가장 거리가 먼 것은?

① 전문투자자에 대해서도 원칙적으로 투자설명서를 교부하여야 한다.
② 투자설명서 받기를 거부한다는 의사를 서면, 전화 등으로 표시한 자에 대하여는 투자설명서 교부가 면제된다.
③ 투자설명서에는 증권신고서에 기재된 내용과 다른 내용을 표시하거나 그 기재사항을 누락할 수 없다.
④ 해당 집합투자증권의 투자설명서 내용이 직전에 교부한 투자설명서의 내용과 다른 경우 이미 취득한 것과 같은 집합투자증권을 계속하여 추가로 취득하려는 자에게도 투자설명서를 교부하여야 한다.

90 금융투자업규정상 신용공여에 대한 설명으로 가장 거리가 먼 것은?

① 신용거래대주를 할 때는 매도대금을 담보로 받아야 한다.
② 거래소가 투자경고종목으로 지정한 증권은 신규의 신용거래를 할 수 없다.
③ 투자자매매업자 또는 투자중개업자는 투자자의 신용상태 및 종목별 거래상황 등을 고려하여 신용공여금액의 100분의 120 이상에 상당하는 담보를 징구하여야 한다.
④ 투자매매업자 또는 투자중개업자는 청약자금대출을 할 수 있다.

91 상법상 자본금 총액이 10억원 미만인 주식회사에 적용되는 특례로 가장 거리가 먼 것은?

① 발기설립의 경우, 공증인의 인증이 없어도 원시정관의 효력이 발생한다.
② 주주총회일의 10일 전에 각 주주에게 서면으로 통지하면 적법하며, 주주 전원이 동의하면 서면에 의한 결의로써 주주총회의 결의를 갈음할 수 있다.
③ 대표이사를 선임하지 아니할 수 있다.
④ 이사를 1인 둘 수 있다.

92 상법상 주식에 대한 설명으로 바르지 못한 것은?

① 상환주식에는 회사상환주식과 주주상환주식이 있으며, 보통주식은 상환주식으로 할 수 없다.
② 이익배당의 우선 여부에 관계없이 의결권이 없는 종류주식이나 의결권이 제한되는 종류주식의 발행이 가능하다.
③ 복수의결권을 내용으로 하는 주식, 거부권주식 등을 발행할 수 있다.
④ 상법은 액면주식과 무액면주식간 전환을 허용하고 있다.

93 상법상 주주의 의결권 행사에 대한 설명으로 가장 거리가 먼 것은?

① 주주는 정관이 정한 바에 따라 주주총회에 출석하지 아니 하고 서면에 의하여 의결권을 행사할 수 있다.
② 주주가 주주총회에 출석하지 아니 하고 전자적 방법에 의한 의결권을 행사하기 위해서는 주주총회의 사전결의가 필요하다.
③ 주주는 대리인으로 하여금 그 의결권을 행사하게 할 수 있다.
④ 주주총회의 결의에 관하여 특별한 이해관계가 있는 자는 의결권을 행사하지 못한다.

94 상법상 주식회사 감사에 대한 설명으로 가장 거리가 먼 것은?

① 의결권없는 주식을 제외한 발행주식 총수의 3%를 초과하는 수의 주식을 가진 주주는 그 주식 전부에 대하여 감사의 선임에 있어서 의결권을 행사하지 못한다.
② 전자투표를 실시하는 회사는 감사 및 감사위원을 출석한 주주의 의결권의 과반수로서 선임할 수 있다.
③ 회사와 이사간의 소가 있으면 감사는 그 소에 대하여 회사를 대표한다.
④ 자산총액이 2조원 이상인 상장회사는 주총결의로 감사위원 중 1인을 다른 이사들과 분리하여 선임하여야 한다.

95 상법상 신주의 할인발행에 대한 설명으로 올바르지 않은 것은?

① 회사가 성립한 날로부터 2년이 지나야 한다.
② 주주총회 특별결의가 있어야 한다.
③ 법원의 인가를 받아야 하는데 법원은 변경인가를 할 수 없다.
④ 신주는 법원의 인가를 받은 날로부터 1월 이내에 발행하여야 한다.

96 금융투자회사의 <표준내부통제기준> 상 과당매매를 판단하는 기준이 아닌 것은?

① 일반투자자가 부담하는 수수료의 총액
② 일반투자자의 재산상태 및 투자목적에 적합한지 여부
③ 개별 매매거래 시 권유내용의 타당성 여부
④ 투자자가 부담한 투자금액에 비추어 그 거래에 따른 수익 발생 여부

97 금융투자협회의 <금융투자회사의 영업 및 업무에 관한 규정> 상 부당한 금품 등의 제공 및 수령 금지에 대한 설명으로 옳지 않은 것은?

① 금융투자회사의 업무수행과 관련한 부당한 금품수수는 업무의 공정성을 해할 우려가 있으므로 금지된다.
② 집합투자회사가 자신이 운용하는 집합투자기구의 집합투자증권을 판매하는 투자매매회사, 투자중개회사 및 그 임직원과 투자권유대행인에게 문화상품권을 제공할 수 있다.
③ 집합투자회사가 자신이 운용하는 집합투자기구의 집합투자증권의 판매실적에 연동하여 이를 판매하는 회사에 재산상 이익을 제공할 수 있다.
④ 집합투자회사 등 타인의 재산을 일임 받아 이를 금융투자회사가 취급하는 금융상품 등에 운용하는 것을 업무로 영위하는 자에게 문화상품권을 제공할 수 있다.

98 내부통제에 대한 설명으로 옳지 않은 것은?
① 내부통제기준을 제정하거나 변경하려는 경우 주주총회 결의를 거쳐야 한다.
② 내부통제기준의 제정은 법적 의무이다.
③ 금융투자업자가 내부통제기준을 제정하지 않으면 과태료부과 대상이 된다.
④ 준법감시인은 위임의 범위와 책임의 한계 등이 명확히 구분된 경우 준법감시업무 중 일부를 준법감시업무를 담당하는 임직원에게 위임할 수 있다.

99 자본시장법 상의 이해상충방지 체계에 대한 설명으로 부적절한 것은?
① 자본시장법에서는 이해상충의 관리를 위해 내부시스템의 구축을 의무화하고 있다.
② 금융투자업자는 이해상충을 방지하기 위해 내부통제기준이 정하는 방법 및 절차에 따라 이를 적절히 관리하여야 한다.
③ 금융투자업자는 이해상충이 발생할 가능성이 있다고 인정되는 경우에 매매 등의 거래를 한 후 그 사실을 해당투자자에게 알려야 한다.
④ 금융투자업자는 영위하는 금융투자업 간에 이해상충발생 가능성이 큰 경우로 대통령령에 정하는 경우에는 매매정보 등을 제공해서는 아니 된다.

100 금융투자업자가 준수하여야 할 직무윤리로서 그 성격이 다른 항목과 가장 다른 것은?
① 경영진 책임
② 법규준수
③ 자기혁신
④ 품위유지

제3회 실전 모의고사

01 다음의 분포의 모양에 관한 통계량 중에서 극단치의 영향을 가장 적게 받는 것은?
① 산술평균
② 중위수
③ 분산
④ 표준편차

02 다음 중 기대값과 표준편차와 관련된 수식으로서 옳은 것은 어느 것인가?
① $E[X+Y] = E[X] + E[Y] - 2Cov[X,Y]$
② $Var[X-Y] = Var[X] + Var[Y] + 2Cov[X,Y]$
③ $Cov[X,Y] = E[(X-E(X))(Y-E(Y))]$
④ $Var(aX) = aVar(X)$

03 다음 중 확률분포에 대한 설명으로 가장 옳지 않은 것은?
① 왜도는 분포의 비대칭도를 측정하는데 사용되며, 정규분포의 비대칭도는 1이다.
② 첨도는 분포의 뾰족한 정도를 측정하는데 사용되며, 정규분포의 첨도는 3이다.
③ 왜도의 결과값이 2로 나온 경우는 분포의 꼬리가 오른쪽으로 길게 늘어진 모양이다.
④ 정규성검정은 왜도와 첨도를 이용하여 측정한다.

04 다음 보기의 괄호안에 들어갈 말로 알맞게 짝지어진 것은?

〈보기〉
가. 독립성 위배시 자기상관이라 부르며 (　　　)을 상실한다.
나. 등분산성 위배시 이분산성이라 부르며 (　　　)을 상실한다.

① 가. 효율성, 나. 효율성
② 가. 불편성, 나. 일치성
③ 가. 일치성, 다. 불편성
④ 가. 일치성, 나. 효율성

05 t분포에 대한 다음 설명 중 가장 옳지 않은 것은?

① t분포는 종모양의 형태로 표준 정규분포와 대체로 같은 모양을 가져 평균은 0이다.
② t분포의 분산은 1보다 크므로 중간에서 표준정규분포보다 더 평평하고 두꺼운 꼬리를 갖는다.
③ t분포의 분산은 (n-1)/(n-3)이다. (n은 표본크기)
④ 모분산을 알지 못하는 경우에는 Z분포 대신 t분포를 사용한다.

06 화폐의 중립성에 대한 설명으로 옳은 것은?

① 화폐공급량을 감소시키면 명목소득의 변화가 없다.
② 화폐공급량을 증가시키면 물가가 상승한다.
③ 화폐공급량을 감소시키면 실질소득의 변화가 생긴다.
④ 화폐공급량을 증가시키면 실질소득과 명목소득 모두 변화가 있다.

07 IS-LM 모형에서 재정정책과 통화정책에 대한 설명으로 잘못된 것은?

① LM곡선이 수직선일 때, 재정정책은 효과가 없다.
② IS곡선의 기울기가 가파를수록 확장통화정책으로 인한 국민소득의 증가폭이 커진다.
③ LM곡선의 기울기가 가파를수록 확장통화정책으로 인한 국민소득의 증가폭이 커진다.
④ 유동성함정에서는 통화정책이 재정정책보다 덜 효과적이다.

08 A국의 명목 국내총생산(GDP)은 20,000달러, 통화량은 8,000달러이고, 수량방정식(quantity equation)이 성립한다고 가정한다. 이때 화폐유통속도(velocity of money)는?

① 2.5　　　　　　　　　　② 2.75
③ 3　　　　　　　　　　　④ 3.5

09 A국가의 올해 민간 소비지출이 400조원, 정부지출이 100조원, 투자가 200조원, 수출이 260조원, 수입이 200조원, 대외순수취 요소소득이 20조원이라고 할 때, A국가의 국내총생산(GDP)은?

① 600조원
② 750조원
③ 760조원
④ 950조원

10 AD-AS 곡선 모형에서 확대재정정책을 실시할 때 물가와 국민소득의 변화는?

① 국민소득 증가, 물가 증가
② 국민소득 감소, 물가 증가
③ 국민소득 증가, 물가 감소
④ 국민소득 감소, 물가 감소

11 균형 경기변동 이론에 대한 설명으로 가장 잘못된 것은?

① 경제주체의 합리적 기대를 가정하며, 경제주체들이 주어진 여건에서 최적선택을 하는 과정에서 경기변동이 나타나는 것으로 본다.
② 화폐적 균형 경기변동(MBC) 이론은 예상치 못한 화폐량의 변동이 경기변동의 원인이라고 본다.
③ 실물적 균형 경기변동(RBC) 이론은 기술충격, 인구변화 등이 경기변동을 촉발한다고 본다.
④ RBC 이론은 경기변동의 지속성을 잘 설명하지 못하는 약점이 있다.

12 구매력 평가설(PPP)에 대한 설명 중 틀린 것은?

① PPP에서 환율 변화율은 양국 간 인플레이션율의 차이와 같다.
② 절대적 구매력 평가설에 따르면 명목환율은 자국의 물가지수를 외국의 물가지수로 나눈 값과 같다.
③ 상대적 구매력 평가설에 따르면 자국의 물가수준 상승률이 외국의 물가수준 상승률보다 높으면 자국의 화폐 가치가 높아진다.
④ 구매력 평가설은 환율의 단기적인 움직임보다 장기적인 움직임을 잘 설명한다.

13 항상소득가설이 성립한다면 나타날 수 있는 소비행태가 아닌 것은?

① 직장에서 승진하여 소득이 증가하였으나 이로 인한 소비는 증가하지 않는다.
② 호황기에는 일시소득이 증가하여 저축률이 상승한다.
③ 항상소득에 대한 한계소비성향이 일시소득에 대한 한계소비성향보다 더 크다.
④ 불황기에는 일시소득의 비율이 상대적으로 작아지고 평균소비성향이 높아진다.

14 기업의 투자이론에 대한 설명으로 올바르지 않은 것은?

① 신고전학파(neoclassical)의 투자이론에 의하면 자본의 한계 생산물 가치가 자본비용(=이자율)과 같을 때 최적 투자수준이다.
② 토빈의 q값은 기업의 실물자본의 대체비용(replacement cost)을 주식시장에서 평가된 기업의 시장가치로 나누어서 계산한다.
③ 토빈의 q이론은 주식시장이 비효율적이면 q값이 무의미하다는 단점이 있다.
④ 토빈은 q>1이면 기업이 투자를 확대한다고 주장한다.

15 통화 공급을 확대시키는 정책으로 옳지 않은 것은?

① 법정지급준비율 인하
② 은행의 대출 한도 축소
③ 재할인율 인하
④ 공개시장에서 중앙은행의 국채 매입

16 다음 중 운용리스(Operating lease)와 관련된 내용 중 틀린 것은?

① 범용제품과 첨단제품이 주로 리스의 대상이 된다.
② 리스기간은 단기간인 경우가 많으며 중도해약이 대부분 허용된다.
③ 운용리스료가 금융리스료보다 상대적으로 높게 된다.
④ 설비관련 수선·유지비는 레시(Lessee:빌리는 쪽)가 부담한다.

17 NPV법에 대한 이론적 열세에도 불구하고 내부수익률(IRR)법이 투자판단에서 자주 활용되는 이유와 거리가 먼 것은?

① IRR은 투자성과에 관한 종합적 지표로서 매우 중요한 정보가치를 가지고 있으며 기업외부의 일반투자자에게도 매우 설득력 있는 정보가 된다.
② 하나의 투자안에 대해서는 NPV법과 IRR법이 같은 결론을 내리게 된다.
③ 비용최소화를 통해서 주주가치를 극대화하는 문제에서는 IRR법을 적용해야만 분석이 가능하다.
④ IRR법은 할인율 k를 먼저 산정하지 않아도 일단 시작하여 내부수익률을 계산한 뒤, 여러 가지의 잠정적인 k를 고려하면서 투자안의 채택여부를 가늠해 볼 수 있다.

18 법인세와 개인소득세가 모두 허용되었을 때 타인자본을 사용하고 있는 L사의 현재시점 기업가치 V_L과 자기자본만을 사용하고 있는 U사의 현재시점 기업가치 V_U의 관계는 다음과 같다.

$$V_L = V_U + D_L[1 - \frac{(1-\tau_c)(1-\tau_{pe})}{(1-\tau_{pd})}]$$

다음 중 옳지 않은 설명은?

① MM(1958)은 법인세, 개인소득세 등을 모두 배제한 상태에서 타인자본 사용의 효과를 논하였는데, 이는 $\tau_c = \tau_{pd} = \tau_{pe} = 0$인 경우이다.
② MM(1963)은 개인소득세를 배제하고 법인세만을 허용한 상태에서 타인자본 사용의 효과를 논하였는데 이는 $\tau_{pe} = \tau_{pd} = 0, \tau_c \neq 0$인 경우이다.
③ Miller(1977)은 법인세와 개인소득세를 예외적으로 허용한 완전자본시장 가정하에서 타인자본 사용이 기업가치에 영향을 줄 수 없다는 것을 증명하였다.
④ MM(1963)에서 개인소득세를 아울러 허용하더라도 $\tau_c = \tau_{pd}$이면 타인자본의 사용이 증가할수록 기업가치는 높아진다.

19 다음 최적자본구조에 대한 설명 중 틀린 것은?

① 타인자본의 신호효과는 타인자본의 사용에 따라 기업가치가 달라진다는 내용을 담고 있다.
② 대리비용을 고려하면 최적 자본구조가 존재한다.
③ 파산비용을 고려하면 최적 자본구조가 존재한다.
④ 타인자본의 신호효과는 타인자본과 연계한 분리정리와 그 맥을 같이 하고 있다.

20 재무비율 분석의 한계에 대해 옳은 설명이 아닌 것은?

① 회계처리 방법에 따라 동일한 현상이 다른 재무비율로 표현될 수 있다.
② 비율분석의 한계를 보완하기 위한 방법으로 추세법, 지수법, 점수법 등이 있다.
③ 수익성 비율 등을 보완하는 개념으로서 경제적 부가가치가 있으며 이는 자기자본의 기회비용을 감안한 주주입장에서의 개념이다.
④ 수익성 비율 등을 보완하는 개념으로서 시장 부가가치가 있으며 이는 타인자본의 장부가치와 시장가치를 비교하여 산정한다.

21 포트폴리오의 위험(리스크)의 결정요인이 아닌 것은?

① 개별 주식의 기대 수익률
② 구성 주식 간의 공분산
③ 각 주식에 대한 투자금액의 비율
④ 구성 주식의 수익률의 표준편차

22 단일지표모형에 의하여 증권i와 증권j 수익률의 공분산을 구하면?(단위는 생략함)

- 증권i의 기대수익률 = 5%,
- 증권j의 기대수익률 = 15%,
- 증권i의 β = 0.5
- 시장수익률의 표준편차 = 10%,
- 무위험자산의 수익률 = 3%,
- 증권j의 β = 2

① 0
② 0.01
③ 0.005
④ 0.02

23 시장 포트폴리오의 기대수익률과 표준편차는 각각 16%와 20%이며 무위험이자율은 5%이다. 베타계수가 1.2인 주식 A와 베타계수가 0.8인 주식 B에 각각 1:1로 투자하여 포트폴리오를 구성하고자 한다. 이 포트폴리오의 위험 보상률[risk premium]은?

① 11% ② 10%
③ 9%   ④ 8%

24 두 자산으로 포트폴리오를 구성하는 경우 포트폴리오의 기대수익률과 리스크(표준편차)에 대한 설명으로 잘못된 것은?

① 포트폴리오의 기대수익률은 각 자산의 기대수익률을 투자비중으로 가중평균하여 얻는다.
② 두 자산의 수익률에 대해 상관계수가 0이면, 포트폴리오 수익률의 표준편차는 투자비중과 상관없이 0이 된다.
③ 두 자산의 수익률에 대해 상관계수가 1이면, 포트폴리오 수익률의 표준편차는 각 자산 수익률의 표준편차를 투자비중으로 가중평균한 값과 같다.
④ 두 자산의 수익률에 대해 상관계수가 −1이면, 투자비중을 조절하여 포트폴리오 수익률의 표준편차를 0으로 만들 수 있다.

25 다음 보기의 포트폴리오 A부터 D까지 중 샤프지수와 트레이너지수가 가장 우월한 상품을 고르면? (단, 무위험수익률은 2%, 시장위험보상율은 8%라고 가정함)

구 분	포트폴리오 A	포트폴리오 B	포트폴리오 C	포트폴리오 D
실제 수익률	9%	10%	13%	14%
표준편차	10%	11%	7%	9%
베타	1.4	1.5	1.8	1.6

① 샤프지수 : A, 트레이너지수 : B
② 샤프지수 : B, 트레이너지수 : C
③ 샤프지수 : B, 트레이너지수 : D
④ 샤프지수 : C, 트레이너지수 : D

제3회 이패스 금융투자분석사 실전 모의고사

26 어느 기업이 증자비율 50%의 유상증자를 실시하려고 한다. 현재주가 및 기준주가는 13,000원, 신주의 발행주식수는 100,000주, 발행가격이 10,000원일 때, 이 기업의 권리락 주가는?

① 10,000원
② 12,000원
③ 13,000원
④ 15,000원

27 한국거래소의 증권매매거래제도 중 매매, 주문의 체결에 대한 설명으로 가장 거리가 먼 것은?

① 높은 가격의 매수호가는 낮은 가격의 매수호가에 우선한다.
② 낮은 가격의 매도호가는 높은 가격의 매도호가에 우선한다.
③ 동시호가의 경우, 자기매매호가가 위탁매매호가보다 우선한다.
④ 개별경쟁매매는 단일가격에 의한 개별경쟁매매와 복수 가격에 의한 개별경쟁매매로 구분한다.

28 한국종합주가지수(KOSPI)에 대한 설명으로 옳은 것은?

① Nikkei225와 동일한 방식으로 산출한다.
② 1990년 1월 3일을 기준일로 하여 100으로 시작되었다.
③ 채용종목의 주가를 합한 다음 이를 종목수로 나누어 산출한다.
④ 미국의 S&P500 지수와 동일한 시가총액 가중방법을 쓰고 있다.

29 다음은 A기업의 재무자료이다. A기업의 (부채 / 자기자본)의 크기는?

- 매출액순이익률 : 10%   • 총자산 회전율 : 1.2   • 자기자본순이익률(ROE) : 36%

① 1.0
② 1.5
③ 2.0
④ 3.0

30 A기업의 올해의 순이익은 2억원이고, 순이익의 60%를 배당으로 지급한다. 재투자수익률이 20%라면, Gordon의 정률성장모형에서 A기업의 배당성장률은?

① 8% ② 20%
③ 40% ④ 80%

31 작년 12월 31일 1,000원의 배당을 지급한 A회사의 이익과 배당은 매년 5%씩 일정하게 계속적으로 성장할 것으로 전망된다. 요구수익률이 10%일 경우 고든의 배당평가모형을 이용한 A 회사의 올해 1월 1일 현재 이론적 주가는?

① 10,000원 ② 10,500원
③ 20,000원 ④ 21,000원

32 A기업의 세후영업이익(NOPAT)은 100억원이고, 영업용투하자본(invested capital)은 1,000억원이다. A기업의 가중평균자본비용이 8.6%이고 법인세율이 40%라면, 경제적 부가가치(EVA)는?

① -20억원 ② -14억원
③ 14억원 ④ 20억원

33 A기업의 올해 말 주당이익은 1,000원으로 예상되고 재투자수익률은 12%, 배당성향은 40%, 요구수익률은 10%이다. 모딜리아니-밀러의 정률성장모형에서 올해 초 A기업의 성장기회의 현재가치는? (가장 가까운 근사치로 구하시오)

① 2,571원 ② 4,286원
③ 5,714원 ④ 7,213원

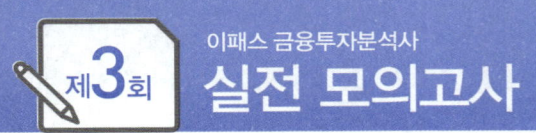

34 정상적 주당이익을 예측하는 기준으로 적절하지 않은 것은?

① 보수적 회계처리방법을 근간으로 예측한다.
② 미래에 반복될 경상적 항목을 근간으로 예측한다.
③ 정상적 주당이익이란 정상적 상황에서의 영업활동으로부터 기대할 수 있는 주당이익을 말한다.
④ 기업의 장기수익과 밀접한 관계가 있는 강제적 비용지출의 크기와 시기에 주의하여 분석할 필요가 있다.

35 '세후영업이익(NOPLAT) - 경제적 부가가치(EVA)'가 의미하는 것은?

① EBITDA
② 장부가치
③ 자본비용
④ 시장부가가치(MVA)

36 채권에 대한 설명으로 적절하지 않은 것은?

① 잔존기간은 매매일로부터 만기일까지를 의미한다.
② 단가란 액면 10,000원당 시장에서 거래되는 가격이다.
③ 만기수익률이란 채권 발행 시에 발행자가 지급하기로 한 이자율을 의미한다.
④ 선매출이란 발행일 이전에 일정기간 동안 채권이 판매되는 것을 의미한다.

37 이표채에 대한 설명으로 적절하지 않은 것은?

① 일정기간마다 채권의 발행자가 표면이자를 지급한다.
② 일반 회사채는 이표채 형태의 발행비중이 가장 크다.
③ 이표채에 투자 시 가격변동위험과 재투자위험이 존재한다.
④ 지급이자는 매입 시의 만기수익률을 기준으로 산정된다.

38 채권 발행방식에 대한 설명으로 적절하지 않은 것은?

① 총액인수방식은 간접발행방식이다.
② 무보증회사채는 매출발행의 비중이 가장 크다.
③ Dutch방식은 경쟁입찰방식 중의 하나이다.
④ Conventional방식은 복수의 낙찰수익률이 발생한다.

39 자산유동화증권의 내부적 신용보강방법으로 가장 거리가 먼 것은?

① 선·후순위 설정
② 현금흐름 차액적립
③ 초과담보의 설정
④ 신용공여

40 표면이율 8%, 수익률 10%인 어느 이표채의 듀레이션은 2.78년이다. 다른 조건은 이 채권과 동일하나 표면이율이 10%인 이표채의 듀레이션은?

① 2.73년
② 2.78년
③ 2.84년
④ 3.05년

41 패리티가 140인 전환사채의 전환가격이 5,000원이라면 이 전환사채를 발행한 기업의 주가는?

① 3,570원
② 7,000원
③ 8,000원
④ 14,000원

42 수익률곡선이론에 대한 설명으로 적절하지 않은 것은?

① 불편기대가설에 따르면 장기채권의 수익률은 미래 단기채권의 기대수익률들의 기하평균으로 구할 수 있다.
② 불편기대가설은 위험중립형 투자자를 전제로 한다.
③ 유동성선호가설에 따르면 수익률곡선은 항상 우상향하는 형태로 나타난다.
④ 시장분할가설에 따르면 특정 만기의 채권수익률은 이들 만기를 선호하는 투자자들 간의 수급에 의하여 결정된다.

43 주식관련사채의 옵션(전환권, 신주인수권, 교환권)이 행사되어도 자본금이 증가하지 않는 것은?

① 전환사채
② 분리형 신주인수권부사채
③ 교환사채
④ 비분리형 신주인수권부사채

44 수의상환채권에 대한 설명으로 옳은 것은?

① 채권 투자자가 원리금을 조기에 상환할 수 있는 권한을 가지고 있다.
② 수의상환채권의 가치는 일반채권의 가치에서 콜옵션가치를 차감하여 나타낼 수 있다.
③ 시장금리가 상승할 경우 발행자는 조달비용을 절감하기 위해 콜옵션을 행사할 가능성이 높아진다.
④ 다른 조건이 동일할 때, 일반채권의 발행수익률보다 더 낮은 수익률로 발행된다.

45 Secondary CBO의 기초자산으로 옳은 것은?

① 기존발행 회사채
② 은행대출
③ 주택저당채권(Mortgage)
④ 장래매출채권

46 선물거래의 경제적 기능에 대한 설명으로 적절하지 않은 것은?

① 선물거래는 투기성 자금의 시장유입을 촉진하여 시장을 활성화시킨다.
② 해저(hedger)로부터 투기자에게 위험이 이전되어 시장 전체적으로는 가격변동위험이 소멸된다.
③ 다수의 시장참가자가 경쟁함에 따라 독점력이 감소되어 금융시장의 효율적인 자원배분이 가능하다.
④ 선물가격은 현재시점에서 미래의 현물가격에 대한 수많은 시장참가자들의 견해를 반영하고 있다.

47 풋옵션의 가격에 대한 설명으로 적절하지 않은 것은?

① 행사가격이 높을수록 비싸다.
② 기초자산의 가격이 상승할수록 비싸다.
③ 만기가 다가올수록 time decay가 커진다.
④ 기초자산의 가격변동성이 클수록 비싸다.

48 현재 KOSPI200 주가지수가 250pt이고, 만기 1년의 KOSPI200선물의 이론가격이 260pt이다. KOSPI200 주가지수의 배당수익률이 연 5%일 때, 캐리모델에 따른 연 이자율은?

① 6% ② 7%
③ 8% ④ 9%

49 옵션포지션 관리지표에 대한 설명으로 적절하지 않은 것은?

① 베가는 변동성의 변화분에 대한 옵션가격의 변화분이다.
② 콜옵션, 풋옵션 모두 ATM의 상태가 커질수록 델타는 0에 가까워진다.
③ 쎄타는 옵션가치가 시간이 경과함에 따라 얼마나 빨리 잠식되는가를 나타낸다.
④ 감마의 절대치가 클수록 델타중립포지션을 유지하기 위한 포트폴리오의 조정거래는 빈번해진다.

제3회 실전 모의고사

50 만기가 1년인 A주식의 현재가격은 10,000원이며, 1년 후 주가는 상승 시 12,500원, 하락 시 8,500원이 될 것으로 예상한다. 무위험이자율이 연 15%일 때, 이항모형에서 헤지확률은? (단, A주식은 무배당 가정)

① 0.5
② 0.6
③ 0.75
④ 0.8

51 델타가 0.6인 콜옵션 150계약과 델타가 −0.4인 풋옵션 300계약의 매수포지션을 보유한 투자자의 전체 포지션에 대한 델타는?

① −30
② 30
③ −60
④ 60

52 블랙–숄즈 옵션 평가모형의 가정으로 사실과 다른 것은?

① 기준물의 거래는 연속적으로 이루어진다.
② 옵션의 잔존기간 동안 무위험이자율은 일정하다.
③ 가격의 변동성은 옵션의 잔존기간 동안 고정되어 있다.
④ 옵션의 행사는 미국식 옵션방식을 따른다.

53 보호적 풋(protective put) 매수전략에 대한 설명으로 가장 거리가 먼 것은?

① 옵션기준물 가격의 하락에 대비하는 방법으로 사용하는 헤지 전략이다.
② 옵션기준물 매수포지션과 풋옵션 매수포지션으로 구성된다.
③ 발생 가능한 수익의 크기는 일정범위 이내로 제한된다.
④ 콜옵션 매수포지션과 동일한 형태의 수익구조를 갖는다.

54 주식을 기초자산으로 하는 유럽식 옵션의 거래 손익으로 적절하지 않은 것은?

① 콜옵션 매입자의 최대손실은 행사가격이다.
② 콜옵션 매도자의 최대손실은 무한대이다.
③ 풋옵션 매입자의 최대손실은 지불한 프리미엄이다.
④ 풋옵션 매도자의 최대손실은 유한하다.

55 잔존만기가 3개월이고 행사가격이 800원인 주식의 유럽식 풋옵션을 15원에 매입하였다. 현재 주식이 시장에서 820원에 거래되고 있다면, 이 풋옵션의 내재가치는?

① 0원 ② 15원
③ 20원 ④ 35원

56 ETN의 특징에 대한 설명으로 적절하지 않은 것은?

① 발행사가 일반투자자로부터 직접 투자에 비해 상대적으로 저렴한 수수료를 대가로 받고 다양한 자산에 투자가 가능하도록 하였다는 장점을 가지고 있다.
② 채권형식으로 발행되기에 일반적인 공모펀드의 신규 발행에 비하여 신속하고 유연한 구조로 발행할 수 있다.
③ 많은 장점에도 불구하고 벤치마크지수와의 차이인 추적오차가 커서 투자자에게 손실을 입힐 수 있는 단점이 있다.
④ 벤치마크지수가 명확히 설정되어 있어서 내재가치 산정의 어려움이 다른 금융상품에 비해 매우 작다.

57 기초자산과 ELW의 수익률이 같아지는 시점까지 도달하기 위해 필요한 기초자산의 연간기대상승률을 의미하는 ELW의 투자지표는?

① 자본지지점 ② 패리티
③ 전환비율 ④ 손익분기점

58. ELW의 투자지표 중 프리미엄을 나타낸 식은?

① $\dfrac{(\text{내재가치} - \text{시간가치})}{\text{기초자산가격}} \times 100$
② $\dfrac{(\text{시간가치} - \text{내재가치})}{\text{기초자산가격}} \times 100$
③ $\dfrac{(ELW\,\text{가격} - \text{행사가격})}{\text{기초자산가격}} \times 100$
④ $\dfrac{(ELW\text{가격} - \text{내재가치})}{\text{기초자산가격}} \times 100$

59. 매 조기상환 시점마다 일정 비율씩 조기상환 기준지수를 완화함으로써 조기상환 가능성을 높일 수 있는 ELS의 상품구조는?

① step down
② up and out call with rebate
③ reverse convertible
④ bull spread

60. ETN의 투자위험에 대한 설명으로 옳은 것은?

① 추적오차 위험이 매우 크다.
② 상장폐지되면 투자금을 회수할 수 없게 된다.
③ 유동성공급자가 존재하므로 유동성 위험은 없다.
④ 발행사 신용위험이 발생하면 기초지수 성과와 상관없이 손실이 발생할 수 있다.

61. 현금 ₩300,000을 출자하여 영업을 시작한 서울상사의 기말재무상태는 다음과 같다. 당기에 발생한 순손익은?

• 현금	₩120,000	• 상품	₩110,000
• 외상매입금	130,000	• 외상매출금	180,000
• 비품	30,000		

① 당기순이익 ₩10,000
② 당기순손실 ₩10,000
③ 당기순이익 ₩100,000
④ 당기순이익 ₩100,000

62 다음은 한솔(주)의 단기매매금융자산과 관련된 자료이다.

	주식 A	채권 B
• 2011년 10월 1일 취득원가	₩50,000	₩92,000
• 2011년 12월 31일 공정가액	₩35,000	₩98,000

위의 자료에 의하면 2011년 12월 31일 현재 한솔(주)가 인식하여야 할 단기매매금융자산평가손익은 얼마인가?

① ₩10,000이익
② ₩9,000 손실
③ ₩8,000 이익
④ ₩7,000 손실

63 다음은 재고자산을 취득하면서 발생한 내용이다. 취득원가에 포함시킬 수 없는 것은?

① 매입가액
② 하역비
③ 판매비와관리비
④ 운송비

64 다음은 한국상사의 상품에 관한 자료이다. 매출총이익을 구하면?

㉠ 기초상품재고액	₩480,000	㉡ 환입및에누리	₩50,000
㉢ 당기상품매입액	₩1,800,000	㉣ 당기상품매출액	₩2,450,000
㉤ 기말상품재고액	₩560,000	㉥ 환출및에누리	₩20,000

① ₩235,000
② ₩245,000
③ ₩690,000
④ ₩700,000

65 발행일로부터 1년 후에 시효가 소멸되는 상품권을 발행할 경우 수익인식 방법으로 가장 적절한 것은?

① 상품과의 교환청구시에만 수익으로 기록할 수 있다.
② 상품권을 회수한 때, 즉 물품 등을 제공하거나 판매한 때 또는 유효기간 경과시
③ 상품권의 발행시에 수익으로 기록한다.
④ 소멸시효에 관계없이 결산시에 수익으로 기록한다.

제3회 실전 모의고사

66. 2011년 말에 수정전 외상매출금 잔액은 ₩5,000이었고, 대손충당금 잔액은 ₩300이었다. 이 회사는 추정미래현금을 평가한 결과 객관적인 증거가 있는 손상차손추정액은 ₩500이다. 2011년 대손상각비는?

① ₩500　　　　　　　　② ₩800
③ ₩200　　　　　　　　④ ₩300

67. (주)명수대는 2011년 2월 1일 공장부지로 ₩100,000을 주고 구입했다. 그 토지에 있던 구 건물을 철거하고 2011년 5월 1일 새건물을 완공했다. 그 기간 동안 발생한 원가는 다음과 같다.

• 구건물 철거비	₩10,000
• 건출설계비	25,000
• 구입계약 및 소유권 조사비용	2,000
• 건설원가	450,000
(구건물 철거로 발생한 폐기물 처분수입은 ₩2,000이었다.)	

토지와 새건물의 원가는 각각 얼마를 기록하여야 하는가?

	토지	건물		토지	건물
①	₩100,000	₩450,000	②	₩110,000	₩475,000
③	100,000	475,000	④	110,000	490,000

68. 2011년 1월 1일에 (주)가나는 (주)다라를 자산 ₩2,000,000 부채 ₩800,000에 매수하였는데, (주)가나는 매수대가로 (주)가나의 신주 600주(액면가 ₩1,000 시가 ₩1,100)를 발행하여 (주)다라의 2주(액면가액 ₩1,000, 시가 ₩1,200)에 대하여 1주의 비율로 교부하였다. 또한 (주)다라의 주식 1주에 대해 ₩200의 현금을 지급하였다. (주)가나의 영업권 또는 염가매수차익은 얼마인가?

① 영업권 ₩240,000　　　　② 염가매수차익 ₩240,000
③ 영업권 ₩300,000　　　　④ 염가매수차익 ₩300,000

69. 다음 자료를 가지고서 재무상태표에 표시할 자본총계를 계산한다면 그 금액은?

- 자본금　　　　　　　₩1,000,000,000
- 자본잉여금　　　　　₩60,000,000
- 이익잉여금　　　　　20,000,000
- 주식할인발행차금　　20,000,000
- 매도가능금융자산평가이익　5,000,000

① ₩100,000,000　　　② ₩165,000,000
③ ₩180,000,000　　　④ ₩200,000,000

70. 다음은 (주)서울의 재무상태표와 현금흐름표에서 발췌한 2020년 현금흐름 관련 자료이다. 2020년 영업활동으로 인한 현금흐름은?

- 2019년 12월 31일 말 현금 잔액　　　₩120,000
- 2020년 투자활동으로 인한 현금 감소　　40,000
- 2020년 재무활동으로 인한 현금 증가　　50,000
- 2020년 12월 31일 말 현금 잔액　　　150,000

① ₩10,000　　　② ₩20,000
③ ₩30,000　　　④ ₩40,000

71. 다음 중 기업가치평가의 목적과 관련하여 가장 옳지 않은 것은?

① 투자자는 합리적 투자의사결정을 위해 그 기업의 재무상태, 투자의 수익성 및 투자회수기간 등을 고려하여 가치평가를 수행한다.
② 유가증권시장 및 코스닥시장 등 주식시장에 상장하기 위한 기업공개 과정에서 공모가격의 결정을 위해 가치평가가 이루어진다.
③ 기업의 신규사업에 대한 투자결정 여부를 위해 타당성 검토 및 해당 사업의 가치를 결정하는데 이용된다.
④ 가치경영을 위한 목적으로는 가치평가가 적용되지 않는다.

제3회 실전 모의고사

72 상대가치평가법의 장단점에 대한 설명 중 가장 옳지 않은 것은?
① 현금흐름할인모형보다 더 적은 가정이 필요하다.
② 현금흐름할인모형보다 적은 변수의 도입으로 상대적 이해 가능성이 높다.
③ 현재 주식시장의 상황을 잘 반영할 가능성이 크다.
④ 기업 고유의 영업, 재무위험과 성장 가능성 등의 가치평가의 핵심요소가 잘 반영된다.

73 A기업(주)는 연간 순이익을 500억원 창출하는 비상장사로서 시장 가격이 존재하지 않는다. A사와 유사한 상장사 6개의 평균 PER는 약 6배 정도로 산정되었다면, A기업(주)의 PER에 의한 주주 지분가치는?
① 1,000억
② 2,000억
③ 3,000억
④ 4,000억

74 B사(주)는 비상장사로서 주당 매출액이 10,000원이다. 회사의 유일한 유사 상장회사인 OO기업(주)의 매출액은 5,000억원이고 발행주식수는 10,000,000주이며, 현재 주가는 10,000원이라고 할 때, PSR에 의한 B사(주)의 상대가치 평가액은 얼마인가?
① 2,000원
② 2,500원
③ 3,000원
④ 3,500원

75 현금흐름할인법의 타인자본비용 산정에 대한 설명 중 가장 옳지 않은 것은?
① 타인자본비용의 산정은 차입금, 사채, 금융리스 부채 등 모든 이자부부채를 대상으로 한다.
② 타인자본비용은 현행 시장이자율이 아니라 평가대상 회사가 부담하고 있는 현재의 차입이자율로 측정되어야 한다.
③ 타인자본비용은 대상 차입금의 명목금액기준으로 가중한 평균 차입이자율로 산정한다.
④ 이자비용에 대한 법인세 감세효과는 타인자본비용에서 반영한다.

76 C사(주)의 향후 1차년 FCFF (Free Cash Flow to Firm)는 200억원으로 예상되며, 2차년도부터는 5%의 영구성장률로 성장이 지속될 것으로 기대된다. 가중평균 자본비용이 10%라면 기업가치는 얼마인가?

① 2,000억   ② 3,000억
③ 4,000억   ④ 5,000억

77 D사(주)에 대한 200억원의 지분투자(지분율 100%)를 계획하고 있다. D사(주)의 향후 예상되는 FCFF (Free Cash Flow to Firm)는 사업 1차년 70억원에서 매년 3%씩 영구히 성장할 것으로 예상되며, 본 투자금액에 대한 최소 요구수익률은 10%이다. 지분투자에 대하여 예상되는 NPV(순현재가치)는 얼마인가?

① 600억원   ② 700억원
③ 800억원   ④ 900억원

78 EVA의 특징에 대한 설명 중 가장 옳지 않은 것은?

① EVA는 투하자본수익률이라는 회계지표를 토대로 산출되므로 감가상각에 영향을 많이 받는다.
② 특정 연도의 EVA 수치만으로는 그 기업의 장래 경영성과나 가치창출 여부를 제대로 판단하기 어렵다.
③ EVA는 증가된 부가가치의 크기를 비율이 아닌 금액으로 표시하므로, 화폐단위로 측정할 수 있는 이점이 있다.
④ 서로 다른 기업 간의 EVA 비교 시 기업규모를 고려할 필요가 없다.

79 OO기업(주)의 향후 세후 영업이익은 매년 500억원으로 일정할 것으로 예상되며, 영업투하자본은 3,000억원으로서 이에 대한 가중평균 자본비용(WACC)은 10%이다. OO기업(주)의 향후 기대되는 EVA의 현재가치는 얼마인가?

① 1,000억원   ② 2,000억원
③ 3,000억원   ④ 4,000억원

80 EV/EBITDA의 대표적인 장점에 대한 설명 중 가장 옳지 않은 것은?
① PER에 비해 상대적으로 보다 많은 유사회사의 비교가 가능하다.
② 상이한 감가상각방법을 사용하는 기업 간에 직접적인 비교가 가능하다.
③ 재무레버리지가 다른 기업 간 비교에 적합하다.
④ 투자회수기간이 단기인 산업에 속한 기업을 분석하는데 유용하다.

81 자본시장법상 금융투자상품에 대한 설명으로 가장 거리가 먼 것은?
① 수익증권은 신탁의 수익권이 표시된 증권이다.
② 원화로 표시된 양도성 예금증서는 금융투자상품에서 제외된다.
③ 증권과 파생상품은 원금초과손실가능성 여부로 구별된다.
④ 채무증권은 특정 투자자가 그 투자자와 타인간의 공동사업에 금전 등을 투자하고 주로 타인이 수행한 공동사업의 결과에 따른 손익을 귀속받는 계약상의 권리가 표시된 증권이다.

82 자본시장법상 투자매매업자 또는 투자중개업자의 불건전영업행위의 내용으로 바르지 못한 것은?
① 투자자에게 해당 투자매매업자 또는 투자중개업자가 발행한 자기주식의 매매를 권유하는 행위는 금지된다.
② 채권자로서 그 권리를 담보하기 위하여 백지수표나 백지어음을 받을 수 있다.
③ 선행매매는 금지되지만 투자자의 매매주문에 관한 정보를 이용하지 않았음을 입증하면 허용된다.
④ 65세 이상의 일반투자자에게 파생결합증권을 판매하는 경우에 판매과정을 녹취하여야 한다.

83. 자본시장법상 금융투자업의 인가에 대한 설명으로 가장 거리가 먼 것은?
① 온라인소액투자중개업을 하기 위해서는 금융투자업 인가를 받아야 한다.
② 금융관계법령을 위반하여 해임된 임원은 5년을 경과하지 않으면 다시 임원이 될 수 없다.
③ 매 회계연도말 기준 자기자본이 인가업무 단위별 최저 자기자본의 70% 이상을 유지하여야 한다.
④ 자기 자본을 산정하는 경우에는 최근 사업연도말 이후 인가신청일까지의 자본금의 증감분을 포함하여 계산한다.

84. 자본시장법상 내부자거래규제의 적용대상에 대한 설명으로 바르지 못한 것은?
① 6개월 이내에 상장이 예정된 법인도 규제대상이 된다.
② 그 법인과 계약체결을 교섭하고 있는 자까지 규제하는 것은 아니다.
③ 공개매수 관련 정보의 이용행위도 금지된다.
④ 해당 법인의 계열회사나 주요주주는 내부자로서 규제받는다.

85. 금융소비자보호법상 설명의무에 대한 설명으로 바르지 못한 것은?
① 금융상품판매업자등은 일반금융소비자와 전문금융소비자에게 계약체결을 권유하는 경우 및 그가 설명을 요청하는 경우에는 중요한 사항을 설명하여야 한다.
② 각 상품과 연계되거나 제휴된 금융상품·서비스 및 청약에 관한 사항을 설명하여야 한다.
③ 금융상품판매업자등이 설명의무를 위반하여 금융소비자에게 손해를 발생시킨 경우에는 고의 및 과실이 없음을 회사가 입증하여야 한다.
④ 금융소비자는 금융상품판매업자등이 위법한 행위로 계약을 체결한 경우 5년 이내의 대통령령으로 정하는 기간 내에 서면 등으로 해당 계약의 해지를 요구할 수 있다.

86 금융투자업규정 상 순자본비율에 대한 설명으로 가장 거리가 먼 것은?

① 순자본은 순재산에서 현금화하기 어려운 자산을 차감하고 보완자본을 가산하여 계산한다.
② 순자본비율은 총위험액에 대해서 영업용순자본을 %수치로 표시한 비율이다.
③ 순자본비율의 기초가 되는 금융투자업자의 자산, 부채, 자본은 연결재무제표에 계상된 장부가액을 기준으로 한다.
④ 필요유지자기자본은 금융투자업자가 영위하는 인가 또는 등록여부 단위별로 요구되는 자기자본을 합계한 금액이다.

87 금융투자업규정 상 금융위원회가 경영개선권고할 수 있는 조치로서 가장 거리가 먼 것은?

① 신규업무 진출의 제한
② 인력 및 조직운용의 개선
③ 자본금의 증액 또는 감액
④ 영업의 전부 또는 일부의 양도

88 다음 중 증권분석기관에 대한 설명으로 옳지 않은 것은?

① 감정평가업자는 증권분석기관이 될 수 없다.
② 신용평가업자나 공인회계사법에 따른 회계법인은 증권분석기관이 될 수 있다.
③ 증권분석기관이 해당 법인에 그 자본금의 100분의 2 이상을 출자하고 있으면 평가를 할 수 없다
④ 증권분석기관의 임원이 해당 법인에 그 자본금의 100분의 1 이상을 출자하고 있으면 평가를 할 수 없다.

89 금융투자업자와 대주주와의 거래제한에 대한 내용으로 바르지 못한 것은?

① 금융투자업자는 대주주가 발행한 증권을 소유할 수 없는 것이 원칙이다.
② 금융투자업자는 그 계열회사가 발행한 주식, 채권, 약속어음을 자기자본의 5%를 초과하여 소유할 수 없는 것이 원칙이다.
③ 금융투자업자는 대주주 및 대주주의 특수관계인에 대하여 신용공여나 채무보증 등을 하여서는 아니되는 것이 원칙이다.
④ 금융투자업자가 대주주와 예외적으로 신용공여를 할 경우에는 재적이사 전원의 찬성에 의한 이사회 결의를 거쳐야 하는 것이 원칙이다.

90 다음 중 유통시장 공시와 관련한 내용으로 바르지 못한 것은?

① 최초로 사업보고서를 제출하여야 하는 법인은 사업보고서 제출재상에 해당하게 된 날로부터 5일 이내에 그 직전 연도 사업보고서를 금융위와 거래소에 제출하여야 한다.
② 주식회사의 외부감사에 관한 법률 상 일정한 방법에 따라 계산한 증권의 소유자 수가 300인 이상인 발행인은 사업보고서를 제출하여야 한다.
③ 주요사항 보고서 제출 사유가 발생하였는데 금융위에 이를 제출하지 않으면 법적 제재를 받는다.
④ 수시공시는 거래소의 공시규정에 따르므로 위반시에도 법적인 제재는 할 수 없다.

91 다음 중 주주명부에 대한 설명으로 바르지 못한 것은?

① 폐쇄기간을 정한 때에는 그 기간의 2주 전에 반드시 이를 공고하여야 한다.
② 주주명부 폐쇄기간 동안에도 전환사채나 전환주식의 전환권 행사는 가능하지만 그 기간 중의 총회의 결의에 관하여는 의결권 행사를 할 수 없다.
③ 주주명부의 폐쇄기간은 최장 3개월이다.
④ 회사채권자도 영업시간 내에는 언제나 주주명부의 열람 또는 등사를 청구할 수 있다.

제3회 실전 모의고사

92 다음 중 주식회사 설립의 하자에 대한 설명으로 옳지 않은 것은?

① 설립등기 후에는 주식청약서의 요건 흠결을 이유로 주식인수의 무효를 주장할 수 없다.
② 설립무효소송은 주주, 이사, 감사가 회사성립일로부터 2년 내 소송의 방법에 의해서만 주장할 수 있다.
③ 판결의 효력은 설립등기시까지 소급한다.
④ 원고가 승소하면 판결의 효력은 소송의 당사자 이외의 제3자에게도 미친다.

93 다음 중 주식양도에 대한 설명으로 바르지 못한 것은?

① 모자관계의 회사에서는 자회사가 모회사의 주식을 취득할 수 없다.
② 주식양도에 이사회의 승인을 요건으로 하는 규정을 정관에 둘 수 있다.
③ 회사성립 후 3월이 경과하면 주권발행 전의 양도라도 그 효력이 인정된다.
④ 권리주의 양도는 당사자 간에는 효력이 있지만 회사에 대하여는 무효이다.

94 다음 중 이사에 대한 설명으로 바르지 못한 것은?

① 이사를 집중투표제도로 선임하는 것은 강제사항이 아니다.
② 이사가 이사회의 승인없이 자기 또는 제3자의 계산으로 회사의 영업부류에 속한 거래를 하면 회사는 개입권을 행사할 수 있다.
③ 정기주주총회에서 재무제표의 승인을 한 후 2년 내에 다른 결의가 없으면 이사 또는 감사의 다른 부정행위가 없는 한 회사는 이사와 감사의 책임을 면제한 것으로 본다.
④ 이사의 임기를 정하고 있는 경우 정당한 이유없이 임기만료 전에 이사를 해임할 수 없다.

95. 다음 중 주식회사의 자본감소에 대한 설명으로 바르지 못한 것은?
   ① 주주총회의 특별결의와 채권자보호절차가 있어야 한다.
   ② 자본감소를 승인하지 않은 이의채권자는 감자무효의 소를 제기할 수 있다.
   ③ 회사채권자가 이의제출기간 내에 자본감소에 대한 이의를 제기하지 않으면 자본감소를 승인한 것으로 본다.
   ④ 자본감소는 변경등기가 되었을 때 법적 효력이 발생한다.

96. 다음 중 직무윤리에 대한 설명으로 바르지 못한 것은?
   ① 구체적, 미시적 개념이다.
   ② 경영전반에 걸쳐 조직의 모든 구성원에게 요구되는 윤리적 행동을 말한다.
   ③ 임직원 행동강령으로 나타난다.
   ④ 윤리경영은 직무윤리를 기업의 경영방식에 도입하는 것이다.

97. [금융투자회사의 영업 및 업무에 관한 규정] 상 재산상 이익의 제공과 수령에 관한 설명으로 가장 거리가 먼 것은?
   ① 금융투자회사는 판매회사의 변경을 조건으로 하여 재산상 이익을 제공할 수 있다.
   ② 금융투자회사는 재산상 이익을 제공 및 수령하는 경우 해당 사항을 5년 이상 기록을 관리하여야 한다.
   ③ 금융투자회사는 법인의 고유재산관리업무를 수행하는 자에게 공연관람권을 제공할 수 있다.
   ④ 금융투자회사는 이사회가 정한 금액 이상을 초과하여 동일한 거래상대방과 재산상 이익을 제공하거나 수령하는 경우 이사회의 승인을 받아야 한다.

제3회 실전 모의고사

98 자본시장법상 매매명세의 통지에 대한 설명으로 옳지 않은 것은?

① 투자매매업자 또는 투자중개업자는 금융상품의 매매가 체결된 경우에는 그 명세를 투자자에게 통지하여야 한다.
② 매매명세에는 매매의 유형, 종목, 수량, 가격, 수수료 등 모든 비용과 그밖의 거래내용이 포함된다.
③ 매매가 체결된 날의 다음 달 20일까지 월간 매매내역·손익내역·월말 현재 잔액현황·미결제약정 현황 등을 통지한다.
④ 투자자가 통지받기를 원하지 않아도 통지의 취지를 달성하기 위하여 서면이나 전자우편으로 통지하여야 한다.

99 금융투자회사의 <표준윤리준칙> 상 비밀정보에 대한 설명으로 옳지 않은 것은?

① 회사의 경영전략에 대한 미공개정보는 기록형태가 있어야 비밀정보로 분류된다.
② 특정한 정보가 비밀정보인지 불명확한 경우 그 정보를 이용하기 전에 준법감시인의 사전확인을 받아야 한다.
③ 제공받은 비밀정보는 제공받은 목적 이외의 목적으로 사용해서는 안된다.
④ 비밀정보의 제공은 그 필요성이 인정되는 경우에 한하여 회사가 정하는 사전승인 절차에 따라 이루어져야 한다.

100 내부통제에 대한 설명으로 옳지 않은 것은?

① 금융투자업 종사자는 회사가 정하는 준법서약서를 작성하여 준법감시인에게 제출하여야 한다.
② 회사는 임직원의 위법한 행위를 방지하기 위하여 명령휴가제도를 운영하여야 한다.
③ 내부고발자 중에서 우수자에 대해서 회사는 금전적 혜택을 부여할 수 있으나 인사상 혜택은 부여할 수 없다.
④ 회사는 임직원이 금융투자업무를 수행하는데 필요한 직무윤리와 관련된 윤리강령을 제정·운영하여야 한다.

이패스 금융투자분석사
제4회 실전 모의고사

01 확률변수 X, 확률변수 Y에 대하여 Var(X) = 25, Var(Y)=16, $Cov(X, Y)$ = 10 일 때, X와 Y의 상관계수는?

① -1.5
② -0.5
③ 0.5
④ 1.5

02 왜도 및 첨도에 대한 설명으로 가장 거리가 먼 것은?

① 첨도의 값이 0보다 크면 표준정규분포보다 뾰족하다.
② 분포가 우측으로 긴 꼬리를 가질 경우에는 일반적으로 중앙값이 평균보다 크다.
③ 부적 비대칭(-) (negative skew) 분포의 경우에는 중앙값이 최빈값보다 작다.
④ 첨도의 값이 0과 같으면, 표준정규분포를 의미한다.

03 주로 희귀한 사건, 드문 사건을 모델링할 때, 사용하는 확률과정으로, 연속시 간축상에서 임의로 발생하는 이산사건을 모델링할 때 사용하는 확률과정은?

① 포아송과정
② Random walk모형
③ 이항과정
④ 브라운운동

04 추정에 대한 설명으로 가장 거리가 먼 것은?

① 불편성이란 추정량의 기대 값이 모수와 동일함을 의미한다.
② 일치성이란 표본의 크기가 커짐에 따라 추정량의 값이 모수와 거의 일치하게 되는 것을 의미한다.
③ 효율성이란 추정량의 분산이 상대적으로 큰 것을 의미한다.
④ 점추정은 모수에 대응하는 표본통계량을 활용하며 오차의 정도에 따라 신뢰성 있는 정보를 제공하지 못한다.

05 회귀분석에 대한 설명으로 잘못된 것은?

① 다중회귀분석은 수정결정계수를 사용해야 한다.
② 다중회귀분석에서 독립변수들 간의 상관관계가 낮을수록 다중공선성의 문제가 발생할 가능성이 높아진다.
③ 결정 계수값이 1에 가까워지면 회귀분석의 설명력이 상승한다는 증거이다.
④ 오차들간의 공분산이 0이 아니면, 자기상관이 존재할 수 있다.

06 소비이론과 관련된 설명으로 가장 거리가 먼 것은?

① 절대소득가설에서 평균소비성향은 한계소비성향보다 크다.
② 프리드만의 소비이론에 따르면 단기세금변화와 같은 재정정책은 그 효과가 크다.
③ 전시효과란 개인의 소비가 다른 사람의 소비에 영향을 받는 것을 의미한다.
④ 소비에 대한 임의보행가설에서 예측 못한 정책만이 소비를 변화시킨다.

07 화폐수요이론에 대한 설명으로 가장 거리가 먼 것은?

① 보몰-토빈의 재고이론에서 화폐수요는 이자율과 부(-)의 관계를 갖는다.
② 현대적 화폐수량설은 화폐수요의 설명변수로 항상소득을 사용하고 있다.
③ 자산선택모형에서 평균수익과 위험은 음(-)의 상관관계를 보았다.
④ 케인즈는 투기적 화폐수요를 화폐보유의 기회비용으로 설명하고 있다.

08 화폐의 공급에 대한 설명으로 가장 거리가 먼 것은?

① 화폐공급이 내생적으로 이루어질 경우, 금융정책의 효과는 감소하게 된다.
② 중앙은행이 공개시장 매입을 하면 통화량은 증가한다.
③ 중앙은행이 재할인율을 인상하면 통화량은 감소한다.
④ 민간이 현금을 전혀 보유하지 않는 경우보다 현금을 보유하는 경우, 신용승수가 더 크다.

09 다음 중 본원통화가 증가하는 경우는?
① 중앙은행이 예금은행의 지불 준비율을 높일 때
② 중앙은행의 매입외환이 매각외환보다 적을 때
③ 중앙은행의 예금은행에 대한 여신이 수신보다 많을 때
④ 중앙은행의 대정부 순자산이 감소할 때

10 인플레이션과 실업률과의 관계를 나타낸 필립스곡선에 대한 설명이 잘못된 것은?
① 영국의 통계학자 필립스가 실질임금상승률과 실업률 간에는 역의 관계가 성립함을 밝힌 것이 필립스곡선이라 한다.
② 장기필립스곡선은 자연실업률 수준에서 수직이다.
③ 프리드만은 경제주체들이 경제 환경 변화에 적응하면서 인플레이션을 기대한다는 적응적 기대가설을 제시하였다.
④ 프리드만은 기대인플레이션이 상승하면 필립스곡선이 우상향으로 이동하여 인플레이션과 실업률이 모두 상승하는 악화상태를 경고했다.

11 IS-LM 모형에 대한 설명으로 가장 거리가 먼 것은?
① 케인즈학파는 항상소득가설에 따라 세금감면이 영구적으로 수요에 영향을 미친다고 본다.
② 케인즈학파는 유동성함정이 존재하는 구간에서 LM곡선이 수평이 되므로 재정정책의 효과가 크다고 본다.
③ 정부지출의 증가에 의해 이자율이 상승하고 이에 따라 민간투자가 감소하는 현상을 구축효과라고 한다.
④ IS곡선은 재화시장의 균형을 이루는 이자율과 국민소득의 조합을 나타낸다.

12 경제성장이론과 관련된 설명으로 가장 거리가 먼 것은?

① 해로드-도마모형에서 인구증가율, 자본계수, 저축률은 모두 외생적으로 결정된다.
② 신고전학파모형에서 균형자본량은 안정적이다.
③ 신고전학파모형에서 1인당 저축을 극대화시키는 자본량을 황금률 자본량이라고 한다.
④ 내생적 성장이론은 접근현상의 실패를 설명하기 위한 이론이다.

13 총 공급곡선(AS곡선)에 대한 설명으로 가장 거리가 먼 것은?

① 총공급곡선은 재화시장의 균형조건으로부터 도출된다.
② 고전학파의 총공급곡선은 수직선의 형태를 갖는다.
③ 케인즈학파의 총공급곡선은 우상향하는 형태를 갖는다.
④ 화폐환상은 케인즈학파의 총공급곡선의 형태를 설명하는 것 중의 하나이다.

14 정부가 환율을 평가절하(환율 인상) 정책을 실시할 때 다음 설명 중 옳지 않은 것은?

① 마샬-러너 조건이 성립한다면 평가절하에 의해 무역수지가 개선될 수 있다.
② 수출 가격이 낮아져서 수출 경쟁력이 확보되어 수출이 증가한다.
③ 수입 가격이 높아져서 수입 업체의 경제적 부담이 증가한다.
④ J Curve 효과란 평가절하 정책 실시 초기에는 무역흑자가 발생하다가 시간이 흐름에 따라 점차 무역 적자로 전환하는 효과를 말한다.

15 솔로우의 경제성장 모형에서 황금률이 의미하는 바는?

① 총 소득을 최대화 하는 점이다.
② 총 소비를 최대화 하는 점이다.
③ 경제성장률을 극대화 하는 점이다.
④ 저축률이 최대인 점이다.

16 타인자본의 증가가 법인세효과로 인해 기업가치의 증가로 나타난다고 주장한 것은?

① MM(1958)
② MM(1963)
③ Miller(1977)
④ MM(1958)과 MM(1963)

17 대리 비용으로 가장 거리가 먼 것은?

① 감시비용
② 확증비용
③ 잔여손실
④ 파산비용

18 대상기업의 기존 경영자가 적대적 M&A로 중도 탈락하는 경우에 상당한 보상을 받을 수 있도록 고용계약에 규정하는 방법은?

① 독약전략
② 백기사전략
③ 억지전략
④ 황금낙하산전략

19 어떤 기업의 투하자본 100억원, 세후영업이익 15억원, 자기자본비용 12%, 자기자본 50억원, 세후 타인자본비용 8%, 타인자본 50억원일 때, EVA와 주주가치는?

① EVA = 5억원, 주주가치 = 100억원
② EVA = 10억원, 주주가치 = 100억원
③ EVA = 5억원, 주주가치 = 200억원
④ EVA = 10억원, 주주가치 = 200억원

제4회 실전 모의고사

20 차익가격결정모형(APM)에 대한 설명으로 가장 거리가 먼 것은?
① 개별자산의 수익률이 다수의 공통요인에 의해 설명된다고 가정한다.
② 자산수익률의 확률분포가 정규분포라고 가정한다.
③ 증권수익률을 설명하는 유일한 요인이 시장포트폴리오라면 CAPM과 동일한 모형이다.
④ 투자자의 효용함수에 대해 특별한 가정을 하지 않는다.

21 투자 안에 대한 타당성분석방법인 내부수익률법(IRR법)과 순현가법(NPV법)에 대한 설명으로 가장 거리가 먼 것은?
① 단일 투자안에 대해서 IRR법과 NPV법이 항상 동일한 결론에 도달하지는 않는다.
② IRR법은 상호 배타적인 투자안의 선택에 있어서 오류를 범할 수 있다.
③ IRR법은 비교대상인 거부율(cut-off rate)이 미래의 단위 기간별로 다를 때는 적용하기가 어렵다.
④ NPV법이 IRR법보다 우월하다고 할 수 있다.

22 완전자본시장에서 법인세가 존재(개인소득세는 존재하지 않는 것으로 가정)하고 회사체의 지급불능위험이 있다고 가정할 때의 자본구조에 대한 설명으로 가장 거리가 먼 것은?
① 가중평균자본비용은 타인자본이 증가하면서 초기에는 감소하다가 상승추세로 전환된다.
② 기업가치는 타인자본의 증가에 따라 상승하다가 일정 수준을 넘으면 하락한다.
③ 한계세금혜택이 한계파산비용보다 큰 구간에서 기업가치가 상승한다.
④ 순세금효과의 크기가 감소하다가 증가하는 전환점이 최적 자본구조이다.

23 포트폴리오의 위험에 대한 설명으로 가장 올바른 것은?
① 위험자산을 결합한 포트폴리오의 위험은 반드시 0보다 크다.
② 포트폴리오에 포함된 자산 수가 무한대이면 포트폴리오의 위험은 0에 수렴한다.
③ 수익률의 분산이 큰 자산이 포트폴리오에 포함되면 전체 위험은 항상 증가한다.
④ 기업특유의 위험은 완전 분산된 포트폴리오에는 남아있지 않다.

24 샤프모형(단일지표모형)과 마코위츠모형에 대한 설명으로 가장 거리가 먼 것은?

① 샤프모형은 두 주식 간의 잔차수익률의 공분산을 0이라고 가정한다.
② 마코위츠모형은 필요한 계산량이 샤프모형보다 상대적으로 적다.
③ 마코위츠모형의 경우 계산이 상대적으로 정확하다.
④ 샤프모형은 시장의 변동성에 의해 개별주식의 변동성을 설명한다.

25 시장포트폴리오가 가장 효율적이며, 이보다 더 좋은 위험대비 투자수익을 창출하는 자산, 기법이 존재하지 않는 사람이 취해야 하는 투자전략으로 올바른 것은?

① 인덱스 펀드를 구성하여 투자한다
② 시장이 상승할 것으로 예상되는 경우 레버리지가 높은 주식을 선택한다
③ 시장이 하락할 것으로 예상되는 경우 현금으로 보유한다
④ 기술적 분석을 통해서 매매타이밍을 결정한다.

26 아래 자료를 이용하여 이론권리락 가격을 계산하면 얼마인가?

> 기준주가 13,000원, 주당납입금 5,000원, 증자비율 30%의 유상증자

① 9,538원　　　　② 11,153원
③ 12,000원　　　 ④ 13,846원

27 시가총액식 주가지수에 대한 내용으로만 연결한 것은?

> ㉠ 주가가 높은 주식의 가격변동이 상대적으로 큰 영향을 준다.
> ㉡ 신규상장, 유상증자 등의 사건이 있으면 신기준시가총액을 수정한다.
> ㉢ 주식분할 등의 사건이 발생하더라도 일관성 있게 지수가 작성된다.
> ㉣ Dow와 Nikkei225가 대표 지수이며, 주식분할이 하향 편의의 원인으로 작용한다.

① ㉠, ㉢　　　　② ㉠, ㉣
③ ㉡, ㉢　　　　④ ㉡, ㉣

28 산업의 경쟁구조 분석에서 구매자의 교섭력이 강력해지는 경우가 아닌 것은?

① 제품 차별화가 거의 되어 있지 않을 경우
② 구매자의 전방적 계열화 가능성이 높을 경우
③ 해당 산업의 제품이 규격화 되어 있는 경우
④ 구매자의 집중도가 공급자 집중도에 비해 높은 경우

29 ROE가 ROA의 3배이고 총자산이 600억 원일 때, 총부채는 얼마인가?

① 200억 원
② 300억 원
③ 400억 원
④ 600억 원

30 다음 중 EVA가 가장 높은 경우는?

- 세후순영업이익 : 100억 원
- 자기자본비용 : 10%
- 투하자본 : 250억 원
- 법인세율 : 20%
- 타인자본비용 : 10%

① 자기자본비중 20%, 타인자본비중 80%
② 자기자본비중 40%, 타인자본비중 60%
③ 자기자본비중 60%, 타인자본비중 40%
④ 자기자본비중 80%, 타인자본비중 20%

31 다음의 재무비율 중 안정성 지표에 해당하는 것은?

① 유동비율
② 자기자본이익률
③ 매출채권회전율
④ 부채비율

32 투자자의 요구수익률이 10%, 자기자본이익률이 10%일 때, 배당평가모형을 이용하여 PER을 구하면 얼마인가? (단, PER = P_0 / E_1)

① 5배 ② 10배
③ 15배 ④ 20배

33 현재 주가가 20,000원인 기업에서 당기에 주당 1,000원을 배당금으로 지급하였다고 한다. 이 기업의 배당성향이 40%이고 자기자본이익률(ROE)이 20%라면 요구수익률은 얼마인가?

① 10.4%
② 11.4%
③ 17.6%
④ 19.5%

34 어떤 회사의 현재 배당금은 주당 500원이다. 향후 2년 동안은 배당이 20%로 성장할 것으로 예상되며, 그 이후에는 5%의 배당성장률이 지속될 것으로 예상한다. 요구수익률이 10%일 경우 이 기업의 주식가치는 얼마인가? (원미만을 절사하고 근사치로 계산)

① 3,000원
② 3,900원
③ 13,635원
④ 18,636원

35 A기업의 영업이익은 100억원, 영업용투하자본은 1,000억원, 가중평균자본비용(WACC)이 8%, 법인세율이 40%라면 A기업의 경제적 부가가치(EVA)는?

① -14억원
② 14억원
③ -20억원
④ 20억원

36 채권에 대한 설명이다. 옳은 내용으로 연결한 것은?

> ㉠ 할인채는 만기일에 액면금액을 만기수익률로 할인하여 지급하는 채권이다.
> ㉡ 복리채는 재투자를 고려하지 않고 만기에 원금과 이자를 동시에 지급하는 채권이다.
> ㉢ 만기 중 이자지급일에 일정이자를 받는 채권은 이표채이다.
> ㉣ 통화안정증권은 할인채, 국민주택채권 1종은 복리채, 국고채는 이표채로 발행한다.

① ㉠, ㉡
② ㉢, ㉣
③ ㉠, ㉢
④ ㉡, ㉢, ㉣

37 보기는 국고채의 발행요건과 매매에 대한 내용이다. 다음 설명 중 옳지 않은 것은?

> 〈발행요건〉
> • 만기 : 발행일 2022년 6월 10일, 만기일 2032년 6월 10일
> • 표면이율 : 2% (6개월 단위 후급)
> • 액면 : 10,000원
> 〈매매상황〉
> 2023년 6월 10일에 시장 만기수익률 2%로 동 채권을 매입하여 2024년 12월 11일에 시장 만기수익률 1.5%에 동 채권을 매도하였다.

① 매 6개월마다 수취하는 이자금액은 100원이다.
② 채권보유기간 동안 이자를 총 4회 수령하였다.
③ 채권매매를 통해 매매차익이 발생하였다.
④ 6개월 단위로 이자를 지급하므로 이표채에 해당한다.

38 액면 10,000원인 전환사채의 시장가격이 17,000원, 전환가격은 5,000원, 발행회사의 현재 주가는 8,000원이다. 동 전환사채의 전환프리미엄은 얼마인가?

① -500원
② +1,000원
③ +3,000원
④ +7,000원

39 수익률 입찰방식으로 통해 아래와 같이 기관투자자의 응모를 받았다. 각 방식별 낙찰조건이 바르지 않은 것은?

참여기관	응찰수익률
A	5.05%
B	5.04%
C	5.02%

① 복수가격(Conventional) 방식 : A(5.05%), B(5.04%), C(5.02%)
② 단일가격(Dutch) 방식 : 모두 5.05%
③ 차등가격 방식(응찰수익률 간격 2bp 가정) : A, B는 5.05%, C는 5.02%
④ 비경쟁입찰방식 : 경쟁입찰에서의 가중평균 낙찰금리로 결정

40 액면가 1만원, 만기수익률이 3.75%, 만기가 1년 61일이 남은 할인채의 가격은 얼마인가? (근사치를 선택)

① 8,800원
② 9,600원
③ 9,800원
④ 10,600원

41 만기수익률이 5.0% 일 때, 단가가 9,727.68원(액면 10,000원 기준)인 채권이 있다. 이 채권의 만기수익률이 1%pt 하락할 때, 듀레이션의 개념을 기초로 하여 추정된 채권가격 변동폭은 267원이다. 이 채권의 매컬리듀레이션은? (가장 가까운 근사치로 구하시오.)

① 1.98
② 2.45
③ 2.88
④ 3.68

42 표면이율이 5%인 할인채를 잔존기간 2년 남은 시점에서 8,150원에 매입 후 만기에 상환받았다. 이 투자의 연단위 실효수익률은 어떻게 계산되는가?

① $\sqrt[2]{\dfrac{10,000}{8,150}} - 1$

② $\dfrac{10,000 - 8,150}{8,150} \times \dfrac{1}{2}$

③ $\sqrt[2]{\dfrac{8,150(1+0.05)^2}{10,000}} - 1$

④ $\sqrt[2]{\dfrac{8,150(1+0.05)^2}{10,000}} \times \dfrac{1}{2}$

43 말킬의 채권가격정리와 관련하여 괄호 안에 들어갈 내용으로 옳은 것은? (순서대로)

> 표면이율이 (   ), 잔존만기가 (   ) 채권가격의 변동성은 커진다.

① 높을수록, 길수록
② 높을수록, 짧을수록
③ 낮을수록, 길수록
④ 낮을수록, 짧을수록

44 다음 괄호 안에 들어갈 내용으로 적합한 것은?

> 수정듀레이션이 2.75이다. 만기수익률이 5%에서 6%로 상승할 경우 듀레이션으로 측정한 채권가격의 변동률은 (   )이며, 그리고 이 경우 실제 채권가격의 변동폭을 (   )평가하게 된다.

① +2.75%, 과소
② +2.75%, 과대
③ -2.75%, 과소
④ -2.75%, 과대

45 채권 면역전략에 대한 설명으로 적절하지 않은 것은?

① 목표투자기간 중 시장수익률의 변동에 관계없이 채권매입 당시에 설정하였던 수익률을 목표기간 말에 차질없이 실현하도록 하는 전략이다.
② 투자자의 목표기간과 채권의 듀레이션을 일치시킴으로서 면역상태를 유도할 수 있다.
③ 시장수익률의 변동방향과 상관없이 채권가격의 상승과 재투자수익의 증가를 동시에 추구하는 전략이다.
④ 면역전략에 의해 구성된 포트폴리오도 상황변화에 따른 리밸런싱이 필요하다.

46 선물거래에서 일일정산 후 증거금 수준이 135만 원이고 유지증거금이 140만 원, 마진콜 후 추가로 납부한 증거금이 65만 원이라면, 개시증거금은 얼마인가?

① 135만 원
② 140만 원
③ 200만 원
④ 205만 원

47 다음의 상황에서 가장 적절한 차익거래포지션은?

> 현물환율은 1달러=1,100원, 원화이자율은 연 4%, 달러이자율은 연 2%, 1년 만기 시장 선물환율은 1달러=1,150원, 차익거래포지션의 만기는 1년

① 선물환 매수, 원화예금, 현물환 매도, 달러차입
② 선물환 매수, 원화차입, 현물환 매도, 달러예금
③ 선물환 매도, 원화예금, 현물환 매수, 달러차입
④ 선물환 매도, 원화차입, 현물환 매수, 달러예금

제4회 실전 모의고사

48 만기가 다른 두 개의 선물을 이용하는 결제월간 스프레드 전략 중 '강세 스프레드'에 대한 설명으로 옳지 않은 것은? (단, 원월물 선물가격이 근월물보다 높다.)

① 시간스프레드(Calendar Spread) 전략에 해당한다.
② 강세시장에서는 근월물이 원월물보다 더 많이 상승할 것으로 예상할 때 사용한다.
③ 약세시장에서는 근월물이 원월물보다 덜 하락할 것으로 예상할 때 사용한다.
④ 두 선물계약의 가격차이가 지금보다 더 벌어질 것이라고 예상할 때 사용한다.

49 행사가격이 2,000원인 콜옵션의 현재 프리미엄이 300원이다. 현재의 기초자산가격이 2,000원이라면 동 옵션의 프리미엄에 반영된 시간가치와 수익발생여부(내가격 / 외가격 / 등가격)를 바르게 연결한 것은?

① 0원, 등가격(ATM)   ② 0원, 외가격(OTM)
③ 300원, 등가격(ATM)   ④ 300원, 외가격(OTM)

50 행사가격이 295인 풋옵션을 1.5포인트에 사고 행사가격이 300인 풋옵션을 5.0포인트에 매도하였다. 옵션만기시점에 주가지수가 295에 끝났다면 이 포지션의 손익을 바르게 표현한 것은?

① 3.5포인트, 이익   ② 3.5포인트, 손실
③ 1.5포인트, 이익   ④ 1.5포인트, 손실

51 다음 괄호 안에 들어갈 내용을 바르게 연결한 것은? (순서대로)

> 컨버전(conversion) 전략은 합성 (　) 포지션과 현물 (　) 포지션을 병행하는 전략으로서 (　)차익거래에 해당된다.

① 매수, 매도, 매수   ② 매수, 매도, 매도
③ 매도, 매수, 매수   ④ 매도, 매수, 매도

52. 현재 주가가 100이고 1기 후 주가가 110 또는 90이 되는 이항 모형에서, 위험중립 확률을 60%라고 할 때 행사가격이 100인 콜옵션의 현재가격은? (무위험이자율은 2%로 가정, 단위는 Point)

   ① 3.90 point
   ② 4.93 point
   ③ 5.88 point
   ④ 11.67 point

53. 블랙-숄즈 모형으로 콜옵션의 현재가격을 구할 때 사용하는 변수를 모두 묶은 것은?

   > ㉠ 기초자산의 만기가격
   > ㉡ 콜옵션의 행사가격
   > ㉢ 콜옵션의 만기
   > ㉣ 무위험이자율

   ① ㉠, ㉡
   ② ㉡, ㉢
   ③ ㉡, ㉣
   ④ ㉠, ㉣

54. 기초자산가격이 100에서 110으로 변동할 때, 옵션의 가격은 10에서 11로 변동하였다. 이 옵션의 델타는 얼마인가?

   ① 0.1
   ② 0.2
   ③ 0.5
   ④ 1.0

55. 다음 중 콜옵션 매수 포지션의 민감도 부호가 음수(-)인 것은?

   ① 델타
   ② 베가
   ③ 로우
   ④ 쎄타

56 ELS의 공모 발행에 대한 설명으로 가장 거리가 먼 것은?
① ELS를 발행하기 위해서는 증권 및 장외파생상품에 대한 투자매매업 인가를 받아야 한다.
② 최대 원금손실 가능금액이 20% 미만인 ELS의 경우 일괄신고서 제출이 허용된다.
③ ELS의 발행을 위하여 일괄신고서를 제출한 경우 발행 예정기간 중 3회 이상 발행하여야 한다.
④ ELS는 유동성공급자가 발행물량을 일괄하여 취득한 후 시장을 통하여 매매하는 간주 공모의 형태로 발행된다.

57 주식워런트증권(ELW)의 변동성(volatility)에 대한 설명으로 가장 거리가 먼 것은?
① 역사적 변동성은 과거 일정기간 동안의 기초자산 수익률의 표준편차이다.
② 변동성 이외의 가격결정요인이 같은 경우에는 변동성이 커질수록 ELW가격이 하락한다.
③ 내재변동성은 ELW시장가격으로부터 옵션가격결정모형에 내재된 변동성을 역으로 추출한 것이다.
④ 역사적 변동성은 구하기는 쉽지만, 미래의 변동성에 대한 정확한 예측치로는 사용하기 어렵다.

58 주가연계증권(ELS)에 대한 설명으로 가장 올바른 것은?
① 투자금 5천만 원까지는 예금자보호대상이다.
② 투자자의 위험선호도에 따른 맞춤형 설계가 가능하다.
③ 일반기업은 자사주를 기초로 하는 원금보전구조의 ELS만 공모로 발행할 수 있다.
④ 일반기업이 자금조달을 목적으로 주로 발행한다.

59 ETN의 상장제도에 대한 설명이다. 사실과 다른 것은?

① 발행사는 자기자본 5,000억 원 이상, 신용등급 AA- 이상이어야 한다.
② 원활한 유동성 공급을 위해 유동성 공급계약을 체결하여야 한다.
③ 1년 이상 20년 이내의 만기로 발행할 수 있다.
④ 자기자본의 100%까지만 발행할 수 있도록 제한을 두고 있다.

60 다음은 레버리지 2배 ETN의 투자대상인 주식의 일별수익률과 누적수익률을 표시한 자료이다. 빈칸에 각각 들어갈 내용으로 옳지 않은 것은?

일자	주식			ETN(2배 레버리지)		
	종가	일별수익률	누적수익률	종가	일별수익률	누적수익률
1	100.00			100.00		
2	88.00	-12.00%		76.00	①	
3	105.60	20.00%	5.60%	②	③	④

① -24.00% ② 106.40
③ 40.00%   ④ 11.20%

61 다음 재무제표의 작성과 표시를 위한 개념체계에 대한 설명 중 잘못된 것은?

① 경영진은 재무제표의 작성과 표시에 대한 1차적 책임을 진다.
② 재무제표는 그 목적에 부합하기 위하여 발생기준을 적용하여 작성한다.
③ 재무제표는 일반적으로 기업이 계속기업이며 예상 가능한 기간 동안 영업을 계속할 것이라는 가정하에 작성된다.
④ 개념체계는 한국채택국제회계기준을 따라야 하므로, 특정 측정과 공시에 관한 기준을 명백히 제시해야 한다.

62 다음 중 재무제표 요소에 대한 설명으로 잘못된 것은?

① 자산은 과거 사건의 결과로 기업이 통제하고 있고, 미래경제적 효익이 유입될 것으로 기대되는 자원이다.
② 부채는 과거 사건에 의하여 발생하였으며 경제적 효익이 내재된 자원이 기업으로부터 유출됨으로써 이행될 것으로 기대되는 미래의무이다.
③ 자본은 기업의 자산에서 모든 부채를 차감한 잔여지분이다.
④ 수익은 지분참여자에 의한 출연과 관련된 것은 제외한다.

63 다음 중 K-IFRS 재무상태표 작성에 대한 설명 중 잘못된 것은?

① 자산손상에서 회수가능액은 순공정가치와 사용가치 중 큰 금액으로 한다.
② 차입원가는 비용처리를 원칙으로 한다.
③ 우발부채는 유출가능성이 높은 경우 충당부채를 인식한다.
④ 장부가액이 시가총액보다 크다면, 자산손상의 징후로 볼 수 있다.

64 내용연수 5년, 취득가 100,000원, 잔존가치 10,000원인 기계장치에 대해서 감가상각비를 계산할 때, 3년차에 계상할 정액법 감가상각비는?

① 10,000원
② 18,000원
③ 20,000원
④ 0원

65 이패스(주)의 20X1년 당기순이익은 1,000원이고, 감가상각비는 500원이다. 다음 재무상태표의 운전자본변화를 고려하여 이패스(주)의 20X1년 영업활동으로 인한 현금 흐름액은?

운전자본	20X0	20X1
매출채권	100원	150원
재고자산	100원	150원
선급비용	100원	200원
매입채무	200원	100원
미지급비용	100원	150원

① 1,250원 ② 1,350원
③ 1,450원 ④ 1,550원

66 다음 중 금융리스 요건에 해당하는 것은?

① 리스기간 종료시점까지 리스자산의 소유권이 리스제공자에게 보유
② 리스이용자가 염가구매선택권을 보유하고, 선택권 행사하지 않는 경우
③ 리스기간이 경제적 내용연수의 상당기간 차지
④ 리스약정일 최소리스료의 현재가치가 리스자산 공정가치의 1/2에 해당하는 경우

67 다음 재고자산 취득단가의 결정방법 중, 인플레이션이 지속적으로 발생하는 상황 하에서 기말재고자산을 가장 크게 보고하는 방법은?

① 선입선출법
② 후입선출법
③ 총평균법
④ 가중평균법

제4회 실전 모의고사

이패스 금융투자분석사

68 (주)이패스의 X1년 보통주에 귀속되는 이익이 1,000원이고, X1년 가중평균유통주식수는 200주이다. 만약 (주) 이패스의 행사가격 10원, 시장가격 20원의 행사가능한 Stock Option 100주가 시장에 존재한다고 가정할 때, (주)이패스의 X1년 희석주당이익을 산출하라.

① 4원 ② 5원
③ 10원 ④ 20원

69 다음의 자료를 바탕으로 이패스(주)가 20X1년에 포괄손익계산서에 보고하여야 할 매출총이익은?

• 총매출	1,000	• 매출에누리	10	• 기초상품	50
• 매입	800	• 기말상품	200	• 본사급여	50
• 본사 감가상각비	200	• 이자비용	20	• 이자수익	30

① 90원 ② 100원
③ 290원 ④ 340원

70 다음 거래 중 비 현금거래로 현금흐름표 주석정보 공시사항은?

① 전환사채의 주식전환
② 유상증자
③ 여유자금의 단기유가증권 투자
④ 투자목적 건물취득

71 다음 상대가치평가지표와 산식이 잘못 연결된 것은?

① PER - 주가 / 주당순이익
② EV/EBITDA - (차입금+현금성자산+시가총액) / EBITDA
③ PBR - 주가 / 주당 순자산
④ PSR - 주가 / 주당매출액

72. 다음 중 EV/EBITDA에 대한 설명으로 옳은 것은?
① EBITDA는 이자비용에 영향을 많이 받는다.
② EBITDA는 기업간 자본적 지출의 금액차이가 지속적으로 발생할 경우, FCFF와 차이가 발생하지 않는다.
③ 미래의 영업현금창출능력 반영에 한계가 있다.
④ EBITDA는 감가상각처리방법에 따라 영향을 받기 쉽다.

73. 다음 PER의 의미에 대한 다음의 설명 중 잘못된 것은?
① EPS는 회계처리기준에 영향을 받을 수 있다.
② PER가 낮으면 1주당 순이익 대비 주가가 낮다는 것으로 평가된다.
③ PER가 유사기업보다 높으면, 반드시 고평가로 분류해야 한다.
④ PER의 상대가치지표 중에서 가장 광범위하게 활용된다.

74. 다음 자료를 이용하여 DCF법에 의해 구한 기업의 주주가치는?

- 비영업자산 장부가액 : 400억원 (시장가치 500억원)
- 채권자 가치 : 1,000억원
- FCFF : 500억원 (FCFF는 성장하지 않음을 가정)
- 가중평균자본비용 : 10%

① 2,500억원 ② 3,000억원
③ 3,500억원 ④ 4,500억원

75. EVA가 30억, EVA의 성장률은 0, 가중평균자본비용은 10%, 영업투하자본이 1,000억이라면 기업가치는?
① 300억원 ② 1,000억원
③ 1,300억원 ④ 2,000억원

제4회 이패스 금융투자분석사 실전 모의고사

76 이패스(주)는 20X1년 포괄손익계산서에서 매출액 100억, 영업이익 10억, 감가상각비 20억, 당기순이익 5억의 실적을 공표하였다. 또한 재무상태표를 통하여 현금 10억, 차입금 40억, 자기자본 50억을 보유하고 있다. 이패스의 EV/EBITDA 방법을 적용한 주당 적정주가는? (유사기업 EV/EBITDA 배수는 10, 주식수는 10,000,000주이다.)

① 1,000원 ② 2,000원
③ 2,700원 ④ 3,000원

77 이패스건설은 ROIC 10%, WACC 15%이다. 영업투하자본이 1,000억원이라면 EVA는 얼마인가?

① 100억 ② 150억
③ -100억 ④ -50억

78 이패스전자는 매년 100억원의 EVA를 창출하리라고 기대된다. 영업투하자본이 1,500억, 가중평균자본비용이 10%라면, 기업가치는?

① 2,500억 ② 1,500억
③ 1,000억 ④ 500억

79 비상장 기업 A는 1주당 자산가치가 10,000원 1주당 수익가치가 20,000원일 경우 A기업의 1주당 본질가치는? (현행 합병가액 산정기준 적용)

① 10,000원 ② 12,000원
③ 16,000원 ④ 30,000원

80. 이패스(주)는 타인자본비용 = 10%, 법인세율 20%, 무위험이자율 6%, 이패스(주)의 베타는 1.2, 시장위험프리미엄 5%라고 할 때, 가중평균자본비용을 구하라. (단, 이패스(주)는 부채비율 100%를 유지하고 있다.)

① 8%
② 10%
③ 12%
④ 14%

81. 자본시장법상 금융투자상품에 대한 설명으로 올바르지 않은 것은?

① 원화로 표시된 양도성 예금증서와 관리신탁의 수익권은 금융투자상품이다.
② 금융투자상품의 투자성을 판단함에 있어 판매수수료는 투자원본 산정에서 제외한다.
③ 합병회사나 합자회사의 무한책임사원 지분은 지분증권에 해당하지 않는다.
④ 특수채증권이란 법률에 의하여 직접 설립된 법인이 발행한 채권이다.

82. 자본시장법상 금융투자업의 인가에 대한 설명으로 가장 거리가 먼 것은?

① 인가받은 이후에도 인가요건을 계속 유지하여야 하지만, 진입요건 중 임원요건은 완화되어 적용된다.
② 금융위는 금융투자업, 금융투자상품, 투자자를 경제적 실질에 따라 분류하고 이를 토대로 인가나 등록을 승인한다.
③ 투자자문업, 투자일임업은 금융위로부터 등록을 받아야 한다.
④ 금융관련법령 위반으로 벌금 이상의 형을 선고받고 그 집행이 종료된 후 5년이 경과되지 아니한 자는 금융투자업자의 임원이 될 수 없다.

83 다음은 투자자에 대한 설명이다. 바르지 못한 것은?

① 국가는 절대적 전문투자자이지만, 주권상장법인 및 지방자치단체는 일반투자자 대우를 받을 수 있는 상대적 전문투자자이다.
② 일정한 요건을 갖춘 개인은 전문투자자 대우를 받을 수 있다.
③ 주권상장법인은 파생상품을 거래할 때 별도의 의사를 표시하지 아니하면 일반투자자 대우를 받는다.
④ 전문투자자 대우를 받는 법인과 개인은 금융위 확인 후 2년간 전문투자자 대우를 받을 수 있다.

84 다음 중 순자본 규제에 대한 설명으로 바르지 못한 것은?

① 자본시장법상 총위험액에는 시장위험액, 신용위험액, 운영위험액이 있다.
② 종합평가가 3등급 이상이고 자본의 적정성이 4등급 이하면 경영개선권고의 대상이 된다.
③ 순자본비율이 100% 미만이면 경영개선 권고의 대상이 된다.
④ 경영개선명령의 이행기간은 계획의 승인일로부터 3년 이내이다.

85 금융투자업규정상 금융투자업자의 위험관리에 대한 설명으로 가장 거리가 먼 것은?

① 외국환업무취급 금융투자업자는 위환파생상품거래 위험관리기준을 자체적으로 설정, 운영하여야 한다.
② 장외파생상품에 대한 투자매매업의 인가를 받은 자는 경영상 발생할 수 있는 위험을 종합관리하는 전담조직을 두어야 한다.
③ 금융투자업자의 이사회는 위험관리지침의 제정에 관한 사항을 심의, 의결한다.
④ 금융투자업자는 이해상충방지를 위해 주요 위험변동상황을 자회사와 분리하여 인식하고 감시하여야 한다.

86 금융투자업자의 업무 위탁과 관련한 설명 중 바르지 못한 것은?
① 금융투자업자는 제3자에게 업무를 위탁할 때에는 실제 업무 수행일의 7일 후 까지 금융위에 보고하면 한다.
② 원칙적으로 재위탁은 금지되나, 단순한 업무 등은 위탁자의 동의를 받아 재위탁할 수 있다.
③ 본질적 업무를 위탁받은 자는 그 업무 수행에 필요한 인가를 받거나 등록을 받은 자이어야 한다.
④ 준법감시인의 업무는 위탁이 금지된다.

87 자본시장법상 투자매매업자 또는 투자중개업자의 불건전 영업행위 금지에 대한 설명으로 바르지 않은 것은?
① 투자매매업자 또는 투자중개업자는 증권시장과 파생상품시장 간의 가격차이를 이용한 차익거래를 통한 선행매매를 할 수 있다.
② 투자매매업자 또는 투자중개업자는 그 증권이 최초로 증권시장에 상장된 후 40일 이내에 그 증권에 대한 조사분석자료를 공표하거나 제공할 수 없다.
③ 65세 이상인 사람을 대상으로 특정 금융투자상품을 판매하는 경우, 투자권유를 받고 금융투자상품의 청약을 한 투자자에게는 2영업일 이상의 숙려기간을 부여하여야 한다.
④ 투자자에게 해당 투자매매업자·투자중개업자가 발행한 자기주식의 매매를 권유할 수 있다.

88 증권발행과 관련된 전매가능성기준 및 전매제한조치 등에 대한 설명으로 가장 거리가 먼 것은?
① 지분증권은 같은 종류의 증권이 증권시장에 상장된 경우 전매기준에 해당한다.
② 같은 종류의 지분증권이 모집·매출된 실적이 있는 경우에는 전매기준에 해당한다.
③ 전환권의 권리행사금지기간을 발행 후 1년 이상으로 한 경우에는 전매기준에 해당하지 않는다.
④ 채무증권은 50매 이상으로 발행된 경우 전매기준에 해당하지 않는다.

89 자본시장법상 시세조종행위의 금지에 대한 설명으로 올바르지 않은 것은?

① 시세조종행위는 금융투자업자의 임직원에 한하여 적용되는 금지행위이다.
② 매출되는 증권의 인수인이 투자매매업자에게 시장조성을 위탁하는 경우에는 시세조종행위의 금지의 적용을 받지 아니 한다.
③ 현·선연계 시세조종행위는 명문으로 금지된다.
④ 금지되는 시세조종행위가 성립하려면 일정한 목적이 있어야 한다.

90 [금융기관검사 및 제재에 관한 규정]상 금융기관의 검사 및 제재에 관한 설명으로 가장 거리가 먼 것은?

① 금융위의 이의신청 처리결과에 대해서는 다시 이의신청할 수 있다.
② 검사의 종류는 종합검사와 부문검사로 구분하고 검사의 실시는 현장검사 또는 서면검사의 방법으로 행한다.
③ 금융기관의 장은 제재조치를 받은 경우 금감원장이 정하는 바에 따라 이사회에 보고하는 절차를 취하여야 한다.
④ 금감원장은 제재에 관한 사항을 심의하기 위하여 제재심의위원회를 설치한다.

91 다음 중 자본충실의 원칙과 관련이 없는 것은?

① 주식의 액면미달발행의 제한
② 발기인의 주식인수, 납입담보책임
③ 이익배당의 제한
④ 주주명부제도

92 상법상 주주총회에 대한 설명으로 옳지 않은 것은?

① 이사·감사의 선임 및 보수의 결정, 재무제표의 승인 및 주식배당결정은 주주총회 보통결의사항이다.
② 주주총회 소집권자는 원칙적으로 이사회이다.
③ 주주총회에서 의결권의 100분의 10 미만의 찬성밖에 얻지 못하여 부결된 내용과 동일한 의안은 부결된 날로부터 3년 내에 다시 제안을 할 수 없다.
④ 주주는 정관에 규정이 없어도 총회에 출석하지 않고 서면으로 의결권을 행사할 수 있다.

93 상법상 신주발행에 대한 설명으로 가장 거리가 먼 것은?

① 주주는 정관에 다른 규정이 없는 한 주주가 가지는 주식수에 비례하여 신주를 인수할 수 있는 권리가 있다.
② 신기술의 도입, 재무구조의 개선 등 회사의 경영상 목적을 달성하기 위하여 필요한 경우에는 정관에 정하는 바에 따라 주주 외의 자에게 신주를 배정할 수 있다.
③ 신주인수권의 양도는 신주인수권증서를 교부하는 방법으로 이를 행하여야 한다.
④ 신주발행의 무효는 주주에 한하여 신주를 발행한 날부터 6개월 내에 소만으로 이를 주장할 수 있다.

94 회사의 계산에 대한 설명으로 바르지 못한 것은?

① 이익준비금은 자본금의 2분의 1에 달할 때까지 매 결산기 이익배당액의 10분의 1 이상을 적립하여야 하며, 자본준비금은 적립한도가 없이 모두 적립하여야 한다.
② 자본의 결손은 먼저 이익준비금으로 전보하여야 한다는 규정은 폐지되었다.
③ 주식배당은 이익 배당 총액의 2분의 1을 초과하여 할 수 없다.
④ 연 1회의 결산기를 정한 회사는 정관의 규정이 있으면 이사회 결의로 연 1회에 한하여 중간배당을 할 수 있는데, 중간배당의 경우에는 현물배당을 할 수 없다.

제4회 실전 모의고사

95 감사위원회에 대한 설명으로 바르지 못한 것은?
① 이사회 내의 위원회이므로 2인 이상의 이사로 구성되며 사외이사가 위원의 3분의 2 이상이 되어야 한다.
② 자산총액 2조원 이상인 상장회사는 법정 필요 상설기관이다.
③ 감사위원 중 1인은 주주총회 결의로 다른 이사들과 분리하여 감사위원이 되는 이사로 선임하여야 한다.
④ 감사위원의 해임에는 이사 전원의 3분의 2 이상의 찬성이 있어야 한다.

96 금융투자업자의 주의의무에 대한 설명으로 바르지 못한 것은?
① 금융투자업자는 일반 주식회사에 비하여 더욱 높은 수준의 주의의무를 요한다.
② 금융투자업자는 신임의무에 근거하여 금융소비자의 이익을 우선적으로 보호하여야 한다.
③ 금융소비자의 이익추구를 위한다는 말은 결과에 있어서 최대의 수익률을 얻어야 한다는 것을 의미한다.
④ 금융투자업자의 주의의무는 신임관계에 의한 것이므로 사무처리가 유상이건 무상이건을 묻지 않고 요구된다.

97 금융소비자보호법상 적합성의 원칙과 적정성의 원칙에 대한 설명으로 올바른 것은?
① 모든 금융상품에 대하여 적용된다.
② 전문금융소비자를 상대로 하는 경우에도 적용된다.
③ 금융상품판매업자가 투자권유를 하는 경우에 적용되는 원칙이다.
④ 적합성의 원칙과 적정성의 원칙을 위반하면 과징금 대상은 아니지만 3천만원의 과태료 부과대상이 된다.

98 임직원의 본인에 대한 윤리의 내용으로 바르지 못한 것은?

① 회사와 임직원은 업무수행 과정에서 알게 된 회사의 업무정보와 고객정보를 안전하게 보호하고 관리하여야 한다.
② 회사와 임직원은 업무를 수행함에 있어 관련 법령 및 제 규정을 이해하고 준수하여야 한다.
③ 임직원은 회사의 품위나 사회적 신뢰를 훼손할 수 있는 일체의 행위를 하여서는 안 된다.
④ 회사와 임직원은 창의적 사고를 바탕으로 끊임없이 자기혁신에 힘써야 한다.

99 [금융투자회사의 내부통제기준]상 영업점에 대한 내부통제에 대한 설명으로 가장 거리가 먼 것은?

① 영업관리자는 영업점에서 1년 이상 근무한 경력이 있어야 한다.
② 영업관리자는 영업점장이 아닌 책임자급이어야 한다.
③ 준법감시인은 영업점별 영업관리자에 대하여 연간 1회 이상 법규 및 윤리교육을 실시하여야 한다.
④ 금융투자회사는 영업점별 영업관리자에게 업무수행 결과에 따른 적절한 보상을 지급할 수 없다.

100 다음 중 위반 시 지배구조법에 따른 제재가 나머지 셋과 다른 것은?

① 임원급으로 준법감시인을 선임하지 않은 경우
② 준법감시인을 두지 않은 자
③ 준법감시인의 임면 사실을 금융위원회에 보고하지 않은 자
④ 이사회 결의를 거치지 아니하고 준법감시인을 임면한 자

제1회 정답 및 해설

01	02	03	04	05	06	07	08	09	10
④	①	③	③	③	③	①	②	②	①
11	12	13	14	15	16	17	18	19	20
①	③	④	④	①	④	④	③	②	①
21	22	23	24	25	26	27	28	29	30
①	②	③	④	②	①	①	①	③	②
31	32	33	34	35	36	37	38	39	40
②	①	③	③	③	④	②	②	③	④
41	42	43	44	45	46	47	48	49	50
③	②	③	②	②	③	④	④	①	①
51	52	53	54	55	56	57	58	59	60
③	④	④	①	①	③	③	④	③	②
61	62	63	64	65	66	67	68	69	70
①	④	②	④	①	③	③	④	②	④
71	72	73	74	75	76	77	78	79	80
②	②	④	④	④	①	③	③	①	③
81	82	83	84	85	86	87	88	89	90
③	④	④	①	④	④	①	③	③	②
91	92	93	94	95	96	97	98	99	100
②	③	③	③	③	④	②	③	④	④

01 ④ 두 변수간 방향성에 대한 정보뿐만 아니라 결합정도(=힘)에 대한 정보를 나타내는 것이 상관계수이다. 두 변수간 서로 독립적이라면 공분산은 0이나, 두 변수간 공분산이 0이라고 해서 두 변수간에 반드시 독립적인 것은 아니다.

02 ① 문제는 기하분포에 대한 설명이다. 베르누이시행을 n번 반복했을 때 얻어지는 성공의 횟수를 이항분포라고 한다. 이항분포에서 시행횟수(n)가 크고 확률(p)이 극히 적은 경우의 분포를 포아송분포라고 한다. 포아송분포로부터 유도된 분포로서 어떤 사건이 발생하기 전까지 경과한 시간의 분포를 지수분포라고 한다.

03 ③ 문제는 유의수준에 대한 설명이다. 1종 오류는 귀무가설이 참일 때, 이를 기각하는 오류를 말한다. 2종 오류는 귀무가설이 거짓일 때, 이를 채택하는 오류를 말한다. 검정력은 (1-2종 오류의 확률)을 말한다.

04 ③ 검정력은 (1-2종 오류의 확률)을 말하므로 (1-귀무가설이 거짓일 때, 이를 채택하는 오류)를 의미하며, (1-피고인이 무죄가 아닌데(유죄인데) 무죄로 판결할 확률)이므로 유죄인 사람을 기소할 확률을 의미한다.

05 ③ 다중공선성은 다중 회귀분석에서 독립변수간에 상관관계가 높을 때 발생하는 문제이다.

06 ③ 만기 2년 이하의 금융상품이 M2에 해당함. 따라서 정답은 ③

07 ① 단기적인 소비 형태에서 평균소비성향이 한계소비성향보다 크다.

08 ② 토빈의 q이론은 q가 1보다 큰 경우에 투자를 증가시킨다고 했다.

09 ② 화폐수량설은 화폐유통속도가 안정적이라고 가정한다.

10 ① 한국은행이 보유하는 증권을 매각하면 민간의 현금이 한국은행으로 환수되는 것이다.

11 ① 화폐의 공급과 수요에 의해 이자율이 결정된다는 주장은 케인즈의 주장이다.

12 ③ 노동자는 화폐환상을 가지고 있어 실질임금의 변화를 인식하지 못하고 명목임금(예 월 급여액)의 변화에 민감하게 반응한다. 따라서, 노동자가 제공하는 노동의 공급은 명목임금의 함수이다. 따라서 2번은 맞은 문장임
마찰적 실업이란 일반적인 경제 상황에서 노동자가 개인의 선택으로 직업이나 직장을 바꾸는 과정에서 불가피하게 발생하는 실업이다. 이는 전체 생산량 측면에서 경제적으로 큰 손실을 발생시키지 않기 때문에 정부의 역할은 크게 요구되지 않는다. 케인즈는 실업이 유효수요의 부족으로 나타난다고 보았으며, 이러한 유효수요의 부족은 정부의 개입으로 해소할 수 있다고 보았으므로 정답은 ③이며, ③은 고전학파 주장임.

13 ④ 스태그플레이션은 경기침체하에서의 물가상승으로 평가절하와 관계없다.

14 ④ 통화량의 변화는 화폐적 균형경기변동이론이다.

15 ① 임금상승으로 여가의 기회비용이 커지면서 노동자들이 여가를 줄이고 노동을 더 많이 공급하려는 것은 대체효과다.

16 ④ 자본예산은 실물투자결정이고, 나머지는 자금조달의 결정이다.

17 ④ 투자자가 기대하는 최소값이며, 최대값은 존재하지 않는다.

18 ③ 시장위험은 시장 전체에 영향을 미치는 체계적 위험이다.

19 ② 내부수익률법, 수익성지수법, 순현가법은 미래 현금흐름을 화폐의 시간적 가치와 투자위험에 대한 보상을 감안한 할인율로 할인하여 현재가치를 산정한다.

20 ① 전환사채, 신주인수권부사채, 수의상환사채의 권리는 모두 유리하다고 판단될 때만 행사되는 콜옵션과 연계된 개념이다.

21 ① 물가의 상승은 명목무위험이자율의 증가를 유발하므로 증권시장선은 위쪽으로 수평이동한다.

22 ② 5 + 0.8(15 − 5) = 13, 따라서 요구수익률은 13이다. 요구수익률이 기대수익률보다 작은 경우, 저평가되었다고 판단하여 그 주식을 매입하는 투자선택이 올바른 방법이다.

23 ③ 기대수익률 = 0.05 + (1.5) × (0.03) + (2) × (0.02) = 0.135

24 ④ 주식분할은 증권시장에 영향을 주지 않는 것으로 나타났다.

25 ② 기하평균수익률은 시간가중수익률, 내부수익률은 금액가중수익률이라 한다.

26 ① 시장중단제도(Circuit Breakers)에 대한 내용이다.

27 ① 지수의 변동폭은 주식가격가중지수 > 동일가중지수 > 시가총액가중지수 순으로 나타나는 게 일반적이다.
• 주식가격가중지수
$= \dfrac{8,000 + 3,000 + 10,000}{5,000 + 4,000 + 9,000} \times 100 = 116.67$

- 시가총액가중지수
$$= \frac{8{,}000 \times 30 + 3{,}000 \times 70 + 10{,}000 \times 50}{5{,}000 \times 30 + 4{,}000 \times 70 + 9{,}000 \times 50} \times 100 = 107.95$$

- 동일가중지수
$$= \frac{1}{3} \times \left[\frac{8{,}000}{5{,}000} + \frac{3{,}000}{4{,}000} + \frac{10{,}000}{9{,}000}\right] \times 100 = \frac{1}{3}(1.6 + 0.75 + 1.11) \times 100 = 115.33$$

28 ① 요구수익률(k)은 성장률(g)보다 항상 높아야 한다.

29 ③ 세후영업이익 = 영업이익 × (1 − 법인세율) = 300억 × (1 − 0.2) = 240억

30 ② 5% + (15% − 5%) × 1.2 = 17%

31 ② 자금조달을 통한 재무구조개선은 발행시장을 통해 이루어진다.

32 ① 동시호가인 경우에는 가격과 시간우선의 원칙을 적용할 수 없기 때문에 예외적으로 수량우선의 원칙과 위탁매매 우선의 원칙을 적용한다.

33 ③ 실질인플레이션이 기대인플레이션을 초과하게 되면 화폐성자산의 가치가 감소하므로 채권자는 손실을 보게 되고, 채무자는 이익을 보게 된다.

34 ③ EVA는 세후영업이익에서 기업의 총자본비용을 차감한 값이다.

35 ③ ROE는 부채레버리지와 비례관계이다.

36 ④ 이표채는 중도현금흐름이 발생한다.

37 ② 표면이자율이 높은, 즉 듀레이션이 작은 채권에 투자한다.

38 ② D = (555.55 × 1 + 9,087.79 × 2)/9,643.34 = 1.94

39 ③ $(1 + 0.1)^3 = (1 + 0.06)^2 (1 + FR)^1$에서 FR = 18.46%

40 ④ 수의상환채권의 수의상환권(call option)은 채권 발행자에게 부여된 권리이다.

41 ③ 복리채는 $10{,}000(1 + 0.08)^3 = 12{,}597$,
할인채는 10,000(원금)

42 ② 유동성프리미엄의 영향으로 인하여 우상향하는 형태를 가질 것이다.

43 ③ 볼록성은 듀레이션으로 측정한 하락폭을 축소시키고, 상승폭을 확대해준다.

44 ② 이표채는 재투자수익률(시장금리)에 따라 실효수익률과 만기수익률이 달라진다. 이표채는 매입 후 만기까지 보유해도 만기수익률이 달라질 수 있다.

45 ② 할인채의 듀레이션은 표면이율과 상관없이 동 채권의 잔존기간과 동일하다.

46 ③ 금융선물거래는 거래소를 통해 이루어진다.

47 ④ ITM콜옵션이므로 내재가치 1,500원, 시간가치 500원

| 48 | ④ | F = 140 + 140(0.05 − 0.01) × 1/2 = 142.8 |

49 ① 콜의 손익 = 10,000원 × 5 − 3,000원 × 5 = 35,000원 이익
풋의 손익 = 1,000원 × 3 = 3,000원 이익

50 ①
- 최대손실 = 콜옵션 프리미엄 + 풋옵션 프리미엄
- 상방손익 분기점 = 행사가격 + 두 옵션 프리미엄의 합

51 ③ $F = S \cdot e^{(r-d)t} = 100 \times e^{(0.04-0.1) \times \frac{1}{4}} = 100 \times e^{-0.015} = 98.51$
[별해] F = 100 + 100(0.04 − 0.10) × 1/4 = 98.50

52 ④ $\frac{100억원 \times 1.5}{200 \times 25만원}$ = 300계약 매도

53 ④ 스트래들 매수는 기초자산 가격이 급변할 경우에 이익이 발생한다.

54 ① 콜옵션 1계약 매도(− Δ) + 주식 △주 매도(− Δ)이므로 − 2Δ가 된다.

55 ① 기초자산의 가격변동성이 클수록 콜옵션, 풋옵션 프리미엄은 모두 높아진다. 기초자산가격이 높을수록 콜옵션 프리미엄은 높아지고 풋옵션 프리미엄은 낮아진다. 잔존기간이 길수록 콜옵션, 풋옵션 프리미엄은 모두 높아진다.

56 ④ 일일 지표가치에 대한 설명이다.

57 ③ '콜 ELW의 내재가치 = (기초자산 가격 − 권리행사 가격) × 전환비율'이므로 (14,000 − 12,000) × 전환비율 = 600원에서 전환비율은 0.3

58 ④ 주가연계펀드(ELF)는 수익증권, 기업어음증권은 채무증권, 주가연계예금(ELD)은 비금융투자상품이다.

59 ③ 일반적으로 만기 주가에 따라 원금손실이 발생할 수 있다.

60 ② reverse convertible 구조이다.

61 ① 정액법이 가장 적은 감가상각비를 계상한다.

62 ④ K − IFRS에서는 종업원급여를 보험수리적 방법에 따라 퇴직급여를 산출한다.

63 ② 현금유입액 = 매출액 − 매출채권증가 = 매출액 − (기말매출채권 − 기초매출채권)
1,100 = 1,000 − (−100) = 1,000 − (500 − 600)

64 ④ 성격별, 기능별 분류방법 중 한가지를 선택할 수 있다.

65 ① 무형자산은 물리적 실체가 없는 비화폐성 자산이다.

66 ③ 이연법인세부채 = 가산할 일시적 차이(500) × 25% = 125원

67 ③ 자가건설에 의한 취득 시 취득원가는 건설기간 중에 소요된 모든 비용과 건설기간 중 발생한 차입금의 이자를 포함한다.

68 ④ 만기보유금융자산은 상각후원가로 평가하며, 손상차손 검토대상이다.

69 ② 목적적합성에 대한 설명이다.

70 ④ K-IFRS에서는 이들을 각각 별도로 구분표시하도록 하고 있으며, 각각의 항목은 매기 같은 방법으로 영업, 투자 및 재무활동으로 분할하도록 하고 있다.

71 ② 기업가치 = 기말영업투하자본 + MVA
MVA = EVA / 가중평균자본비용
가중평균자본비용 = 자기자본비용 × (가중치) + 세후타인자본비용 × (가중치)
가중치 자기자본 = 50%, 타인자본 = 50%

72 ② 140억 = 세후영업이익 (300억 − 60억) − 순투자 (100억 + 50억 − 50억)

73 ④ EBITDA는 감가상각처리방법에 영향을 받지 않는다.

74 ④ 주주가치 = 기업가치 − 채권자가치

75 ④ 가중평균자본비용 산정 시 타인자본과 자기자본의 경제가치로 구성해야 한다.

76 ① EVA = 세후영업이익 − 영업투하자본 × 가중평균자본비용

77 ③ 기업가치 = MVA + 영업투하자본

78 ③ 본질가치 : 자산가치(자본총계)와 수익가치를 1:1.5로 가중평균함
자산가치 = 1,000 − 100 − 50 + 100 = 950억 → 1주당으로 환산시 1,000,000주로 나누면 95,000임
수익가치 = 40,000
본질가치 = 95,000 × 1/2.5 + 40,000 × 1.5/2.5 = 62,000

79 ① 현행 제도상 공모가격의 결정방법은 완전 자율화되어 있어 어떠한 방법을 적용해도 법률적으로 문제되지 않는다.

80 ③ 기업간 회계처리방법이 다르면 적용이 곤란하다.

81 ③ 워런트와 같이 기초자산에 대해서 매매를 성립시킬 수 있는 권리를 포함한 금융투자상품의 경우 증권으로 분류된다.

82 ④ 개인이 전문투자자가 되기 위해서는 투자경험 요건을 반드시 갖추어야 한다.

83 ④ 시장질서교란행위에 대해서는 과징금을 부과할 수 있다.

84 ① 조사분석자료 작성업무는 기업금융업무가 아니다.

85 ④ 증권신고서가 수리된 후 신고의 효력이 발생하지 아니한 증권에 대해서도 청약의 권유는 가능하다.

86 ④ 총위험액 = 시장위험액 + 신용위험액 + 운영위험액이다.

87 ③ 경영개선명령 − 6개월 이내의 영업정지

88 ③ 금감원장은 이의신청이 이유없다고 인정할 명백한 사유가 있는 경우에는 기각할 수 있다.

89 ③ 회수의문 또는 추정손실로 분류된 자산은 조기에 상각하여 자산의 건전성을 확보하여야 한다.

90 ② 24시간, 40일

91 ② 위법행위유지청구권은 1% 소수주주권이지만, 신주발행유지청구권은 단독주주권이다

92 ③ 지배주주의 매도청구를 받은 소수주주는 매도청구를 받은 날로부터 2개월 이내에 지배주주에게 보유하고 있는 주식을 매도하여야 한다.

93 ③ 집행임원은 선임과 해임이 이사회에 있으므로 주주의 해임청구권은 인정되지 않는다.

94 ③ 이사회 내 위원회는 2인 이상의 이사로 구성되며, 대표이사 선임이나 해임은 위원회에서 할 수 없다.

95 ③ ① 주주의 신주인수권은 정관으로 제한할 수 있다.
② 일정한 요건하에 액면미달의 가격으로 신주를 발행할 수 있다.
④ 신주의 인수인은 납입기일 다음날부터 주주로서의 권리를 갖는다.

96 ④ 현대사회에서는 위험비용을 포함한 거래비용의 최소화를 요구한다.

97 ② 파생결합증권은 청약철회권의 대상이 아니다.

98 ③ ③이 정답이다.

99 ④ 증권은 투자자의 요청 없이 방문하여 투자권유를 할 수 있다.(일반투자자, 전문투자자 공통)

100 ④ 고용기간 동안 본인이 생산한 지적재산물은 회사의 재산으로 반환하여야 한다.

제2회 정답 및 해설

01	02	03	04	05	06	07	08	09	10
④	④	②	④	④	①	②	④	④	①
11	12	13	14	15	16	17	18	19	20
②	②	①	①	②	③	②	②	②	③
21	22	23	24	25	26	27	28	29	30
②	③	③	④	②	④	②	②	①	④
31	32	33	34	35	36	37	38	39	40
③	③	①	①	④	④	④	①	②	④
41	42	43	44	45	46	47	48	49	50
③	④	③	④	③	②	③	④	②	②
51	52	53	54	55	56	57	58	59	60
①	④	②	②	③	③	④	③	③	④
61	62	63	64	65	66	67	68	69	70
①	②	①	④	①	③	②	②	④	①
71	72	73	74	75	76	77	78	79	80
④	②	②	③	②	①	④	②	④	④
81	82	83	84	85	86	87	88	89	90
①	①	①	③	②	②	②	①	①	③
91	92	93	94	95	96	97	98	99	100
③	③	②	①	③	④	③	①	③	①

01 ④ 상관계수를 제곱하면 결정계수를 계산할 수 있다.

02 ④ 음의 왜도는 우측으로 치우쳐져 좌측으로 긴 꼬리를 갖는 분포이다. 극단치의 가장 큰 영향을 받는 평균이 가장 작으며, 가장 큰 빈도수를 나타내는 최빈값이 가장 크다.

03 ② 효율성 : 여러개의 불편추정량 중에서 추정량의 분산을 가장 작은 것을 채택하는 특성. 따라서 분산이 작은 $\hat{\theta}_2$이 $\hat{\theta}_1$보다 효율적이다.

04 ④ 다중공선성 문제는 설명변수 간의 상관관계가 높은 경우 발생한다.

05 ④ 독립변수의 개수를 제거해야 다중공선성의 문제를 치유할 수 있음. 나머지 보기는 모두 맞는 문장임

06 ① 경기선행지수 : ②, ③ 경기후행지수 : ④

07 ② MV = PY에서 V(유통속도 변화율)을 0으로 놓을 수 있으며, 이 때 M = P + Y식이 성립한다. 따라서 6% + 2% = 8%

08 ④ 시간에 따른 자본량의 동태적 조정경로와 조정비용을 직접적으로 고려한 모형은 자본량조정비용모형이다.

09 ④ 자산선택이론에서 평균수익이 증가하게 되면 위험부담도 비례적으로 커지게 된다고 보았다.

10 ① 파생통화 = 본원통화 × (1 / 지준율)

11 ② 고전학파는 이자율을 저축과 투자에 의해 결정되는 실물적현상으로 파악하고 케인즈는 화폐의 수요와 공급이 일치하는 화폐적현상으로 파악한다.

12 ② 구축효과는 정부지출증가로 인해서 이자율이 상승하고 이로 인해 투자 감소가 발생하여 정부지출의 효과가 완전히 나타나지 않는 것을 말한다.

13 ① 재화의 수입과 해외여행 등은 외환수요곡선의 이동요인이다.

14 ① (환율에 대한 외국의 수입수요의 가격탄력성 + 환율에 대한 자국수입수요의 탄력성)의 절대값이 1보다 커야 외환시장의 안정조건이 성립된다.

15 ② 차관의 도입으로 외환공급곡선이 우측 이동하여 환율은 하락한다.

16 ③ 순현가는 모든 현금흐름을 투자안의 내용연수 전 기간에 걸쳐 감안한 개념으로 직접적으로 연계되지만 나머지는 간접적으로 연계된다.

17 ② 성장률 = 자기자본수익률 × 유보율 = 0.25 × 0.4 = 0.1
주가 = 배당금 / (자본환원율 − 성장률)
     = 600 / (0.2 − 0.1) = 6,000원
성장가치 = 주가 − 주당순이익 / 자본환원율
     = 6,000 − 1,000 / 0.2 = 1,000원

18 ② M(1958)은 완전자본시장 가정하에서 타인자본이 기업가치에 영향을 줄 수 없다고 증명하였고, MM(1963)은 법인세만 예외로 한 완전자본시장 가정하에서 타인자본이 기업가치에 영향을 줄 수 있다고 증명하였다. Miller(1977)은 법인세와 개인소득세를 예외로 한 완전자본시장 가정하에서 타인자본이 기업가치에 영향을 줄 수 없다고 증명하였다.

19 ② 리스기간이 단기인 것은 운용리스이다.

20 ③ 공개매수전략은 적대적 M&A의 공격전략이다.

21 ② 지배원리는 위험이 동일한 경우 수익률이 높은 투자안이 낮은 투자안을 지배하고, 수익률이 동일한 경우에는 위험이 낮은 투자안이 높은 투자안을 지배하는 것이다.

22 ③ (4,000 + 1,000) / 20,000 = 25%

23 ③ 기대수익률 = (0.6 × 0.05) + (0.4 × 0.15) = 9%
표준편차는 국공채의 위험이 0이므로 주식의 표준편차만 투자비중으로 고려한다.
0.4 × 0.1 = 0.04 = 4%

24 ④ 상관계수 = 시장과 주식의 공분산 / (시장의 표준편차 × 주식의 표준편차) = 0.008 / (0.08 × 0.11)
         = 0.9090

25 ② CAPM = 0.01 + (0.12 − 0.01) × 1 = 0.12

26 ④ P = 600/(0.15 − g) = 10,000에서 g = 0.09

27 ② ROE = 매출액순이익률 × 총자산회전율 × (1 + 부채비율)
    ⇨ 비용통제의 효율성 × 자산이용의 효율성 × 자본조달의 안정성

제2회 이패스 금융투자분석사 정답 및 해설

28 ②
$$P_0 = \frac{E_1}{k} + \frac{E_1}{k} \times \frac{f(r-k)}{k-g}$$
$$= \frac{1,000}{0.1} + \frac{1,000}{0.1} \times \frac{0.6(0.15-0.1)}{0.1 - 0.6 \times 0.15}$$
$$= 10,000 + 30,000 = 40,000$$
따라서 성장기회의 현재가치는 30,000원이 된다.

29 ① WACC = 세전부채비용(1 - 법인세율) × 부채비중 + 자기자본비용 × 자기자본비중
= 10%(1 - 0.3) × 0.6 + 15% × 0.4 = 10.2%

30 ④ 경기순환에 취약한 기업이나 매우 적은 이익을 낸 기업의 PER는 그만큼 변동성이 커서 PER의 신뢰성을 떨어뜨린다.

31 ③ 신주발행가격 = 20,000원(1 - 0.25) = 15,000원
주당납입금 = 15,000원 × 0.25 = 3,750원
권리락 주가 = (20,000 + 3,750) / (1 + 0.25)
= 19,000원

32 ③ 성장가치는 고려하지 않는다. 먼저 본질가치(자산가치와 수익가치의 가중평균)를 추정한 후 유사기업과의 상대가치도 고려하여 공모가격을 결정한다.

33 ① 정부는 경기활성화를 위해 세출을 증가시키고 세율은 인하하게 되므로 적자예산을 편성하게 된다.

34 ① 쇠퇴기에는 마케팅비용이 감소한다.

35 ④ 주가는 배당금이 클수록, 요구수익률이 작을수록, 기대성장률이 클수록 커지므로 모두 해당한다.

36 ④ 복리채는 만기에만 현금흐름이 발생하고 만기상환금은 $10,000(1 + 0.05)^2$ =11,025원이다.

37 ④ 표면이율이 높을수록 동일한 수익률 변동에 대한 가격변동률은 작아진다.

38 ① $\frac{1}{2} \times 10 \times 0.01^2 = 0.0005$ 즉 0.05%

39 ② 유동성선호가설에 대한 내용이다.

40 ④ 괴리율 = (11,000 - 8,000원) / 8,000원 × 100 = 37.5%
[참고] 전환가치 = 800원 × 10주 = 8,000원

41 ③ 낙찰된 수익률 중 가장 높은 수익률이 일률적으로 통일 적용된다.

42 ④ 잔존기간이 길수록, 표면이율이 낮을수록 가격변동률은 커지고, 수익률 하락에 의한 가격 상승률이 수익률 상승에 의한 가격하락률보다 크다.

43 ③ 콜옵션부채권은 미래에 금리가 하락할 것으로 예상되는 경우에 발행된다.

44 ④ 듀레이션에 의한 채권가격변동폭 = - 3 / 1.065 × 0.01 × 8,278.4 = - 233원이고, 볼록성을 고려하면 실제 하락폭은 233원보다 작아진다.

45 ③ Bullet형 채권운용(역나비형 투자전략)을 취하는 것이 타당하다.

46 ② 매도헤지(Short hedge)란 보유한 현물의 가격하락 위험에 대비하여 해당 현물에 대응하는 선물을 미리 매도하는 전략이다.

47 ③ 선물지수가 현물지수보다 큰 경우를 콘탱고(contango)라고 하고, 베이시스가 음(-)인 경우를 백워데이션(backwardation)이라고 한다. 배당수익이 이자비용보다 작은 경우, 균형상태의 베이시스는 양(+)이 된다.

48 ④ 헤지 확률 P = (0.05 + 0.1) / (0.2 + 0.1) = 0.5
콜옵션 가치 = (2,000 × 0.5 + 0 × 0.5) / 1.05
= 952.38원

49 ② Covered call = 기준물매수 + 콜매도

50 ② • 새로운 델타값 = 기존델타 + 델타변화분
= 0.4 + (20 × 0.002)
= 0.44

51 ① 10,000 - 300 + 200 = 9,900원 [참고] 문제에 주어진 배당과 이자비용은 3개월분

52 ④ $1,500 + \dfrac{10,500}{(1+0.05)} - 11,000 = 500$원

53 ② 옵션을 이용한 차익거래 중 컨버전(Conversion)에 대한 설명이다.

54 ② 감마의 값은 ATM에서 제일 크고, ITM의 상태가 커질수록 작아진다.

55 ③ 가격변동성은 옵션의 잔존기간동안 동일하다.

56 ③ 레버리지 효과가 있다. 유동성공급자(LP)가 따로 존재한다. 풋 ELW 매입자는 주식가격이 하락해야 이익을 얻는다.

57 ④ 기초지수가 해외증권시장에서 거래되는 종목만으로 구성되는 지수인 경우 구성종목의 수는 3종목 이상으로 하며, 하나의 구성종목 비중은 50%를 초과하지 않아야 한다.

58 ③ ELS는 사전확정수익이 지급된다. ELF가 실적배당이다.

59 ③ ① 민감도지표 ② 패리티 ③ 전환비율 ④ 내재가치

60 ④ 파생결합증권을 발행하기 위해서는 증권 및 장외파생상품에 대한 투자매매업 인가를 받아야 한다.

61 ① 자산, 부채, 자본의 정의는 법률적 형식보다 거래의 경제적 실질이 더 중요하다.

62 ② 상장기업과 비상장기업의 회계기준 적용을 이해할 수 있어야 한다. 비상장기업도 K-IFRS를 선택할 수 있다.

63 ① 역사적 원가 - 과거 교환가격으로 평가되므로 검증가능

64 ④ 배당금 수익은 지분법적용투자주식을 차감하며, 수익으로 기록하지 않는다.

65 ① 선입선출법은 가장 높은 기말재고금액과 가장 높은 당기순이익을 보고한다.

66 ③ 상환청구권이 투자자에게 있는 우선주는 금융부채로 분류한다.

67 ② 1,000 - 100 - (100 + 500 - 100) - 100 - 200 = 100원

68 ② 영업활동현금흐름은 당기순이익(1000) + 감가상각비(500) − 지분법이익(100) − 유형자산처분이익(100) = 1,300 이자비용은 당기순이익에 이미 포함되어 있으며, 배당금 지급은 재무활동현금흐름이다.

69 ④ 지분법적용투자 주식의 취득은 현금 지출을 수반한다.

70 ① 지배기업 투자주식과 종속기업의 지배기업지분을 상계해야 한다.

71 ④ EVA할인모형은 수익가치에 해당하는 평가방법이다.

72 ② EV/EBITDA − 순차입금 + 시가총액 / EBITDA

73 ② 매출은 적자가 아니므로, PSR 지표를 활용할 수 있다.

74 ③ 주가 = PER × 주당순이익 = 15 × 20 = 300원

75 ② EV = EV/EBITDA × EBITDA, 시가총액 = EV − 순차입금(차입금 − 현금)
EBITDA = 영업이익 + 감가비 = 10 + 20 = 30
EV = 시가총액 + 순차입금 = 시가총액 + 50

EV/EBITDA = (시가총액 + 50)/30 = 10 → 유사기업의 배수 적용
시가총액 : 250억
250억/주식수 10,000,000주 = 1주당 적정주가 2,500원

76 ① 총투자금액 = 영업투하자본 + 비영업자산투자 = 재무부채 + 자본

77 ④ EVA = (ROIC − WACC) × 1,000억원
= (0.2 − 0.15) × 1,000억원 = 50억원

78 ② 자산가치 × 0.4 + 수익가치 × 0.6으로 구한다.

79 ④ 가중평균자본비용 = 자기자본비용 × (가중치) + 세후타인자본비용 × (가중치)
가중치 자기자본 = 2/3, 타인자본 = 1/3

자기자본비용 = 5 + (10 − 5) × 2 = 15
가중평균자본비용 WACC = 9 × 1/3 + 15 × 2/3 = 13%

  ** 부채와 자본의 가중평균 비율 : 시장가격비율로 가중평균
    부채 : 100/(100 + 200)
    자본 : 200/(100 + 200)

80 ④ 타인자본비용은 차입이자율이 아니라 현행이자율로 측정한다.

81 ① 금융위원회의 부위원장은 증권선물위원회의 위원장을 겸임한다.

82 ① 누구의 명의로 하든지 타인의 계산으로 증권의 발행에 대한 청약의 권유를 영업으로 하는 것은 투자중개업이다.

83 ① 원화로 표시된 CD는 금융투자상품이 아니다.

84 ③ 매출의 경우에도 증권신고서는 발행인이 제출하여야 한다.

85 ② 그 법인이 발행한 일정한 증권뿐만 아니라 그 법인 이외의 자가 발행한 교환사채권 등도 규제대상이 된다.

86 ② 일반, 2천만원이다.

87 ② 영업용순자본 산정시 차감항목에 대해서는 원칙적으로 위험액을 산정하지 않는다.

88 ① 7일이다.

89 ① 전문투자자에 대해서는 투자설명서를 교부할 필요가 없다.

90 ③ 투자자매매업자 또는 투자중개업자는 투자자의 신용상태 및 종목별 거래상황 등을 고려하여 신용공여금액의 100분의 140 이상에 상당하는 담보를 징구하여야 한다.

91 ③ 자본금 총액이 10억원 미만인 주식회사는 감사를 선임하지 아니할 수 있다. 대표이사는 반드시 선임하여야 한다.

92 ① 복수의결권을 내용으로 하는 주식, 거부권주식 등을 발행할 수 없다.

93 ② 전자적 방법에 의한 의결권을 행사하기 위해서 주주총회의 결의까지는 필요하지 않다.

94 ① 의결권없는 주식을 제외한 발행주식 총수의 3%를 초과하는 수의 주식을 가진 주주는 그 초과주식에 대하여 감사의 선임에 있어서 의결권을 행사하지 못한다.

95 ③ 법원의 인가를 받아야 하는데 법원은 변경인가를 할 수 있다.

96 ④ 수익 발생 여부는 판단기준이 아니다. 당해 거래에 따르는 위험의 이해 여부가 판단기준이다.

97 ③ 집합투자회사가 자신이 운용하는 집합투자기구의 집합투자증권의 판매실적에 연동하여 이를 판매하는 회사에 재산상 이익을 제공할 수 없다.

98 ① 내부통제기준을 제정하거나 변경하려는 경우 이사회 결의를 거쳐야 한다.

99 ③ 이해상충사실을 미리 투자자에게 알리고 투자자보호에 문제가 없는 수준으로 낮춘 후 매매, 그 밖의 거래를 해야 한다.

100 ① 경영진 책임은 회사에 대한 윤리이다. 나머지는 본인에 대한 윤리이다.

제3회 정답 및 해설

01	02	03	04	05	06	07	08	09	10
②	③	①	①	④	②	②	①	③	①
11	12	13	14	15	16	17	18	19	20
④	③	①	②	②	④	③	④	①	④
21	22	23	24	25	26	27	28	29	30
①	②	①	②	④	②	③	④	③	①
31	32	33	34	35	36	37	38	39	40
④	③	②	④	③	③	④	②	④	①
41	42	43	44	45	46	47	48	49	50
②	③	③	②	①	②	②	④	④	②
51	52	53	54	55	56	57	58	59	60
①	④	③	①	①	③	①	④	①	③
61	62	63	64	65	66	67	68	69	70
①	②	④	②	③	②	④	④	③	②
71	72	73	74	75	76	77	78	79	80
④	③	③	①	②	②	③	④	②	④
81	82	83	84	85	86	87	88	89	90
④	②	①	②	①	②	④	③	②	②
91	92	93	94	95	96	97	98	99	100
①	③	③	④	④	②	①	④	①	③

01 ② 중위수는 극단값에 영향을 받지 않는다. 산술평균, 분산, 표준편차은 극단치가 수식에 포함되므로 극단치의 영향을 항상 받음

02 ③ $E[X+Y] = E[X] + E[Y]$, $Var[X-Y] = Var[X] + Var[Y] - 2Cov[X,Y]$, $Var(aX) = Var(X)$

03 ① 정규분포의 비대칭도는 0이다. 나머지는 다 맞는 설명임

04 ① 자기상관과 이분산성은 모두 불편성이나 일치성에는 영향을 미치지 않지만 효율성에는 영향을 미쳐서 최소분산을 갖지 못하게 된다.

05 ④ 모분산을 알지 못하고 n이 30보다 작을 때 t분포를 사용한다. t분포의 자유도는 n-1이므로 분산은 자유도/(자유도-2)로 표현하기도 한다.

06 ② 화폐중립성은 통화공급과 같은 명목변수의 변화가 실질변수에 영향을 주지 못하고 명목변수에만 영향을 준다는 주장

07 ② IS 곡선 기울기가 가파를수록 확장통화정책으로 인한 국민소득의 증가폭은 작아진다.

08 ① MV = PY에서, V = PY / M = 20,000 / 8,000 = 2.5가 됨

09 ③ GDP = C + I + G + N× = 400 + 100 + 200 + (260-200) = 760

10 ① 확대재정정책을 실시하면 AD곡선이 우측으로 이동하므로 물가 상승, 국민소득 증가함. 따라서 정답은 ①

11 ④ RBC 이론은 경기변동의 지속성을 잘 설명한다.

12 ③ 이 경우 자국의 화폐가치는 낮아진다.

13 ① 항상소득이 증가하면 소비도 늘어난다.

14 ② 주식시장에서 평가된 기업의 시장가치를 기업의 실물자본의 대체비용(replacement cost)으로 나누어서 계산

15 ② 은행의 대출한도를 낮추면 통화공급이 줄어든다.

16 ④ 운용리스에서 수선·유지비는 레서(Lessor : 빌려주는 쪽)가 부담한다.

17 ③ 비용최소화를 통해서 주주가치를 극대화하는 문제에서는 NPV법을 적용해야만 분석이 가능.

18 ④ MM(1963)에서 개인소득세를 아울러 허용하더라도 $\tau_{pe} = \tau_{pd}$이면 타인자본의 사용이 증가할수록 법인세 절세효과 때문에 기업가치는 높아진다.

19 ① 타인자본의 신호효과는 타인자본의 사용과 무관하게 기업가치가 불변이라는 내용을 담고 있다.

20 ④ 시장 부가가치는 '자기자본 + 타인자본'의 총 장부가치와 총 시장가치를 비교하여 산정

21 ① 개별 주식의 기대 수익률은 포트폴리오 리스크와 무관하다.

22 ② $\sigma_{ij} = \beta_i \beta_j \sigma^2(R_m) = (0.5)(2)(0.1)^2 = 0.01$

23 ① $E(R_p) - R_f = [E(R_m) - R_f]\beta_p = (0.16 - 0.05)(\frac{1}{2}(1.2) + \frac{1}{2}(0.8)) = 0.11$

24 ② 상관계수가 0이더라도 투자비중에 따라 포트폴리오 수익률의 표준편차는 달라진다.

25 ④

구 분	포트폴리오 A	포트폴리오 B	포트폴리오 C	포트폴리오 D
샤프지수	0.7	0.727	1.57	1.33
트레이너지수	0.05	0.053	0.061	0.075

샤프지수는 C, 트레이너지수는 D가 가장 우수함.

26 ② 권리락 주가 = (13,000 + 10,000 × 0.5)/(1 + 0.5) = 12,000

27 ③ 동시호가의 경우, 위탁매매호가가 자기매매호가보다 우선한다.

28 ④ ① Nikkei225는 주식가격 가중방법이다.
② 1980년 1월 4일을 기준일로 하여 100으로 시작되었다.
③ 다우존스지수를 설명한 것이다.

29 ③ 10% × 1.2 × (1 + 부채 / 자기자본) = 36%이다. 따라서 부채 / 자기자본 = 2

30 ① 배당성향이 60%이므로 사내유보율은 40%이다. 따라서 성장률 = 사내유보율 × 재투자수익률 = 40% × 20% = 8%

31 ④ P = 1,000(1 + 0.05) / (0.1 - 0.05) = 21,000

#	답	해설
32	③	EVA = 세후영업이익 − (투하자본 × 가중평균자본비용) = 100억 − 1,000억 × 8.6% = 14억
33	②	400 / (0.1 − 0.6 × 0.12) − 1,000 / 0.1 = 14,286 − 10,000 = 4,286
34	④	기업의 미래 수익력 증가와 밀접한 관계가 있는 것은 강제적 비용(재료비, 인건비 등)보다 임의적 비용(감가상각비, 연구개발비 등)이므로 임의적 비용지출의 크기와 시기에 주의하여 분석할 필요가 있다.
35	③	EVA = 세후영업이익 − 자본비용(= 투하자본 × WACC)
36	③	채권 발행 시에 발행자가 지급하기로 한 이자율은 표면이율이다.
37	④	지급이자는 발행 시에 결정된 표면이율을 기준으로 산정된다.
38	②	무보증회사채는 간접발행 중 총액인수방식에 의해 발행된다.
39	④	신용공여는 외부적 신용보강방법이다.
40	①	이표채의 듀레이션은 다른 조건이 일정할 경우 표면이율이 커질수록 감소한다. 따라서 2.78년보다 작아야 한다.
41	②	패리티 = (주가 / 전환가격 × 100) 따라서 주가는 7,000원이다.
42	③	유동성선호가설에 따르더라도 항상 우상향하는 것은 아니다.
43	③	교환사채이다.
44	②	① 발행자가 권한을 가지고 있다. ③ 시장수익률이 하락할 경우, 행사할 가능성이 높아진다. ④ 투자자에게 불리하므로 일반채권의 발행수익률보다 더 높은 수익률로 발행된다.
45	①	Secondary CBO의 기초자산은 기존에 발행된 회사채이다.
46	②	가격변동위험은 해저로부터 투기자로 전가될 뿐이지, 소멸되는 것은 아니다.
47	②	기초자산의 가격이 상승할수록 풋옵션 가격은 하락한다.
48	④	260 = 250 + 250(r − 0.05) 에서 r = 0.09
49	②	콜옵션, 풋옵션 모두 OTM의 상태가 커질수록 델타는 0에 가까워진다.
50	③	p = (이자율 + 하락률) / (상승률 + 하락률) = (15% + 15%) / (25% + 15%) = 0.75
51	①	(0.6 × 150) + (−0.4 × 300) = −30
52	④	유럽식 옵션방식을 따른다고 가정한다.
53	③	보호적 풋(protective put) 전략은 손실은 제한되나, 수익의 크기는 제한이 없다.
54	①	콜옵션 매입자의 최대손실은 지불한 프리미엄이다.
55	①	OTM 풋옵션이므로 프리미엄 모두 시간가치의 크기이다. 내재가치는 0
56	③	ETN 상품이 추적오차가 없는 것은 아니지만 원칙적으로 발행사가 제시한 가격을 보장한다는 측면에서는 운용의 결과를 투자자에게 돌려주는 간접투자상품과는 차이가 있다.

57 ①   자본지지점(CFP)이라고 한다.

58 ④ $\dfrac{(ELW가격 - 내재가치)}{기초자산가격} \times 100$

59 ①   step down구조이다.

60 ④   ① ETN은 추적오차 위험이 적다. ② 상장폐지되어도 발행회사가 최종거래일의 지표가치에 해당하는 금액은 투자자에게 지급한다. ③ 유동성공급자는 투자자가 원하는 가격으로 반드시 호가를 제출할 의무는 없기 때문에 즉각적 거래가 어려울 수 있다.

61 ①
기말자산 440,000 － 기말부채 130,000 ＝ 기말자본 (310,000)
  |
기초자산 － 기초부채 ＝ 기초자본 (300,000)
  ‖
총수익 － 총비용 ＝ 당기순손익 (10,000)

62 ②

	주식 A	채권 B	합계
2011년 10월 1일 취득원가	₩50,000	₩92,000	₩142,000
2011년 12월 31일 공정가액	₩35,000	₩98,000	₩133,000
단기매매금융자산평가손실			₩9,000

63 ③   재고자산의 매입원가는 매입가액에 매입운임, 하역료 및 보험료 등 취득과정에서 정상적으로 발생한 부대비용을 가산한 금액이다.

64 ④

매출원가				손익			
기초상품	480,000	매출원가	1,700,000	매출원가	1,700,000	순매출액	2,400,000
당기순매입	1,780,000	기말상품	560,000	매출총이익	700,000		
	2,260,000		2,260,000		2,400,000		2,400,000

65 ②   상품권의 매출수익은 상품권을 회수한 때, 즉 물품 등을 제공하거나 판매한 때에 인식하며 상품권판매시에는 선수금(상품권선수금계정 등)으로 처리한다.

66 ③
손상차손추정액	₩500
수정전 대손충당금 잔액	(300)
기말설정액	₩200

67 ②   토지 : ₩100,000 + ₩10,000 + ₩2,000 - ₩2,000 = ₩110,000
건물 : ₩25,000 + ₩450,000 = ₩475,000

68 ④   피합병회사의 공정가치에 의한 순자산가액(₩2,000,000 - ₩800,000) : ₩1,200,000
합병대가(600주 × @₩1,100) + (1,200주 × @₩200) : ₩900,000
염가매수차익   ₩300,000

제3회 정답 및 해설

69 ②

자본금	₩100,000,000
자본잉여금	60,000,000
자본조정	
주식할인발행차금	(-)20,000,000
기타포괄손익누계액	
매도가능금융자산평가이익	5,000,000
이익잉여금	20,000,000
자본총계	₩165,000,000

70 ②

현금흐름표	
영업활동으로 인한 현금흐름	(₩20,000)
투자활동으로 인한 현금흐름	△₩40,000
재무활동으로 인한 현금흐름	₩50,000
현금의 증가	₩30,000
기초의 현금	₩120,000
기말의 현금	₩150,000

71 ④ 외부 거래목적 뿐 아니라 내부 성과평가 목적은 가치경영 측면에서도 기업가치평가기법이 적용된다.

72 ④ 현금흐름할인모형보다 상대적으로 단기간에 비교만을 통해 평가가 이루어지므로 가치평가의 핵심요소가 간과될 수 있음

73 ③ 주주 지분가치 = 순이익 × 업계 평균 PER = 500 × 6 = 3,000억

74 ① 유사기업 PSR = 10,000 / 50,000 = 0.2
B사(주)의 PSR = 주가 / 10,000 = 0.2

75 ② 현재 차입이자율이 아니라 현행 시장이자율로 측정되어야 한다.

76 ③ 200억 / (10% − 5%) = 4,000억

77 ③ 70억 / (10% − 3%) − 200 = 800억원

78 ④ 자본의 투하량에 따라 EVA의 절대적 크기가 영향을 받으므로 EVA 비교 시 기업규모를 고려해야 한다.

79 ② 500억 − 3,000억 × 10% = 200억
200억 / 10% = 2,000억원

80 ④ 투자회수기간이 장기인 대규모 장치산업에 속한 기업분석에 유용하다.

81 ④ 이는 투자계약증권의 정의이다.

82 ② 채권자로서 그 권리를 담보하기 위하여 백지수표나 백지어음을 받는 행위는 금지된다.

83 ① 온라인소액투자중개업을 하기 위해서는 금융투자업 등록을 하여야 한다.

84 ② 그 법인과 계약체결을 교섭하고 있는 자도 규제대상이 된다.

85 ① 전문금융소비자에게는 설명의무가 인정되지 않는다.

86 ② 이는 영업용순자본비율을 말한 것이다.

87 ④   영업의 전부 또는 일부의 양도는 경영개선명령의 대상이다.

88 ③   증권분석기관이 해당 법인에 그 자본금의 100분의 3 이상을 출자하고 있으면 평가를 할 수 없다.

89 ②   금융투자업자는 그 계열회사가 발행한 주식, 채권, 약속어음을 자기자본의 8%를 초과하여 소유할 수 없는 것이 원칙이다.

90 ②   주식회사의 외부감사에 관한 법률 상 500인을 기준으로 하는 것이 원칙이다.

91 ①   폐쇄기간을 정한 때에는 그 기간의 2주 전에 이를 공고하여야 하나, 정관으로 이를 정한 때에는 공고가 필요없다.

92 ③   판결의 효력은 설립등기시까지 소급하지 않으므로, 판결 전에 생긴 회사와 사원 및 제3자간의 권리의무에 영향을 미치지 않는다.

93 ③   회사성립 후 6월이 경과하면 주권발행 전의 양도라도 그 효력이 인정된다.

94 ④   주주총회 특별결의가 있으면 이사는 잘못이 없어도 임기 전에 쫓겨 날 수 있다.

95 ④   자본감소의 효력은 절차가 끝났을 때 법적 효력이 발생한다.

96 ②   경영전반에 걸쳐 조직의 모든 구성원에게 요구되는 윤리적 행동은 기업윤리를 말한다.

97 ①   금융투자회사는 판매회사의 변경을 조건으로 하여 재산상 이익을 제공할 수 없다.

98 ④   투자자가 통지받기를 원하지 않으면 서면이나 전자우편으로 통지할 필요가 없다.

99 ①   회사의 경영전략에 대한 미공개정보는 기록유무와 관계없이 비밀정보로 분류된다.

100 ③   내부고발자 중에서 우수자에 대해서 회사는 인사상 혜택도 부여할 수 있다.

01	02	03	04	05	06	07	08	09	10
③	②	①	③	②	②	③	④	③	①
11	12	13	14	15	16	17	18	19	20
①	③	①	④	②	②	④	④	①	②
21	22	23	24	25	26	27	28	29	30
①	④	④	②	①	④	③	②	③	①
31	32	33	34	35	36	37	38	39	40
④	②	③	③	③	②	②	②	③	②
41	42	43	44	45	46	47	48	49	50
③	①	③	④	③	③	④	④	③	④
51	52	53	54	55	56	57	58	59	60
③	③	③	①	④	④	②	②	④	④
61	62	63	64	65	66	67	68	69	70
④	②	②	②	①	③	①	①	④	①
71	72	73	74	75	76	77	78	79	80
②	③	③	④	③	③	④	①	③	②
81	82	83	84	85	86	87	88	89	90
①	①	③	④	④	①	④	④	①	①
91	92	93	94	95	96	97	98	99	100
④	④	④	④	①	③	④	①	④	③

01 ③ $10 / (5 \times 4)$

02 ②   중앙값이 평균보다 작다.

03 ①   포아송 과정에 대한 설명이다.

04 ③   효율성이란 추정량의 분산이 상대적으로 작은것을 의미한다.

05 ②   다중회귀분석에서 독립변수들 간의 상관관계가 높을수록 다중공선성 문제가 발생할 가능서이 높아진다.

06 ②   프리드만의 항상소득가설은 소비는 항상소득에만 영향을 받으므로 재정정책의 무용성을 주장한다.

07 ③   평균수익이 증가되려면 더 큰 위험부담을 해야 한다.

08 ④   현금을 보유하면 신용승수가 작아진다.

09 ③   중앙은행이 예금은행에 여신을 많이 하면 통화량의 증가를 가져온다.

10 ①   영국의 통계학자 필립스가 명목임금상승률과 실업률 간에는 역의 관계가 성립함을 밝힌 것이 필립스곡선이라 하고 실질임금상승률의 개념을 도입한 것은 프리드만이다.

11 ① 케인즈학파는 절대소득가설을 주장한다.

12 ③ 1인당 소비를 극대화시키는 자본량을 황금률이라 한다.

13 ① 재화시장과 화폐시장 균형조건은 총수요곡선이 도출되고 총 공급곡선은 노동시장 균형조건으로 도출된다.

14 ④ J커브 효과란 시간이 지남에 따라 무역적자에서 무역흑자로 돌아서는 현상을 의미하므로 보기 지문은 틀렸음

15 ② 황금률은 소비를 최대화 시키는 점이다.

16 ② MM(1958)은 타인자본의 사용과 기업가치는 무관하다고 했으며 법인세를 고려한 것은 MM(1963)으로 타인자본의 증가가 기업가치의 증가로 나타난다고 주장하였으며 Miller(1977)는 법인세와 개인소득세를 고려하면 기업가치는 무관하다고 주장한 것이다.

17 ④ 대리비용은 감시비용, 확증비용, 잔여손실이 있다.

18 ④ 매수합병 비용을 높이는 방법은 황금낙하산, 독약전략, 억지전략이 있는데 황금낙하산전략의 설명이다.

19 ①
- EVA = 15 − 100(0.1) = 5억원
- 기업가치 = 100 + (5/0.1) = 150억원
- 주주가치 = 150 − 50 = 100억
- WACC = (0.5×0.12) + (0.5×0.8) = 0.1

20 ② APM에서는 확률분포나 효용함수에 대한 특별한 가정이 없다.

21 ① 특정 투자안에 대한 채택여부에서는 항상 같은 결론에 도달한다.

22 ④ 순세금효과의 크기가 증가하다가 감소하는 전환점이 최적 자본구조이다.

23 ④ ① 위험자산을 결합한 포트폴리오의 위험은 반드시 0이 될 수도 있다.
② 포트폴리오에 포함된 자산 수가 무한대라도 체계적위험은 존재한다.
③ 수익률의 분산이 큰 자산이 포트폴리오에 포함되도 상관관계에 따라 포트폴리오 위험은 달라진다.

24 ② 계산량이 많아 샤프모형이 탄생한다.

25 ① 시장이 가장 효율적이라고 믿는 투자자는 시장 포트폴리오보다 더 높은 수익률을 낼 수 없기 때문에 시장 포트폴리오와 동일한 포트폴리오인 인덱스펀드에 투자한다. 나머지 설명은 모두 시장이 비효율적이며, 투자자들이 시장포트폴리오보다 더 높은 수익률을 창출 할 수 있다고 믿는 적극적 투자전략에 해당한다.

26 ④ 유상증자의 이론권리락 가격 = $\dfrac{기준주가 + 주당납입금(= 신주발행가격 \times 증자비율)}{1 + 증자비율}$

따라서 $\dfrac{13{,}000 + 5{,}000}{1 + 0.3}$ = 13,846원

27 ③ ⓒ과 ⓔ은 시가총액식 주가지수, ⓐ과 ⓓ은 주가가중식 주가지수의 내용이다.

28 ② 구매자의 후방적 계열화 가능성이 높을 경우 구매자의 교섭력이 강해진다. 반면에 전방적 계열화 가능성이 높으면 공급자의 교섭력이 강해진다.

29 ③ $ROE = ROA \times \dfrac{총자산}{자기자본}$ 인 관계를 이용하여 풀 수 있다. ROE가 ROA의 3배이므로 $\dfrac{총자산}{자기자본} = \dfrac{600억}{자기자본} = 3$ 에서 자기자본은 200억이다. 따라서 총부채는 400억이다.

❖ ROA와 ROE

총자산이익률 (ROA)	• ROA = $\dfrac{순이익}{총자산}$ • ROA = $\dfrac{순이익}{순매출액} \times \dfrac{순매출액}{총자산}$ = 매출액순이익률 × 총자산회전율
자기자본이익률 (ROE)	• ROE = $\dfrac{순이익}{자기자본}$ • ROE = $\dfrac{순이익}{순매출액} \times \dfrac{순매출액}{총자산} \times \dfrac{총자산}{자기자본}$ = ROA × $\dfrac{총자산}{자기자본}$

30 ① 'EVA = 세후순영업이익 − WACC × 투하자본' 산식에서 WACC가 작을수록 EVA는 높아짐을 알 수 있다. WACC를 구하면 다음과 같다.
①의 경우 10%(1 − 0.2) × 0.8 + 10% × 0.2 = 6.4% + 2% = 8.4%
②의 경우 10%(1 − 0.2) × 0.6 + 10% × 0.4 = 4.8% + 4% = 8.8%
③의 경우 10%(1 − 0.2) × 0.4 + 10% × 0.6 = 3.2% + 6% = 9.2%
④의 경우 10%(1 − 0.2) × 0.2 + 10% × 0.8 = 1.6% + 8% = 9.6%

(체크포인트)
▶ WACC = 타인자본비용(1 − 법인세율) × 타인자본비중 + 자기자본비용 × 자기자본비중
▶ 타인자본비용은 세후기준을 적용하므로 타인자본비중이 클수록 WACC값은 작아진다.

31 ④ 유동비율(=유동자산/유동부채)은 유동성 지표, 자기자본이익률(=순이익/자기자본)은 수익성 지표, 매출채권회전율(=매출액/매출채권)은 활동성 지표, 부채비율(=총부채/자기자본)은 안정성 지표에 해당한다.

32 ② 배당평가모형에서 $PER = \dfrac{1-f}{k-g}$ (f : 사내유보율, k : 요구수익률, g : 성장률)이다.

따라서 $PER = \dfrac{1-f}{k-g} = \dfrac{1-f}{k-f \times ROE} = \dfrac{1-f}{0.1-f \times 0.1} = \dfrac{1-f}{0.1(1-f)} = \dfrac{1}{0.1} = 10$

33 ③ 배당성향이 40%이므로 사내유보율은 60%이다.
• 성장률(g) = 사내유보율(b) × 자기자본이익률(ROE) = 60% × 20% = 12%
• 정률성장모형에 따르면 $P_0 = \dfrac{D_0(1+g)}{k-g} = \dfrac{1,000(1+0.12)}{k-0.12} = 20,000$

따라서 $k = \dfrac{1,120}{20,000} + 0.05 = 0.056 + 0.12 = 0.176$

(체크포인트)
▶ 정률성장모형에 따르면 투자자들의 요구수익률은 예상 배당수익률($\dfrac{D_1}{P_0}$)과 성장률(g)의 합으로 나타난다.

34 ③ 다단계성장모형에 해당하는 문제이다.
- 1년 후 배당금은 500원×1.2 = 600원, 2년 후 배당금은 600원×1.2 = 720원
- 3년 후부터는 5%씩 일정하게 성장하므로 초기 고속성장이 끝나는 2년 시점에 이 기업의 적정주가는 정률성장모형으로 구한다. 즉, $P_2 = \dfrac{D_2(1+g)}{k-g} = \dfrac{720(1+0.05)}{0.1-0.05} = 15{,}120$원이다.
- 따라서 $P_0 = \dfrac{600}{1.1} + \dfrac{720}{1.1^2} + \dfrac{15{,}120}{1.1^2} = 545 + 595 + 12{,}495 = 13{,}635$

> **(체크포인트)**
> ▶ 다단계성장모형의 주가는 초기 고속성장기간 동안 발생하는 배당금의 현재가치와 초기 고속성장이 끝나는 시점에서의 주가를 현재시점으로 할인한 현재가치의 합으로 구한다.

35 ③ 세후영업이익 = 영업이익×(1-법인세율) = 100억×(1-0.4) = 60억
따라서 EVA = 세후영업이익-(투하자본×WACC) = 60억-(1,000억×8%) = -20억

36 ② ㉢과 ㉣이 옳은 내용이다. ㉠ 할인채는 만기일 이전에 이자지급이 없는 채권으로서 만기에 액면금액을 받는 채권을 말한다. ㉡ 복리채는 이자지급기간 동안 이자가 재투자되어 만기상환 시에 원금과 이자를 동시에 지급하는 채권을 말한다.

37 ② 채권보유기간 동안 이자수령횟수는 3회('23.12.10, '24.6.10, '24.12.10)이다. 채권 매입일('23.6.10)의 지급이자는 매도자의 몫이므로 제외된다. ①에서 매 6개월마다 수취하는 이자금액은 10,000원×2%×1/2 = 100원이다. ③에서 만기수익률 2%에 매입하여 1.5%에 매도하였으므로 매매차익이 발생한다.(∵ 매입 후 만기수익률이 하락하면 채권가격이 상승)

38 ② 전환가치 = 주가×전환주수(액면/전환가격) = 8,000×(10,000/5,000) = 16,000원
전환프리미엄 = 전환사채 시장가격-전환가치 = 17,000원 - 16,000원 = 1,000원

39 ③ 차등가격방식에서 2bp기준이므로 5.05% ~ 5.04%는 5.05%, 5.03% ~ 5.02%는 5.03%로 낙찰된다. 따라서 C는 5.03%가 된다.

40 ② 할인채이므로 1년 61일 후인 만기에 액면가 1만원을 수령한다. 따라서 1만원을 만기수익률로 할인한다.
$$p = \dfrac{10{,}000}{(1+0.0375)(1+0.0375\times 61/365)} = 9{,}580$$

41 ③ D/1.05×0.01×9,727.68 = 267에서 D = 2.88

42 ① 할인채는 만기에 액면인 10,000원을 상환받는다.
실효수익률은 복리방식의 수익률이므로 $10{,}000 = 8{,}150(1+r)^2$에서 $r = \sqrt[2]{\dfrac{10{,}000}{8{,}150}} - 1$
연평균수익률은 단리방식의 수익률이므로 $10{,}000 = 8{,}150(1+r\times 2)$에서 $r = \dfrac{10{,}000-8{,}150}{8{,}150}\times\dfrac{1}{2}$

43 ③ 말킬의 채권가격정리에 의하면 표면이율이 낮을수록, 잔존만기가 길수록 채권가격의 변동성(듀레이션)은 커진다.

44 ④ 실제 채권가격은 볼록성에 의해서 듀레이션으로 측정한 가격보다 '더 상승하고 덜 하락한다.'

> **(체크포인트)**
> ▶ 실제 채권가격변동은 볼록한 형태를 띠지만 듀레이션으로 측정한 채권가격변동은 직선상에서 움직이므로 듀레이션으로 가격변동을 추정하면 실제와 차이가 발생한다.
> ▶ 듀레이션에 의한 측정값은 수익률 하락으로 채권가격 상승 시에는 실제 채권가격의 상승폭을 과소평가한다.
> ▶ 듀레이션에 의한 측정값은 수익률 상승으로 채권가격 하락 시에는 실제 채권가격의 하락폭을 과대평가한다.

45 ③ 면역전략에서는 채권가격의 상승과 재투자수익의 증가를 동시에 추구할 수 없다. 수익률 상승(하락) 시 채권가격 하락(상승)분과 표면이자에 대한 재투자수익 증가(감소)분을 상쇄시켜 채권투자 종료 시 실현수익률을 목표수익률과 일치시키는 전략이다.

(체크포인트)
▶ 금리가 하락하면 채권가격은 상승하나, 재투자수익(중도 현금유입액을 낮은 금리로 재투자)은 감소한다.
▶ 금리가 상승하면 채권가격은 하락하나, 재투자수익은 증가한다.
▶ 면역 전략은 서로 상반된 두 효과를 적절히 배합하여 이자율 변동 위험을 최소화하는 것이다.
▶ 면역 상태를 유도하려면 투자자의 목표기간과 채권의 듀레이션(만기 아님)을 일치시켜야 한다.

46 ③ 추가증거금 = 개시증거금 − 일일정산 후 증거금 수준, 65 = 개시증거금 − 135, 따라서 개시증거금 = 200

❖ 선물거래와 추가조치(margin call)

추가조치(margin call)	• 증거금 수준을 원래 수준으로 회복시켜야 하는 의무를 부과하는 것
발동기준 및 의무사항	• 일일정산 결과 증거금 수준이 유지증거금(임계점) 이하로 떨어지면 개시증거금 수준으로 추가증거금을 납부해야 함(납부하지 않으면 해당 금액만큼 포지션이 강제 청산)

47 ④ 이론 선물환율 F = 1,100원 + 1,100원(0.04−0.02) = 1,122원이므로 현재 달러선물환의 시장가격(1,150원)은 고평가된 상황이다. 따라서 달러선물환을 매도하고 달러현물환을 매수하는 매수차익거래가 가능하다. 이때 현물환(달러)을 매수하기 위해 원화를 차입해야 한다.

(체크포인트)
▶ 달러선물환 고평가 시 : 달러선물환 매도 + 달러현물환 매수(원화차입 + 달러예금)
▶ 달러선물환 저평가 시 : 달러선물환 매수 + 달러현물환 매도(달러차입 + 원화예금)

48 ④ 강세 스프레드는 '근월물 매수 & 원월물 매도' 전략으로 스프레드 축소를 예상할 때 사용한다.

(체크포인트)
▶ 근월물이 상대적으로 강하면 강세 스프레드, 근월물이 약하면 약세 스프레드가 된다.

❖ 강세 스프레드와 약세 스프레드

강세 스프레드	• 근월물 매입 & 원월물 매도 전략 • 강세장에서는 근월물이 많이 오를 것이고 약세장에서는 근월물이 덜 떨어질 것이라는 예상에 근거 • 근월물이 원월물에 비해 강세를 보여 두 선물계약의 가격차이가 축소된다고 예상할 때 사용
약세 스프레드	• 근월물 매도 & 원월물 매입 전략 • 강세장에서는 근월물이 덜 오를 것이고 약세장에서는 근월물이 많이 떨어질 것이라는 예상에 근거 • 근월물이 원월물에 비해 약세를 보여 두 선물계약의 가격차이가 확대된다고 예상할 때 사용

49 ③ (1) 콜옵션의 내재가치 = max(0, S_T−X) = max(0, 2,000−2,000) = 0
(2) 프리미엄(300) = 내재가치(0) + 시간가치(300)
(3) 행사가격과 기초자산가격이 동일하므로 등가격(ATM)에 해당한다.

50 ④ (1) 풋매수의 손익 : max(0, X−S_T)−P = max(0, 295−295)−1.5 = −1.5
(2) 풋매도의 손익 : −max(0, X−S_T) + P = −max(0, 300−295) + 5 = 0
따라서 전체 손익은 −1.5이다.

(체크포인트)
▶ 풋옵션 매수의 손익 : max(0, X−S_T)−P
▶ 풋옵션 매도의 손익 : −max(0, X−S_T) + P
▶ 콜옵션 매수의 손익 : max(0, S_T−X)−C

► 콜옵션 매도의 손익 : $-\max(0, S_T-X)+C$

51 ③ 컨버젼(conversion) 전략은 합성 매도 포지션(콜매도+풋매수)과 현물 매수 포지션을 병행하는 전략이다. 이는 자금을 차입하여 현물을 매수하는 일종의 매수차익거래(cash and carry) 전략이 된다.

52 ③ (1) 1기 후 주가가 110 또는 90이 되면 행사가격 100인 콜옵션의 1기 후 가치는 10 또는 0이다.
(2) 위험중립확률은 $100 = \dfrac{110 \times P + 90 \times (1-P)}{(1+0.02)}$ 에서 P = 0.6
(3) 콜옵션의 현재가격은 $\dfrac{10 \times 0.6 + 0 \times 0.4}{(1+0.02)} = 5.88$

53 ③ ㉠ 기초자산의 현재가격이 사용된다. ㉢ 콜옵션의 잔여만기가 사용된다.

(체크포인트)
► 블랙-숄즈 모형은 무배당 주식이 기초자산인 유럽식 옵션을 분석대상으로 한다.
► 블랙-숄즈 모형에서 사용한 5가지 변수는 기초자산의 현재가(S), 행사가격(X), 변동성 계수(σ), 잔여만기(t), 만기까지의 무위험이자율(r)이다. 즉, C= f(S, X, σ, t, r)

54 ① 델타는 기초자산가격 변화분에 대한 옵션가격의 변화분의 비율로 계산한다. 따라서 $\dfrac{\partial C}{\partial S} = \dfrac{11-10}{110-100} = \dfrac{1}{10} = 0.1$

55 ④ 콜옵션매수의 경우 쎄타만 음수이다.

(체크포인트)
► 콜옵션 매수 포지션은 기초자산이 상승하면 이익, 상승폭이 클수록 이익이 가속도로 증가, 시간만 경과하면 손실, 변동성이 증가하면 이익, 이자율이 상승하면 이익이다. 따라서 델타+, 감마+, 베가+, 쎄타-, 로우+ (콜옵션 매도 포지션은 반대)

56 ④ 간주 공모는 ELW, ETN의 발행 형태이다.

57 ② 변동성이 커질수록 ELW가격이 상승한다.

58 ② ① ELS는 예금자보호대상이 아니다. ③ ELS는 금융투자회사가 발행한다. ④ ELS는 자금조달목적이 아닌 투자자의 위험선호도에 따른 맞춤형으로 설계된 금융상품이다.

59 ④ ETN 발행자가 과도한 신용위험에 노출되는 것을 방지하기 위해 자기자본의 50%까지만 발행할 수 있다.

60 ④ ETN은 투자대상등의 누적수익률이 아니라 일별수익률에 연동되므로 ETN의 누적수익률은 투자대상의 누적수익률에 추적배율을 곱한 값과 차이가 난다. 문제에서
① 주식의 2일 수익률×2배 = −12.00%×2 = −24.00%
② 76×1.4 = 106.40
③ 주식의 3일 수익률×2배 = 20.00%×2 = 40.00%
④ 레버리지 2배 ETN의 누적수익률은 100과 106.40의 차이인 6.40%

일자	투자대상(주식)			ETN(2배 레버리지)		
	종가	일별수익률	누적수익률	종가	일별수익률	누적수익률
1	100.00			100.00		
2	88.00	−12.00%		76.00	−24%	
3	105.60	20.00%	5.60%	106.40	40.00%	6.40%

61 ④
- 개념체계는 특정 측정과 공시에 관한 개념적인 원칙만을 제공하고 있다.
- 기본 재무제표 중 현금흐름표만 예외적으로 현금주의에 의거하여 작성한다.
- 계속기업의 가정이 적용되어야 IFRS기준의 적용이 가능해진다.

62 ②
- 부채는 과거 사건에 의하여 발생하였으며 경제적 효익이 내재된 자원으로 기업으로부터 유출됨으로써 이행될 것으로 기대되는 현재의무이다.
- 현재의무에는 법적의무와 의제의무 모두 포함된다.
- 자본은 자산 - 부채이므로, 자본의 또다른 이름은 순자산, 잔여지분, 자기자본 등으로 불리기도 한다.
- 손익거래는 기업 외부의 거래상대방과 발생되는 거래를 의미하며, 기업의 지분참여자(주주)와의 거래 (예) 주식발행, 배당지급, 자사주 취득 등)는 자본거래라고 부르며, 손익항목이 아닌 자본의 증감으로 인식한다.

63 ②
- 차입원가는 자본화가 원칙이다.
- 순공정가치 : 합리적이 판단력과 거래의사가 있는 독립적 당사자 사이의 거래에서 자산의 매각으로부터 수취할 수 있는 금액에서 처분부대원가를 차감한 금액
- 사용가치 : 자산의 계속적인 사용과 최종 처분에서 기대되는 미래 현금흐름을 추정하고, 이를 적절한 할인율로 할인한 현재가치
- 우발부채 / 충당부채 : 매년 말 상황을 검토하여 전기에 우발부채였던 것이 당기 말 충당부채로 인식될 수도 있고, 그 반대도 가능함

64 ②
- (취득가 - 잔존가격)×(1/5)로 산출한다.
 (100,000 - 10,000)×1/5 = 18,000
- 즉, 매년 18,000원의 감가상각비를 5년간 인식한다.
- 분개는 아래와 같다.
 감가상각비 18,000 / 감가상각누계액 18,000

65 ①
- 간접법에 의하면 (당기순이익1000 + 감가상각비 500 - 운전자산증가(50+50+100) + 운전부채증가(-100 + 50) = 1250원
- 감가상각비 : 투자활동관련 비용이므로 제외함
- 기초 대비 기말의 자산의 증감 : 현금의 증감과 반대방향
- 기초 대비 기말의 부채 및 자본의 증감 : 현금의 증감과 같은 방향

66 ③
- 리스자산의 소유권이 리스이용자에게 이전되거나, 염가구매선택권을 행사하는 경우, 최소리스료의 현재가치가 리스자산 공정가치의 대부분에 상당하는 경우
- 리스기간 종료시 리스자산의 소유권이 리스이용자에게 넘어가는 조건이 있어야 금융리스임
- 염가매수선택권의 행사가 거의 확실시 되어야 금융리스임.
- 최소리스료의 현재가치가 리스자산 공정가치의 상당부분을 차지해야 금융리스임

67 ①
- 선입선출법이 가장 크게 보고한다.
- 물가상승을 가정하고 있으므로, 기초재고부터 먼저 팔려나간 후 가장 비싸게 최근에 사온 재고가 기말재고로 남아있게 되는 선입선출법이 기말재고 금액이 가장 큼
- 매출원가는 반대로 선입선출법이 가장 작게 기록됨

68 ①
- 유통보통주식수(200주) + 희석증권수(50주) = 희석주당순이익 적용 주식수 250주. 즉, 대가없이 50주가 발행된 것으로 가정한다.
- 기본주당이익 : 1,000 / 200주 = 5
- 희석주당이익 : 1,000 / (200 + 50주) = 4 (희석효과 있음)
 ※ 자기주식법 : 행사가격 10원×100주 = 1,000
  1,000원 / 시장가격 20원 = 50주

즉, 늘어나는 100주 중 50주는 자사주를 취득하고, 나머지 50주만 실제 늘어난 것으로 봄
따라서, stock option이 행사될 경우 실제 늘어나는 주식수는 100주가 아니라 50주임

69 ④ 340 = 1000 - 10 - 650(50 + 800 - 200)
- 순매출 1,000 - 10 = 990
- 매출원가 : (기초재고 50 + 당기매입 800) - 기말재고 200 = 650
- 매출총이익 : 990 - 650 = 340
- 나머지 항목들은 매출총이익이 계산된 이후, 그 하단에서 보고되는 항목들이므로 매출총이익을 계산하는 것과는 무관한 항목들이다.

70 ①
- 전환사채의 주식전환은 비현금거래로 주석정보로 공시한다.
- 나머지 항목들은 전부 현금의 유출입을 수반하는 현금거래들이다.

71 ②
- EV(순차입금(차입금 - 현금성자산) + 시가총액)으로 산출한다.
- 실제 영업에 투입되는 차입금만 고려하므로 차입금에서 현금성자산을 차감하고 있음

72 ③
- EBITDA는 이자비용과 감가상각을 고려하기 전 이익이므로, 이에 영향을 받지 않는다.
- EBITDA는 과거의 재무제표로부터 추출한 자료로 계산된 것이므로, 미래의 영업현금창출능력 반영에 한계가 있음

73 ③
- PER가 높다고 하더라도, 기타 다른 요소를 고려해서 판단해야 한다.
- PER의 수치는 절대적인 것은 아니므로, 하나의 참고사항일 뿐이지, 기업의 가치는 해당 기업을 둘러싸고 있는 내외부 각종 정보를 종합적으로 고려하여 판단해야 한다.

74 ④
- 주주가치 = 기업가치 - 채권자가치
- 기업가치 : 영업자산가치 + 비영업자산가치 = 500/0.1 + 500 = 5,500
- 주주가치 = 기업가치 5,500 - 채권자가치 1,000 = 4,500

75 ③
- 기업가치 = MVA + 영업투하자본
- 30/0.1 + 1,000 = 1,300

76 ③
- EV = EV/EBITDA × EBITDA
- EBIT : 영업이익 10 + 감가비 20 = 30억
- EV : EBITDA × 10 = 300억 = 시총 + 40 - 10 = 270억
- 270억 / 10,000,000주 = 2,700원

77 ④ EVA = (ROIC - WACC) × IC
(10% - 15%) × 1,000억 = -50억

78 ① 기업가치 = 영업투하자본 + MVA(EVA/0.1)
100/0.1 + 1,500억 = 2,500억

79 ③ 자산가치 × 0.4 + 수익가치 × 0.6으로 구한다.
10,000 × 0.4 + 20,000 × 0.6 = 16,000

80 ② 가중평균자본비용 = 자기자본비용 × (가중치) + 세후타인자본비용 × (가중치) / 가중치 자기자본 = 50%, 타인자본 = 50%
자기자본비용 : 6 + (11-6) × 1.2 = 12
WACC : 10 × (1 - 0.2) × 50% + 12 × 50% = 10%
※ 부채비율 : 타인자본 / 자기자본 = 100% (즉, 가중치는 각각 50%라는 의미)

81 ① 원화로 표시된 양도성 예금증서와 관리신탁의 수익권은 금융투자상품이 아니다.
   [참고]
   1) 기업어음증권은 기업이 자금조달을 위하여 발행한 약속어음을 말한다. 또한 이자연계파생결합채권은 사채권으로서 채무증권의 일종이다.
   2) 환매수수료, 해지수수료, 세금 등은 회수금액 산정시 포함한다.
   3) 장내파생상품 : 파생상품으로서 파생상품 시장에서 거래되는 것 또는 해외 파생상품시장에서 거래되는 것을 말한다.

82 ① 진입요건 중 자기자본 요건은 완화되어 적용된다.

83 ③ 주권상장법인은 장외파생상품을 거래할 때 별도의 의사를 표시하지 아니하면 일반투자자 대우를 받는다. 전문투자자 대우를 받기 위해서는 그 내용을 서면으로 금융투자업자에게 통지하여야 한다.

84 ④ 경영개선명령의 이행기간은 계획의 승인일로부터 금융위가 정한 기간 이내이다.
   [참고] 경영실태평가 및 적기시정조치

구분	경영개선권고	경영개선요구	경영개선명령
순자본비율	100% 미만	50% 미만	0% 미만
경영실태평가결과	종합평가 3등급 이상 & 자본의 적정성 4등급 이하	종합평가 4등급 이하	부실금융기관
적기시정조치	부실자산처분, 점포 관리의 효율화 등	점포의 폐쇄 및 통폐합 등	6개월 이내의 영업정지지 등
경영개선계획 이행기간	6개월	1년	금융위가 정한 기간

85 ④ 금융투자업자는 이해상충방지를 위해 주요 위험변동상황을 자회사와 연결하여 인식하고 감시하여야 한다.

86 ① 금융투자업자는 제3자에게 업무를 위탁할 때에는 실제 업무 수행일의 7일 전까지 금융위에 보고하여야 한다.
   [참고]
   금융투자업자는 겸영, 부수업무를 하고자 할 때는 그 업무를 영위하기 시작한 날로부터 2주 이내에 보고하여야 한다.

87 ④ 투자자에게 해당 투자매매업자·투자중개업자가 발행한 자기주식의 매매를 권유할 수 없다.

88 ④ 채무증권은 50매 이상으로 발행된 경우 전매기준에 해당한다.

89 ① 시세조종행위는 누구든지 금지되는 행위이다.

90 ① 금융위의 이의신청 처리결과에 대해서는 다시 이의신청할 수 없다.

91 ④ 주주명부제도는 자본충실의 원칙과 관련이 없다. 변태설립에 대한 엄격한 감독, 법정준비금제도가 자본충실의 원칙과 관련이 있다.

92 ④ 주주는 정관이 정하는 바에 따라 총회에 출석하지 않고 서면으로 의결권을 행사할 수 있다.

93 ④ 신주발행의 무효는 주주,이사, 감사에 한하여 신주를 발행한 날부터 6개월 내에 소만으로 이를 주장할 수 있다.

94 ④ 중간배당의 경우에 금전배당 외 현물배당을 할 수 있다.

95 ① 3인 이상의 이사로 구성된다. 뒷 부분은 옳다.

96 ③ 금융소비자의 이익을 추구한다는 말은 결과뿐만 아니라 과정에 있어서도 최대의 수익률을 얻어야 한다는 것을 의미한다.

97 ④　① 예금성 상품은 적용되지 않는다.
　　　② 전문금융소비자를 상대로 하는 경우에는 적용되지 않는다.
　　　③ 적합성의 원칙은 투자권유를 하는 경우에 적용되고 적정성의 원칙은 계약체결을 원하는 경우에 적용된다.

98 ①　정보보호는 회사에 대한 윤리이다. 나머지는 모두 본인에 대한 윤리이다.

99 ④　금융투자회사는 영업점별 영업관리자에게 업무수행 결과에 따라 적절한 보상을 지급할 수 있다.

100 ③　이는 1천만원 이하의 과태료 대상이다. 나머지는 모두 1억원 이하이다.

|저|자|소|개|

김남언 강사
- **현)** • 국내금융기관 채권팀 팀장 (2007 ~ 현재)
  - CFA, FRM 보유

박연희 강사
- **현)** • 이패스코리아 IFRS관리사 강사
  - 이패스 IFRS관리사 중급회계 저자
- **전)** • 삼일회계법인 근무
  - 연세대학교 경제대학원 금융공학 석사
  - 호주 멜번대 로스쿨 국세조세 석사

이동건 강사
- **현)** • 이패스노무사 공인노무사 민법 전임강사
  - 이패스코리아 금융투자과정 전임강사
  - 학교, 기업체 등 민법 특강 다수
  - 고려대학교 법과대학 법학과 졸업

정성기 강사
- **현)** • 이패스코리아 금융투자과정 전임강사
  - 국내 금융기관 및 공공기관 다수 출강
- **전)** • 삼성카드 근무

2025 epass 금융투자분석사

개정판 1쇄 인쇄 | 2025년 5월 2일
개정판 1쇄 발행 | 2025년 5월 20일

지 은 이 김남언, 박연희, 이동건, 정성기, 이패스코리아 금융연구소 공편저
발 행 인 이 재 남
발 행 처 이패스코리아
         서울시 영등포구 경인로 775 에이스하이테크시티 2동 10층
         전   화 1600-0522 / 팩   스 02-6345-6701
         홈페이지 www.epasskorea.com
         이 메 일 edu@epasskorea.com
등록번호 제318-2003-000119호(2003년 10월 15일)

※ 잘못된 책은 교환해드립니다.
※ 이 책은 저작권법에 의해 보호를 받는 저작물이므로 무단전재와 복제를 금합니다.

본 교재의 저작권은 이패스코리아에 있습니다.